凉州文化与丝绸之路
国际学术研讨会
论文集

中国秦汉史研究会
中国魏晋南北朝史学会　编
武威市凉州文化研究院

中国社会科学出版社

图书在版编目（CIP）数据

凉州文化与丝绸之路国际学术研讨会论文集／中国秦汉史研究会等编. —北京：中国社会科学出版社，2019.8
ISBN 978 – 7 – 5203 – 4900 – 0

Ⅰ.①凉… Ⅱ.①中… Ⅲ.①地方文化—文化史—武威—古代—国际学术会议—文集②丝绸之路—文化史—武威—古代—国际学术会议—文集 Ⅳ.①K294.23 – 53

中国版本图书馆 CIP 数据核字（2019）第 174367 号

出 版 人	赵剑英
责任编辑	宋燕鹏
责任校对	王佳玉
责任印制	李寡寡

出　　版	中国社会科学出版社
社　　址	北京鼓楼西大街甲 158 号
邮　　编	100720
网　　址	http://www.csspw.cn
发 行 部	010 – 84083685
门 市 部	010 – 84029450
经　　销	新华书店及其他书店

印刷装订	北京君升印刷有限公司
版　　次	2019 年 8 月第 1 版
印　　次	2019 年 8 月第 1 次印刷

开　　本	710 × 1000　1/16
印　　张	42
插　　页	2
字　　数	680 千字
定　　价	198.00 元

凡购买中国社会科学出版社图书，如有质量问题请与本社营销中心联系调换
电话：010 – 84083683

主　　编：卜宪群　楼　劲

执行主编：戴卫红　赵　凯　张国才

编　　务：王　彬　邹皓丹　柴多茂　曾　磊

　　　　　李元辉　张长宝　贾海鹏

目　　录

在凉州文化与丝绸之路国际学术研讨会开幕式上的致辞

柳　鹏

（2018 年 10 月 11 日）

尊敬的各位专家，新闻界的朋友们、同志们：

在这美好的金秋十月，凉州文化与丝绸之路国际学术研讨会隆重开幕了，来自国内外历史文化领域的 40 多位顶级专家济济一堂，研讨交流凉州文化，这是我市建设文化旅游名市的一大盛事。在此，我谨代表中共武威市委、市人大、市政府、市政协，向研讨会开幕表示热烈的祝贺！向远道而来出席研讨会的各位专家、学者、来宾表示诚挚的欢迎！

武威是全国历史文化名城、中国旅游标志之都、丝绸之路上重要的黄金节点，也是中西文化交流融合的大舞台。以中国旅游标志"马踏飞燕"、"陇右学宫之冠"武威文庙、"石窟鼻祖"天梯山石窟、西藏纳入中国版图的历史见证地凉州白塔寺、著名佛教翻译家鸠摩罗什舍利塔、稀世珍宝西夏碑等为代表的诸多珍贵文化遗存闻名遐迩，汉唐文化、五凉文化、西夏文化、佛教文化、民族民俗文化等地域文化特色浓郁，在中国文化发展史上留下了辉煌灿烂的绚丽篇章，构成了凉州文化的丰富内涵，积淀了武威深厚的历史文化底蕴。

站在新的历史起点上，武威承载着弘扬丝路精神、建设"一带一路"的新使命，也再次成为文化交流交融的重要枢纽。2017 年，市委四届四次全会确定了**"走生态优先、绿色发展之路，努力建设经济强市、生态大市、文化旅游名市，全力打造生态美、产业优、百姓富的和谐武威"**的总体思路，把文化旅游产业发展摆在了前所未有的重要位置，坚持文化以旅游为体、旅游以文化为魂，大力促进文化旅游深度融合，成功举办了两届"凉州文化论坛"，常态化举办"凉州讲坛"和"凉州文化沙龙"。特别是

2017 年 9 月，凉州文化研究院挂牌成立，使灿烂辉煌的凉州文化有了自己的"家"；今年 3 月，我市与中国社会科学院签订战略合作协议；9 月 19 日，中国社会科学院历史研究所凉州文化研究基地揭牌。这些都是院地合作的重要成果，也使凉州文化的挖掘、研究、传承和弘扬达到了一个新的学术高度。

习近平总书记指出，"推动中华文明创造性转化和创新性发展，激活其生命力，让收藏在博物馆里的文物、陈列在广阔大地上的遗产、书写在古籍里的文字都活起来"。我们发掘、研究凉州文化，目的就是打造一张凉州文化的独特名片，讲述一个精彩的武威故事，也是让历史文化资源"活起来""走出去"的重要举措。这次研讨会，必将对提升凉州文化的影响力和知名度，促进凉州文化的保护、开发、利用产生深远的影响。相信这次研讨会一定会取得丰硕的成果。

真诚期望各位专家进一步集思广益、兼收并蓄，指导和支持我们更好地传承和弘扬凉州文化；充分发挥这次研讨会的平台优势、智力优势，向外界更好地展示凉州文化。也真诚期待各位专家继续关注武威、宣传推介武威。

我们将充分利用好此次研讨会的学术成果，进一步促进凉州文化创造性转化和创新性发展，让凉州文化更好地推陈出新、古为今用、助力发展。

最后，预祝研讨会取得圆满成功！衷心祝愿各位领导、专家学者和朋友们身体健康、万事如意！

谢谢大家！

凉州文化与丝绸之路国际学术研讨会
开幕式致辞

卜宪群

中国社会科学院历史研究所所长

中国秦汉史研究会会长

尊敬的柳书记、周市长、各位专家学者：

　　大家上午好，在这个美丽的金秋十月，在史学工作者都十分向往的武威，凉州文化与丝绸之路国际学术研讨会顺利召开了，首先我代表主办方之一中国社会科学院历史研究所，向为本次会议顺利召开付出辛勤汗水的武威市委市政府、中国秦汉史研究会、中国魏晋南北朝史学会，以及武威的各界朋友们表示感谢。我相信大家已经深深感受到武威市委市政府周到细致的安排，我想他们热情的接待给每一位专家留下了深刻的印象。同时，也向远道而来的韩国、日本朋友，向各高等院校、科研部门、文博以及新闻媒体界的朋友来参加这次会议，表示衷心的感谢！

　　本次会议筹备时间很短，但与会的学者众多，论文数量近五十篇而且学术水平都很高，这就说明大家对这次会议高度的重视。这次会议的背景是党的十八大以来，以习近平同志为核心的党中央高度重视文化自信，把文化自信作为四个自信的根本，特别注重挖掘中华传统文化，及其在新时代的创造性转化和创新。武威市委市政府特别是以柳书记为首的班子，积极落实党中央的号召，在发掘凉州文化内涵意义上做了大量工作，把凉州文化的重要性和重要意义作为推动武威社会经济发展的一个增长点，我们为武威市委市政府的精神所深深感动。这次会议是中国社会科学院历史研究所与中国秦汉史研究会、中国魏晋南北朝史学会共同商议召开的，也是各方面达成共识的结果。

　　凉州文化值得并需要深入研究。凉州在中国历史上占有重要的地位，北邻内蒙古高原、南接青藏高原，地理位置十分重要。从汉武帝设置河西四郡开始，甚至在此之前，凉州已经是中央王朝与西域、中亚地区经济文化交流的要道，丝绸之路的黄金节点，也是欧亚大陆交通的重要桥梁。在长期的历史发展过程中，形成了鲜明的地域文化，融入了中华民族大家庭，并且成为优秀中华传统文化的重要组成部分，影响十分深远。

凉州文化在中华文化中的意义有两点值得重视。

一是为中华文化的多样性提供了丰富的资源，做出了重要的贡献。凉州地区在历史上有发达的农业、畜牧业、商业，在物质文化上做出了重要贡献，也是西域、中亚地区向中原地区物质文化交流的一条重要渠道。精神文化上、思想文化上，佛教、儒学在这一地区都有繁盛的历史，产生了如鸠摩罗什这样的大翻译家。在武威地区发现了汉简，重要的如《仪礼》、"王杖十简"，这与武威地区当时的文化环境有一定的关系。所以，武威并不是一个偏僻、荒凉、文化荒芜的地区，而是一个历史上多民族、多文化交融的中心。当然，在历史上由于相对地理环境的偏远，也曾经为保存和传承中华文化做出了重要贡献，当中原战乱之时，这一地区保持了一块安静的环境土壤，使中华思想文化在此得以传承。

二是凉州地区为统一多民族国家的形成做出了重要的贡献。自汉代设"河西四郡"之后，这个地方就纳入了中央王朝的版图，后代有分有合，但总体的格局没有改变。白塔寺就是1247年蒙古王子阔端和西藏萨班进行会谈的地方。双方就西藏纳入中国版图进行了一次非常重要的会谈，没有发生战争，凉州会谈之后就形成了西藏纳入中国版图的协议，后来元朝建立之后的版图就以此为基础，白塔寺就是一个非常重要的见证地。

希望大家今后多关注凉州文化，尽学者之力，为凉州文化的发掘研究，服务于武威的社会经济建设发展，尽一个史学工作者的责任。今天的凉州是由历史的凉州发展而来，传承凉州文化是武威的重要职责，同时也是学者应尽的职责，现在凉州文化研究院成立了，历史所也在那里挂了"凉州文化研究基地"的牌子，但是研究基地和研究院不仅仅是武威的或是历史所的，也是我们在座大家的，还有包括其他所有史学工作者的。今后研究院可以设置一些课题，我也想成立一个学术委员会，呼吁更多的学者进行研究，进行实习调查，都把凉州文化研究院作为一个活动的实践基地，也鼓励大家带的博士、硕士、本科生多以这个地方的历史文化作为选题撰写论文。科研机制也会逐步建立起来，除了本次会议，武威同时还有凉州论坛，还有各类文化论坛，也诚挚地欢迎大家来这里讲一讲。今后每隔两三年，还会举办一次会议，也希望各位先生把会议的精神带到各个单位去。现在对汉唐以前凉州文化的研究多，汉唐之后的研究较少，也请其他学者今后多参与到凉州文化的研究中。

最后，预祝本次会议取得圆满成功，祝会议代表身体健康，身心愉快！

开阔凉州历史和凉州文化的研究视野

楼 劲

中国魏晋南北朝史学会会长

尊敬的柳书记，尊敬的武威市各有关方面，各位先生、各位同人、新闻媒体界的朋友们，值此"凉州文化与丝绸之路国际学术研讨会"开幕之际，我谨代表中国魏晋南北朝史学会的全体同仁祝贺会议的召开，向高度重视凉州文化的武威市委、市政府表示崇高敬意，对各位与会的先生表示热烈欢迎。

凉州向为河西重镇，是中古史上最为重要的地区之一。从汉武帝开始设立凉州州部，凉州就长期领有河西诸郡，曹魏以来其治所多稳定在姑臧即今武威市区，自此其长期均为河西走廊的政治中心、经济中心、文化中心。关于凉州与西北及整部中国历史的关联，历代对其地理和交通状况的概括，均甚重视其西通西域，东临关中，南向可抵河湟谷地和青藏高原，北向则达漠南、漠北草原的战略地位。因此，凉州的区位优势，集中体现为其长期都是中国西北地区和整个内亚东部地区南北东西往来的重要十字路口，加之其地处河西走廊最大的石羊河盆地中部，向来都以山川雄伟，平畴广阔，水草丰美而族群繁炽著称，这都构成了其历代皆备受各方关注的要因。在汉唐时期西北地区的战略地位更为重要时，凉州在全国政治格局中的地位自然也要更胜一筹。在唐以后西北地区重要性有所下降时，凉州作为内亚东部各族往来的枢纽地区，也仍对整个西北地区的历史，对其东西南北各族的发展发挥着重要作用。所以，我们今天聚集到武威，来一起探讨凉州丰富多彩的历史文化，探讨凉州文化与丝绸之路的关系，无论是对秦汉史、魏晋南北朝史和整部中国古代史研究，还是对促进武威地区今天经济社会的发展来说，都是很有意义的事情。

在深入研究凉州地区的发展史，更好地传承、弘扬凉州文化的课题上，前人已有大量重要的成果，值得认真汲取和总结。这里我想就其今后的研究方向提出两点拙见，以供大家参考、批评。

一是要扩大凉州历史文化研究的空间范围。以往的有关研究，更多的是立足于河西，着眼于西北地区来展开的，范围稍放大一些，也主要是做丝绸之路沟通东西的文章。相比之下，对于河西牵动着中原，且关乎青藏和漠南，对于凉州地区各种事态往往影响到东西南北各地和全国的大局，则措意相对不够，揭示有所不足。这就需要放大观察的空间，要看到相对于中原王朝，相对于黄河流域，凉州确实僻处西北，近于边陲，但无论是大一统王朝时期还是分裂割据时期，各地各族的事态都是相互联系、相互影响的。更何况，在整个内亚东部地区，凉州的位置大致居中，事实上也是其东西南北交通的重要枢纽。从这样一个角度出发来看凉州，对一些重大事件及其影响就会有不同的看法，这与仅从黄河流域，或仅从中原王朝来看可能是相当不同的。比如，我曾考虑，为什么魏晋以来的凉州，会屡屡出现一些与全国政局有关的符谶？这恐怕只能以当时凉州地区的舆情与京师存在着互动，其地事态与朝廷中枢决策往往相关来解释。而之所以有如此的基础，恐怕也正是由于上面所述凉州的战略地位，与其作为东西南北交通枢纽的传播优势分不开的。因此，仅就河西而论凉州，仅就西北而论河西，就会极大地限制我们的认识，只有把凉州历史和凉州文化的研究放在更大的空间范围中来考虑，才能实事求是，使研究的结论更合乎历史实际。

二是延伸凉州历史文化研究的时间长度。以往这方面的研究重点在汉唐时期，唐宋以后的部分较为薄弱，这是可以理解的。汉唐时期的凉州对于中原王朝的确显得十分重要，诸多事件都影响较大，以至于正史等典籍对此也有比较丰富的记载。到辽宋金元明清时期，全国政治重心明显东移、经济重心更已南移，民族关系和对外关系格局有了较大变化，加上陆、海丝绸之路的兴衰变迁，凉州地位总的确有下降之势，典籍对此的记载也明显减少。但这并不等于唐宋以后凉州已无关轻重，或对此研究的意义已经下降为一项普通的小区域研究，更不等于当时有关凉州的史料已不足以展开研究。正史等典籍的记载减少，其他著述仍数量可观，官府和民间各种文书更大量存在，遗址、石刻还在不断发现，考古发掘资料则在与日俱增。更为重要的是，8—9世纪以来，随着契丹、女真等东胡各族的崛起，朝鲜半岛地区亦稳定地出现了统一政权，西域地区则趋于伊斯兰化，这都显著改变了北方各族的民族迁徙和民族关系态势，并对当时中国历史有着极大的影响。在这个较之汉代以来明显变化了的大格局中，西北和河西出现了哪些重要的事态，其战略地位究竟是如何变化的？凉州的经济社会发展处于何种状态，凉州文化又是如何变迁的？这些都是亟待学界进一步研究、澄清的重大课题。只有在加强和补足对辽宋金元明清时期凉州历史文化研究的基础上，才可以深入说明：当时的凉州何以仍是河西重镇，也一直是经略西域和抵御伊斯兰化东进的中流砥柱，同时也还在沟通青藏与漠南各族时起着重要作用，从而也才可以切实地理解今天的凉州，开创明天更加美好的凉州。

最后，希望大家在武威市委、市政府已经搭好的平台上，在历史所已经建立研究基地的基础上，充分利用这些有利条件，联络国内外学者多来凉州实地考察，讲学交流，推进研究。

李弇后裔的迁徙经历与文化传承

——《北史·序传》读后

李　凭

前言：宗族发展三种类型

　　李延寿编撰的《北史》，① 虽然被列入二十四史之中，却因其采用家传体例而屡受学界诟病。然而，家传体例恰恰符合十六国、北朝至隋朝的社会形态，能够反映分布各地的华夏人民在战乱频仍的状况下结成家族与宗族而辗转迁徙的过程，其实是值得肯定的。尤其是，在广泛表述各地的他姓宗族之后，李延寿特设《序传》于终卷，② 集中而翔实地表述自家祖先活动的踪迹，从而弘扬了陇西李氏的历史贡献。在那洋洋一万五千余字中，浸透着李延寿崇敬先贤、热爱故里的情怀，如今读来依旧令人感怀。

　　关于陇西李氏，早在 20 世纪中叶就因唐朝皇室的源流问题而引起讨论，其中的纠结已为众知，此处不复悉数。20 世纪末，陇西李氏再度引起学术界的关注，张书城教授广征博引，探索源流脉络；张金龙教授辨析真伪，获得真知灼见。③ 21 世纪初，陇西李氏依旧受到学术界的重视，王义康教授论述其两番兴盛亮点，刘可维教授择其一房支脉精确考证，均形成

---

　　① 《北史》，中华书局 2011 年版。

　　② 《北史》卷 100《序传》，第 3313—3351 页。在下文中，除转录《序传》的文字外，凡引述《序传》内容处不再出注。

　　③ 张书城：《陇西李氏源流》，《丝绸之路》1994 年第 3 期；张金龙：《陇西李氏初论——北朝时期的陇西李氏》，《兰州大学学报》1994 年第 4 期；李开珠：《略说陇西李氏源流》，《甘肃社会科学》1994 年第 3 期；刘雯：《陇西李氏家族研究》，《敦煌学辑刊》1996 年第 2 期；何钰：《也谈古代陇西与陇西李氏之祖籍》，《社科纵横》1996 年第 3 期。

扎实成果。① 本文旨在借助上述研究成果，以陇西李氏为例而旧话重提，用以探索中古宗族发展的规律。

《北史》中记载的大量宗族，大多经受了社会长期动荡的历练。它们的发展经历可以划分为三种类型：其一，因武功强劲而崛起，因攻战失利而衰颓；其二，因政治发达而隆兴，因权势更替而败废；其三，因坚守学行而生生不息，因传承文化而繁衍成为世家。第一种类型为数众多，第二种类型数量不少，第三种类型难能可贵。当然，其间也不乏兼历两种或三种类型者，陇西李氏就是完全经历过上述三种发展类型的宗族。

由于陇西李氏名闻天下，有关其早期活动的文献相当丰富，除《北史》卷一百《序传》外，在《魏书》卷九十九《私署凉王李暠传》、《晋书》卷八十七《凉武昭王李玄盛传》、《旧唐书》卷七十三《李延寿传》、《新唐书》卷七十《宗室世系表》及卷一〇二《李延寿传》、《通志》卷二十八《氏族四》"以官为氏·李氏"条等文献中都有相应的记载，② 此外还有大量的碑铭利于充实和佐证。在这些常见的资料中，都隐含着历史的规律。如《旧唐书·李延寿传》文字最为简洁，仅仅用"陇西著姓，世居相州"八个字，就概括了李氏宗族隆兴于西陲而兴盛于中原的辉煌历史。③ 又如《北史·序传》，内容精详而条理清晰，所述李氏宗族的历史，既有武功的开拓，也有文治的进取，还有学行的追求；既有惨痛的悲剧，又有值得探讨的教训，还有应该坚持的经验。由此可见，李延寿特设《序传》以歌颂自家先祖，不仅仅出于私心，更因为李氏宗族确实是历尽风雨而成为文化世家的典范。

---

① 王义康：《论陇西李暠家族》，《陕西师范大学学报》2002 年第 1 期；刘可维：《陇西李氏敦煌房考辨》，《敦煌研究》2008 年第 4 期；李清凌：《关注姓氏文化资源的保护和研究——以陇西李氏的地望为例》，《兰州大学学报》2004 年第 5 期；孟永林、许有平：《李姓渊源及"陇西"李氏考略》，《天水行政学院学报》2006 年第 5 期。

② 《魏书》卷 99《私署凉王李暠传》，中华书局 2011 年版，第 2202—2203 页；该传中"（李暠）祖太"应是"祖弇"之误，已被中华书局版《校勘记》［九］指出，第 2211 页；《晋书》卷 87《凉武昭王李玄盛传》，中华书局 2011 年版，第 2257—2272 页；《旧唐书》卷 73《李延寿传》，中华书局 2011 年版，第 2600 页；《新唐书》卷 70《宗室世系表》、卷 102《李延寿传》，中华书局 2011 年版，第 1955—2177、第 3985 页。《通志》卷 28《氏族四》"以官为氏·李氏"条，中华书局影印本 1987 年版，第 469 页中栏—下栏。

③ 《旧唐书》卷 73《李延寿传》，第 2600 页。这八个字指明了李氏宗族发展过程中两番凸显时期，前为政治隆兴，后为文化昌明。

不过，陇西李氏枝繁叶茂，可以历数的头绪颇多。本文只是择取其中直属李弇的一系支脉作为重点研究对象，这是因为其间虽然经历曲折却又连贯承续的缘故。该系支脉的承续顺序为，弇—昶—暠—翻—宝—承—虔—晓—超—大师—延寿，以下视行文的方便，简称为李弇宗族或李氏宗族。李弇宗族历经反复的残酷战乱，却总能顽强发展，从河西走廊的南端跋涉至其北部的尽头，又从西域东来平城，再从雁北南下中原，颠沛流离半个中国而不折不挠，毫不间断地生息十代后裔，勾画成绵延不绝的发展轨迹。这条轨迹不仅与西晋十六国北朝相始终，而且隋唐以后继续繁衍。值得注意的是，李弇宗族迁徙的经历，既是本身文化传承的过程，通过纵向的文化传承而接受精神的洗礼，从而获得升华；也是文化传播的过程，通过横向的文化传播而扩大影响，进而为西部与中原的文化交流做出了历史贡献。

一 武装流民 投奔河西

李弇之祖李雍曾在兖州所辖济北和徐州所辖东莞任职太守，李弇之父李柔则转移到西部的雍州所辖北地郡任职太守，[①] 这番自东向西的大转移为李弇进入河西走廊埋下契机。[②]《序传》中有关李弇的经历记载如下：

> 柔生弇，字季子，高亮果毅，有智局。晋末大乱，与从兄卓居相国晋王保下。卓位相国从事中郎。保政刑不修，卓率宗族奔于张寔，弇亦随焉，因仕于张氏，为骁骑左监。[③]

李弇与从兄李卓生逢中原战乱之际，他们依附于时任西晋相国的司马保门下。司马保是西晋宗室，受封南阳王，曾任秦州刺史、大司马、右丞相、大都督陕西诸军事等职位，于建兴三年（315）二月进位为相国。[④] 所以，李卓任相国从事中郎的时间应该在建兴三年（315）二月之后。司马保虽

---

① 《序传》，第3314页。《晋书》卷14《地理上》兖州济北国条、雍州北地郡条，同书卷15《地理下》徐州东莞郡条，第419、第431、第452页。
② 此时济北国辖区在今山东省泰安市境，东莞郡辖区在今山东省临沂市境。北地郡辖区在今陕西省铜川市境。
③ 《序传》，第3314页。
④ 《晋书》卷5《愍帝纪》建兴三年二月景子条，第129页。

然位至相国，但是他的盘踞地在秦州，当时秦州的治所在天水郡的上邽县。①

东晋太兴二年（319），前赵刘曜定都长安，司马保遂自称晋王与之对抗。② 不幸，第二年即太兴三年（320）五月，上邽发生饥荒，晋王所属部众内讧，司马保被部将张春等人杀死。③ 事变之后，司马保的部众溃散，一部分逃往位于上邽西北方向的凉州。对此，《晋书》卷八十六《张寔传》中有所记载：

> 会（司马）保薨，其众散，奔凉州者万余人。④

此句与上引《序传》所言"（司马）保政刑不修，卓率宗族奔于张寔"之语可作互证，表明李卓、李弇兄弟从属于这批由司马保帐下投奔凉州的逃亡者，他们抵达的时间应该在太兴三年（320）五月之后。其时凉州被张寔的前凉政权盘踞，治所在姑臧。⑤ 这里值得注意的是，李卓投奔张寔并非个人的作为，也非仅仅与李弇的联手，而是"率宗族"的集体举动。

宗族是构成古代汉族社会的基层组织，由若干家族组成，家族则由若干家庭组成。由于家庭以血缘相结合，因此家族乃至宗族也以血缘作为维系的纽带。从家庭经家族到宗族，虽然血缘关系呈现为渐次疏远的状态，但是与家族以及家庭相比，宗族组织在规模上具有优势。那些庞大的宗族往往由众多家庭组成，能够相对强劲地应对复杂的社会环境。所以，在战乱的年代，孤独的家庭和零星的家族往往处于不堪一击的弱势，而人多势众的宗族则不仅能够担负抵御外敌的责任，而且具有组织生产和联络社会的功能，于是宗族就成为人们避免流离失所和转死沟壑的荫庇组织。

东汉末年灾患不断，引发黄巾起义和军阀混战，统一的社会局面遭到破坏，人们被迫转移到安定的地区，中原各地不时出现移民运动。西晋取代曹魏以后，社会短暂统一，人民稍获喘息机会。可是，他们刚刚返归旧

---

① 《晋书》卷14《地理志上》秦州天水郡条，第435页。上邽位于今甘肃省天水市清水县境。

② 《晋书》卷5《元帝纪》太兴二年条，第153页。

③ 《资治通鉴》卷91《晋纪》中宗元皇帝中太兴三年五月条，中华书局1956年版，第2927页。《晋书》卷37《南阳王保传》的记载与《资治通鉴》不同，称司马保是病死的，第1099页。

④ 《晋书》卷86《张寔传》，第2230页。

⑤ 姑臧，位于今甘肃省武威市境。

庐，正待复兴家园，就爆发了八王之乱。八王之乱招致匈奴、鲜卑、羯、氐、羌等部族南下，在五胡骑兵的冲击之下，中原普遍出现较汉末规模更大、迁徙距离更远的移民运动。大量的汉族人民逃离家乡而成为流民，前往虽然偏远但安定的边疆区域。为了在途中相互扶持和救济，流民群体大多以宗族为单元而辗转迁徙。从那个时期的正史记载来看，汉族流民的迁移路线有以下几个大的方向：南渡长江，前往下游的三吴、中游的湘鄂、上游的巴蜀；北出句注，经雁门，抵河套；东进太行，徙入燕山、辽河之间；西越陇山，沿河西走廊奔波，经武威、张掖、酒泉、敦煌，远达西域。上述迁徙路线都伴随着长途跋涉的辛苦和不可预测的危险，其中西越陇山的路线是最遥远的，也是最艰难的。

在这样的历史背景下，《序传》所言李卓的"率宗族"三个字看似简单，却含义丰富。首先，李卓所率的宗族正是西晋末年翻越陇山的一支流民。其次，李卓在司马保帐下能够获得相国从事中郎的职位，主要原因是他率领着自家的宗族，因为将这支宗族吸纳就能够增加司马保的实力。最后应该注意到，李卓投奔前凉之后随即被任为骁骑左监；骁骑左监是典型的武职，这表明李卓率领的宗族不但具有相当数量的青壮年，而且还配有相应的武装。倘若上述推测不错，这支不容忽视的宗族，正是李氏今后能够在河西走廊立身发达的强劲支柱。

逃亡到姑臧之后，李氏宗族的力量获得持续稳定发展，这可以从继李卓之后李弇依旧受到前凉重视的事实看出。李弇原本在晋王司马保的帐下和前凉张寔政权之中均无职位，因为他的身份只是随从李卓的宗族成员。但是在张寔之子张骏当政之后，李弇便脱颖而出了。

张骏于东晋太宁二年（324）嗣位，至永和二年（346）去世。他统治前凉二十余年，不仅占据了河西走廊大部分地区，而且境内稳固安定。《晋书》卷八十六《张轨附张骏传》记载：

> 骏有计略，于是厉操改节，勤修庶政，总御文武，咸得其用，远近嘉咏，号曰"积贤君"。自轨据凉州，属天下之乱，所在征伐，军无宁岁。至骏，境内渐平。又使其将杨宣率众越流沙，伐龟兹、鄯

善，于是西域并降。①

前凉的国力能够达到全盛状态，与张骏善于引用人才分不开。因此，李弇有幸受到张骏的特别器重，《序传》记载：

> 弇本名良，妻姓梁氏。张骏谓弇曰："卿名良，妻又姓梁，令子孙何以目其舅氏？昔耿弇以弱年立功，启中兴之业，吾方赖卿，有同耿氏。"乃使名弇。历天水太守、卫将军，封安西亭侯。卒，年五十六，赠武卫将军。②

李弇被张骏看重，竟然将他比作东汉开国名将耿弇而寄予厚望，③ 为其易名且委以方面大员的重任。史载李弇的任职是天水太守、卫将军，张骏的意图显然是让李弇经营他所熟悉的位于前凉东南部的上邽一带。李弇没有辜负张骏的期望，这可以从他生前受封安西亭侯和死后获赠武卫将军中看出。

如此事实，不仅证明李弇是治理一方的干才，也表明他依旧率领着一支强劲的武装队伍，而这支队伍的骨干仍应是长期随从李卓兄弟的宗族子孙们。换而言之，李弇成功的根本原因在于依赖流民武装的支持。

二　经营敦煌　建国西凉

李弇的发迹为后裔的发展着了先鞭，不过宗族的隆兴则是半个世纪之后的事业，其间尚有一番跌宕。

李弇之子名昶，《序传》称他"幼有名誉"，《新唐书》卷七十上《宗室世系表上》则记载他曾任太子侍讲。④ 李昶本应是一位颇有希望成才的青年，可是不幸于十八岁时早逝。李昶死后留下遗腹而诞的儿子李暠，由其祖母梁氏亲加抚育。孤儿寡妇生活之艰辛可想而知，然而李暠非但没有夭折，居然还茁壮成长起来，这当然与其背后有强劲的宗族荫庇与支持密

---

① 《晋书》卷86《张轨附张骏传》，第2237页。
② 《序传》，第3314页。
③ 《后汉书》卷19《耿弇传》，中华书局2011年版，第703—713页。
④ 《序传》，第3314页。《新唐书》卷70上《宗室世系表上》，第1957页。

切相关。

伴随李暠的成长，河西走廊的政治形势也发生着巨大变化。前凉于东晋太元元年（376）被前秦败灭。淝水之战后前秦崩溃，苻坚旧将吕光趁机攻占姑臧，于太元十一年（386）建立后凉政权。东晋隆安元年（397），吕光旧部段业背叛后凉，在张掖建立北凉政权。在此期间，李暠经历过多少世事的磨砺已难知晓，但是他的心中潜藏着大志。《序传》记载：

> 凉武昭王暠字玄盛，小字长生，简公昶之子也……常与吕光太史令郭黁及其同母弟宋繇同宿。黁起谓繇曰："君当位极人臣，李君必有国土之分。家有骊黄马生白额驹，此其时也。"及吕光之末，段业自称凉州牧，以昭王为效谷令。①

"位极人臣"之语虽然出自郭黁之口，其实正中李暠下怀。乱世是英雄辈出之际，机会终于降临到李暠头上，他被北凉段业任用为效谷县令。效谷为自古通往西域的要隘，②汉晋以降一直隶属于敦煌郡。效谷虽然是北凉领地，但是距离其中心张掖甚远，处于段业难以控制的状态。因此，出任效谷县令后，李暠客观上具有了自立的据点，而李氏宗族也有了扎根的土壤。

可以想见，此时李暠率领的宗族势力，已经不弱于李卓、李弇兄弟寄身晋王司马保和前凉张氏政权之时，但是其本质上依旧是一股握有武装的流民集团。这样的武装集团可以被封建军阀利用而逞强一时，却难以永久维持其实力。要想保持实力强劲，就必须在经济上自给自足。汉族传统以农业生产为主业，赖以生存的第一要素是土地，人们只有与土地密切结合，才能够在经济上自给自足，才能够生存和延续。简而言之，作为流民武装部伍的李氏宗族，只有依托在一定范围的土地上，才能够繁衍壮大。而此时天赐良机，远在河西走廊西北的效谷具有大片适于耕作的良田，成为李暠发轫的根据之地。

《汉书》卷二十八下《地理志下》"敦煌郡"条下引师古注曰：

---

① 《序传》，第3314—3315页。

② 效谷，位于今甘肃省酒泉市瓜州县境。

> 效谷，本渔泽障也。桑钦说：孝武元封六年（前 105），济南崔不
> 意为鱼泽尉，教力田，以勤效得谷，因立为县名。①

可见，早在西汉统治时期，效谷就是农耕地区，且因居民"勤效得谷"而
成为县级行政建制。西汉以后，从下文所引地志可以看出，效谷县的建制
一直被保存下来，说明它在汉晋四百年间始终是宜于农垦的区域，经过漫
长的岁月而未改变，这样的自然条件当然适合以种植谷物为主业的汉族流
民移居。李暠出任县令以后，李氏宗族就自然获得植入效谷宝地的机会，
终于能够摆脱疲于奔波的命运了。遗憾的是，由于相关的史料阙如，我们
只能从作为李氏宗族代表的李暠后来在政治事业上的兴旺状态，以及他在
手令诫诸子书中表述的满怀信心，② 推想其经济基础的积淀应该不薄。

李暠政治事业的隆兴，是从据有敦煌郡开始的，《序传》记载：

> 敦煌护军冯翊郭谦、沙州中从事中敦煌索仙等以昭王温毅有惠
> 政，推为宁朔将军、敦煌太守。昭王初难之。会宋繇仕于业，告归，
> 言于昭王曰："兄忘郭黁言邪？白额驹今已生矣！"昭王乃从之。寻进
> 号冠军将军，称藩于（段）业。业僭称凉王，其右卫将军索嗣构昭王
> 于业。乃以嗣为敦煌太守，率骑而西。昭王命师击走之。③

李暠被推为敦煌太守，表面原因是治理效谷县务"温毅有惠政"，实际上
还是因为他掌控着一支强劲的宗族势力的缘故，这可以从李暠命师击走北
凉右卫将军索嗣所率骑兵的事实看出。对于李暠击退索嗣骑兵的情节，
《晋书》卷八七《凉武昭王李玄盛传》的记载更加细致：

> 于是，遣其二子士业、让与（张）邈、（宋）繇及司马尹建兴等
> 逆战，破之，（索）嗣奔还张掖。④

关于李暠派去击破索嗣的部伍之组成史乏记录，但是率领这支部伍的将领
却写得清楚。这支部伍的率领者，首先是李暠的次子李歆（字士业），其

---

① 《汉书》卷 28 下《地理志下》，第 1615 页。
② 《晋书》卷八十七《凉武昭王李玄盛传》，第 2262—2263 页。
③ 《序传》，第 3315 页。
④ 《晋书》卷 87《凉武昭王李玄盛传》，第 2258 页。

次是其第三子李让，则二人所率部伍的骨干无疑就是李氏宗族子弟。这支李姓子弟兵居然能够击败北凉派遣来交战的骑兵军队，可见实力不弱。依靠宗族的强劲，正是李暠的势力能够很快突破效谷一县之地而扩张至敦煌全境的根本原因。

关于敦煌的情况，《汉书》卷二十八下《地理志下》记载：

> 敦煌郡，武帝后元年（前88）分酒泉置……莽曰敦德。户万一千二百，口三万八千三百三十五。[1]

西汉武帝朝设立敦煌郡是为了安顿屯垦戍边的移民，所以当地居民基本上是汉族百姓。西汉时期敦煌郡下辖六县，这些县治其实就是那些屯垦户的聚居点，效谷在其中排列第三位。通过汉族移民及其后代的辛勤劳作与护卫，敦煌郡一直延续下来。王莽统治时期改称敦德，仍旧保持建制。东汉时期恢复敦煌旧名，《后汉书》卷二十三《郡国志五》记载：

> 敦煌郡，六城，户七百四十八，口二万九千一百七十。

该条之下注引《耆旧记》曰：

> 水有县泉之神，山有鸣沙之异，川无蛇虺，泽无兕虎，华戎所交，一都会也。[2]

东汉时期敦煌郡已经成为汉族与少数民族交界地区的"都会"，其下管辖仍为六县，效谷县依旧居中，排列第三位。西晋时期敦煌郡规模扩大，《晋书》卷十四《地理志上》"凉州"条记载：

> 敦煌郡，汉置。统县十二，户六千三百。[3]

西晋敦煌郡统辖十二座县邑，户数也较后汉时期大增。效谷县排列居中而靠前，位列第五。

虽然上述地志所载的户数和口数的精确度值得推敲，但其呈现上升的

---

[1] 《汉书》卷28下《地理志下》，第1614页。
[2] 《后汉书》卷23《郡国志五》，第3521页。
[3] 《晋书》卷14《地理志上》"凉州"条，第434页。

趋势应该可信。西晋时期敦煌郡户数的增长，与此前三国时期经营管理的加强密切相关。《三国志》卷十六《仓慈传》记载：

> 仓慈，字孝仁，淮南人也。始为郡吏……太和（227—232）中，迁燉煌太守。郡在西陲，以丧乱隔绝，旷无太守二十岁，大姓雄张，遂以为俗。前太守尹奉等，循故而已，无所匡革。慈到，抑挫权右，抚恤贫羸，甚得其理。旧大族田地有余，而小民无立锥之土；慈皆随口割赋，稍稍使毕其本直……数年卒官，吏民悲感如丧亲戚，图画其形，思其遗像。

该传注引《魏略》曰：

> ……至嘉平（249—253）中，安定皇甫隆代（赵）基为太守。初，燉煌不甚晓田，常灌溉滀水，使极濡洽，然后乃耕。又不晓作耧犁、用水及种，人牛功力既费，而收谷更少。隆到，教作耧犁，又教衍溉，岁终率计，其所省庸力过半，得谷加五。又燉煌俗，妇人作裙，挛缩如羊肠，用布一匹；隆又禁改之，所省复不訾。故燉煌人以为隆刚断严毅不及于（仓）慈，至于勤恪爱惠，为下兴利，可以亚之。①

由上述可知，通过管理得当和引进先进生产技术，敦煌郡在曹魏时期已经形成社会生产与生活的良好环境。所以，后来出现西晋时期敦煌郡规模扩大和户数增加的现象就不奇怪了。

西晋末年社会动乱，流民成群出现，于是中原人口锐减，边地户数更加增长。敦煌郡的移民也再次猛增。《晋书》卷八七《凉武昭王李玄盛传》记载：

> 初，符坚建元（365—384）之末，徙江汉之人万余户于敦煌，中州之人有田畴不辟者亦徙七千余户。郭黁之寇武威，武威、张掖已东人西奔敦煌、晋昌者数千户。②

---

① 《三国志》卷16《仓慈传》，中华书局2011年版，第512—513页。
② 《晋书》卷87《凉武昭王李玄盛传》，第2263页。

可见，就在李暠来到敦煌之前不久，敦煌郡曾有接近二万余户移民迁入。

利用良好的客观环境，李暠在曹魏和西晋治理者的基础上继续推行"温毅"的"惠政"，因此受到敦煌护军郭谦、沙州治中敦煌索仙等当地势力的拥护，遂使敦煌郡成为李暠施展宏图的适宜平台，具体表现就是建立起汉族移民政权。这个政权史称为西凉国。《序传》记载：

> 于是晋昌太守唐瑶移檄六郡，推昭王为大都督、大将军、凉公，领秦凉二州牧、护羌校尉，依窦融故事。昭王乃赦境内，建元号庚子（400），追崇祖考，大开霸府，置左右长史、司马、从事中郎，备置僚寀。

建立政权之后，李暠继续开疆拓域，推行农垦，发展经济，以巩固新兴政权的统治。《序传》接着记载：

> 广辟土宇，屯玉门、阳关，大田积谷，为东讨之资……（庚子）五年（405）改元为建初……是岁，乃自敦煌徙都酒泉。……于时百姓乐业，请勒铭酒泉，乃使儒林祭酒刘彦明为文，刻石颂德……昭王（李暠）以纬世之量为群雄所奉，兵无血刃遂启霸业，乃修敦煌旧塞。①

巩固政权之后，李暠将国都迁徙到酒泉，形成向河西走廊中部拓展的态势。

西凉国统治下的基本群众是先后迁居其地的汉族移民；支持这个政权的骨干是李氏宗族以及下文将要述及的与李氏联姻的宗族，处于该政权顶层的是李暠宗室。与李暠的隆兴同步，李氏宗族不仅在效谷县的土地扎下根柢，其后裔兴旺生息，进而繁衍至敦煌以及更加广袤的地区，形成诸多支族大房。《新唐书》卷七十上《宗室世系表上》记载：

> 暠字玄盛，西凉武昭王、兴圣皇帝。十子：谭、歆、让、愔、恂、翻、豫、宏、眺、亮。愔，镇远将军房始祖也。其曾孙系，平凉房始祖也。翻孙三人：曰丞，姑臧房始祖也；曰茂，敦煌房始祖也；

---

① 《序传》，第3315—3316页。

日冲，仆射房始祖也。曾孙曰成礼，绛郡房始祖也。豫玄孙曰刚，武陵房始祖也。①

这里所列仅限于由李暠宗室衍生出来的大房，此外还应有众多其他李氏宗族的支族也在繁衍发展。

要之，在社会陷入长期战乱的情况下，由于宗族组织的规模较大，便于荫庇成员和率领迁徙，也利于在新的聚居地点组织生产和安顿生息，从而获得繁衍与发展，进而分蘖成更加旺盛的宗族。其中，具有经济实力和武装势力的宗族，就会成为地方茂族，或因枝繁叶茂而被称为大房。李弇这支宗族的发展历程正是这样的典型事例。所谓李氏"陇西著姓"，至李暠时期实至名归矣。②

三 逃亡伊吾 迁徙平城

在接近西域的河西走廊西北境，由汉族建立的西凉国传承了李暠及其二子李歆、李恂两代三主，坚持时间长达22年，最终于北魏泰常六年（421）被河西王沮渠蒙逊灭亡。③ 考察西凉之国运，可以概括为，因李暠的开拓而兴盛，因其子李歆的杀伐而失败。关于此情，《晋书》卷八十七《凉武昭王李玄盛子士业传》中有所记载：

①《新唐书》卷70上《宗室世系表上》，第1759页。

② 在《资治通鉴》卷140《齐纪六》高宗明皇帝中建武三年（496）正月"众议以薛氏为河东茂族"条下，胡三省为地方著姓所作定义曰："郡姓者，郡之大姓、著姓也。今百氏郡望盖始于此。"（第4473页）

③《序传》称，"武昭王（李暠）以魏道武皇帝天兴二年（399）立，后主（李歆）以明元皇帝太（泰）常五年（420）而亡，据河右凡二世，二十一年"（第3316页）。《晋书》卷87《凉武昭王李玄盛传》称："玄盛以安帝隆安四年（400）立，至宋少帝景平元年（423）灭。据河右凡二十四年"（第2271页）。按：《魏书》卷2《太祖纪》天兴三年条下记载，"是岁……李皓（暠）私署凉州牧、凉公"（第38页），则西凉国起始时间为天兴三年。又按：《魏书》卷99《私署凉王李暠传》有"歆弟敦煌太守恂复自立于敦煌。……蒙逊攻恂于敦煌。……城陷，恂自杀"等语（第2203页）；而且，《魏书》卷3《太宗纪》泰常六年条下也称，"是岁，沮渠蒙逊灭李恂"（第61页）。这就表明西凉国主在李暠及其第二子李歆之后还有李暠的第五子李恂，实际传续了两代三主，并非二世，因此西凉国的灭亡时间应该是泰常六年（421）。至于李恂之后，西凉国政权已不复存在，故其灭亡之年不应如《晋书》所称，为宋少帝景平元年。若此，则自天兴三年（400）起，至泰常六年（421）止，西凉国历经时间为跨年22年。

> 士业（李歆）闻（沮渠）蒙逊南伐秃发傉檀，命中外戒严，将攻张掖。尹氏固谏，不听。宋繇又固谏，士业并不从。繇退而叹曰："大事去矣，吾见师之出，不见师之还也！"士业遂率步骑三万东伐，次于都渎涧。蒙逊自浩亹来，距战于怀城，为蒙逊所败。左右劝士业还酒泉，士业曰："吾违太后明诲，远取败辱，不杀此胡，复何面目以见母也！"勒众复战，败于蓼泉，为蒙逊所害。①

关于尹氏太后劝谏李歆的情况，在《晋书》卷九十六《列女·凉武昭王李玄盛后尹氏传》有比较详细的记载：

> 凉武昭王李玄盛后尹氏，天水冀人也。幼好学，清辩有志节……玄盛之创业也，谟谋经略多所毗赞，故西州谚曰："李尹王敦煌。"及玄盛薨，子士业嗣位，尊为太后。士业将攻沮渠蒙逊，尹氏谓士业曰："汝新造之国，地狭人稀，靖以守之犹惧其失，云何轻举，窥冀非望！蒙逊骁武，善用兵，汝非其敌。吾观其数年已来有并兼之志，且天时人事似欲归之。今国虽小，足以为政。知足不辱，道家明诫也。且先王临薨，遗令殷勤，志令汝曹深慎兵战，俟时而动。言犹在耳，奈何忘之！不如勉修德政，蓄力以观之。彼若淫暴，人将归汝；汝苟德之不建，事之无日矣。汝此行也，非唯师败，国亦将亡。"士业不从，果为蒙逊所灭。②

李歆不自量力且不听劝告，一意孤行而穷兵黩武，最终断送了父辈辛勤创建的政权。这正应了本文前言所谓宗族发展类型中的第一种情况，因攻战失利而衰颓是其结果。

李家政权虽败，但李氏宗族犹在。经过数十年的经营，李氏宗族已经通过联姻、共事等方式与诸多他姓宗族结合起来，在河西走廊的西北部形成盘根错节的势力。前文中出现的李弇夫人梁氏的外家、李暠之后尹氏的外家以及曾经推动李暠建立政权的晋昌太守唐繇，就是与李氏宗族共命运的宗族。因此，李氏宗族犹有复兴的机会。《序传》记载：

---

① 《晋书》卷96《列女·凉武昭王李玄盛后尹氏传》，第2526—2527页。
② 《晋书》卷87《凉武昭王李玄盛传》，第2270页。

宝字怀素，小字衍孙，晋昌太守翻（李暠第六子）之子也。沈雅有度量，骁勇善抚接。遇家难，为沮渠蒙逊囚于姑臧。岁余，与舅唐契北奔伊吾，臣于蠕蠕，其遗众之归附者稍至二千。宝倾身礼接，甚得其心，众皆为之用，每希报雪。①

国破家难之后，李暠之孙李宝等一度被囚系于北凉国都城姑臧。此后岁余，李宝得到机会，与舅氏唐契一同逃亡伊吾，② 从而臣服于柔然。

唐契的父亲是唐繇。唐繇就是当初"移檄六郡"拥护李暠的北凉晋昌太守。唐契之弟名和，在《魏书》卷四十三《唐和传》中有记载：

唐和，字稚起，晋昌冥安人也。父繇，以凉土丧乱，民无所归，推陇西李暠于敦煌，以宁一州。李氏为沮渠蒙逊所灭，和与兄契携外甥李宝避难伊吾，招集民众二千余家，臣于蠕蠕。蠕蠕以契为伊吾王。经二十年，和与契遣使来降（北魏），为蠕蠕所逼，遂拥部落至于高昌。③

《序传》与《唐和传》均记载，随从唐契、唐和兄弟与李宝逃亡伊吾的部众约为两千余家。此两千余家无疑是唐、李两姓宗族组成的联合集团。该联合集团投奔蠕蠕之后，唐契被委封为伊吾王，竟然未以原西凉王孙李宝为首脑。由此可以判断，在此联合集团中占据主体者已非李氏宗族，而是唐氏宗族，这或许是由于李氏人数较少的缘故。简言之，此时的李宝及其宗族处于依附他族的地位。不过，李氏宗族的苗裔毕竟被保存下来，而其命运之转机也还存在希望。

北魏太平真君元年（440），河西王沮渠蒙逊之子沮渠无讳被北魏大军败降，太平真君三年（442）西凉国的世仇沮渠氏势力被迫撤离敦煌，李宝趁机率众自伊吾南归。《序传》记载：

属太武遣将讨沮渠无讳于敦煌，无讳捐城遁走。宝自伊吾南归敦煌，遂修善城府，规复先业，遣弟怀达，奉表归诚。太武嘉其忠款，

---

① 《序传》，第3316—3317页。
② 伊吾，位于今新疆维吾尔自治区哈密市境。
③ 《魏书》卷43《唐和传》，第962页。

拜怀达散骑常侍、敦煌太守；别遣使授宝使持节、侍中、都督西垂诸军事、镇西大将军、开府仪同三司、领护西戎校尉、沙州牧、敦煌公，仍镇敦煌，四品已下，听承制假授。真君五年，因入朝，遂留京师，拜外都大官。转镇南将军、并州刺史，还除内都大官。[①]

返归敦煌之后，李宝一方面努力修葺旧都，试图复兴祖业；另一方面又不得不派遣其弟李怀达向北魏太武帝奉表归诚以求庇护。[②] 太平真君五年（444），李宝抵北魏国都晋谒太武帝，被拜为外都大官，但结果他和家人均被留在平城。李宝家族被迫与生活在敦煌的李氏宗族分离，这显然出于北魏王朝拔除地方割据势力的策略。

李宝在敦煌重建西凉国的愿望彻底破灭，意味着李氏宗族的复兴必须另辟蹊径，而不能凭借武装流民重建政权的方式了。

四 身任梁栋 德洽家门

幸而，迁徙平城的李宝及其子孙颇能适应新的政治环境。他们被移植到平城之后，经过一段韬光养晦，竟又发达起来。

李宝生有六子，除第五子公业早卒外，后来都在北魏王朝就任要职。长子李承，受赐爵位姑臧侯，官至龙骧将军、荥阳太守；次子李茂，袭父爵敦煌公，历任长安镇都将、西汾州刺史、光禄大夫等职；第三子李辅，解褐中书博士，历任司徒议曹掾、镇远将军、颍川太守等职；第四子李佐，历任常山太守、怀州刺史、相州刺史、荆州刺史、兼都官尚书等职。

从李家诸兄弟的任职，不难看出东迁之后李暠后裔从武职将领转向文职官员的趋向，这样的变化与北魏王朝中期的政治策略从以征伐为主转向以文治居重的大形势是相应的。由于适应了形势的需要，李家兄弟渐渐成为在异族王朝凸显的汉族新贵，他们之中最杰出的是李宝第六子李冲，他被史家誉为"身任梁栋，德洽家门"的"一时之秀"。[③]

---

① 《序传》，第3317页。
② 详情见《魏书》卷4下《世祖纪下》太平真君元年八月条、三年四月条、三年十二月条，第1189页。
③ 《魏书》卷53《李冲传》，第1189页。

李冲生逢文明太后与孝文帝大力推行改制的太和年间（477—499）。太和改制是包括经济基础、上层建筑和思想意识形态在内的一场规模恢宏的变革，它广泛总结了五胡十六国至北魏中期各民族政治、经济与文化交融的成果，成为汉末以降在中国北方广阔范围内弘扬中华文化的运动。李冲抓住时代机遇，积极向拓跋统治者介绍汉族文化的精华，促进了北魏新制度的建立。例如，对当代及后世影响深远的基层行政组织三长制，就是李冲依据经典文献提炼出来的。不仅如此，在民族融合与文化交流的大潮流推动下，孝文帝率领数十万各族军民于太和十八年（494）将国都从平城迁往洛阳。深谙传统文化的李冲被孝文帝委以营构之任，担当起新都的规划者，为洛阳恢复繁荣做出了很大贡献。①

李冲先后得到文明太后与孝文帝的宠幸，担任过中书令、尚书仆射等尊贵要职。李冲的女儿被孝文帝选为夫人，宠臣加外戚的身份使得李冲之家尤其显赫。可贵的是，在权势隆重的情况下李冲犹能够维护家族的相亲友爱，《魏书》卷五十三《李冲传》记载：

> 冲兄弟六人，四母所出，颇相怨阋。及冲之贵，封禄恩赐，皆以共之，内外辑睦。父亡后，同居二十余年，至洛乃别第宅，更相友爱，久无间然，皆冲之德也。②

不仅如此，李冲还能关心姻族和乡间之中的贫困者，《魏书》卷五十三《李冲传》又记载：

> 冲家素清贫，于是始为富室。而谦以自牧，积而能散，近自姻族，逮于乡间，莫不分及。虚己接物，垂念羁寒，衰旧沦屈由之跻叙者，亦以多矣，时以此称之。③

李冲"虚己接物"地对待亲属，热情关心族人的整体发展，对于和谐宗族是有益的举动。而且，李冲还通过联姻的方式将自家与北魏皇室及中原的

---

① 李凭：《襄助孝文帝迁都的三位关键人物》，《江海学刊》2012 年第 3 期。
② 《魏书》卷 53《李冲传》，第 1189 页。
③ 同上书，第 1180 页。

世家大族联络起来，① 借以扩大李氏宗族的社会影响。于是，随着北魏政权的南迁，经过李冲这一辈人的努力，李氏宗族不仅在中原扎下根柢，并且发展成为显赫的门阀士族，跻身于一流的世家大族。②

祸兮福所倚，李宝被迫东迁，虽然改变了李家将军门庭的风格，却给后辈提供了政治上发展的机遇，从而使其宗族重新兴盛。不过应该看到，李宝的后代能够顺应北魏形势，获得政治上的大发展，其获益的要领在于自李弇至李宝等前辈早就积累起武功加文职的素养。

如前所述，李弇本名良，前凉国主张骏命他改名为弇，理由之一是期待他仿效东汉名将耿弇以建功立业。在《后汉书》卷十九《耿弇传》中，记有一段光武帝刘秀夸奖耿弇的话语，兹引述如下：

> 昔韩信破历下以开基，今将军攻祝阿以发迹，此皆齐之西界，功足相方。而韩信袭击已降，将军独拔勍敌，其功乃难于信也……将军前在南阳建此大策，常以为落落难合，有志者事竟成也！③

耿弇曾在刘秀规划平定河北与齐地之前建言献策，又在剿灭彭宠、张丰、张步等割据势力之中建立功勋，因此受到刘秀的表彰。在这段表彰之语中，耿弇被比作西汉高祖刘邦手下开国功臣韩信。可见，在刘秀看来，耿弇是像韩信那样武勇与韬略兼具的将帅。由此也可见，在张骏的心目中，李弇并非平庸的武夫，而是具有谋略和志向的将领。李弇能够给张骏留下如此良好的印象，说明他平时已经表现出既勇且智的素养。

李弇智勇兼具的素养会潜移默化地影响其后裔。如果说，李弇展现的尚属武胜于文的素质，那么到他的孙子李暠这一辈就转向文武并行双修了。《序传》记载：

---

① 如下文将述，李冲的长孙李或尚丰亭公主。又，李冲之女李媛华为拓跋宗室彭城王元勰之妃，生北魏孝庄帝元子攸，见《彭城武宣王妃李氏墓志铭》，赵超：《汉魏南北朝墓志汇编》，天津古籍出版社1992年版，第148—150页。此外，该墓志铭中还详列了李冲家族与清河崔氏、范阳卢氏、荥阳郑氏等世家大族联姻的情况。

② 《资治通鉴》卷140《齐纪》高宗明皇帝中建武三年（496）正月条称："魏主雅重门族，以范阳卢敏、清河崔宗伯、荥阳郑羲、太原王琼四姓衣冠所推，咸纳其女以充后宫。陇西李冲以才识见任，当朝贵重，所结姻连莫非清望，帝亦以其女为夫人。"（第4472页）可见，孝文帝与中原高门联姻之际，已经将陇西李氏目为仅次于中原卢、崔、郑、王四姓的世家大族。

③ 《后汉书》卷19《耿弇传》，第711—712页。

> （李暠）遗腹而诞，祖母梁氏，亲加抚育。幼好学，性沈敏宽和，美器度，通涉经史，尤长文义。及长，颇习武艺，诵孙、吴兵法。①

李暠幼时就爱好传统文化，因此通晓经史，长于钻研文章的义理。李暠长大以后才学习武艺，不过他学习的武艺并不是单纯地练习功夫，还要诵读孙、吴兵法。孙、吴兵法虽是军事著述，其实也还属于传统文化。可见，李暠后来能够成功地组建西凉政权，不是仅凭宗族武装势力，还依靠着由传统文化养成的施政韬略。

李暠对于传统文化的重视，也可以从他与河西著名大儒刘昞相处的事实看出来，《魏书》卷五十二《刘昞传》记载：

> 刘昞，字延明，敦煌人也。父宝，字子玉，以儒学称。昞年十四，就博士郭瑀学……昞后隐居酒泉，不应州郡之命，弟子受业者五百余人。李皓（暠）私署，征为儒林祭酒、从事中郎。皓好尚文典，书史穿落者亲自补治，昞时侍侧，前请代皓。皓曰："躬自执者，欲人重此典籍。吾与卿相值，何异孔明之会玄德。"迁抚夷护军，虽有政务，手不释卷。皓曰："卿注记篇籍，以烛继昼。白日且然，夜可休息。"昞曰："朝闻道，夕死可矣，不知老之将至，孔圣称焉。昞何人斯，敢不如此。"昞以三史文繁，著《略记》百三十篇、八十四卷，《凉书》十卷，《敦煌实录》二十卷，《方言》三卷，《靖恭堂铭》一卷，注《周易》、《韩子》、《人物志》、《黄石化三略》，并行于世。②

李暠不但"好尚文典"，而且爱护从事传统文化著述的专家；刘昞能够研习成为儒学大师，与李暠的热诚鼓励是分不开的。当然，这段记载同时也表明，李暠对于传统文化具有相当深邃的理解和体验。

李暠遗腹而诞，由祖母梁氏抚育成人。他的良好文化素质的养成，与梁氏的悉心教育是分不开的。而这位梁氏，就是前文已经提到的李暠祖父李弇的妻子。当初，张骏命李弇改名之时，还有一条理由，就是他的名

---

① 《序传》，第3314页。
② 《魏书》卷52《刘昞传》，第1160页。

与妻的姓发音一样，这会对于此后亲家之间的交往有所妨碍。张骏是前凉国主，以他的身份而言，既知道李弇之妻的姓，又建议李弇改名以免忌讳，可见李弇的妻丈家必非平常小户，定是传统大家。所以，梁氏能够担负起孙子李暠的培养责任，使他自"幼好学"传统文化，就不足为怪了。

有梁氏这样的祖母，才会有李暠这样的孙子。有李暠这样的酷爱传统文化的祖辈，于是就有了李宝以及李承、李冲等传承文化的孙辈和重孙辈。如果说，生活在敦煌的李暠尚属于文武双修者，那么在平城和洛阳生活的李氏子孙们就大多转化成为修读经史的文职官员了。由此看来，虽然李宝及其后裔被迫迁离了河西，但是不幸之中蕴藏着历史的契机，因为经此曲折途径，传统文化不但自然而然地传承下来，而且形成回环式的交流。实际上，北魏太武帝取得河西走廊以后，大量河西士族与民众陆续东迁，他们背负着河西的财富与文化来到北魏国都，推动了在平城发生的民族大融合与文化大交流。而李氏宗族成了积极参与其中的一支重要群体。

参酌上引《刘昞传》可知，李暠好尚的文典，虽然当时保存于河西，其实本来是源自中原的儒学经史。可以想见，这些传统文献，经过刘昞等河西儒学家之手整理后，便有了两种前途：其一，继续在河西传承；其二，通过像李宝这样的家族而流传到平城，后来随着北魏国都的南迁洛阳而返回中原。随着时代的发展，河西传统文献的两种前途都深深地影响了后世。诚如陈寅恪先生早就指出的那样，隋唐制度渊源有三，河西文化为其一源。[①] 不过，经过如此曲折传承的文化，虽然源自中原，却已不同于原本；换而言之，它既是汉族传统文化，又不同于原先的汉族传统文化。因为，这样的文化，既已受到边远地区和少数民族的文化之熏染，又掺入了那些生活在边地的传承文化者的经验与体会、思索与理解。因此，当它再度与一直保存在中原的汉族传统文化相融会时，就会影响和丰富旧的传统文化，使之适应于新的政治形势、经济方式和社会环境。李氏宗族的杰出成员李冲，能够以汉魏典章作蓝本，为北魏王朝制礼作乐，并孕育出诸如三长制等行政制度，从而为太和改制运动推波助澜，就是典型的例证。

---

① 陈寅恪：《隋唐制度渊源略论稿》之《叙论》，中华书局1963年版，第1—2页。

依仗权势的兴盛，李氏宗族不但显赫于北魏朝廷，而且很快融入中原社会，成为一流的士族。尤其是李冲，能够在北魏太和年间大有作为，与他受到北魏最高统治者的青睐是分不开的。然而，李冲政治地位的显赫也引起了李氏宗族成员的顾虑，甚至连他的二兄李茂都感到担忧。《序传》记载：

> （李）茂性谦慎，以弟冲宠盛，惧于盈满，以疾求逊位。孝文不夺其志，听食大夫禄，还私第。因居中山，自是优游里舍，不入京师。卒年七十一，谥曰恭侯。①

李茂的态度不是孤立的，李冲的长兄李承之子李韶也曾有过不安。《魏书》卷五十三《李冲传》记载：

> 始冲之见私宠也，兄子韶恒有忧色，虑致倾败。后荣名日显，稍乃自安。②

李茂和李韶的忧虑并非没有道理，只是由于孝文帝朝北魏政治比较稳定，他们的顾虑没有应验。不过，李氏兄弟之间却渐渐沿着政治与学行两个不同方向分道扬镳了。

北魏后期，灵太后当政，纷争四起，灾难终于降临到李冲的子孙。李冲的长子李延寔，在孝庄帝朝以元舅之尊居于高位，却也因为有此高贵身份而丧生。《魏书》卷八十三下《外戚·李延寔传》记载：

> 李延寔，字禧。陇西人，尚书仆射冲之长子。性温良，少为太子舍人。世宗初，袭父爵清泉县侯。累迁左将军、光州刺史。庄帝即位，以元舅之尊，超授侍中、太保，封濮阳郡王。延寔以太保犯祖讳，又以王爵非庶姓所宜，抗表固辞。徙封濮阳郡公，改授太傅。寻转司徒公，出为使持节、侍中、太傅、录尚书事、青州刺史。尔朱兆入洛，乘舆幽絷，以延寔外戚，见害于州馆。出帝初，归葬洛阳。③

---

① 《序传》，第3325—3326页。
② 《魏书》卷53《李冲传》，第1189页。
③ 《魏书》卷83下《外戚·李延寔传》，第1836—1837页。

李延寔性情"温良"，且在朝廷能够虚心让爵，仍不免因身为外戚而遇害。李延寔之长子李彧，尚孝庄帝姊丰亭公主，与皇家亲上加亲，自然尊贵无比，但也难避灾祸。《魏书》卷八三下《外戚·李延寔附李彧传》接着记载：

> （李）彧字子文，尚庄帝姊丰亭公主，封东平郡公，位侍中、左光禄大夫、中书监、骠骑大将军、开府仪同三司、广州刺史。彧任侠交游，轻薄无行。尔朱荣之死也，武毅之士皆彧所进。孝静初，以罪弃市。①

李彧被杀，事出有因，但也与他"任侠交游，轻薄无行"而招忌相关。功名利禄来得太轻松，便忘记了祖宗创业的不易，不得善终成为必然。

这真是应了本文前言所谓的宗族发展的第二种类型，李宝后裔因政治发达而隆兴，也因权势更替而败废。

五　研考史学　克成大典

活生生的事例促使李氏宗族中游弋出一些头脑清醒的成员，他们并不期望政治地位的剧升，却热衷于避世"优游"。随着社会动乱的加剧，这样的成员也逐渐增多。他们力避政治的态度，促使李氏宗族的门风转向于专注文化素养的修炼，李承的孙子李晓就是这样的典型，《序传》记载：

> 晓字仁略，太尉（李）虔之子也。少而简素，博涉经史，早有时誉，释褐员外散骑侍郎。尔朱荣之立孝庄，晓兄弟四人，与百僚俱将迎焉。其夜，晓衣冠为鼠啮，不成行而免。其上三兄皆遇害。晓乃携诸犹子，微服潜行，避难东郡。②

李晓生逢北魏末世，命运遂多乖蹇。武泰元年（528），契胡首领尔朱荣乘乱攻入洛阳，随后在河阴肆意屠戮鲜卑王公与汉族官僚。③ 李晓的三位兄

---

① 《魏书》卷83下《外戚·李延寔附李彧传》，第1837页。
② 《序传》，第3338页。
③ 《魏书》卷74《尔朱荣传》，第1649页。河阴，位于今河南省孟津县境。

长都死于河阴之变，李晓携诸子侄侥幸脱逃免灾。《序传》接着记载：

> 天平初迁都于邺，晓便寓居清河，依从母兄崔悛乡宅。悛给良田
> 三十顷，晓遂筑室居焉。时豪右子弟，悉多骄恣，请托暴乱，州郡不
> 能禁止。晓训勖子弟，咸以学行见称，时论以此多之。晓自河阴家祸
> 之后，属王途未夷，无复宦情，备在名级而已。及迁都之后，因退私
> 门，外兄范阳卢叔彪劝令出仕，前后数四，确然不从。①

北魏在内耗与外争中分裂成东、西两魏。东魏立都于邺城，② 李晓随从东
迁之后却未投靠朝廷，而是径直投奔清河大族母兄崔悛，借寓其家乡宅。
此后，李晓有感于河阴之变造成的家祸，不但自己不去钻营政治，而且
训勖子弟们将心思专用于学行。所谓学行，即体现文化素养的学术和德
行。此后，因为李氏子弟大多"学行见称"，所以受到舆论的赞扬。通
过倡导学行，李晓后裔虽然不能像李冲时代那样飞黄腾达，却能够获得
长久平安。《旧唐书》与《新唐书》皆云李氏"世居相州"，所指就是从
李晓延续下来的一支宗族。③ 这表明李氏宗族凭借学行而在中原社会获得
普遍认可，并因此发展成为文化世家。李晓后裔的经历符合本文前言所谓
宗族发展的第三种类型，因坚守德行而生生不息，因传承文化而繁衍成为
世家。

从长远看，个人、家庭乃至宗族不可能总是一帆风顺。家道兴旺之
时，理应凭借文化为社会做出贡献；家道衰落之后，更应放宽眼量，坚持
文化修养，以维系亲族，共创新的前程。李氏由寄人篱下发展成为历代居
住相州的世族，而且受到社会的尊重，靠的既不是武功强盛，也不是政治
地位，而是文化素质优秀。可见，虽然武功可以迅速建功立业，政治能够
顺势开拓进取，但是只有优秀的文化素质才是宗族继世长存的可靠保障。
所谓优秀的文化素质，就是李晓倡导的"学行见称"，它不止于学术精进，
更在于德行高尚。继承李晓倡导的学行，李氏后辈们不断身体力行，其中
既具有德行高尚者，也不乏学术精进者。

---

① 《序传》，第 3339 页。
② 邺城，位于今河北省邯郸市临漳县境。
③ 相州，治所在邺城，东魏、北齐改为司州，是为京畿之地。

　　李晓次子李超便是德行高尚之士。北齐末年，其晋州治所白马城遭到北周大军围攻，[1] 此时任北齐晋州别驾的李超表现出坚贞的情操，《序传》记载：

> 及周师围晋州，外无救援，行台左丞侯子钦内图离贰，欲与仲举（李超之字）谋，惮其严正，将言而止者数四。仲举揣知其情，乃谓之曰："城危累卵，伏赖于公，今之所言，想无他事，欲言而还中止也？"子钦曰："告急官军，永无消息，势之危急，旦夕不谋，间欲不坐受夷戮，归命有道，于公何如？"仲举正色曰："仆于高氏恩德未深，公于皇家没齿非答。臣子之义，固有常道，何至今日，翻及此言。"子钦惧泄，夜投周军。[2]

侯子钦见李超禀性忠义，执意抵抗敌人，只得狼狈地连夜投奔北周军队。旋而，晋州终因守城兵力单薄而被攻破，李超成为俘虏。但由于李超品行表现坚贞，反而获得敌方的敬重，他便利用机会劝说敌将对残败之城施以"德泽"，以图保全受难之民。《序传》接着记载：

> 周将梁士彦素闻仲举名，引与言其议。士彦曰："百里、左车，不无前事，想亦得之。"见逼不已，仲举乃曰："今者官军远来，方申吊伐，当先德泽，远示威怀，明至圣之情，弘招纳之略，令所至之所，归诚有地，所谓王者之师，征而不战也。"士彦深以为然，益相知重。[3]

危难当头，李超不失高风亮节，严厉斥责通敌行径；兵败之后，李超能顾全大局，曲意保全残破之城和落难百姓。如此高尚的德行，不仅在当时受到敌方的敬重，而且事后会成为教育后代的榜样。因为以文化治家而熏陶出来的高尚德行，是有益于宗族复兴的长远举措。

　　北齐灭亡之后，李超无意与北周合作，情愿归还乡里。隋朝取代北周

---

[1]　白马城，位于今山西省临汾市东北。详见施和金《北周地理志》河北地区（下）三七《晋州》，中华书局2008年版，第229—231页。

[2]　《序传》，第3340页。

[3]　同上。

之后，李超又屡屡以消极的态度辞却官职。《序传》记载：

> （李超）以琴书自娱，优游赏逸，视人世蔑如也。会朝廷举士，著作郎王劭又举以应诏。以前致推迁为责，除冀州清江令。未几，又以疾还。后以资使，授帅都督、洛阳令。彭城刘逸人谓仲举（李超之字）曰："君之才地，远近所知，久病在家，恐贻时论。具为武职，差若自安。"仲举曰："吾性本疏惰，少无宦情，岂以垂老之年，求一阶半级？所言武职，挂徐君墓树耳。"竟不起。终于洛阳永康里宅。时年六十三，当世名贤，莫不伤惜之。①

就像父亲那样，李超是一位品性正派而不谋权势的士人，他一直无意于政治而乐意于琴书。李超的德行为子孙树立起正面榜样，但对于他们的仕途会造成负面影响，所以李超的子孙就只能以文史见长了。

李超的长子名大师。隋朝末年各地农民纷纷起义之际，李大师在窦建德帐下任职。《序传》记载：

> 及窦建德据有山东，被召为尚书礼部侍郎。武德三年（620），被遣使京师，因送同安公主，遂求和好。使毕，还至绛州，而建德违约，又助世充抗王师于武牢。高祖（李渊）大怒，命所在拘留其使。世充、建德寻平，遂以谴徙配西会州。②

李大师曾为窦建德出使唐军，以求和解。不料事后窦建德却违反和约，李大师遂遭受李渊迁怒而受拘留，事后他被徙配西会州。

关于西会州，在《旧唐书》卷三十八《地理志》"灵州大都督府关内道"条有所记载：

> 会州上，隋会宁镇。武德二年（619）讨平李轨，置西会州。天宝元年（742）改为会宁郡。乾元元年（758）复为会州。永泰元年（765）升为上州。③

---

① 《序传》，第 3340 页。
② 同上书，第 3342 页。
③ 《旧唐书》卷 38《地理志一》"灵州大都督府关内道"条，第 1418 页。

该《地理志》该条下又记载：

> 鸣沙，隋县。武德二年（619），置西会州，以县属焉。贞观六年（632），废西会州。①

综合这两条记载可知，唐朝于武德二年（619）设置西会州，州治位于隋朝的会宁镇，②州下辖有鸣沙等县；贞观六年（632）废除西会州，将它一度改为会宁郡，此后又改名为会州。

西会州接近凉州的治所姑臧。世间人事似乎真有缘分，李大师的先祖李弇逃亡凉州，曾被前凉国主张骏看中而在姑臧发迹；李弇的后裔李大师徙配凉州，竟然也被当时在姑臧主政凉州的杨恭仁召见而受到礼遇。③《序传》记载：

> 大师既至会州，忽忽不乐，乃为《羁思赋》以见其事。侍中、观公杨恭仁时镇凉州，见赋异之，召至河西，深相礼重，日与游处。大师少有著述之志，常以宋、齐、梁、陈、齐、周、隋南北分隔，南书谓北为"索虏"，北书指南为"岛夷"。又各以其本国周悉，书别国并不能备，亦往往失实。常欲改正，将拟《吴越春秋》，编年以备南北。至是无事，而恭仁家富于书籍，得恣意披览。宋、齐、梁、魏四代有书，自余竟无所得。④

当初，张骏器重李弇，是因为前凉政权需要军事人才；嗣后，杨恭仁看重李大师，则是受其文赋的感染。逃亡者李弇依靠武功，徙配者李大师凭借文才，二人竟然各遂所愿，前者得到官位，后者有了读书机会。原来，杨恭仁家中富于藏书，酷爱读书的李大师得到了"恣意"阅读的良机，真是不幸中之万幸。

李大师"披览"群书的目的，是要模拟《吴越春秋》，撰写一部囊括十六国、南北朝以及隋朝的历史著述。经过钻研，李大师逐渐构建起著述

---

① 《旧唐书》卷38《地理志一》"灵州大都督府关内道"条，第1416页。
② 会宁镇，位于今甘肃省白银市会宁县境。
③ 据《旧唐书》卷62《杨恭仁传》记载，杨恭仁时任凉州总管，封观国公。第2382页。
④ 《序传》，第3342—3343页。

的框架；但也由于心怀著史的理想，他对于仕途再无兴趣了。《序传》记载：

> 居二年，恭仁入为吏部尚书，大师复还会州。武德九年，会赦，归至京师。尚书右仆射封德彝、中书令房玄龄并与大师亲通，劝留不去，曰："时属惟新，人思自效。方事屏退，恐失行藏之道。"大师曰："昔唐尧在上，下有箕山之节，虽以不才，请慕其义。"于是俶装东归。家本多书，因编辑前所修书。贞观二年五月，终于郑州荥阳县野舍，时年五十九。既所撰未毕，以为没齿之恨焉。①

可叹人生岁月有限，李大师未能如愿以偿。

幸亏李大师的第四子李延寿，以文史见长，能够继承父亲的事业。《新唐书》卷一〇二《李延寿传》记载：

> 李延寿者，世居相州。贞观中，累补太子典膳丞、崇贤馆学士。以修撰劳，转御史台主簿，兼直国史。初，延寿父大师，多识前世旧事……常以宋、齐、梁、陈、齐、周、隋天下参隔，南方谓北为"索虏"，北方指南为"岛夷"。其史于本国详，佗国略，往往訾美失传，思所以改正，拟《春秋》编年，刊究南北事，未成而殁。延寿既数与论撰，所见益广，乃追终先志。本魏登国元年，尽隋义宁二年，作本纪十二、列传八十八，谓之《北史》；本宋永初元年，尽陈祯明三年，作本纪十、列传七十，谓之《南史》。凡八代，合二书百八十篇，上之。其书颇有条理，删落酿辞过本书远甚。时人见年少位下，不甚称其书。②

《新唐书》在盛赞《北史》"删落酿辞过本书远甚"的同时，颇因当时"不甚称其书"而为李延寿鸣不平。《旧唐书》史臣也对李延寿著史之功给予高度的评价，在其卷七十三《李延寿传》的文末称赞道：

> 李延寿研考史学，修撰删补，克成大典，方之班、马，何代

---

① 《序传》，第3343页。
② 《新唐书》卷102《李延寿传》，第3985—3986页。

无人。①

诚如两部唐书所赞，李大师与李延寿的成就堪与司马迁和班固等史学巨擘相比拟。他们父子相承，编撰成《北史》和《南史》，该著全面勾勒出十六国、南北朝以及隋朝之际的历史轨迹与众生之相。这两部史书都被后世列入中华传统二十四史之中，而李大师与李延寿也成为流芳千古的史学大家。

《北史》与《南史》二书相比，前者又较后者更佳。这是因为，身经十六国、北朝至隋朝的李弇及其后裔几乎都在北方生活，特别是这两部书的策划者李大师与执笔者李延寿对于北方的社会世态体会得最为真切。在《北史》全篇之中，最精彩的篇章是李延寿为自家宗族撰写的《序传》，而《序传》之中更引人注目的部分则应数对于李弇宗族的描述。这是因为，李延寿不仅在该部分用力更勤，而且笔尖饱含着热爱亲人的深刻情意。

宗族是组成社会的单元，要理解那个时代的社会，就应该了解那个时代具有代表性的宗族，以利从中总结出其内在的发展规律。笔者特意选读《序传》，而且尤其中意于有关李弇宗族之内容，正因这个缘故。

结语：文化传承　文明传播

李氏宗族枝繁叶茂，本文仅从《序传》中抽取从李弇传承十代至李延寿的一系支脉加以探讨。李弇宗族饱经漫长岁月洗礼，虽屡历颠沛却坚持不懈，终于从饱经历练的将军门庭脱胎成为学行儒雅的文化世家。李弇宗族的迁徙经历表明，坚持昌明的法宝，既不是武功，也不是权势，而是学行。忠厚传家久，诗书继世长，实在是治家治族的真理。

李弇宗族的历史中，有诸多值得探讨的内容，比如移民与迁居地的结合问题，又如宗族组织的社会作用问题，尤其是文化的传承与文明的传播问题。

晋末至唐初的三百年中，有数不胜数的流民在迁徙，李弇宗族是跋涉得最遥远的。这支宗族的成员曾经远抵古代西域的东端，在目睹边地的景

---

① 《旧唐书》卷73《李延寿传》，第2600页。

致中体验过异族的文化。他们的血液中，浸透着华夏的传统文化，又在一代接一代纵向传承的过程中不断汲取来自异地异族的新鲜文化。

晋末至唐初的三百年中，有数不胜数的移民扎根于边地新区，只有少数能够重新返回中原，李𬀩宗族则在历经曲折之后来到中原；再度返回中原的移民，大多沉寂世间，只有个别兴盛昌明，其中佼佼者就是李𬀩宗族。这支宗族的成员往中原带回了保存在河西走廊的传统文化。这样的文化，虽然本源于中原，却已饱含着移民对传统文化的理解，以及对周边各民族文化的体验。它在中原横向传播开来之后，就会促进中华文明的整体升华。

推开来看，正是自古以来众多宗族的迁徙活动，造成了如今中华文明的丰富多彩。李𬀩宗族则是为此而着力推动的典型例证。

附言：

陇西李氏名闻天下，武威旧地为十六国北朝时期陇西重镇姑臧，李氏在本地的名声更是老幼咸知，学界熟稔。这次到武威开会，以陇西李氏中的支系李𬀩宗族为题，试图从文化传承的角度重新审视它的历史意义，这样做颇有弄斧之嫌。不过，来此讨论"一带一路"涉及的历史问题，陇西李氏是避不开的重点，也正好可以作为向当地学者请教的好课题。于是，作此抛砖之举，期待诸位贤达多多指正。

本书刊于《社会科学战线》2019年第6期，收入本书时略有修订。

论凉州文化对鸠摩罗什的重要影响

尚永琪

吉林省社会科学院

五胡十六国时期的混乱与割据，彻底打破了自秦汉以来建立起来的王朝一统秩序。具体而言，在社会结构及意识形态上，北方少数民族的南下，将秩序井然的小农社会撞成了碎片，以儒家思想为主体的农业文明意识形态和北方游牧文明意识形态都失去了完整存在的合法性，这就为外来文化在中原文明体系中的拓展提供了机遇。自东汉以来就传入中国的佛教由此找到了进一步发展的缝隙——标志性的事项是：鸠摩罗什对佛经的流畅翻译，对印度佛学思想的准确传达，开启了佛学完整和深刻地融入中华文化体系的一个新时代。

鸠摩罗什传教中原，在一定程度上是由东汉以来就相当发达的凉州佛教文化的底蕴辅助而成。

五凉文化中影响最大的佛教文化，其分支性文化如石窟文化、译经文化和僧侣文化，不仅影响了中原佛教文化的发展，还直接催生了大乘佛教在长江两岸、川蜀的兴盛。五凉时期，凉州僧人还在学佛译经有成后，远赴东南地区传播佛教。河西高僧竺昙猷在永嘉之乱后驻锡扬州始丰（今浙江天台）赤城山，弘扬禅法，成为南派禅学的开创者。五凉僧人南投的路线，一般是假道梁、益，顺江而下，东适江左。因此沿江形成了成都、荆州、庐山和建康（今南京）等多个驻锡中心，其中到达建康的高僧最多，荆州次之，驻锡庐山的僧人则以南渡河陇士人的第二代为主。这些城市的早期佛寺就是在凉州僧人的主持下新修或扩修的。

凉州文化中的佛教文化，与鸠摩罗什在凉州的驻留有密切的关系，而鸠摩罗什之所以能成为一代译经大师，也正是深厚的凉州儒家文化培植的直接结果。

一 对鸠摩罗什在中国文化史上地位的概括性认识

从汉明帝永平年间（58—75）到西晋灭亡的 200 多年时间里，由于中国传统文化的强势存在和佛教经典翻译及理解的支离破碎，佛教一直在一个较低水平的思想理解程度上存在着，对华夏社会与文化的影响非常微弱。

五胡十六国时期被前秦大将吕光从龟兹掳掠而来的西域高僧鸠摩罗什（Kumarajiva）的到来，开启了完整翻译和理解印度佛学思想体系的先河，培养了大批学问僧，从而使得佛教和佛学开始在实质上融入了中华文明体系之中，因而，我们将探究鸠摩罗什的译经传教史实作为理解这个时代的一个关键节点。

鸠摩罗什（344—413），原籍天竺，生于西域龟兹，是享誉中土的著名佛教学者，是佛学东渐时期一位伟大的思想家，也是我国佛教传播时期的著名翻译家。鸠摩罗什一生翻译佛经 70 余部 300 多卷。这个数量，虽然与唐代的玄奘不能比肩，但是玄奘所翻译的佛经，大多是作为经藏默默地在文献库中保存着，而鸠摩罗什所翻译的佛经，则大都是东亚佛教界和佛学界流传非常广泛的译本，几乎是家喻户晓。

鸠摩罗什是有天竺血统的西域高僧，他的生平与宗教生涯富有传奇色彩。在 344 年之前的不确切年代，天竺人鸠摩罗炎翻越葱岭，来到龟兹，龟兹国王敬仰鸠摩罗炎的博学与品德，聘任他为龟兹国师，并将女儿耆婆嫁给他，于 344 年生下鸠摩罗什。

鸠摩罗什 7 岁的时候随母亲出家做沙弥，先后拜龟兹阿含学大师佛图舌弥和罽宾"说一切有部"的高僧槃头达多为师，最终成为名震西域的一代高僧。

东晋穆帝永和十二年（356），13 岁的鸠摩罗什在沙勒国跟随须耶利苏摩学习大乘佛法，从小乘僧人转向大乘中观信仰。

东晋穆帝升平元年（357），14 岁的鸠摩罗什随母亲到温宿国，同一外道学者论难，初露锋芒，声名鹊起，龟兹王将之迎归故国，为王女阿竭耶末帝开讲《方等经》，开始宣扬大乘佛法。东晋哀帝兴宁元年（363），鸠摩罗什在龟兹王宫受具足戒，跟随卑摩罗叉学习《十诵律》；是年，罗什母亲耆婆远走天竺，罗什于新寺侧故宫中得《放光经》。东晋哀帝兴宁二年（364），在雀梨寺读大乘经论，与老师盘头达多讨论经义，使老师折服，信从大乘。

东晋孝武太元九年（384），41 岁，前秦大将吕光攻陷龟兹，俘获鸠摩罗什。在吕光的逼迫诱骗下，罗什与龟兹王女成婚，破戒。东晋孝武帝太元十一年（386），吕光在凉州称帝，建立后凉。此后的 15 年中，鸠摩罗什在后凉京城姑臧（今甘肃武威）作政治顾问。

东晋安帝隆安五年（401），后秦姚兴出兵西伐吕凉，凉军大败，58 岁的鸠摩罗什被邀于十二月二十日从凉州抵达长安，受到国师般的礼遇，开始了长安译经。东晋安帝义熙九年（413），鸠摩罗什于四月十三日在大寺去世，在逍遥园外按西域、天竺僧人的丧仪火化，身体成灰而舌头不焦不烂，享年 70 岁。

在中国古代文化史的舞台上，鸠摩罗什是一个"闯入者"，他所携带的足以让自身在历史深处闪闪发光的思想来自天竺，而不是中华本土的传统知识资源和思想体系。

对于这个问题，我们可以想见的是，来自异域的新奇物质资料能让贪求口腹及身体欲望的上层统治者和民众忽略其原产地背景，然而，一个来自异域的思想者能在讲究"华夷之辨"的中国古代社会成为知识传承或思想传播领域的经典人物，其不可复制的历史机遇就是至为关键的了。

简要而言，鸠摩罗什能成为五胡十六国时代一个典型的文化经典人物，有以下几个引人瞩目的关键因素。

第一，五胡十六国时期是以黄河流域为中心的儒家文明体制遭到最大破坏的时期，以贵族政治为特征的西晋政权的南移和以匈奴、羯、氐、羌等传统的边疆胡族为中心的五胡政权的建立，彻底打破了从秦汉以来形成的中原统治的政治、文化体系和社会组织结构。

前后相继或并立的十六国之间的不断战争，导致杀戮横行、民不聊生，而胡汉之间的族类不同更导致了社会结构的分崩离析。在此背景下，佛教作为外来的思想和宗教成为弥合社会结构断裂的一个便利工具。因而，以天竺知识背景为底色的佛教思想才有可能在这一时段内广泛而深入地融入中国社会。

第二，在 4 世纪的中亚、东亚地区，鸠摩罗什是具有区域内国际声望的佛学学者，他无论是对佛教"说一切有部"经典知识的掌握，还是对大乘中观思想的研究、阐发，直至他从西北印度到天山南北道诸国的论辩才能，在那个时代都是无人可及的。

而广大的西域地区，自汉代以来就一直是中原政权在欧亚陆上通道延伸其统治范围的主要区域，彼时的西域诸国都以佛教立国，因而鸠摩罗什这样一个具有广泛影响的佛学大师，对于北方胡族政权向西伸展、继承自汉代以来就形成的对西域诸国的统治权，具有非常重要的价值。企图一统江南、领有西域诸国的前秦王苻坚就是看中了这一点，因而，在发动对西域大国龟兹的讨伐战争中，将俘获鸠摩罗什也作为一项特别任务。

第三，由于罽宾、龟兹佛教僧人在早期佛教东传中是主力，因而关于鸠摩罗什这个优秀佛学僧人的消息在中原佛界早有传闻。早期到中原传教的以罽宾僧人比较多，罽宾是小乘"说一切有部"的大本营，所以对于大乘经典的解说与传播就相对要弱化得多，因而中原佛教界以释道安为代表者，就希望能有一个真正有才学的大乘高僧能翻译佛典、宣扬经论。确切而言，当时用"格义"方式翻译解读佛经的办法已经不能适应中原佛教思想的发展，就在这个佛教经典翻译与解说处于瓶颈的关键阶段，鸠摩罗什的到来，是恰逢其时。

第四，在文化交流中，语言、文字的流畅沟通非常重要，早期的翻译者主要是以竺法护为代表的中原西北僧人或一些粗通华语的西域僧人，语言的不熟练就决定了佛经的版本选择和文字翻译支离破碎，而鸠摩罗什不但在罽宾、疏勒、龟兹饱读大小乘各类佛教经典，而且在抵达中原后，在凉州整整待了 17 年，对于汉语言的学习达到了一个比较成熟的程度。这就使得他无论在汉语言文字句式的锤炼方面，还是在同中原学问僧在经义探讨的口头交流方面，都达到了前人未曾触及的高度，从而尽可能地用汉语言的句式习惯表达出了完整的天竺思维的佛经经义。

第五，后秦国主姚兴倾国力崇佛，为鸠摩罗什建立译场，完成了宗教势力与政治权力的结缘，从而使得一批大乘著名经论被高质量地翻译出来，为佛教的中国化奠定了文本基础。尤其重要的是，追随鸠摩罗什翻译佛经的 5000 名高僧，在这场长达十多年的长安译经中，迅速成长为一个学问僧集团，在不同的佛学学术取向上为中国古代佛教宗派的分化、发展积累了思想资源。

鸠摩罗什长安译经是中国佛教和文化历史中具有划时代意义的一件大事，他第一次把印度佛学按照真正意义翻译并引进来，不但对后世佛教诸宗的产生发展发挥了决定性作用，而且影响到以后中国的整个思想和文化的发展走向，使佛教与中国传统的儒道并立而形成具有中国特色的文化基础。

二 鸠摩罗什在凉州所使用的幻术等神异技术

鸠摩罗什在西域龟兹的时候，也使用过一些神异手段，如说他"妙达吉凶，言若符契"，[①] 这说明他在龟兹的时候就以善于预言凶吉而闻名。

到中原后，鸠摩罗什对幻术等神异手段的使用主要是在停留凉州的17年中用得较多，这些事例在释僧祐《出三藏记集》和慧皎《高僧传》中都有记载。但是，鸠摩罗什在长安译经的时候也曾有过两例神异手段的使用，一是"纳镜于瓶"，一是"吞针"，后者在《晋书》有记载，而前者不见于早期文献，在敦煌卷子中有这方面的记载。

（一）鸠摩罗什使用过的幻术种类

下面我们先对鸠摩罗什在凉州17年中所使用的神异手段作一考察。

385年，鸠摩罗什被吕光掳掠东向中原，在吕光率军东归的途中，中原地区的政治形势发生了急剧的变化。前秦建元二十一年（385）七月，在同东晋大军决战的淝水之战中，前秦王苻坚亲率的90余万大军被谢石、谢玄统率的东晋军队打败，苻坚被擒。同年八月，苻坚被后秦王姚苌缢杀。九月，吕光的军队到达姑臧，听到了苻坚兵败被杀的消息，于是，吕光一方面三军缟素，哀悼苻坚；一方面兵驻姑臧，自称凉州牧。到386年十月，正式在姑臧建立地方政权，建号太安，历史上把他建立的这个政权称作后凉。

鸠摩罗什在后凉京城姑臧施展的神异手段可以归纳为五类：相地、望风、预言、幻术、祥瑞。

1. 相地是对地理形势的判断，通过观察地理条件来决断人事，此事例发生在鸠摩罗什随吕光大军东行中原的道上：

---

① 《高僧传》卷2《译经中·晋长安鸠摩罗什》。

> 光还中路，置军后山下，将士已休，什曰："不可在此，必见狼狈，宜徙军陇上。"光不纳，至夜果大雨，洪潦暴起，水深数丈，死者数千。光始密而异之。

这样的判断能力应该说算不上什么神异之术，但是能将地势判断与气象预测结合在一起，也不是一般人就能做到的，尤其是在并不熟悉当地环境的情况下，这样的判断自然略显神异。也正是因为这次建议，吕光才对鸠摩罗什"密而异之"，一改对鸠摩罗什轻视、戏弄的态度。

抵达凉州后，由于吕光父子并不信佛，所以鸠摩罗什只能充当一个政治顾问的角色，通过他掌握的一些杂学知识来取得吕光父子的保护。

2. 望风跟观云一样，是一种古老的判断凶吉、预言人事的法术：

> 太安元年正月，姑臧大风。什曰："不祥之风，当有奸叛，然不劳自定也。"俄而梁谦、彭晃相系而叛，寻皆殄灭。

古代社会的社会控制能力极差，一旦有自然灾害，动乱发生的可能性就比较大。姑臧地处沙缘，自然生态环境尤其薄弱，再加上吕光当政残暴不仁而刚愎自用，一贯赖于武力而无丝毫文治之策，手下的那些大将和凉州地区的土霸王们发动的叛乱时有发生，如386—389年三年内就有张大豫叛乱、李隰叛乱、康宁叛乱、彭晃叛乱等，因而，鸠摩罗什根据姑臧一场大风就预言有叛乱，在事理上有其可以实施推断的必然逻辑。

不过，对于风的观察，其实也是术数之主要门径。在佛教经典中，对于风有各种分类，如佛经中对福地、宝地的描绘中有"香风""凉风"，而恶地、凶地则有"恶风""热风""暴风"。如《长阿含经》云："阿耨达池侧皆有园观浴池，众花积聚。种种树叶，花果繁茂。种种香风，芬馥四布。"[1] "阎浮提所有诸龙，皆被热风，热沙著身，烧其皮肉，及烧骨髓以为苦恼。唯阿耨达龙无有此患。阎浮提所有龙宫，恶风暴起，吹其宫内，失宝饰衣。龙身自现以为苦恼。"[2]

此外，尚有"寒风""大黑风""随岚风"等分别名目，如《增壹阿

---

[1] 《佛说长阿含经》卷18，《大正新修大藏经》第1册《阿含部上》。

[2] 同上。

含经》卷十七云："佛在舍卫国只树给孤独园，尔时，世尊告诸比丘，今日空中有随岚风，设复有飞鸟至彼者，若鸟、鹊、鸿、鹄值彼风者，头脑、羽翼各在一处。"①

由此可以判断，鸠摩罗什望风的这些知识应该来自佛教经典。

3. 预测术其实是一种综合性判断技艺，其准确与否同预测者事前所掌握的信息完备程度和经验有关，鸠摩罗什对于后凉的军事行动做过一些预测：

> 至光龙飞二年，张掖临松卢水胡沮渠男成及从弟蒙逊反，推建康太守段业为主。光遣庶子秦州刺史太原公纂率众五万讨之。时论谓业等乌合，纂有威声，势必全克。光以访什，什曰："观察此行，未见其利。"既而纂败绩后合梨。

后凉龙飞二年（397），张掖卢水胡人沮渠男成与从弟沮渠蒙逊起兵对抗后凉政权，并公推京兆人段业为大都督、凉州牧，在张掖（今甘肃张掖市）建立了历史上称为北凉的地方政权。吕光派遣庶子吕纂率五万精兵前往征讨，当时吕光的谋士、将军们都认为段业、沮渠蒙逊都只不过是些乌合之众，没能力同吕纂的五万大军相抗衡。只有鸠摩罗什认为"观察此行，未见其利"，吕光没有听从罗什的建议，结果吕纂吃了败仗。

这种出兵打仗的事，如果事先对形势与双方的力量有所了解的话，还是能做出一些正确的事前判断来的。不过我们对勘《晋书》中的相关记载，证明罗什的这个预言并不那么准确，吕纂出兵平定沮渠氏叛乱，还是胜多于败的，至少罗什预言的397年的这次吕纂出兵征讨沮渠蒙逊，是取得了胜利的。吕纂与沮渠蒙逊战于匆谷（今甘肃省山丹县境内），结果蒙逊大败，引随从六七人逃往山中。

4. 烧绳成灰的还原幻术：

> 光中书监张资文翰温雅，光甚器之。资病，光博营救疗，有外国道人罗叉，云能差资疾。光喜，给赐甚重。什知叉诳诈，告资曰："叉不能为，益徒烦费耳。冥运虽隐，可以事试也。"乃以五色系作

---

① 《增壹阿含经》卷17，《大正新修大藏经》第2册《阿含部下》。

绳，结之烧为灰末投水中，灰若出水还成绳者，病不可愈。须臾灰聚浮出，复绳本形。既而又治无效，少日资亡。

此为早期文献记载中鸠摩罗什所施展的最典型的幻术。

5. 祥瑞是通过某种已经发生的事情或出现的现象预测即将发生的大事之成败凶吉，而谶言则是通过提前形成某种说辞以预示即将发生的事情。鸠摩罗什在这方面有两个事例：

> 咸宁二年有猪生子，一身三头。龙出东厢井中，到殿前蟠卧，比旦失之。纂以为美瑞，号大殿为龙翔殿。俄而有黑龙升于当阳九宫门，纂改九宫门为龙兴门。什奏曰："皆潜龙出游，豕妖表异。龙者阴类，出入有时，而今屡见，则为灾眚。必有下人谋上之变，宜克棋修德，以答天戒。"纂不纳。

> 与什博戏，杀棋曰："斫胡奴头。"什曰："不能斫胡奴头，胡奴将斫人头。"此言有旨，而纂终不悟。光弟保有子名超，超小字胡奴，后果杀纂斩首，立其兄隆为主。时人方验什之言也。

以上五个方面，是《出三藏记集》《高僧传》这两部时代较早而相对可靠的僧史文献中关于鸠摩罗什在凉州时期施展幻术等神异能力的所有事例。如果我们将之同著名的"神僧"相比，就会发现鸠摩罗什的使用神异手段有其比较特殊的时代背景。

（二）鸠摩罗什本人对使用幻术的态度

在鸠摩罗什之前的时代，使用幻术等神异手段最多、声誉最著的是同样来自龟兹的后赵高僧佛图澄：

> （佛图澄）善诵神咒，能役使鬼物，以麻油杂胭脂涂掌，千里外事皆彻见掌中如对面焉，亦能令洁斋者见。又听铃音以言事，无不劾验。[1]

《高僧传》中有佛图澄使用幻术、预测术及神秘医术的很多事例，但是

---

① 《高僧传》卷9《神异上·晋邺中竺佛图澄》。

最为主要的正是上面所概括的三点：（1）佛图澄"善诵神咒，能役使鬼物"；（2）能"以麻油杂胭脂涂掌，千里外事皆彻见掌中如对面焉"；（3）能"听铃音以言事"，即通过钟声来预测或判断即将发生的或已经发生的事情的凶吉与结果。

对于佛图澄的神化，可能也经历了一个不断添加放大的过程，如《后赵中书太原王度奏议序》云："佛图澄者，得圣之人也。乳孔流光。不假灯炬之照。瞻铃映掌。坐观成败之仪。两主奉之若神。百辟敬之如佛。"①其中就比《高僧传》多出了"乳孔流光，不假灯炬之照"这样的对于佛图澄身体作神化的说辞，到了《晋书》中就成了栩栩如生的描绘：

> （佛图澄）少学道，妙通玄术。永嘉四年，来适洛阳，自云百有余岁，常服气自养，能积日不食。善诵神咒，能役使鬼神。腹旁有一孔，常以絮塞之，每夜读书，则拔絮，孔中出光，照于一室。又尝斋时，平旦至流水侧，从腹旁孔中引出五藏六腑洗之，讫，还内腹中。又能听铃音以言吉凶，莫不悬验。②

显然，像佛图澄这样一个从自己的身体机能到道术方面都充满神异的僧人，他对幻术等神异手段的使用就是顺理成章的。

然而，鸠摩罗什则不同，鸠摩罗什在西域的时候，之所以能"声满葱左，誉宣河外"，主要原因在于他"广说诸经，四远宗仰，莫之能抗"③。这一点是鸠摩罗什作为一个义学高僧同佛图澄这样的"神僧"的差别。

《高僧传》中鸠摩罗什的出场是被安排在记诵佛经"日诵千偈……师授其义，即自通达，无幽不畅"④ 的这种知识接受与理解方面的"神俊"语境中的，因而他的整个形象的构建是基于"佛理"和"义学"这样的知识论层面的。

如果将鸠摩罗什和佛图澄东来传播佛教的趋向做个比较的话，佛图澄主要是基于"教"的方向，因而需要施展更多的幻术等神异手段来网罗信

---

① 《后赵中书太原王度奏议序》，载《广弘明集》卷6，《大正新修大藏经》第52册《史传部》4。
② 《晋书》卷95《佛图澄传》。
③ 《高僧传》卷2《鸠摩罗什》。
④ 同上。

众,因而他也大量地建寺修庙;① 鸠摩罗什主要致力于"学"的方向,因而他主要是翻译经典、教授学生,对于幻术等神异手段的使用,是出于迫不得已的选择,是一种无奈。

对鸠摩罗什神异手段的使用,要注意到三方面的情况,首先是他本人对幻术等神异手段极不认同,②如在《注维摩诘经》中他对维摩诘"降服众魔,游戏神通"的解释是:"神通变化是为游引物,于我非真,故名戏也;复次神通虽大,能者易之,于我无难,犹如戏也。亦云神通中善能入住出,自在无碍。"③ 僧肇做了进一步的阐释为"游通化人,以之自娱",④这就把鸠摩罗什对神异变幻当作小游戏、小手段的认识说得清清楚楚;其次是他同佛陀跋陀罗的纠纷在一定程度上也是因为佛陀跋陀罗运用了此类手段;最后是鸠摩罗什所处的位置和角色不需要太多的神异手段。另外,我们不能不注意到,鸠摩罗什来到中原地区是被武装劫持而来的,并不一定完全符合他个人的意愿,由此可以进一步断定,醉心于理论探讨和新知识追求的鸠摩罗什,对于佛教之传播、信众之多寡,没有过多的激情,因而,一旦成为后秦政权支持的译场主持人,他就致力于佛经翻译与经义探讨,对于传教的辅助手段如"幻术"等神异技术,就基本上是弃而不用。

三 鸠摩罗什的汉语言文化修养是在凉州完成的

就鸠摩罗什而言,在佛教宗教史上,他是一位从小乘的"说一切有部"转向"性空幻有"的大乘中观僧人;在中国文化史上,他是一位佛教

---

① 《高僧传》卷9《佛图澄》载:"澄自说:'生处去邺九万余里,弃家入道一百九年。酒不踰齿,过中不食。非戒不履,无欲无求。受业追游常有数百,前后门徒几且一万。所历州郡,兴立佛寺八百九十三所,弘法之盛莫与先矣。'"《大正新修大藏经》第52册《史传部》4《北山录》卷8亦云:"佛图澄建八百九十余所寺。洎天台三十有五。吾今不能兴弘一二。"僧史记载中佛图澄自言立佛寺893所,后代亦以此为据,但是这个数目,大概也跟佛图澄所说的自己弃家入道190年的说法一样,乃夸饰之词。不过从当时"民多奉佛,皆营造寺庙,相竞出家"的情况可以断定,佛图澄所兴建寺庙应该不少。

② 王铁钧先生指出:"鸠摩罗什认为指望借助神秘力量,如咒术一类得道升天,实乃修行误区,是为逃避艰苦修行之天真想法。"参见王铁钧《中国佛典翻译史稿》,中央编译出版社2006年版,第129页。

③ 僧肇:《注维摩诘经》卷5《文殊师利问疾品第五》,《大正新修大藏经》第38册《经疏部六》。

④ 同上。

大乘经典的翻译家，因而，他本人并没有像孔夫子或释迦牟尼成为一个宗教或学派的创立者，而仅仅是一个传播者、解说者和信仰者。那么他的思想其实更多的是来自既成经典的系统思想。如果有什么不同的话，也往往是对某些经典文句解释、翻译或体会的不同。

按僧史文献与学界的惯常评价，鸠摩罗什在佛经翻译方面的成就被重度解说。然而，翻译佛经对于鸠摩罗什本人而言，实际上是阴差阳错的无奈之举，从西域佛教界对他个人才华的期许及鸠摩罗什本人的志向，"造作"佛教经论、摧伏一切论师才是其内心的最高追求。但是，由于中原佛教界的需要及鸠摩罗什不得已破戒结婚的现实，阻断、打破了他实现抱负的路径，只能从一个"智慧第一"的高僧成为"谬充传译"的译经人。为论述这个问题，我在本课题中注意到了前人几乎很少置论的一些与鸠摩罗什有关联的佛史人物及其在佛教史上的典型意义，如舍利弗（Shariputra）、优波掘多（Upagupta，优婆毱多）、迦旃延子（Katyayaniputra）等，他们对鸠摩罗什的宗教生涯与佛学趋向有非常深刻的影响。而他们在佛教史上的成就与形象，也正是认识鸠摩罗什理想人生与现实人生冲突的最好符号，通过对他们的形象及成就的考察，不仅对鸠摩罗什的学术取向有了更为清晰的认识，而且非常明朗地构建了鸠摩罗什作为一个天竺裔佛教高僧同古印度文化的内在关联。

公元385—401年，鸠摩罗什是在凉州的姑臧（今甘肃武威市）度过的。

在这17年的漫长岁月里，罗什几乎就是被吕光软禁了起来，在佛教方面却没有取得什么惊人的成就，甚至没有一点让人们感到重要的世俗或宗教的影响。

吕光父子对弘扬佛教没有一点热情，鸠摩罗什盖世的才华和风采被强权严严实实地捆绑、冷冻了起来。这时候的姑臧，由于西域诸国的依附后凉政权，往来的僧侣是不少的，可是我们看不到这些僧侣同罗什有什么来往的记载。学者们推测这时候的罗什不是吕光政权的佛教国师，而只是可有可无的政治上的顾问。

17年默默无声的异域生活，为罗什打下了汉语言的深厚基础。鸠摩罗什精通医道、幻术及各类杂学，在不能弘扬佛法的情况下，他就是靠着这些对他来说就像小游戏一样的技艺，周旋在吕光、吕纂父子的虎狼窝里。

虽然他的大智慧不能在这里得到施展和体现，但是在凉州的17年里，是鸠摩罗什学习汉语的最好时机，这对他以后翻译佛经打下了良好的基础。

此外，鸠摩罗什随从吕光的军队抵达姑臧时，应该是带来了一批佛教法器、文献等物品。

根据文献中一星半点的记载，我们可以推断，罗什离开龟兹的时候，可能也带了一些重要的佛教经典或佛像之类的东西，在《续高僧传》卷二十四《释慧乘传》载，隋代僧人释慧乘在开皇十二年（592）"于东都（洛阳）图写龟兹国檀像，举高丈六，即是后秦罗什所负来者"。由此记载可见，鸠摩罗什此次至少带来了佛的"檀像"，并且此像一直流传到了隋代尚存。

又据传说，在这次远行中，鸠摩罗什骑着一匹白马，走到敦煌附近的时候白马不幸身死，后人就在当地建了一座佛塔纪念这件事情。虽然在敦煌郊区有这样一座九层白塔，民间关于这座塔与鸠摩罗什坐骑的传说也是栩栩如生，但史无明文，也许这仅仅是后人的一个附会而已。

但是，鸠摩罗什由龟兹带来的檀像，虽然不是后世流传的那尊，但这尊像对中原佛教有着重要的影响。

前秦建元二十一年（385）三月，远征龟兹的后秦大将吕光带着骏马万余匹，满载战利品踏上了回归中原的凯旋路程。吕光此次回归中原，史载其"以驼二万余头致外国珍宝及奇伎异戏、殊禽怪兽千有余品，骏马万余匹"。在这些数量惊人的掠夺自龟兹的奇珍异宝中，应该也包括佛教的珍品。尤其是鸠摩罗什被吕光挟掳东归，如此庞大的运宝队伍，能带上旃檀瑞像自是情在理中。关于罗什东来所携佛像或佛教法物的记载，早期文献中非常模糊，慧皎《高僧传》中有两个记载可供斟酌。一是后秦国主姚兴赠送给庐山释慧远的"龟兹国细缕杂变像"①。姚兴给庐山高僧释慧远赠送"龟兹国细缕杂变像"，是在鸠摩罗什抵达长安并在同慧远书信往来的背景下发生的。可以推断，此"龟兹国细缕杂变像"很可能就是鸠摩罗什从龟兹带到凉州，然后又从凉州带到长安的佛教物品。用绢制品来绘制的佛像，从传世物品来看，一般有绢本彩绘和麻布彩绘，此处之"细缕"很可能是绢本设色彩绘佛像。

---

① 慧皎：《高僧传》卷6《释慧远》，汤用彤校注，中华书局1992年版，第218页。

二是鸠摩罗什曾赠送给庐山释慧远以"鍮石双口澡灌"。① 这些物品或体积较小，或便于携带，而举高五尺、八尺或丈六的旃檀造像则需要相当充足的运力，从朱士行、蔡愔到法显等从天竺或西域带回的佛像都是"图写"的麻、绢类品，因而，鸠摩罗什能带来这样规模的旃檀瑞像，显然跟吕光庞大的运宝车队有关。

在僧祐《出三藏记集》和慧皎《高僧传》中，对鸠摩罗什带来龟兹檀像的事没有记载，最早的记载来自唐人撰著的《续高僧传》卷二十四《释慧乘传》：

> （隋大业）十二年，于东都图写龟兹国檀像，举高丈六，即是后秦罗什所负来者，屡感祯瑞，故用传持。今在洛州净土寺。

大唐西明寺沙门释道宣撰《续高僧传》的时候，此檀像尚在洛阳的净土寺，是举高丈六的大佛像。道宣仅仅是简单地提到了有这样一尊像在洛阳，但是，自此之后关于鸠摩罗什负来东土的这尊"优填王旃檀瑞像"的驻留地的记载，却歧说纷呈，无法将其传承脉络前后衔接在一起。

此像的流传脉络，较早的记载来自后周显德五年（958）金陵长先精舍僧人楚南的《优填王所造旃檀释迦瑞像历记》：

> 夫旃檀佛者，即释迦牟尼佛真容也……后鸠摩罗炎法师，背负其像，来自中天。昼即僧负像，夜乃像负僧。远涉艰难，无劳险阻。至于龟兹国，缘师有儿，王纳为驸马，而有遗体子，即鸠摩罗什也。
> 后秦主符坚，拜吕光为将，讨获西域，破龟兹国，夺像并师罗什，同归东土。
> 后至隋炀帝驾幸扬州，迁于开元寺，建阁供养。②

按这个后起于五代时期的说法，鸠摩罗什随吕光而带到中原的"旃檀瑞像"，是其父天竺人鸠摩罗炎先带到龟兹，然后在龟兹停留很多年后，才由鸠摩罗什带到中原。那么此像可以归结为北传佛像。

---

① 慧皎：《高僧传》卷6《释慧远》，汤用彤校注，中华书局1992年版，第217页。
② 高楠顺次郎：《大日本佛教全书》第14册，京都清凉寺藏本，（东京）共同印刷株式会社昭和六年（1931）版，第309页。

　　需要引起注意的是，楚南的这份记载，虽然名之曰《优填王所造栴檀释迦瑞像历记》，但是对于此像的流传脉络记得非常模糊，仅仅涉及三个流传地点：龟兹、东土、扬州开元寺。鸠摩罗什本人是未曾到过江南的，那么这尊"优填王栴檀瑞像"是如何到达扬州的？按楚南本文的意思，似乎是隋炀帝将此像迁到了扬州开元寺。

　　这尊佛像的流传脉络，到北宋僧人元照所撰的《四分律行事钞资持记》下三《释僧像篇》中，不但更为详细了，而且还提出"宋武帝南迁佛像"这样一桩说法：

　　　　时优填王思念如来，命目连引三十二匠往彼天中，以栴檀木各图一相。如是至三，方得圆足……鸠摩罗炎从西天负像欲来此方（指中国），路经四国皆被留本图写。至龟兹，国王抑令返道，以妹妻之。后生罗什，赍至姚秦。后南宋孝武破秦，躬迎此像还于江左止龙光寺（故号龙光瑞像）。至隋朝于扬州置长乐寺。①

　　按照僧人元照的记载，鸠摩罗什带来的这个佛像后来被南朝宋孝武帝迎取到了江南龙光寺，②到隋代才被移置扬州长乐寺，也就是楚南文本中所说的"开元寺"。

　　综上所述，作为中国文化史上的重要的外来佛教文化的传播者，具有天竺文化背景的龟兹高僧鸠摩罗什，他的学术修养和文化身份的完成，由四个递进的阶段组成：深厚的佛学修养和杂学知识是在北印度地区完成的；作为大乘高僧的宗教地位是在龟兹地区奠定的；作为翻译家必备的汉语言修养是在凉州姑臧养成的；作为翻译家的最高成就是在长安译场完成的。这四者缺一不可，如果没有他在凉州17年的默默修炼与汉语学习，就不会有他在长安译经中那种行云流水的经典翻译。

---

　　① 释元照：《四分律行事钞资持记》下三《释僧像篇》，《大正新修大藏经》第40卷《律疏部全、经疏部一》，佛陀教育基金会，第397c页。

　　② 龙光寺"优填王栴檀瑞像"由鸠摩罗什负来说的文献源头来自龙光寺壁画题记，北宋僧人元照的记载就取材于此，他说："（瑞）今在帝京，此据龙光壁记所载，若《感通传》天神云非罗什将来，未详孰是。"由此可知元照虽然详细记录了鸠摩罗什负来瑞像的流传脉络，但是对于此像究竟是罗什负来还是别有途径而至，也是存疑的。参见释元照《四分律行事钞资持记》下三《释僧像篇》，《大正新修大藏经》第40卷《律疏部全、经疏部一》，佛陀教育基金会，第397c页。

中古武威的粟特诸姓[*]

冯培红

浙江大学历史系

　　武威不仅是中古时期河西走廊上最大的城市，而且也是丝绸之路民族融合的场所，东西文化交流的荟萃之地。历史上有许多民族在武威生活定居，或是经由武威东去西往。尤其是在十六国时代，汉人张轨、氐人吕光、鲜卑人秃发傉檀、卢水胡人沮渠蒙逊先后定都于武威，在河西走廊建立了地方割据政权。不过，以上诸族政权大多只是显赫一时，而从中亚迁居武威的粟特人则贯穿汉唐千年，尤为引人注目的是，唐代凉州（武威郡）所出的六个望姓中，粟特人占了半边天下，这种现象在整个中国历史上是绝无仅有的。从武威及河西粟特人的发展来看，他们对河西走廊乃至全国的政治、经济、文化诸方面都产生了重要影响。

　　武威是河西走廊乃至整个中国境内最大的粟特人定居点，唐代安、石、曹、康等氏甚至在此形成了郡望，但是除了安氏以外，其他粟特诸姓的资料极为寡少。中外学界对武威粟特人的研究，也受到这种畸形多寡的资料限制，主要围绕史料丰富、影响最大的安氏家族来进行，特别是以安兴贵一支为中心，取得了丰硕成果。[①] 荣新江在梳理北朝隋唐粟特人的东

　　[*] 本文为国家社科基金重点项目"中古粟特人与河西社会研究"（编号：19AZS005）阶段性成果；兰州大学中央高校基本科研业务费专项资金"一带一路"重点项目"丝绸之路商业民族——粟特人在甘肃的基础数据调查与研究"（15LZUJBWZX011）的子成果，并得到浙江大学中国史学科双一流建设经费的资助。

　　[①] 例如：Antonino Forte, *The Hostage An Shigao and His Offspring. An Shigao Family in China*, Kyoto：Italian School of East Asian Studies, 1995；汪篯《西凉李轨之兴亡》，唐长孺、吴宗国、梁太济、宋家钰、席康元编《汪篯隋唐史论稿》，中国社会科学出版社1981年版，第270—278页；吴玉贵：《凉州粟特胡人安氏家族研究》，《唐研究》第3卷，北京大学出版社1997年版，第295—338页；山下将司：「隋・唐初の河西ソグド人軍団—天理図書館蔵『文館詞林』『安修仁墓碑銘』残巻をめぐって—」，《东方学》第110辑，2005年版，第65—78页；等等。

迁路线及各地聚落时，武威地区除安氏外还言及康、石、史及罗、翟等氏，①丰富了我们对中古武威粟特聚落的总体认知，但相关资料仍然较为有限。笔者新近从武威出土的《隋曹庆珍墓志铭》入手，钩稽史籍、碑志、冥契、石塔及敦煌文献等多元资料，对武威及河西粟特曹氏作了系统钩沉；②另外对武威及河西石、康二氏也略有涉论。③本文在以往研究的基础上，拟对武威粟特诸姓进行一番基础性的考察，为将来进一步深入探讨粟特人与武威问题作准备。

一 凉州武威郡所出的粟特诸望姓

敦煌莫高窟藏经洞出土、现藏于英国图书馆、编号为 S. 2052 的唐代敦煌文献《新集天下姓望氏族谱一卷并序》中有这么一条：

> 凉州武威郡出六姓：索、石、贾、安、廖（康）、阴。④

该谱记录了全国 9 道 77 州 92 郡所出的 792 个姓氏（最末的岭南道所出姓望残缺），都是每个州郡的大族望姓；其中凉州地区仅列武威、西平二郡，表明这二郡的望姓是凉州大姓的代表。在武威郡所出的六姓中，廖氏在武威及河西历史上基本无闻，故颇疑"廖"字为"康"之讹，两者当属形近致误；武威康氏也为本地出土的《唐康阿达墓志》《唐康府君墓志》等证实。

北宋乐史编撰的《太平寰宇记》卷一五二"凉州"条也记录了西平、

---

① 荣新江：《北朝隋唐粟特人之迁徙及其聚落》，《中古中国与外来文明》，生活·读书·新知三联书店 2001 年版，第 53—74 页；《北朝隋唐粟特人之迁徙及其聚落补考》，《中古中国与粟特文明》，生活·读书·新知三联书店 2014 年版，第 22—26 页。关于罗、翟二氏，前者大多出自吐火罗，后者出自东天竺翟国，分别参见王腾《隋唐五代西域罗氏流寓中国与敦煌罗氏族家族研究》，郑炳林主编：《敦煌归义军史专题研究三编》，甘肃文化出版社 2005 年版，第 634—692 页；赵超《介绍胡客翟门生墓门志铭及石屏风》，荣新江、罗丰主编：《粟特人在中国——考古发现与出土文献的新印证》，科学出版社 2016 年版，下册，第 673—684 页。

② 冯培红：《隋曹庆珍墓志铭与武威粟特曹氏》，《社会科学战线》2019 年第 1 期，第 118—129 页。

③ 冯培红：《北朝至唐初的河西走廊与粟特民族——以昭武九姓河西诸郡望的成立为出发点》，刘进宝主编：《丝路文明》第 1 辑，上海古籍出版社 2016 年版，第 51—92 页。

④ 沙知主编：《英藏敦煌文献（汉文佛经以外部分）》第 3 卷，四川人民出版社 1990 年版，第 210 页。

武威二郡所出诸姓，其中武威条云：

> 姓氏：……武陵（威）郡六姓：贾、阴、索、安、曹、石。[1]

此条归在凉州之下，且与西平（中华书局标点本误写作"平西"）郡所出二姓相并列，再参照上揭《新集天下姓望氏族谱》的记载，可知"陵"字必为"威"之讹。

《新集天下姓望氏族谱》是唐代编撰的姓氏书，[2]《太平寰宇记》为宋代修成的地理书，宋朝的疆域并未统治武威，该书所记武威郡六姓当是乐史编书时抄自唐五代流传的姓氏书。两者虽然皆记凉州武威郡出六姓，但略有出入，即《新集天下姓望氏族谱》中的"康"在《太平寰宇记》中换成了"曹"，这是当地大姓之间的内部升降，被编进了不同时期的姓氏书及地理书中，反映了唐宋时期武威地方大族势力的动态变化。而索、石、贾、安、阴五姓，则为两书所共有。需加注意的是，无论是康或曹，都属于粟特昭武九姓。索、贾、阴是汉代以来武威郡的传统汉族大姓，而石、安、康、曹是后来崛起的来自中亚的粟特胡姓，后者在数量上占了武威郡所出望姓的一半甚至更多，充分显示出唐代凉州武威郡胡汉居民的构成及其民族特点，可见这里确实是一个胡汉杂居的国际化城市。粟特人的势力甚堪瞩目，他们不仅在与汉人接触交往的过程中形成了具有鲜明汉式特点的郡望，真正融入中国社会之中，而且无论是姓氏书还是地理书都是全国性的，这意味着粟特石、安、康、曹四氏被列入武威郡的望姓，是在全国范围内公开认可的，具有广泛的权威性，自然有很大的影响。

作为入华粟特康国人所取的汉式姓氏，康氏在姓氏书中除了武威郡以外，还有会稽、京兆、东平等郡望，[3] 甚至在其他地方也多有所见。[4]

---

① 乐史：《太平寰宇记》卷152《陇右道三》"凉州"条，中华书局2007年版，第7册，第2936、2949页。

② 华林甫：《〈新集天下郡望氏族谱〉写作年代考》，《敦煌研究》1991年第4期，第70—71页。

③ 会稽、京兆、武威三郡康氏，见S.2052《新集天下姓望氏族谱一卷并序》，《英藏敦煌文献（汉文佛经以外部分）》第3卷，第210—211页；郑樵《通志二十略·氏族略一》"康氏"条下注："望出会稽、东平、京兆"，中华书局1995年版，上册，第162页。

④ 关于入华粟特人后裔的郡望，笔者制作了一张郡望表，其中康氏有敦煌、河西会稽、酒泉、张掖、武威、京兆、江南会稽诸望，见冯培红《北朝至唐初的河西走廊与粟特民族——以昭武九姓河西诸郡望的成立为出发点》，《丝路文明》第1辑，上海古籍出版社2016年版，第88页。

作为从域外来华的移民，粟特人在东迁以后为了适应中国社会，逐渐采用汉式姓氏，即"昭武九姓"。[①] 粟特人东来的历史阶段，正值中古门阀之风盛行时期，士族社会发达，讲究姓望门第。作为门阀士族的核心内涵，郡望这一标识也为粟特后裔所吸收采用，并在其与中国社会交融的过程中渐获承认，形成了武威安氏、建康史氏、会稽康氏等粟特胡姓郡望。上述凉州武威郡的石、安、康、曹四氏就是武威地区的粟特望姓。下面在这些大族望姓的基础上，进一步拓展到其他各姓，逐一考察中古武威的粟特诸姓。

二　武威安氏

安氏来自中亚粟特西部的安国（Bukhara）。在通常所说的"昭武九姓"中的七个汉式姓氏，[②]《元和姓纂》明确记作中亚粟特人的只列有安氏，且仅有凉州姑臧一望：

> 《风俗通》：汉有安成。《卢（庐）山记》：安高，安息王子，入侍。
>
> 【姑臧凉州】出自安国，汉代遣子朝国，居凉土。后魏安难陁至孙盘娑罗，代居凉州，为萨宝。生兴贵，执李轨送京师，以功拜右武卫大将军、归国公。生恒安，生成。成生忠敬，右屯兵将军。忠敬生抱玉，赐姓李氏，兵部尚书、平章事、凉国公。抱玉生自正，兵部郎中。自正生纵。修仁，左骁卫大将军、郇国公。生永寿、永达、永昌。永寿，右领军将军。永达，不仕；生怀恪，陈州司马；生齐营；生抱真，检校司空、平章事；生絾，少府少监。永昌生元晖，殿中御

---

① 斉藤达也对粟特昭武九姓做过逐一考察，见《北朝・隋唐史料に见えるソグド姓の成立について》，《史学杂志》第 118 编第 12.号，2009 年版，第 38—63 页；「中国におけるソグドの姓の历史」，森部豊编「ソグド人と东ユーラシアの文化交渉」，勉诚出版株式会社 2014 年版，第 30—45 页。又参福岛惠「东部ユーラシアのソグド人」，汲古书院 2017 年版，第 11—62 页。

② 欧阳修、宋祁：《新唐书》卷 221《西域传下》"康"条云："枝庶分王，曰安，曰曹，曰石，曰米，曰何，曰火寻，曰戊地，曰史，世谓'九姓'，皆氏昭武"，中华书局 1975 年版，第 6243 页。"戊地"当作"伐地"。

史、贝州刺史；生羲穆、羲仲，羲穆生季明，羲仲，合门府果毅。①

　　唐代林宝在凉州姑臧望之前还提到汉代的安成、安高（即安世高），显然是认为他俩均不属于武威安氏；凉州姑臧望中言安国派遣质子入朝汉代，尽管汉代西域地区尚未出现安国，林氏叙说有误，但他把安息国王子安高与安国质子作了明确区分，则有其合理性。这种情况到了宋代欧阳修等修撰《新唐书》时，却又混淆在一起了。②武威安氏家族可信的世系，可以追溯到北魏安难陀，东迁入华后定居在凉州武威，世代担任萨宝。不过，安难陀家族所任萨宝似乎不全是凉州本地的粟特聚落首领，《文馆词林》卷四五五《碑三五》收录了一则阙题碑文，提到"祖魏雍州萨宝"，③山下将司、苏航均考证碑主为安修仁，④其祖父为安难陀之子、安盘娑罗之父，名曰安弼（何藏器），⑤大概在西魏时出任雍州萨宝，于此可见武威安氏的势力并不局限于本地，而是拓展到了京城雍州。隋末唐初，安弼之孙安兴贵出现在关中李渊的身边，并为其吞并凉州出谋划策和出力擒捉李轨，自然也就不难理解了。

① 林宝著，岑仲勉校记：《元和姓纂（附四校记）》卷4"安"条，中华书局1994年版，第1册，第500—502页。

② 《新唐书》卷75下《宰相世系表五下》云："武威李氏，本安氏，出自姬姓。黄帝生昌意，昌意次子安，居于西方，自号安息国。后汉末，遣子世高入朝，因居洛阳。晋、魏间，家于安定，后徙辽左，以避乱又徙武威。后魏有难陀，孙盘婆罗。周、隋间，居凉州武威，为萨宝。生兴贵、修仁。至抱玉赐姓李"，第3445—3446页。安兴贵家族虽然编造出黄帝后裔的故事，但其祖先居于西方，自号安息国，实际上指的是中亚粟特安国。东汉末安世高东迁入华，定居在洛阳，其后裔如何西迁到安定、再东徙至辽东、最后又西徙到武威，不仅缺失世系上的链条，而且迁徙路线也是东西变化未定，为大多数学者所质疑。富安敦（Antonino Forte）持武威安氏是安世高之后裔说，遭到了中国学者的批判，如吴玉贵《凉州粟特胡人安氏家族研究》，《唐研究》第3卷，1997年版，第308—321页；荣新江《安世高与武威安姓——评〈质子安世高及其后裔〉》，黄时鉴主编：《东西交流论谭》，上海文艺出版社1998年版，第366—379页。

③ 许敬宗编，罗国威整理：《日藏弘仁本文馆词林校证》，中华书局2001年版，第173页。

④ 山下将司「隋・唐初の河西ソグド人軍団—天理図書館蔵『文館詞林』『安修仁墓碑銘』残卷をめぐって—」，《东方学》第110辑，2005年版，第65—78页；苏航《北朝末期至隋末唐初粟特聚落乡团武装述论》，《文史》2005年第4辑，第173—185页。

⑤ 安弼见于安兴贵之子《安元寿墓志铭并序》："曾祖弼，周朝服侯"，吴钢主编：《全唐文补遗》第1辑，三秦出版社1994年版，第68页；安何藏器见于安兴贵之孙《安忠敬神道碑》："高祖何藏器，广宗之子也，周开府仪同三司、宁远将军、肃州刺史、张掖郡公"，李昉等《文苑英华》卷917，中华书局1966年版，第6册，第4828页。安弼可能是安何藏器在汉化过程中所取的汉式名字。

事实上，早在北魏安难陁以前，粟特安氏就已经来到了武威。后凉吕纂统治时，发生了一起盗掘前凉王张骏墓的事件：

> 即序胡安据盗发张骏墓，见骏貌如生，得真珠𥱼、琉璃榼、白玉樽、赤玉箫、紫玉笛、珊瑚鞭、马脑钟，水陆奇珍不可胜纪。纂诛安据党五十余家，遣使吊祭骏，并缮修其墓。①

安据的姓名前面冠有"即序胡"三字，"即序"就是"即叙"，《尚书·禹贡》云："织皮、昆仑、析支、渠搜，西戎即叙。"② 安据为即序（叙）胡，出自西戎，从其姓安来看当即粟特安国胡人。前凉张骏大力经营西域，设立高昌郡，派沙州刺史杨宣出征西域龟兹、鄯善、焉耆等国，致使西域诸国纷纷前来朝贡。③ 张骏墓中的陪葬珍宝主要来自西域，④ 即便过了近半个世纪，粟特人安据依然对此了如指掌。安据一党被诛者有五十余家，以一家 5 口计，将近三百人，若再加上未诛杀者，后凉国都武威形成了一定规模的粟特聚落。只是由于安据以盗墓贼的形象出现，且落得被诛的下场，后世的武威安氏在称述祖先时自然不愿与他挂上钩。

进入北魏，政府大力招徕四夷，出现了新一波西域民众的东迁浪潮，粟特人是其中的主力，安难陁东迁或在此时。《元和姓纂》中的凉州姑臧安氏只记述了安难陁家族，这显然是因为其曾孙安兴贵、修仁兄弟帮助唐朝建国及统一过程中立有大功，以及安兴贵之子元寿在玄武门之变中续建功勋，从而奠定了该家族在有唐一代的政治与社会地位。关于这支武威安氏，学界考论备详，兹不赘述。

除了安难陁家族，武威安氏还有不少其他支系，兹据墓志、史籍、文集所记，将北周至唐代武威粟特安氏人物列作表 1：

---

① 房玄龄等：《晋书》卷 122《吕纂载记》，中华书局 1974 年版，第 3067 页。

② 阮元校刻《十三经注疏（附校勘记）》之《尚书正义》卷 6《夏书·禹贡第一》，中华书局 1980 年版，上册，第 150 页。

③ 白须淨真：《前凉·张骏の行政区画改编と凉州·建康郡の设置——改编年次に系わる司马光の见解と考古资料による新见解》，《敦煌写本研究年报》第 8 号，京都大学人文科学研究所 2014 年版，第 1—18 页。

④ E. H. Schafer, *The Golden Peaches of Samarkand: A Study of T'ang Exotics*（Berkeley and Los Angeles: University of California, 1963, pp. 222—247）列有 Jade（玉）、Glass（玻璃）、Pearls（真珠）、Coral（珊瑚），在 Lapis Lazuli（天青石）条提到了 Carnelian（玛瑙）。

朝代	姓名	出处	相关内容
北周	安伽	《北周安伽墓志》	大周大都督同州萨宝安君……姑臧昌松人
唐	安延	《唐安延墓志》	河西武威人也
	安神俨	《唐安神俨墓志》	原夫吹律命系，肇迹姑臧……列土姑臧
	安旻	《唐安旻墓志》	西凉大族，声振当时
	安令节	《唐安令节墓志》	先武威姑臧人
	安门物	《旧唐书·肃宗纪》	武威郡九姓商胡安门物等叛，杀节度使周泌
	李国珍（安暐）	《唐李国珍墓志》	本姓安氏，讳暐，字暐，武威郡人也
	李元谅（安元光）	《唐李元谅墓志》	公本安姓，讳元光，其先安息王之胄也……及归中土，犹宅西垂。家于凉州，代为著姓
	安氏	《唐何弘敬墓志》	娶武威安氏
	安士和	《唐安士和墓志》	武威安公
	安玄朗	《唐安玄朗墓志》	武威安府君……其先武威人也
	安友晟	《授高爽果州刺史等制》	安友晟宁州刺史、仍封武威县开国子、加食邑制

表1中所列12位安氏人物均为粟特人，其中唯安伽生活在北朝末，其他人的活动时代均在唐朝。墓志中对自身先世的追溯没有提到安难陁家族中的任何人物，未去攀附唐初功臣显贵安兴贵、修仁兄弟，显然与该家族不属同一支系。北周时，安伽从武威郡昌松县东迁到关中的同州、长安地区；到了唐代，上列安氏诸人除安门物外，其他都早已从武威移居到幽州宜禄县、长安、河南府新安县、夏州朔方县等地，展现了他们沿着丝绸之路向东迁徙的移动轨迹，武威只是祖籍或郡望所在地，有的甚至用作封爵名号。

除了表1诸人外，唐代武威还有一位重要的安氏人物，即天宝年间（742—756）担任河西节度使的安思顺，他与安禄山有着非常密切的关系。《新唐书》卷二〇〇上《安禄山传》云："将军安波至兄延偃妻其母"及"约与思顺等并为兄弟，冒姓为安"，[①] 安波至（即安波主）是安思顺之

---

① 《新唐书》卷200上《安禄山传》，第5367页。

父，为安禄山之继叔。① 天宝时，安禄山身兼范阳、平卢、河东三镇节度使，安思顺也曾兼领河西、朔方两镇。这两位关系密切的粟特人分掌唐朝东北、西北之军事大权，形成了沿长城一线的粟特系弧形势力圈，势力举足轻重。安思顺起初在陇右任职，担任临洮军使、莫门军使及洮州刺史；至迟在天宝初已调任河西，为大斗军使，此后相继出任朔方、河西节度使，并在两镇之间多次转换乃至兼领。兹据《资治通鉴》卷二一五至二一七所载，将安思顺在两大藩镇之间的任职情况列作表2：②

时间	相关内容	卷数
天宝六载（747）十一月辛卯	以朔方节度使安思顺判武威郡事，充河西节度使	卷二一五
天宝九载（750）八月癸亥	以河西节度使安思顺权知朔方节度事	卷二一六
天宝十载（751）正月	寻以［高］仙芝为河西节度使，代安思顺；思顺讽群胡割耳剺面请留己，制复留思顺于河西	卷二一六
天宝十一载（752）四月	会李献忠叛，［李］林甫乃请解朔方节制，且荐河西节度使安思顺自代。庚子，以思顺为朔方节度使	卷二一六
天宝十四载（755）十一月	以朔方节度使安思顺为户部尚书，思顺弟元贞为太仆卿	卷二一七

如果我们一并考虑天宝年间安禄山的任职情况，就会发现安思顺与安禄山的官位升进呈现惊人的同步性，他们身兼两镇或三镇节度使，自然构成了对唐朝最大的军事威胁。果然，天宝十四载（755）底，安禄山起兵反唐，唐玄宗下令"斩太仆卿安庆宗，赐荣义郡主自尽。以朔方节度使安思顺为户部尚书，思顺弟元贞为太仆卿"。③ 诛斩安禄山之子庆宗与调安思顺兄弟入朝也在同时，更加展现了两安之间的关联性，这表明唐廷对两安

---

① "至""主"二字形、音相近。邵说《代郭令公请雪安思顺表》云："安禄山牧羊小丑，本实姓康，远自北番，来投中夏。思顺亡父波主哀其孤贱，收在门阑。比至成立，假之姓氏"，见董诰等《全唐文》卷452，中华书局1983年版，第5册，第4623—4624页。王钦若等《册府元龟》卷131《帝王部·延赏二》记载，天宝"十四载（755），赐朔方节度副使、灵武郡太守、摄御史大夫安思顺祖左玉钤卫郎将_{其名}为武部尚书，考右羽林军大将军波主为太子太师"，中华书局1960年版，第2册，第1572页。

② 司马光：《资治通鉴》卷215—217唐玄宗天宝五载至十四载（746—755）条，中华书局1956年版，第6879—6937页。

③ 《资治通鉴》卷217唐玄宗天宝十四载（755）条，第6937页。

联合的严重性确实是高度警惕的。① 翌年初，唐玄宗听信哥舒翰之言，下诏诛杀安思顺兄弟。②

事实上，安思顺在此之前就已经违抗朝命了。天宝九载（750），高仙芝西征石国，得胜归来；翌年正月，朝廷以高仙芝为武威太守、河西节度使，以代安思顺。当时安思顺身兼河西、朔方两镇，却不愿意让出河西节度使之职，遂发动武威群胡用割耳劈面的请愿方式，要求留镇河西。唐廷最后撤回了原先的任命，改任高仙芝为右羽林大将军，安思顺得以如愿。《册府元龟》卷一三一《帝王部·延赏二》云：

> ［天宝］十载（751）正月，河西节度使、鸿胪卿员外置同正员、摄御史中丞、权知朔方节度使安思顺，罢朔方节度，加特进、摄御史大夫，仍与一子官，河西节度等使，余如故，赏功也。③

从这条记载可知，安思顺为了留镇河西，甚至不惜放弃兼领朔方节度使，由宰相李林甫兼领朔方。这里有两点值得注意：一是安思顺敢于抗旨不遵；二是宁弃朔方，留镇河西。很显然，安思顺与河西粟特人之间有着不同寻常的密切关系。他留镇河西，与其说是安思顺的决定，不如说是其背后武威粟特人的意愿，这一点应予重视。④ 武威群胡割耳劈面请留安思顺的行为，让人不禁想起西晋末凉州刺史张轨中风后，张镇等人请求朝廷更换凉州刺史，而"治中杨澹驰诣长安，割耳盘上，诉轨之被诬"。⑤ 雷闻认为这种割耳劈面的风俗源自粟特。⑥ 安思顺出自粟特，武威又有大量粟特人，此种风俗直到唐代仍然存续。然而，过了不到一年半，因朔方节度

---

① 王钦若等《册府元龟》卷119《帝王部·选将一》云："天宝十四载十一月，范阳节度使安禄山称兵向阙，诏以朔方节度副使、兼灵武郡太守、御史大夫安思顺为户部尚书，弟元贞为太仆卿"，第2册，第1429页。更是将安禄山起兵与安思顺内调直接连书在了一起。

② 刘昫等：《旧唐书》卷104《哥舒翰传》，中华书局1975年版，第3215页。

③ 王钦若等：《册府元龟》卷131《帝王部·延赏二》，第2册，第1571页。

④ 《新唐书》卷135《高仙芝传》记载，天宝"九载（750），讨石国，其王车鼻施约降，仙芝为俘献阙下，斩之，由是西域不服"，第4578页。高仙芝擒斩石国王车鼻施之事，不仅引起西域诸国不服，而且河西的粟特人恐怕也有反对声音。唐代武威郡所出六大望姓中有石氏，虽然武威石氏与中亚石国是否有直接的联系不得而知，但武威粟特人对于高仙芝擒斩石国王必然不满，甚至连河西节度使安思顺都将高仙芝拒于门外。

⑤ 《晋书》卷86《张轨传》，第2223页。

⑥ 雷闻：《割耳劈面与刺心剖腹——从敦煌158窟北壁涅槃变王子举哀图说起》，《中国典籍与文化》2003年第4期，第95—104页。

副使李献忠发动叛乱，安思顺从河西调任朔方。三年后安禄山起兵，安思顺被召入朝，三个多月即遭诛杀。①

安史之乱期间，武威的粟特人在九姓商胡安门物的率领下，确实也加入了反唐斗争的行列，与东面的安史军队遥相呼应。《旧唐书》卷十《肃宗纪》记载至德二年（757）正月：

> 丙寅，武威郡九姓商胡安门物等叛，杀节度使周佖，判官崔称率众讨平之。②

《资治通鉴》卷二一九唐肃宗至德二年（757）条亦云：

> 河西兵马使盖庭伦与武威九姓商胡安门物等杀节度使周泌，聚众六万。武威大城之中，小城有七，胡据其五，二城坚守。支度判官崔称与中使刘日新以二城兵攻之，旬有七日，平之。③

"盖庭伦"当为"孟庭伦"，④"周泌"应作"周佖"，⑤ 此系史籍传刻过程中形近致误。《唐周晓墓志铭》云：

> 先考佖，河西节度使、开府仪同三司、鸿胪卿、兼御史大夫、上柱国、真阳县开国男、赠凉州都督……初，凉州府君之为节制也，公亦随侍河西。……至德二载（757），五凉之间，九姓媒叛。州间奔散，公府合围。贼众若林，我徒则寡。事起仓卒，计无从生。坐而待之，则以肉馁虎矣。公勇能致命，义欲安亲。壮发指冠，愤气凌敌。誓不苟免，挺身力战，彼应弦而毙者众矣。于是凶党大骇，更为诡谋。诈欲归降，请公为质。初谓不信，刺血以盟。公以其必诚，乃随

---

① 杜牧《张保皋郑年传》云："天宝安禄山乱，朔方节度使安思顺以禄山从弟赐死"，见吴在庆《杜牧集系年校注》之《樊川文集》卷6，中华书局2008年版，第2册，第672页。可见唐人认为安思顺之死与安禄山有关，而非唐玄宗听信哥舒翰之言。

② 《旧唐书》卷10《肃宗纪》，第245页。

③ 《资治通鉴》卷219唐肃宗至德二载（757）条，第7015页。

④ 《新唐书》卷6《肃宗纪》作"孟庭伦"，第157页。孟氏虽然不入于上述武威郡六大望姓，但也是当地著姓，如《晋书》卷126《秃发傉檀载记》云："段懿、孟祎，武威之宿望"，第3149页；《元和姓纂》卷9"孟"条有武威望，第2册，第1339页。故作"孟庭伦"的可能性较大。

⑤ 陈晓捷、穆晓军：《唐周晓墓志读考》，《文博》2000年第4期，第77页；《新唐书》卷6《肃宗纪》、卷147《王思礼传》，第157、4749页。

之而往。岂图丑虏之约，素不由衷。盟且莫从，质又奚取？竟以其年正月十九日为胡贼所害，春秋一十有七。痛矣！①

安门物之乱被平定以后，有人撰写了一篇《大唐河西平胡圣德颂并序》，②也突出了平定胡乱的内容，足证这起事件的发起者确为武威粟特九姓商胡，孟庭伦作为使府军将兼当地著姓也参与其事。荣新江指出，这次叛乱由一个粟特商胡首领为首，值得深思。③笔者认为有以下四点需要注意。第一，这场变乱发生于至德二载（757）正月，此时距离安禄山攻陷长安已有半年，安门物应当早已知晓安禄山反唐起兵之事，尽管安禄山在同月为其子庆绪所弑，但安门物发动叛唐斗争必会与同为粟特人的安禄山东西呼应。第二，变乱的发动者安门物是位武威九姓商胡，这里的"九姓"主要指粟特昭武九姓，④他们擅长经商，从安门物之姓名看仍然保留着浓郁的胡风特点，可见他是个地地道道的从事商业贸易的武威粟特商胡。第三，武威粟特人势力极大，"聚众六万"，攻占了凉州城内的五座，并且击毙了河西节度使周佖。天宝时凉州及所辖五县共有120281人，⑤安门物所聚之众达到一半，若绝大多数为粟特人，则正好与前述武威郡胡汉大姓参半的情况相一致。第四，安门物之乱的发动与平定，不仅仅是只有粟特人参与，其他民族也参与其中，如河西兵马使孟庭伦是当地汉人大族的代表人物；而粟特昭武九姓也不是铁板一块，《旧唐书》卷十《肃宗纪》记载二月，"文（交）城太守武威郡九姓齐庄破贼五千余众"，⑥齐庄虽属

---

① 陈晓捷、穆晓军：《唐周晓墓志读考》，《文博》2000年第4期，第77页。《唐薛坦墓志铭并序》亦记及此事："至德（756—758）初，河西节度使周贲辟荐公以戎掾，咨谋军事，累至凉州司马。群胡作难，伐叛有功，诏授左卫中郎将、赤水军副使"，见周绍良、赵超主编：《唐代墓志汇编续集》，上海古籍出版社2001年版，第715页。

② 李昉等：《文苑英华》卷774《帝德下》，第5册，第4076—4077页。

③ 荣新江：《北朝隋唐粟特人之迁徙及其聚落》，《中国中古与外来文明》，第74页。

④ 关于"九姓"的概念解释，参见桑原骘藏《隋唐时代に支那に来往した西域人に就いて》，《桑原骘藏全集》第2卷，岩波书店1968年版，第331—332页。

⑤ 《旧唐书》卷40《地理志三》，第1640页；《新唐书》卷40《地理志四》，第1044页。杜佑《通典》卷174《州郡典四》"武威郡"条所记略多，为128192人，中华书局1988年版，第5册，第4552页。

⑥ 《旧唐书》卷10《肃宗纪》，第245页。"校勘记"〔九〕指出此处史文疑有讹舛，并引罗士琳等《旧唐书校勘记》卷5谓应作"交城守捉使齐庄破武威郡九姓贼"，第265页。"文""交"二字形近，极易出现讹写，《新唐书》卷40《地理志四》记载凉州武威郡治往西200里有交城守捉，第1044页。

武威郡九姓，可能是个汉化的粟特人，或是粟特人取了汉式姓名，却站在唐廷一方，与安门物属不同阵营；出自武威名门、"少长西州"的安重璋（即李抱玉）则未卷入安门物之乱，甚至在五月改姓为李，显然是为了撇清与同乡同族的安门物的关系，而不可能像他自己所说的耻与安禄山同姓，① 因为此时距离安禄山叛乱已有一年半之久。

安史之乱以后，吐蕃趁机北上，蚕食河陇，于764年攻占凉州。此后，武威虽不再为唐所有，但内迁的武威安氏后裔仍以武威为郡望，如表1中何弘敬"娶武威安氏"为妻，安玄朗、安士和的墓志铭标题中径署"武威安公""武威安府君"，这种在姓氏之前冠以地名的写法，表明武威是粟特安氏之郡望。即便在武威被吐蕃占领期间，仍被内迁的粟特安氏所用；或者是因为武威作为中古粟特安氏最著名的郡望，而被中原内地的安氏人物所攀附或冒用。

三　武威康氏

康氏来自粟特地区的宗主国康国（Samarkand），东迁入华来到河西走廊的粟特康氏在历史上更是源远流长。《梁书》卷十八《康绚传》云：

> 其先出自康居。初，汉置都护，尽臣西域。康居亦遣侍子待诏于河西，因留为黔首，其后即以康为姓。晋时陇右乱，康氏迁于蓝田。②

康国地区在汉代称康居，与康绚祖上一样，《唐康敬本墓志铭》亦记其为"康居人也。元封（前110—前105）内迁家张掖郡"。③ 西汉时康氏东迁到河西尚乏具体实证，但至晚到三国时，凉州一带已经有较大规模的粟特康国聚落，蜀汉后主刘禅所下诏书中说：

> 凉州诸国王各遣月支、康居胡侯支富、康植等二十余人诣受节度，大军北出，便欲率将兵马，奋戈先驱。④

---

① 《旧唐书》卷132《李抱玉传》，第3645—3646页。
② 姚思廉：《梁书》卷18《康绚传》，中华书局1973年版，第290页。
③ 周绍良主编：《唐代墓志汇编》咸亨二〇九，上海古籍出版社1992年版，上册，第530页。
④ 陈寿：《三国志》卷33《蜀书·后主传》裴松之注，中华书局1959年版，第895页。

此处的"凉州诸国王"系指月支（即月氏）、康居（即康国）迁徙到凉州的部落首领，王下有侯，拥有一定的军事武装。其中，康居胡侯康植即为粟特康氏胡酋，与月氏胡侯支富一起为蜀汉效力，共同进攻曹魏。

西晋后期，武威成了粟特人最重要的聚居地，敦煌长城烽燧出土的粟特文信札告诉我们，粟特商队以武威为大本营，在撒马尔罕与中国内地之间开展商业贸易，形成了庞大的商业网络。① 永嘉之乱，天下板荡，人口流徙，康绚的祖先从河西经陇右东徙至关中蓝田，到南北朝初期再迁徙到刘宋襄阳岘南，传文记载有"乡族三千余家"，人数众多，宋武帝甚至为他们侨置华山郡蓝田县，以康绚的父辈世袭华山太守。

关于五凉时期的粟特人，笔者曾撰有专文进行探讨，② 其中，康氏人物有前凉奋节将军康妙，后凉将军康盛、力士康龙，③ 均生活在凉都姑臧，身份分别为使节、武将、宫廷宿卫，再加上前述部落酋帅、商人等，这些都是入华粟特人的常见角色。

进入南北朝以后，来自西域康国的康拔达率领部落定居在武威。据清代武威出土的《唐康阿达墓志铭》记载：

> 《大唐上仪同故康莫鼻息阿达墓志铭》
>
> 公讳阿达，西域康国人也。其先盖出自造化之初，藤苗大唐之始，公即皇帝之胄胤也。盘根万顷，王叶千寻。宗继皇基，枝连帝业。祖拔达，梁使持节、骠骑大将军、开府仪同三司、凉甘瓜三州诸军事、凉州萨宝。当官处任，水镜元以延其怀；处断公途，石廓不之方其志。诏赠武威太守。父莫鼻，同葬安乐里。(后略)④

---

① É. de la Vaissière, *Histoire des MarchandsSogdiens*, Paris：Collège de France, Institut des Hautes Études Chinoises, 2002, pp. 48 – 76.

② 冯培红：《粟特人与前凉王国》，《内陆アジア言语の研究》ⅩⅩⅩ，2015 年版，第159—171 页。

③ 《晋书》卷86《张轨附张天锡传》、卷122《吕光、吕纂载记》，第2251、3054、3066 页。

④ 王其英主编：《武威金石录》，兰州大学出版社2001 年版，第62 页。该书图版较小，有些字难以识读，个别录文有误。兹据武威市博物馆所藏原石并参考以下两家录文：张维：《陇右金石录》卷2，甘肃省文献征集委员会校印，1943 年版，第15985 页；周绍良主编：《唐代墓志汇编》贞观一八二，上册，第124 页。

　　康拔达一家原为西域康国人，东迁至武威定居，他本人被南朝萧梁任命为凉甘瓜三州诸军事、凉州萨宝，去世后诏赠武威太守。萧梁时期（503—557），河西走廊一直为北魏（386—535）和西魏（535—556）所管辖，萧梁政权并不曾实领凉州，之所以给康拔达授予官职，可能是北魏末或西魏初对河西控制力减弱，作为凉州粟特聚落首领的康拔达拥有一定的军事力量，故敢于和当时统治河西的元魏政权相抗衡，而萧梁趁机积极拉拢武威一带的粟特势力，给康拔达委任官职。吴玉贵认为，"康拔达很可能是以割据者的名义与梁朝联系，从而受到梁的赐封的"。① 康拔达除任凉州萨宝之外，其势力还扩及凉、甘、瓜三州，统掌整个河西走廊的粟特武装。从康拔达及其子康莫鼻同葬安乐里，以及孙康阿达墓志出土于武威可知，从北朝到唐代，其家族一直定居于武威。《唐康留买墓志》《唐康磨伽墓志》记载他们的曾祖父康感为凉州刺史，称其家"遂为雄族""西州之茂族"；② 《唐故凤翔蕃落十将康忠信墓志铭并序》记"其先西凉府人也"，父康缄为赤水军使、安西北庭河西等军节度留后；③ 2017 年 10 月 29 日，武威出土了一方《大唐故康府君墓志》，④ 应当也是一位粟特人。由此可见，康氏在武威地区势力颇大，是名副其实的著姓大族。正因为武威是康氏的郡望之地，所以唐朝也将其作为封爵来赐授康姓粟特人，如安禄山的同乡柳城人康阿义屈达干，反对安禄山，投奔唐肃宗，父子获唐廷封赏，其中有被封为姑臧县开国子者。⑤

　　及至西夏，武威地区仍有不少康氏人物。陈玮对西夏境内的粟特人按照武姓氏逐一做过考察，揭出《凉州重修护国寺感通塔碑铭》刻有石匠"康狗□"之名，武威千佛阁佛塔题记中有"康年、康契丹埋、康闰埋、康小埋"等人名，并认为他们都是粟特人后裔。⑥

　　① 吴玉贵：《凉州粟特胡人安氏家族研究》，《唐研究》第 3 卷，北京大学出版社 1997 年版，第 308 页。

　　② 周绍良主编：《唐代墓志汇编》永淳〇一三、〇一四，上册，上海古籍出版社 1992 年版，第 693—695 页。

　　③ 承蒙暨南大学历史系博士生王庆昱寄赠墓志拓片，特致谢意！

　　④ 武威市文物局王树华局长于发掘当日从考古工地打电话告知，并发来墓志照片，谨表感谢！

　　⑤ 董诰等：《全唐文》卷 342 颜真卿《唐康阿义屈达干神道碑铭》，第 4 册，第 3475 页。

　　⑥ 陈玮：《中古时期党项与西夏关系论考》，《中国史研究》2015 年第 4 期，第 86—87 页。

四　武威曹氏

曹氏来自中亚粟特地区的曹国（Kapūtānā）。至晚在西晋时，粟特曹氏就已经来到河西走廊，敦煌曹祛为其代表人物。[①]　前凉时还有武街护军曹权，[②]　但是否为粟特人则不得而知。

武威出土的《隋曹庆珍墓志》云：

> 十四世祖晃，汉太中大夫、镇西大将军、凉州刺史。遭吕禄之乱，因居凉州姑臧县焉。君其后也。祖达……周天和二年（567），除甘州西安县令……父浑，建德四年（575），授大都督、黄石镇将。居边作捍，亭鄣无虞。尽力关河，亡身殉国。君……起家领统军，后除别将，又任都督。褰旗玉塞，斩将金微。日逐亡魂，月氏丧胆。以功授旅帅，寻迁校尉、兼府司马。抚军若子，体国如家。趣事戎行，必同甘苦。隋敕进授鹰击郎将。河右地接莎车，境邻蒲海。朔风既动，虏马嘶鸣。桂月初团，胡笳忉思。君控桃花之马，历阵冲营；弯明月之弓，饮梁穿札。劲草疾风，岁寒弥厉。方愿申威葱领（岭），宣力居延，而寿类浮泡，命同风烛，以大唐贞观四年（630）十一月十日奄归长夜，春秋七十有三，以五年二月六日迁窆于武威郡城之南。[③]

据墓志追述，武威曹氏似乎早在西汉就已来到凉州姑臧县，但这一追述存在明显漏洞，吕禄是汉高祖刘邦的皇后吕雉之侄，生活在西汉初，当时西汉并未占据河西走廊，自不可能设置凉州及姑臧县，故墓志对曹庆珍祖先的追述实属捏造。曹庆珍家族的可信世系，实际上只叙述了祖父曹达、父曹浑及曹庆珍三代，均任职于北周河陇地区，后者续仕于隋朝及李轨河西大凉国，而卒亡于唐。墓志记载曹庆珍为隋燕山府鹰击郎将，而史

---

①　冯培红：《粟特人与前凉王国》，《内陆アジア言语の研究》XXX，2015年，第161—162页。
②　《晋书》卷107《石季龙载记下》，第2781页。
③　王其英主编：《武威金石录》，第24页。

籍中记载隋末武威有一位曹珍，支持李轨建立河西大凉国，为其第一谋臣。① 两者不仅姓名极近，而且生活的时代、地域相同，故笔者将他俩比勘为同一人，并且进一步论证为粟特人。② 事实上，吴玉贵早已提出"曹氏也是凉州胡人大姓之一，曹珍其人当为胡人"之观点，③ 诚为卓识。曹庆珍一生戎马，历任统军、别将、都督、旅帅、校尉、司马，至隋末升为燕山府鹰击郎将。墓志记其担任都督以后，"褰旗玉塞，斩将金微。日逐亡魂，月氏丧胆"；升任燕山府鹰击郎将后，在莎车、蒲海（即蒲昌海，今罗布泊）等西域南道征战，为隋朝经略西疆做出了贡献。

在隋末唐初的风云变化之际，曹庆珍支持李轨建立河西大凉国，而与入据关中的李唐政权相对抗；并与同为武威粟特人的安兴贵、修仁兄弟从最初的合作共谋，逐渐分道扬镳。随着河西大凉国的覆灭，曹庆珍在唐初默默无闻，走向人生低谷，但这似乎没有影响武威粟特曹氏在唐代发展成为当地著名、并在全国亦有影响的大姓，直到北宋仍被列为凉州武威郡的六大望姓之一。莫高窟藏经洞出土、现藏于法国国家图书馆、编号为P. 3569v 的敦煌文献《唐光启三年（887）四月押衙阴季丰奉判为算会官酒户马三娘龙粉堆酒本牒》云：

> 凉州使曹万成等三人，每一日供酒玖胜，从三月廿二日至四月廿三日，中间计叁拾贰日，供酒肆瓮半壹斗捌胜（升）。④

所谓"凉州使"，是指设在凉州的唐河西都防御使派遣出使敦煌的使节。⑤ 曹万成担任凉州方面的使节，其身份既契合于粟特人经常出使的特点，亦与武威有粟特曹氏居住相合。P. 4660《敦煌管内僧政兼勾当三窟曹

---

① 《旧唐书》卷 55《李轨传》，第 2248—2250 页；《新唐书》卷 86《李轨传》，第 3708—3710 页。

② 冯培红：《隋曹庆珍墓志铭与武威粟特曹氏》，《社会科学战线》2019 年第 1 期，第 118—129 页。

③ 吴玉贵：《凉州粟特胡人安氏家族研究》，《唐研究》第 3 卷，北京大学出版社 1997 年版，第 299 页。

④ 上海古籍出版社、法国国家图书馆编：《法藏敦煌西域文献》第 25 卷，上海古籍出版社2002 年版，第 364 页。

⑤ 冯培红：《敦煌的归义军时代》第四章第四节《河西都防御使的设立》，甘肃教育出版社2013 年版，第 143—147 页。

公邈真赞》称其为"武威贵族",① 则是敦煌曹氏攀附了武威郡望。② 尽管《唐曹弘立及武威石氏夫人合祔墓志》称其"族望谯郡人",但这是唐后期粟特后裔冒充和攀附中原高门大姓的一贯做法,曹弘立家族四代皆在胡族林立的河北藩镇担任军将,加上夫人石氏望称武威,③ 而前揭《太平寰宇记》所记武威郡六大望姓中恰有曹、石二姓,故颇疑曹弘立夫妇属于同一乡党中粟特后裔内部的通婚,两人均望出武威。此外,唐宣宗在封授后宫诸妃时,其中有"曹氏可封武威郡夫人",④ 亦以粟特曹氏郡望所出的武威郡相封。

直到西夏时期,武威仍有曹姓人居住,如武威西关出土了一件乾祐十六年(1185)的《直祭主曹铁驴冥契》,⑤ 墓主人曹铁驴当为粟特人。

五 武威石氏

石氏来自中亚粟特东部的石国(Chach)。武威石氏虽然得列于上揭敦煌姓氏书、地理书,但在史籍、墓志中极少见到具体人物,即或有之,也是族属难断,如后凉国主吕光之妻石氏、外甥石聪,但是与吕氏联姻的石氏并非武威土著,而是来自氐族聚居的仇池。⑥ 屠乔孙、项琳辑《十六国春秋》卷84《后凉录·光妻石氏》称其为"略阳氐人也",⑦ 不过屠、项辑本所叙诸人籍贯多属自拟,有些并不可信,⑧ 所以也学者认为吕光妻石

① 《法藏敦煌西域文献》第 33 卷,上海古籍出版社 2005 年版,第 21 页。

② 关于敦煌粟特曹氏,参见荣新江《敦煌归义军曹氏统治者为粟特后裔说》、冯培红《敦煌曹氏族属与曹氏归义军政权》,《历史研究》2001 年第 1 期,第 65—86 页;沙武田《敦煌石窟归义军曹氏供养人画像与其族属之判别》,中央文史研究馆、敦煌研究院、香港大学饶宗颐学术馆编《庆贺饶宗颐先生九十五华诞敦煌学国际学术研讨会论文集》,中华书局 2012 年版,第 142—167 页。

③ 周绍良主编:《唐代墓志汇编》咸通〇九二,下册,上海古籍出版社 1992 年版,第 2450 页。

④ 董诰等:《全唐文》卷 79 唐宣宗李忱《封吴氏等为昭仪等制》,第 1 册,第 824 页。

⑤ 武威地区博物馆(朱安、钟亚萍执笔):《武威西关西夏墓清理简报》,《陇右文博》2001 年第 2 期,第 12 页。

⑥ 《晋书》卷 122《吕光载记》,第 3058—3059 页。

⑦ 文渊阁《四库全书》史部载记类,上海古籍出版社 2003 年版,第 463 册,第 995 页。唐长孺也持氐族说,见《魏晋杂胡考》,《魏晋南北朝史论丛》,生活·读书·新知三联书店 1955 年版,第 417 页。

⑧ 如前凉阴淡,屠、项辑本作敦煌人,但实为武威人,相关辨正见冯培红《敦煌大族与前凉王国》,《内陆アジア言语の研究》XXIV,2009 年,第 98—103 页。

氏及石聪是粟特人。^① 而在邻近的张掖郡，则明确有粟特人石崇俊居住，^②甚至还有人取名为"石甘州"。^③ 总的来说，武威本土的石氏资料所见极少，且族属难断。

有幸的是，唐五代东迁中原的粟特石氏后裔经常自称为武威人，或望称武威，或被朝廷赐予相关封爵，这为我们了解武威石氏提供了珍贵的补充性资料。

山西应县出土的《唐石善达墓志》云：

> 《大唐北京太原府朔州兴唐军□（石）府君墓志》
>
> 府君善达公，高皇本自凉州武威郡人也。……府君年六十八，以光化二年（889）十二月十五日终于私□，□□□□亡夫人经（泾）州安定郡安氏……以龙记（纪）元年（899）五月□日□□私室，权瘗室仪。……以天复元□（901）□□己卯朔十九日丁酉兴唐军东十八里村西北黄花堆殁……□□，年卅八，振武节度押衙；迪光，年卅五；千郎，卅九。夫人王氏、何氏、康氏、史……^④

石善达的高祖为凉州武威郡人，他本人在光化二年（899）卒葬于朔州兴唐军，可知其家族在吐蕃占据武威以前就已东迁至朔州。在这件墓志中，最引人注目的是石善达家族的婚姻圈，其夫人为泾州安定郡安氏，儿媳有王氏、何氏、康氏、史氏等人，除王氏以外其他皆属昭武九姓，具有十分鲜明的粟特内婚制特点，是个典型的粟特家族。

前揭河北蓟县出土的《唐曹弘立及武威石氏夫人合祔墓志》云：

> 夫人武威石氏，代袭珪璋，门传余庆。礼于公，于公先殁。^⑤

---

① 吴玉贵：《凉州粟特胡人安氏家族研究》，《唐研究》第3卷，北京大学出版社1997年版，第304页；冯培红：《五凉后期粟特人踪迹考索》，《石河子大学学报》2016年第1期，第23页。

② 《唐故张掖郡石府君墓志铭并序》云："府君石氏，讳崇俊，字孝德，其盛族徽烈，家牒著焉。府君以曾门奉使，至自西河，寄家于秦，今为张掖郡人也。祖讳宁芬，本国大首领散将军"，见周绍良主编：《唐代墓志汇编》贞元〇七八，下册，第1892—1893页。

③ 叶·伊·克恰诺夫：《俄藏黑水城西夏文佛经文献叙录·绪论（2）》，崔红芬译，《西夏研究》2011年第1期，第44页。

④ 殷宪：《〈唐石善达墓志〉考略》，《唐研究》第12卷，北京大学出版社2006年版，第459—478页；收入其《大同新出唐辽金元志石新解》，三晋出版社2012年版，第117—118页。

⑤ 周绍良主编：《唐代墓志汇编》咸通〇九二，下册，上海古籍出版社1992年版，第2450页。

曹弘立卒于咸通五年（864），其夫人石氏先亡，在她生活的时代，武威为吐蕃所统治，但依然望称武威，并言其家族世代门第高贵，这与石氏为唐代武威郡所出六大望姓之一的情况正相符合。如前所论，曹弘立应当与石氏出自同一乡党，均为望出武威的粟特大姓，只不过曹氏攀附了更为高贵的谯郡郡望。

辽宁省博物馆藏《辽石延煦墓志铭并序》的标题全称为：

> 大契丹国武威石公墓志铭并序

志主石延煦以武威为郡望，他是后晋石氏皇族子弟，国灭之后被契丹俘虏北去，于辽景宗保宁元年（969）被任命为建州刺史、保静军节度管内观察处置等使，爵封"武威郡开国伯、食邑七百户"。[①] 封敖撰《授崔元式太原节度使石雄河中节度使制》提到"晋绛行营诸军节度使、银青光禄大夫、检校工部尚书、武威县开国男、食邑三百户石雄"；[②]《后梁石彦辞墓志铭并序》亦记其被封为"武威县开国男"，"公妹即圣上第二夫人，封武威郡君"，[③] 是梁太祖的后妃。这些石氏人物的封爵均以武威为名，是中古时期十分普遍的做法，反映了武威石氏的社会影响力。

六　武威史氏

史氏来自中亚粟特南部的史国（Kashāna）。《元和姓纂》卷六"史"条列有建康、宣城、高密、京兆、陈留、考城、河南六望，[④] 却无武威。被列在首位的建康史氏为粟特人，[⑤] 这个建康并非六朝古都南京，而位于河西走廊。五凉、北朝时期，建康郡本来就隶属于凉州，西魏时从凉州析

---

① 都兴智、田立坤：《后晋石重贵石延煦墓志铭考》，《文物》2004 年第 11 期，第 87—92 页。

② 董诰等：《全唐文》卷 728，第 8 册，第 7501 页。

③ 吴钢主编：《全唐文补遗》第 7 辑，三秦出版社 2000 年版，第 171 页。

④ 林宝著，岑仲勉校记：《元和姓纂（附四校记）》卷 6 "史" 条，第 2 册，第 822—826 页。

⑤ 冯培红：《河西走廊上的会稽与建康》，冻国栋、李天石主编：《"唐代江南社会"国际学术研讨会暨中国唐史学会第十一届年会第二次会议论文集》，第 276—279 页；《北朝至唐初的河西走廊与粟特民族——以昭武九姓河西诸郡望的成立为出发点》，《丝路文明》第 1 辑，上海古籍出版社 2016 年版，第 64—66、76—79 页。

置西凉州（后改名甘州），建康为其辖郡。作为河西第一都市的武威，特别是在五凉时期，前凉、后凉、南凉、北凉都曾定都于此，也出现了不少史氏人物，如前凉政权中的原西晋黄门郎史淑、牙门将史初、舍人史融、中卫将军史景，后凉政权中的重臣史难，均在凉都武威任官，这些人不无粟特之嫌疑。

以牙门将史初为例，前凉国主张寔被杀之事，在《晋书》《魏书》本传中均有记载，但皆未提到史初，而《资治通鉴》卷九十一东晋元帝大兴三年（320）条则云：

> 寔弟茂知其谋，请诛［刘］弘。寔令牙门将史初收之，未至，［阎］涉等怀刃而入，杀寔于外寝。弘见史初至，谓曰："使君已死，杀我何为！"初怒，截其舌而囚之，辗于姑臧市，诛其党羽数百人。①

史初起初受命捉拿刘弘等人，最后诛杀刘弘及其党羽数百人，平定了这次变乱。《晋书》卷八十六《张轨附张寔传》云："京兆人刘弘者，挟左道，客居天梯第五山，然灯悬镜于山穴中为光明，以惑百姓，受道者千余人，寔左右皆事之。帐下阎沙（《资治通鉴》作'涉'）、牙门赵仰皆弘乡人。"② 这一千多左道之徒在天梯第五山燃灯悬镜，当属崇拜光明的火祆教徒。③ 作为张寔的亲信，史初极可能也是一位祆教徒，故对同教中人的密谋活动当有所了解，遂将刘弘集团一举诛灭。④

439 年，北魏攻克北凉都城姑臧，将武威粟特人悉数掳走，建康史灌

---

① 《资治通鉴》卷 91 东晋元帝大兴三年（320）条，第 2878—2879 页。

② 《晋书》卷 86《张轨附张寔传》，第 2230 页。此事在《魏书》卷 99《私署凉州牧张寔传》记载较简："平文皇帝四年（319），寔为左右阎沙等所杀。先是谣曰：'蛇利炮，蛇利炮，公头坠地而不觉。'寔所住室梁间有人象而无头，久之乃灭。寔恶之，未几见杀"，中华书局 1974 年版，第 2194 页。"蛇利炮"语义不明，蛇利或即舍利，为梵文 Sarīra 的汉文音译，但是荣新江揭出库车文书 D. A. 107《付粮历》中有两处"曹舍利"，言其很可能是译自粟特文，为曹姓粟特人。见《西域粟特移民聚落补考》，《西域研究》2005 年第 2 期，第 8 页。果若如此，粟特人信仰祆教，似可佐证张寔确为祆教徒所害。

③ 饶宗颐：《穆护歌考——兼论火祆教入华之早期史料及其对文学、音乐、绘画之影响》，《选堂集林　史林》，中华书局香港分局 1982 年版，中册，第 479—480 页；王素《魏晋南朝火祆教钩沉》，《中华文史论丛》1985 年第 2 辑，第 227 页；陈国灿：《魏晋至隋唐河西胡人的聚居与火祆教》，《敦煌学史事新证》，甘肃教育出版社 2002 年版，第 89 页。

④ 冯培红：《粟特人与五凉王国》，《敦煌学与五凉史论稿》，浙江大学出版社 2017 年版，第 345—346、351、355 页。

也被徙至代北抚宁镇。到西魏时，史灌之孙史宁两度被任命为凉州刺史。第一次是在大统十二至十五年（546—549）：

> 十二年，转凉州刺史。宁未至而前刺史宇文仲和据州作乱。诏遣独孤信率兵与宁讨之，宁先至凉州，为陈祸福，城中吏民皆相率降附。仲和仍据城不下，寻亦克之。加车骑大将军、仪同三司、大都督、凉西凉二州诸军事、散骑常侍、凉州刺史。

546 年史宁刺凉，上距其祖父迁离凉州已有一百多年，宇文泰任命他为凉州刺史，显然是考虑到他的粟特身份，借于回到故里进行统治。他在独孤信大军到来之前，仅凭三寸不烂之舌就说动凉州城中吏民相率降附，轻而易举地平定了前刺史宇文仲和之乱。究其原因，应当是"城中吏民"有很大部分是粟特人的缘故。史宁也以此功扩大了都督区的范围，统辖凉、西凉二州。

三年后，史宁卸任归朝。他第二次出刺凉州，是在西魏废帝元年至恭帝三年（552—556）：

> 宁先在凉州，戎夷服其威惠，迁镇之后，边民并思慕之。魏废帝元年（552），复除凉甘瓜三州诸军事、凉州刺史。

史宁离任两年后又被任命为凉州刺史，并且进一步扩大了军事管辖区，将河西西部的瓜州也包括进来，成了整个河西走廊的实际统治者。他回到凉州的原因，是"戎夷服其威惠"，非常思念他。这里的"戎夷"显然是以粟特为主的少数民族。可以想见，以凉州武威为中心的河西粟特势力非常大，西魏宇文泰可能不得不派遣望出本地的粟特后裔史宁回乡任职，才能有效地统治凉州。从宇文泰给史宁赐予自己所服之冠、履、衣、被及弓、箭、甲、矛等物，并对凉州使者说"为我谢凉州，孤解衣以衣公，推心以委公"来看，确实是将凉州事务全都托付给了史宁。史宁在凉州任上，击退侵掠河西的柔然残众，擒获吐谷浑派往北齐的使节和商队，又与突厥木汗可汗联合进攻吐谷浑，克其巢穴，俘虏了可汗夸吕的妻儿，稳定了西魏的西部边境，使宇文泰无后顾之忧。史宁智勇双全，所战必胜，令木汗可汗叹服不已，故突厥人咸称"此中国神智人也"。①

与史宁同时代或稍后，还有凉州萨宝史君，其胡名为尉各伽（Wirkak），是地地道道的武威粟特人。2003年，史君墓在西安被发现，出土了围屏石棺床，屏风上雕刻了高鼻深目的粟特人与披发突厥人的形象，以及贸易驼队，特别是出土了一方粟特文、汉文合璧墓志，史料价值极高。兹先移录汉文部分于下：

> 大周□州□保史君石堂
>
> 君□□□□史国人也，本居西域。土□□□□□□及派，迁居长安。自他有耀，□□□□。水运应期，中叶显美。自□□□，日昌具德。祖阿史盘陀，为本国萨宝。父阿奴伽，并怀瑾握逾（瑜），重规叠矩，秀杰不群，立功立事，少挺□名，又擅英声。而君秉灵山岳，□□□志。大统（535—551）之初，乡间推挹，出身为萨宝判事曹主。□□五年，诏授凉州萨宝。而天道芒芒，沉芳永岁。大象元年（579）五月七日薨于家，年八十六。妻康氏，其[□□□□□]日薨。以其二年岁次庚子正月丁亥朔廿三日己酉合葬永年县堺。□□长子毗沙，次维摩，次富卤多，并有孝行，乃为父造石堂一区。刊碑墓道，永播□□。

另一面的粟特文由吉田丰汉译如下：

> [1—3行]（时在）大周大象二年岁在子（鼠）年第一月第二十三日（580年2月23日）。[3—14行]有一位出生史氏家族的人，[定居?]在一个（叫）姑臧（的城市），他从皇帝那里[得到?]凉州萨宝（s'rtp'w）的[称号?]，（并且是）粟特地区的一个显贵（?）。他名叫尉各伽（Wirkak），阿奴伽（Wanūk）之子。阿奴伽是萨宝阿史盘陀（Rashtvantak）之子。他的妻子生于西平（Senpen），名叫维

---

① 令狐德棻：《周书》卷28《史宁传》、卷50《异域下·吐谷浑传》，中华书局1971年版，第465、913页。

耶尉迟思（Wiyusī）。尉各伽与其妻在西平（Senpen）于亥（猪）年第六月第七日（兔日）结为连理。[15—17 行] 后来，在亥（猪）年第五月第七日（579 年 6 月 16 日），在胡姆丹（K ＝长安）这里，他本人去世。[17—20 行] 此后在第六月的第七日（兔日），他的妻子也去世，就在此年此月此日（579 年 7 月 15 日）。[20—28 行] 凡生于此世间之人，无一能避免死亡（即无人能逃脱死亡的命运）。[22 行] 人们也难以完满地度过这一人世生活阶段（即人们难以活过人生之大限）。然而，更难的是在人间（或地上的世界），一位丈夫和一位妻子无意识（即无心或偶然）地相互守望（即共同生活？），走过这年年岁岁、日日夜夜，甚至他们还将在天堂里携手共度这段岁月。[29—32 行] 此石制坟墓（即神之所居）是由毗黎沙漫盘陀（Vrēshmanvandak）、射勿盘陀（Zhematvandak）和拂卤吐盘陀（Parōtvandak）为了他们的父母的安全而在合适的地方建造的。①

史君出自西域史国，祖父阿史盘陀（Rashtvantak）为本国萨宝，大概在父亲阿奴伽（Wanūk）时东迁来华。汉文墓志中的"水运"指五德尚水的北魏王朝，"中叶显美"是说史君家族在北魏中叶东迁到武威郡显美县，而粟特文墓志记载史君居住在武威郡姑臧县，大概是进一步迁居到了州郡治所。这跟北魏政府大力招徕四夷有关，从而来到并定居在武威。前述史宁劝说的凉州"城中吏民"及"戎夷"，主要就是以史君为代表的粟特人。史君之妻康氏，胡名为维耶尉迟思（Wiyusī），亥年出生于 Senpen，吉田氏考证亥年为 519 年（北魏神龟二年），可以信从，不过他将 Senpen 判定为西平，则不如王丁所释新平更为合理。② 西魏大统（535—556）初，史君被当地乡民推举为萨宝判事曹主，后来又被北周朝廷诏授凉州萨宝，成为凉州粟特聚落的首领。北周末，史君进一步东迁至长安，卒葬于永年（即万年）县。

---

① 杨军凯：《北周史君墓》，文物出版社 2014 年版，第45—49 页；石见清裕：《西安出土北周〈史君墓志〉汉文部分訳注・考察》、吉田豊《西安出土北周〈史君墓志〉ソグド语部分訳注》，均载森安孝夫编《ソグドからウイグルへ—シルクロード东部の民族と文化の交流—》，汲古书院 2011 年版，第 72、94—97 页。个别文字有改动。

② 王丁：《中古碑志、写本中的汉胡语文札记（一）》，罗丰主编：《丝绸之路上的考古、宗教与历史》，文物出版社 2011 年版，第 235—236 页。

《唐史思礼墓志铭并序》云：

> 唐故壮武将军、右龙武军翊府中郎将武威郡史府君墓志铭并序
>
> 君讳思礼，字伯珪，武威人也。其先辅周克殷，展九鼎之宝；佐魏理邺，绾百里之印。……以天宝三载岁在甲申（744）辛卯朔廿日庚戌终于兴宁里之私第，春秋七十有七焉。……以其载十一月庚申朔廿三日壬午迁窆于京兆府万年县浐川乡白鹿之原，礼也。①

墓志标题中在姓氏之前冠以"武威郡"三字，又称史思礼为武威人，但这里的武威似指郡望或祖籍，而非现居地。史思礼的祖先"佐魏理邺"，应当生活在元魏、北齐时代的中原地区；从曾祖父以降，一直任职于唐都长安或东部地区，武威只是他们的第二故乡。史思礼官至右龙武军翊府中郎将，居住在京城长安兴宁里，死后葬在万年县白鹿原。

迟至元代，武威仍有史氏居住，如《史公先德碑》云："公之家，中土亦始，其来姑臧，不知其纪"，② 应当也是粟特人。

七　武威何氏

何氏来自中亚粟特地区的何国（Kushānika）。武威何氏的资料记载极少，但为粟特人无疑。《唐何摩诃墓志铭并序》云：

> 君讳摩诃，字迦，其先东海郯人也，因官遂居姑臧太平之乡。……曾祖瞻，齐为骠骑，七札居心。祖陀，梁元校尉，六奇在念。父底，隋授仪同，鸾弧写月，矫天飞星。惟君不以冠缨在念，轩冕留心，惩襟定水之前，栖志禅林之上。不谓庄壑迁舟，孔川流箭。俄见止隅之祸，终闻属纩之悲。与善无征，夜台奄及。以调露二年二月十六日遘疾，卒于洛阳界嘉善之私第也，春秋五十有一。以春年二月廿八日窆于北邙之山平乐之礼也。③

① 吴钢主编：《全唐文补遗》第 3 辑，三秦出版社 1996 年版，第 75 页。

② 姚燧著，查洪德编校：《姚燧集》卷 26，人民文学出版社 2011 年版，第 562 页。

③ 周绍良主编：《唐代墓志汇编》"调露"〇二五，上册，上海古籍出版社 1992 年版，第670 页。

所言"东海郏人"的说法，当系假托中原汉族何氏；除了何摩诃的曾祖父何瞻外，祖父何陀、父何底和他本人的名字均有明显的胡风特征，其家族实为从中亚移居到姑臧县太平乡的粟特何国人。大概在北魏时，何摩诃的祖上从武威姑臧进一步东迁到中原，曾祖父何瞻留仕于北齐。至唐调露二年（680），何摩诃卒葬于洛阳。后藤胜对粟特何氏做过研究，但所据皆为传世史籍，故未及何摩诃，① 可补其缺。

表 1 中所列《唐何弘敬墓志》，虽然称其为庐江人，但这是粟特何氏冒充和攀附了汉族高门，其九代祖何妥，在隋代官任国子祭酒，学界认为是粟特人；② 六代祖何令思，在唐代以中郎将的身份破薛延陀，并率领部曲 800 人迁于魏、相、贝三州，遂家于魏州；父何进韬娶妻康氏，何弘敬之妻"武威安氏，累封燕国、魏国、楚国夫人"，皆属粟特内部通婚。从安氏姓前冠以"武威"二字来推测，何弘敬祖上也有可能出自武威。

八　武威睦氏

睦氏应该来自中亚粟特西部的穆国（Merv）。关于穆国，后文再论，兹先述武威睦氏之活动。唐武德八年（625）四月至八月，武威地区发生了一场凉州胡人睦伽陀联合突厥人进攻凉州城及附近地区的动乱，最终被本地粟特人安修仁镇压。《资治通鉴》卷一九一武德八年（625）条对睦伽陀的叛唐行动有比较完整的记述，兹摘引于下：

> （1）［四月］甲寅，凉州胡睦伽陀引突厥袭都督府，入子城，长史刘君杰击破之。
> （2）［七月］，睦伽陀攻武兴。
> （3）［八月］，左武候大将军安修仁击睦伽陀于沮渠川，破之。③

这场动乱前后延续了四个月，睦伽陀所率胡人与突厥人一度攻入凉州

---

① 后藤胜：《ソグド系帰化人何氏について——西域帰化人研究その2——》，《圣德学园岐阜教育大学纪要》第 14 集，1987 年，第 1—20 页。

② 林梅村：《何稠家族与粟特工艺的东传》，荣新江、罗丰主编《粟特人在中国：考古发现与出土文献的新印证》，上册，科学出版社 2016 年版，第 229—236 页。

③ 《资治通鉴》卷 191 唐高祖武德八年（625）条，第 5995—5997 页。

子城，影响极大，此事在《册府元龟》卷九八五《外臣部·征讨四》、卷九九〇《外臣部·备御三》亦有记载，但不见于两《唐书》。这位凉州胡人睦伽陀是何许人也？他的名前冠以"胡"字，究竟是什么民族？杨圣敏对此仅校注曰"当时河西走廊有大量西域胡人居住",① 于义未尽。

隋代有一位方士安伽陀，知晓图谶，曾以"当有李氏应为天子"为由，劝隋炀帝尽诛海内凡姓李者。② "伽陀"既为人名，则"睦"当与"安"一样是姓，孙恤即曰："睦，姓也。"③ 历史上也有一些睦姓人，如《魏书》卷八《世宗纪》记载永平元年（508）八月，冀州刺史、京兆王元愉谋反，翌月被平定后，"斩其所署冀州牧韦超、右卫将军睦雅、尚书仆射刘子直、吏部尚书崔朏等"。唐长孺点校时说："按'睦'非姓。……史籍'眭'常讹作'睦'，《北齐书》诸本'眭豫'即讹作'睦豫'，疑这里'睦'也是'眭'之讹";④ 但是，《北齐书》诸本原来皆写作"睦豫"，是否必为"眭豫"之讹误并遽改"睦"为"眭"，是要慎重的。事实上，《魏书》《北齐书》中还提到其他睦氏人物，如鸿胪少卿睦延吉、赵郡睦仲让、奉车都尉睦道闲;⑤ 尤其是《北魏吴严暨妻睦氏墓志》记载道"夫人睦氏",⑥ 绝非""眭"字之讹，而当以"睦"字为正。《报应记》云："睦彦通，隋人，精持《金刚经》，日刻十遍。李密盗起，彦通宰武牢","后位至方伯"。⑦ 很显然，"睦"当为姓，史籍中的一些睦氏人物并非姓眭，不必改。

从"凉州胡睦伽陀"这样的称述来看，他既被称作为"胡"，而"伽陀"亦是胡名，那么"睦"是否为胡姓呢？《古今姓氏书辩证》卷三十五

---

① 杨圣敏：《〈资治通鉴〉突厥回纥史料校注》，社会科学文献出版社 2012 年版，第 83—84 页。

② 《隋书》卷 37 《李穆附子李浑传》，第 1120 页。

③ 《资治通鉴》卷 191 唐高祖武德八年（625）条胡三省注，第 5995 页。

④ 《魏书》卷 8 《世宗纪》，第 206、219 页校勘记〔一四〕。另参《北齐书》卷 37 《魏收传》，第 497 页校勘记〔一一〕；卷 45 《文苑·颜之推附眭豫传》第 627、635 页校勘记〔四四〕。

⑤ 《魏书》卷 19 下《景穆十二王·南安王桢传》，第 499 页；《北齐书》卷 30 《崔暹传》、卷 45 《文苑传》，第 405、413 页校勘记〔五〕，第 603、628 页校勘记〔二〕。

⑥ 赵万里编：《汉魏南北朝墓志集释》卷 6 《北魏》，下册，图版四三二之二，见《石刻史料新编》第 3 辑，台北：新文丰出版公司 1982 年版，第 4 册，第 138 页。

⑦ 李昉等：《太平广记》卷 102 《报应一·金刚经》"睦彦通"条，中华书局 1961 年新 1 版，第 3 册，第 687 页。

"睦"条云：

> 西胡人姓。唐初有凉州胡睦伽佗为寇。①

《广韵》卷五《屋第一》"睦"字亦云：

> 亲也。敬也。又和睦也。亦西胡姓。②

以上皆指明了"睦"是西胡姓氏。《十六国春秋·前凉录》云："张轨时，西胡致金胡瓶，皆拂菻作，奇状，并人高，二枚。"③ 这里的"西胡"，是指在西起拂菻、东至中国之间从事中转贸易的中间商，罗丰认为"'西胡'大约是指中亚粟特人，作为礼品将金胡瓶献给张轨，以求安全通过这一地区以进行贸易"。④ 参照后世高昌国王麹文泰将拂菻狗进贡给唐高祖，而唐人又将之称作康国猧子，⑤ 显然就是粟特康国人在拂菻和中国之间充当了中间商，只不过中转站又增加了高昌，这在丝路贸易中是十分常见的。同样属于西胡人的睦氏，也应为中亚粟特人。

然而，在西域地区并无睦国，但有个穆国，见于《隋书》卷八十三《西域传》：

> 穆国，都乌浒河之西，亦安息之故地，与乌那曷为邻。其王姓昭武，亦康国王之种类也，字阿滥密。都城方三里，胜兵二千人。东北去安国五百里，东去乌那曷二百余里，西去波斯国四千余里，东去瓜州七千七百里。大业（605—618）中，遣使贡方物。⑥

穆国位于安息故地，都于乌浒河（即今阿姆河）以西，在安国西南

---

① 邓名世：《古今姓氏书辩证》卷35"睦"条，江西人民出版社2006年版，第546页。

② 蔡梦麒：《广韵校释》，岳麓书社2007年版，下册，第1059页。

③ 李昉等：《太平御览》卷758《器物部三·瓶》引《前凉录》，中华书局1960年版，第4册，第3365页。

④ 罗丰：《北周李贤墓出土的中亚风格鎏金银瓶——以巴克特里亚金属制品为中心》，《考古学报》2000年第3期，第312页。

⑤ 丛振：《西域"猧子"与唐代社会生活》，《新疆师范大学学报》2012年第6期，第45—51页。

⑥ 《隋书》卷83《西域·穆国传》，第1856页。

500 里，乌那曷国西北 200 余里，① 波斯东面 4000 余里。穆国王姓昭武，为康国王之种类，属于粟特昭武九姓人。② 同卷《康国传》云："米国、史国、曹国、何国、安国、小安国、那色波国、乌那曷国、穆国皆归附之"，即是此意。这个粟特穆国显然就是睦国，"穆""睦"二字当属不同的汉译表达，不仅如此，流寓中原的穆国人除了取穆、睦为姓外，还有目、墨二姓。尽管蔡鸿生曾说："因入华穆姓胡的资料过于零散，不易辑集和稽考，致使论九姓胡史者，往往详彼略此，留下一片空白"，③ 但经过他及其他学者的努力探索，已经有了显著推进。2008 年，王丁在评论《新获吐鲁番出土文献》一书时，提到吐鲁番文书中的一些姓目或穆的人物，认为他们是胡人，④ 但未指明具体族属，也没有与睦姓联系起来；2011 年，姚崇新指出波斯人、粟特人皆有穆姓，并云"波斯'穆'姓在吐鲁番文书中或写作'目'"，两字可同音互换，称吐鲁番出土《唐开元十年（722）西州长行坊马驴发付领到簿》"兽医目波斯乘驴壹头……六月十日目波斯自领到坊"⑤ 中的目波斯是波斯人，亦未及睦姓；⑥ 2017 年，王启涛遍检吐鲁番文书，兼及莫高窟题记、敦煌文书与传世史籍，得出"'睦'就是'穆'、'目'，同音假借而已"之结论，并认为睦氏出自中亚穆国，睦伽陀是粟特人。⑦ 王氏基于坚实史料所作的深入探讨，彻底解决了睦氏的族属与来源问题。此外，《隋书》卷 71《诚节·敬钊传》记载一位"贼帅墨弼"，"墨"亦当为"穆"之别写。

　　穆国位于阿姆河之西，靠近波斯。裴矩《西域图记》序文中记述从敦

---

　　① 《隋书》卷 83《西域·乌那曷国传》记其位于安息旧地，都于乌浒水以西，"西北去穆国二百余里"，第 1856 页。这一说法比《穆国传》"东去乌那曷二百余里"要准确，穆国应在乌那曷国之西北，而非正西。

　　② 《隋书》卷 84《西域·康国传》，第 1848 页。

　　③ 蔡鸿生：《中外交流史事考述》上编《唐代社会的穆姓胡客》，大象出版社 2007 年版，第 73 页。

　　④ Wang Ding, "Review: Rong Xinjiang et al. (eds.), *Newly Discovered Turfan Documents* (Beijing, 2008)", *Hamburg Newsletter of Manuscript Cultures*, No. 1, 2008, p. 26.

　　⑤ 沙知、吴芳思编：《斯坦因第三次考古所获汉文文献（非佛经部分）》，上海辞书出版社 2005 年版，第 1 册，第 98 页。

　　⑥ 姚崇新：《唐宋时期巴蜀地区的火袄教遗痕》，《中古艺术宗教与西域历史论稿》，商务印书馆 2011 年版，341—343 页。

　　⑦ 王启涛：《"目"、"翟"二姓与粟特关系新证——以吐鲁番出土文献为中心》，《民族研究》2017 年第 1 期，第 88—95 页。

煌到西海有三道，"其中道从高昌、焉耆、龟兹、疏勒，度葱岭，又经钹汗、苏对沙那国、康国、曹国、何国、大小安国、穆国，至波斯，达于西海"。① 裴矩对中道各国的叙述次序是自东向西，穆国处在安国与波斯之间。蔡鸿生云："穆国是萨桑波斯时代呼罗珊省的首府，位于南土库曼绿洲，与粟特隔河（阿姆河）相望，隋唐时代被视为九姓胡即杂种胡之一。穆国偏西，靠近东伊朗，其波斯化的程度，比九姓胡其他城邦为高，故唐代文献有时也以'波斯'目之。粟特与伊朗的联系，是由它衔接起来的，堪称一座跨阿姆河的历史文化桥梁。"② 也正因此，穆国较多地受到波斯的影响，有些入华穆国人甚至打着波斯的旗号，如唐开元十三年（725）七月戊申"波斯首领穆沙诺来朝"，十八年（730）十一月"波斯首领穆沙诺来献方物"；③《北梦琐言》记载"波斯穆昭嗣幼好药术"；④ 吐鲁番出土《高昌曹莫门阤等名籍》中列有"穆钵息一人"，与曹、何、安、康等姓人物并列，且全为胡名，⑤ 必为粟特昭武九姓，钵息为波斯之另译，亦作钵思。⑥

如上所言，"穆""目""墨"亦写作"睦"，凉州胡人睦伽陀即为粟特穆国裔民，其家族入华后定居在凉州武威，并且以国为姓取了睦姓，从其姓名来看仍然保留了明显的胡风特点。睦伽陀联合突厥人进攻凉州都督府，一举攻入子城，但为长史刘君杰所击破；睦伽陀进而转战武威附近的武兴，直到四个月后才被左武候大将军安修仁平定。如同安修仁与曹珍最终分道扬镳一样，安修仁与睦伽陀也是兵戎相见，由此可见武威当地粟特人之间的关系也是相当复杂，绝不是铁板一块，归根结底是由其各自的自身利益来决定。

九　结语

唐代姓氏书与宋代地理书所记凉州武威郡所出六姓中，粟特胡姓占据

---

① 《隋书》卷67《裴矩传》，第1579页。

② 蔡鸿生：《中外交流史事考述》上编《唐代社会的穆姓胡客》，河南教育出版社2007年版，第81页。

③ 王钦若等：《册府元龟》卷975《外臣部·褒异二》，第12册，第11450、11453页。

④ 李昉等：《太平广记》卷98《异僧十二》"怀濬"条引《北梦琐言》，第2册，第656页。

⑤ 唐长孺主编：《吐鲁番出土文书》（图文本）〔壹〕，文物出版社1992年版，第359页。

⑥ 《唐令狐建行等率皮名籍》中有"康钵思"，见唐长孺主编《吐鲁番出土文书》（图文本）〔肆〕，文物出版社1996年版，第115页。

一半，足见其势力之大、汉化之深。本文受此启发，从史籍、墓志、文书中钩稽武威粟特人的相关资料，除了姓氏书与地理书所见的安、康、曹、石四大望姓外，还找出了史、何、睦三姓，并对之进行逐一考察。在通常所说的"昭武九姓"除火寻、伐地外的七个姓氏中，目前只有米姓尚未找到例证，甚至还有同属昭武系统的穆国，也活跃在武威地区的舞台上。随着材料范围的不断扩大，相信会有更多的粟特胡姓人物被陆续挖掘出来，这为全面揭示中古武威粟特人的总体状况提供了可能。

入华粟特人取汉式姓氏，可以说是其汉化的初始；后来发展到形成郡望，为全国社会所接受和认可，则是粟特后裔汉化的极致，已经彻底融入中华民族，成为其中的一员。中古时代，除了著籍河南的代北"虏姓"外，[①] 很多胡族进入中原以后未能形成郡望，而长相与汉人迥异、语言也完全不同、来自遥远的葱岭以西的粟特人，却能够积极地投身汉化洪流，深度融入中国社会并形成了郡望。这一现象值得深思，它关系到入华粟特后裔与中国社会相适应的问题，无疑是了解中古胡汉民族深度融合的最佳案例，是一扇打开中古中国社会研究的窗口。以武威安氏为例，北魏时安难陀东来入华，世代居于凉州武威，世袭萨宝之职，但到隋末唐初，安兴贵在文化上已以中华自居，如他对李轨说："凉州僻远……又接蕃戎，戎狄豺狼，非我族类"，[②] 其所言"蕃戎""戎狄"是指凉州周近的吐谷浑人和突厥人，把他们当作与汉人和粟特人不同的族类，于此可见武威粟特安氏对汉化的自我认同，已经超越了世居东亚的其他民族。

随着武威粟特人的势力不断积聚壮大，在政治、经济、文化等各方面都产生了重要影响，波及河西走廊乃至全国。三国及五凉时期的凉州"康国"，实际上是一支粟特聚落武装；武威粟特首领安难陀家族、康拔达、史君授予凉州萨宝，安弼、安伽甚至出任雍州、同州萨宝，势力扩及整个河西走廊乃至关中地区；西魏时史宁两次出任凉州刺史，俨然是河西走廊的实际统治者；隋末唐初，曹珍与安兴贵、修仁兄弟控制了河西大凉国的统治权；唐代，睦伽陀掀起反唐斗争但为安修仁所镇压，河西节度使安思顺拒不受代，武威九姓商胡安门物杀死节度使周佖，与安史叛军一起构筑

---

① 欧阳修、宋祁：《新唐书》卷199《儒学中·柳冲传》，中华书局1975年版，第5678页。
② 刘昫等：《旧唐书》卷55《李轨传》，中华书局1975年版，第2251页。

了一道对唐朝军事威胁的弧形势力圈；森安孝夫甚至认为敦煌藏文文献P. t. 1283 中的"Hor"国就是定都于武威的粟特人政权。[1] 从这些重大历史事件可以看出，武威粟特人对中古政治确实产生了巨大影响，而这些粟特人也都可以一一落实到明确的姓氏人物身上。

齐陈骏指出："古代真正的西部文化应在凉州，而凉州的中心，则是武威郡"；并认为西部文化"是中原汉族的农业文化、西北的游牧民族文化，以及西来的西域文化相互融合的融合体"。[2] 在以凉州武威为代表的西部文化中，特别是河西走廊，中古时期最富特色的当属西来的西域文化，跟粟特人关系重大，极为密切。可以说，粟特人撑起了中古武威的半边天，并对河西乃至全国都影响甚巨。

---

① 森安孝夫：《チベット语史料中に现われる北方民族——DRU-GU と HOR——》，《アジア・アフリカ言语文化研究》No. 14，1977 年版，第 1—48 页；修订后收入森安孝夫《东西ウイグルと中央ユーラシア》，名古屋大学出版会 2015 年版，第 49—131 页。又见森安孝夫《シルクロードと唐帝国》，讲谈社 2007 年版，第 331—334 页。

② 齐陈骏：《凉州文化与武威的开发》，原载《五凉文化研究》创刊号，1993 年版；此据《枳室史稿》，甘肃文化出版社 2005 年版，第 575—576 页。

武威历史文化遗存的多民族特性

梁继红

武威市博物馆

武威位于甘肃省中部、河西走廊东端，地理位置、地形地貌和自然条件都很独特，自古以来就是"通一线于广漠，控五郡之咽喉"的战略要地，也是"人烟扑地桑柘稠"的富庶之地。武威是古代丝绸之路重镇，中西经济、文化交流的驿站，历史悠久，文脉深厚，地上地下文化遗存非常丰富。武威是历史上的多民族聚居之地，也是中西文化的交汇之地，保存至今的各个历史时期的文化遗存中，多民族文化特性和地方特色鲜明，是发展当地文化旅游事业的重要资源。

一　出土文物反映了历史时期武威各民族融合的时代特征

秦汉以前，武威是氐、羌、戎、乌孙、月氏、匈奴等少数民族的游牧地。秦汉之际，兴起于漠北阴山一带的匈奴族，在冒顿单于的领导下迅速强大，并击败月氏占领整个河西走廊。汉武帝时派骠骑将军霍去病率兵两次出击匈奴，获得匈奴休屠王祭天金人，打通整个河西走廊。匈奴浑邪王杀死休屠王后率众归顺汉朝，从此匈奴衰落，逐渐与汉族融合。武威一带曾是匈奴休屠王的领地，这里地势平坦，水草丰美，是游牧和农耕的理想场所。休屠王在这里建了休屠城作为王宫，在今民勤县和凉州区交界地带的四坝乡三岔村，还有匈奴休屠王城的遗址。匈奴人还修建了姑臧城，据《河西旧事》记载："姑臧城，地有龙形，故名卧龙城。南北长七里，东西宽三里，周长二十里。"这两座城是武威历史上最古老的城，反映出当时匈奴经济实力的强大。

武威出土的战国晚期的虎耳环扣青铜鍑（图1），是迄今为止在甘肃境内发现的器型最大的早期青铜器。青铜鍑高118厘米，口径87厘米，腹径109厘米，重达150公斤。敛口，球形腹，圜底，小圈足。口沿下装饰三个虎形耳，虎站立，首尾下垂，张口龇牙，栩栩如生。下腹部设四个环形扣，圈足上有三个圆形孔。[①] 从器物外壁的烟熏痕迹来看，这是一件实用器皿。青铜鍑铸造工艺高超，具有典型的北方草原游牧文化的特

图1　战国·虎耳环扣青铜鍑

征，特别是口沿下的三个虎形耳，是极富草原民族特征的装饰纹样。带圈足的青铜鍑是北方草原游牧民族在吸收中原青铜礼器文化的基础上，结合本民族的生活习俗，创造出的具有草原民族风格的器物，是北方草原青铜文化与商周青铜文化相结合的产物。[②] 用动物纹做装饰是北方民族和草原文化最显著的标志之一，武威还出土了战国时期的青铜大角鹿（图2）、虎符（图3）等器物，也是具有草原游牧民族文化特征的文物遗存。这一类动物纹饰，在战国时期北方草原地区非常常见，后来逐渐向西传播到新疆和欧亚草原一带。欧亚大陆的草原地带是连接东亚、中亚、西亚和欧洲畅通无阻的通道，从古至今这些地区活动着强悍好动的游牧民族，他们之间频繁的接触以及生活的流动性为文化的传播提供了可能。河西地区作为连接欧亚大陆的关键区域，在中西文化传播的过程中起到了

图2　战国·青铜大角鹿

中介作用，显示了它在东西方文化交流中的独特地位，各民族文化也在交

---

① 蔡晓樱：《武威出土的大型青铜鍑浅考》，《丝绸之路》2016年第16期。
② 郭物：《青铜鍑起源初论》，《欧亚学刊》1999年第1辑。

流中互相融合渗透。武威发现的青铜镇、青铜大角鹿、虎符等器物，就是多民族文化融合的产物。

图3　战国·虎符

　　唐代的武威，是河西大都会，商业贸易繁荣，文化发达，众多文人墨客在游历或居住凉州后，都留下歌颂凉州风物的佳作诗篇。唐代高僧玄奘也有这样的记载，"凉州为河西都会，襟带西番，葱右诸国，商旅往来，无有停绝"，描述了唐代凉州的繁荣盛况。往来于丝绸之路上的商人、僧侣、各国使者、文人墨客，他们是东西方文化的传播者，特别是西域粟特胡商，他们的商贸活动在东西方文化交流中起到了重要的媒介作用。通过他们的往来，西方的祆教、摩尼教、中亚音乐、舞蹈、历法传入中国，中国的丝绸、造纸技术等又传到西方，在这个传播过程中，他们的贡献最为卓著。

　　早在南北朝时期，河西地区就有粟特昭武九姓胡人建立的移民聚落，而凉州是这一时期重要的胡商聚落分布点。粟特胡商在中国活动期间的商团首领称为萨宝，他们多由粟特本土贵族担任，全权负责商团的商业贸易、对外交往和军事行动，具有很特殊的地位。北魏时期，萨宝这一官职就已固定下来。武威发现的唐代西域粟特昭武九姓胡人康阿达墓志记载，他的祖父康拔达在南北朝时期曾担任过凉州萨宝和凉、甘、瓜三州（今甘肃省武威市、张掖市、安西县）军事将领，康阿达的祖父、父亲及康阿达祖孙三代长期生活在武威，死后又葬在武威。武威发现的另一座较大型的唐代墓葬，墓主人翟舍集和夫人安氏也是粟特胡人，墓葬中出土的多件器物具有典型的异域风格，特别是彩绘抱鸟童子（图4），肩披长卷发，怀抱异形大鸟，坐在莲花座上。武威吐谷浑王族墓葬中出土的多件木俑，身穿西域胡人风格的翻领窄袖胡服（图5）。墓葬中出土的一件铜扣莲鱼纹银碗（图6），制作工艺独特，银碗上除了中国传统的莲花纹饰和有吉祥寓意的游鱼纹饰外，还有在中亚地区非常流行的波斯艺术风格的联珠纹装饰。粟特胡商在凉州长期频繁地进行商业贸易和政治活动，以及异域风格的服饰、器物、随葬品在凉州地区的流行，反映了这一时期胡汉民族文化生活的交融，凸显了唐代大一统和开放包容的社会风尚，凉州文化也因为融入了来自不同民族不同国家的新鲜血液而更加丰富独特。

图4　唐·抱鸟童子

图 5　唐·胡服木俑

图 6　唐·铜扣莲鱼纹银碗

宋代，武威称西凉府，是西夏国的"辅郡"（西夏碑铭），西夏文化遗存非常丰富。西夏党项羌族是游牧民族，流浪冒险，四处为家的游牧生活，养成了他们善于吸纳和借鉴外来文化的包容性，西夏建立国家后广泛吸纳周边民族的先进科技和文化，因此西夏文物所反映的民族融合特点更加浓厚。武威出土的西夏金碗和剔刻花瓷罐，外观厚重朴实，但是金碗上的錾刻工艺和团花牡丹纹饰，瓷器上的剔刻花技法和缠枝莲花纹装饰图案，反映了中原汉族文化对西夏党项族的影响。雕版印刷和活字印刷技术是中原宋朝的发明，西夏迅速的借鉴使用，并根据需要，把雕版印刷与活字印刷巧妙地结合使用，用于印刷本民族文字的书籍，提高了排版印刷的速度，为传播本民族文化和中原先进的科学技术起到了重要作用。目前发现的世界最早的活字印刷实物，是西夏故地武威发现的西夏文泥活字印本《维摩诘所说经》（图7），它也成为中国发明活字印刷术的最有力的实物证明。

图7　西夏·西夏文泥活字印本佛经

蒙元时期驻守凉州的西凉王阔端和西藏佛教领袖萨班"凉州会盟"的顺利举行和西藏纳入元朝版图，影响了元朝统治者对藏传佛教的态度，在统治者的大力扶持和倡导下，凉州地区藏传佛教兴盛，藏传佛教寺院林立，藏文佛经广泛传播。保存至今的元明时期的凉州藏文大藏经数量可观，共410函10万余页，有银粉和金粉抄本，有铜版朱砂印本；参与抄经的僧俗信众民族成分复杂，有汉族、藏族、党项族、蒙古族、鲜卑族等，是各民族人民共同智慧的结晶。

二 碑刻记载了古代少数民族在武威的活动，保存了多种民族古文字

武威自古以来就是少数民族聚居之地。出土的历代少数民族碑刻，记载了我国古代少数民族历史，保存了多种民族古文字。前秦建元十二年"梁舒墓表"记载了氐族政权在武威的统治，唐代康阿达墓志（图8）、翟舍集墓志等，记载了粟特人在武威的活动。唐代鲜卑族"纥单端"墓志记载了武威鲜卑人的生活情况。武威还保存了各种少数民族古文字和汉文合璧的碑刻，有西夏文和汉文合璧的西夏碑，蒙古文和汉文合璧的西宁王碑，回鹘文和汉文合璧的高昌王碑，藏文和汉文合璧的重修白塔寺碑等，这些碑刻，不但记载了各民族之间交流往来的历史，保存了民族古文字，也凸显了不同时期民族融合的特征，是非常重要的少数民族文献文物。

武威新华乡青嘴喇嘛湾唐代吐谷浑王族墓葬中，出土了吐谷浑王族慕容氏家族墓志9方，有青海王慕容诺曷钵妻子弘化公主墓志（图9），青海王慕容忠墓志，慕容忠夫人金城县主墓志，燕王慕容曦

图8 唐·康阿达墓志

图9　唐·弘化公主墓志

光墓志等，是研究古代少数民族吐谷浑历史的重要文献资料。吐谷浑，是我国古代西北少数民族之一，是辽东鲜卑慕容部的分支，后不断西迁壮大，兼并青海、甘南和四川西北地区的氐羌诸部，建立国家，以首领吐谷浑之名为国名，居伏俟城（青海湖西50里）。北魏、隋朝时势力强盛，累为边患，唐派李靖等率兵出击，削弱其势力，首领慕容顺率众归附唐朝，成为唐朝西部藩屏，唐朝封其为西平郡王。慕容顺死，子诺曷钵继位，唐朝封其为河源郡王，以宗室女弘化公主妻之，加封其为青海国王。吐蕃兴起以后，向甘青地区扩张势力，吐谷浑亡，吐谷浑可汗诺曷钵被迫与弘化公主率数千帐迁入凉州。后唐徙其部众于灵州，置安乐州，以诺曷钵为安乐州刺史。吐蕃占据灵州后，吐谷浑移居河东，被称作退浑、吐浑。五代时散处各地，多同化于汉族或其他民族。弘化公主是唐建立以来首个与周边民族和亲的公主，为唐朝西部边疆的安定与文化的交流传播起到了重要作用。弘化公主之后，又有数位唐朝公主与吐谷浑王族和亲，出土墓志较为明晰地还原了吐谷浑与唐朝交往的历史，填补了史书记载之不足。

元代亦都护高昌王世勋碑（图10），是国内保存的少见的汉文和回鹘文合璧碑。碑刻立于元顺帝元统二年（1334），是为了纪念元朝宰相、御史大夫帖木儿补花祖先的功勋而建立的。帖木儿补花的先祖是畏兀儿族，世居新疆，元太祖铁木真时举族归顺，世代忠于蒙元王朝，为元朝的建立和疆土的开拓立下不朽的功勋。蒙元朝廷为了嘉奖安抚，世代与其联姻，并封为高昌王，世袭罔替。后又将武威永昌一带封赐给他们，其后代一直生活在永昌，死后也葬于此。碑正面为汉文，背面为回鹘文；碑文由元朝著名大文学家虞集撰文，元朝大书法家、礼部尚书康里巎巎书写，元朝奎章阁大学士赵世延篆额。碑刻见证了蒙元时期回鹘、蒙古、汉等族的交流融合与发展，对研究回鹘历史、少数民族关系史、元代文学、语言文字、书法等方面都具有重要的史料价值。

图 10 - 1　元·亦都护高昌王世勋碑（汉文）

图 10 - 2　元·亦都护高昌王世勋碑（回鹘文）

三 佛教文化遗址见证了多民族宗教信仰在武威的交流融合发展

自佛教东渐以来，中原和西域高僧西去东来，翻译佛经，开窟造像，弘传佛法，武威逐渐成为佛教向中国传播的重要驿站和北中国的佛教文化中心。唐朝末年吐蕃对凉州长达近百年的统治，改变了凉州居民的宗教信仰，藏传佛教占据主导地位，在蒙元王朝统治者的大力推动和扶持下，凉州成为河西地区的藏传佛教中心。武威最早的佛教寺院是修建于前凉时期的宏藏寺（即今凉州大云寺），寺内有保存完整的唐代大云铜钟及古钟楼；罗什寺是魏晋时期西域高僧鸠摩罗什在凉州的驻锡弘法处，也是全世界唯一以罗什名字命名的佛教寺院，寺院遗址仍然保存唐代风格的罗什舍利塔；百塔寺是元代西藏佛教领袖萨迦班智达在凉州的驻锡弘法和圆寂之处，也是西藏纳入中国版图的历史见证地。

天梯山石窟也称凉州石窟，位于武威市城南 50 公里处，创建于北凉沮渠蒙逊时期，后经历代开凿，规模宏大。据明正统年间碑刻记载，"诸佛之龛，二十有六"，现存洞窟三层，大小洞窟十七个。1958 年修建黄羊水库，石窟内塑像及壁画搬迁至甘肃省博物馆。搬迁时从石窟中清理出的北魏以来的塑像一百多尊，壁画数百平方米，还有汉文、藏文、西夏文经卷等，内容丰富。石窟中保存的北凉菩萨像壁画（图 11），头戴宝冠，曲发垂肩，面相椭圆，直鼻大眼，耳轮长垂，体态修长，上身半裸，胸饰璎珞，肩披大巾，腰系长裙，形似印度人物形象。天梯山石窟北凉壁画与敦煌北凉壁画风格相近，这种绘画艺术风格显然是受到西域早期壁画的影响。[①] 北魏建立后，曾经主持开凿天梯山石窟的北魏高僧沙门统昙曜和众多的凉州僧人，来到首都平城（今山西大同），作为设计者和开凿者，参与并创建了云冈石窟中的第一期石窟"昙曜五窟"。天梯山石窟虽然规模较小，洞窟、塑像、壁画也少，但是，因为开凿年代久远，更因为昙曜及凉州僧人的缘故，对后来云冈、龙门石窟的开凿产生了深刻影响，被誉为"凉州模式"，成为中原石窟艺术的源头，也是我国早期佛教石窟艺术的杰

---

① 赵声良：《敦煌早期壁画中的西域式人物造型》，《敦煌研究》2009 年第 1 期。

出代表，对佛教传播及佛教艺术发展都起到了重要作用，在中国石窟发展史乃至中国佛教发展史上，都占有重要地位。

图11　北凉·天梯山石窟菩萨像壁画

四　武威历史文化遗存在"一带一路"建设中的作用思考

"丝绸之路经济带"和"海上丝绸之路"自古有之，它们一直是古代连接东西方陆上、海上的交通贸易要道，也是中外文化交流的渠道。凉州作为陆上丝绸之路的重要节点，在古代曾经起到过举足轻重的作用，古代多民族融合的文化烙印深刻。随着"海上丝绸之路"贸易的开通和发达，陆上丝绸之路的作用逐渐退化乃至被废弃。但是由于其特殊的地理存在，在经济飞速发展的当代，它依然是连接欧亚大陆的交通要道。从2015年开始我国所倡导的"一带一路"合作发展理念，就是借助古代"丝绸之路"的历史符号，主动与沿线国家建立政治互信，经济融合，文化包容的和平发展共同体。对于凉州来说，这是一个新的历史机遇，武威市委、市政府正在以全新的理念和方式，打造当地文化品牌，创建武威文化旅游名市和全国文明城市。而武威优秀的历史文化遗存，是文化旅游名市建设的重要内涵和抓手。

（一）挖掘武威历史文化遗存的民族文化价值，发挥其文化向心作用，有利于加强民族团结，和开放包容文明旅游城市的建设。我国是一个多民族国家，每个民族都有不同的生活习俗和传统文化特点，求同存异，是历史发展过程中民族存亡的必然规律。经过了千百年来的交流与融合，各具特色的民族文化成分，构成了丰富多彩的中华优秀传统文化。武威在多民族聚居的历史发展过程中，形成的史不绝书的五凉文化、盛极一时的佛教文化、独具特色的西夏文化等，都是地方特色鲜明的历史文化资源，在这些特色文化中，最为显著的特点就是多民族和多元一体特点。历代封建统治者在治理凉州的过程中，采取包容政策，不但接纳不同的民族和他们的文化，还兼收并蓄，博采众长，弥补自身不足，丰富、发展和壮大自己。鉴古思今，在多元共存的今天，我们更应该学习古人之长，弘扬和传承古代民族优秀传统文化，以其文，化其人，凝聚人心，提振民族自信心。

（二）以多民族融合的佛教文化遗存为依托，打造特色文化旅游品牌，有利于丰富文化旅游名市的内涵，提升自身价值。佛教文化是中华文化的重要组成部分，对中华文化的影响既深且远，它影响人们的思想认识和生活习俗，渗透到文学艺术、天文地理等领域，是人文旅游资源的重要组成部分。武威保存至今的佛教文化遗存非常多，其所具有的建筑、石窟、绘画、雕刻等艺术特色，因为其地域的和多民族共融的特点，不仅吸引了众多信仰佛教的信徒，也吸引了大量艺术爱好者和研究者。"天梯古雪""海藏烟柳""大云晚钟""金塔晴霞"等"凉州八景"都是以古代文化遗存为核心内涵打造的著名人文景观，明清以来"凉州八景"成为凉州城市文化的支柱和精髓，影响了一代又一代凉州人民。幸运的是这些文化遗存如天梯山石窟、白塔寺、海藏寺、罗什寺等名胜古迹，目前保存尚好。在妥善保护的基础上，利用人们的宗教信仰和对"凉州八景"文化景观的影响力，开发具有知识性、趣味性的朝圣、观赏项目，引导人们树立正确的宗教观，传承千年之久的佛教历史文化内涵和精髓，让佛教文化在当代旅游业中发挥积极的作用。

五　结语

中华文化之所以延续千年依然生生不息，就是因为它具有海纳百川的包容性，和不断改变和完善自我的创造力。当代"一带一路"建设理念，也是对古代社会发展理念的延续和创新。武威丰富的历史文化遗存，是古代各族劳动人民智慧的结晶，是民族团结的象征，是独具特色的凉州文化的重要载体，也是丝路文化、中华民族文化的血脉和延续。研究挖掘弘扬凉州文化，传承好丝路精神，是武威城市发展的必由之路，也是"一带一路"建设的时代要求。

汉代武威郡治考辨[*]

高 荣

河西学院河西史地与文化研究中心

武威是汉代"河西四郡"之一,也是河西走廊东部门户和丝绸之路重镇,在汉匈关系和中西经济文化交流中具有极为重要的地位和作用。但是,对于西汉武威设郡及其治所等问题,迄今仍存在分歧。本文拟在学习借鉴学界已有研究成果的基础上,对武威郡治所及相关问题作简要梳理和探讨,不妥之处,敬请指正。

一 武威郡初治武威县

关于武威郡设置时间,由于诸书记载各异,甚至连《汉书》之《武帝纪》与《地理志》所记年代也不一致,后之学者对武威郡始设年代也众说纷纭。但是,如果我们将《史记》《汉书》等文献记载进行排比分析,并与居延汉简的相关内容进行对照比较,基本可以断定:在汉代河西四郡中,酒泉郡最先置,其次为张掖郡和敦煌郡,武威郡最后置;武威设郡既不在汉武帝时,也不是汉昭帝末年,而是汉宣帝地节三年(前67)。对此,周振鹤先生论之甚详①,故不再赘言。

《水经注》卷四十《禹贡山水泽地所在》载:"汉武帝太初四年(前101)匈奴浑邪王杀休屠王,以其众置武威县,武威郡治,王莽更名张

---

* 本文是国家社科基金项目"汉唐时期河西走廊城市发展与社会变迁研究"(项目批准号:15BZS044)的研究成果之一。

① 参阅周振鹤《西汉河西四郡设置年代考》,《西北史地》1985年第1期;周振鹤《西汉政区地理》,商务印书馆2017年版,第171—183页;周振鹤《汉书地理志汇释》,安徽教育出版社2006年版,第355页。

掖。"① 据此，则汉武帝太初四年（前101）时就设置了武威县，后来的武威郡治所就在武威县。但《汉书》卷二十八下《地理志下》记西汉武威郡辖有姑臧、张掖、武威、休屠、揟次、鸾鸟、扑𨤍、媪围、苍松、宣威等十县。根据"凡县名先书者，郡所治"② 之义例，武威郡治所应在姑臧县，而不是与其同名的武威县（今民勤县连城古城）。《大清一统志·凉州府·武威县》亦云："汉置姑臧县，为武威郡治，后汉因之，三国魏兼为凉州治，晋因之。"清人周寿昌在其《汉书注校补》卷二十四中，还以汉昭帝时设立的金城郡治首县允吾，与郡同名的金城县仅列第五为例，说明西汉武威郡治亦不在与其同名的武威县，而在其首县姑臧。后之学者也大多认为西汉武威郡治在姑臧。③ 若就《汉书·地理志》的叙事"义例"来看，此说固然不误。然而，《地理志》所载以汉平帝元始二年（2）版籍为准，但"西汉二百余年，郡国疆域种种变迁甚剧，治所亦常有迁移，至有一徙再徙乃至三四徙者"，对于此间的种种变化，只能择其最要者如郡国增设废省等略加说明，其他则一概从略。像武威、张掖等郡县同名但郡治在他县者，正是郡治曾经迁徙变化的缘故，只不过《地理志》略而未论罢了。故上引《水经注》对武威郡初置时治武威县的记载是可信的，但并没有反映后来的变化，因而"不足以概哀平之世"。④

匈奴浑邪王杀休屠王降汉之事发生在汉武帝元狩二年（前121），但《水经注》云"汉武帝太初四年"，应本于《汉书·地理志》关于"武威郡，故匈奴休屠王地，武帝太初四年开，莽曰张掖"的记载。虽然武威郡始设并非武帝太初四年，但其所辖区域确为匈奴休屠王故地，因其最初为张掖郡辖区，新莽时为恢复以往的"故制""旧规"，遂将武威郡更名为张掖。至于郦道元以武威县为武威郡治，亦必有所依本。也有学者认为，《水经注》版本很多，"以其众置武威县，武威郡治"的记载来自清代赵一清、戴震、王先谦、杨守敬、熊会贞等的校释本，但更早的明代朱谋㙔校释本作"以其众置武威县，武威郡"，其中并无"治"字。其中将"县、

---

① 陈桥驿：《水经注校释》，杭州大学出版社1999年版，第706页。
② 《后汉书·郡国一》，中华书局1965年版，第3385页。
③ 李鼎文先生就认为西汉武威郡治姑臧县（今武威市），《水经注》关于"武威县，为武威郡治"之说则不可信。说见李鼎文《西汉武威郡治为武威说质疑》，原载《丝绸之路》1993年第6期，收入《陇上学人文存》第3辑《李鼎文卷》，甘肃人民出版社2014年版，第32—34页。
④ 参阅严耕望《严耕望史学论文集（中）》，上海古籍出版社2009年版，第594、603页。

郡并列，意思是武威县属于武威郡，并非说武威县即是武威郡治。清代注家徒增一'治'字，清初经学家阎若璩亦曾认为武威县为郡治，均系臆测，不足为据，而应以较早的明代注释本为是"。①《水经注》的确有很多版本，但除《永乐大典》本外，"明刊其他版本没有什么可取的。他们的底本大多是宋朝流行的坊刻本"。虽然明代朱谋㙔《水经注笺》在校勘和笺注方面颇有成就，但清人赵一清更胜一筹，尤其是赵氏致力郦学研究数十年，其《水经注释》参校版本多达 29 种，而且也与朱氏笺相参证，取其所长补其所短，不论是区分经注、注释疑难，还是订正错漏、辑录缺佚等方面，都取得了前所未有的新成就，可谓后来居上。②就连《四库全书总目》也称赞其"旁征博引，颇为淹贯。订疑辨讹，是正良多。自官校宋本以来，外间诸刻固不能不以是为首矣"。③因此，仅以赵一清注释本和清代其他学者论述晚出就断定其说不足为据，并转而采信底本较差的明刊本，就显得草率而不可取了。对此，《水经注疏》考证云：

> 朱脱治字。赵增云：阎若璩曰，汉武帝太初四年，以休屠王地置武威县，为武威郡治。县居班《志》之第二，戴增同。赵又云：齐召南曰，《本纪》元狩二年置武威、酒泉郡。《志》云武威郡太初四年开，则不同时矣。疑当以《纪》为是。按《功臣表》昆邪以元狩二年封，则《志》误也。善长又误仍之。守敬按：《注》匈奴浑邪王杀休屠王以其众云云，此明明引《武纪》之文。疑郦氏本作元狩二年，后人据《汉志》改之。④

由此可见，今本《水经注》对武威县设置时间的记载虽经后人改动，但武威郡最初的治所就在武威县（今民勤县连城古城）则是可信的。

根据汉语行文习惯，一般是大地名在前、小地名在后，即按郡县乡里的次序排列；在居延、敦煌汉简中，往往省去乡名，而记其"名县爵里"。

---

①　李并成：《河西走廊历史地理》，甘肃人民出版社 1995 年版，第 37 页。

②　陈桥驿：《论〈水经注〉的版本》，原载《中华文史论丛》1979 年第 3 辑，收入陈桥驿《水经注研究》，天津古籍出版社 1985 年版，第 366—381 页。

③　《四库全书》研究所整理：《钦定四库全书总目》（整理本）上册，中华书局 1997 年版，第 947 页。

④　郦道元注，杨守敬、熊会贞疏，段熙仲点校，陈桥驿复校：《水经注疏》卷 40，江苏古籍出版社 1989 年版，第 3356—3357 页。按：其中"班《志》之第二"应为"第三"。

如"戍卒上党郡屯留畅石里公乘赵柱"（敦2077）、"酒泉禄福广汉里"（73EJT37：1004）；对于被通缉的逃亡者，则要详细说明其"郡县里名姓年长物色所衣服赍操"（303.15，513.17）等；如为本郡则仅列县（乡）里名，如"姑臧北乡西夜里""觻得成汉里"等。《汉书》中并列的行政区皆为同一级别，没有郡县混列者，如"收河南地，置朔方、五原郡""以其地为武威、酒泉郡""乃分武威、酒泉地置张掖、敦煌郡""以其地为乐浪、临屯、玄菟、真番郡"。① 其中并列的朔方、五原等都是郡名。史书又有"益发戍甲卒十八万，酒泉、张掖北，置居延、休屠以卫酒泉"之说。② 其中酒泉、张掖为郡名，其后并列的居延、休屠则均为县名。虽然在汉简中常见有"张掖居延界中"这样郡县并列的表述，但都是郡在县前，绝无县名置于郡前者。前引《水经注》"以其众置武威县，武威郡治"句中，"武威郡治"是对"武威县"的注释和说明，并不存在发生误解的问题。如果真如明人朱谋㙔《水经注笺》所记作"以其众置武威县武威郡"，既与行文惯例不符，其文意也显得堆砌重复、扦格难通。尤其《水经注》"记载县名，往往上溯先秦，下及当代，历史沿革，一览无余"。③ 对于郡治所在的县，往往注明其为某郡治并简述其沿革变化情况，如在狄道下云："汉陇西郡治，秦昭王二十八年置。……王莽更郡县之名，郡曰厌戎，县曰操虏也。"记允吾县云："金城郡治也。汉昭帝始元六年置，王莽之西海也。莽又更允吾为修远县。"记高平县云："汉武帝元鼎三年置，安定郡治也。王莽更名其县曰铺睦。"记姑臧城则云："武威郡、凉州治。《地理风俗记》曰：汉武帝元朔三年，改雍为凉州……迁于冀，晋徙治此。"即使是一度为郡治的县，也都简要注明。如金城郡属县临羌，一度为西海郡治，故在其县下云："王莽纳西零之献，以为西海郡，治此城。"④ 对于非郡治所在的县，一般只记本县山川地理而不言郡，如安故、安夷、令居、枝阳、休屠等县，都是如此。⑤ 武威县与临羌县一样，都一度为郡治，故云"武威县，武威郡治"。这种县、郡并列，并不意味着县属于郡，

---

① 《汉书》卷6《武帝纪》，第170、第177、第189、第194页。
② 参阅《史记》卷110《大宛列传》，第3176页；《汉书》卷61《李广利传》，第2699页。
③ 陈桥驿：《水经注研究》，天津古籍出版社1985年版，第157页。
④ 陈桥驿：《水经注校释》，杭州大学出版社1999年版，第29页。
⑤ 同上书，第28—33、706页。

而是指县为郡治。如果武威县只是一般的属县而未曾为郡治，在叙述武威置县后就无须再提及武威郡了；正因为武威县曾为郡治，故在其后简述其历史沿革，并特别注明王莽改武威郡为张掖之事，就是顺理成章的。由于武威设郡时已有武威县存在，遂因县设郡、郡从县名。正如严耕望先生所论，《汉书·地理志》中郡"因县受名，即治本县，……在郡县同名之情形下，盖可推知郡国建置之初大抵治同名之县也"。① 由此可见，武威郡最初的治所就在汉武威县城（今民勤县连城古城），而不是后来的姑臧城（今武威三摆城）。

二 武威郡移治姑臧

汉代武威县地处石羊河下游，与河西地区大多数位于走廊腹地平原的县相比，不仅位置偏远，而且其地正"当北塞"②，又远离河西走廊东西交通主干道上，③ 难以有效发挥郡治的枢纽作用，也不利于同其他各郡联系。为加强对辖区的管理，更好地服务于"通西域，以断匈奴右臂，隔绝南羌、月氏"④ 的战略，遂溯石羊河而上，将郡治迁到交通和自然条件都更为优越的姑臧。至于移治姑臧的时间，应在武威设郡不久。

据《汉书》卷二十八下《地理志》载，武威郡"北部都尉治休屠城"。既称"北部都尉"，其驻地应在武威郡治以北。但考古发现表明，汉休屠城（今凉州区四坝镇三岔故城）遗址在汉武威县城以南很远，而在汉姑臧县北约 60 里处，故所谓"北部"，显然是就武威郡治姑臧而言的。"若郡治仍在武威，则北部都尉决不当治此，是西汉末郡治不在武威而在姑臧必矣。"⑤ 由于《汉书·地理志》以汉平帝元始二年（2）版籍为准，

---

① 严耕望：《严耕望史学论文集（中）》，上海古籍出版社 2009 年版，第 594 页。
② 《汉书》卷 69《赵充国传》，第 2978 页。
③ 关于汉代河西走廊交通线，在居延汉简（E. P. T59：582）和敦煌悬泉汉简（Ⅹ六〇、Ⅹ六一）中均有记载，基本上是在走廊腹地沿姑臧—鳞得—酒泉—敦煌一线展开。位居汉姑臧城北三百里的武威县城，不在河西走廊交通干线上。
④ 《汉书》卷 96 上《西域传上》，第 3928 页。
⑤ 严耕望：《严耕望史学论文集（中）》，上海古籍出版社 2009 年版，第 603 页。

且以姑臧为武威郡首县，故武威郡移治姑臧的时间应在元始二年（2）以前。① 如果从汉匈双方实力的消长和武威置郡前后河西走廊南北部的防御形势来看，其移治姑臧的时间或在元康三年（前63）义渠安国行视诸羌前后。

武威设郡是汉宣帝时河西政治军事形势变化的客观要求。河西四郡的设立，是汉朝为实现"隔绝羌胡，断匈奴右臂"战略的重要举措。河西走廊的得失，对汉匈双方都有着至关重要的影响。故匈奴始终不甘心失败，试图重新夺回河西。如汉昭帝元凤三年（前78），"单于使犁汙王窥边，言酒泉、张掖兵益弱，出兵试击，冀可复得其地"。匈奴右贤王、犁汙王乃以四千骑分路进攻日勒、屋兰、番和三县，但惨遭大败，几乎全军覆没。"自是后，匈奴不敢入张掖。"加之这一时期"汉边郡烽火候望精明，匈奴为边寇者少利，希复犯塞"。② 匈奴既无力与汉朝正面交锋，夺取河西的希望也彻底破灭，遂将兵锋转向西域，派兵在车师屯田，并与车师"共侵乌孙"。汉朝本欲发兵击匈奴，但因昭帝去世而罢。宣帝即位后，"匈奴复连发大兵侵击乌孙，取车延、恶师地，收人民去……欲隔绝汉"，乌孙王上书愿发国半精兵五万骑，配合汉朝尽力击匈奴。③ 汉朝遂于本始二年（前72）秋，派御史大夫田广明等五将军率十多万骑，从西河、张掖、酒泉、云中、五原等郡分道并出，与乌孙兵共击匈奴。此后，"匈奴遂衰耗，怨乌孙……于是丁零乘弱攻其北，乌桓入其东，乌孙击其西……匈奴大虚弱，诸国羁属者皆瓦解，攻盗不能理……兹欲乡和亲，而边境少事矣"。④ 据《肃镇华夷志》《重修肃州新志》等载，在高台县镇夷所北一百八十里处，有一座汉代赵姓将军墓，墓主人"本涿郡人，秦赵高之后，汉广汉之子，名通。宣帝本始四年拜宣武将领，与乌孙同攻匈奴，累有实效，留镇边庭，竟死于西军之手，精英未散"。⑤ 该墓所在的镇夷城（今高台县正义

---

① 梁新民先生也认为："元始二年以前，即西汉末年，武威郡治所由武威县迁至姑臧县。"见梁新民《武威史地综述》，兰州大学出版社1997年版，第45页。

② 《汉书》卷94上《匈奴传上》，第3783—3784页。

③ 《汉书》卷96下《西域传下》，第3905页。

④ 《汉书》卷94上《匈奴传上》，第3786—3787页。

⑤ 参阅（明）李应魁撰，高启安、邰惠莉点校《〈肃镇华夷志〉校注》，甘肃人民出版社2006年版，第161页；（清）黄文炜撰，吴生贵、王世雄等校注《重修肃州新志校注·高台县》，中华书局2006年版，第321页。

峡一带）北一带，在汉代属张掖郡肩水都尉防区。赵通奉命参与对匈奴作战，应是汉五将军分道并出时，从张掖郡出发的度辽将军范明友所部，足见张掖、酒泉等河西各郡确已加入大规模征讨西域匈奴的行列。在汉朝的一再打击下，匈奴实力大为削弱，已"不能为边寇"①，故有"北边自敦煌至辽东万一千五百余里，乘塞列隧有吏卒数千人，虏数大众攻之而不能害"之说②。汉朝遂于地节二年（前68）罢废了光禄塞、受降城和遮虏障等塞外诸城，以休百姓；同时设立武威郡，以加强对河西东部和石羊河下游地区的控制。因此，匈奴势力的西移与汉朝北部边防压力的减轻，实际上使得河西走廊边塞防御形势更加严峻。武威郡的设立，从某种程度上说，也是汉朝在这一形势下的必然选择。

随着匈奴势力的西移，汉朝也将其战略重心转到西域。尤其是经过汉军五路出击，"匈奴车师田者警去，车师复通于汉"③。汉宣帝遂"欲因匈奴衰弱，出兵击其右地，使不敢复扰西域"④。虽未付诸实施，但于地节二年（前68）派侍郎郑吉等将免刑罪人屯田渠犁。进而又令已行至酒泉入朝奏事的郑吉，"还田渠犁及车师，益积谷以安西国，侵匈奴"。将西域屯田由渠犁扩大到千余里外的车师，是汉朝为应对匈奴势力西移做出的重大决策，反映出其西北经营重心已由河西移至西域。但因车师地近匈奴，汉兵少不足以相救，乃派长罗侯常惠"将张掖、酒泉出车师北千余里，扬威武车师旁"⑤。这样，河西走廊实际上已由防御和出击匈奴的军事前沿，转变为汉朝经营西域的后勤基地。因此，进一步加强河西各郡间的联系、保证丝绸之路畅通，就显得尤为重要。武威郡治南迁至交通便利的姑臧，就是势所必然了。

河西走廊南北部局势的变化也是武威郡治迁移的重要因素。与西羌结盟一直是匈奴与西汉争锋的重要筹码。自汉武帝以来，为了阻止汉朝势力向西推进，稳固其对西域的控制，匈奴时常派人经盐泽到羌中进行煽动宣传，声称："羌人为汉事苦。张掖、酒泉本我地，地肥美，可共

---

① 《汉书》卷94上《匈奴传上》，第3787页。
② 《汉书》卷69《赵充国传》，第2989页。
③ 《汉书》卷96下《西域传下》，第3922页。
④ 《汉书》卷74《魏相传》，第3136页。
⑤ 《汉书》卷96下《西域传下》，第3923页。

击居之。"① 汉宣帝元康三年（前63），在匈奴的威逼利诱下，"羌侯狼何果遣使至匈奴借兵，欲击鄯善、敦煌以绝汉道"。② 由于奉命处理此事的光禄大夫义渠安国措置失当，激起西羌各部反叛，汉朝只得于神爵元年（前61）调发三辅、金城等十二郡兵马，"与武威、张掖、酒泉太守各屯其郡者，合六万人"，由老将赵充国统率前往平叛。当时，西羌先零、罕、开等部"已远其妻子，精兵万人欲为酒泉、敦煌寇"，汉朝则因"边兵少，民守保不得田作"，屯驻武威、张掖、酒泉三郡的一万多骑兵，多为羸弱之士，战斗力不强，而且"郡兵皆屯备南山，北边空虚"。③ 换言之，河西各郡由于军队数量有限，只得将兵力集中到走廊南部，以应对羌人反叛，实际上已将防御重心由走廊北部的石羊河、黑河下游地区转移到南部的祁连山区。由于军事防御重心的转移，武威郡治所也随之南迁，如果继续留驻石羊河下游，显然无法适应"屯备南山"的需要。赵充国在神爵元年（前61）给朝廷的奏疏中云："武威县、张掖日勒皆当北塞，有通谷水草。"④ 他将武威县与张掖日勒县并列，可见当时武威郡治已不在武威县。鉴于元康二三年（前64—前63）间，匈奴已使先零羌与各部解仇交质结盟，甚至"欲击鄯善、敦煌以绝汉道"的局面，赵充国建议朝廷防患于未然，"遣使者行边兵豫为备，敕视诸羌"，于是始有义渠安国第二次行视诸羌之举。如果考虑到河西走廊南北部军事形势的急剧变化，武威郡移治姑臧或即汉朝"宜及未然为之备""遣使者行边兵豫为备"的具体内容之一。果如此，则武威郡移治姑臧的时间大致在元康二三年间。此时，上距武威设郡不过五六年的时间。

三　姑臧县初治不在今武威城

关于姑臧城的位置，由于文献记载缺失，人们已经难知其详了。如清代武威人张珌美于乾隆年间主持撰修的《武威县志》就认为："府城武威

---

① 《汉书》卷69《赵充国传》，第2973页。
② 《汉书》卷69《赵充国传》，第2973页。
③ 同上书，第2977—2979页。
④ 同上书，第2978页。

置自汉武，城郭基址不可考。"① 学界对汉姑臧城的位置主要有今武威城内说②、今武威东北说③和今武威西北说④三种观点。持武威城内说者，主要是依据当地的澄华井（碑）、大云寺和罗什寺三处不可移动文物古迹及一通前凉墓表，但这三处文物建筑时间都较晚，其中，澄华井碑约在汉桓帝延熹五六年间（162—163），大云寺始建于前凉张天锡升平年间（363—376），罗什寺建于前秦苻坚建元十八年（382），即使年代最早的澄华井也比汉宣帝地节二、三年间（前68—前67）武威建郡晚了230年。因此，不能用这些后出的文物来说明此前200多年的沿革变迁，更何况姑臧设县还要早于武威建郡。至于前凉梁舒（应为宋华）墓表，只能说明"前凉、前秦之际的姑臧城即在今武威城这块地方"⑤，并不意味着汉魏时期也如此。值得注意的是，20世纪80年代以来，先后在今武威市中心发现多处汉代砖室墓，表明武威城内说不能成立，因为人们一般不大可能将墓地建在城内。虽然在一些汉代城址发掘中，也曾经发现有墓葬，但基本在城址外围或其边缘。如在洛阳西郊金谷园村和七里河村曾发现二百多座汉墓，前者多为西汉墓，距洛阳旧城约3公里、南距汉河南县城北墙1.5公里；后者主要是东汉墓，距洛阳旧城约5公里、隔涧河与河南县城西墙相邻。⑥ 在辽宁凌源安杖子古城（即西汉右北平郡石城县城遗址）之东，也曾发现大面积古墓地，距城址50—150米不等，其中已发掘的4座均为西汉墓葬；至于在该城内发现的27个人头骨（多为青壮年男子），则"很可能是故城废弃时，社会发生大变革过程中造成的悲剧"。⑦ 这些墓葬均不在城内，故有研究者认为："城墙内不再有墓地，死人都葬在城外"，是汉代城市不同

---

① 张克复等校注：《五凉全志校注·武威县志·建置志》，甘肃人民出版社1999年版，第40页。

② 参阅梁新民《姑臧故城地理位置初探》，《敦煌学辑刊》1987年第1期；梁新民《武威史地综述》，兰州大学出版社1997年版，第124页；郝树声《敦煌悬泉里程简地理考述》，《敦煌研究》2000年第3期。

③ 王乃昂、蔡为民：《凉都姑臧城址及茂区变适初探》，《西北史地》1997年第4期。

④ 李并成：《河西走廊历史地理》，甘肃人民出版社1995年版，第20—23页。

⑤ 梁新民：《武威史地综述》，兰州大学出版社1997年版，第130页。

⑥ 中国科学院考古研究所洛阳发掘队：《洛阳西郊汉墓发掘报告》，《考古学报》1963年第2期。

⑦ 辽宁省文物考古研究所：《辽宁凌远安杖子古城址发掘报告》，《考古学报》1996年第2期。

于以往的重要特点之一。① 在今武威市中心发现多处汉墓，正可说明其地不在汉武威郡城内。

持武威东北说者，其论据基本是明清地理文献，其中，最主要的是明代陈循等《寰宇通志》卷一〇一《陕西行都指挥使司·古迹》关于"姑臧县城，在凉州卫城东北二里，汉置县，遗址尚存"的记载。顺治《重刊凉镇志·凉州卫·古迹》所记略同："姑臧城，（凉州卫）城东北二里，汉置县……遗址尚存。"乾隆《五凉全志·武威县志·地理志·古迹》亦云："姑臧，县东北二里。汉制（置）县，属武威郡治，又名龙城。"但是，由于缺乏考古资料和早期文献的支撑，相关论述又多处曲解材料，因而不能令人信服。如有的学者一方面认为，李贤关于武威郡"故城在今姑臧县西北"说只是笼统的泛指，并无确切里程和方位概念，故不能视为"姑臧城西北"；另一方面又认为，"武威郡，故城在今凉州姑臧县西北"句与《水经注》关于武威"县在姑臧城北三百里"的记述，"表达的意思可能是相同的"。为了证成"武威东北说"，甚至认为宋华墓表出土地太平滩（在今武威城西北 7.5 公里处）在姑臧故城（即三摞城）正西 15 里的引指有误。② 实际上，在各种地志文献（包括简牍材料）中，表示地理方位和道里远近时，都是以郡县或其他机构名称代指其所在的城或驻所，而不是泛指其该所辖区域。如《续汉书》"武威郡"下注"洛阳西三千五百里"，就是指武威郡城在洛阳城西三千五百里；悬泉里程简中"小张掖去姑臧六十里"，意即西汉张掖县城（小张掖）到姑臧县城间的距离为 67 里；"金城允吾二千八百八十里，东南"，则表示金城郡允吾县城在悬泉置东南 2880 里。因此，上引李贤注文中"姑臧县西北"无疑就是指"姑臧城西北"，其与武威"县在姑臧城北三百里"的表达方式是相同的，但其所表达的意思和方位则明显不同。而宋华墓表出于武威市西北 7.5 公里处及其上"葬城西十七里"的记载，正与武威西北说吻合，恰为"武威东北说"提供了反证。因此，"把姑臧城（汉及前凉两处）定在今武威城，是不符合其古今自然环境的"。③ 文献记载的凉州卫城"东北"很可能是"西北"

---

① 张继海：《汉代城市社会》，社会科学文献出版社 2006 年版，第 205 页。
② 王乃昂、蔡为民：《凉都姑臧城址及茂区变适初探》，《西北史地》1997 年第 4 期。
③ 王宝元：《凉城沧桑——历史名城武威地名概要》，甘肃人民出版社 1992 年版，第 16 页。

之误。①

清代武威著名学者张澍也持武威西北说。他在辑录《汉书·地理志》《续汉书·郡国志》《西河旧事》《读史方舆纪要》等书的相关记载后指出："姑臧县在今武威县之西北，汉时姑臧为郡治，又有武威县。"②我们认为，汉姑臧城在今武威西北说既有文献记载为据，也有大量考古资料佐证，是值得采信的。如《水经注》卷四十《禹贡山水泽地所在》"猪野泽"条云："其水上承武始泽，泽水二源，东北流为一水，迳姑臧县故城西，东北流，水侧有灵渊池。"既称"姑臧县故城"，则必另有新城；而其中的"故城"，显然是相对于北魏时的姑臧城而言的，说明姑臧县城确曾迁徙过。《后汉书》卷一下《光武帝纪下》载，建武二十七年（51），"北匈奴遣使诣武威乞和亲"。李贤注云："武威，郡，故城在今凉州姑臧县西北，故凉城是也。"这里的汉武威郡故城当即《水经注》所记"姑臧县故城"（亦即故凉城），其地在北魏隋唐时的姑臧县城西北。也就是说，姑臧城迁址以前就曾是武威郡治所在。在今武威市西北2公里的金羊镇赵家磨村南，恰有一处古城遗址，俗称锁阳城，又名三摞城。从其遗迹遗存和发现大量汉砖和汉代灰陶片等物判断，该城即匈奴盖臧城，亦即西汉最初的姑臧县城。③不过，由于姑臧故城一带低洼潮湿（这里在20世纪60年代仍为碱地和芦苇塘，到70年代才开垦为耕地）④，不利于城市的进一步发展。相比之下，故城东南方即今武威城一带地势较高，自然和交通条件也更优越，是理想的建城之地。在锁阳城（三摞城）遗址东南、今武威市西2.5公里处发现的皇娘娘台齐家文化遗址，面积约37万平方米，文化层0.6—3.7米，说明该遗址定居时间很长。尤其是该遗址发现9座有白灰面或红烧土的住室和56个窖穴，还发现了汉代及以后的砖、瓦片等物，⑤也

---

① 李并成：《河西走廊历史地理》，甘肃人民出版社1995年版，第22页。

② 张澍辑录，周鹏飞、段宪文点校：《凉州府志备考·地理卷2·武威县》，三秦出版社1988年版，第24页。

③ 国家文物局主编：《中国文物地图集·甘肃分册（下）》（测绘出版社2011年版）也认为："该城即匈奴盖臧城，西汉姑臧县城故址。西汉末至东汉初姑臧县迁至今武威市区，该城废弃。"第190页。

④ 王宝元：《凉城沧桑——历史名城武威地名概要》，甘肃人民出版社1992年版，第13页。

⑤ 参阅甘肃省博物馆《甘肃武威皇娘娘台遗址发掘报告》，《考古学报》1960年第2期；甘肃省博物馆《武威皇娘娘台遗址第四次发掘》，《考古学报》1978年第4期。

为武威西北说提供了有力的佐证。

　　由"故城"迁往新址，既是城市自身发展的必然要求，也与西汉末"河西四郡"的布局和丝路交通的繁荣有关。由于地理环境及政治经济等因素的影响，历史上的故城与现在的新址不在一地的例证比比皆是，史念海先生曾以殷墟、咸阳和汉唐长安城为例说明古都的兴废，如殷墟在今河南安阳市，但安阳市并不是建在殷墟上，其间还有一段距离；秦都咸阳与现在的咸阳市、汉唐长安城等，都不是重叠在一起的。"如果因为古都和现在城市不在一起，甚至还有较远的距离，而不认可其为古都，那是厚诬古人了。"① 因此，姑臧故城与今武威市区不完全重叠，丝毫不影响古都武威在历史上的重要地位和作用。

　　那么，汉姑臧县是何时迁到今武威城内的呢？有学者根据武威市东大街原武威行署院内发现东汉张芝书写的"澄华井"碑判断，"至迟在东汉延熹五六年姑臧已位于今武威城了。因而应该更准确地说：东汉延熹五六年以后的姑臧县城一直在今武威城内。姑臧由古城搬迁新城的时间大约应在西汉后期至东汉前期"。② 如果考虑到姑臧故城与新址相隔不远，其城址变迁也未必是某个具体时间，可能是在某个阶段逐步发展演变而来的。故姑臧迁到新址即今武威市内的时间，应在西汉宣帝至东汉桓帝之间。

---

① 史念海：《河山集》九集，陕西师范大学出版社 2006 年版，第 72 页。
② 李并成：《河西走廊历史地理》，甘肃人民出版社 1995 年版，第 21—23、35—37 页。

武威郡设置年代讨论综述

张国才

武威市凉州文化研究院

武威是丝绸之路的重镇，是河西走廊的门户，是西北地区的重要战略要塞，"其地接四郡境，控三边冲要"①，自古以来是兵家必争之地。现已刊行的著述均言，"武威"之名因汉军在此地显示武功军威而得名，武帝时置武威郡。其实，武威郡并不置于武帝时期。对于武威置郡的具体年代，学术界在 20 世纪七八十年代就已经关注，称之为"悬案"，并展开了深入研究、探讨。

一 矛盾之源

武威置郡具体年代难以确定，主要是《汉书·武帝纪》和《汉书·地理志》所载年代相互抵牾所引起。

《汉书·武帝纪》载："元狩二年秋，匈奴浑邪王杀休屠王，并将其众合四万余人来降，置五属国以处之。以其地为武威、酒泉郡。元鼎六年秋，乃分武威、酒泉地置张掖、敦煌郡，徙民以实之。"②

《汉书·地理志》载："太初元年开酒泉、张掖，四年开武威，后元元年乃分酒泉置敦煌。"③

元狩二年，即公元前 121 年。这一年 3 月，骠骑将军霍去病出陇西击匈奴，过焉支山千余里，收休屠王祭天金人。是年夏，霍去病等复出击，至祁连山。是年秋，匈奴浑邪王杀休屠王率众降汉。汉置五属国以处之。

---

① 见明代重刻唐凉州《大云寺古刹功德碑》。

② 《汉书》卷 6《武帝纪》，中华书局 1964 年点校本，第 176、189 页。

③ 《汉书》卷 28 下《地理志》，中华书局 1964 年版，第 1612 页。

金城、河西并南山至盐泽空无匈奴。

太初四年，即公元前 101 年。这一年事关河西及西北的大事主要是：自敦煌西至盐泽起亭障。轮台、渠犁皆设田卒，置使者校尉领护，以给外国使者。

二 古代学者之考证

最早关注并提出武威置郡年代问题的是北宋司马光。因为他编撰《资治通鉴》，需要按编年去梳理撰写历史上发生的一些大事件。故在翻检《汉书》时，发现"河西四郡"设置年代相互矛盾的问题。在《资治通鉴考异》中，司马光写道："汉书武纪：元狩二年浑邪王降，以其地为武威酒泉郡，元鼎六年分置张掖、敦煌郡。而地理志云：张掖酒泉郡太初元年开；武威郡太初四年开；敦煌郡后元元年分酒泉置。今从武纪。"①

但是，司马光在继续编撰时又发现了新问题，因为《武帝纪》把武威、酒泉的设置年代定于元狩二年（前 121），而在此后的一段时间里张骞出使西域明言"今单于新困于汉，而故浑邪地空无人"。张骞出使的目的就是要招乌孙东还，"居故浑邪之地"以共同对付匈奴。既然"地空无人"，说明此时西汉朝廷尚未在这一地区置郡移民，所以司马光把酒泉郡的设置定于元鼎二年（前 115）。此年，乌孙拒不东还，张骞返回朝廷。至于武威的设置，司马光认为在酒泉之后，遂在"酒泉郡"条下注到："后又分置武威郡，以绝匈奴与羌通之道。"②

到了清朝，地理学家齐召南（字次风，号琼台，浙江天台人）在其著《汉书考证》中写道："按《孝武纪》元狩二年秋，匈奴浑邪王杀休屠王并其众来降，置五属国以处之，以其地为武威、酒泉郡，岂迟至太初四年乎？《志》与《纪》自相矛盾，自应以《纪》为实。"③

史学家全祖望（字绍衣，号谢山，浙江鄞县人）在其著《汉书地理志稽疑》"武威条"下注："本纪与志置郡之年不合，温公曰本纪是也，以下三郡同。"在"酒泉条"下注："据《匈奴传》则初置止酒泉一郡，武威亦

---

① 周振鹤：《西汉政区地理》，人民出版社 1987 年版，第 157 页。
② 同上。
③ 同上书，第 158 页。

稍后之，今从本纪。"①

自此后，"今从本纪"的说法成了大多数学者的一贯意见。如钱大昕《二十二史考异》、吴卓信《汉书地理志补注》等都主武纪说，而否定地志说。唯朱一新《汉书管见》否定武纪说，而认同地志说。

此外，王峻在《汉书正误》中提出一种折中的说法，认为"武帝纪元狩二年置武威酒泉，元鼎六年又分置张掖、敦煌郡，纪、志年份差异，意者纪但记创制之年，志则因其营建城郭设官分治之岁乎"②。这仅是一种推测，不足为准。

三 今之学者的突破

自宋至清代的数百年来，学者们孜孜以求，以期断定武威置郡的具体年代，但均无果。到了 20 世纪 40 年代，随着西北史学的再度兴起，武威及河西四郡置郡年代的问题又一次被学术界探讨，并取得了突破性研究成果。

著名历史学家张维华先生是秦汉史专家，著有《汉史论集》。他于1942 年 9 月在《中国文化研究汇刊（第二卷）》发表了《汉河西四郡建置代考疑》一文。他从《武帝纪》《地理志》以外的有关记载出发，综合考察河西地区置郡的经过，断言《汉书·武帝纪》《地理志》的说法存在疏漏，河西四郡之中酒泉最先置，武威最后，张掖、敦煌设置年代则从《武帝纪》。他认为《史记》大宛、匈奴、霍去病诸传及《汉书·西域传·序》记载河西最初置郡后，皆独有酒泉而不及武威，因此，《武帝纪》载武威与酒泉同置于元狩二年（前 121）之说不可靠。而且酒泉置于元狩二年（前 121），亦嫌过早，因为《武帝纪》载述元狩四年（前 119）移民不及河西，而《大宛传》载张骞元狩四年（前 119）后对武帝犹言"故浑邪地空无人"，欲招诱乌孙使东还"居故浑邪之地"，可见当时不可能已置郡。因此推断武威郡之置则应迟至昭帝元凤元年（前 80）与宣帝神爵元年（前 61）之间，因为昭帝始元六年（前 81）始置金城郡时，取天水、陇

---

① 周振鹤：《西汉政区地理》，人民出版社 1987 年版，第 158 页。
② 同上。

西、张掖各二县以成立，而未言及武威，如武威先已置郡，就地理方位言，当云取武威二县，不当言取张掖二县。武威之名始见于《汉书·赵充国传》"屯兵在武威、张掖、酒泉"一语，时当神爵元年（前61）用兵西羌，故武威之置又须在此年以前。

著名史学家劳干先生于1944年考释居延汉简，后利用汉简新资料在《居延汉简考证》一书中又对河西四郡的设置年代提出了独到的见解。居延汉简303.12简记载："元凤三年十月子……丞行事金城张掖、酒泉、敦煌郡……"劳干先生认为，此条汉简列河西诸郡有金城而无武威，是武威置郡尚在其后。至宣帝初的居延汉简骑士名籍簿中，张掖所属县俱有其人而武威所属则无人，盖其时武威已置郡，故其正卒成武威之缘边而不戍张掖属之居延。据此，劳干先生推定，武威建郡当在元凤三年（前78）10月之后，地节三年（前67）五月张敞视事山阳郡之前。

考古学家陈梦家先生曾于1960年考释武威汉简、居延汉简和敦煌、酒泉汉简。后来他将《汉书》等文献资料和汉简所载有关史料进行全面的排比，撰写《河西四郡的设置年代》一文，认为《史记》的记载有其一致性，四郡之建置主要应以《史记》为据，而不能受《汉书·武帝纪》的支配。他指出，武威郡置于宣帝初，而不在昭帝末。因为居延汉简7.7（甲45A）言："地节二年六月辛卯朔丁巳，肩水候房谓候长光以姑减所移卒被候，本籍为行边丞相王卿治被候……"说明后来作为武威郡治的姑臧时尚属张掖管辖，因此张掖肩水候官告候长核对姑臧戍卒名籍。显见，武威在地节二年（前68）前尚未置郡，否则姑臧戍卒当戍休屠，而不在居延。至神爵元年（前61）则《汉书·赵充国传》已有武威之名，故其建郡之上下限应缩短为地节三年至元康五年间（前67年—前61）。

周振鹤先生是当代政区地理、文化地理方面的权威专家，著有《西汉政区地理》，其中单列一章讨论河西四郡之沿革。他认为，武威郡最后置确是不易之论，毋庸再议。实际上《史记》全书不及武威一名已从侧面证明了这一点，问题只在于确定建郡的具体年限。他指出，武威之名首见于《汉书·霍光传》，而不是《汉书·赵充国传》。

《汉书·霍光传》载：宣帝"乃徙光女婿度辽将军未央卫尉平陵侯范明友为光禄勋……数月，复出光姊婿给事中光禄大夫张朔为蜀郡太守，群孙婿中郎将王汉为武威太守"。

这是一条被张维华、劳干、陈梦家先生忽略了的重要的记载。周振鹤先生结合传世文献和出土文献，"大胆假设，小心求证"，综合分析，指出张、劳、陈先生对武威郡设置年代之误。他认为，武威置郡当在宣帝地节二三年间，比张掖郡、酒泉郡、敦煌郡整整晚了半个世纪左右。

据现有资料显示，后世学者关于武威郡设置年代的论著主要有黄文弼先生的《河西四郡建置年代考》，他认为在元鼎六年（前111）；施之勉先生的《河西四郡建置考》，他认同劳干先生的断代；张春树先生的《汉代河西四郡的建置年代与开拓过程的推测》，他也认同劳干先生的断代；王宗维先生的《汉代河西四郡始设年代问题》，他认为在地节二年（前68）。日本学者也关注河西四郡的设置，如日比野丈夫的《关于河西四郡的成立》，他认为在元凤三年至地节三年（前78—前67）。

可见，关于武威郡设置年代至少有七种：第一种是张维华先生元凤元年至神爵元年，第二种是劳干先生元凤三年至地节三年，第三种是黄文弼元鼎元年，第四种是陈梦家先生地节三年至元康五年，第五种是周振鹤先生地节三年，第六种是王宗维先生地节二年，第七种是日比野丈夫先生元凤三年至地节三年。不论是哪一种断定，至目前均无实证，都是学者们结合现世文献进行综合分析而判断。但从总体上看，问题的研究在一步步深入，有些已逐步趋向一致。但从另一方面看，由于论者所持方法不同，或者对材料的索解不同，又出现了新的分歧，因而仍有进一步探索和辨析的必要。这必将进一步推进学术界对武威人文历史地理深层挖掘，推动凉州文化研究。

以上武威置郡年代讨论及其内涵，期许以持续的实践来实证，以理论探索来完善，但毋庸置疑，汉代设置武威郡有其极为重要的作用。主要有五点：一是汉建都长安，武威郡作为"天下要冲""国家藩卫"，有其重要的安全屏障战略地位；二是武威连通关中、沟通西域，为重要交通、贸易传播枢纽、节点；三是设置郡名及辖地，本身有其传承性及必然要求，绝非轻率而定；四是当时的文化繁盛和人文精神带来的影响；五是武威养马出马，是当时极为重要的战争物资储备基地。

东汉武威太守行迹考述

赵 凯

中国社会科学院历史研究所

史籍所见东汉（含更始时期）武威郡太守共 19 人，其中有名姓者 17 人。对历任太守的籍贯、仕宦经历、性格特点、行政风格等进行分析，有助于更为深刻地理解东汉时期武威地区的区域文化特别是人文风貌。本文拟从四个方面展开讨论，以期就教于方家。

一 李恂担任武威太守的时间

严耕望先生《两汉太守刺史表》①所列东汉（含更始时期）武威郡太守有名姓者凡 17 人，为研究汉代武威区域文化提供了便利。不过表中个别信息的准确性仍有进一步订正的空间，如李恂治武威的时间，"严表"判断为"安顺之世"，就值得商榷。《后汉书·李恂传》记载：

> 李恂字叔英，安定临泾人也，……辟司徒桓虞府。后拜侍御史，持节使幽州，……肃宗嘉之。拜兖州刺史，……迁张掖太守，有威重名。时大将军窦宪将兵屯武威，天下州郡远近莫不修礼遗，恂奉公不阿，为宪所奏免。
>
> 后复征拜谒者，使持节领西域副校尉。西域殷富，多珍宝，诸国侍子及督使贾胡数遗恂奴婢、宛马、金银、香氍之属，一无所受。北匈奴数断西域车师、伊吾，陇沙以西使命不得通，恂设购赏，遂斩虏帅，县首军门。自是道路夷清，威恩并行。

---

① 严耕望：《两汉太守刺史表》，上海古籍出版社 2007 年版，第 246—248 页。以下省称"严表"。

迁武威太守。后坐事免，步归乡里，潜居山泽，结草为庐，独与诸生织席自给。会西羌反畔，恂到田舍，为所执获。羌素闻其名，放遣之。恂因诣洛阳谢。时岁荒，司空张敏、司徒鲁恭等各遣子馈粮，悉无所受。徙居新安关下，拾橡实以自资。年九十六卒。①

李恂"迁武威太守"的准确时间，传文没有提供。不过"司空张敏、司徒鲁恭等各遣子馈粮"这一记录，提供了重要节点信息。张敏于安帝永初元年（107）征拜司空，永初六年（112）策罢；②鲁恭于永初元年（107）第二次出任司徒，永初三年（109）"以老病策罢"。③永初（107—113）是汉安帝的第一个年号，张敏、鲁恭接济李恂之事发生在永初年间，当时李恂早已不是武威太守。李恂守武威的时间下限最晚也不会晚过永初三年（109），彼时距顺帝即位执政还有近二十年时间，所以无论如何也不可能延及顺帝朝。引文所记"西羌反畔"，事在永初元年夏至永初二年。《后汉书·安帝纪》：

> （永初二年）十一月辛酉，拜邓骘为大将军，征还京师，留任尚屯陇右。先零羌滇零称天子于北地，遂寇三辅，东犯赵、魏，南入益州，杀汉中太守董炳。④

在此之前，李恂已被免职，离开武威，采取步行的方式回到故乡安定郡临泾县；在那里"潜居山泽，结草为庐，独与诸生织席自给"；既而遭逢羌乱，遂有"为所执获"之不幸及被"放遣"之幸；又从安定奔洛阳谢罪。其中的每一个环节都意味着一段时间。所以，李恂担任武威太守的时间有可能上溯至和帝末，更谨慎的判断应是和帝、安帝之间，而非"严表"所言"安顺之世"。

二 东汉武威太守籍贯属地特征之演变

据"严表"，东汉武威太守籍贯可考者共 12 人，依据任职时序分别

---

① 《后汉书》卷 51《李恂传》，中华书局 1965 年版，第 1683—1684 页。
② 《后汉书》卷 44《张敏传》，中华书局 1965 年版，第 1504 页。
③ 《后汉书》卷 25《鲁恭传》中华书局 1965 年版，第 878、882 页。
④ 《后汉书》卷 5《安帝纪》，中华书局 1965 年版，第 211 页。

为：窦林（扶风）、梁统（安定）、任延（南阳）、廉范（京兆）、郑众（河南）、傅育（北地）、冯豹（京兆）、李恂（安定）、张奂（敦煌）、赵苞（甘陵）、黄儁（酒泉）、张猛（弘农）。其中张猛是张奂之子，本籍敦煌渊泉，张奂永康元年（167）因讨羌有功，特准徙籍弘农郡，故就地望而言，张猛也当算作敦煌郡人。

分析12位太守的籍贯所属，可以发现，从传统的"山东"—"山西"或"关东"—"关西"地理概念来划分，任延、郑众、赵苞三人属"山东"，其余九人皆属"山西"。武威是西北边郡，其太守与内郡太守相比，在典戎御夷方面有更高的要求，这与秦、西汉以来"山东出相，山西出将"[①] 的人才分布特征高度一致。

若以州部来划分，12人中，一属冀州（赵苞），一属荆州（任延），四属司隶部（窦林、廉范、冯豹、郑众），其余六人属凉州。东汉武威太守中，凉州籍人士占到半数，这个比例显得很不正常。三位关东人士中，南阳人任延、河南人郑众分别在建武中、永平十七八年出任武威太守，而甘陵人赵苞是否担任过武威太守（灵帝时期），是值得怀疑的。[②] 也就是说，籍贯可考的12位武威太守中，只有两位是在东汉前期担任武威太守，建武、永平之后出任武威太守的，全部是关西人士。九位关西人士中，京兆冯豹在和帝中叶担任武威太守，冯豹之后的李恂（安定）、张奂张猛父子（敦煌）、黄儁（酒泉），几乎都是凉州人。也就是说，东汉和帝中叶之后的安、顺、桓、灵、献时期，凉州本土人士几乎垄断了武威太守之职。

究其原因，两汉之际，隗嚣据有陇右而成割据之势，窦融控制河西而左右时局。光武帝建立东汉之后，有意识地选拔关东籍官员出任凉州诸郡太守，力图消解窦融等在当地的势力和影响。即如有识者所言，"在平定隗嚣之后，为防止凉州豪族借羌乱而起，东汉朝廷有意识地让关东人士出任凉州诸郡太守，控制当地事务"。[③] 南阳人任延、河南人郑众因此分别在建武中、永平十七八年出任武威太守。东汉中期之后，西北羌人变乱频

---

① 《汉书》卷69《赵充国辛庆忌传赞》，中华书局1962年版，第2998页。
② 范晔《后汉书·独行传·赵苞》不见其任武威太守记载。"严表"云"《独行本传》补注引《续说苑》"，谓赵苞在灵帝时为武威太守。
③ 薛海波：《试论东汉中后期羌乱中的凉州武将群体》，《西北师大学报》（社会科学版）2008年第5期。

仍，规模越来越大，而内地人士受能力及私利所限，无法解决"羌乱"。
如永初五年，羌人寇扰河东，"羌既转盛，而二千石令、长多内郡人，并
无守战意，皆争上徙郡县，以避寇难。朝廷从之，遂移陇西徙襄武，安定
徙美阳，北地徙池阳，上郡徙衙"。① 在这种情况下，凉州本土人士熟悉风
土、尚勇敢战的优势受到重视，西北诸郡太守中凉州人士的比例越来越
高，形成"凉人治凉"之势。东汉武威太守籍贯之变化，正是基于这一历
史背景。

三　东汉武威太守的行迹与行政风格

东汉武威郡"北当匈奴，南接种羌"②，在西北边疆、民族事务中具有
特殊的战略地位。

东汉前期，武威是汉廷与北匈奴打交道的"桥头堡"。和帝永元二年
（90），大将军窦宪为伐北匈奴，"将兵镇武威"③。东汉后期，羌乱频仍，
武威也是"羌祸"重灾区，屡被其苦，如顺帝永和六年（141）九月，"诸
种羌寇武威"。④ 桓帝延熹五年（162）十一月，"滇那羌寇武威、张掖、
酒泉"。⑤ 延熹九年秋七月，"沈氏羌寇武威、张掖"。⑥ 桓帝永康元年，
"当煎羌寇武威"。⑦ 终东汉之世，武威始终承受着民族冲突与战乱的压力。

武威又是西北最重要的胡汉商贾合市地之一，在边贸与经济交流方面
扮演着重要角色。东汉初建，"时天下扰乱，唯河西独安，而姑臧称为富
邑，通货羌胡，市日四合，每居县者，不盈数月辄致丰积"。⑧ 所谓"市日
四合"，李贤注云："古者为市，一日三合。《周礼》曰：'大市日侧而市，
百族为主。朝市朝时而市，商贾为主。夕市夕时而市，贩夫贩妇为主。'
今既人货殷繁，故一日四合也。"姑臧是武威郡治所，一日四合，足见当

---

① 《后汉书》卷77《西羌传》，中华书局1965年版，第2887—2888页。
② 《后汉书》卷76《循吏列传·任延》，中华书局1965年版，第2463页。
③ 《后汉书》卷16《邓禹传附邓训》，中华书局1965年版，第611页。
④ 《后汉书》卷6《顺帝纪》，中华书局1965年版，第271页。
⑤ 《后汉书》卷7《桓帝纪》，中华书局1965年版，第311页。
⑥ 同上书，第317页。
⑦ 同上书，第318页。
⑧ 《后汉书》卷31《孔奋传》，中华书局1965年版，中华书局1965年版，第1098页。

时商业之盛。章帝元和元年（84），北单于通过武威太守孟云向朝廷表达与汉朝吏人合市交易的意愿，"诏书听云遣驿使迎呼慰纳之。北单于乃遣大且渠伊莫訾王等，驱牛马万余头来与汉贾客交易。诸王大人或前至，所在郡县为设官邸，赏赐待遇之"。① 合市地点，当在武威，只是由于南单于中途抄掠，合市未能成功。

边郡的特殊情形，要求担任武威太守者必须具备处理边患的素质和才干。从传世文献记载来看，东汉武威太守往往具有任职边郡或者奉使夷务的履历，在处理边疆、民族事务方面能力突出，多有异绩。

傅育在章帝建初元年（76）见任武威太守"威声闻于匈奴"。在此之前，他曾在明帝时担任临羌长，与捕虏将军马武等击滇吾羌，"功冠诸军"②。

李恂在出任武威太守之前，曾有三段与边事有关的经历。其一，章帝时，以侍御史身份，"持节使幽州，宣布恩泽，慰抚北狄，所过皆图写山川、屯田、聚落百余卷，悉封奏上，肃宗嘉之"。其二，和帝永元初任张掖太守，"有威重名"。其三，和帝时（永元四年之后），以谒者身份持节领西域副校尉。"北匈奴数断西域车师、伊吾，陇沙以西使命不得通，恂设购赏，遂斩虏帅，县首军门。自是道路夷清，维恩并行。"李恂在武威太守任上的治绩不详，不过从他卸任归乡后被叛羌执获，"羌素闻其名，放遣之"，亦可以看出其在治边方面当有比较好的声闻。

赵冲在顺帝时（永和六年在任）任武威太守。当时羌祸正急，征西将军马贤战殁，西北局势颇为紧张。永和六年春，武威太守赵冲追击巩唐羌，取得斩首四百余级、掳得马牛羊驴一万八千余头、降获二千余人的大捷。朝廷随即下诏任命他为"督河西四郡兵为节度"，并于次年（即汉安元年，142）拜为护羌校尉。赵冲在护羌校尉任上，招降罕种邑落五千余户，又于汉安三年夏，与汉阳太守张贡掩击烧何种，斩首一千五百级，得牛羊驴十八万头。其年冬，赵冲再击诸羌，斩首四千八百余级。"于是诸种前后三万余户诣凉州刺史降。"建康元年（144），赵冲在追击叛羌时中了埋伏，战死。"冲虽身死，而前后多所斩获，羌由是衰耗。"③

张奂在桓帝延熹年间出任武威太守。在此之前，他于永寿元年（155）

---

① 《后汉书》卷89《南匈奴传》，中华书局1965年版，第2950页。
② 《后汉书》卷87《西羌传》，中华书局1965年版，第2882页。
③ 同上书，第2897页。

迁安定属国都尉，招诱东羌，力拒南匈奴。复迁使匈奴中郎将，"潜诱乌桓，阴与和通，遂使斩屠各渠帅，袭破其众。诸胡悉降"；又于延熹元年率南单于抗击鲜卑，"斩首数百级"。① 张奂因在武威太守任上政绩显著而得举尤异，迁度辽将军，"数载闲，幽、并清静"。延熹九年，鲜卑招结南匈奴、乌桓数道入塞，寇掠缘边九郡，又诱引东羌与共盟诅，"共寇武威、张掖，缘边大被其毒"。朝廷无奈，只好复拜张奂为护匈奴中郎将，"以九卿秩督幽、并、凉三州及度辽、乌桓二营"，"匈奴、乌桓闻奂至，因相率还降，凡二十万口。奂但诛其首恶，余皆慰纳之。唯鲜卑出塞去"。永康元年，张奂派遣部将尹端、董卓大破羌人，"斩其酋豪，首虏万余人"，解除三辅之患。

以上诸人，赵冲籍贯不详。傅育、李恂、张奂皆为凉州人。即便是出自内郡的武威太守，也往往具有典边经历，如南阳人任延，在更始、建武时先后出任会稽都尉、九真太守；廉范是京兆人，"世为边郡守"，② 本人曾任云中太守，以一郡之兵力敌匈奴，使其"从此不敢复向云中"。郑众是河南人，曾出使匈奴，参与讨伐车师之役，复以中郎将身份监护西域。赵苞是甘陵人，曾任辽西太守，"抗厉威严，名振边俗"。③

《汉书·地理志》叙及河西四郡风俗时说："自武威以西，本匈奴浑邪王、休屠王地，武帝时攘之，初置四郡，以通西域，隔绝南羌、匈奴。其民或以关东下贫，或以报怨过当，或以悖逆亡道，家属徙焉。习俗颇殊，地广民稀，水草宜畜牧，故凉州之畜为天下饶。保边塞，二千石治之，咸以兵马为务；酒礼之会，上下通焉，吏民相亲。是以其俗风雨时节，谷籴常贱，少盗贼，有和气之应，贤于内郡。此政宽厚，吏不苛刻之所致也。"④ 这段记录反映了河西四郡风俗之特殊　以及边郡太守因地制宜的治边方策，也有助于我们更为深入地解析东汉历任武威太守的行迹。

① 《后汉书》卷6《张奂传》，中华书局1965年版，第2143—2144页。
② 《后汉书》卷31《廉范传》，中华书局1965年版，第1101页。
③ 《后汉书》卷81《独行列传·赵苞》，中华书局1965年版，第2692页。
④ 《汉书》卷28下《地理志下》，中华书局1962年版，第1644—1645页。

余论："凉州寡于学术"与汉末武威列将

灵帝中平年间，羌胡与边章寇乱陇右，凉州动荡不安。时任凉州刺史宋枭提出一项令人匪夷所思的平乱举措：

> （宋）枭患多寇叛，谓（盖）勋曰："凉州寡于学术，故屡致反暴。今欲多写《孝经》，令家家习之，庶或使人知义。"勋谏曰："昔太公封齐，崔杼杀君；伯禽侯鲁，庆父篡位。此二国岂乏学者？今不急静难之术，遽为非常之事，既足结怨一州，又当取笑朝廷，勋不知其可也。"枭不从，遂奏行之。果被诏书诘责，坐以虚慢征。①

兵荒马乱之际，宋枭欲让百姓习颂《孝经》，提升忠义意识，消减叛逆之心，进而弭兵息乱，实在是迂妄荒诞。其被朝廷征还治罪，也属情理之中。但是宋枭所谓"凉州寡于学术，故屡致反暴"，强调学术、教化与民众心理、社会秩序之间的关系，并非没有道理。盖勋是敦煌人，注意到刺史的举措有文化歧视的倾向，有可能会"结怨一州"，但是对于"凉州寡于学术"这一判断本身，并未提出质疑。"凉州寡于学术"，可以视作对当时凉州地区文教学术落后荒凉之状的实态描述。

作为凉州属郡，武威在学术文教方面同样缺少突出的表现，但是自西汉中期置郡以来，武威在文教方面取得长足进步，却也是事实。东汉初，南阳人任延任武威太守，"造立校官，自掾吏子孙，皆令诣学受业，复其徭役。章句既通，悉显拔荣进之。郡遂有儒雅之士"。②汉制，郡府辟除多为当地人，这些在校官中读书受业的"掾吏子孙"自然主要是武威子弟。"郡遂有儒雅之士"，标志着武威文教的起步。武威汉墓中出土的甲、乙、丙三种《仪礼简》九篇，意味着经学教育已成风气。③"王杖十简""王杖

---

① 《后汉书》卷58《盖勋传》，第1880页。
② 《后汉书》卷76《循吏列传·任延》，中华书局1965年版，第2463页。
③ 甘肃省博物馆、中国科学院考古研究所：《武威汉简》，文物出版社1964年版。

诏令书"及数枚鸠杖的出土，① 标志着孝文化、孝养价值观的传播。医方类简牍及数量有限的《日书》乃至杂占残简，则体现出中原民俗文化在武威地区的浸润。② 凡此种种，都反映出在武威这个居民以内地移民为主的西北边郡，中原汉文化已经成为当地的主流文化。

葛剑雄先生研究两汉西北地区移民与文化进步时指出，"由于移民基本都是底层平民，文化程度低下，……直到西汉结束，西北边疆的文化还相当落后，没有出现一个有重大影响的人物。东汉时期，情况有了变化，凉州的文化进步尤其突出，在《后汉书》列传的士人有 16 人，公卿有 11 人，凉州人著书也有 16 种。但分析这些人的经历，可以发现一个明显的特征：绝大多数人实际上居住在内地，或者是在内地接受教育"。③ 从时间维度来看，包括武威在内的凉州地区取得不小的进步；从空间维度来看，其学术文教水平与内地相比，差距仍然显著。

局地人才的群体特征往往能反映出该地区的文化风貌。汉代，进入史家视野的武威籍人士数量不多，就笔者翻检所及，不过五六人，且集中于汉末三国之际。兹略述如下。

"凉州三明"之一的段颍，武威姑臧人，是西汉西域都护段会宗的从曾孙。"少便习弓马，尚游侠，轻财贿，长乃折节好古学。初举孝廉，为宪陵园丞、阳陵令，所在有能政。"④ 所谓"长乃折节好古学"，应该是指他长大之后为拥有仕宦必备素质而略通文墨。段颍出任辽东属国都尉，破斩犯塞鲜卑。又任中郎将，大破泰山、琅琊贼郭宝、公孙举等。其后又任护羌校尉、并州刺史，升为破羌将军，先后与羌人作战达 180 余次，斩杀近四万人，最终平定西羌，击灭东羌，以功封新丰县侯。随后征入京师，担任侍中、执金吾、河南尹、司隶校尉、太尉等职，封邑达一万四千户。段颍一生仕宦，基本上是武职。供职京师期间，阿附宦官，捕杀太学生，其行事风格仍是质胜于文。

---

① 甘肃省博物馆：《甘肃武威磨咀子汉墓发掘》，《考古》1960 年第 9 期；武威县博物馆：《武威新出土王杖诏令册》，载甘肃省文物工作队、甘肃省博物馆编《汉简研究文集》，甘肃人民出版社 1984 年版，第 34—61 页；武威地区博物馆：《甘肃武威汉滩坡东汉墓》，《文物》1993 年第 10 期。

② 甘肃省博物馆、武威县文化馆编：《武威汉代医简》，文物出版社 1975 年版。

③ 葛剑雄：《中国移民史》第二卷，福建人民出版社 1997 年版，第 167 页。

④ 《后汉书》卷 55《段颍传》，中华书局 1965 年版，第 2145 页。

段煨字忠明，武威人，县邑不详。① 本为凉州军阀董卓的部将。董卓挟持朝廷西入关中，段煨以中郎将身份驻屯华阴，阻挡关东联军西进。董卓亡后，段煨以宁辑将军身份赡护圣驾，又讨伐李傕有功，拜安南将军，封闅乡侯。后征拜为大鸿胪，病卒。

贾诩字文和，武威姑臧人。史书说他"少时人莫知，唯汉阳阎忠异之，谓诩有良、平之奇"。② 贾诩足智谋，善权变。凉州兵起，追随董卓入洛阳，以太尉掾为平津都尉，迁讨虏校尉。董卓败死之后，贾诩献计李傕、郭汜等凉州诸将反攻长安。李傕败后，贾诩辗转依附段煨、张绣，后又劝张绣归降曹操，成为曹操手下重要谋士。入魏，官拜太尉，晋爵魏寿乡侯。贾诩精通兵法，著有《钞孙子兵法》一卷，又曾注《吴起兵法》。③

张绣，武威祖厉人，董卓部将张济的族子。本为县吏，为县长报仇，"招合少年，为邑中豪杰"。④ 后追随张济，以军功迁至建忠将军，封宣威侯。张济死后，张绣接管其众，依附荆州刘表，袭击曹操。后听贾诩计策，归附曹操，拜扬武将军。参与官渡之战，力战有功，迁破羌将军。后于北征乌桓途中病卒。

董卓控制长安时的吏部尚书周珌或为武威人。⑤ 曹操主政时的武威人颜俊据郡叛乱，为张掖和鸾所杀，和鸾复为武威人王祕所杀。⑥

从以上列名史册的诸人来看，段颎、段煨、张绣皆是统兵打仗、以军功立命的武人，贾诩虽以权谋著称，然从其一生行迹、著述来看，仍与军事关涉甚深。因此，从传世文献所记武威籍仕宦诸人来看，"干城之具"多而"庙堂之器"少，突出了边地尚武少文的区域风貌。东汉历任武威太守，行政风格往往具有严猛特征，与这种区域风貌正相匹合。

---

① 《后汉书》卷72《董卓传》注引《典略》曰："煨在华阴，特修农事。天子东迁，煨迎，赍馈周急。"注引《魏志》曰："武威人也。"又，《西岳华山堂阙》碑铭记载东汉建安年间镇远将军段煨修缮华岳庙一事，其中有云"镇远将军、领北地太守、闅乡亭侯段君煨，字忠明，自武威占此土"，亦可证段煨为武威人。段煨事迹，又见《后汉书》卷9《献帝纪》、《三国志》卷10《魏书·贾诩传》、《晋书》卷23《乐志下》等处。

② 《三国志》卷10《魏书·贾诩传》，中华书局1982年第二版，第326页。

③ 《隋书》卷34《经籍志》，中华书局1973年版，第1012页。

④ 《三国志》卷8《魏书·张绣传》，中华书局1982年第二版，第262页。

⑤ 《后汉书》卷72《董卓传》记作"吏部尚书汉阳周珌"。注引《英雄记》则曰"'珌'作'毖'，字仲远，武威人"。未知孰是。

⑥ 《三国志》卷15《魏书·张既传》，中华书局1982年第二版，第474页。

汉代武威地区丧葬礼俗文化的性质：
以磨咀子汉墓出土幡物为中心

［韩］尹在硕

庆北大学史学科

一 序

两汉时期墓葬出土的告地策、买地券、镇墓文都立足于"事死如事生"的来世观念，是反映汉代丧葬礼俗文化的典型丧葬文书。但有趣的是，这些丧葬文书无论是材料、用途、书写格式，还是编制时间、出土地区，都具有显著差异。例如，告地策主要出土于西汉湖北、湖南等长江流域；镇墓文与买地券则主要出土于东汉关中与洛阳地区。这说明，汉代各地域的丧葬礼俗文化大有不同，能反映出各地的地域性和时间背景等情况。之所以会出现这种丧葬礼俗的文化差异，是因为各地固有的丧葬文化通过长久以来的维持、人口移动，以及社会经济交流等因素的影响，从而形成地区间的文化交流与融合。

众所周知，武威地区原是以匈奴为代表的游牧文化区，在汉武帝远征西域的过程中被纳入汉朝领土，成为河西四郡的第一关门。为更有效地进行支配，汉廷大肆徙民，其中包括生于中原的官僚和地区民众。因此，不仅促成中原与武威两地间的人际交流，更推进了两地间的文化交流与融合，其中较具代表性的现象便是汉朝内地的丧葬礼俗文化传播至武威地区。

本文主旨在于考察汉代武威地区的地域文化性质，讨论对象是此地区汉墓出土的丧葬文书与随葬文物所反映出的武威特色丧葬礼俗文化和性质。敬请方家指正。

二 铭旌所反映的汉代武威地区丧葬文化的性质

首先，第一个考察对象是武威汉墓出土的名为铭旌的墓葬幡物。20 世纪 50—70 年代，武威磨咀子汉墓出土了 5 件题有文字并覆盖于棺椁的长幅幡物，分类整理如下（表 1）。有关幡物的名称，大部分是根据发掘报告定名的，学者们将其称为"铭旌"。①

表1 武威出土墓葬幡物（铭旌）

	铭旌1	铭旌2	铭旌3	铭旌4
图片/文字	古藏渠门里张□□之柩	古藏西乡阄道里壶子梁之（柩）	古藏东乡利居里壶某某之柩	平陵敬事里张伯升之柩过所毋留
出土情况	1959 年武威磨咀子 22 号墓出土，覆于棺盖	1957 年武威磨咀子 4 号墓出土，覆于棺盖	1972 年武威磨咀子 54 号墓出土，详情未见报告	1959 年武威磨咀子 23 号墓出土，覆于棺盖
年代	东汉前期至中期	东汉初期至中期	约当东汉中期	东汉前期至中期
书写构造	县（姑臧）、里（渠门里）、姓（张）、[字]、+"之柩"	县（姑臧）、乡（西乡）、里（阄道里）、姓（壶）、字（子梁）、+"之柩"	县（姑臧）、乡（东乡）、里（利居里）、姓（壶）、字（某某）+"之柩"	县（平陵）、里（敬事里）、姓（张）、字（伯升）、+"之柩过所毋留"

---

① 李如森：《汉代丧葬礼俗》，沈阳出版社 2003 年版，第 30—32 页；刘夫德：《铭旌的图像与文字》，《文博》2008 年第 4 期，第 12—25 页。

续表

字体	墨书篆体	墨书篆体	墨书篆体	墨书篆体
图像	无	日、月、龙、虎、云纹	日、月、蟾蜍、九尾狐、乌	日、月、乌、蟾蜍
颜色质地	深赭色丝织品	紫红色丝麻织品	红色丝织品	微红近淡褐色丝织品
大小	长 220 厘米，宽 37 厘米	长 206 厘米，宽 45 厘米，下端残	长 220 厘米，宽 37 厘米，下端残	长 115 厘米，宽 38 厘米，下端残
出典	党国栋：《武威县磨嘴子古墓清理纪要》，《文物参考资料》1958 年第 1 期；甘肃省博物馆：《甘肃武威磨咀子汉墓发掘》，《考古》1960 年第 9 期	党国栋：《武威县磨嘴子古墓清理纪要》，《文物参考资料》1958 年第 1 期；甘肃省博物馆：《甘肃武威磨咀子汉墓发掘》，《考古》1960 年第 9 期	安志敏：《长沙发现的西汉帛画试探》，《考古》1973 年第 1 期	党国栋：《武威县磨嘴子古墓清理纪要》，《文物参考资料》1958 年第 1 期；甘肃省博物馆：《甘肃武威磨咀子汉墓发掘》，《考古》1960 年第 9 期

　　但近来马怡对先秦礼制文献、两汉墓葬出土的一批幡物的长度、形制、颜色、图画、安放位置等进行比较分析后指出，武威磨咀子出土的 4 件幡物（表 1）与马王堆 1、3 号汉墓出土的 T 形帛画都并不是铭旌，更准确地讲，应该为"旐"。[①] 但是，马雍曾经指出："旐也是与棺柩有关之旗帜，其为铭旌无疑了。先秦时代，铭旌已别称为旐。汉代以后，铭旌之名一度不习用，而旐则成为通称。"[②] 可从。

　　有关铭旌最简明的定义可举《仪礼·士丧礼》："为铭，各以其物。亡则以缁长半幅，经末长终幅，广三寸。书铭于末曰，'某氏某之柩'。竹杠长三尺，置于宇，西阶上。"郑玄注："铭，明旌也。杂帛为物。大夫士所建也。以死者为不可别，故以其旗帜识之。"由此可知，铭旌包括两部分，其上部分是代表死者身份的徽志（"物"），其下部分是代表死者本身的名氏（"末"）。其题文曰"某氏某之柩"，可见它是为了标明棺柩属于何人

　　① 马怡：《武威汉墓之旐——墓葬幡物的名称、特征与沿革》，《中国史研究》2011 年第 4 期，第 72—73 页。

　　② 马雍：《论长沙马王堆一号汉墓出土的帛画的名称和作用》，《考古》1973 年第 2 期，第 121—125 页。

的；并且，《礼记·檀弓》："铭，明旌也。以死者为不可别已，故以其旗识之。"郑注："神明之旌，不可别，形貌不见"，又可知铭旌代表死者神明，即，灵魂的作用。

可以说，铭旌是书写死者名氏以标明其棺柩的旗帜，也是引导死者灵魂前往祖先和灵魂世界的一种工具。[①] 按《礼记·丧服小记》："复与书铭，自天子达于士，其辞一也。"可知，上至天子，下至最低士等级都要遵守这些铭旌礼制，其中铭旌最重要的是书写死者姓名（某某）和"之柩"等内容。

严格地讲，虽盖于棺盖，但未题文必须标明的"某某之柩"，只画有图画的马王堆 1、3 号西汉初帛画铭旌和山东临沂金雀山 9 号西汉初墓出土的帛画就不是铭旌。马怡亦指出，"旌的历史亦早于铭旌，丧仪用旌是夏礼，可知旌的渊源极为久远。一般为先有图画，后有文字。倘若旌的历史确实古老，则其初始时很可能是以图像来表示死者的神明。据文献记载，旌上有图画"。由此可知，马王堆 1、3 号西汉初帛画铭旌和山东临沂金雀山 9 号西汉初墓出土的帛画属于旌。但据《表1》可知，磨咀子 4 件幡物中，《表1·铭旌1》书有铭旌须要具备的"死者本身的名氏 + 之柩"，而表 1·铭旌 2、3、4 则同时书有旌要具备的"图像"和铭旌要具备的"死者本身的名氏 + 之柩"。这种旌与铭旌相结合的形制据《后汉书·礼仪志·大丧》及《后汉书·献帝纪》的续汉书曰："天子葬……旌长三刃，十有二旒，曳地，画日、月、升龙。书旌曰'天子之柩'。"可知，在描绘"日、月、升龙"的旌上加记有"天子之柩"，说明汉代大丧礼中以图像为主的旌添加了铭旌的要素，表 1 中图像与"某某之柩"相结合的 3 件幡物可以很好地反映出这一情况。特别是这三幅图像中描绘有日、月、龙、虎、九尾狐、金乌、蟾蜍等形象。

通过仔细观察可知，表 1·铭旌 2 上端左角的圆形图案，即，"日"中绘有一"乌"位于右角部，虽然部分残缺，但应该画有月以及象征月的动物，在铭文的两侧分别画有飞腾的龙或者是虎；另外，在全幅的周围饰以云门。表 1·铭旌 4 的上部有两个圆形，即为日像和月像，左圆中有乌，

---

① 马雍：《论长沙马王堆一号汉墓出土的帛画的名称和作用》，《考古》1973 年第 2 期，第 120 页；刘夫德：《铭旌的图像与文字》，第 24 页。

右圆中配以回龙。表1·铭旌3上部的左侧是月像，其中画有蟾蜍，右侧日像中画有黑色的乌和九尾狐。这些太阳和乌，月和蟾蜍以及龙虎等的图像，都见于马王堆1、3号墓以及金雀山9号墓出土的帛画，都反映出祖先崇拜和灵魂信仰，[①] 并引导死者前往祖先和灵魂世界。

因此可知磨咀子出土的幡物说明，武威地区被纳入西汉河西四郡以来，汉朝内地形成的以铭旌和旐为中心的丧葬礼制已经传入此地。这些幡物不仅覆于棺盖，还包含后代铭旌所具有的要素，为便于论述，统称为"铭旌"应无大碍。此处值得注意的是，书写格式基本为"县名＋乡名或者里名＋墓主人姓、字＋之枢"，反映出汉代铭旌的一般书写格式。不仅如此，这一书写格式从以中原为代表的汉内地传播至武威地区。特别是记述墓主籍贯的"县名＋乡名或里名＋人姓、字"，是死者从此生到来世的个人信息，与现实中秦汉时期公文书上记载个人信息的"名事（邑或爵）里"格式一致。[②] 只是此处特殊的是，"人姓、字"部分中将名事里的"姓名"换为"姓字"。也可以将其看作铭旌礼制上的变化。

目前为止，表1中所见铭旌的发掘报告人，以及研究铭旌题字的所有研究学者都将墓主人的"姓"后面书写的字释为所有墓主人的"名"，其根据是《礼记·檀弓》："复与书铭，自天子达于士，其辞一也。男子称名，妇人书姓与伯仲，如不知姓则书氏。"但马怡指出，这不是名，而是字。笔者认为这一主张甚是，并对马怡的简介加以补充，如下。

首先，表1·铭旌2的"壶子梁"，壶为姓，"子梁"的"子"一般被用来表示"字"的一部分。如《肩水金关汉简》中的"安陵寿陵里张闳字子威"（73EJT24：16）、"温共利里濂赦年卅字子严"（73EJT23：56）、"鱳得万岁里闻长年十八字子仅"（73EJT23：59）、"张忠字子仲"（73EJT21：86B）、"王孙庆字子宣"（73EJT23：889）、"字子惠"（73EJT10：262）、"字子敖"（73EJT21：50）、"字子真"（73EJT23：418）、"字子孟"（73EJT27：80）、"字子游"（73EJT30：181）等。[③] 另外，表1·铭旌4的"张伯升"，"伯"与"子"一样，一般被用作男性的字。东汉光武帝长兄刘缤的字是伯升，居延、敦煌出土的汉简中也有由"伯"字构

---

① 刘夫德：《铭旌的图像与文字》，第16—17页。
② 睡虎地秦墓竹简整理小组：《睡虎地秦墓竹简》，文物出版社1978年版，第247、250页。
③ 甘肃简牍保护研究中心等：《肩水金关汉简（壹、贰、叁）》，中西书局2012年版。

成的部分。如，《肩水金关汉简》："字长伯"（73EJT25：142）；《居延新简》："责第卅七队卒尹禹字君伯、候史张君卿任"（5564：E. P. T59：64）；《居延汉简》："三月钱必已旁人王伯眾、尹谊"（262.16）；《敦煌汉简》："张伯平入租少八斗五升"（2210）；等等。不仅如此，与铭旌一样，丧葬文书中镇墓文的人名中也是不记名，却书有字。引文如下。

（1）永寿二年（156）的成桃椎镇墓文："永寿二年二月己未朔廿七日乙酉，天帝使者告丘丞墓伯、地下二千石：今成氏之家死者字桃椎，死日时重复，年命与家中生人相拘籍到，复其年命，削重复之文，解拘伍之籍。死生异簿，千秋万岁，不得复相求索，急急如复令。"①

（2）阳嘉二年（133）的曹伯鲁镇墓文："阳嘉二年八月己巳朔六日甲戌徐。天帝使者，谨为曹伯鲁之家，移央去咎，远之千里。咎殃大桃不得留。□□至之鬼所，徐□□。生人得九，死人得五，生死异路，相去万里。从今以长保孙子，寿如金石终无凶。何以为信？神药厌填，封黄神越章之印，如律令。"②

（3）刘伯平镇墓文："……月乙亥朔廿二日丙申朔，天帝下令移前雒东乡东郡里刘伯平，薄命蚤……"③

根据（1）的"今成氏之家死者字桃椎"可知，姓是"成"的死者没有名，只记有字"桃椎"。这说明，丧葬文书中为避讳死者的名，只记录字。(2) 的"曹伯鲁"与（3）的"刘伯平"也都是死者的姓与字。不仅如此，这些字中的"伯"与表1·铭旌4的"伯"一致，也与上述引用的《居延汉简》《肩水金关汉简》《敦煌汉简》中的"字长伯""字君伯""王伯眾""张伯平"的"伯"一致。如此看来，明确可知的是，丧葬文书中不直接记载死者的名，而是记载姓和字。表1铭旌中将死者记载为"姓＋字"并未准守《礼记·檀弓》"复与书铭，自天子达于士，其辞一也。男子称名，妇人书姓与伯仲，如不知姓则书氏"中言及的丧葬礼制，使用的是当时汉内地称呼男性时的普遍称呼，即，字称。这说明，随着武

---

① 中村不折：《禹域出土墨书书法源流考》，李德范译，中华书局2003年版，第3—4页。
② 禚振西：《陕西户县的两座汉墓》，《考古与文物》1980年第1期，第46页。
③ 罗振玉：《贞松堂集古遗文（下册）》卷15·铅券，北京图书馆出版社2003年版，第358页。

威地域被纳入汉帝国领土，中原地区的汉内地民迁徙至武威，将汉内地不写姓名而写姓字的丧葬习俗传播至武威地区。

最能反映出汉内地丧葬习俗已经传播至武威的实物资料是表1·铭旌4的“平陵敬事里张伯升之柩过所毋留”。首先要注意的第一点是，“平陵”不是武威郡的县名，是西汉昭帝的陵邑；第二，铭旌4的书写格式与铭旌1、2、3不同。下面将对这两个问题进行梳理。据《汉书·昭帝纪》：“夏四月癸未，帝崩于未央宫。六月壬申，葬平陵。”臣瓒曰：“自崩至葬凡四十九日。平陵在长安西北七十里。”可知，平陵是昭帝的陵邑，本始元年（前73），约3万名资产为100万钱以上的郡国吏民迁徙至此，现今位于长安西北70里处的今咸阳市西北的渭惠渠与庞村一带。① 明确可知，铭旌4的墓主张伯升的籍贯便是昭帝陵邑平陵的敬事里，是从平陵迁徙至武威的移住民。迁徙原因不明，有可能是因为汉内地民迁徙至武威的迁徙政策，也有可能是在平陵犯罪后逃至武威地区，继而定居。② 但“张伯升之柩”后面记有通过汉代西北边境地域的县、道，或是津关时出示的过所文书的一般书写格式“过所毋留”，因此可以推测另一种可能性，是张伯升从平陵去河西四郡地域徭戍，最后定居生活在武威。即，西北汉简中，征于长陵、安陵、茂陵、杜陵等地，在居延等地实行戍边劳役的情况较多记载，③ 平陵人也不例外。据《肩水金关汉简》的“□正月庚辰平陵令舜里有秩斗令史”（73EJT2：11）；“肩水候　除平陵归□里公大夫”（73EJT6：40）

---

① 尹在硕：《中国古代의守墓制度》，《东洋史学研究》（韩国）第124辑，2013年，第10—11页。

② 根据谢桂华、李均明、朱国炤《居延汉简释文合校》，文物出版社1987年版的记载，“名捕平陵德明里李蓬字游君年卅二三，坐贼杀平陵游徼周勅攻□□市贼杀游徼业谭等亡为人奴”（114.21）；“诏所名捕平陵长藿里男子杜光字长孙故南阳杜衍□/多□黑色肥大头少发年可卌七八□□□五寸□□□杨柏/初亡时驾骢牡马乘阑轝车黄车茵张白车蓬骑骢牡马/因坐役使流亡□戶百廿三擅置田监/史不法不道丞相御史□执金吾家属/所二千石，奉捕。”（183.13）。

③ 甘肃简牍保护研究中心等：《肩水金关汉简》：

大常长陵宜成里公乘王尊年卌六岁长七尺五寸（73EJT10：181）

戍卒长陵西仁里掌谊（73EJT9：204）

安陵寿陵里张闳字子威一石 直四百……（73EJT24：16）

茂陵道德里公乘王相年卌五长七尺四寸 黑色□（73EJT8：4）

茂陵修礼修获里宋殷年卅　大车一两 / 牛二（73EJT8：84）

京兆尹杜陵丰年满里不更公乘□□□年廿三长七尺三寸□（73EJT9：128）

魏郡魏右尉公乘杜陵富成里张赣年卌八长八尺□（73EJT6：94）

可知，多有从平陵到肩水金关戍边的事例，因此，张伯升去河西四郡戍边，最后定居在武威的可能性较高。

另外，有关《铭旌4》中的"过所毋留"。这里的"留"字，原释为"哭"，意为"毋哭者，或殡日柩所过处，习俗禁哭，故书此以告送者"。①但此种释读与解释，仅是望文生义的一种推测，未能提出相关理论根据。对此，近来马怡指出此字应释为"留"，但也未提出理论根据。② 对此，笔者意见如下。首先，此字的图版为"▨"，字的上半部是"叩"，下半部残缺，难以判读。原释推测下半部为"犬"，与上半部的"叩"一同构成"哭"字。但下半部残损严重，难以将其释为"犬"字，此解欠妥。根据文字上半部的"叩"，可以关注"留"字，下面《表2》中记有"留"字，图版为"▨"，此字的上半部"▨"与"叩"相异。可是，汉代简文中的"留"字，也有被书写为"▨"的情况。即，《肩水金关汉简》73EJT24：266A 中的"留"被记为"▨"；《武威汉简仪礼简》中甲本泰射（三）第70简："下曰留"的"留"也被记为"▨"③；另外，《长沙五一广场肩东汉简牍》表记 ▨·▨ 两个字，④ 均是"留"字。因此，将上半部是"叩"的"▨"，即，释为"▨（留）"字并无大碍。

不仅如此，根据"过所毋留"的整体意义，也可以释读此字。即，正如马怡所指，"过所毋留"是"用于通行凭证的词语"，参考资料如下。

> 光年爵公乘年六十毋官狱征事当得取传谒移居延过所毋苛留止（《肩水金关汉简》73EJT6：38A）
>
> 正月乙酉尉史赣敢言之谨案同年爵如书毋官狱征事当得传移过所县侯国毋苛留敢言之（《肩水金关汉简》73EJT10：120A）
>
> 年姓长物色各如书皆毋官狱征事当得取传谒言廷移过所县道河津

① 甘肃省博物馆、中国社会科学院考古研究所：《武威汉简》，中华书局2005年版，第148页。

② 马怡：《武威汉墓之旒——墓葬幡物的名称、特征与沿革》，第63页，在注释5中将原释的"哭"重新释为"留"，"见马怡《武威汉墓幡物释考》一文，待刊"，尚未出刊。

③ 甘肃省博物馆、中国社会科学院考古研究所：《武威汉简》，甲本泰射（三）第70简。

④ 长沙市文物考古研究所等编：《长沙五一广场东汉简牍（壹、贰）》，中西书局2018年版，第318、323、326、331、369、383、478、593、611、655、662、681、734简。

金关毋荷留如律令敢言之（《肩水金关汉简》73EJT23：165）

谨案业毋官狱征事当得取传移过所肩水金关往来出入毋荷留止如律令敢言之（《肩水金关汉简》73EJT23：335）

元寿二年十月丁卯朔辛卯广昌乡啬夫假佐宏敢言之阳里男子任良自言欲得取传为家私使之武威张掖郡中谨案良年五十八更赋皆给毋官狱征事非亡人命者当得取传谒移过所河津关毋荷留如律令（《肩水金关汉简》73EJT23：897A）

本始五年五月戊辰朔辛巳肩水保同里男子桥定广年五十六廷移过所县邑门亭毋荷留如律令（《肩水金关汉简》73EJT23：385）

建平五年十二月辛卯朔庚寅东乡啬夫护敢言之嘉平□□□□□案忠等毋官狱征事谒移过所县邑门亭河津关毋荷留敢言之（《居延汉简释文合校》495·12，506·20A）。

根据引文可知，"过所毋留"是通过县、邑、道、侯国等之关门以及河津、亭时，在没有犯罪或逃避徭役的情况下，保证在过所不得延误即时通过的意义，是较为普遍的用法。因此，铭旌4的"过所毋留"是死者张伯升离开此生前往地府的过程中，向看守地府关门的地下官吏告知张伯升在此生并未犯罪和逃避徭役的事实，因此不要耽误让其及时通过的意义。这一性质的丧葬文多见于湖北、湖南等长江流域，基本与告地策一致。①

这一类型的丧葬文也见于下面的表2武威五坝山3号汉墓的出土木牍。即，据"张掖西乡定武里田升宁，今归黄，过所毋留难也"②可知，居住在张掖郡西乡定武里的田升宁死亡，在进入黄泉时，向看守黄泉关门的地神告知"过所毋留难也"，这是向黄泉的地神告知让田升宁及时通过关门的告地策，记于木牍随葬。如此看来，铭旌4的"过所毋留"与武威五坝山3号汉墓的"过所毋留难也"一样，与长江流域出土告地策的用途相似的可能性很大。这说明武威地区出土的部分丧葬文书受到中原地区，甚至是长江流域丧葬文书的影响。如是，铭旌4前一部分是铭旌的用途，后半部分与告地策的用途一样，像这样在丝织品上同时记载铭旌和告地策，并

① 尹在硕：《中国古代 死者의书와汉代人의来世观–告地策을中心으로–》，《中国史研究》（韩国）第86辑，2013年，第49—53页。
② 李均明、何双全编：《散见简牍合辑》，文物出版社1990年版，第25页，第244简。

覆于棺盖的情况，说明籍贯原为平陵邑的张伯升从中原地区移住至武威，同时受用中原地区和长江地区丧葬文化。

三　镇墓券所反映的汉代武威地区丧葬文化的性质

下面表 2 是 1959 年武威磨咀子 15 号东汉墓出土，覆于棺盖的幡物，在形制、质地，以及随葬位置虽与上述表 1 的幡物一致，但书写格式、内容以及字体却截然不同。部分学者在考虑到这都是与铭旌一样的质地的丝织物，并覆盖于棺这一点，也将其分类为铭旌。[①] 但分析此幡物的内容可知，将其看作铭旌略为牵强。《武威汉简》曾经提出："此非柩铭，属于所谓镇墓券者"，[②] 马怡亦认为"从该物在墓中的放置情况和旗颜色、文字等看，它与前几件幡物亦有相近之处，似乎居于一种中间或过渡的形态"。但笔者认为，表 2 不是过渡期形制的丧葬文，而是受到东汉关中、洛阳等中原地域普遍使用的镇墓文的影响，是可以反映出武威地域特色的镇墓券，分析如下。

从整体来看，表 2 是覆于棺盖的幡物，与表 1 的铭旌相同。但除此以外，两者并无相似之处。

第一，表示死者籍贯、字的"姑臧北乡西夜里女子□宁"。此文句的书写格式虽与表 1 的 4 件铭旌类似，铭旌中必须记有"某某之柩"，而表 2 却没有，因此难以将表 2 看作铭旌类。

第二，形制。此幡物原为长方形，但已腐烂，无法复原其大小，但由于四行文句每行相接，行间意义相通，所以，虽然部分腐烂，但通过所剩长 59cm、宽 45cm 的长方形可推测原形制。将这一面积与表 1 的 4 件铭旌相比较可知，两者间的宽度类似，但表 2 的长度大略仅为表 1 的 4 件铭旌的 1/4 长。很显然，如此小的幡物无法覆盖整个死者的棺。即，据《礼记·檀弓》："铭，明旌也。以死者为不可别已，故以其旗识之。"可知，铭旌是用于识别尸身，盖住全棺，制作长度要略有剩余才能发挥其用。表 2 的大小完全无法发挥与铭旌相同的作用。因此，从形制和大小来看，难以将表 2 的幡物看作铭旌。

---

① 彭卫民：《"昭穆制"的历史意义与功能（三）——"铭旌"的祭祀符号：身体·劝力与秩序》，《社会科学论坛》2011 年第 11 期，第 172 页。

② 甘肃省博物馆、中国社会科学院考古研究所：《武威汉简》，中华书局 2005 年版，第 149 页。

表 2　　　　　　　　　　　**磨嘴子 15 号东汉墓出土幡物**

图片文字	［有］［天］帝教如律令　水社毋河（荷）留　子□宁死下世当归冢次　姑臧北乡西夜里女
出土情况	1959 年武威磨咀子 15 号东汉墓出土，覆于棺盖
年代	东汉前期至中期
书写构造	县（姑臧）·乡（北乡）里（西夜里）·女子·姓（□）·字（宁）＋"死下世，当归冢次水社，毋荷留，有天帝教，如律令"
书体	朱书阇体
图像	无
颜色，质地	深褐色丝织品
大小	长 59 厘米（约合 2.6 汉尺），宽 45 厘米。已腐烂
出典	甘肃省博物馆：《甘肃武威磨咀子汉墓发掘》，《考古》1960 年第 9 期；甘肃省博物馆、中国社会科学院考古研究所：《武威汉简》，中华书局 2005 年版

第三，表 2 的字体是朱书隶体，明显与只是用墨书篆体的表 1 的 4 件铭旌并不同。不仅如此，特别是前者为朱书，后者为墨书。有代表性的朱书镇墓瓶如下面表 3 一样，东汉时代墓葬出土的陶罐或瓶的表面都使用朱砂书写镇墓文，镇墓文的朱书文字及朱书图案多是道家的吉祥用语和辟邪咒文，目的在于约束亡灵，慰死者安息，祈祷降福生者，是东汉民间宗教

思想与社会丧葬风俗的真实反映。① 由此可知，与表1铭旌的墨书篆体不同的表2朱书隶书说明，表2并不是铭旌，而是借用东汉关中、洛阳等中原地域流行的镇墓文书写形式。有趣的是，不仅是表2的书写形式，书写内容也借用的是中原地域镇墓文的形式。

表3　　　　　　　　　　　　　　**朱书镇墓瓶**

M17：6	M17：7	M17：8	M17：9	M17：10	熹平元年陈叔敬墓出土的朱书镇墓瓶②

三门峡南交口7号汉墓出土的朱书镇墓瓶③

第四，除上述内容以外，表2在内容上是受到东汉中原地区流行的镇墓文影响后编制而成的镇墓券，相关内容为"归冢次""水社""天帝教""如律令"，有必要究其根本。首先，"归冢次"的"冢次"意为坟墓或是冥界，广义上讲是"先茔"或"旧茔"，指家族墓地。④ 因此，"归冢次"表示死者回归于坟墓，即，冥界之意，指死者"□宁"被安葬于家族墓域。此种语句形式多见于东汉时代中原地区出土的镇墓文，是镇墓文的常用语句，引文如下：

　　熹平元年（172）陈叔敬镇墓文："生人上就阳，死人下归阴。"⑤

　　熹平二年（173）张叔敬镇墓文："死人张叔敬，薄命蚤死，当来

---

① 尹在硕：《中国古代死者书의汉代人의来世观 – 镇墓瓶을中心으로 –》，《中国史研究》（韩国）第90辑，2014年，第73—76页。

② 台东区立书道博物馆编：《台东区立书道博物馆图录》，二玄社2008年版，第59页。

③ 河南省文物考古研究所：《河南三门峡南交口汉墓（M17）发掘简报》，《文物》2009年第3期，第11页。

④ 蒋晓春：《三峡地区秦汉墓研究》，巴蜀书社2010年版，第149页。

⑤ 中村不折：《禹域出土墨书书法源流考》，李德范译，第6页。

下归丘墓。"①

熹平四年（175）胥氏镇墓文："死人归阴，生人归阳。"②

初平四年（193）黄母镇墓文："黄母当归旧阅。"③

永和五年辽宁盖县镇墓文："死者魂归棺椁。"④

寿州西狱神符镇墓文："魂以下藏，魄归窈冥。"⑤

上述镇墓文立足于生死异路的死生观念，主要讲的是生者在阳界，而死者则要回归到意指坟墓或是冥界的阴、丘墓、旧阅、棺椁、窈冥，从意义上来看，与表 2 的"归冢次"一致。如此看来，由于表 2 的第三行的上部腐烂，因而不能准确理解第二行的内容，但"女子□宁死下世当归冢次"是女性墓主人"□宁"离世，回归到与阳界完全不同的阴界即冢次，表现出镇墓文生死异路的死生观念。

除此以外，表 2 中须关注的还有"水社"一词。"水社"可能是秦汉时期供奉土地神的"社"之一。《史记·礼书》："社至乎诸侯，函及士大夫索"，索隐云："诸侯已下至士大夫得祭社，故礼云'大夫成群立社曰置社'，亦曰里社也。"先秦以来，士大夫以上的支配层都会在每个里建造供奉土地神的里社，属于官社；据《史记·封禅书》："高祖十年春，有司请令县常以春（三）月及（时）腊祠社稷以羊豕，民里社各自财以祠。制曰：可。"可知，秦汉时期的社属于国家社稷，是国家祭祀的重要对象，民间也会分担祭祀财物，以供里社祭祀之用。据《居延新简》"令修治社稷令鲜明当侍祠者斋械谨敬鲜絜约省为故方考行如"⑥ 可知，不仅是汉朝内地，乃至居延等边戍地域也是国家社稷中重要的祭祀官社之一。

《汉书·五行志》："建昭五年，兖州刺史浩赏禁民私所自立社"，张晏曰："民间三月九月又社，号曰私社。臣瓒曰：旧制二十五家为一社，而民或十家五家共为田社，是私社。师古曰：瓒说是。"可知除官社以外，

---

① 郭沫若：《战奴隶制时代》，《郭沫若全集（历史篇）》第三卷，人民出版社 1984 年版，第 665 页。

② 中村不折：《禹域出土墨书书法源流考》，李德范译，第 8 页。

③ 唐金裕：《汉初平四年王氏朱书陶瓶》，《文物》1980 年第 1 期，第 95 页。

④ 许玉林：《辽宁盖县东汉墓》，《文物》1993 年第 4 期，第 55 页。

⑤ 罗振玉：《石交录》卷 21。

⑥ 甘肃省文物考古研究所、甘肃省博物馆、文化部古文献研究室、中国社会科学院历史研究所编：《居延新简——甲渠候官与第四燧》，文物出版社 1990 年版，7638：E. P. F22：161。

秦汉时期民间建造私营的社，供奉特定的神祇进行祭祀。周家台30号秦墓《日书》中的"置居土，田社、木并主岁"；"置居木，里社、冢主岁，岁为上"，① 说明秦代代表官社的里社与代表私社的田社已经并存。对此，杨华指出，作为官社有周家台30号秦墓出土《日书》的"里社"，邗江胡场5号汉墓出土《神灵名位牍》的"社""石里神社""石里里主"，香港中文大学所藏徐宁祷券的"官社""东北官保［宝］社"；私社有周家台30号秦墓出土《日书》的"田社"，邗江胡场5号汉墓出土《神灵名位牍》的"宫司空社"，香港中文大学所藏徐宁祷券的"田社""张氏请子社"等。② 由此可知，一般民间最具代表性的官社是里社，除此以外的社可能大部分是像田社一样的私社。由此可推测，表2的"水社"也应属于此类私社的一种，很有可能是供奉水神的私社。

汉代在全国范围内盛行祭祀水神，其一为"水上"。例如，西汉宣帝本始四年（前70）制成的出土于邗江胡场5号汉墓的《神灵名位牍》中的"水上"③，与香港中文大学所藏的《徐宁祈祷券》中232简的"皇男皇妇共为祷水上"；233简的"为序宁祷水上"④ 中的"水上"等。但，此处的水上是"冤死于舟船之人，正是水上厉鬼"，⑤ 属于含冤而死的冤鬼，是害人的邪恶神祇，祭祀冤鬼的目的在于安抚冤鬼，避免祸害。并且，水上盛行于江河众多的长江流域等地，是具有辟邪信仰性质的神祇。因此，不能将表2中"水社"的"水"看作与"水上"一样的具有冤鬼性质的神祇。

反之，"水"可能是崇拜地域更广的一种"善神"，因此最合适的神祇

---

① 湖北省荆州市周梁玉桥遗址博物馆：《关雎秦汉墓简牍》，中华书局2001年版，第41—46页，第124—125页。

② 杨华：《古礼新研》，商务印书馆2012年版，第370页。

③ 扬州博物馆、邗江县图书馆：《江苏邗江胡场五号汉墓》，《文物》1981年第11期，第17—18页。此神位木牍中称为"王"的神祇有"高邮君大王、宫［春］［姬］所□君□、大王、吴王、□王、泛□神王、□君王"，称为"君"的神祇有"江君、上蒲神君、满君、卢相泛君、瑜君、城阳□君、当路君、奚丘君"，称为"社"的神祇有"石里神杜、□□神杜、塞□杜（社）、杜（社）"等，除此以外，祖先神祇有"中外王父母"以及其他"仓天、天公、水上、神魂、大翁、赵长夫所□淮河、石里里主、大后垂、宫中□池、荆主、□邑、宫司空"等。

④ 陈松长编著：《香港中文大学文物馆藏简牍》，香港中文大学文物馆2001年版，第232、233简。

⑤ 杨华：《古礼新研》，商务印刷馆2012年版，第297页。

便是"玄武"。即，《后汉书·王梁传》："王梁字君严，……而赤伏符曰'王梁主卫作玄武'，帝以野王卫之所徙，玄武水神之名，司空水土之官也，于是擢拜梁为大司空，封武强侯。"注："玄武，北方之神，龟蛇合体。"玄武是五行相克说中位于北方的水神；据《后汉书·冯衍传》："玄武潜于婴冥"，注："玄武谓龟蛇。位在北方，故曰玄；身有鳞甲，故曰武。婴冥犹晦昧，所谓幽都也。"可知，玄武是婴冥，也就是潜行于死后地下世界幽都的水神。

另外，玄武还是守护墓室北部的神祇，熹平二年（173）镇墓文："熹平二年四月己卯朔十九日丁酉时加午□，东方青帝禹青龙患祸欲来，南方赤帝禹朱爵（雀）患祸欲来，西方白帝禹白虎患祸欲来，北方黑帝禹玄武患祸欲来。"① 与河南三门峡南交口7号汉墓出土五方镇墓文："北方壬癸、（神玄武），慈（磁）石六两，制南方，令母守子，偏祠（祸）不起，从今日是，如律令。"② 玄武作为北方黑帝，守护死者不受南方患祸侵扰的神祇。如此看来，玄武作为水神，管理冥界的北方，为死者阻挡祸害的侵扰，玄武应该是汉代在全国范围内崇拜的神祇。因此表2的"水社"可能是供奉水神玄武的社。如此说妥当，表2的"水社毋河（荷）留"的内容便是将死者的尸身搬入冢墓的过程中，拜访水社祭祀水神，向水神祈愿死者能顺利进入冥界。

表2第3行的"毋河（荷）留"的"河"字也须讨论。图版中的"河"与在《武威汉简》中被释读为"河"一样，甚妥。如是，其意义如上所述，应被理解为"毋荷留"的"荷"，这并不是将"荷"误记为"河"，"河"与"荷"同音，可假借。与此例相似的还有《肩水金关汉简》中的"毋何留"。即，"案毋官狱征事当为传移过所县邑勿何留敢言之／十二月洛阳丞大移过所县邑勿何留如律令 掾禹令史乐"（73EJT24：266A）中，"过所县邑勿何留"的"何"应当被标记为"荷"。这说明，汉代"荷""河""何"三个字因同音，可假借。因此，表2的"毋河留"在上引《肩水金关汉简》中不计其数，与"毋荷留"意义相同。可以解

---

① 罗振玉：《石交录》卷20。

② 河南省文物考古研究所：《河南三门峡南交口汉墓（M17）发掘简报》，《文物》2009年第3期，第14页；郝本性·魏兴涛：《三门峡南交口东汉墓镇墓瓶朱书文考略》，《文物》2009年第3期，第58—59页。

释：死者"□宁"在通过冥界关门这一程序中，毫无问题，在水社祈愿她可以顺利通过。如上所述，这一情况与长江流域出土的告地策相通。加之，此种告地策性质的内容也见于上述表1·铭旌4中的"过所毋留"，这意味着武威地区东汉墓出土的覆于棺盖的幡物已经受到中原地区，乃至长江流域丧葬文书的影响。

在水社祈愿死者可以顺利进入冥界的这一做法，是马上隔离死者与生者，或是提前防止因死者而带给还在世的家人灾祸，这与镇墓文生死异路的死生观念一致。① 接着表2的"［有天］帝教如律令"，更加充分地反映出镇墓文的此种性质。首先，"天帝"是关洛等中原地区出土的多数镇墓文中下达镇墓命令的最高神，旗下有天帝使者为首的中级神祇，即天帝神师②、天帝神师黄神越章③、天帝神师死者④、黄神北斗⑤等，将天帝的命令转达给墓域、冥界下级神。因此，明确可知表2的天帝与中原出土的镇墓文中的天帝为同一最高神祇。不仅如此，表2"［有天］帝教如律令"的书写格式与中原镇墓文的"天帝……如律令"的结构一致，特别是，此句与延熹四年（161）钟仲游妻镇墓文以及刘伯平镇墓文中的"有天帝教如律令"⑥完全一致。另外，表2的"如律令"，这是镇墓文常用的结束语，表示按照律令执行之意。⑦

综合上述分析可知，表2前半部分记述的是武威郡治所姑臧县北乡西夜里的女子□宁死后进入冥界冢墓的内容，在这一过程中，运枢队伍行至供奉水神的水社，为死者可以顺利完成进入冥界的旅途祈愿。另外，还能发现，这些过程都是严格按照天帝的教令执行的，冥界会优待遵循天帝律

---

① 尹在硕：《中国古代死者의汉代人의来世观 – 镇墓瓶을中心으로 –》，《中国史研究》（韩国）第90辑，2014年，第33—41页。

② 黄河水库考古工作队：《河南陕县刘家渠汉墓》，《考古学报》1965年第1期，第123页。

③ 中村不折：《禹域出土墨书法源流考》，李德范译，第9页，光和二年段氏镇墓文。

④ 同上书，第3页，永和六年陶镇墓文。

⑤ 王光永：《宝鸡市汉墓发现光和与永元年间朱书陶器》，《文物》1981年第3期，第53页。

⑥ 钟仲游妻镇墓文收录于罗振玉：《贞松堂集古遗文（下册）》卷15·铅券，第355页；仁井田升：《中国法制史研究——土地法取引法》，东大出版社1980年版，第449页；池田温：《中国历代墓券略考》，《东洋文化研究所纪要》第68册，1981年版，第217—218页。刘伯平镇墓文收录于罗振玉《贞松堂集古遗文（下册）》卷15·铅券，第358页。

⑦ 吴荣曾：《镇墓文中所见到的东汉道巫关系》，《文物》1981年第3期，第56—63页；吕志峰：《东汉镇墓文考述》，《东南文化》2006年第6期，第75—76页；小南一郎：《汉代の祖灵观念》，《东方学报》1994年第66卷，第42页。

令的死者这一点。在关洛等中原地区发现的镇墓文立足于生死异路的观念，保护、镇安死者的灵魂不受邪鬼或是邪气侵扰，又为后孙的长寿和福乐祈愿，是能反映出汉代人来世观念的典型丧葬文书。与中原地区的镇墓文相比，表2不仅在内容上过分疏略，也未记有镇墓文必要的结构要素——生死异路的死生观和立足于这一点的"生人无患""死人解谪""利后子孙"等具体镇墓内容。可是，表2的书写格式与部分内容与中原地域镇墓文一致，这说明武威地区在被纳入汉帝国领土以来，中原地区的镇墓习俗已经传播至武威地区，在与当地的地方风俗文化相互涵化后，定型成为武威地区有特色的镇墓文化。

小　结

笔者为理解汉代武威地域文化的性质，主要分析了这一地区的汉代坟墓出土的铭旌与镇墓券。由分析结果可知，汉武帝以来，武威地区被纳入汉郡县后，受内地徙民影响，将中原等地的汉内地丧葬礼俗文化传播至武威地区。

磨咀子汉墓出土的铭旌幡物说明武威地区纳入西汉河西四郡以来，汉帝国内地形成的以铭旌为中心的丧葬礼制已经传播至此地区。特别是这些铭旌都不仅覆于棺盖，并包含所有后代铭旌的构成要素。如"县名＋乡名或里名＋墓主人姓、字＋之柩"是汉代已经定型的典型性铭旌格式。铭旌中最需关注的是表1·铭旌4。可推测，墓主人张伯升从西汉昭帝陵邑的所在地平陵前往河西四郡戍边后定居武威。因此，这一铭旌上不仅记有铭旌的基本格式，还记有死者进入冥界时所需凭信性质的内容。此种性质的丧葬文与长江流域出土的多数告地策基本一致。

磨咀子15号汉墓出土幡物（表2）的长度仅为表1铭旌的大略1/4长，未记有"某某之柩"，也未使用铭旌统一的字体——墨书篆体，而使用的是朱书篆体。以上几点均能说明此幡物的制作目的并不是用为铭旌。反之，表2多见"归冢次""水社""天帝教""如律令"等出现于东汉中原地区出土的镇墓文书写格式与内容。其中，"女子□宁死下世当归冢次"反映出女性墓主□宁离世，要回归与阳界完全不同的阴界冢次的镇墓文生死异路死生观念。

　　"水社"很可能是汉代民间供奉水神玄武的私社。"水社毋河（荷）留"是将死者尸身搬运至墓的过程中，途经水社祭祀水神，向水神祈愿，希望死者能顺利进入冥界。此种祈愿是马上隔离死者与生者，或是提前防止因死者而带给还在世的家人灾祸，这与镇墓文生死异路的死生观念一致。表2的"［有天］帝教如律令"可以明确反映出此种镇墓文性质。"天帝"是关洛等中原出土的大部分镇墓文中下达镇墓命令的最高神，"如律令"是镇墓文常用的结束语，表示按照律令执行之意。

　　综上所述，武威磨咀子出土的铭旌与镇墓券已经受到中原等汉帝国内地的丧葬礼俗文化影响。特别是关洛等中原地区的镇墓文化已经对武威地区的丧葬文化产生直接影响。虽然为数不多，但长江流域出土的告地策反映出丧葬风俗也对其产生了一定影响。另外，此种武威地区的丧葬礼俗文化并未完全受用中原和长江流域的丧葬文化，这说明汉帝国内地的丧葬礼俗文化在传播至武威地区后，与当地的地方风俗文化相涵化，在这一过程中形成了武威地区特有的丧葬文化。

　　原载《中国古中世史研究》第 52 辑，2019 年 5 月 31 日。

苏武牧羊之地研究综论

邬文玲

中国社会科学院历史研究所

汉武帝天汉元年（前100），苏武奉命出使匈奴，被扣留长达19年之后，才得以归汉。据《汉书·苏武传》，苏武在匈奴期间被禁锢在北海边牧羊，匈奴"乃徙武北海上无人处，使牧羝，羝乳乃得归"，在荒凉的北海之地，苏武"掘野鼠去草实而食之。杖汉节牧羊，卧起操持，节旄尽落"，依然矢志不渝，不接受劝降。一直到武帝驾崩、昭帝即位，与匈奴和亲修好，苏武才得以释放，回到汉朝。"武留匈奴凡十九岁，始以强壮出，及还，须发尽白。"[1] 苏武牧羊的故事由此广为传播，苏武气节逐渐内化为中国传统文化中节义忠贞的一种精神符号和象征。后世在评价相类人物和行为时，常援引苏武事迹作为衡量标尺，比如说后汉耿恭"节过苏武"，[2] 伏隆"有苏武之节"，[3] 等等。

苏武牧羊之地"北海"究竟在何处？在早期中国"四海"观念之下，"海"有边界之义，所谓东海、西海、南海、北海通常并非实指，多为泛称。不过随着对地理知识的增加和世界观念的改变，"四海"逐渐具象化，东海、西海、南海、北海皆各自被赋予了对应的真实存在。"北海"名称的演变大体具有相似的轨迹。[4] 从汉史的记载来看，苏武牧羊之地"北海"应有具体所指，是一片相对固定的区域，为匈奴所掌控，也是匈奴流放要犯的场所。除了苏武被徙于"北海上"之外，汉武帝元封元年（前110）

---

① 《汉书》卷54《苏武传》，中华书局1962年版，第2463、2467页。
② 《后汉书》卷19《耿恭传》，中华书局1965年版，第723页。
③ 《后汉书》卷26《伏隆传》，中华书局1965年版，第900页。
④ 参见王子今《上古地理意识中的"中原"与"四海"》，《中原文化研究》2014年第1期；王子今《秦汉世界意识中的"北海"和"西海"》，《史学月刊》2015年第3期。

派往匈奴意图说服单于归顺的使者郭吉被"迁之北海上"。① 苏武牧羊期间，李陵两次到"海上""北海上"与苏武见面。②《汉书》的作者班固，曾随大将军窦宪北伐匈奴，大败北单于，并撰写了著名的《封燕然山铭》。据报道，2017年7月27日至8月1日，中国内蒙古大学蒙古学研究中心与蒙古国成吉思汗大学合作实地踏勘，在蒙古国杭爱山的一条支脉上发现了摩崖石刻即《封燕然山铭》。此摩崖位置在蒙古国中戈壁省稍微靠西南的地方，刻在杭爱山一个支脉向西南凸出的红色岩石上，当地称此山为 Inil Hairhan（北纬 45°10′403″，东经 104°33′147″，海拔 1488 米）。摩崖石刻宽 1.3 米、高约 0.94 米，离地高 4 米多。③ 对于班固来说，"北海"的地望应该是确定的，并无疑议，因此他并没有过多着墨交代具体地点。后世则渐有争议，主要有以下几种意见。

一　贝加尔湖

将苏武牧羊之地北海的地望确定为贝加尔湖，似始于清代。王先谦《汉书补注·苏武传》："齐召南曰：按北海为匈奴北界，其外即丁令也。塞外遇大水泽通称为海。《唐书·地理志》骨利干、都播二部落北有小海，冰坚时马行八日可渡，海北多大山，即此北海也。今曰白哈儿湖，在喀尔喀极北，鄂罗斯国之南界。"④ 所谓白哈儿湖，即现在的贝加尔湖。其后学界多从此说，将苏武牧羊之北海确定为现今的贝加尔湖。这是目前最为主流的说法，不少教科书采用此说。不过，这一说法也颇受质疑。详见下文。

二　乌布苏诺尔湖

近年，张志坤对苏武牧羊之地北海为贝加尔湖的说法进行了质疑和批驳，认为北海即贝加尔湖之说不能成立。他首先考察了"北海"名称的由

---

① 《史记》卷110《匈奴列传》，第2912页。

② 《汉书》卷54《苏武传》，第2464、2465页。

③ 高平、安胜蓝：《历经近2000年 班固所撰〈燕然山铭〉摩崖石刻找到了——专家讲述此次重大考古发现的过程及意义》，《光明日报》2018年8月16日第8版。

④ （清）王先谦：《汉书补注·苏武传》，书目文献出版社1995年版，第1124页。

来，指出在战国时期，神话传说中的北海就已经在中原流传，首先成为人们头脑中的一个海，并有相应的描述，比如《山海经·海外北经》"北海之内有兽，其状如马，名曰骈騄"；《山海经·大荒北经》"有始州之国，有丹山，有大泽，方千里，群鸟所解"，"禹号子食谷北海之渚中，有神人面鸟身"。《庄子·内篇》"北冥有鱼，其名为鲲。鲲之大，不知其几千里也"。此处"冥"通"溟"，大海，北冥即所谓北海。最初北海同传说中的西海、南海、东海一样，成为中原人民头脑观念中的一个海，随着历史的发展，人们会把头脑中的这个概念加以具体化。

其次，他对瀚海为贝加尔湖的说法提出了质疑和否定。指出：从军事角度来看，霍去病不可能进军贝加尔湖；从史籍记载来看，霍去病大败左贤王后即回军，并未向所谓的"瀚海"即贝加尔湖进军；从卫青、霍去病进军深远程度的对比来看，霍去病也不可能进军贝加尔湖。因此，瀚海非贝加尔湖。

再次，他对北海贝加尔湖说进行了辩驳。指出：根据《汉书·苏武传》所载，苏武一直生活在北海上，且其中有三年多时间是和单于之弟于轩王一起生活于北海上，说明"北海"就可能是匈奴人重要的生息地，而贝加尔湖冬季极其寒冷，周围地区只有夏季适宜放牧，与之不相符；且苏武出使匈奴之时，匈奴族已受到西汉沉重的军事打击，加上东部东胡族各支的逐渐强大，匈奴人此时已向西迁移，"单于益西北，左方兵直云中，右方直酒泉、敦煌郡"。① 贝加尔湖为北方丁零人的聚居地，丁零人只是臣服于匈奴，向匈奴纳贡，并不是匈奴的一部分。即或贝加尔湖仍为匈奴人属地，此时已是东部边疆地区，地接东胡。匈奴人若将苏武迁于贝加尔湖，无人监视，苏武很容易会逃入东胡，借助与西汉友好的鲜卑、乌桓而归汉。另外，李陵先后两次到苏武牧羊之地与之相会，说明安置苏武的地方，并不是贝加尔湖无人区，除了与单于弟于轩王等人一起共处三年外，还娶有胡妇生有子嗣共同生活，且胡妇为匈奴人所予，当有监视之意，其周围应还有其他人承担监视之责。因此，所谓迁苏武于北海上无人处，并非真的空无一人，只是相对比较偏僻而已。

最后，他对北海地望进行了推测，认为今天蒙古人民共和国境内的几

---

① 《史记》卷110《匈奴列传》，第2914页。

个湖泊如库苏泊、乌布苏诺尔湖、吉尔吉斯湖都有可能是汉时所谓的北海，其中乌布苏诺尔湖最有可能是北海。原因有三：一是它位于匈奴西部，距离西汉和与西汉关系密切的西域地区都比较遥远，无论向东、向南都需穿过匈奴控制的大片地区，向西、向北则都是未知区域，可以防止苏武逃跑。二是从张骞的经历看，匈奴一般将要犯置于西部。张骞出使西域时，被匈奴羁留，"居匈奴西"，后来"西走数十日至大宛"，[①] 其出发地域大致在乌布苏诺尔湖附近。三是北海不仅是苏武的流放地，亦可能是匈奴惯常羁押汉使的地方，张骞的羁押之地离此甚近，汉武帝时出使匈奴的使臣郭吉，也被迁于北海，三者羁留地相互印证，可知北海为匈奴西部的乌布苏诺尔湖的可能性最大。[②]

三　居延海

从一些唐诗来看，不少唐人认为苏武牧羊在天山附近。李白《奔亡道中五首》其一云："苏武天山上，田横海岛边。"《苏武》诗云："苏武在匈奴，十年持汉节。白雁上林飞，空传一书札。牧羊边地苦，落日归心绝。渴饮月窟冰，饥餐天上雪。东还沙塞远，北怆河梁别。泣把李陵衣，相看泪成血。"其中"月窟""东还"表明李白认为苏武牧羊之地在西北。

司空曙《夜闻回雁》"还将今夜意，西海话苏君"，"苏君"指苏武，西海表明司空曙认为苏武牧羊之地在西方。陆羽《读苏属国传》："天山西北居延海，沙塞重重不见春。肠断帝乡遥望日，节旄零落汉家臣。"陈羽认为居延海在天山西北，居延海即是苏武牧羊之处。胡曾《咏史诗·居延》："漠漠平沙际碧天，问人云此是居延。停骖一顾犹魂断，苏武争禁十九年。"诗中之意，表明胡曾认为此处就是苏武牧羊的北海。在唐人心目中，居延海就是汉人所谓的"北海"。

张仲素《塞下曲五首》其五："阴碛茫茫寒草肥，桔槔烽上暮云飞。交河北望天连海，苏武曾将汉节归。"[③] 交河在西域，"交河北望"意谓苏

---

①　《汉书》卷 61《张骞传》，第 2688 页。

②　张志坤：《汉代匈奴北海之考辨》，《史学月刊》1994 年第 2 期。

③　前引六首唐诗分别见（清）彭定求等编《全唐诗》（中华书局 1993 年版）卷 181（7）卷、卷 181（29）、卷 292（46）、卷 348（25）、卷 647（18）、卷 367（19）。

武牧羊之地还在交河之北。唐人以为北海在西北，与天山相近，当与《汉书·西域传》对北海地望的模糊交代有关："夫康居西北可二千里，有奄蔡国。控弦者十余万人。与康居同俗。临大泽，无涯，盖北海云。"① 在今中亚地区的奄蔡所临的北海，一般认为是里海，绝不可能是苏武牧羊的贝加尔湖，两地相距太远，班固引用一种说法，也不敢十分肯定，而唐人受此暗示，说明唐人并没有将北海与贝加尔湖相联系。②

四 翰海

后世有将苏武牧羊之地北海确定为翰海者，大约是受三国时如淳注的影响。《史记·匈奴列传》："骠骑封于狼居胥山，禅姑衍，临翰海而还。"裴骃《集解》："如淳曰：'翰海，北海名。'"张守节《正义》："按：'翰海'自一大海名，群鸟解羽伏乳于此，因名也。"③《史记·卫将军骠骑列传》："封狼居胥山，禅于姑衍，登临翰海。"司马贞《索隐》："按：崔浩云：'北海名，群鸟之所解羽，故云翰海。'《广异志》云'在沙漠北'。"④《汉书·霍去病传》："封狼居胥山，禅于姑衍，登临翰海。"颜师古注引如淳曰："翰海，北海名也。"⑤ 如淳的注释，其实显得有些语焉不详，既可以理解为就是指北海，也可以理解为北方某个海的名称。因此，也有人认为史、汉中提到的翰海就是贝加尔湖。

明代陆楫《古今说海》"四海"云："四海之边中国者，在山东则为东海，在广南则为南海，人人得而闻见，不待证说矣。若夫禹迹所及西境流沙而极不言西海，东北尝至碣石，而北海之名不著于经。则谓外薄四海、讫于四海者，如之何而四也？汉武帝事远有效使命方行四表，故西北二海遂有身历而目击之者矣，非道听途说之比也。于是条支之西有海焉。先汉使命固尝见之而入诸史矣，后汉班超又尝遣甘华辈亲至其地也。至于西海之西又有大秦国焉（即波斯也），夷人之与海商皆尝往来。若夫北海

---

① 《汉书》卷96《西域传》，第3893页。
② 杜玉俭：《唐代文学与汉代文化精神》，商务印书馆2012年版，第75—76页。
③ 《史记》卷110《匈奴列传》，第2911页。
④ 《史记》卷111《卫将军骠骑列传》，第2936页。
⑤ 《汉书》卷55《霍去病传》，第2487页。

则又其甚远者矣，而霍去病之封狼居胥山也，其山实临瀚海者，北海也。苏武、郭吉皆为匈奴所幽置诸北海之上。而唐史所载又曰突厥部北海之北更有所谓骨利干之国焉，在海北岸也。然则诗书所称四海者，实皆环夷夏而四之，非寓言矣。若夫西北二方有西海、柏海、青海、蒲类海、蒲菖海、居延海、白亭海、鲜水海，皆尝并海立称矣。然要其实致则众水钟为大泽如洞庭、彭蠡之类，故借海以名之，非真海也。李吉甫辨白亭海而曰：河北得水便名为河，塞外有水便名为海。其说确也。班固叙张掖之水曰：羌水出羌中，东北至居延入海，则真以居延为海矣。"① 其中提到"若夫北海则又其甚远者，而霍去病之封狼居胥山也，其山实临瀚海者，北海也。苏武、郭吉皆为匈奴所幽置诸北海之上"，即认为瀚海即北海，是苏武、郭吉被羁留的地方。

五　白亭海

将苏武牧羊之地北海地望确定为甘肃武威民勤白亭海，可能始于元、明时期。《明一统志》云："苏武山，在镇番卫城东南三十里，相传汉苏武牧羝处，旧有苏武庙。"② 清代道光年间的著名学者张澍《凉州府志备考》引周日用《博物志》注云："余（指周日用）闻北海言苏武牧羊之所，去天德军甚近，只一池号北海，苏武牧羊当在于是耳。此地见有苏武湖，非沧溟之海。"张澍按："苏武牧羊处，即《禹贡》所谓猪野（潴野），在今镇番（民勤），即柳林湖。"③ 清人梁份《秦边纪略》云："白亭海，在镇番东北，鱼海西南。五凉之休屠泽，五涧谷水注之。东北流而停蓄于海，水色洁白，谓之白海，其谓小阔端海子者方言也。海宽而水浅，罡风息则光鉴毛发，镇番之人旧常牧海上，指为苏武牧羝处。以白为北，谁能辨之，今无复问津者。海在镇番东北一百八十里。休屠泽，一名丽泽，在镇番之东北。五涧谷者，凉州五涧也，其水北流，经丽泽而后东注白海焉。

---

① （明）陆楫编：《古今说海》卷 10《说选》，文渊阁四库全书本，第 885 册，第 284 页。

② （明）李贤：《明一统志》卷 37《宁夏卫》，文渊阁四库全书本，第 472 册，第 940 页。

③ （清）张澍辑录，陕西省古籍整理办公室编，周鹏飞、段宪文点校：《凉州府志备考》，三秦出版社 1988 年版，第 31 页。

苏武牧羝处，当以居延为是。"①

近年，任继周等撰文考订，进一步认为匈奴囚禁苏武的北海应为甘肃民勤县境内的白亭海。指出：民勤位于源出祁连山的石羊河尾闾，古时积水成巨浸，名曰白亭海，或简称白海。北海或为白海之误。当时匈奴政治中心统万城，位于现在陕西省靖边县境内。苏武囚禁地应适当偏离政治中心又不过于隔绝，才便于发挥政治筹码的作用。白亭海去统万城大约 4 日马程，而去贝加尔湖快马也要 10 天以上。霍去病率大军讨伐匈奴大获全胜，夺取了祁连山和焉支山地带，匈奴受重创。但此役只"断匈奴右臂"，并未使匈奴遁迹河西，地处祁连山以北 100 多公里的白亭海仍为匈奴所盘踞，并囚禁苏武于此。② 其持论的主要依据有七。

第一，民勤县有苏武山、苏武庙、苏武牧羊处等系列古迹和羊路地名，沿用至今；第二，西北半荒漠地区有仓鼠，贝加尔湖非仓鼠分布区；第三，唐以前应有白亭海，北海或为白亭海简化为"白海"的转音；第四，台湾成文书社影印本《民勤县志》有苏武山、苏武庙、苏公祠、苏武山墩的记载；第五，古诗词中有题咏，尤其是清人诗作中的苏武牧羊之地指向凉州；第六，民间传说证明苏武在民勤一带的影响不同寻常；第七，白亭海距匈奴首府统万城较近，可发挥苏武的政治筹码作用。

上述结论和证据，受到了强有力的挑战和质疑，刘振刚逐条进行了批驳，指出：第一，苏武牧羊之北海在幕北，似五代时才有凉州白亭海之称；第二，野鼠非西北半荒漠地区独有，"掘野鼠去草实而食之"之"野鼠"并不能断定就是仓鼠；第三，民勤地方文献记载苏武系列古迹及苏武事迹等，乃据后起的地名而加以缘饰之辞，比如关于镇番苏武山，顾祖禹就曾指出"俗传苏武尝牧羝于此，盖传讹也"；③ 第四，文学作品和民间传说中苏武牧羊之北海在民勤的说法系附会之谈，与史实不合；第五，陕北靖边发现的匈奴首府统万城非西汉匈奴首府，乃十六国时期匈奴赫连勃勃所建的大夏国都城。因此，苏武牧羊之地北海为民勤白亭海的说法难以成

---

① （清）梁份撰，赵盛世等校注：《秦边纪略》卷 2《凉州卫·凉州北边近疆》，青海人民出版社 1987 年版，第 150 页。

② 任继周、张自和、陈钟：《苏武牧羊北海故地考》，《兰州大学学报》2017 年第 3 期，第 10—13 页。

③ （清）顾祖禹撰，贺次君、施和金点校：《读史方舆纪要》卷 63《陕西十二》，中华书局 2005 年版，第 2997 页。

立。进而，他对苏武牧羊之地北海的地望做了探讨。他认为《汉书·苏武传》所云"武等在某泽中"之"某泽中"当指一荒原，"徙武北海上""陵复至北海上"之"北海上"即"某泽中"的异称。李陵《答苏武书》："且足下昔以单车之使，适万成之虏，遭时不遇，至于伏剑不顾，流离辛苦，几死朔北之野。"① 虽然《答苏武书》真伪莫定，但至少反映出汉魏学者对苏武牧羊处的看法，即苏武在"朔北之野"牧羊。《汉书·昭帝纪》："栘中监苏武前使匈奴，留单于庭十九岁乃还，奉使全节，以武为典属国，赐钱百万。"② 据此，"北海"似为单于庭的一个地名。西汉武昭之世单于庭可能在今蒙古人民共和国乌兰巴托附近。③ 因此，苏武牧羊之北海当是乌兰巴托附近的荒原。

刘振刚还对白亭军与姑臧白亭海的关系，白亭海地望的迁徙，以及苏武牧羊白亭海传说的形成等问题进行了探讨。指出苏武牧羊白亭海传说的形成是多种作用推动的结果。第一，民勤古代以畜牧著称，地方上修建与苏武相关的建筑很可能是保佑畜群平安。《太平寰宇记》番和县"土弥干川"条："即古今匈奴为放牧之地。鲜卑语髓为吐弥干，言此川土肥美如髓，故以名之。"④ 其"古今匈奴为放牧之地"，或许是后人定苏武牧羊民勤的原因之一。第二，把"但事辞章，而不详典据"的文人关于苏武牧羊白亭海的题咏收入方志，无疑为传说推波助澜。第三，乡土自矜。《太平寰宇记》姑臧县下："白亭海。白亭水色洁白，因以为名，又东有达狄回海。""五涧谷水，自番和县界北流入白海。"⑤ 可见，白亭海又名白海。中古时代，"白"（《广韵》傍陌切，《集韵》博陌切）"北"（《广韵》博墨切）读音极近，民间很可能把白海称为北海。大概因为苏武"杖汉节"牧羊北海声名远扬，民勤民间出于一种强烈的乡土观念，用本地"北海"及相关古迹附会苏武牧羊也在这里。⑥

其实，除了刘振刚的上述反驳之外，苏武牧羊民勤白亭海之说还有一

---

① （梁）萧统编，（唐）李善注：《文选》卷41《答苏武书》，上海古籍出版社1986年版，第1852页。

② 《汉书》卷7《昭帝纪》，第223页。

③ 林幹：《匈奴史》，北京大学出版社1988年版，第30页。

④ （宋）乐史撰，王文楚等点校：《太平寰宇记》卷152《陇右道三》，第2939页。

⑤ 同上书，第2937页。

⑥ 刘振刚：《苏武与白亭海关系的疑案》，《中国边疆史地研究》2016年第1期。

个更为致命的障碍，那就是今民勤区域正式纳入汉朝版图的时间，早于苏武出使匈奴。民勤在汉代为武威、宣威二县辖区，属于武威郡。民国时期的学者张维在《陇右金石录》中收录明代胡缵宗《重修苏子卿祠碑》时，加按语说：《汉书·苏武传》'匈奴使武牧羝北海上'，说者谓即贝加尔湖，固乏确证。若民勤近于中国，其地又在匈奴庭之西南，殊不能指为北海。武以昭帝始元六年（前81）还自匈奴，上溯在匈奴十九年，为汉武帝天汉二年（前99），前此二十一年为元狩三年（前120），匈奴浑邪王杀休屠王来降（按，昆邪王降汉为元狩二年），以其地为武威、酒泉郡。今之民勤，早为汉武威郡所属武威、休屠（当为宣威之误）二县地，匈奴安得使武牧羝于此？①

关于武威郡的始置年代，《汉书》记载有抵牾之处，比如《汉书·武帝纪》云："（元狩二年）秋，匈奴浑邪王杀休屠王，并将其众合四万余人来降，置五属国以处之。以其地为武威、酒泉郡。"《汉书·地理志》则云："武威郡，故休屠王故地，武帝太初四年开。"由此导致对其设置年代的争议。有学者认为武威郡迟至昭、宣时期才设立，② 不过这一说法也受到了质疑。李炳泉将武威郡的设置年代定为元鼎初年（前116、前115）：汉朝于元狩末年（前118、前117）在浑邪、休屠二王"故地"置酒泉郡；元鼎初年（前116、前115），分酒泉郡东部（即匈奴休屠王地）以武威县为中心的区域设置武威郡；元鼎六年（前111），又分酒泉郡东部以张掖、令居二县为中心的地区置张掖郡；太初元年（前104），张掖郡疆域向西、北拓展并兼有酒泉郡辖区（即故匈奴浑邪王地和部分故匈奴休屠王地），而酒泉郡全部疆域更拓展至张掖以西直至"盐泽"一带；太初四年（前100）武威郡疆域向东南拓展，占有张掖郡部分东部疆域；后元元年（前88），又分酒泉郡西部疆域置敦煌郡。武帝后，河西四郡的疆域又续有调整，并于西汉末最终形成敦煌、酒泉、张掖、武威四郡由西向东依次排列的格局。③ 综合相关资料及研究来看，包括武威郡在内的河西四郡设置

---

① 张维：《陇右金石录》卷9，《石刻史料新编》第1辑第21册，新文丰出版公司1977年版，第16272页。

② 张维华：《汉河西四郡建置年代考疑》，《中国文化研究汇刊》第2卷，1942年9月；又收入其著《汉史论集》，齐鲁书社1980年版。

③ 李炳泉：《西汉河西四郡的始置年代及疆域变迁》，《东岳论丛》2013年第12期。

于汉武帝时期是没有问题的，不过其所辖疆域并非固定不变，而是有一个逐步调整并最终定型的过程。如果抛开后世的争议，仅据《汉书》的记载来看，武威郡设置年代最早为元狩二年（前121），最晚为太初四年（前101）。即便以最晚的太初四年计，武威郡设置年代也早于苏武出使匈奴的天汉元年（前100），今民勤北部白亭海地区在那时大体不超过武威郡辖境，已经被正式纳入汉朝的行政区进行有效管辖，匈奴不可能将苏武羁押于此。因此，要将苏武牧羊之地北海的地望确定为民勤白亭海，是比较困难的。

就目前的资料和研究来看，关于苏武牧羊之地北海的地望，前述五种说法，都缺乏坚实的证据，有待新资料的发现和进一步的探讨。尤其是考古新发现，或许能为最终解决这一问题带来希望的曙光。比如前述《封燕然山铭》的发现，为燕然山的地望提供了新线索。20世纪40年代俄罗斯境内发现的阿巴坎宫殿遗址，是一座中国式建筑宫殿城址，建筑于公元前后，位于哈卡斯共和国阿巴坎南8公里处的力量农庄，其地属汉代匈奴西北边疆坚昆地区（南西伯利亚）。整个遗址面积为1500平方米，中央为大殿，四周总计房屋有19间，各房屋互相连属。中央大殿的墙壁有门七扇，其中两扇的近旁有铜制铺首。大殿附近皆发现瓦当，瓦当上有汉字"天子千秋万岁常乐未央"，大殿为四方形，有双层四斜面的瓦盖。对于这座宫殿的主人，学界多有争议：俄罗斯学者 L. A. Evtyukhova 和日本学者角田文卫认为阿巴坎宫殿遗址为李陵的住所。[1] 也有俄罗斯学者如 A. A. Kovalyov 认为阿巴坎宫殿遗址为卢芳和他家属的住所，尽管卢芳在汉朝屡败，单于仍然重用他，并视他为刘氏天子，卢芳败亡后必有旧吏民纷纷逃往匈奴境内，被单于安置在边疆。[2] 中山大学学者周连宽认为阿巴坎宫殿遗址是公元14年至18年，亲中国的须卜居次云和她丈夫权势最大的时候在边疆建

① L. A. Evtyukhova（Л. А. Евтюхова）, Southern Siberia in Ancient Times Южная Сибирь в древности. In: "Tracing Ancient Cultures between the Volga and the Pacific"（По следам древних культур: от Волги до Тихого Океана）. Moscow, 1954, pp. 195 – 224.

② A. A. Kovalyov（А. А. Ковалёв）, Chinese Emperor on the Yenisy? Once More about the Owner of the Tashebik "Palace". The Ethnohistory and Archaeology of Northern Eurasia: Theory, Methods and the Research Practice（in Russian）（Китайский император на Енисее? Ещё раз о хозяине ташебинского "дворца". Этноистория и археология Северной Евразии: теория, методология и практика исследования. Иркутск）. Irkutsk, Russian, 2007, pp. 145 – 148.

造的宫殿，这段时期属乌累若鞮单于在位年间。① 假设将来的研究能够证明阿巴坎宫殿遗址是李陵的住所或者其他匈奴贵族的居所，则苏武牧羊之地北海就极有可能是贝加尔湖。另外，在外贝加尔地区还发现了大量其他的匈奴文化遗存，包括高等级墓葬和城址等，如伊利莫瓦墓葬、伊沃尔加城址、伊沃尔加墓地、切列姆霍夫墓地、德列斯图依墓地、吉德吉尔—梅革墓地、乌斯特—恰克图墓地、苏吉墓地、布尔冬墓地、查拉姆墓地、乌尔根—浑都依墓地、奥尔盖藤墓地、胡日尔德比墓地、都列尼村聚落遗址、巴颜—乌德勒城等，其年代大多为公元前 2 世纪至公元前 1 世纪。② 这些考古资料表明当时贝加尔湖一带是匈奴的重要活动区域。

对于有着丰富的苏武遗迹的武威民勤来说，承认苏武牧羊之地北海不是白亭海的历史真实，并不妨碍对长期积淀下来的苏武文化的弘扬。正如伏俊琏所指出的那样："民勤在历史上曾长期处于中原汉族政权与高原游牧民族斗争的前哨，当地人们怀念苏武，崇尚苏武的民族气节。至少从元代以来，民勤人民就把苏武当作自己的英雄，不知不觉的，就把这位崇拜的英雄拉到自己的地方，让他在自己家乡牧羊，让他活在家乡人民心中。这是民俗学意义上的苏武牧羊处，它是一个地方民情风俗的反映。"③ 对于区域文化建设来说，只有首先以科学严谨的态度和方法对当地的历史文化进行学术研究，最大限度地还原历史真相、揭示和提炼出丰富的内涵之后，才能从根本上保障当地传统文化、民俗文化的弘扬和可持续发展。因此，目前对于民勤的苏武文化建设来说，应首先进行如下几个方面的研究工作：一是对苏武牧羊事迹的历史真相研究；二是苏武牧羊传说与民俗文化形成过程研究；三是民勤苏武文化的特色与内涵研究。

---

① 周连宽：《苏联南西伯利亚所发现的中国式宫殿遗址》，《考古学报》1956 年第 4 期。

② 参见马利清《原匈奴、匈奴历史与文化的考古学探索》，内蒙古大学出版社 2005 年版，第 47—56 页。

③ 伏俊琏：《建设"凉州文化"的一点思考》，《敦煌学辑刊》2010 年第 2 期。

王杖十简简序小识[*]

王 彬

中国社会科学院历史研究所博士后流动站

近60年来，汉代武威郡范围内出土了大量的简牍，内容丰富，其中王杖养老诏书尤其引人注意。对此，从发掘简报开始，[①] 就不断有学者加以研究，成果斐然。其中一项重要的工作是王杖十简简序的复原及其性质探讨。在这方面，武伯纶、陈直、陈梦家、郭沫若、大庭脩、滋贺秀三、冨谷至、籾山明、广濑薰雄、仲山茂等先后均做出过重要贡献。[②] 关于王杖简的复原方案大体经历了两个阶段。在王杖诏书册公布之前，复原大体依据简文内容和传世文献推断。其后则陆续有学者参照背后记录编号的王杖诏书册，依据其结构进行推断。

---

* 本研究是"第63批中国博士后科学基金面上资助"（2018M631677）的阶段成果，接受"出土文献与中国古代文明研究协同创新中心博士创新资助项目"的资助。

① 发掘简报见甘肃省博物馆《甘肃武威磨咀子汉墓发掘》，《考古》1960年第9期，第15—26页。简报图版照片较为模糊，更为清晰的参见西林昭一编《简牍名迹选》7（甘肃篇二），二玄社2009年版，第62—69页；马建华主编：《河西简牍》，重庆出版社2003年版，第134页。

② 考古研究所编辑室：《武威磨咀子汉墓出土王杖十简释文》，《考古》1960年第9期，第29—30页；武伯纶：《关于马镫问题及武威汉代鸠杖诏令木简》，《考古》1961年第3期，第163—165页；陈直：《甘肃武威磨咀子汉墓出土王杖十简通考》，《考古》1961年第3期，第160—165页；礼堂：《王杖十简补释》，《考古》1961年第5期，第259—260页；甘肃省博物馆、中国科学院考古研究所：《武威汉简》，文物出版社1964年版，第140—147页（执笔者是陈梦家）；郭沫若：《武威"王杖十简"商兑》，《考古学报》1965年第2期，第1—6页；大庭脩：《汉代决事比试论》，初刊于1975年，后收入《秦汉法制史研究》，徐世虹译，中西书局2017年版，第230—240页；滋贺秀三：《武威出土王杖十简と解释と汉令の形态——大庭脩氏の论考を读みて》，《国家学会雑志》90（3，4），第340—360页，1977年；冨谷至：《王杖十简》，初刊于1992年，后收入《日本学者中国法制史论著选》（先秦秦汉卷），徐世虹译，中华书局2016年版，第440—482页；籾山明：《王杖木简再考》，初刊于2006年，中译本见《中国古代法律文献研究》（第五辑），庄小霞译，第23—45页；广濑薰雄：《王杖木简新考——汉代「律令学」の角度から》，《东洋学报》89（3），第261—292页，2007年；仲山茂：《王杖简の资料的性格についての一考察》，《名古屋大学东洋史研究报告》（34），第81—111页，2010年。

王杖十简出土于武威磨咀子墓群的 18 号墓，遗址在武威南 15 公里祁连山下的杂木河西岸。这份简册出土时尚有几片缠绕在同出的鸠杖之上，发掘者认为当时的十枚简都系在鸠杖上的一端。兹引录公布时考古研究所编辑室所做编号和简文如下：

A1 制诏御史曰年七十受王杖者比六百石入官廷不趋犯罪耐以上毋二尺告劾有敢征召侵辱

A2·者比大逆不道建始二年九月甲辰下

A3 制诏丞相御史高皇帝以来至本二年胜甚哀老小高年受王杖上有鸠使百姓望见之

A4·比于节有敢妄骂詈殴之者比逆不道得出入官府郎第行驰道旁道市卖复毋所与

A5·如山东复有旁人养谨者常养扶持复除之明在兰台石室之中王杖不鲜明

A6·得更缮治之河平元年汝南西陵县昌里先年七十受王杖颏部游徼吴赏使从者

A7·殴击先用诧地大守上谳廷尉报罪名

A8·明白赏当弃市

A9·孝平皇帝元始五年幼伯生永平十五年受王杖

A10·兰台令第卅三御史令第卅三尚书令灭受在金

此前学者对于简序的判断参见下表：

作者	简序									
考古研究所编辑室	A1	A2	A3	A4	A5	A6	A7	A8	A9	A10
武伯纶	A1	A2	A10	A3	A4	A5	A6	A7	A8	A9
陈直	A1	A2	A3	A4	A5	A6	A7	A8	A10	A9
陈梦家	A10	A1	A2	A3	A4	A5	A6	A7	A8	A9
郭沫若	A9	A10	A3	A4	A5	A6	A7	A8	A1	A2
大庭脩	A3	A4	A5	A6	A7	A1	A2	A10	A8	A9
滋贺秀三	A9	A10	A3	A4	A5	A6	A7	A8	A1	A2
冨谷至	A9	A10	A1	A2	A3	A4	A5	A6	A7	A8
籾山明	A1	A2	A3	A4	A5	A6	A7	A8	A10	A9
广濑薰雄	A1	A2	A10	A3	A4	A5	A6	A7	A8	A9
仲山茂	A10	A1	A2	A3	A4	A5	A6	A7	A8	A9

仔细分辨前贤诸说，观点集中在Ⅰ武伯纶、广濑薰雄说，Ⅱ陈直、籾山明说，Ⅲ陈梦家、仲山茂说，Ⅳ大庭脩说，Ⅴ冨谷至说。就册书结构而言，王杖十简由两件制诏和一个案件构成，A1—A2、A3—A6是两件制诏，A6—A8是一个案件，这在以往的研究中并无太多疑义。十简在出土的时候已经散乱，可以不着重考虑制诏与案件二者之间的先后顺序，那么问题的关键就在于A9与A10两枚简的简序位置。

值得注意的是，冨谷至在实地调查简册时强调了A7和A8有明显的弯曲痕迹，他认为这种弯曲是在随葬时与鸠杖相连后产生的。A7"殴击先用"与"罪名"之字的大小不同，且字形的变大呈上行趋势，字体随简的变形而被拉长变大。然而，堀毅认为A7和A8换行是因为避开要简的破损，籾山明在此基础上推断简的变形不是因为与鸠杖相系，应该在书写阶段就发生了。① 不过，西北简中只有一些觚或檄，直接用木棍削制而成，才会出现类似的弯曲。而这类简应该是单独传递或使用，并不与其他简编联。饱水环境下的简在失水后很容易干缩变形，A7和A8呈现出这种弯曲状态，且没有断裂为两半，应是在墓葬环境中长期且缓慢受到某种外力牵拉而形成。② 质言之，A7与A8这两枚简应是在墓葬中弯曲变形的，但简序却并不必然处于册书尾部。

要确认简序，最稳妥的方法是参考出土时留有编绳或者简背存在划痕、编号的同类册书。考虑到旱滩坡所出王杖断简比较残断散漫，无法了解其编连情况，与王杖十简关系更为密切的是王杖诏书册。这件册书是1981年武威文物管理委员会在保护调查重点文物时，由新华公社缠山大队社员袁德礼上交，据称在磨咀子汉墓出土。最为可贵的是，册书每简的背面均有墨书编号，次第分明，具有原始编联的参考意义。③ 不过，

---

① 冨谷至：《王杖十简》，第445—446页。堀毅：《（书评）滋贺秀三著「武威出土王杖十简の解释と汉令の形态—大庭脩氏の论考を统みて—」》，《法制史研究》1978年第28期，第261页。籾山明：《王杖木简再考》，第25页。

② 南方饱水竹简在脱水时就存在弯曲变形的情况，西北墓葬遗物由湿变干、逐渐脱水的过程或与此相类。参见吴昊、陈子繁、魏彦飞、邱祖明、方北松、吴顺清《出土饱水竹简失水干缩的复形研究——以海昏侯墓葬出土竹简等为例》，《文物保护与考古科学》2016年版，第28卷第3期，第13—17页。

③ 武威县博物馆：《武威新出王杖诏令册》，甘肃省文物工作队、甘肃省博物馆编：《汉简研究文集》，甘肃人民出版社1984年版，采集信息见第34页，释文参见35—37页。

冨谷至认为这 26 枚简不能完全相信，籾山明对其提出的理由逐一反驳。更为重要的是，B24—B25 "长安东乡啬夫田宣坐毄鸠杖主男子金里告之弃市" 这一案例同见于旱滩坡所出王杖断简中，虽然 "长安乡啬夫田顺坐征召金里老人荣长，骂詈殴▨" 记录的乡啬夫名稍有差异，但二者出入不大。① 因此，其真实性应有一定保证，简文背面是编号，正面释文如下：

B1 制诏御史年七十以上人所尊敬也非首杀伤人毋告劾它毋所坐年八十以上生日久乎

B2 年六十以上毋子男为鲲女子年六十以上毋子男为寡贾市毋租比山东复复

B3 人有养谨者扶持明著令兰台令第卌二

B4·孤独盲珠孺不属律人吏毋得擅征召狱讼毋得毄布告天下使明知朕意

B5 夫妻俱毋子男为独寡田毋租市毋赋与归义同沽酒醪列肆尚书令

B6 臣咸再拜受诏建始元年九月甲辰下

B7·汝南太守谳廷尉吏有殴辱受王杖主者罪名明白

B8 制曰谳何应论弃市云阳白水亭长张熬坐殴抶受王杖主使治道男子王汤

B9 告之即弃市高皇帝以来至本始二年朕甚哀怜耆老高年赐王杖

B10 上有鸠使百姓望见之比于节吏民有敢骂詈殴辱者逆不道

B11 得出入官府节［廊］第行驰道中列肆贾市毋租比山东复

B12 长安敬上里公乘臣广昧死上书

B13 皇帝陛下臣广知陛下神零复盖万民哀怜老小受王杖承诏臣广未

B14 常有罪耐司寇以上广对乡吏趣未辨广对质衣疆吏前乡吏

B15 （第十五简缺）

B16 下不敬重父母所致也郡国易然臣广愿归王杖没入为官奴

B17 臣广昧死再拜以闻

B18 皇帝陛下

---

① 旱滩坡所出王杖断简是考古发掘所得，且时间在王杖诏书册之后。这一案例见于王杖诏书册而不见于王杖十简，说明王杖诏书册作伪的可能性较低。旱滩坡东汉墓的发掘信息和简文参见武威地区博物馆《甘肃武威旱滩坡东汉墓》，《文物》1993 年第 10 期，第 28—33 页。

B19 制曰问何乡吏论弃市毋须时广受王杖如故

B20 元延三年正月壬申下

B21 制诏御史年七十以上杖王杖比六百石入官府不趋吏民有敢殴辱者逆不道

B22 弃市令在兰台第卅三

B23 汝南郡男子王安世坐桀黠击鸠杖主折伤其杖弃市南郡亭长

B24 司马护坐擅召鸠杖主击留弃市长安东乡啬夫田宣坐毄

B25 鸠杖主男子金里告之弃市陇西男子张汤坐桀黠殴击王杖主折伤

B26 其杖弃市亭长二人乡啬二人白衣民三人皆坐殴辱王杖功弃市

B27 ■右王杖诏书令　在兰台第卅三

　　对于这件册书，籾山明、广濑薰雄、仲山茂和秦涛都曾从结构上进行了分析。① 构成此册书的主要是制诏和案例两个部分，案例与制诏交错也是三份王杖简的特征。这里讨论一下与王杖十简简序相关的 B1—B6，这六枚简应包含三份制诏文书，实际上，"布告天下使明知朕意"的用语已见于东汉建初元年丙寅诏曰："比年牛多疾疫，垦田减少，谷价颇贵，人以流亡。方春东作，宜及时务……布告天下，使明知朕意"，②"使明知朕意"处于诏书的最末，可知 B4 也应是制诏的尾端。仔细来看，这三份制诏的用语 B1—B3 以"制诏"为首，"兰台令第卅二"为尾；B4 无首，以"布告天下，使明知朕意"为尾；B5—B6 无首，以"臣咸再拜受诏建始元年九月甲辰下"为尾。这个现象说明《王杖诏书册》在制作的时候，并没有抄写整件文书，只是部分摘抄。

　　与之相对，观察 A1、A2、A10，会发现同样包括"制诏""令名和序号""处理文书的机构和官吏""文书下达时间"四个要素。区别在于 A10将后三个要素杂糅在一起，形成晦涩难懂的语义。此前学者在判断王杖十简、王杖诏令册和旱滩坡所出王杖断简性质的时候，或认为王杖诏书是受王杖主自己编集成册，作为护身符来使用；或认为是个人为了将生前的利益推及身后而制作，是"黄泉文书"；或认为其原本是保存于官署中的挈令，随葬作用是令参加葬礼之人追忆死者；或认为是一种律令学习书，为

---

① 籾山明、广濑薰雄、仲山茂的研究参见前文，秦涛：《汉简"王杖诏书"比勘研究》，《中国古代法律文献研究》第 10 辑，2016 年，第 155—169 页。

② 《后汉书》卷 3《章帝纪》，第 132—133 页。

了司法实务便利而对兰台挈令加注;或认为它是在民间被重复抄写的法律文书。① 几种观点虽有不同,但都注意到王杖简在书写时有摘抄的习惯。此外,B5—B6"尚书令臣咸再拜受诏"与 A10"尚书令灭受在金"之间还存在一定的联系,陈梦家早已怀疑"灭""在(左)金"都是人名,冨谷至指出 A10 与"某甲受某乙"的文书收发套语接近,秦涛则考虑到"灭(灭)"与"减"字形相近,"减"与"咸"在汉代经常通假的情况。而且,A1—A2 与 B21 的内容几乎一致,B22 说明"令在兰台第卌三",A10"兰台令第卅三"的"卅"又是"卌"之误。② 因此,A1、A2、A10 或许正与 B1—B6 的结构对应,而内容则与 B21、B22 相近同源,只是将相当于 B4、B5 的其他制诏内容省略了,在 A10 中杂糅了各种文书用语。

参照王杖诏书册的结构,可知 A1、A2、A10 相连应该是比较合理的方案,这也是此前武伯纶、大庭脩和广濑薰雄提出过的意见。兹将前文分析的结构和对应关系列表如下:

结构编号	王杖十简	王杖诏书册
1	A1 制诏御史曰年七十受王杖者比六百石入官廷不趋犯罪耐以上毋二尺告劾有敢征召侵辱 A2·者比大逆不道建始二年九月甲辰下 A10·兰台令第卅三御史令第卌三尚书令灭受在金	B1 制诏御史年七十以上人所尊敬也非首杀伤人毋告劾它毋所坐年八十以上生日久乎 B2 年六十以上毋子男为鳏女子年六十以上毋子男为寡贾市毋租比山东复复 B3 人有养谨者扶持明著令兰台令第卌二 B4·孤独盲珠孺不属律人吏毋得擅征召狱讼毋得敤布告天下使明知朕意 B5 夫妻俱毋子男为独寡田毋租市毋赋与归义同沽酒醪列肆尚书令 B6 臣咸再拜受诏建始元年九月甲辰下 B21 制诏御史年七十以上杖王杖比六百石入官府不趋吏民有敢殴辱者逆不道 B22 弃市令在兰台第卌三

① 诸说总结参见徐世虹《百年回顾出土法律文献与秦汉令研究》,《上海师范大学学报》(哲学社会科学版)第 40 卷第 5 期,2011 年,第 74 页。

② 武威县博物馆:《武威新出王杖诏令册》(党寿山执笔),第 52 页。秦涛:《汉简"王杖诏书"比勘研究》,第 161 页。

结构编号	王杖十简	王杖诏书册
2	A3 制诏丞相御史高皇帝以来至本二年胜甚哀老小高年受王杖上有鸠使百姓望见之 A4·比于节有敢妄骂詈殴之者比逆不道得出入官府郎第行驰道旁道市卖复毋所与 A5·如山东复有旁人养谨者常养扶持复除之明在兰台石室之中王杖不鲜明 A6·得更缮治之	B9·告之即弃市高皇帝以来至本始二年朕甚哀怜耆老高年赐王杖 B10 上有鸠使百姓望见之比于节吏民有敢骂詈殴辱者逆不道 B11 得出入官府节〔廊〕第行驰道中列肆贾市毋租比山东复
3	A6·河平元年汝南西陵县昌里先年七十受王杖颍部游徼吴赏使从者谦 A7·殴击先用诧地大守上廷尉报罪名 A8·明白赏当弃市	B7·汝南太守谦廷尉吏有殴辱受王杖主者罪名明白

现在，较难明确的是 A9 序位，其内容记录了"幼伯"生年和接受王杖的年份。籾山明认为这属于个人记录，不应该放置在制诏之前。不过，与王杖十简同出于武威磨咀子汉墓的还有数件"旌"，亦是覆在棺盖之上，其作用一方面是表柩和送葬启路，同时还是通行于冥界的死者的凭信，其文字或是单独记录"县乡里+姓字"，或是以此为首。[①] 同样，汉代的墓记也在文首书写墓主的卒年、年岁等信息，《贾武仲妻马姜墓记》第1—4行是贾武仲、马姜夫妻的生卒家世"惟永平七年七月廿一日，汉左将军特进胶东侯，第五子贾武仲卒，时年廿九。夫人马姜，伏波将军新息忠成侯之女，明德皇后之姊也，生四女，年廿三而贾"，后才叙述事迹、子嗣、皇帝哀赠等信息。（图1）[②] 此外，冨谷至在调查实物时发现 A9"受""王杖"之间残留了编绳，而且附在书写面上的部分已经结块，侧面也没有残留编绳，这说明简册编绳在朽断时，接触木简的部分是从整体剥离出来附着在简面上。从今存图版看，A9 表面的编绳残痕与较平整的 A3—A6 的确

---

① 马怡：《武威汉墓之旌——墓葬幡物的名称、特征与沿革》，《中国史研究》2011 年第 4 期，第 61—82 页。

② 永田英正：《汉代石刻集成》，图版见第 45 页。释文等可参见《汉碑集释》，第 20 页。

有所差异。(图2)① 综合简的物理信息和汉代其他墓葬遗物推测,A9 极有可能编缀在简册的最前端。

原石图版   1—4 行   释文

1、惟永平七年七月廿一日,汉左将军特进胶东侯

2、第五子贾武仲卒,时年廿九

3、夫人马姜,伏波将军新息忠成侯之女

4、明德皇后之姊也,生四女,年廿三而贾

图1 《贾武仲妻马姜墓记》

A9 (《河西简牍》)、编痕   A9 (《简牍名迹选》)、编
细节放大   痕细节放大   A3—A6 (《河西简牍》)

图2 王杖十简局部放大

---

① 冨谷至:《王杖十简》,第447页注释1。除了发掘简报公布的图版,《简牍名迹选·甘肃篇二》(二玄社2009年版)和《河西简牍》(重庆出版社2003年版)分别刊布了更为清晰的照片。

《相利善剑》补论

苏 辉

中国社会科学院历史研究所

出土文献与中国古代文明研究协同创新中心

《相利善剑》册一共有六简，出土于内蒙古额济纳旗破阵子居延甲渠候官遗址第四十探方中，整理者原拟名为《相宝剑刀》，源于内容系鉴别刀剑的知识，较接近《汉书·艺文志》形法家的二十卷《相宝剑刀》，只是汉志此书已佚，目前大多学者认为二者可能有渊源，但无法证明为同一本书，故学界暂仍按出土文献命名的惯例，总括文意从篇首文字取名为《相利善剑》。

该篇简平均长22.3厘米，宽1.2厘米，每简一行。释文方面有最初整理者的文本，又见于《居延新简——甲渠候官》《居延新简释粹》《居延新简释校》等[1]，嗣后马明达、李零、陈力、何茂活等学者的论文研究深入，各家点读虽略有差异，但对于理解册文大有助益。

马文以简文用语多与《淮南子》同，而与战国时期有别，推定其成书于西汉中期[2]。李零《中国方术考》有一小节专门考证了册文中的术语，并对弊剑、善剑及其纹理诸项都进行条列辨析[3]。按照李氏的理解，简文所述条目并无缺失。陈力的文章从锻制刀剑的技术角度结合文献，对全文重新释读，如用《管子·禁藏》："推引铫耨，以当剑戟"说明"推引"是研磨戗削刀剑之动作，即磨利农具作为武器；而"推处"指刀剑开刃之时留下的戗削痕迹。陈文又从《周礼》郑玄注："故书斲为挈。"杜子春

---

① 甘肃省文物考古研究所：《居延汉简〈相剑刀〉册释文》，《敦煌学辑刊》1982年第3期；《居延新简释粹》，兰州大学出版社1988年版。甘肃省文物考古研究所等编：《居延新简——甲渠候官》，中华书局1994年版。马怡、张荣强：《居延新简释校》，天津古籍出版社2013年版。

② 马明达：《居延汉简〈相宝剑刀〉册初探》，《敦煌学辑刊》1982年第3期。

③ 李零：《中国方术考》，东方出版社2001年版，第79—81页。

注："挈读为絷"，认为"絷"为"挈"的假借字，《说文》："挈，县持也。"因此改"之日中絷视"为读，指在正午太阳的强烈光线下垂悬持刀审视。① 何茂活对黑白坚进行了细致的辨析，并认为此篇无脱简而有脱文。② 这些意见都很有价值，从目前的研究进展来说大致可从。现综合诸家观点，加以己意，标点如下：

> 欲知剑利善故器者，起拔之，视之，身中无推处者，故器也。视欲知利善者，必视之身中有黑，两桁不绝者。【EPT40·202】其逢如不见，视白坚未至逢三分所而绝，此天下利善剑也。又视之身中生如黍粟状，利剑也，加以善。【EPT40·203】欲知币剑以不报者及新器者，之日中絷视，白坚随燮上者，及推处白黑坚分明者，及无文，纵有【EPT40·204】文而在坚中者，及云气相遂，皆币合入剑也。刀与剑同等。右善剑四事。右币剑六事。【EPT40·205】利善剑文：县薄文者、保双蛇文，皆可；带羽、圭中文者，皆可。剑谋者利善，强者表蒽（蒽），弱则利，奈何？【EPT40·206】蒽新器剑文：斗鸡、侲蛇文者，麤者，及皆凶不利者。右币剑文四事。【EPT40·207】

由于前述学者对整篇内容大多已有逐字逐句的疏证，笔者在此不拟再通考全文，主要讨论几处自觉解释可以补遗的语句。

弊、利、善：利、善是形容刀剑的优点，二者有涵盖内容上的差别，利偏重于锋刃部的特点，而善则是整体的评价，对应的两个反义词是钝、弊。故在简册中可连称利善剑，仅就这一点而言，刘金华认为"利善剑"和"善剑"是同一概念③，可以成立。但如果所论不限于锋利的刃部时，简册就用"加以善"，表示其他值得肯定的优点，这个时候利和善就要有所区分。总之，相剑并不是以利为唯一的衡量标准，达到善才是真正的良剑。总结时也是说明"右善剑四事"，突出了简册用词的严谨和准确。善在表述单用时还有一层扩展的隐含之意，即能给器主带来善报福运。这层

---

① 陈力：《〈居延新简〉相利善刀剑诸简选释》，《考古与文物》2002 年第 6 期。

② 何茂活：《居延汉简〈相剑刀〉册释读析疑》，《简牍学研究》2014 年第 5 期。

③ 刘金华：《汉"相剑刀册"略说》，《中国历史文物》2008 年第 3 期。

意思的反义词就是"凶",故简尾总结时提到"凶不利"。《吴越春秋》所载吴王阖闾与剑的故事可为参证,干将替阖闾铸造了两把宝剑:

> 遂以成剑,阳曰干将,阴曰莫耶,阳作龟文,阴作漫理。干将匿其阳,出其阴而献之。阖闾甚重。既得宝剑,适会鲁使季孙聘于吴,阖闾使掌剑大夫以莫耶献之。季孙拔剑之,锷中缺者大如黍米。叹曰:"美哉,剑也!虽上国之师,何能加之!夫剑之成也,吴霸;有缺,则亡矣。我虽好之,其可受乎?"不受而去①。

莫耶为利剑无疑,但季孙不敢要,因为剑身有缺,如白玉微瑕,却成为妨害器主的致命之处,达不到善的标准,非常形象地说明了剑分利、善两种评判标准,善剑的要求还包括要给器主带来福报,而非噩运。

欲知幣剑以不报者及新器者:"幣"通"弊",形容劣质器具的通用术语。《周礼·夏官·司弓矢》:"句者谓之弊弓。"郑玄注:"弊,犹恶也。句者恶,则直者善矣。"《考工记·弓人》:"覆之而角至,谓之句弓。"郑玄注:"句,于三体材敝恶,不用之弓也。覆,犹察也。谓用射之时而察之。至,犹善也。但角善,则矢虽疾而不能远。"孙诒让《正义》:"句则体弱不任用也。"②

以训有,《楚辞·九辩》"君之门以九重",《战国策·楚四》:"今楚国虽小,绝长续短,犹以数千里,岂特百里哉?"犹以即犹有之意。简文此句意为需要知道弊剑有不能福报器主者及新器者,就要举着剑身在正午太阳的强光下审视。

及云气相遂,皆弊合入剑也:遂可通隊(坠)③,《易·震》:"震泥遂",《经典释文》:"遂,荀本作隊",高亨指出:"遂借字,隊本字,盖遂即今之坠字也。"④ 指云气纹饰走向在中途折返中断的表象。这可能与淬火时机掌握不好有关。云气纹饰坠象与前面提到的白坚随锋上者、推处白黑坚分明者、无文者、文而在坚中者这五点是从纹饰外形方面做出的判断,是"皆弊合入剑也"所涵盖的内容。"入"字各家都释作"人",原

---

① 周生春:《吴越春秋辑校汇考》,上海古籍出版社 1997 年版。
② 孙诒让著,王文锦、陈玉霞点校:《周礼正义》,中华书局 1987 年版。
③ 朱骏声:《说文通训定声·履部》,中华书局 1984 年版。
④ 高亨:《周易古经今注》,中华书局 1984 年版。

简字形"人"，睡虎地秦简《日书甲篇》一二七入作"入"，① 汉印文"日入千万"作"入"，② 二字在汉简中时有相混，笔者认为此处当为"人"字，分析剑外在弊病乃是内理紊乱的表象，指在冶炼和锻制过程中杂质剔除不净或工艺不到位，皆羼入剑中，加上不给器主福报者及新器者共同构成6条弊剑的标准。

剑谋者利善，强者表恚，弱则利，奈何："谋"原文作"𧮫"，各家已有释"谦""谅""鸣"等说法，揆诸字形都有所偏离，武威汉简《仪礼》"某"字作"枭""枭"，③ 与简文右半部字形颇为一致④，故字应为"谋"。此句似乎以剑喻人之高下，有智慧的谋者如利善剑为上，次之为强者，表面都很谨慎，弱者却常常如利剑锋芒毕露，怎么办呢？

先秦文献以剑设喻之处并不罕见，《庄子·说剑》就是典型的代表，再到《吴越春秋》《越绝书》及汉晋论剑文献，包括寓言、历史、文学作品，都是以剑起兴比事喻人，或阐述政治主张和抱负以及思想理念。下面略举几例：

> 相剑者曰："白所以为坚也，黄所以为牣也，黄白杂则坚且牣，良剑也。"难者曰："白所以不为牣也，黄所以不为坚也，黄白杂则不坚且不牣也。又柔则卷，坚则折，剑折且卷，焉得为利剑？"剑之情未革，而或以为良，或以为恶，说使之也。故有以聪明听说，则妄说者止；无以聪明听说，则尧桀无别矣。此忠臣之所患，贤者之所以废也。（《吕氏春秋·别类》）⑤

> 楚之阳剑，欧冶所营。邪溪之铤，赤山之精。销逾羊头，镤越锻成。乃炼乃铄，万辟千灌。丰隆奋椎，飞廉扇炭。神器化成，阳文阴缦。流绮星连，浮彩艳发，光如散电，质如耀雪，霜锷水凝，冰刃露洁，形冠豪曹，名珍巨阙。指郑则三军白首，麾晋则千里流血。岂徒

---

① 张守中：《睡虎地秦简文字编》，文物出版社1994年版。
② 罗福颐：《汉印文字征》，文物出版社1978年版。
③ 甘肃省博物馆、中国科学院考古研究所：《武威汉简》，中华书局2005年版；胡之：《中国简牍书法系列：甘肃武威汉简》，重庆出版社2008年版。
④ 此字释读得牛鹏涛先生提示，谨致谢忱！
⑤ 许维遹撰，梁运华整理：《吕氏春秋集释》，中华书局2009年版。

水截蛟鸿，陆洒奔驷。断浮翮以为工，绝重甲而称利。（张景阳《七命》）①

晋后佩剑改为木制，的确在客观上使得相剑之术逐渐式微②，但不绝如缕。虽然相剑的文本已经不见于书目著录。不过这些文字记载从某一侧面恰恰说明了剑具的普及程度，以及相剑之术的传承仍在继续。

上述文字作品还有一个典型特点，就是结合冶铸锻制的工艺过程来描述刀剑，这也是古代相剑术的一个基本要求。《战国策·西周策》："函冶氏为齐太公买良剑，公不知善，归其剑而责之金。"鲍注："函，姓；冶，官名也。因以为氏。知铸冶，晓铁理，能相剑。"③ 可谓深知相剑术之要点。锻铸刀剑与相剑术合二为一，难分彼此，从铸造的技术层面来论述刀剑纹理的合适布局，这些都是相剑时需要特别注意的角度，其实，铸造为内质原因，纹理为外在表现，不过是淬火锻锤的结果。上述各家讨论本篇简册，多以制作工艺为参考，得文献之外的二重印证，其中尤以陈力的文章最为明显。通过对日本淬火技术的研究对比分析后，陈力认为汉代的铁制刀剑极有可能是间接淬火技术制作的。简册给中国科技史的研究提供了难得的依据，今后仍需要铸造技术史和工艺美术史的学者继续深入讨论本篇简册。只是今天存留的汉代钢剑铁刀不像铜剑那样可以保持千年的慑人寒锋，出土时都已经锈迹斑斑，无法再现简册所描述的利器光芒，非常遗憾。

考古出土的青铜刀最早见于距今4000多年的甘肃齐家文化东乡林家遗址，现存唯一的相刀剑简册也是出于河西走廊，这种巧合可谓冥冥中自有天意，故特别指出以引起学者注意。作为一种地域性文化，学者进行凉州文化研究中必然需要追本溯源，因而在此之前历史长河的文化积累与沉淀也同样具有不可忽视的重要性。

唐代郭震（元振）为古代名将，一生最重要的功勋就是在凉州建立的，在此谨移录他的《古剑篇》以为结束。④

---

① 萧统编、李善注：《文选》，中华书局1977年版。
② 钟少异：《古相术刍议》，《考古》1994年第4期。
③ 刘向集录：《战国策》，上海古籍出版社1985年版。
④ 彭定求等编：《全唐诗》卷66，中华书局1960年版。

君不见昆吾铁冶飞炎烟，红光紫气俱赫然。

良工锻炼凡几年，铸得宝剑名龙泉。

龙泉颜色如霜雪，良工咨嗟叹奇绝。

琉璃玉匣吐莲花，错镂金环映明月。

正逢天下无风尘，幸得周防君子身。

精光黯黯青蛇色，文章片片绿龟鳞。

非直结交游侠子，亦曾亲近英雄人。

何言中路遭弃捐，零落漂沦古狱边。

虽复尘埋无所用，犹能夜夜气冲天。

浅谈武威雷台铜奔马的命名问题

符 奎

浙江师范大学人文学院

甘肃武威雷台铜奔马，昂首扬尾，阔步奔驰，三足腾空，右后足立于一只展翅翱翔的飞鸟之上。精美的造型及丰富的文化内涵让铜奔马驰名中外，但关于它的命名，目前仍有争议。铜奔马的命名需要结合其结构、造型与功能等基本问题进行综合分析。

一 铜奔马的结构、造型与功能

从现代视角看，铜奔马是一件艺术品，但在当时而言，它是一件丧葬品，是特定时空下具有特定功能的实用品。发掘报告称："奔马原有鞍具、辔勒，已失。"① 这一点以往的研究分析较少，鞍鞯缰络的存在，说明铜奔马是骑乘之马，承担着实际的承载功能。2007 年，武威西郊魏晋墓出土了一匹陶奔马。据报道，陶奔马与铜奔马造型类似，背部亦饰有马鞍，只是结构略有不同，陶奔马的右后足并不是整件陶器的支撑点，在陶奔马的腹部与飞鸟的背部之间，增加了一个起到支撑作用的立柱。② 这件陶奔马虽然制作工艺粗糙，结构力学的设计也不能与铜奔马相比，但是设计思路显然与铜奔马同源。陶奔马背部的马鞍为铜奔马是骑乘之马提供了佐证。

与其他站立状铜马不同，为表现铜奔马迅疾的速度，其身体被塑造成横向状态，使其造型拥有了一定的独特性，这让人产生它具有更加深刻更加丰富的文化内涵的感觉。其实，铜奔马与其他铜马身体各部分形态的相

---

① 甘肃省博物馆：《武威雷台汉墓》，《考古学报》1974 年第 2 期。

② 参见姜爱平、张振华《罕见陶奔马惊现武威》，《武威日报》2007 年 6 月 11 日第 1 版；张丽娟《甘肃武威发现陶奔马》，《西部时报》2007 年 6 月 12 日第 10 版。

似度远远大于差异度。在考古类型学上，该墓出土的铜车马可以分为四组：墓主的人车骑导从；墓主人的骏马良骥；墓主人亲属家吏的车马粮物辎重车辆等①。故此，铜奔马并不是超然世俗之外的神马，它是整个随葬车马队伍中的一员，与其他铜车马具有相同的功能，它们的原型也应属于同种马。

飞鸟奔马主题的出土文物，并非铜奔马一例。云梦睡虎地 M44 出土的一件漆扁壶，两面各绘有一幅动物图案，其中一幅是一匹奔马及其身后上方的一只飞鸟②。古人将飞鸟与奔马联系在一起，主要目的是借飞鸟表现马奔跑速度的迅疾。历史上以速度迅捷类动物为马命名的实例屡见不鲜。《太平御览》卷897引《西京杂记》："文帝自代还，有良马九匹，皆天下骏足也。名曰：浮云、赤电、绝群、逸骠、紫燕骝、绿螭骢、龙子、骓驹、绝尘，号为'九逸'。"③ 刘邵《赵都赋》良马有"飞兔、褭斯、常骊、紫燕"④。其中，不乏以飞鸟命名的例子，如紫燕骝等，但它们均是专有名词，与特定的马匹相对应。

良马善走，在其疾速奔跑过程中，会出现腾空的状态，奔马图中飞鸟的另一作用，正是为了表现这种状态。马腾空的状态也可以借助云气图案来表现，如同墓出土的主骥，身体"两侧各负鞯片1块，鞯上敷粉，墨画奔马及云气，边有纹饰"。⑤ 从神话学、宗教学等角度，这种马可以被解释为神仙世界的天马。但是，神仙的虚幻世界模仿自人间的现实世界，天马的功能仍是代步工具。所以，主骥鞯片上的奔马云气图案也是奔马腾空状态的反映。

平面上，奔马的速度与腾空的状态，可以通过与飞鸟或云气的对比直观地表现出来，但是在三维立体空间内，既要将奔马与飞鸟或云气融为一体，又要解决奔马支撑点的问题。铜奔马右后蹄下方飞鸟的主要功能，是将二维平面形象转化为三维立体形象时，为展示奔马的速度与腾空状态而特别设计的。需要指出的是，铜奔马的支撑点虽然在飞鸟身上，但支撑物

---

① 初师宾、张朋川：《雷台东汉墓的车马组合和墓主人初探》，《考古与文物》1982 年第 2 期。
② 湖北省博物馆：《1978 年云梦秦汉墓发掘报告》，《考古学报》1986 年第 4 期。
③ 《太平预览》卷 897《兽部九·马五》，中华书局 1960 年影印本，第 4 册，第 3981 页下栏。
④ （清）严可均校辑：《全上古三代秦汉三国六朝文》，中华书局 1958 年影印本，第 1231 页上栏。
⑤ 甘博文：《甘肃武威雷台东汉墓清理简报》，《文物》1972 年第 2 期。

并非一定要采用飞鸟的形象。飞鸟这一造型设计的本质作用是表现马的速度与腾空状态，同时合理地解决了支撑点问题。

二 奔马与飞鸟的关系

铜奔马由极速奔驰的骏马和展翅翱翔的飞鸟组成，二者的关系是整个文物命名的关键。由于奔马与飞鸟的位置结构具有极强的视觉效应，因此被作为界定它们之间关系的主要依据，如"马踏飞燕""马超龙雀"等命名方案。但无论是"踏"，还是"超"，均属价值判断，未能反映奔马与飞鸟之间的真实关系。

"马踏飞燕"这一文学化的命名，在社会上广为流传。视觉上，飞鸟被奔马踩踏在足下，给人以飞鸟被奔马征服，处于从属地位的感觉。无独有偶，霍去病墓前的"马踏匈奴"石雕，也将匈奴人置于马蹄之下。"踏"，本义"踩""践踏"。《说文·足部》："蹋，践也。"段玉裁注："俗作踏。"① 虽然飞鸟、匈奴人与马的位置关系类似，但是二者的功能和所要表达的主题完全不同。"马踏匈奴"石雕是霍去病军功的表现，主要目的是展现当时与匈奴的对抗与征服关系，采用"踏"字进行命名，准确地表达了石雕的政治含义。铜奔马的主题，并不是要表现奔马与飞鸟的冲突和征服关系，奔马并非有意去踩踏飞鸟，二者的位置关系只是奔马疾驰过程中的一个瞬间，特意表现这个瞬间，是为了衬托奔马的速度与腾空状态。奔马与飞鸟之间并没有政治或道德层面的地位高低关系。

张衡《东京赋》："龙雀蟠蜿，天马半汉。"注曰："龙雀，飞廉也。天马，铜马也。蟠蜿、半汉，皆形容也。"② 据此，有学者认为铜奔马应命名为"马超龙雀"③。《史记·封禅书》：汉武帝"令长安则作蜚廉桂观"④。《汉书·武帝纪》："作甘泉通天台，长安飞廉馆。"颜师古注引应劭曰："飞廉，神禽能致风气者也。明帝永平五年，至长安迎取飞廉并铜马，置上西门外，名平乐馆。"又引晋灼曰："身似鹿，头如爵，有角而蛇尾，文

---

① （清）段玉裁撰：《说文解字注》，中华书局 2013 年版，第 82 页下栏。
② （南朝梁）萧统编，（唐）李善注：《文选》卷 3，中华书局 1977 年版，第 56 页上栏。
③ 牛龙菲：《"马超龙雀"：无价的国宝》，《文史杂志》1994 年第 6 期。
④ 《史记》卷 28《封禅书》，中华书局 1982 年版，第 1400 页。

如豹文。"①《淮南子·俶真训》："骑蜚廉而从敦圄。"高诱注："蜚廉，兽名，长毛有翼。"② 很显然，无论是龙雀的形象，还是它与"天马"之间的关系，均与雷台铜奔马的造型和内涵不符。

《拾遗记》："（周穆）王驭八龙之骏：一名绝地，足不践土；二名翻羽，行越飞禽；三名奔霄，夜行万里；四名越影，逐日而行；五名踰辉，毛色炳耀；六名超光，一形十影；七名胜雾，乘云而奔；八名挟翼，身有肉翅。"③ 这里在描述"翻羽""越影""踰辉""超光"等骏马的速度时，使用了"越""踰""超"等字。元李朝瑞《天马赋》有"锐耳脱兔，骇蹄超鸿"④ 的说法。如前所述，飞鸟的功能之一是表现奔马的速度，但是它兼具的三维空间内表现奔马腾空的功能，决定了奔马与飞鸟之间并非简单的超越关系，而是与"绝地"相似，本质上表现的是疾速飞奔之马"足不践土"的腾空状态。更为重要的是，文物的命名由其本身的造型、结构及功能决定，基本原则应以事实判断为标准，"超""越"等字的价值判断特征明显，不宜在铜奔马的命名中使用。

三　铜奔马的命名

铜奔马的命名，关注点集中在奔马和飞鸟两个方面。以奔马为主要视角的观点，争议在于奔马的原型是现实世界的良马还是神仙世界的神马。既然铜奔马是整个墓主车马队伍中的一员，那么本质上它是现实世界骑乘之马的反映，而非神马。以飞鸟为主要视角的观点，争议更大，除飞燕说、龙雀说之外，还有乌鸦说、鹰说、隼说、鸠说等看法。

为了直观形象地表现奔马的速度，将飞鸟等迅捷类动物作为奔马速度对比标准物的做法，不仅渊源悠久，而且影响地域广泛，是当时社会的普遍认识。如睡虎地 M44 扁壶飞鸟奔马图像；马王堆汉墓帛书《相马经》所

① 《汉书》卷6《武帝纪》，中华书局1962年版，第193页。

② 刘文典撰，冯逸、乔华点校：《淮南鸿烈集解》，中华书局2013年第2版，第72页。

③ （晋）王嘉撰，（梁）萧绮录，齐治平校注：《拾遗记》卷3《周穆王》，中华书局1981年版，第60页。

④ （元）李朝瑞：《天马赋》，载（清）陈元龙编《历代赋汇》卷135《鸟兽》，《景印文渊阁四库全书》，台湾"商务印书馆"1986年影印本，集部，第1421册，第746页上栏。

谓的"后有三齐，兽以走，鱼以流（游），鸟以蜚（飞）"[1] 等。铜奔马右后足下飞鸟原型之所以有多种说法，根本原因是飞鸟形象的模糊性，而就飞鸟在整件作品中的功能而言，将它与某一特定地区某一鸟类品种进行对应，并无必要，直接将铜奔马右后足下的鸟称作"飞鸟"更具有普遍意义。

雷台铜奔马的奔跑姿态为对侧步。所谓对侧步，是指马匹在行进过程中，同侧前后蹄同时前迈，同时着地，与对侧马蹄相互交叉行进的步法。以对侧步行走的马被称为"走马"。有学者认为：铜奔马的对侧步"与通常所谓'飞奔'不同。称'奔'不甚确切"。[2] 但需要指出的是，对侧步并非"走马"的专有技能，实际上其他品种的马在疾速奔跑时也能迈出对侧步。英国摄影师麦布里奇（Eadweard Muybridge）于 1878 年拍摄的赛马步法照片中有一张照片与铜奔马惊人的一致。[3] 对同一匹马奔跑步法照片进行分析，可以发现它起跑阶段的步法并非对侧步，是在达到一定的速度时才迈出对侧步的。需要注意的是，与对侧步同时出现的，是这匹赛马四足已经完全离开地面，与雷台铜奔马一样，处于腾空状态。所以，铜奔马的对侧步可能正是它在疾速奔驰时产生的，并非一匹"走马"在进行优雅的舞步表演。

综上所述，在表现对象与主题上，奔马与飞鸟有主次之别，但在主题思想的表达上，飞鸟的设计是为了衬托马的速度和表现马的腾空状态，在整个作品中承担了不可或缺的作用，是作品主题思想表达的重要媒介，在命名时应对飞鸟加以体现。历史上以飞鸟衬托奔马速度的现象，并不局限于某一地区，直接将其称作"飞鸟"更具有普遍性。铜奔马的对侧步，是它疾速奔跑所致，将其称作"奔马"是合适的。故此，武威雷台铜奔马可以命名为"飞鸟铜奔马"。

---

① 马王堆汉墓帛书整理小组：《马王堆汉墓帛书〈相马经〉释文》，《文物》1977 年第 8 期。
② 初师宾、张朋川：《雷台东汉墓的车马组合和墓主人初探》，《考古与文物》1982 年第 2 期。
③ 雷志华、高策：《铜奔马姿势的研究》，《科学技术哲学研究》2014 年第 6 期。

居延汉简所见前汉时期河西边境的情况

［韩］金庆浩

成均馆大学

一 绪论

秦始皇三十二年（前215），录图书预言"亡秦者胡也"[①]，将秦始皇的关注点从统一中原和安定，转移至对外部世界的占领与支配。所谓征服与统一新地区，对于秦始皇二十六年（前221）统一关东六国的秦始皇来说，以郡县制为基础重新改编的统一帝国，即，也具有保护中华世界不受长城以外的蛮夷侵略的现实意义。在以关东六国为对象的"天下一统"战争中，以蛮夷为对象的"中华帝国"的建设又是另一种性质的统一。此种认识延续至汉代，战国时代以来，在统一帝国的全国范围内存在着不同的地域风俗、文化、生活等性质，甚至在汉代，将统一帝国一分为二，分设"外郡"与"内郡"两个地区。[②]与"内郡"相对应，认为"外郡＝边郡＝与夷狄相对峙的地区"，加以区分"外郡"与"内郡"。

本文主旨在于考察从汉初开始便不断处于"纷争"的"外郡"河西四郡与匈奴的关系。从公元前3世纪开始到武帝时期，以河西地区为中心的汉西北边境地区，并不是以交流为主，而是以不认同对方的"统合"[③]，甚

---

① 《史记》卷6《秦始皇本纪》，中华书局1959年版，第252页。

② 《汉书》卷8《宣帝纪》，第241页，注引韦昭曰，"中国为内郡 缘边有夷狄障塞者为外郡"。

③ 池田雄一：「汉武帝の外征をめぐって」，『中央评论』24—2，1972；小林惣八：「武帝の对外政策 –卫青・霍去病の匈奴对策」，『驹泽史学』19，1972。

至是"侵略"① 的空间。因此，河西地区的汉与匈奴之间，必然出现防御、征服、掠夺、统合等敏感的政治问题。② 曾与匈奴展开激烈战争的前汉，作为西北边境的强化政策，致力于完善和维持军事设施。在这一地区出土的大量军事、行政方面的简牍便可证明这一事实（强化边境政策）。约在汉武帝时期开始到后汉初期，出土大量简牍的居延、敦煌以及额济纳河一带都曾是军事重地之一。③ 因此，汉代中央政府为防止匈奴的侵略，与居延、敦煌等边境军事重地形成了密切的关系。

有关汉朝与匈奴的对立关系的相关记事，都是以《史记》《汉书》等文献数据为基础进行研究的，通过这一地区出土的"汉简"进行相关研究的情况甚少。④ 但分析出土简牍的内容可知，不仅记述有西汉武帝以后的河西边境战线实际情况，还包括史书中并未记载的内容。⑤ 简牍中记述的内容是可以理解当时河西边境的详细实情和战争实况的第一手资料，可以对史书的内容进行再探讨，也有助于重新理解汉与匈奴的关系。因此，本文将以前汉时期简牍中所见河西边境的汉朝与匈奴的内容为中心进行论述。

---

① 根本诚：《北方民族はなぜ中国に进出したか》；鸳渊一：《何故に北方民族は中国に侵入したか》；爱宕松男：《北方民族はなぜ中国に进出したか－モンゴリア游牧民の场合》（《历史教育》18—2，1970）在文中指出，北方民族入侵中原的原因在于两个民族的文化差异。

② 据伊濑仙太郎的意见，匈奴与汉朝的纷争，特别是匈奴入侵汉朝，是因为汉朝没有积极响应匈奴提出的物资要求，特别是没有提供匈奴要求的奢侈品，也为响应和亲条约，或没有开放关市，而是以"中华思想"为基础，选择武力手段压制匈奴。伊濑仙太郎还指出，根据史实可知，匈奴的侵略是"对抗汉朝不法行为的手段"，错在汉朝。《汉匈奴交涉の一考察》，《东西文化交流史》，雄山阁，1975。

③ 有关河西四郡的设置过程，《史记》《汉书》的相关记述并不一致，内容也仅限于概要程度。整理如下，Ⅰ、《史记》：①《平准书》，元鼎六年（前111）置张掖、酒泉郡，②《匈奴传》，元封三年（前108）左右立酒泉郡，③《大宛传》，元鼎末年、元封初年（前110）立酒泉郡。Ⅱ、《汉书》：①《武帝纪》，元狩二年（前121）置酒泉、武威郡，元鼎六年（前111）置张掖、敦煌郡，②《地理志》，太初元年（前104）置酒泉、张掖郡，太初四年（前101）置武威郡，后元元年（前88）置敦煌郡。

④ 有关汉朝与匈奴战争的研究可参看高村武幸《汉代の地方官吏と地域社会》，汲古书院2008年版；赵宠亮《行役守备河西汉塞吏卒的屯守生活》，科学出版社2012年版；王子今《匈奴经营西域研究》，中国社会科学出版社2016年版；金庆浩：《汉代 西北边境 吏卒의 日常》，《中国史研究》（韩国）74，2011。

⑤ 高村武幸，前书（2008），第344—345页。

二 汉初河西的情况与郡县设置

汉初，对汉朝威胁最大的边境民族是以头曼单于为中心，在河西一带形成并发展起来的匈奴。[①] 汉朝在经过楚汉之战之后，由于亟须解决国内衰退的经济状况，稳定社会秩序，强化中央集权，巩固统治集权，因此在建国以后，未能积极应对匈奴的侵略。高祖七年（前 200），高祖逃出白登后，文帝十四年（前 166），对于老上单于的大肆进攻，处于劣势的汉朝对匈奴一直采取的是以"妥协"与"让步"为中心的和亲政策。[②]

对匈奴采取非和亲政策的变化始于建元六年（前 135），此时，对于匈奴提议的和亲意见纷纷，由于武帝无法摆脱对于匈奴的强烈仇视和边疆地区的忧患，因此，从"和亲"转化为"积极应对"。就背景而言，文帝、景帝以来积累的经济基础，与武帝时期专制权力的确立，以及社会的稳定发展等因素，为从前对于匈奴采取的消极应对政策逐渐转变为积极应对政策提供了坚实的基础。[③] 以元光二年（前 133）发生的"马邑事件"为契机，汉与匈奴在河西地区签署的和亲政策主导权逐渐转移交至汉朝。终由汉朝掌控河西地区，将其编入汉朝的统治圈。

为解决边境忧患，希望中国一统的武帝非常担忧河西边郡的不安定因素。[④] 武帝分别于元朔二年（前 127）、元狩二年（前 121）对匈奴发动两次决定性攻击，从匈奴手中夺回黄河河套的南北、阴山一带的"河南地区"。[⑤] 因此匈奴只能重新寻找根据地，从河套地区移动至湟水流域。从地

---

① 《史记》卷 110《匈奴列传》，第 2890 页，"自淳维以至头曼单于，千有余岁，时大时小 别散分离"。另外，马长寿指出，建立秦王朝前后期，匈奴的社会构成是从原始社会末期过渡到奴隶制社会的过渡期社会（《匈奴部落国家的奴隶制》，《历史研究》1954—5）。有关以冒顿单于的出现为中心的匈奴史黎明期的研究，有手冢隆义《匈奴勃兴试论》，《史苑》31—2，1971；有关匈奴盛衰的研究有林幹《匈奴通史》，人民出版社 1989 年版。

② 有关汉初的匈奴关系，参看彭年《从"白登之围"到"马邑之谋"：论高惠文景四代汉朝与匈奴关系》，《四川师院学报》（社会科学版），成都，1985—3。

③ 《史记》卷 30《平准书》，第 1420 页，"至今上即位数岁，汉兴七十余年之间，国家无事，非遇水旱之灾，民则人给家足，都鄙廪庾皆满，而府库余货财。京师之钱累巨万，贯朽而不可校……"

④ 《汉书》卷 6《武帝纪》，第 173 页，"今中国一统而北边未安，朕甚悼之"。

⑤ 《汉书》卷 8《武帝纪》，第 170 页，"（元朔二年）收河南地 置朔方、五原郡"。

理位置上看，此地区位于陇西、焉耆山、北地、居延、祁连山，是武帝在元朔二年（前127）收复河南地区以后，汉朝与匈奴的主要交战地。① 这一地区对于汉朝与匈奴来说，都是至关重要的。虽然对匈奴来说是非常适合畜牧业的地区，② 但对于汉来说，是与匈奴交战的前方基地。特别是位于这一地区的令居在地理上，位于祁连山东南部，属于连接南北的要地，贯通庄浪、大通河川，在与匈奴对峙时，对汉朝来说是非常重要的军事要地。有关这一事实的相关记事如下。

① 汉渡河自朔方以西至令居　往往通渠置田官　吏卒五六万人稍蚕食　地接匈奴以北③

②（湟）水出令居县西北塞外　南流径其县故城西　汉武帝元鼎二年置　王莽之罘虏也④

③ 又数万人　渡河筑令居 初置张掖、酒泉郡。⑤

上述各个引文都详细记述了经营令居的具体情况。即，①记述的是元狩四年（前119）卫青等人征伐匈奴的同时，"幕南无王庭"以后的情况；②是元鼎二年（前115），汉经营令居，设置县的记事；③是元鼎六年（前111），西羌动乱时，令居筑城的记事。如记事所言，由于长期经营建设、强化令居地区，元鼎六年（前111）西羌动乱时，这一地区并未成为攻击对象。同年，赵破奴统领一万骑兵，打到河水的匈奴讨伐军也直接从令居出兵。⑥ 此事实说明令居确实是汉朝的重要军事要地。

---

① 《汉书》卷94《匈奴传·上》第3768页，"明年春，汉使票骑将军去病将万骑出陇西 过焉耆山千余里……（中略）……其夏，票骑将军复与合骑侯数万骑出陇西、北地二千里，过居延，攻祁连山……"

② 林幹：《匈奴通史》第五章"匈奴的盛衰及其与中原的关系（上）"，第56页；吴兴勇，《论匈奴人西迁的自然地理原因》，《史学月刊》1991年第3期，第7页。

③ 《史记》卷110《匈奴列传》，第2911页，"汉渡河自朔方以西至令居，往往通渠置田官吏卒五六万人，稍蚕食，地接匈奴以北"。

④ 陈桥驿点校：《水经注》，上海古籍出版社1990年版，卷2《河水》，第39页，"（湟）水出令居县西北塞外，南流径其县故城西。汉武帝元鼎二年置，王莽之罘虏也"。

⑤ 《史记》卷30《平准书》第1439页，"又数万人 渡河筑令居，初置张掖、酒泉郡"。此记事中引用的"数万人"在《汉书》卷6《武帝纪》（第188页）中为"十万人"，置郡时期为元狩二年（前121）设置武威、酒泉，元鼎六年（前111）分设武威郡、张掖郡、酒泉郡、敦煌郡。因此，上述记事中将敦煌郡误记为酒泉郡。

⑥ 《汉书》卷55《赵破奴》，第2493页，"以浚稽将军二万骑击匈奴左王"。

因此，从汉朝征服"河南地"，与上述①—③的记事意义来看，在从朔方到令居的河西地区一带，汉朝为抵制匈奴南下，匈奴为确保生存领域，发生冲突。结果，匈奴战败，元狩二年（前121）浑邪王引领四万兵将来降，汉朝在此地区设置武威、酒泉郡，将其编入领地。① 对于匈奴来说，元狩二年（前121）在河西地区的战败冲击巨大。汉征服河南地区建城，右贤王愤怒不已，再次进攻河南、朔方，② 在河西地区失败后，悲叹"亡我祁连山，使我六畜不蕃息"。③ 由此可知，这一地区对于匈奴的重要程度。此后，匈奴为寻找新的根据地，向西移动。④置郡是汉朝强化管理新开河西地区的措施，主要目的在于与设置酒泉郡相同，⑤"通西北国"，即，与西域的交流，也就是说，"通西北国"的具体内容是提前防止匈奴与西羌联手对抗汉朝。下列引文详细记述了相关内容。⑥

　④ 是时（元凤三年）而西置酒泉郡　以隔绝胡与羌通之路⑦
　⑤ 建张掖以西 隔绝羌胡 瓜分其援⑧

即，据上述④⑤记事可知，由于建立酒泉、张掖两郡，阻断了匈奴与羌族的连接。在河西地区以令居地区为据点，在张掖、酒泉等地设置郡县。⑨ 另外，设置郡县的酒泉、张掖地区利用弱水、疏勒河的河谷与祁连

---

① 《汉书》卷8《武帝纪》第176页，"（元狩二年秋）匈奴浑邪王杀休屠王，并将其众合四万余人，来降，置五属国以处之。以其地为武威、酒泉郡"。
② 《汉书》卷94《匈奴传上》第3767页，"其明年……匈奴右贤王怨汉夺之河南地而筑朔方，数寇盗边，及入河南，侵扰朔方，杀略吏民甚众"。
③ 《史记》卷110《匈奴列传》，第2909页，"索隐：《西河旧事》云……匈奴失二山乃歌云……'亡我祁连山，使我六畜不蕃息，失我燕支山，使我嫁妇无颜色'"。
④ 舒顺林：《略论北匈奴西迁的原因》，《内蒙古师范大学报》（哲学社会科学版）1986年第3期；郭平梁：《匈奴西迁及一些有关问题》，《民族史论丛》第一辑，中华书局1986版；林幹：《北匈奴西迁考略》，《内蒙古社会科学》1984年第1期。
⑤ 《史记》卷123《大宛列传》，第3170页，"初置酒泉郡以通西北国"。
⑥ 相关记事整理如下。《汉书》卷73《韦贤传》，第3126页，"西伐大宛 并三十六国，结乌孙，起敦煌，酒泉，张掖，以鬲婼羌，裂匈奴之右肩"；《后汉书》卷87《西羌传》，第2876页，"筑令居塞，初开河西，列置四郡，信道玉门，隔绝羌胡，使南北不得交关"。
⑦ 《史记》卷110《匈奴列传》，第2913页。
⑧ 《盐铁论》，《西域篇》，第499页。
⑨ 《汉书》卷96《西域传上》，第3873页，"始筑令居以西，初置酒泉郡，后稍发徒民充实之，分置武威、张掖、敦煌，列四郡，据两关焉"；《史记》卷30《平准书》，第1439页，"渡河筑令居，初置张掖，酒泉郡"。

山脉南北相接，其中包括大量的地理位置关键的要地，[①] 与湟水流经的令居地理环境相似的地区。

从整体意义上来讲，以河川为中心构成的河西四郡被编入汉朝的郡县支配体制。[②] 因此，汉朝在考虑到将投降的匈奴设置为[③]属国，以及边境的特殊性，强化内郡乡、里地方行政制度，加强亭、障、塞、烽、燧等军事治安组织的管理，在此地也同样实施与内郡相同的郡县支配体制。

三　河西边境的徙民与定居

元狩二年（前121），骠骑将军霍去病在焉耆山、祁连山一带立战功。元狩四年（前119）大将军卫青在大范围的进攻下，未能找到沙漠以南匈奴势力的根据地。[④] 自此，汉朝夺取匈奴在河西地区的根据地对其造成巨大冲击，同时又将汉初以来曾属于匈奴领地的河西地区编入支配范围。紧接着，通过设置郡县，为从现实上支配新征服地区，还需要实施后续措施。加之，这并不是单纯意义上的领土扩张，而是完成"中国一统"计划的一环。那么，无论是在文化还是民族层面上，将这一地区建设成为与内地相似的地区，便是非常重要的课题。因此，汉朝为将在地理、文化、民族等性质都不同的外郡河西地区，编入与内地相同的统治秩序中，需要持续实施相关措施。实施这些举措的目的不仅限于河西边境地区的安定，还意味着实际上郡县支配的扩大。最先实施的举措便是从内郡徙民至河西边境地区，从事成卒或是田卒的职役。实际上在河西地区实施的郡县支配，也反映于居延、敦煌等地出土的汉简内容。根据文献或是汉简的相关记事内容可知，出生于关东地区的人们被迁徙至河西地区从事成卒或是田卒的职役。《汉书》的相关记事整理如下。

---

① 池田雄一：《前汉时代における西北经营と匈奴对策》，《中央大学文学部史学科纪要》，30，1984，第80页。

② 滨田英作：《前汉の河西回廊への进出と诸郡の建置について》，《史观》，112，1984，其中指出，设置河西四郡是为确保军事据点。

③ 滨田英作：《西汉における匈奴者に对する处置ついて》，《纪要》别册12（早大、院、文学研究科），1985。

④ 《汉书》卷94《匈奴传上》，第3770页，"是后匈奴远遁，而幕南无王庭"。

⑥ 四年冬，有司言关东贫民徙陇西、北地、西河、上郡、会稽凡七十二万五千口。①

⑦ 三月 大雨雪。夏 大水 关东饿死者以千数。②

⑧ 夏四月 雨雹 关东郡国十余饥 人相食。③

⑨ 关东流民二百万口 无名数者四十万 公卿议欲请徙流民于边以适之。④

⑩ 自武威以西 本匈奴浑邪王、休屠王地，武帝时攘之，初置四郡，以通西域，隔绝南羌、匈奴。其民或以关东贫民或以报怨过当 或以悖逆亡道 家属徙焉。⑤

据上述⑥—⑨引文可知，元狩四年（前119）以后的关东地区由于频繁的黄河洪灾与自然灾害，产生大批饿死者、流民等受灾民众。引文⑨中言及，元封四年（前107）关东地区流民为200万名，无户籍者40万名，公卿提议将流民迁徙至边境地区。有关向河西地区徙民的内容，通过⑥—⑩的记事可知关东地区出生的民众是徙民的主要组成部分。特别是⑩的记事中提及，为强化武威以西地区的统治，迁徙至河西地区的民众，大部分是出生于关东的贫民、报复行为过度的人、悖逆亡道的人，以及他们的家人，其中关东出生的贫民为数最多。徙民者"乃分武威、酒泉地置张掖、敦煌郡，徙民以实之"。⑥ 另外，"在张掖、酒泉郡，以及上郡、朔方、西河、河西地区开设田官，让塞候、斥卒60万名在此处从事戍、田"⑦，可知，在河西地区设置郡县，让徙民从事农耕。元封六年（前105），济南出生的崔不意成为渔泽尉，在敦煌地区成为教人农耕并收获谷物的典范。⑧

---

① 《汉书》卷6《武帝纪》，第178页。

② 同上书，第182页。

③ 同上书，第183页。

④ 《汉书》卷46《万石君列传》，第2197页。

⑤ 《汉书》卷28《地理志下》，第1645页。

⑥ 《汉书》卷6《武帝纪》，第189页，"乃分武威、酒泉地置张掖、敦煌郡，徙民以实之"。

⑦ 《史记》卷30《平准书》，第1439页。此记事的年度根据注引可知，"徐广曰……《元鼎六年》"，酒泉郡可能是敦煌郡的可能性较高。大岛利一将此记事解释为，"开田官与斥、塞卒60万名，到达上郡、朔方、西河、河西各郡"，笔者认为不妥（《屯田と代田》，《东洋史研究》14—1·2，1955）。

⑧ 《汉书》卷28《地理志下》，第1615页，注引，"师固曰……'本渔泽障也。桑钦说孝武元封六年济南崔不意为渔泽尉，教力田，以勤效得谷，因立为县名'"。

由此可知，迁徙至河西地区的徙民，特别是关东地区的贫民逐渐在这一地区开垦作业。

出土大量有关徙民、开垦文书的居延地区①可以很好地反映出这一情况。武帝在太初三年（前102）派遣戍甲卒18万名，在居延、休屠地区全力进行农耕和防御作业。②这也说明在太初年间，居延已经开始实施屯田。居延位于甘肃北部的额济纳河流域，东西两侧被巴丹吉林沙漠和北山山脉阻隔，额济纳河流域是通向北部匈奴龙城，南部酒泉、张掖的唯一通路。因此，太初三年（前102）派遣的戍甲卒18万名，很可能是在这一带实施垦田殖谷。③太初三年（前102）实施屯田的具体情况，基本上没有相关记载。但记载昭帝始元二年（前85）在驿马田官地区建造灌溉水渠的《居延汉简》可以反映出大致情况。

⑪马长吏即有吏卒民屯士亡者具署郡县里名姓年长物色所衣服赍操初亡年月日人数白报与病已·谨案属丞始元二年戍田卒千五百人为驿马田官穿泾渠乃正月己酉淮阳郡。④

据上述《居延汉简》可知，参与工程建设的人为1500名，都出生于淮阳郡。

那么，太初三年（前102）派遣的18万名戍甲卒，与参与驿马田官所属地区灌溉工程的1500名劳动力，都动员自哪一地区呢？《居延汉简》的主要内容包括记录大量出生地区的名籍简。主要内容的记录顺序是"田（戍）卒、出身郡国、县/里名、爵位、姓名、年龄"，可以详细了解个人情况。⑤表1是按照名籍简的记录顺序调查、整理的，可以了解

---

① 居延的位置与性质参看陈梦家《汉居延考》，《汉简缀述》，中华书局1980年版，第221—228页。

② 《史记》卷123《大宛列传》，第3176页；《汉书》卷61《李广利传》，第2700页，"益发戍甲卒十八万酒泉、张掖北、置居延、休屠以卫酒泉……"

③ 居延屯田分为两个地区，北部的被甲渠候、卅井塞与居延泽围绕的居延屯田，和南部的被肩水东西塞围绕的驿马屯田（陈梦家：《汉简缀述》，第4页）。

④ 谢桂华、李均明、朱国照：《居延汉简释文合校》，文物出版社1987年版（以下简称《居延汉简》），303·15，513·17，第497页。

⑤ 《居延汉简》，11·2，第18页，记载形式为"田卒淮阳新平常昌里上造柳道年廿三"。也有与此种样式一样的"库卒、河渠卒、亭卒、鄣卒、坞卒"等，本文以田卒、戍卒为主要讨论对象。

出生地区的一览表。

表1 《居延汉简》所见田、戌卒统计一览①

出生地	田卒	戌卒	合计	出生地	田卒	戌卒	合计
淮阳郡	19	8	27	平干国	1		1
大河郡	7		7	巨鹿郡		2	2
昌邑国	14	3	17	邺国		1	1
东郡	2	6	8	南阳郡		4	4
魏郡	4	11	15	颍川郡		2	2
汝南郡	8	3	11	河东郡		5	5
济阴郡	2	4	6	陈留郡		4	4
河南郡	1		1	赵国		3	3
张掖郡		11	11	梁国		5	5
				共计	58	72	130

表1中，出生地与役种不详的有26枚简，张掖郡出生戌卒11名，除此以外，130名（附录1）出生于关东地区，属于居延地区的戌卒和田卒。《居延新简》②所见戌卒、田卒的出生地也与表1内容一致，③可知关东地区出生的人员在居延等河西边境地区服役。但《居延汉简》与《居延新简》名籍的主要年代大体上是前汉宣帝到王莽与后汉光武帝时期，武帝设置郡县，与在这一地区服役的戌卒、田卒在时间上具有一定差异，因此，他们有可能是新迁徙到此地的内郡人，也有可能是已经定居在此地没有回去的人。下面将讨论《敦煌悬泉汉简》中与征发戌卒有关的内容。

⑫神爵四年十一月癸未 丞相史李尊 送获（护）神爵六年戌卒河

---

① 谢桂华、李均明、朱国照：《居延汉简释文合校》（文物出版社1987年版）中所见名籍简为对象进行了调查。

② 甘肃省文物考古研究所、甘肃省博物馆、文化部古文献研究所、中国社会科学院历史研究所编：《居延新简——甲渠候馆与第四燧》，文物出版社1990版（以下简称《居延新简》）。

③ 高村武幸：《汉代の地方官吏と地域社会》，第380—407页。

东、南阳、颍川、上党、东郡、济阴、魏郡、淮阳国诣敦煌郡、酒泉郡。因迎罢卒送致河东、南阳、颍川、东郡、魏郡、淮阳国并督死卒传茱（橶）。为驾一封轺传。御史大夫望之谓高陵，以次为驾，当舍传舍，如律令。①

上述引文⑫的内容是从内郡征集戍卒在边境执行戍边任务，从两年前开始准备征兵、移动等相关手续。这说明，是在计算戍卒的移动时间、编入各个郡国军队所需时间后实施相关程序的。丞相史李尊总管八个郡国的戍卒，虽然负责监管敦煌郡与酒泉郡，但并不能确定是否同时集合各个郡国的戍卒一同管理。另外，这些戍卒虽然隶属敦煌和酒泉郡，但并未出现此后戍卒的隶属记录。但很明确的是，神爵六年（五凤二年，前56），关东地区八个郡国出生的人为去西北边境的敦煌和酒泉郡服役，中央政府从两年以前就已经开始进行筹备。这说明，在武帝以后的每年仍征集民众作为戍卒去河西边境地区服役。表1和⑫的记事一样，反映的都是被征配至西北边境的戍卒和田卒到达服役地后的情况。在西北边境地区服役的人中，未见来自比关东地区更靠近东部的东海郡、渔阳郡，以及上谷郡的人员。现将《尹湾汉墓简牍》②的相关数据整理如下。

⑬郯狱丞司马敞正月十三日送罚戍上谷／郯左尉孙严九月廿一日送罚戍上谷／平曲丞胡毋钦七月七日送徙民敦煌／司吾丞北宫宪十月五日送罚戍上谷。③

引文⑬中的郯、平曲、司吾都是隶属于东海郡的县。上述简文内容是有关前汉末年东海郡长里13人的徭役，以及相关出差的部分内容，一年间三次前往上谷郡"罚戍"，敦煌徙民只有一次。东海郡的戍卒和"罚戍"

---

① 胡平生、张德芳：《敦煌悬泉汉简释粹》，上海古籍出版社2001年版，Ⅰ0309③：237，第45页。

② 连云港市博物馆、东海县博物馆、中国社会科学院简帛研究中心、中国文物研究所：《尹湾汉墓简牍》，中华书局1997年版，《东海郡辖长吏不在署·未到官者名籍（YM6D5正）》，第96—97页。

③ 《尹湾汉墓简牍》，《东海郡下辖长吏不在署·未到官者名籍（YM6D5）》，图版第16页；释文第96—97页。

等兵力的护送地都集中在上谷郡，这一点与目前河西地区出土汉简中未见东海郡出生的戍卒的情况一脉相通。[①] 因此，一直以来到西北边境的服役地就是表1和引文⑫的记事中所见的关东地区，移住至此地的人员是引文⑥—⑩中所见的武帝时期数十万关东地区的流民及其家属，是定期服役的对象。武帝时期迁徙到此地的初期移住民，被分配至张掖郡等河西四郡，开始经营在西北边境的生活，初期定居的地区自然成为他们的根据地，并逐渐发挥他们的影响力。[②]《居延新简》的相关记事如下。

　　⑭ 居延甲渠候第二燧长 居延广都里公乘陈安国 年六十三 建始四年辛亥除 不史 （《EPT51：4》）／居延甲渠塞有秩候长昭武长寿里公乘张忠 年卅三 河平三年十月庚戌除 史 （《EPT51：11》）。[③]（划线部分笔者引用）

上述记事中所见陈安国与张忠的籍贯是下划线部分的居延县广都里和邵武县长寿里，爵位都是公乘。两个人都在成帝年间被任命为官，只有张忠具有"史"的资格。但被任命为下级官吏的陈安国与张忠很有可能是武帝时期移住民的后裔。因为，陈安国年63岁，建始四年（前29）被任命为官，他在武帝征和二年（前91）出生于居延县广都里，后被编入张掖郡户籍。根据汉代相关法令可知，汉代有非常详细的有关人口调查的规定。例如，有子女出生，在户时申报登记子女兄弟的年龄，如果申报年龄与实际年龄相差三岁以上，要被处罚，每年八月由乡部啬夫、吏、令史共同主管编辑户籍，如有移住者，及时仔细登记户籍、年龄、爵等情况，和账簿

---

　　① 这一事实在有相关简牍出土之前便有所言及。西村元佑：《汉代の徭役制度》，《东洋史研究》12—5，1953；劳干：《汉代兵制及汉简中兵制 貳 论戍卒》，《劳干学术论文集甲编》上，艺文印书馆1976年版；黄今言：《边防军的成份和地区来源》，《秦汉军制史论》，第五章第三节，江西人民出版社1993年版。

　　② 葛剑雄：《中央集权と人口控制》，第1回中国史学国际会研究报告集《中国の历史世界—统合のシステムと多元的发展》，东京都立大学出版会2002年版，第467页中指出，武帝征集、迁徙的人口约超过100万人，为总人口的50%。迁徙至河西、河套地区的人员，在几年之间定居为农民，使当地的粮食供给成为可能。

　　③ 《居延新简》，前书（1990），第171页。

一同封好后送往移住地。① 陈安国与张忠分别出生于居延县和昭武县的可能性很大。如果是从关东地区来到居延地区的戍卒，就要携带关东地区编制的郡国户籍。那么，陈安国一家被迁徙至河西地区的时间，根据武帝时期的徙民记事可以推定为至少是在70—80年前。在这一时期，不仅仅是陈安国一家，陈安国本人也已经成长为张掖郡下级官吏。另外，张忠在33岁时成为官吏，甚至取得"史"的资格，可见他在昭武郡是有一定的地位。居延汉简所见"戍卒颍川郡郏翟里成适年卅二为部卒取私橐（32.7）"，"田卒昌邑国湖陵始昌里士伍李□年廿四（501.1）"等都是持有名籍的内郡出生人员到达居延地区以后，在里生活，在国家制定的军事设置或农地服役，而张掖郡出生的人员则与他们不同，他们是内郡移住人员的上级官吏（指挥官）。

郡太守由与郡丞，以及县令或是县丞等高级官吏，都要避免任命本籍贯人员，但下级官"吏"（掾吏）则可以任命当地人员，这一原则也适用于边境地区。因此，河西地区大部分的下级官吏们都是张掖郡出生的人员。② 其中，根据最近公布释文的肩水金关汉简的相关内容可知，骑士的出生地区是隶属张掖郡管辖下的觻得、日勒、屋兰、昭武县。③ 在河西边境地区，文化和环境都不同的异地出生人员为在河西地区作为戍卒服役，和从关东地区徙民至此，从徙民初期便定居在河西地区的当地人"吏"（掾吏），也就是"吏卒"他们一同从事守卫边境的公务，同时在河西地区生活。这些下级官吏会希望从关东地区来的戍卒和田卒中，与自己出生地相同的人会被配置在他们管辖的部门。因为，从关东地区移住的下

---

① 张家山二四七号汉墓竹简整理小组：《张家山汉墓竹简［二四七号墓］》，文物出版社2001年版，《户律》，第177页，"民皆自占年。小未能自占，而毋父母·同产为占者，吏以□比定其年。自占、占子、同产年，不以实三岁以上，皆耐。产子者恒以户时占其□□罚金四两。恒以八月令乡部啬夫、吏、令史相杂案户籍，副臧（藏）其廷。有移徙者，辄移户及年籍爵细徙所，并封。留弗移，移不并封，及实不徙数盈十日，皆罚金四两；数在所正·典弗告，与同罪；乡部啬夫、吏主及案户者弗得，罚金各一两"。

② 高村武幸，前书（2008），《前汉西北边境と关东の戍卒》，第396—401页。指出，张掖郡出生的人员中，多为吏比者身份的骑士，甲渠候官中张掖郡出生人员更多。

③ 甘肃简牍保护研究中心外编：《肩水金关汉简（壹）》下册，中西书局2011年版，"觻得骑士万年里李喜（73EJT1∶10），第2页"，"觻得骑士道德里阮汉□（73EJT1∶33），第3页"，"日勒骑士延寿里张定⃞（73EJT1∶78），第6页"，"屋兰骑士灭胡里苏乙□（73EJT4∶9），第38页"，"昭武骑士□□（73EJT8∶101），第99页"中所见，仅有张掖郡出生人员的记事名籍。

级官吏们希望他们能和新到服役地的戍卒更好地沟通，以及更有效地经营边境生活。关东地区中下级官吏与同一地区出生人员的分配，在下级官吏的立场来看，更容易掌控，更便于指挥等军事方面的长处。《居延新简》中可见同一时期，被分配至同一部门的郡县出生地相同的人员数据。简文如下。

⑮临之燧卒魏郡内黄宜民里尹宗

责故临之燧长薛忘得铁斗一直九十尺二寸刀一直直卅缇绩一直廿五凡直百卅五　同燧卒魏郡内黄城南里吴故　责故临之燧长薛忘三石布囊一曼索一具皆刭忘得不可得忘得见为复作。①

引文⑮中，尹宗与吴故都出生于魏郡内黄县，都是甲渠候官下属临之燧的戍卒，与燧长有债务关系。另外，还有类似性质的简牍，是同一出生地的人员与赍卖②有关联的内容。

⑯　赍卖惊虏燧戍卒魏郡□阳当

　　□赍卖燧戍卒魏郡□阳中里李□

　　贷燧戍卒魏郡□阳修长里

引文⑯都是记于同一枚简上的内容。在同一时期，魏郡□阳县出生的三名人员被分配至惊虏燧。前述⑮与⑯的内容中所见临之燧与惊虏燧都是甲渠候官下属的燧，同一出生地的人员被分配至同一服役地。甲渠候官的戍卒数量为240—300名，是可以充当一个县的戍卒人数。③　由于戍卒每年都会进行交替，所以戍卒的流动性强。④　因此，甲渠候官所属戍卒多集中出生于魏郡、东郡、南阳郡、河东郡等关东地区说明，这一地区出生的人员首先在张掖郡定居，并成长为下级官吏，为了与刚到河西边境服役的人

---

① 《居延新简》，前书（1990），E. P. T59：7，第359页。

② 汉简所见赍卖的相关研究参看鹰取祐司《秦汉官文书の基础的研究》，汲古书院2015年版，第四部，《听讼の文书》，第二节，《戍卒の赍卖名籍と行道赍卖》，第547—559页。

③ 荆州博物馆：《湖北荆州纪南松柏汉墓发掘简报》，《文物》2008年第4期，第29—32页。据此可知，南郡7个县中，新傅者（新被编入徭役的人员）超过200人的县有两个（江陵县255名，宜城县546名），临沮县116名，新傅者总人数为1434名。虽然要求严格统计人数，但将同一出生地的人分配至西北边境地区同一服役地并非难事。

④ 李均明：《初学录》，兰台出版社1999年版；《汉代甲渠候官规模考》，第270—271页。

员更好地进行沟通，和更有效地实施防御工作，所以将同一出生地人员分配在一起更加有利于工作、服役。

四　从事日常杂务和边境防备

在全国各地征召的戍卒们在收领粮食①、食盐②、衣服③等基本生活用品以后便被分配至各个服役地。值得关注的是，服役衣服并不是由服役地的官衙进行发放，而是由出生地的官衙统一发放，可以通过装衣袋上的封检来确认这一事实。④ 在服役地，戍卒们的日常工作主要是守护边境，巡视边境防御措施"天田"，被称为"迹"或是"日迹"。

> 卒吕弘二月壬午迹尽丙申积十五日
> ⑰第三燧　卒郅安世二月丁酉迹尽庚戌积十四日
> 卒桥建省治万岁坞
> 凡迹积廿九日毋人马越塞天田出入　　《214.118》⑤

上述《214.118》的内容是巡查天田⑥的"日迹簿"记录。分配至第三燧的戍卒是吕弘、郅安世、桥建三人，报告巡查结果是未发现有出入天田的迹象。《214.118》的第三燧中，桥建因为修理万岁燧坞，不能正常值班，因此戍卒由吕弘、郅安世两人轮流值班14天。但也有值一天班就换班的情况。⑦ 在执行巡查工作时，必须报告境界地区是否有情况，⑧ 在越过负责区域巡查附近地区时，在与邻近燧的戍卒对照各自持有的刻券后，一同

---

① 《居延新简》，《EPT59：178》，"第十三燧卒史弘 四月食三石三斗三升小　三月辛卯廪城仓"。

② 《居延汉简》，《203.14》，"鄣卒张竟 盐三升 十二月食三石三斗三升少 十一月庚申自取"。

③ 《居延新简》，《EPS4T2：11》，"戍卒河东绛邑兰里干逢除 皂□复绔一两 皂单衣一领 布单襦一领 布绔一两"。

④ 《居延新简》，《EPT58：115》，"（服装名称略）戍卒陈留郡平丘□□里赵野 袋练橐封以陈留太守章"。

⑤ 《居延汉简》，《214.118》，第343页。

⑥ 魏燕利：《汉"塞天田"新探》，《池州师专学报》2003年第6期。

⑦ 《居延新简》，《E. P. T56：31》，第308。郭免乙亥戊寅辛巳甲申丁亥庚寅癸巳丙申乙亥辛丑癸卯不侵燧卒更日迹名李常有丙子己卯壬午乙酉戊子辛卯甲午丁酉庚子壬寅李相夫丁丑庚辰癸未丙戌己丑壬辰乙未戊戌 省不迹。

⑧ 《居延新简》，《EPT48：55A》，"早食时 到第五燧北里所 见马迹入河。马可二十余骑"。

进行巡查，这也是非常重要的日常工作之一。① 在执行边界巡查时，如发现人、马足迹，须要追踪并进行报告。即，"□兰入，不知何一步入 安所到而不得从，又不劾候史"，② 虽由于简残断，无法了解全部内容，但这是追踪后的部分报告内容。另外，根据"早食时，到第五燧北里所，见马迹入河，马可二十余骑……"③ 的内容可知，这是准确报告入侵情况的内容。除此以外，与边境防御有关的工作还有根据边境情况变化发送各种信号的"候望"，传递文书④等业务。

不仅如此，根据"作簿"内容可知，分配至候官的戍卒还需要从事非战斗性的工作，修筑烽燧障塞，置办牛马饲料茭、苇，准备燃料，以及其他杂物（看守藏库：守阁、守邸），会计（治计），饲养马匹（马下），管理菜园（守园），收拾狗粪（取狗湛），等等。⑤ 但边境地区最辛苦的工作，无非是参加与匈奴的战争。目前西北边境出土的《居延汉简》《居延新简》《额济纳汉简》《敦煌汉简》等简牍中包含大量的与匈奴战争有关的内容。⑥ 为便于理解战况，相关记事整理如下：

⑱本始元年九月庚子虏可九十骑入甲渠止北燧略得卒一人盗取官三石弩一 稾矢十二牛一衣物去城司马宜昌将骑百八十二人从都尉追⑦

⑲●甲渠八月廿六日庚午遣燧长干况徒 覆众迹虏到故候官知虏所出符符左留官。⑧

⑳□骑攻第九燧士吏李孝骑士成护格射。⑨

四月乙巳日迹积一日毋越塞兰渡天田出入迹

---

① 《敦煌汉简》，《T. XXⅢ.i.18》，"四月 威胡燧卒旦迹西 与玄武燧迹卒会界上刻券"。

② 《居延汉简》，《13.4》，第20页。

③ 《居延新简》，《EPT48：55A》，第134页。

④ 籾山明：《汉帝国と边境社会》，中公新书1999年版，第101—104页；赵宠亮，前书（2012），第87—89页。

⑤ 《居延汉简》，《267.17》，第448页，"八月丁丑鄣卒十人 其一人守阁 二人马下 一人吏养一人守邸 一人使 一人取狗湛 一人守园 一人治计 一人助"。边境戍卒的日常工作情况参看金庆浩《汉代 西北边境 吏卒의日常》（《中国史研究》74，2011）；赵宠亮，前书（2012）。

⑥ 相关数据的整理参看高村武幸，前书（2008），第348—362页。

⑦ 《居延汉简》，《57.29》，第102页。

⑧ 《居延新简》，《EPT26.6》，第76页。

⑨ 《居延新简》，《EPT44.42》，第127页。

收降候长赏候史充国　乃丙午日出一干时虏可廿余骑萃出块沙中略得迹卒赵 盖众

丁未日迹尽甲戌积廿八日毋越塞兰渡天田出入迹①

第十燧　矢百五　正月十三日吏卒五人格射胡虏尽十六日积三日□②

据引文⑱—⑳的内容可知，在与匈奴的战争中，骑士为主力军，入侵当时，使用符向上级官吏请求军事支持和示意射箭，采取了积极应对措施。另外，汉朝的士兵在战争中也有被匈奴俘虏的情况。就目前出土于河西地区的简牍内容而言，可以确认汉朝匈奴交战的时期是宣帝时期中叶到后汉初期。例如，□中未记年号，但由于"三"是王莽时期的特别记数法，③ 所以引文的年代应为王莽时期。后汉光武帝建武五年（29），匈奴入侵，攻击木中燧时，城北候长王褒为按照规定发送信号，让手下李丹驿马侦查，结果被连人带马一同被匈奴俘虏。《居延新简》中有弹劾王褒的内容，④《额济纳汉简》的 2000ES9SF3：4A－E 是后汉光武帝建武四年的相关记事，说明汉朝在后汉初期仍与匈奴处于交战状态。

□建武四年九月戊子从史阆敢言之 行道以月十日到橐他候官遇橐他守尉冯承 言 今月二日胡虏入酒泉□□（A）入肩水塞 略得焦凤牛十余头羌子一人将西渡河 虏四骑止都仓西放马十余骑止金关西 月九日＝蚤食时……（B）前辈到金关西 门下掾谊等皆在金关不得相闻 阆等在候官即日舖时尘烟火到石南亭 昏时火遂……（C）恐为胡虏所围 守 阆即夜与居延以合从王常俱还到广地胡池亭止 虏从摩随河水草北行 虏□……（D）……□请居延鄣候写移□□惊当□……（E）

---

①《居延新简》，《EPT58.17》，第 350 页。

②《居延新简》，《EPT65.52》，第 423 页。

③ 饶宗颐、李均明：《新莽简辑证》，新文丰出版公司 1995 年版，第 110 页。

④《居延新简》，《EPT68.81—92》，第 460 页，"建武五年十二月辛未朔戊子令史 劾将褒 诣居延狱以律令从事 乃今月十一日辛巳日且人时胡虏人甲渠木中燧攻木中燧燧队长陈阳为举堠上二候望见木中燧有烟不见候长王褒即使 坞上大表一燔一积薪城北燧助吏李丹 丹骑驿马一匹驰往逆辟未到木中燧里所胡虏四步人 驿马持去 ●案褒典主而擅使丹乘用驿马 褒不以时燔举而堠上一苣火燔一积薪燔举不如品约不忧事边"。

引文□是记述后汉初匈奴进攻情况的檄。虽然记录的是肩水都尉府管辖下的战斗情况，但出土地是居延都尉府甲渠候官所辖的燧，是以从史的报告为基础催促加强警戒的内容。根据檄的内容可知，在燧防御匈奴攻击的戍卒们时刻处于会成为俘虏或是战死的紧张状态。加之，此处所讲的进攻并不是燧中报告的小范围抢夺性进攻，而是匈奴发动的大范围进攻，面对这样的战事，戍卒们的紧张感和恐惧只增不减。例如，被推测为使用于居延都尉府管辖区域内的《塞上烽火品约》，是在遇到入侵进攻时如何使用烽火的规定。其中，"●匈奴人即入塞千骑以上举小松树㶴燔二积薪其攻亭鄣坞壁田舍举㶴燔二积薪和如品"① 的相关内容指出，当时遭到了兵力为千名以上的大规模进攻。② 因此，参战人员中必有死伤。

> 应战死燧长延（《居延汉简》《308.36》）。
> 建□□可八十余骑从塞外驰来皆与建等战战死
> 为虏所贼杀诩得毋亡部兵物檄到具言状即

引文□—□简是有关吏卒战死的记事。在边塞的主要任务是在敌人侵入境内时，采取警告和防御措施。一般来讲，在边境守备地区与匈奴交战的概率较小，吏卒战死沙场的情况甚少，但如果边境服役地成为战争中与敌方对峙的最前线，那么便会出现随时会战死的情况。引文的"从塞外驰来"与引文□的"虏"可能是距离汉朝边塞非常近的北方少数民族。他们侵入汉朝边境地区，在进行防御和与他们进行对峙的过程中，燧长延、建等吏卒战死。从内地郡县移住至边境地区服役的戍卒，在边境地区从事各种各样的工作，还会参与战事，也可能会战死沙场。当然，目前公布的所有汉简内容中，比起战死的事例，由于恶劣的医疗环境，病死的情况更多。③ 但汉初

---

① 《居延新简》《EPF16.14》，第470页，"●匈奴人即入塞千骑以上举㶴燔二积薪其攻亭鄣坞壁田舍举㶴燔二积薪和如品"。

② 《汉书》卷94《匈奴传下》，第3824页，"大辈万余，中辈数千，少者数百"，记录了王莽时期匈奴入侵的规模，《居延新简》的记录是实际数字。

③ 《居延汉简》，《287.24》，"戍卒鱳得安国里毋封建因病死"；《293.5》，"年卅七田卒平干国襄垣石安里李强年卅七 本始五年二月丁未 疾心腹丈满死。右农前丞报□"。

以来，会将在与匈奴的战争中战死的兵士送回故乡，[①] 上述引文中所见吏卒李尊的主要工作之一便是将死于边境的人员安全送回故乡，这也说明汉政府持续向河西边境地区迁徙内地移住民。

他们定居的河西地区由于是边境地区的特殊性，是"日常"军事组织和"非常"军事组织共存的空间。因此，河西地区虽然也会实施边境义务等军事活动，也是移住民的经营定居生活空间。此种"日常"与"非常"共存的河西地区在武帝以后，河西地区的匈奴势力开始瓦解，逐渐从战争转化为以"和亲"为主的地区。另外，在与汉朝的战争中败北的匈奴向西域出发，重新寻找新的根据地，战场也转至西域地区。因此河西地区逐渐被改编发展成为安定的郡县地区。两汉交替期，张掖属国都尉窦融试图与河西地区雄杰和谐相处的事实，[②] 不仅反映出河西地区政治、社会的稳定发展情况，同时也反映出这一地区地方势力的形成与发展。

五 结 论

分析《汉书·匈奴传》的记录可知，昭帝元凤三年（前78），匈奴在进攻酒泉郡、张掖郡大败以后，未见匈奴侵入河西地区的相关记事，如下。

> 明年……（中略）……后无几，右贤王、犁污王四千骑，分三队，入日勒、屋兰、番和。张掖太守、属国都尉发兵击，大破之。得脱者数百人……（中略）……自是后，匈奴不敢入张掖。[③]

上述引文的"明年"是昭帝元凤三年（前78），此记事是《汉书》中最后一条有关匈奴入侵河西地区的内容。是因为武帝以来，在防御政策得以强化的河西地区匈奴对于战争没有胜算，比起以西域的支配权为中心的

---

① 《汉书》卷1《高帝纪·下》，第65页，"十一月，令士卒从军死者为椟，归其县，县给衣衾棺葬具，祠以少牢，长吏视葬"；《汉书》卷52《韩安国传》，第2400页，"今边境数惊，士卒伤死 中国槥车相望"。

② 《后汉书》卷23《窦融传》，第796页，"抚结雄杰，怀辑羌虏"。

③ 《汉书》卷94《匈奴传（上）》，第3783页，"明年……后无几，右贤王、犁污王四千骑，分三队，入日勒、屋兰、番和。张掖太守、属国都尉发兵击，大破之。得脱者数百人……自是后，匈奴不敢入张掖"。

匈奴与汉朝的战争来讲，河西地区的战争意义不大。① 宣帝本始三年（前71），汉三千骑兵进攻匈奴，俘虏数千余人，匈奴难以继续承受战争的压力，提出和亲，边境地区只发生"小事（少事）"。② 所谓"小事"，是汉简中言及的边境地区最底层的军事组织"燧"防御匈奴入侵的情况。五凤三年（前55），匈奴的势力分化为5个单于，相互攻击，势力逐渐减弱，呼韩邪单于提出向汉朝称臣的请求，河西地区战争得以告终。③ 甘露元年（前53），呼韩邪单于让其子右贤王铢娄渠堂进汉入侍，郅支单于让其子右大将驹于利受进汉入侍。④

以宣帝时期为时间点的汉朝河西边境地区的形势变化，也引起了河西边境政策的变化。虽然宣帝时期汉朝与匈奴的主要攻防地区转移至西域地区，但河西地区仍旧持续保持防御状态。与前期相比，随着战事的逐渐减少，以与匈奴的战争为前提的边郡行政，以及军事制度也随之"缩水"，导致边境防御体制出现变化。前汉末期，除内郡出生戍卒以外，河西地区出生（原徙民）的戍卒数量持续增加。元帝时期，因为徙民制度与儒家理论相悖，因而被废止。另外，在考虑到护送人员到边境地区所耗人力与费用的情况下，自然而然地会出现内郡出生人员逐渐减少，河西地区出身的服役人员逐渐增加的情况。据前文表1可知，《居延汉简》所见张掖郡出生戍卒11名，无一田卒。另外，《居延汉简》所见骑士大多为张掖郡当地人员。⑤ 这一事实说明，河西地区已被开发，宣帝时期以后与匈奴的战争威胁也消失，河西四郡出生者负担徭役的情况逐渐增加，反之，内郡出生的戍卒变少，河西边境地区的戍卒总数也随之减少。⑥

如果说，从内郡前往河西边境的戍卒减少意味着这一地区的安定和开

---

① 有关汉朝与匈奴的西域纷争，参看王子今《匈奴经营西域研究》第七章"匈奴与汉王朝对西域的争夺"，中国社会科学出版社2016年版，第150—206页。

② 《汉书》卷94《匈奴传上》，第3787页，"其后汉出三千余骑，为三道，并入匈奴，捕虏得数千人还。匈奴终不敢取当，兹欲乡和亲，而边境少事矣"。

③ 《汉书》卷8《宣帝纪》，第266页。

④ 《汉书》卷94《匈奴传下》，第3797页，"呼韩邪从其计，引众南近塞，遣子右贤王铢娄渠堂入侍。郅支单于亦遣子右大将驹于利受入侍。是岁，甘露元年也"。

⑤ 大庭脩：《汉简研究》，同朋舍1992年版，第四章，《地湾出土の骑士简册》，第82—107页。

⑥ 邵台新：《汉代河西四郡的拓展》，台湾商务印书馆1988年版，第二章第三节"《汉民族向河西的徙移》"，第50—74页。

发的进展，同时还可以说明边境防御体制的"当地化"，与内郡相同的日常生活也逐渐趋于稳定。河西边境地区的安定页见于《后汉书》卷二十三《窦融传》的"其后匈奴惩艾，稀复侵寇，而保塞羌胡皆震服亲附，安定、北地、上郡流人避凶饥者，归之不绝"。[①] 可知，中原流民集中于河西地区是非常自然的现象。[②] 因此，两汉交替期，到河西地区避难的移住民不仅包括郡县民，还包括拥有一定地位和势力的人员。他们迁徙至河西地区的原因，是因为他们认为，与内郡的混乱相比，武帝以来在河西地区实施的一系列郡县化举措使得该地区社会安定，生活富足，[③] 是可以让宗族持续繁衍的地区[④]。之所以可以移住至河西边境地区，最重要的还是在武帝时期以后，建立起来的强大边境防御体系，使得河西地区逐渐安定，也成为后汉时期河西出身"豪族"的成长背景。

---

① 《后汉书》卷23《窦融传》，第797页，"其后匈奴惩艾，稀复侵寇，而保塞羌胡皆震服亲附安定、北地、上郡流人避凶饥者，归之不绝"。

② 松田寿男：《汉魏时代に于ける西北支那の开发》，《东亚论丛》3，1940，第66页；指出，武帝时期实施的关东贫民徙民，与其说是强化边境的，应该将其理解为防止流民政策（第64页）。另外，前田正名认为移住至河西，特别是移住至武威方面，从地理关系上讲，是必然的。详见前田正名《后汉书に现われた1世纪前半期の河西》，《立正史学》31，1967，第43页。

③ 《后汉书》卷23《窦融传》，第807页，"及陇、蜀平，诏融与五郡太守奏事京师，官属宾客相随，驾乘千余两，马牛羊被野"。卷31《孔奋传》，第1098页，"时天下扰乱，唯河西独安，而姑臧称为富邑，通货羌胡，市日四合，每居县者，不盈数月辄致豊积"；《全后汉文》，《全上古三代秦汉三国六朝文》，中华书局1958年版，卷2《光武帝条》，第484页，"仓库有蓄，民庶殷富，外则折挫羌胡，内则百姓蒙福"等记事可以反映出河西地区社会、经济的安定情况。

④ 《后汉书》卷23《窦融传》，第796页，"天下安危未可知，河西殷富，带河为固，张掖属国精兵万骑，一旦缓急，杜绝河津，足以自守，此遗宗处也"。

附录：《居延汉简》所见田、戍卒名籍簿①

汉简序号	役种	出生地域	年龄(岁)	爵位	汉简序号	役种	出生地域	年龄(岁)	爵位
7·24	戍卒	淮阳郡			38·40	戍卒	魏郡		
7·31	戍卒	巨鹿郡			42·22	戍卒	东郡		
11·2	田卒	淮阳郡	30	上造	43·7	未详	河南郡	32	公乘
11·18	田卒	大河郡		公士	43·16	未详	河南郡	28	公乘
13·6	戍卒	东郡			43·18				
13·9	未详	齐阴郡		大夫	43·24	田卒	东郡	28	大夫
14·2	亭卒	东郡			44·28	戍卒	河东郡		
15·6	未详	河东郡	26		45·27	戍卒	陈留郡		
15·14	未详	魏郡	40	大夫	48·19	戍卒	魏郡		
15·22	戍卒	汝南郡	25	公乘	49·32	戍卒	南阳郡	25	公乘
19·20	未详	汉中郡			50·15	戍卒	赵国	35	士伍
19·36	田卒	昌邑国	32	公士	50·16	戍卒	梁国	30	公乘
19·40	田卒	淮阳郡	27	公士	50·29	戍卒	梁国	30	公乘
19·41	田卒	淮阳郡			55·6	戍卒	张掖郡	23	上造
28·10	戍卒	邺			65·1	戍卒	淮阳郡	27	公士
28·14	戍卒	南阳郡			67·5	戍卒	魏郡		
32·17	戍卒	颍川郡	32		67·24	戍卒	陈留郡		
34·14	戍卒	魏郡			67·25	戍卒	陈留郡		
35·23	戍卒	河东郡	26		78·3	戍卒	张掖郡		
37·38	田卒	东郡	24		82·9	田卒	魏郡	50	

① 金庆浩：《汉代边境地区的人口流入和社会变化》，《东亚的地区和人间》，知识产业社 2005 年版，第308—309 页。

续表

汉简序号	役种	出生地域	年龄(岁)	爵位	汉简序号	役种	出生地域	年龄(岁)	爵位
82·10	戍卒	魏郡			140·15	河渠卒	河东郡	25	公乘
83·2	戍卒	魏郡			146·3	戍卒	东郡		公乘
90·14	未详	昌邑国			146·31	戍卒	未详		
90·18 90·70	未详	汉中郡			149·9	戍卒	淮阳郡		
					149·46	戍卒	汝南郡		
90·25 513·26	未详	汉中郡			149·60	戍卒	昌邑国		
					149·64	戍卒	淮阳郡		
90·29	未详	汉中郡			159·1	戍卒	陈留郡		
90·53	田卒	昌邑国			159·4	戍卒	魏郡		
90·63	未详	昌邑国			173·29	戍卒	魏郡		
90·66	未详	汉中郡			182·40	田卒	淮阳郡		
90·76	未详	汉中郡			188·15	戍卒	张掖郡		
100·1	戍卒	东郡			188·32	戍卒	张掖郡	22	上造
101·34	戍卒	南阳郡			194·18	戍卒	张掖郡	30	公士
112·27	戍卒	魏郡			198·18	戍卒	魏郡		
113·1	田卒	魏郡			198·21	戍卒	魏郡		公乘
118·18	戍卒	东郡			210·26	戍卒	河东郡		
118·29	戍卒	巨鹿郡			212·104	戍卒	汝南郡		公乘
119·1	田卒	魏郡			218·13	田卒	河南郡		公乘
120·25	田卒	汝南郡			224·28	戍卒	张掖郡		
120·32	田卒	汝南郡			236·17	戍卒	齐阴郡		
121·29	田卒	魏郡			242·35	戍卒	齐阴郡		
126·27	戍卒	齐阴郡			273·21	未详	淮阳郡		
127·14	戍卒	魏郡			283·12	戍卒	淮阳郡		
133·9	戍卒	张掖郡	45	大夫	285·25	戍卒	河东郡		
137·2	戍卒	张掖郡	30	大夫	286·14	戍卒	张掖郡	23	簪袅
137·14	戍卒	张掖郡		大夫	287·24	戍卒	未详		
140·3	戍卒	梁国	26	公乘	293·5	田卒	平干国	37	

汉简序号	役种	出生地域	年龄(岁)	爵位	汉简序号	役种	出生地域	年龄(岁)	爵位
293·7	田卒	淮阳郡			509·18	田卒	淮阳郡	25	士伍
299·28	田卒	淮阳郡			509·26	戍卒	齐阴郡		
303·6	戍卒	梁国			509·27	田卒	淮阳郡	30	公士
303·13	田卒	大河郡	30	公士	509·30	田卒	昌邑国		公士
303·34	田卒	淮阳郡	29	公士	510·29	田卒	昌邑国		
303·40	田卒	昌邑国	23	公士	511·12	戍卒	梁国		
303·46	田卒	淮阳郡	30	公士	511·33	田卒	齐阴郡		
303·47	田卒	昌邑国	24	公士	511·37	田卒	昌邑国		
311·12	戍卒	魏郡			512·4	田卒	汝南郡		
311·20	戍卒	魏郡			512·24	戍卒	昌邑国		
336·44	戍卒	汝南郡			513·8 513·41	田卒	昌邑国		公士
341·14	戍卒	魏郡							
346·1	戍卒	赵国			513·20	田卒	昌邑国		
346·5	戍卒	赵国		公乘	513·28 513·34 513·30	田卒	淮阴郡	23	公士
349·24	戍卒	淮阳郡							
418·2	戍卒	魏郡			513·31	田卒	昌邑国		公士
484·47	戍卒	颍川郡			513·35	田卒	昌邑国	24	公士
491·3	戍卒	淮阳郡			514·31	田卒	淮阳郡	27	公士
497·21	田卒	大河郡	24	公士	514·42	田卒	昌邑国		
498·11	田卒	大河郡	38		514·38	田卒	大河郡		
498·14	田卒	淮阳郡		上造	515·23	田卒	昌邑国		
501·1	田卒	昌邑国	24	士伍	515·25	田卒	淮阳郡		
504·6	田卒	汝南郡			515·42	田卒	大河郡		
504·8	田卒	淮阳郡	25	公士	515·50 514·40	田卒	淮阳郡	25	公士
509·1	田卒	大河郡	34	公士					
509·2	田卒	淮阳郡	23	公士	516·12	田卒	汝南郡		
509·6	田卒	淮阳郡	23	公士	517·15	田卒	齐阴郡		
509·7	田卒	淮阳郡	30	公士	520·3	田卒	齐阴郡	25	
509·10	田卒	淮阳郡	30	公士	521·26	田卒	未详		

续表

汉简序号	役种	出生地域	年龄(岁)	爵位	汉简序号	役种	出生地域	年龄(岁)	爵位
522·21	戍卒	昌邑国			540·6	戍卒	淮阳郡	22	公士
523·10	田卒	汝南郡			562·16	戍卒	东郡		
523·11	田卒	汝南郡			565·5	田卒	未详		
533·2	戍卒	河东郡	20	上造	576·1	戍卒	南阳郡		

资料来源:《居延汉简》;谢桂华、李均明、朱国炤:《居延汉简释文合校》,文物出版社1987年版)。

从河西简牍看汉晋时期的对外贸易

——兼论先秦时贸易的起源、水平及方式

［韩］金秉骏

首尔大学

一 绪论

不论是哪个地方的人，都会对其他拥有独特物产的地方产生浓厚的兴趣。如果这些特产对自己有用，拥有的欲望就会愈加强烈。如果这个地方离自己很近，就会想尽办法去获取。这便是交流产生的根本动因。此外，因自然环境的不同而产生的文化差异，也衍生出对先进文化的需求，这也是古代各地区之间交流频繁的重要原因。

从中国内地通往西域、韩半岛、日本列岛等道路沿线，考古出土发现的文物有力地证明了古代中国与这些地区之间存在着交流。中国内地出土的各种"汉人"器物不仅在西域、韩半岛，甚至在日本列岛均有大量出土。同样，西方的器物也经常在中国内地被发现。这些考古发现大大促进了以上各地区间的交流为主题的研究。而随着考古工作的进展，交流的证据也在日益增多。古代各地区间的交流相当频繁是无可辩驳的事实。

笔者毫无否认古代存在各地区间交流的想法。但为了准确把握交流的实际情况，觉得有必要重新探讨以往研究忽视的问题。回顾过去的研究，一般采取以下方法，即首先确认同一或相似物品在各地均有分布——因为不同地区都有相同或相似的物品意味着一定存在交流，然后分析探讨物品传播的方式。但学术界对妨碍交流的因素关注甚少。事实上，如果相同的物品发现得数量不多，或许就意味着交流进行得不那么顺利。考察交流进展到什么程度，对于研究各地区间的交流同样是一件重要工作。而且，探

讨交流是否频繁，必须把"时间"因素考虑进去。如果在很长的时间段里，仅发现了几件相同的物品，就很难说交流的程度有多高。

而且，即便考古发现已经取得很大进展，但仍很难找到确定交流频繁程度的确切根据。要想进一步深入探讨这个问题，仍然需要借助"文字记录"。通过文字资料，我们不仅能得到交流的各种信息，而且能找到妨碍交流的因素到底是什么。新近发现的大量简牍资料在以下几个方面填补了传世文献记载的空白。首先，发现了国家对跨境往来的人们所采取的政策和法令。通过这些重要资料可以发现，古代中国的人口流动不像现代国家一样自由。其次，中国西北的敦煌、居延等地出土的简牍，为我们了解丝绸之路沿线国家与汉帝国的贸易方式提供了线索。汉帝国最西端的边境地区与境外国家的贸易方式，和帝国最东端的乐浪郡及更远的三韩、倭之间的贸易方式并无不同。如果物品和人员可以自由流动，那么，流动和贸易的方式可能会因地形及物产的不同而形成差异。但如果国家未对特定边境或国家采取特殊政策，而是对帝国所有边境和外国都采取统一政策，严格限制物品及人员流动的话，那么，极西的敦煌和西域之间的贸易方式与极东的乐浪郡和三韩、倭的贸易方式大体上就会采取同一方式进行。

二　妨碍贸易的因素

（一）敌对感与交通阻隔

在考虑妨碍贸易的因素时，有一点必须考虑进去，即有些地区虽然地理上相邻，但尚未形成统一的政治共同体。如果属于同一个政治共同体，那么为了控制属地，就会致力于确保基本的交通基础建设。处于早期国家的商代，为了确保占卜所需的龟甲及制作青铜器所需的铜矿，就需要确保从中心区到边远地区的交通路线。周朝也为了接受来自诸侯国的朝觐和贡纳开辟了一些交通线路。到了秦汉帝国时期，由于在地方设置郡县进行统治，为了传达中央的命令以及接受地方的赋税和征兵，也竭尽全力修建道路和桥梁。

反之，如果没有必要控制本国疆域以外的地区，就不需要投入金钱、人力建设交通路线，这一点是不言而喻的。当然，若花费一定的费用可以逐渐控制某个地方，以获得政治、经济上的利益，那么这种费用就会被视为机会成本投入进去。例如西汉张骞出使西域时，在大夏国看到今中国四川省生产的蜀布及邛竹杖后，询问其来源，得知来自身毒国，归国之后将这一情况报告给汉武帝，提议开辟一条经蜀及身毒国前往大夏国的道路。当时西域到大夏国的道路被匈奴和羌阻断，难以通行。大夏国有许多稀奇的东西，大夏国人也喜爱汉的物品，不仅如此，开通交通路线也有利于向沿线国家展现汉朝皇帝的权威，所以汉武帝被说服，下令从蜀郡及犍为郡向西南夷各国派遣使臣，开始修建通往身毒国的交通道路。① 为了开通这条长达数千里的交通线路，汉王朝投入了大量人力、物力，但最终因沿线一些国家阻挡汉朝使者通过而失败。昆明国杀害了汉朝的使臣，滇及夜郎则将使臣扣押起来。② 这些西南夷国家均是汉王朝边缘小国，昆明国甚至连君长都没有，专以盗窃为事，而滇和夜郎就如同成语"夜郎自大"所形容的那样，虽然距汉朝不远，但与世隔绝，连汉朝的规模有多大都不清楚。因此，纵使距离很近，但如果是属于其他政治共同体的外国人，那么，物品和人员的流动就会受到很大限制。

位于西边的丝路地区的情况也一样。所谓丝路贸易，不仅局限于塔克拉玛干沙漠内的绿洲，而且远达帕米尔高原另一端的中亚地区。即便是在今天，往来丝路也绝不是一件容易的事。前近代时期东西方长期以来各自隔绝形成不同的世界，根本原因就是交通不便所导致，没有交通工具的上古时代自不待言。

交通不便造成经费大量损耗。此外，人员往来所必需的水和食物的补给也受到很大限制，只有在到达既稀少又规模不大的绿洲时才能勉强补给上，但因遭到当地人的拒绝而饿死的事例并不少见。即便是在汉代正式开

---

① 《史记》卷116《西南夷列传》："及元狩元年，博望侯张骞使大夏来，言居大夏时见蜀布、邛竹杖，使问所从来，曰'从东南身毒国，可数千里，得蜀贾人市'。或闻邛西可二千里有身毒国。骞因盛言大夏在汉西南，慕中国，患匈奴隔其道，诚通蜀，身毒国道便近，有利无害。于是天子乃令王然于、柏始昌、吕越人等，使间出西夷西，指求身毒国。至滇，滇王尝羌乃留，为求道西十余辈。岁余，皆闭昆明，莫能通身毒国。"（《史记》，中华书局1982年版，第2995—2596页）

② 《史记》卷123《大宛列传》："乃令骞因蜀犍为发间使，四道并出：出駹，出冉，出徙，出邛、僰，皆各行一二千里。其北方闭氐、筰，南方闭嶲、昆明。昆明之属无君长，善寇盗，辄杀略汉使，终莫得通。"（第3166页）

通丝路以后，对使臣来说最辛苦的事仍然是途中无法获取饮食。西域各国通过不提供补给的方式为难汉使，使臣因此而积累的怨气引发了汉朝对这些国家的攻击。李广利第一次远征大宛失败就是因为粮食不足所导致。第二次远征则因为得到几个小国粮食上的支援而得以成功，但部分部队还是因为没有得到粮食补给而战败。

另外，古代人对其他族群的人莫名的畏惧感及敌对感也是阻碍交流的一个重要因素。虽然对外来人不一定都怀有敌对感，但在陌生人或其他群体的人面前，不由自主就会产生捍卫自我的强烈戒备心，这种现象古今中外皆然。特别是在和邻近种族争夺地盘和资源时，可以想见会发生很多纷争。当很多集团一起争夺有限的资源时，就会自然而然产生强烈的敌对感。

汉代张骞从长安出发，途经匈奴时被匈奴人抓住，扣押数年，后来回国时又被羌人抓住，这个例子反映出汉与周边民族的敌对关系。匈奴单于对张骞说："月氏国在我们北边，汉怎么能派遣使臣过去？如果我要向南越派遣使臣，汉会答应吗？"① 通常毗邻国家之间的敌对感相较距离远的国家表现得更为强烈，例如，匈奴在击破月氏王后将其头盖骨当作酒杯来用，从这类事例便可以看出匈奴与月氏互相仇视，这和乌孙对匈奴有着无法隐藏的敌对感是一样的。大月氏和大夏、康居和匈奴以及康居和大月氏等互为臣属的关系，也都是因相邻国家间敌对关系产生出来的。

那么东边的情形如何呢？如上所述，位于东边的山东半岛、辽东半岛与韩半岛之间的交通往来也同样不容易。但这里有其他地方所没有的水路。走陆路的话，有可能会发生某个群体妨碍双边贸易的事情，但若走水路的话，就有可能避开这一危险。但一般认为，横跨黄海连接中国与韩半岛的海上航路迟至5—6世纪才出现。要穿越大海，首先要确定自己船只的方位，沿着划定的航路走。然而，即便能够克服恶劣天气造成的大浪以及变幻不定的风向，要维持原本规划的航路也不容易。而且，造出可以应对海上各种状况的坚固船只也是件不容易的事。虽然人类很久以前就会造船，但适合在广阔海面上航行的帆船则是很久以后才被创造出来。加之当

---

① 《史记》卷123《大宛列传》："单于留之，曰：'月氏在吾北，汉何以得往使？吾欲使越，汉肯听我乎？'"（第3157页）

时船的规模不大，无法大量存储食物和水，一日平均航行距离不超过 20 公里，并且每天都要靠岸一次，以补给食物和水，遇到恶劣天气时更需要尽快靠岸。因此，当时不得不采取沿着海岸线航行的方式，但这依然避免不了沿途各类群体的骚扰和阻碍。

与此相关，汉武帝征伐古朝鲜时征发水军的一段史实颇为引人注目。《史记·朝鲜列传》载："遣楼船将军杨仆从齐（今山东半岛）浮渤海，兵五万人①……楼船将军将齐兵七千人先至王险……楼船将齐卒，入海，固已多败亡，其先与右渠战，因辱亡卒。"② 首先，根据这一简略的记载可以勾勒出从山东半岛至韩半岛的海上航路。楼船将军的水军选择了从齐出发经渤海的航路。这里的"渤海"指庙岛列岛与辽东半岛之间的沿岸海域。但从今天的河北省连接到山东半岛的内海沿岸并不适合做航路，因为从黄河出海口入海的沙土每年有 16 吨之多，这些沙土日积月累，逐渐在山东省黄河出海口形成一片广阔的三角洲，使得船只无法从这里下水。因此楼船将军的航路选择了从齐的黄县（今山东省蓬莱市附近）出发，经庙岛列岛，再抵达辽东半岛及长山群岛。其次，因为必须沿着海岸航行，就不可避免会与掌握着港口或岛屿的势力发生冲突。虽然《史记》中没有详细的记载，但楼船将军的水军应该无法避免那样的冲突。他们出发时有五万士兵，而到达王险城前"固已多败亡"，其中的七千人抵达王险城，说明航行途中颇为不易。也就是说，即使采取相对安全的沿着海岸航行的方式去走从山东半岛到韩半岛这段不远的距离，却仍然失去了许多士兵，这很可能是在中途与其他势力作战导致的。虽然无法知道控制着辽东半岛与韩半岛北部港口及岛屿的到底是些什么人，但如果陆地上的统治者无法轻易控制海岛的话，即便这些势力规模不大，但只要精于航海就有可能独立存在下来。如果是这样的话，就不难想象他们会与上岸寻找食物和饮水的人发生冲突及战争。总之，可以确定一点，即在大海上航行的海路并非易事。

---

① 断句请参见金秉骏《从汉代史料看古朝鲜灭亡过程》，《韩国古代史研究》（首尔）第 50 辑，2008 年版，第 26—27 页（后译为日文《汉－古朝鲜战争的复元—『史记』朝鲜列传再读》），收入宫宅洁主编《中国古代军事制度的综合的研究》，平成 20—24 年度科学研究费补助金（基盘研究 B）研究成果报告书，2013 年 3 月。

② 《史记》卷 115《朝鲜列传》，第 2987—2988 页。

相较于西边丝路方面还留下了一些文字记录，东边的韩半岛则几乎没有留下什么记录。反过来这也说明当时中原人不太清楚有关这个地区的信息。虽然在汉帝国的北边及南边分别有满怀敌意的匈奴及南越对峙，但由于保存有部分记录，能让我们了解到最起码的信息。另外，由于帝国与西南边的西南夷之间的战争持续时间不长，大多数时间几乎没有接触，这使得有关西南夷和双方交流的信息和记录几乎都看不到。缺乏对外国的记录就意味着缺少对该地区的信息，以及交流较少。几乎找不到有关东边地区的记录这一点，除了意味着汉朝人对这一地区不甚关心之外，也说明交流非常稀少。

汉武帝发动与古朝鲜的战争是在元封二年（前109），这一时间点为上述论点提供了支撑。汉武帝元狩四年（前119）大举征伐匈奴的战争取得胜利，次年即元鼎五年（前112），为取得对匈奴的决定性胜机，汉王朝在匈奴退出的河西地区设置了张掖郡，自此掌握了全部的北部边境。此后，汉武帝的注意力开始转移，从元鼎五年（前112）开始对南越、东越和西南夷进行大规模征讨战争，至元封元年（前110）将上述区域悉数征服。汉武帝在这年夏天登泰山进行封禅，并将年号改为元封。他在泰山上所立的刻石写下"四守之内莫不为郡县，四夷八蛮咸来贡职"的句子。也就是说，汉武帝到泰山封禅是因为他自认为已经征服匈奴、南越、东越、西南夷等，天下归汉。然而，汉朝对东部边境的古朝鲜的战事元封二年才开始，这意味着汉武帝自认为的天下并不包括古朝鲜在内。就连信息断绝以致连汉的存在都不知道的西南夷都被纳入天下的范围，从这个角度来看，仅凭距离较近并不能认定汉朝和东部边境的古朝鲜有着持续性的交流及信息往来。[①]

（二）国境管制

上一节主要讨论了越过帝国国境线到外国的交通线路，证明流动与交流绝不是一件容易的事。但这一讨论的前提是可以通过国境线，如果国境线无法通过，那流动和交流就从根本上受到制约。

---

① 金秉骏：《3世纪前东亚的国际秩序及韩中关系》，李益柱等《东亚国际秩序中的韩中关系史：建议与探索》，东北亚历史财团，2019年。

在西汉初期的律令张家山汉简《二年律令》中有关于通过边境"关""津"的规定。随意出入位于边境要塞的关、津会受到"黥城旦舂"的处罚，不经关、津越境者则会被处以"斩左趾城旦"刑。① "黥城旦舂"指被处以在脸上刺青的肉刑后服筑城、舂米等苦役的官奴婢，"斩左趾城旦"则指砍掉左脚趾后服筑城等苦役的官奴隶。这两种刑罚都是仅比死刑低一级的重刑。对违规越境者施以如此重的刑罚，可以看出政府绝对禁止随意越境的决心。若想出入边境必须要有国家发行的"符"，对于偷偷出境的人，官吏必须要把他们抓回来，抓不到的话官员会一起受到处罚。② 为了抓捕越过边境要塞的盗贼或百姓，吏卒也需要越境抓捕，这时负责人要将担任缉捕的吏卒的名籍上报县廷，若有 5 名以上的吏卒未归，必须向县廷报告。③

汉王朝不仅针对人，而且对物品的流动，也进行彻底的监视。特别是黄金和镶嵌黄金的器物以及铜都不允许携带出境，另外，铁也在禁止之列。④ 但并不是所有的物品都不得携带出境，如同只有持有国家发行的通行证的人才能出入边境那样，国家管理下的关、津在特定的时间及特定的区域设有"关市"来进行贸易。若违反汉代法令，偷偷将物品运送到国境外，会被处以"奸兰出物"。⑤ 实际上，宣帝五凤四年（前 54），南部边境

---

① 《二年律令·津关令》："请阑出入塞之津关，黥为城旦舂；越塞，斩左止（趾）为城旦。（488 简）。"张家山二四七号汉墓竹简整理小组：《张家山汉墓竹简〔二四七号墓〕（释文修订本）》，文物出版社 2006 年版，第 83 页。

② 《二年律令·津关令》："吏卒主者弗得，赎耐；令、丞、令史罚金四两。智（知）其请（情）而出入之，及假予人符传，令以阑出入者，与同罪。（488—489 简）。"张家山二四七号汉墓竹简整理小组：《张家山汉墓竹简〔二四七号墓〕（释文修订本）》，第 83 页。

③ 《二年律令·津关令》："□、相国、御史请缘关塞县道群盗、盗贼及亡人越关、垣、熟食墕（篱）格（落）、堑、封、刊，出入塞界，吏卒追逐者得随出入服迹穷追捕。令将吏为吏卒出入者名籍，伍以阅具，上籍副县廷。事已，得道出入所。出人〈人〉，盈五日不反（返），伍人弗言将吏，将吏弗劾，皆以越塞令论之。（494—495 简）。"张家山二四七号汉墓竹简整理小组：《张家山汉墓竹简〔二四七号墓〕（释文修订本）》，第 84 页。标点有改动。

④ 《二年律令·津关令》："二、制诏御史，其令扞〈扜〉关、郧关、武关、函谷 ［关］、临晋关，及诸其塞之河津，禁毋出黄金、诸奠黄金器及铜，有犯令（492 简）""□、制诏御史，其令诸关，禁毋出私金器、铁。其以金器入者，关谨籍书。出，复以阅，出之。籍器，饰及所服者不用此令（493 简）。"张家山二四七号汉墓竹简整理小组：《张家山汉墓竹简〔二四七号墓〕（释文修订本）》，第 84 页。释文、标点有改动。

⑤ 《史记》卷 110《匈奴列传》："汉使马邑下人聂翁壹奸兰出物与匈奴交，详为卖马邑城以诱单于。"（第 2905 页）

地区九真太守昌益就因偷偷进行犀牛角及奴婢贸易而被处以"不道罪"的极刑。[①] 不仅是汉代，后代王朝也采取了类似政策。唐代也颁布了出入关津的管制规定："诸越度缘边关塞者，徒二年。共化外人私相贸易，若取与者，一尺徒二年半，三匹加一等，十五匹加役流。"[②] 从这一规定可以看出唐代与汉代法令一样，由国家对人员及物资的流动实施彻底的管制。[③]

古代中国在陆路连接的边境及要塞设关卡管制出入，河川则在渡口设置津关。海洋也不例外。在中国江苏省连云港发现了两块石刻，其上刻有东海郡朐县与琅琊郡柜县之间海上边界的规定，这个规定大概是为了明确海上生产活动及治安问题的管理责任而制定。换言之，这个规定除了确定海上边界外，同时也监管海上的活动。

总之，古代中国对国境出入进行严格管制，凡是想到境外进行贸易的商人一定要获得国家的许可才行，而无论是陆路还是水路都不容易。古代中国国家为了控制周边国家，严格限制商业贸易，以便对外国实行怀柔政策。

三 贸易的实际情形

（一）沉默贸易与神话

上文已述，国境出入受到管制，必须经过国家许可才能出境，出境后沿途又会受到各种势力的敌对和阻挠，如果连生命和物资安全都无法保障的话，那么，越境贸易的实际效果令人怀疑。

实际上，自信史时代开始直到战国时期，中国大陆与韩半岛甚至中国大陆与辽东半岛的贸易都不那么繁荣，这可能是因为大陆在政治上对这些地区没有太多的兴趣。尽管如此，商品交流也并非全然没有。根据《管子》的记载，"文皮"似乎就是从古朝鲜经过齐国（现在的山东半岛）流

---

① 《汉书》卷17《景武昭宣元成功臣表》："五凤四年，坐为九真太守盗使人出买犀、奴婢，臧百万以上，不道，诛。"（中华书局1962年版，第656页）

② 刘俊文：《唐律疏议笺解·卫禁》，中华书局1996年版，第669页。

③ 李成珪：《古代东亚交流的开启与关闭》，翰林大学校亚细亚文化研究所编《东亚经济文化网络》，泰学社2007年版。

入中国的。

上一章提到的张骞事迹也是如此。张骞在大夏国发现了产于中国四川省的蜀布和邛竹杖，它们是经由身毒国传来的。直至近代也一直没有建成通往身毒国的交通路线，这是一个官方交流极为受限且信息阻绝的地方，但蜀布和邛竹杖被传到那里。西域丝路的情形也一样，可以上溯到三千余年前，马、车及青铜器等从西方经丝路传到了中国内地，而且这些东西还奠定了中国古代文明的基础。

在几乎没有人员流动和信息隔绝的状态下，贵重且奇异的物品最终还是因为特定阶层的需要一点一点传进来。人们对新鲜珍奇物品的欲望，在没有交通路线、有被掠夺的危险且粮食、饮水供给不足等困难情况下，仍实现了物品的流动。现代人很难想象这些物品是如何流动的，有可能是边境商人通过个人贸易带来的，但是在危险极大且利润微薄的情况下要做到这点并不容易。相较而言，处于交通沿线上的国家或族群进行贸易的可能性更大。张骞在大夏国发现蜀布和邛竹杖时，大夏人说这些东西来自身毒国。这个例子即表明蜀布和邛竹杖不是从蜀直接传过来，而是辗转传到身毒国，然后再由身毒国传到其他国家。

然而，与怀着敌对感或畏惧感的邻国进行贸易并不容易，这就出现了所谓"沉默贸易"的有趣现象。"沉默贸易"原则上指因为对异邦人怀有敌对感和畏惧感，而不以人为媒介来进行商品交换。高句丽"帻沟漊"就是一个典型的例子。高句丽原本从玄菟郡那里购买衣服，但随着高句丽与玄菟郡的关系恶化，玄菟郡在东边边界建立了一个叫帻沟漊的小城，将衣服放在那儿，"岁时"即每年固定时间高句丽人来拿走。[1] 也就是说，在与怀敌对感的异邦人进行贸易时特意避免了人为接触。这是一边从敌对国购入需要的物资，却避免人为接触的典型事例。

另外，沉默贸易方式也导致了特殊神话的产生。[2] 在中国与西域之间，由于信息隔绝和彼此间的畏惧感而使贸易受限，但同时人们又有获取对方

---

[1] 《三国志》卷30《魏书·东夷传》："汉时赐鼓吹技人，常从玄菟郡受朝服衣帻，高句丽令主其名籍。后稍骄恣，不复诣郡，于东界筑小城，置朝服衣帻其中，岁时来取之，今胡犹名此城为帻沟漊。沟漊者，句丽名城也。"（中华书局1982年版，第843页）

[2] 金秉骏：《巴蜀文化中的昆仑山文化因素与早期中外关系》，《巴蜀文化研究》第3辑，2005年。

物品的欲望，这一矛盾导致了与西王母信仰相结合的昆仑山神话的产生。即昆仑山是世界的中心、上帝的下都以及众神云集的地方。通往上天的"建木"所在的位置是天下的正中央，太阳照下来也不会有影子，住在这里的神就是"西王母"。昆仑山不仅是西方的极乐世界，而且是人们无法到达的地方。它"方八百里高万仞"，① 由于是铜制成的，所以非常滑，都是悬崖峭壁，不仅布满了能吞噬掉所有东西的沙和莲花，还有投入任何东西都会立即熔化掉，一般人完全不可能靠近。若想上去，必须要有天马、龙、凤凰等神兽的帮助。总之，昆仑山被描绘成一个位于遥远的西方，充斥着大量珍奇之物的天下中心，上面有很多的"异人"，对普通人来说遥不可及。这种情况在属于沉默贸易形态之一的货物崇拜（Cargo Religion）中也能见到。所谓货物崇拜，因获得的货物方便实用，所以为了源源不断地购得而对货物产生崇拜。更重要的一点是，明知道货物来自自己的敌对方，却故意隐晦回避直接接触的货物传来过程。② 他们认为自己买到的珍贵东西不是来自邻近的敌对势力，而是远在天边的自己的祖先赐下的礼物。这就是为了能够源源不断得到这些物品而创造出来的货物信仰体系。

虽然想去遥远的地方获得珍贵的东西，但因为中途的妨碍因素而无法到达，因此，为了前往那里就必须要得到有特殊能力或方法的人的帮助的奇想就产生了。东部边境也有类似的三神山神话。据《史记·秦始皇本纪》记载，东海有名叫蓬莱山、方丈山、瀛洲山的三神山，仙人居住于此。③《史记·封禅书》："此三神山者，其傅在勃海中……诸仙人及不死之药皆在焉……黄金银为宫阙。未至，望之如云；及到，三神山反居水下。临之，风辄引去，终莫能至云。"④ 《列子·汤问篇》则是这么描写的："一曰岱舆，二曰员峤，三曰方壶，四曰瀛洲，五曰蓬莱。其山高下周旋

---

① （晋）郭璞：《山海经传·海内西经》，四部丛刊景明成化本，中国基本古籍库。

② 最具代表性的"货物崇拜"是新几内亚山中的原住民。Marvin Harris, The Sacred Cow and the Abominable Pig: Riddles of Food and Culture, Touch stone Books, 1987.

③ 《史记》卷6《秦始皇本纪》："齐人徐市等上书，言海中有三神山，名曰蓬莱、方丈、瀛洲，仙人居之。请得斋戒，与童男女求之。于是遣徐市发童男女数千人，入海求仙人。"（第247页）

④ 《史记》卷28《封禅书》："自威、宣、燕昭使人入海求蓬莱、方丈、瀛洲。此三神山者，其傅在勃海中，去人不远；患且至，则船风引而去。盖尝有至者，诸仙人及不死之药皆在焉。其物禽兽尽白，而黄金银为宫阙。未至，望之如云；及到，三神山反居水下。临之，风辄引去，终莫能至云。"（第1369—1370页）

三万里，其顶平处九千里。山之中间相去七万里，以为邻居焉。其上台观皆金玉，其上禽兽皆纯缟。珠玗之树皆丛生，华实皆有滋味，食之皆不老不死。"① 这与遥远西方的昆仑山神话在内容上惊人得相似。虽然神话产生的原因可能有多种不同说法，但就货物崇拜而言，昆仑山神话和三神山神话构成的一系列内容，充分展现了在信息和交流几乎隔绝的情况下，人们对珍贵物品所在地的渴望。

（二） 出使贸易

中国内地和西域的贸易量虽然小，但既然有贸易，为何张骞从西域归来后，直到公元前 2 世纪后半期丝路才开拓出来呢？为何张骞出使西域被称为"凿空"，并以"凿空"作为划分前后期的节点呢？这是因为出现了能够控制交通线并予以保护的机制，经费支出随之减少，安全也可获得保障，这些条件使得往来丝路的商人群体得以出现。

值得注意的是还出现了直接护送对方使臣的制度。西汉成帝时，杜钦在谈到护送罽宾国使臣的问题时说："今悔过来，而无亲属贵人，奉献者皆行贾贱人，欲通货市买，以献为名，故烦使者送至县度，恐失实见欺。凡遣使送客者，欲为防护寇害也……今遣使者承至尊之命，送蛮夷之贾，劳吏士之众，涉危难之路，罢弊所恃以事无用，非久长计也。"② 据此可知西域使臣来汉朝入贡，回去时会有汉的使臣护送回国。张骞第二次出使西域时，同行的副使和西域使者一起回到汉朝可以作为佐证。但杜钦也谈到，由于路上的安全和粮食供给都能得到保障，因此有许多商人打着奉献的幌子冒充使臣，来内地进行贸易。

由于汉朝支付了大量费用和人力，并且全额负担来往外国使臣的食宿和交通费用，以此向他们灌输从属于汉朝的意识，并在四方使臣面前展现汉天子作为天下帝王的权势和威严。而且，外国使者若献上贡品，汉朝自然要回赠相应的物品，这些回赠品可能很贵重，可以说获得了很大的利益。事实上，在贸易的初期，为了抵消掉诸多危险因素造成的损失，必须确保贸易的高利润，而皇室奢侈品是最合适的物品。

---

① 杨伯峻：《列子集释》卷 5《汤问》，中华书局 1979 年版，第 151—152 页。
② 《汉书》卷 96 上《西域传上》，第 3886—3887 页。

　　总之，张骞通西域以前，由于受到邻国敌对关系、信息交通不畅、粮食补给困难等因素的影响，贸易受到很大制约。张骞出使西域后才解决了这些问题。畅通的交通路线是初期贸易最重要的问题，互通外交使臣后，上述问题得以解决，商人及物品的往来得到保障。自此打破了以往人员往来受限，只有物品可以交换的局面，进入商人积极介入贸易的新阶段，即"凿空"。①

　　传世文献记载的有关使臣往来以及"出使贸易"的具体情况，在敦煌出土的简牍资料中也有反映，其中以悬泉置汉简《永光五年康居王使者诉讼册》最具代表性。根据这个简册的内容可知，比起外交目的，西域来的使臣更关心经济上的报偿。他们定期入关来到汉朝，接受汉朝提供的饮食和护送，抵达特定的互市时，将贡品折算成钱，然后到首都觐见皇帝，举行朝贡仪礼。因为朝贡使者的身份，他们得到各种便利，不仅能够得到皇帝赏赐的物品，而且可以用贡品换来的钱在首都购买商品，然后携带回国。

　　此外，通过简牍记载的内容也可以了解到朝贡贸易的特征。出使汉朝的使团人数有的多达数百人，② 而且，通常一个使团包含了数个国家的使臣。③ 一些关系敌对或从属关系不明确国家的使臣也组成一个使团，④ 这主要是因为这些国家通常位于同一条交通线上，汉朝使者沿着固定的交通线护送他们来到汉朝，朝贡结束后也按同一路线再护送他们回去。⑤ 另外，

---

　　① Kim Byung-joon, "Trade and Tribute along the Silk Road before the Third Century A. D.", *Journal of Central Eurasian Studies*, Vol. 2, Center for Central Eurasian Studies, 2011. 5.

　　② 《敦煌悬泉汉简释粹》："使者段君所将疏勒王子橐佗三匹，其一匹黄，牝，二匹黄，乘，皆不能行，罢亟死。"（Ⅱ0216③：137）

　　③ 《敦煌悬泉汉简释粹》："客大月氏、大宛、疏勒、于阗、莎车、渠勒、精绝、扜弥王使者十八人，贵人□人。"（Ⅰ0309③：97）"送乌孙大昆弥、大月氏所。"（Ⅴ1712⑤：1）"右大将副使屈戒子，左都尉副使胡奴殊子，贵人病籍子，□□□□□□子，姑墨副使少卿子，贵人子王子，危须副使顷□出子，左大将使者妻跗力子，乌垒使者驹多子……子，侍子贵人屋贝卿子。"（Ⅴ1410③：57）"遣守属田忠送自来鄯善王副使姑㲻、山王副使乌不脒，奉献诣行在所。"（Ⅱ0214②：78）等等。

　　④ 大月氏国、山国、龟兹国、大宛、疏勒、于阗、莎车、渠勒、精绝、扜弥之间看不出从属关系，而且彼此之间相距甚远。比如，大月氏离乌孙有五千里。《史记》卷123《大宛列传》："大月氏在大宛西可二三千里……乌孙在大宛东北可二千里。"（第3161页）

　　⑤ 《敦煌悬泉汉简释粹》："使者段君所将疏勒王子橐佗三匹。"（Ⅱ0216③：137）"各有数，今使者王君将于阗王以下千七十四人，五月丙戌发禄福，度用庚寅到渊泉。"（Ⅰ0309③：134）

朝贡使团的入贡频率比传世文献记载的要高，而且，即使与汉朝处于敌对状态时，使团仍然照样前来。[①] 他们之中有些可能在朝贡结束后仍然滞留在汉朝从事私人贸易。[②] 在汉朝官府的严格监管下所进行的贸易渐渐使得价格趋向合理，但地方豪族被假货所骗的不公正贸易还是不断发生。[③]

必须注意的一点是，贸易总是相互的。周边国家的使臣利用汉朝提供的各种交通方式及便利到达汉朝后在互市及首都进行商业贸易，汉朝的使臣也借着护送外国使臣的机会得以到达周边各国，把带去的物品与当地的土特产品进行交易。他们交易来的珍稀物品在汉朝的统治阶层中深受欢迎，所以很多人自愿担任使臣，出使外国使团的规模多者数百人，少者也有百余人。虽然不久后数量有所减少，但一年派出的使团多时达十余次，少时也有五、六次。使团出使的时间长的话八、九年，短的也要数年才能回来。[④]

（三）汉朝与三韩、倭之间的贸易

汉朝与西域国家间的朝贡贸易，为考察汉朝和三韩间的贸易提供了不少启示。秦汉以后，中国的对外贸易政策被定调为彻底压制，再加上远距离贸易的危险与经费增加等因素，使得除了为朝贡而生的使行贸易以外的对外贸易无法好好地展开。

虽然将汉朝与西域诸国间的贸易形态套用到其他边境地区可能有一定风险，但由于汉朝与东部边境的三韩及倭的关系不像匈奴那样敌对，距离上也和西域一样遥远，因此两者之间具有一定的可比性。而且，幸运的

---

① 《敦煌悬泉汉简释粹》永光五年康居王使者诉讼册 877 简 "前数为王奉献橐佗入敦煌"，表明康居和苏薤的使者已经来过几次。《史记》卷 123《大宛列传》："西北外国使，更来更去。""使者相望于道。诸使外国一辈大者数百，少者百余人……汉率一岁中使多者十余，少者五六辈，远者八九岁，近者数岁而反。"（第 3173、3170 页）

② 《敦煌悬泉汉简释粹》："鸿嘉三年正月壬辰，遣守属田忠送自来鄯善王副使姑彘、山王副使乌不腍，奉献诣行在所，为驾一乘传。敦煌长史充国行太守事、丞晏谓敦煌，为驾，当舍传舍、郡邸，如律令。六月辛酉西。"（Ⅱ0214④：78）鸿嘉三年正月壬辰发给使者通行证，辛酉往西经过悬泉置。

③ 《敦煌悬泉汉简释粹》："尉梨贵人乌丹丹三果衣过毋致没入。"（ⅡT0215③：133）"莎车贵人失浅区自言去年十一月中奉献到广至厩驴一匹奉不可得。"（ⅡT0111②：59＋74）

④ 《史记》卷 123《大宛列传》："因益发使抵安息、奄蔡、黎轩、条枝、身毒国。而天子好宛马，使者相望于道。诸使外国一辈大者数百，少者百余人，人所赍操大放博望侯也。其后益习而衰少焉。汉率一岁中使多者十余，少者五六辈，远者八九岁，近者数岁而反。"（第 3170 页）

是，在为数不多的传世记载中也发现了和悬泉置汉简非常相似的内容。

1. 朝贡使团在边郡入关

外国使臣不得不通过边郡进入中国。就像悬泉置汉简中记载的那样，许多西域国家自敦煌郡的关门入境，在那里领取通行证后，沿着指定的路线前往首都拜谒皇帝，东部地区的朝贡使臣也同样通过边郡入境（诣郡）。① 高句丽从最近的玄菟郡，而韩半岛南部的三韩及倭则从乐浪郡入关。

入关后的朝贡使臣首先会像悬泉置汉简所记载的那样先确认身份，待获得通行证后依照指定的路线前往，此时郡县会提供保护他们的侍从及车马。使臣们首先要先到负责边境外交事务的地方去。例如，在敦煌郡拿到通行证的康居使团就先去了酒泉郡的禄福县，应当是那里设有负责西域各国诸事的"昆归官"。西域使团在这里献上带来的贡品，此时会确定贡品的价格，并进行实质性交易，同时确定能否在首都及皇帝"行在所"进行朝献。也有部分伪装成使臣的商人在这里进行交易后，立刻返回国。②

进入东部边郡的使臣也应经历同样的程序，亦即，三韩与倭的使臣在乐浪郡和带方郡入境后，③ 在那里验证身份，然后前往负责东夷事务的地方。汉代在酒泉郡设有"昆归官"，乐浪郡和玄菟郡应当也设有类似机构。据《晋书·地理志》记载，曹魏和西晋均在襄平设有东夷校尉府。④ 因此，可以确定曹魏以降类似事务一直由东夷校尉府负责。根据《续汉书·百官

---

① 《晋书》卷97《四夷传·倭人》："（宣帝嘉平三年九月）宣帝之平公孙氏也，（倭人）其女王遣使至带方朝见，其后贡聘不绝。"（中华书局1974年版，第2536页）

② 《三国志》卷16《仓慈传》："又常日西域杂胡欲来贡献，而诸豪族多逆断绝；既与贸迁，欺诈侮易，多不得分明。胡常怨望，慈皆劳之。欲诣洛者，为封过所，欲从郡还者，官为平取，辄以府见物与共交市，使吏民护送道路。"（第512页）

③ 《三国志》卷30《乌丸鲜卑东夷传·濊》："正始六年，乐浪太守刘茂、带方太守弓遵以领东濊属句丽，兴师伐之，不耐侯等举邑降。其八年，诣阙朝贡，诏更拜不耐濊王。居处杂在民间，四时诣郡朝谒。"（第849页）同传《韩》："景初中，明帝密遣带方太守刘昕、乐浪太守鲜于嗣越海定二郡，诸韩国臣智加赐邑君印绶，其次与邑长。其俗好衣帻，下户诣郡朝谒，皆假衣帻，自服印绶衣帻千有余人。"（第851页）《晋书》卷97《四夷传·倭人》："（宣帝嘉平三年九月）宣帝之平公孙氏也，（倭人）其女王遣使至带方朝见，其后贡聘不绝。"（第2536页）

④ 《晋书》卷14《地理志·平州》："魏置东夷校尉，居襄平……及文懿灭后，有护东夷校尉，居襄平。"（第427页）

志》刘昭注引《晋书》的内容，汉代其实已设东夷校尉，[①] 它很可能也设在襄平。从边郡入境的使臣会先前往距离内地稍近的东夷校尉府（诣东夷校尉府）。[②]

2. 朝贡使团的构成与同时入境

说到朝贡，人们一般认为，各国会根据双方的外交关系分别入境，朝贡后再各自回国。就外交政策而言，除了特殊情况外，很难想象会让不同国家的使臣同时入境。然而根据悬泉置汉简的记载，一个使团中会有其他国家的使臣。也就是说，朝贡使团不一定依照"一国一使"的原则组成。《晋书·四夷传·马韩》中有看似马韩单独派遣使臣前往中国朝贡的记载："武帝太康元年、二年，其主频遣使入贡方物，七年、八年、十年，又频至。"[③] 值得注意的是，《晋书·武帝纪》的记载，其在太康七年八月条曰："东夷十一国内附"，接下来在总述一年的朝贡情况时又曰："是岁，扶南等二十一国，马韩等十一国遣使来献。"前条的"东夷十一国"和后面的"马韩等十一国"指的是一回事儿。这意味着太康七年来朝贡的马韩就是太康七年八月来朝贡的东夷十一国之一。晋武帝太康元年七月，"东夷二十国"曾一起前来朝献；二年六月"东夷五国"前来内附；三年九月"东夷二十九国"一起归化并且奉献；六年四月则有"扶南等十国"来献。[④] 像这样，从"五国"到"二十九国"不是一年中分别来的，而是在某个月同时来朝贡的。

从朝贡的频率来看也和西域一样很频繁。单看《晋书》中武帝时期的记载，武帝咸宁二年二月有"东夷八国"归化、七月有"东夷十七国"内附。武帝咸宁三年有 3 国、咸宁四年有 9 国（2 次以上）；太康元年有 10 国（1 次）、20 国（2 次）；太康二年有 5 国（2 次）；太康三年有 29 国；太康七年有 11 国；太康八年有 2 国（多次）；太康九年 7 国；太康十年有 30 国（多次）；太康元年有 7 国入境。[⑤] 这些数字除了显示出中国与东夷

---

① 《后汉书》志二八《百官志五·护乌丸校尉》条刘昭注引《晋书》："汉置东夷校尉。"（中华书局 1965 年版，第 3626 页）

② 《晋书》卷 97《四夷传·马韩》："太熙元年，（马韩）诣东夷校尉何龛上献。"（第 2533 页）同传《裨离等十国》："至太熙初……各遣正副使诣东夷校尉何龛归化。"（第 2537 页）

③ 《晋书》卷 97《四夷传·马韩》，第 2533 页。

④ 分见《晋书》卷 3《武帝纪》，第 72、73、74、76 页。

⑤ 《晋书》卷 3《武帝纪》，第 65—79 页。

的交流很频繁之外，从一年中"频至"①"数至"②之类的用语也可以看出没被记录下来的朝贡亦不在少数。

那么，他们是在一个月中各自分别入关来朝贡的吗？这可以从太康元年六月甲申"东夷十国归化"的记载中找到答案。东夷十国就是在同一天即甲申日到达的。太康元年七月抵达的东夷二十国应当也不是分别到达的，而是在七月某一个特定日子一起抵达。其他记录在同一个月的也应当是在某一个特定日子一起抵达的。如前面提到的《晋书·武帝纪》太康七年八月条"东夷十一国内附"与七年条的"是岁，马韩等十一国遣使来献"记载的是一件事儿的话，就可以推断他们也是在八月的某一天一起抵达的。另外，从朝贡使团的规模来看，少则有五国，多则有二十九国。据《三国志·东夷传·韩》的记载，扶余、高句丽等被看作一个国家，而位于韩半岛南部的"韩"则大约有五十多国。倭约有一百多国，但前来朝贡的仅有三十国。也就是说，当时东夷中有八十余国向中国朝贡。《晋书》所谓的东夷使团应当不是由一个国家组成，而是由多达数十国组成的组合式使团。

根据《晋书·四夷传》，辰韩于太康七年曾来朝贡，③但《晋书·武帝纪》太康七年仅有"八月，东夷十一国内附"与"是岁，扶南等二十一国，马韩等十一国遣使来献"的记载，④不见辰韩的名字。因此，辰韩应该是"东夷十一国"或"马韩等十一国"之中的一国。众所周知，马韩与辰韩不是同一个国家，两国之间存在着一定的矛盾与分歧，而且民俗和政治发展程度也不同。就如同西域诸国使团中有来自不同国家甚至敌对国的使臣那样，东部边境的朝贡使团也是如此，那么为什么会出现这种现象呢？答案似乎还是要从对外交流的困难角度去寻找。

3. 汉朝对朝贡使臣的护送及交通线

连接敦煌郡与西域的交通线要穿越沙漠，连接乐浪郡与三韩、倭的交通线则要跨过海洋，特别是与倭的交通必须走海上。虽然与三韩的交通也

---

① 《晋书》卷97《四夷传·马韩》："（武帝太康元年二年，马韩）其主频遣使入贡方物。"（第2533页）

② 《晋书》卷97《四夷传·倭人》："及文帝作相，（倭人）又数至。"（第2536页）

③ 同上。

④ 《晋书》卷3《武帝纪》，第77页。

可以走内陆，但由于韩半岛东南部的辰韩与弁韩有山阻挡，交通较为不便，马韩虽然距离较近，但从目前考古发现的文化遗存来看，与北方汉郡县有直接交流的大部分分布在海边。五铢钱与货泉等汉代及新朝的货币都是在沿全罗南道的海南和巨文岛、庆尚南道的金海和马山以及济州岛等韩半岛南部地区海路被发现，而可能产于日本列岛的器物则分布在金海、高城、马山、昌原及三千浦等地。综合来看，上述地区中参与对汉朝贸易活动的，就是《三国志·东夷传》中称为"韩"的地区。

这是因为当时的海洋贸易必须依赖沿海岸线航行的方式进行，尚无法实行远距离航海，就像商人前往西域穿越沙漠时必须从绿洲国家获得水及粮食等物资的补给一样，海路交通或航海所需的各种物资也需要随时由陆地上供应。从乐浪郡出发的汉朝商人很可能因此将中途的许多地方当作中继站，也正因为如此沿途许多地方的使臣会顺便搭乘汉朝的交通工具一起前往乐浪郡。

另外，就现在在沿岸找到的众多三韩与倭的遗迹而言，其规模，不论是从海上贸易所必需的船舶及其安全，还是从所需的费用上来看，小国都无力承担，只有汉郡县有能力主导当时的海上贸易。

由此就可得出如下结论：三韩与倭等许多小国向汉朝入贡时，为了最大限度降低自己的经济负担，必须要接受来自汉朝方面的帮助。也就是说，可以推想，和西域的情形一样，应是汉朝使者先去当地访问，并试探有无朝贡的意愿，若有的话就将他们全部用船运送过来入境。根据公元1世纪时廉斯鑡归附的记载，[①] 乐浪郡以廉斯鑡为翻译，廉斯鑡从岑中乘大船进入辰韩时遇到户来等国，并将他们接到船上。为了运送一千名户来人和一万五千名辰韩人以及1.5万匹弁韩布，需要足够大的船和服务人员。三韩与倭并不是没有大船，但为了节约运输费用，利用汉朝的船只是最合算的。汉朝虽然明知要负担这些费用，但为了寻求建立周边国家的朝贡秩序也只好提供交通工具及人员。

---

① 《三国志》卷30《东夷传·韩》裴松之注引《魏略》："鑡因将户来，出诣含资县，县言郡，郡即以鑡为译，从岑中乘大船入辰韩，逆取户来。降伴辈尚得千人，其五百人已死。鑡时晓谓辰韩：'汝还五百人。若不者，乐浪当遣万兵乘船来击汝。'辰韩曰：'五百人已死，我当出赎直耳。'乃出辰韩万五千人，弁韩布万五千匹，鑡收取直还。郡表鑡功义，赐冠帻、田宅，子孙数世，至安帝延光四年时，故受复除。"（第851页）

4. 边郡贸易

过去妨碍贸易的因素如交通工具、安全问题以及各种附加费用等解决后，对三韩与倭来说，迎来了从汉朝引进先进物品的绝好机会，当然这仅限于朝贡贸易，其他贸易仍受到严格限制。

一般将朝贡贸易理解为朝贡国贡献方物，汉朝相应进行赏赐，不重视其贸易的特性。然而，就如同悬泉置汉简中所记载的那样，首先入关后不久就会在边郡对贡品进行评价交易，若有可能，会进一步在首都进行额外的交易。如果打着朝贡的名义，可以获取最起码的利润的话，那么，很多商人就有可能参与其中。

从悬泉置汉简的记载来看，从敦煌郡入境的朝贡使团，规模小的只有一两个人，大的则达到一千多人。在帝国东边的乐浪郡也可以看到同样的情况。前注所引《三国志·乌丸鲜卑东夷传·韩》"下户诣郡朝谒，皆假衣帻，自服印绶衣帻千有余人"的记载，一般被理解为很多人为了贸易伪装成朝贡使臣。尽管说是为了"朝谒"，但"下户"透露出他们不是正式的使臣而是一般的商人。这里的"衣帻"指的并不是一般的衣服，而是朝贡使臣所穿的有印绶的官服，因为他们本来不是朝贡使臣，所以才不得已从汉郡县那里借来官服。也就是说，三韩的下户打着"朝谒"的名义进入汉郡县，实际却是借来朝谒皇帝时要穿的衣帻并佩戴上印绶，把自己伪装成朝贡使臣。他们这样做一定是因为能获得经济上的利益吧？悬泉置汉简将朝贡使团中正式使臣以外的成员称为"客"，其中就应当有很多这样的人。

以往不把他们看成伪装成朝贡使臣的商人，是因为其规模达到了一千多人，对照悬泉置汉简中一次入境数百到一千多人的事例，三韩下户"入郡"的人数并不算特殊。当然也可以看作下户几次累积后才达到那么多人，但可以确定他们是一起入郡的。

由此可以归纳如下。第一，朝贡使团中有很多想通过贸易获得利润的商人，而且其人数比想象得多。第二，朝贡使团并不限定一国一使。第三，朝贡使团来自许多国家，这些国家都位于前往边郡的交通线上。第四，朝贡使团由汉朝使臣护送。第五，朝贡使团"奉献"的频率比文献资料上的记载多。

总之，长久以来被阻隔的中国大陆与周边地区的交流，在张骞出使西域促使汉朝外交政策转向积极之后，迎来了新的契机。政府一面对个人随意出入边境进行严格限制；另一方面却因宣扬皇帝的权威这类政治目的，以朝贡为名给予前来朝贡者最大限度便利，并完善一直以来妨碍商业贸易的交通及安全问题的基础建设。这种被称为出使贸易的基础建设，由于汉朝与周边国家的商人皆能使用，使得商业贸易不论是质上还是在量上都比以前更为活跃。张骞的出使也因此被称作具有史无前例之意的"凿空"。汉朝和韩半岛、倭国之间也以此为起点开始了正式的交流。

四　结论

以往学者都想当然地看待古代中国大陆与其他地区之间存在的交流，本文对此进行了反思，认为仅凭不同地区出土了相似物品就过分强调交流的规模和频繁程度值得商榷。虽然可供参考的传世文献和简牍资料并不多，但根据这些资料可以发现，制约地区间交流的主要因素是对邻国的敌对感和畏惧感，以及在交通线路不畅的情况下，对交易物资能否安全运送过去的担忧。而且，战国以后国家对越境人员和物资实行严格管理这一点也极大地制约了交流。尽管如此，但由于统治阶层一直有拥有珍奇物品的欲望，使得国际贸易经历了诸如"沉默贸易"等阶段，以艰难且耗时的方式进行着。拥有异域珍奇之物的欲望最终导致昆仑山神话和三神山神话的出现。

国际贸易的困境在公元前2世纪后半叶出现了重大转折。张骞出使西域是导致转折出现的契机，此后随着相互派遣使团开始常态化，以往妨碍交流的因素因此得到解决。汉代河西简牍显示，即使政府仍然严格禁止个人随意出入边境，但另一方面在宣扬皇帝权威的政治目的下，给予以朝贡为名入境者以最大便利。并因此完善了基础设施，过去妨碍商业贸易的交通及安全问题因此得到解决，商业贸易无论在质上还是在量上都取得了长足发展。汉朝和韩半岛、日本列岛之间也以此为起点开始了正式交流。

从悬泉置出土的鸡出入簿看
汉代肉食的变化[*]

［韩］金龙澪

首尔大学东洋史学系

一 绪论

在古代中国，饲养家畜和消费肉类是非常困难的。战国时期，孟子表示，实现他的理想政治后，只老人才可以吃肉。① 齐国的上家才可以饲养一头猪、一条狗、一只雌鸡和一只雄鸡，中家以下连饲养家畜都不可能。② 这样的现实表明家畜和肉类的稀缺性。③ 此外，战国时期以后为了供应铁制农具和开始牛耕，秦国饲养田牛在国有的苑和厩，借给民使用牛耕。④ 这样的情况下，消费肉类是更加困难的。常吃肉类的人仅限于统治阶级。

＊ 本文得到了 2018 年韩国教育部和韩国研究财团的支持（NRF－2018S1A5B5A07071286），特此致谢。

① 十三经注疏整理委员会整理：《孟子注疏（十三经注疏）》，北京大学出版社 2000 年版，卷 1 上《梁惠王章句》上，第 12 页，"七十者衣帛食肉，黎民不饥不寒，然而不王者，未之有也"。第 29 页，"老者衣帛食肉，黎民不饥不寒，然而不王者，未之有也"。

② 银雀山汉墓竹简整理小组编：《银雀山汉墓竹简》壹，文物出版社 1985 年版，《守法守令等十三篇》，943—944 简，第 146 页，"上家畜一豕·一狗·鸡一雄一雌。诸以令畜者，皆拗（藏）其本，赍其息，得用之。中家以下不能……"

③ 参考孟子言及"好好儿饲养五只雌鸡和两只雌猪才可以给老人吃肉"（《孟子》卷 13 下《尽心》上，第 428 页，"五母鸡，二母彘，无失其时，老者足以无失肉矣"。）的话，把战国时期齐国允许的上家以上可以饲养一头猪、一条狗、一只雌鸡和一只雄鸡，给老人吃肉是很难的。

④ 李成珪：《秦의山林藪澤开发의构造—县廷畜夫组织과都官의分析을중심으로—》，《东洋史学研究》第 29 卷，1989 年版，第 109 页。

在春秋时期的鲁国①和晋国②，"吃肉的人"意味着统治阶级。所有的人的地位是由他们于祭祀可以用什么肉来定义的。③《礼记》中主张天子、诸侯、大夫和士每次祭祀时所用的肉类的种类应该不同，④《国语》中也有类似的描述，⑤ 从这一点来看，这是至少周以后的普遍认识。西汉以后，虽然分给民以充分的土地，为了饲养家畜、酿酒，消耗了很多粮食、缺少食物，文帝曾感叹过这样的情况。⑥ 在古代中国，酒和肉类是每个人都喜欢吃喝的食物，但它非常罕见，被认为是一种可能因生产和消费而威胁到人民生活的物质。因此，《商君书·垦令》中主张，为了让农民专心致志于农耕，酒肉价格必须达到让人不敢轻视的程度。⑦ 但是，文帝的话告诉我们从西汉初期以来一般的民就已经饲养了许多家畜，日常性地消耗了肉类。而且昭帝时期，没有像饮酒、腊、祭祀这样适当的理由，在村落或原野上进行屠宰，相互吃肉喝酒等。⑧ 生产家畜和消费肉类将逐渐变得普遍了。

很难找到西汉以来的生产家畜和消费肉类如何变化的具体例子。尽管

---

① 十三经注疏整理委员会整理：《春秋左传正义（十三经注疏）》，北京大学出版社2000年版，卷8，鲁庄公十年（前684）春传，第274页，"齐师伐我。公将战，曹刿请见。其乡人曰：'肉食者谋之，又何间焉。'刿曰：'肉食者鄙，未能远谋。'乃入见"。

② 刘向撰，向宗鲁校证：《说苑校证》，中华书局1987年版，卷11《善说》，第271页，"献公使使出告之曰：'肉食者已虑之矣，藿食者尚何与焉。'"

③ 郑夏贤：《商周시기牺牲家畜의需要－供给과礼制의机能》，서울大东洋史学研究室编《古代中国의理解》5，서울，지식산업사，2001年，第46页。

④ 十三经注疏整理委员会整理：《礼记正义（十三经注疏）》，北京大学出版社2000年版，卷5《曲礼》下，第180页，"天子以牺牛，诸侯以肥牛，大夫以索牛，士以羊豕"。

⑤ 徐元诰撰，王树民、沈长云点校：《国语集解（修订本）》，中华书局2002年版，《楚语》下，第516页，"王问于观射父曰：'祀牲何及？'对曰：'祀加以举。天子举以大牢，祀以会。诸侯举以特牛，祀以太牢。卿举以少牢，祀以特牛。大夫举以特牲，祀以少牢。士食鱼炙，祀以特牲。庶人食菜，祀以鱼。上下有序，则民不慢。'"

⑥ 班固撰，颜师古注：《汉书》，中华书局1964年版，卷4《文帝纪》，后元元年（前163）3月，第128页，"何其民食之寡乏也……无乃百姓之从事于末以害农者蕃，为酒醪以靡谷者多，六畜之食焉者众与？"

⑦ 蒋礼鸿撰：《商君书锥指》，中华书局1986年版，卷1《垦令》，第12—13页，"贵酒肉之价，重其租，令十倍其朴，然则商贾少，农不能喜酣奭，大臣不为荒饱。商贾少，则上不费粟……民不慢农，则草必垦矣"。

⑧ 桓宽撰，王利器校注：《盐铁论校注》，中华书局1992年版，卷6《散不足》，第351页，"古者……非腰腊休息，非祭祀无酒肉。今宾昏酒食，……古者，庶人粝食藜藿，非乡饮酒、腰腊、祭祀无酒肉……今闾巷县佰，阡佰屠沽无故烹杀，相聚野外。负粟而往，挈肉而归"。

有些对汉代的饲养家畜进行了一般性的研究，但是关于消费肉类，有指出一年间只有几个机会，[①] 其变化情况并没有被提及。在汉代畜牧业的研究中，只有对饲养家畜的制度的、产业的特征进行了广泛的总结，[②] 但没有关注畜牧业的生产水平或消费肉类结构的变化模式。在这方面，只有一个重点研究在家畜中具有重要军事意义的马，这个研究表明，通过激活民营部门的马匹，西汉末年，畜牧业的中心已经从官营变为民营，[③] 这是非常具有启发性的。

二 鸡出入簿的再检讨

西汉以来生产家畜和消费肉类的程度，目前尚不清楚。可是在汉帝国的西北边境的悬泉置出土的鸡出入簿提供了所需的宝贵信息。

> 出鸡一只（双），以食长史君，一食，东。（113 简）
>
> 出鸡一只（双），以食使者王君所将客，留宿，再食，东。（114 简）
>
> 出鸡二只（双），以食大司农卒史田卿，往来四食，东。（115 简）
>
> 出鸡一只（双），以食丞相史范卿，往来再食，东。（116 简）
>
> 出鸡二只（双），以食长史君，往来四食，西。（117 简）
>
> 出鸡一枚，以食太医万秋，一食，东。（118 简）
>
> 出鸡一只（双），以食刺史，从事吏一人，凡二人，一食，东。（119 简）
>
> 出鸡一只（双），以食大司农卒史冯卿，往来再食，东。（120 简）
>
> 出鸡一枚，以食使者王君，一食，东。（121 简）
>
> 入鸡二只（双），十月辛巳，佐长富受廷。（122 简）
>
> 入鸡一只（双），十月甲子，厨啬夫时受毋穷亭卒□。（123 简）

---

① ［日］宫川尚志：《汉代の家畜（上）》，《东洋史研究》第 9 卷第 5 期，1947 年；《汉代の家畜（下）》，《东洋史研究》第 10 卷第 1 期，1947 年。

② 余华青、张廷皓：《秦汉时期的畜牧业》，《中国史研究》1982 年第 4 期；高敏：《论秦汉时期畜牧业的特征和局限》，《郑州大学学报》（哲学社会科学版）1989 年第 2 期。

③ 郑夏贤：《秦汉代말［马］의이용과需给构造》，서울大东洋史学研究室编《古代中国의理解》1，서울，지식산업사，1994 年。

入鸡一只（双），十二月壬戌，厨啬夫时受鱼离佐逢时。（124 简）

十月尽十二月丁卯，所置自买鸡三只（双），直钱二百卅，率只（双）八十，唯廷给。（125 简）

●县（悬）泉置元康四年十月尽十二月丁卯鸡出入薄（簿）。（126 简）

九月毋余鸡。（127 简）

今毋余鸡。（128 简）

●最凡鸡卅四只（双）。正月尽十二月丁卯所受县鸡廿八只（双）一枚，正月尽十二月丁卯置自买鸡十五只（双）一枚，直钱千二百一十五，唯廷给。（129 简）

●县（悬）泉置元康四年正月尽十二月丁卯鸡出入薄（簿）。（130 简）

元康四年十二月甲寅朔戊辰，县（悬）泉厨啬夫时敢言之，谨移正月尽十二月丁卯鸡出入薄（簿）一编。敢言之。（131 简)①

介绍鸡出入簿的整理者以 129 简的"最凡鸡卅四只（双）"为鸡的最终统计。因为这个统计和鸡的出入内容不一致，他们感觉这个鸡出入簿是不完整的。然而整理者亲自说，鸡出入簿分散地出来，简牍的顺序不明白。② 整理者设定的简号，把鸡搬出（113—121 简）、搬入（122—124 简）的内容，从十月到十二月的统计（125—126 简），把鸡耗尽的内容（127—128 简），从正月到十二月的统计（129—131 简）等，仅在根据其内容分类后集体给出的。从 130 简和 131 简可以看出，鸡出入簿全部是宣帝元康四年（前 62）敦煌郡效谷县所属的③悬泉置把一年间的出入鸡的情况写作账簿，然后报到上级的效谷县，这个是明确的事实。所以鸡出入簿的全部内容也是这一年的出入鸡的情况。而且应该要考虑到鸡出入簿本身或其统计除了这一年全部的（130·131·129 简）以外还有从十月到十二月的统计（126·125 简），9 月把鸡的余份耗尽结果（127 简），搬入鸡的统计只

---

① 胡平生、张德芳编撰：《敦煌悬泉汉简释粹》，上海古籍出版社 2001 年版，Ⅰ0112③：131—131 简，第 77—78 页。

② 同上书，第 78—79 页。

③ 同上书，前言，第 1 页。

有从十月到十二月的事情（122·123·124 简）等。现在没有鸡的余份（128 简）大概是全体报告的十二月的情况，结果可以解释从十月到十二月搬入的鸡也都耗尽了。

从这个角度来看，如果根据其内容和逻辑进行重组鸡出入簿，可以体现为有助于研究汉帝国西北边境的饲养家畜和消费肉类的史料。如下所示。

①元康四年十二月甲寅朔戊辰，

县（悬）泉厨啬夫时敢言之，

谨移正月尽十二月丁卯鸡出入薄（簿）一编，

敢言之。(131 简)①

②－1●县（悬）泉置元康四年正月尽十二月丁卯鸡出入薄（簿）。(130 简)②

②－2●最凡鸡卅四只（双）。

正月尽十二月丁卯所受县鸡廿八只（双）一枚，

正月尽十二月丁卯置自买鸡十五只（双）一枚，

直钱千二百一十五，

唯廷给。(129 简)③

②－3 九月毋余鸡。(127 简)④

③－1●县（悬）泉置元康四年十月尽十二月丁卯鸡出入薄（簿）。(126 简)⑤

③－2 十月尽十二月丁卯，

所置自买鸡三只（双），直钱二百卅，

率只（双）八十，唯廷给。(125 简)⑥

① 胡平生、张德芳编撰：《敦煌悬泉汉简释粹》，上海古籍出版社 2001 年版，Ⅰ 0112③：131 简，第 78 页。

② 同上书，Ⅰ 0112③：130 简，第 78 页。

③ 同上书，Ⅰ 0112③：129 简，第 78 页。

④ 同上书，Ⅰ 0112③：127 简，第 78 页。

⑤ 同上书，Ⅰ 0112③：126 简，第 78 页。

⑥ 同上书，Ⅰ 0112③：125 简，第 78 页。

③-3 今毋余鸡。(128 简)①

④-1 入鸡二只（双），十月辛巳，

佐长富受廷。(122 简)②

④-2 入鸡一只（双），十月甲子，

厨啬夫时受毋穷亭卒□。(123 简)③

④-3 入鸡一只（双），十二月壬戌，

厨啬夫时受鱼离乡佐逢时。(124 简)④

⑤-1 出鸡一枚，以食使者王君，

一食，东。(121 简)⑤ 出鸡一只（双），以食使者王君所将客，

留宿，再食，东。(114 简)⑥

⑤-2 出鸡一只（双），以食丞相史范卿，

往来再食，东。(116 简)⑦

⑤-3 出鸡二只（双），以食大司农卒史田卿，

往来四食，东。 (115 简)⑧ 出鸡一只（双），以食大司农卒史

冯卿，

往来再食，东。(120 简)⑨

⑤-4 出鸡一枚，以食太医万秋，

一食，东。(118 简)⑩

⑤-5 出鸡一只（双），以食刺史，从事吏一人，凡二人，

一食，东。(119 简)⑪

⑤-6 出鸡一只（双），以食长史君，

---

① 胡平生、张德芳编撰：《敦煌悬泉汉简释粹》，上海古籍出版社 2001 年版，Ⅰ0112③：
128 简，第 78 页。

② 同上书，Ⅰ0112③：122 简，第 78 页。

③ 同上书，Ⅰ0112③：123 简，第 78 页。

④ 同上书，Ⅰ0112③：124 简，第 78 页。

⑤ 同上书，Ⅰ0112③：121 简，第 77 页。

⑥ 同上书，Ⅰ0112③：114 简，第 77 页。

⑦ 同上书，Ⅰ0112③：116 简，第 77 页。

⑧ 同上书，Ⅰ0112③：115 简，第 77 页。

⑨ 同上书，Ⅰ0112③：120 简，第 77 页。

⑩ 同上书，Ⅰ0112③：118 简，第 77 页。

⑪ 同上书，Ⅰ0112③：119 简，第 77 页。

一食，东。(113 简)① 出鸡二只（双），以食长史君，

往来四食，西。(117 简)②

鸡出入簿的报告者是悬泉置厨啬夫（①），这里没言及报告的对象。鸡出入簿在悬泉置出来的，那将是副本，而不是原本。报告日期为十二月十五日，计算期间为正月至十二月十四日（①），因此基于写作鸡出入簿的前一天。一年期间搬入悬泉置的鸡一共有 44 对（即是 88 只）跟从效谷县搬入的 28 对 1 只（即是 57 只）和从悬泉置直接买入的 15 对 1 只（即是 31 只）的合计完全一致（② - 2）。一年期间从悬泉置直接买入的 31 只的价格是 1215 钱（② - 2），从十月到十二月丁卯买入的 3 对（即是 6 只）的价格是 240 钱（③ - 2），所以鸡 1 只的市场价格大概是 40 钱。那从正月到九月买入的鸡肯定是 25 只（即是 12 对 1 只）。因为买入鸡所需的钱也都来自效谷县（② - 2，③ - 2），所以事实上可以把悬泉置所需的鸡认为都由效谷县提供的。换句话说，悬泉置只消耗了鸡肉，饲养或买入所有的鸡都属于效谷县的负责范围。③ 因此，全部是无论买入或搬入，都应指定从效谷县得到的。把这年九月没有剩余的鸡（② - 3）和现在没有剩余的鸡（③ - 3）的记录来看，全部 80 对，即是剩余的 36 对和搬入的 44 对已经用尽了。

表 1　　　　　宣帝元康四年（前 62）一年间悬泉置的鸡出入情况

	搬入	买入	支出	一个月当
正月—九月	24 对 1 只	12 对 1 只	37 对	8 只
十月—十二月	4 对	3 对	7 对	4 只
合计	28 对 1 只	15 对 1 只	44 对	7 只

具体的搬入和消费情况可以通过鸡出入簿中的其他记录来观察。搬入

---

① 胡平生、张德芳编撰：《敦煌悬泉汉简释粹》，上海古籍出版社 2001 年版，Ⅰ 0112③：113 简，第 77 页。

② 同上书，Ⅰ 0112③：117 简，第 77 页。

③ 宣帝时期黄霸担任颍川郡太守的时候，让每个邮、亭、乡饲养鸡和猪的例子，可是这个例子是特殊措施为了养活鳏夫、寡妇和穷人，（《汉书》卷 89《循吏传·黄霸》，第 3629 页，"太守霸为选择良吏……使邮、亭、乡官皆畜鸡·豚，以赡鳏、寡、贫穷者……"）。这个例子以外，一般来说，县级行政单位以上负责饲养家畜。

的记录均为十月至十二月，发送鸡的地方是多种多样，如效谷县 2 对（④-1），毋穷亭 1 对（④-2），鱼离乡 1 对（④-3）等。这跟鸡出入簿的事实相冲，那里只有从效谷县搬入的和悬泉置直接买入的（②-2，③-2）等两种项目，从其他官府的根本没言及。而且那个数量一共有 4 对，和悬泉置从十月到十二月买入的 3 对（③-2）不一致。因此，这个搬入记录不是悬泉置厨亲自买入的，应被视为"特别地"记下从其他官府——比如效谷县——收到的。如果所有数量是从效谷县收到的，那么可以看到毋穷亭或鱼离乡没饲养鸡，它们也把所需的鸡由效谷县被提供了。换句话说，原则上所有的鸡都应该由效谷县被提供，但有突然的需求，悬泉置可以从另一个官府——它也从效谷县接收鸡——借来，然后按照从效谷县收到的方式处理。因为这些鸡不是直接从效谷县提供的，所以悬泉置厨要"具体地"记下鸡的提供者和其数量。此外，仅在十月至十二月之间搬入的记录与九月以前悬泉置消耗所有鸡的状况（②-3）有关。直到九月当把鸡耗尽了，需求量超过了由效谷县定期提供的，暂时从周围的官府或者效谷县送到，所以"具体地"被留做记录的。

　　元康四年（前62）的一年之中在悬泉置消耗的所有鸡是 44 对，即是达到 88 只，根据这一年的 354 日，[①] 至少每两天到四天消耗一次。鸡出入簿没有说明在哪里、如何，以及由于什么原因消耗了这么多的鸡。

表2　　　　　　　　宣帝元康四年（前62）悬泉置的把鸡搬出情况

		秩石	鸡数量	回数	1 回当消耗量
⑤-1	使者王氏	比 1000 石以下[②]	1	1	1
	使者王氏的客		2	2	1

---

　　① 宣帝元康四年（前62）结构了正月三十日，二月二十九日，三月三十日，四月二十九日，五月三十日，六月二十九日，七月三十日，八月二十九日，九月三十日，十月二十九日，十一月三十日，十二月二十九日（徐锡祺：《西周（共和）至西汉历谱》，北京科学技术出版社1997 年版，第 1559—1560 页），一共有 354 日。

　　② 如果这个使者是跟元康四年（前62）派送到每个地方的太中大夫同格的官吏的话，大概拥有太中大夫相当的秩石。太中大夫是秩比一千石的官吏（《汉书》卷19 上《百官公卿表》上，第 727 页，"郎中令……属官有大夫、郎、谒者……大夫掌论议，有太中大夫、中大夫、谏大夫……太中大夫秩比千石如故。"）。

续表

		秩石	鸡数量	回数	1回当消耗量
⑤-2	丞相史范氏	600 石①	2	2	1
⑤-3	大司农卒史田氏	600-比200 石②	4	4	1
	大司农卒史冯氏		2	2	1
⑤-4	少府太医万秋	600 石③	1	1	1
⑤-5	刺史和从事吏	600 石④	2	2	1

---

① 没有史料明确指出丞相史的秩石。可是考虑到取代丞相史的地方监察的刺史是秩六百石（司马彪撰，昭注补：《后汉书志》，中华书局 1965 年版，志 28《百官志》5 "州郡"，第 3617 页，"本注曰：秦有监御史，监诸郡，汉兴省之，但遣丞相史分刺诸州，无常官。孝武帝初置刺史十三人，秩六百石"。），丞相史的上官的丞相长史是秩一千石（彭浩、陈伟、工藤元男主编：《二年令与奏谳书—张家山二四七号汉墓出土法律文献释读—》，上海古籍出版社 2007 年版，《二年令》"秩律"，441 简，第 258 页，"丞相·相国长史，秩各千石"。《汉书》卷 19 上《百官公卿表》上，第 724—725 页，"相国·丞相……有两长史，秩千石"。），丞相司直是秩比二千石（《汉书》卷 19 上《百官公卿表》上，第 724—725 页，"相国·丞相……有两长史，秩千石……武帝元狩五年初置司直，秩比二千石，掌佐丞相举不法"。），丞相长史正和丞相长史监是秩八百石 [《张家山汉简（二年律令与奏谳书）》《二年令》"秩律"，444 简，第 260 页，"丞相长史正·监，卫〈卫〉将军长史，秩各八百石"。] 的话，丞相史也是秩六百石相当。

② 一般的卒史是郡太守的属官，儿宽担任廷尉的文学卒史（《汉书》卷 58《公孙弘卜式儿宽传》"儿宽"，第 2628 页，"儿宽……以射策为掌故，功次，补廷尉文学卒史"。）的例子来看，卒史也是中央秩二千石官以上的属吏。武帝建元五年（前 136）由公孙弘建议，如果通达六艺之一以上，可以担任左右内史和大行的卒史（司马迁撰，裴骃集解，司马贞索隐，张守节正义：《史记》，中华书局 1963 年版，卷 121《儒林列传》，第 3118—3120 页；《汉书》卷 88《儒林传》，第 3593—3596 页，"公孙弘为学官，悼道之郁滞，乃请曰：'……请选择其秩比二百石以上，及吏百石通一蓺以上，补左右内史·大行卒史；比百石已下，补郡太守卒史：皆各二人，边郡一人……'制曰：'可。'"），这个情况下，属于中央秩二千石以上的卒史肯定是最小秩比二百石以上。还有西汉初期有一个规定把有能力的令史担任尚书的卒史 [《张家山汉简（二年律令与奏谳书）》《二年律令》"史律"，475—476 简，第 297 页，"试史学童以十五篇，……乃得为史。有（又）以八膛（体）试之……取寂（最）一人以为其县令史……三岁壹并课，取寂（最）一人以为尚书卒史。"]，卒史的秩石可能比秩比二百石更高。尚书是秩六百石（《续汉书》志 26《百官志》3 "少府"，第 3597 页，"尚书六人，六百石"。）。

③ 《汉书》卷 19 上《百官公卿表》上，第 731 页，"少府……属官有尚书·符节·太医·太官·汤官·导官·乐府·若卢·考工室·左弋·居室·甘泉居室·左右司空·东织·西织·东园匠十六官令丞"。《续汉书》志 26《百官志》3 "少府"，第 3592 页，"太医令一人，六百石"。

④ 《汉书》卷 19 上《百官公卿表》上，第 741 页，"武帝元封五年初置部刺史……秩六百石，员十三人"。

续表

		秩石	鸡数量	回数	1回当消耗量
⑤-6	长史	600 石①	2	1	2
	长史		4	4	1
合计			20	19	1

然而，88 只中有 20 只的搬出记录被留在鸡出入簿里。⑤-1 的使者应该是太中大夫强等十二个使者之一，他们在元康四年（前 62）正月由宣帝派遣进行循行天下。② 他姓王，并带着一个客人。他们一次吃一只鸡，一共吃三只。此外，丞相史（⑤-2）、大司农卒史（⑤-3）和少府太医（⑤-4）等中央官吏通过悬泉置时把鸡拿来招待他们，每一次消耗一只。此外，刺史（⑤-5）和长史（⑤-6）等地方官吏也都用鸡被招待过。因为刺史是凉州的长官，长史是敦煌郡的官吏，③ 不要透露他们的所属或名称。④ 他们每一次也用一只鸡被招待，唯一的例外是长史一次收到两只。

很难清楚地找到在此期间出差的官吏被提供了多少食物。秦末汉初的传食律的规律上，丞相、御史和秩 2000 石以上的官吏发出的使者⑤和其从者⑥根据其地位被提供米饭［粺米、粝米］、肉汤［菜羹］、蔬菜［韭、葱］和调味料［酱、盐］等的食物。所以这些官吏也应该由悬泉置被提供

① 《汉书》卷 19 上《百官公卿表》上，第 742 页，"郡守……边郡又有长史，掌兵马，秩皆六百石"。

② 《汉书》卷 8《宣帝纪》，元康四年（前 62）正月，第 258 页，"遣太中大夫强等十二人循行天下，存问鳏寡，览观风俗，察吏治得失，举茂材异伦之士"。

③ 敦煌郡属于凉州，参考顾颉刚《两汉州制考》，"中央研究院"历史语言研究所编《庆祝蔡元培先生六十五岁论文集》下册，北平中央研究院 1934 年版，第 855—876 页。

④ 由这个鸡出入簿里没有凉州刺史和敦煌郡长史的名字来看，可以感觉这个文书的报告对象肯定是凉州或者敦煌郡。

⑤ 陈伟主编：《秦简牍合集》壹，武汉大学出版社 2014 年版，《睡虎地秦简》《秦律十八种》"传食律"，179 简，第 141 页，"御史·卒人使者，食粺米半斗，酱驷（四）分升一，采（菜）羹，给之韭葱一"。《张家山汉简（二年律令与奏谳书）》《二年律令》"传食律"，232—233简，第 184 页，"丞相·御史及诸二千石官使人……皆得为传食。车大夫粺米半斗，参食……皆给草具。车大夫酱四分升一，盐及从者人各廿二分升一"。

⑥ 《睡虎地秦简》《秦律十八种》"传食律"，179—180 简，第 141 页，"使者之从者，食糲（粝）米半斗；仆，少半斗"。《张家山汉简（二年律令与奏谳书）》《二年律令》"传食律"，233简，第 184 页，"从者糲（粝）米，皆给草具……盐及从者人各廿二分升一"。

相当的传食。可是秦末汉初的法律上在任何地方都没有把传食言及肉类。甚至这些法律上使者的传食根据他的位置有差别。可是悬泉置招待的鸡，无论使者或从者，每一个人都收到一只。① 因为它不是常规消费，在鸡出入簿中有详细描述，但它也不会是犯规的"过礼"。与秦末汉初不同，由国家权力保证，所以官员可以享受鸡肉。当然，鸡比牛、羊和猪更容易饲养，可是使者和从者把鸡被提供的事实说明肉类的消费量已达到相当大的水平。

另外，他们似乎与"宾客"——《周礼》规定的肉食消费处之一——有关，因为他们是皇帝的'使者'。《周礼》将获取肉类的方式分类为狩猎、渔捞和饲养。狩猎是兽人的负责，他们捕获的野兽被提供给祭祀、葬礼和宾客。② 渔捞是獻人的负责，他们捕获的鱼被提供给王、祭祀、葬礼和宾客。③ 川、泽的管理人员是川衡④和泽虞，⑤ 他们也抓住鱼并将提供给祭祀和宾客。⑥ 囿人负责在囿的野兽，⑦ 他养的动物被提供给祭祀、葬礼和宾客。⑧ 牛人只对该国的牛负责，其牛被提供给祭祀、宾客和军事，其中，只祭祀和宾客将牛当作肉食。⑨ 羊人负责祭祀和宾客所需的羊，如果牧人

---

① 保证使者一位当鸡一只可以在肩水金关被确认。肩水金关里有一个例子，为了招待御史和廷史两次，每次搬出粟小石两石买到两头猪和一双鸡〔甘肃简牍保护研究中心、甘肃省文物考古研究所、甘肃省博物馆、中国文化遗产研究院古文献研究室、中国社会科学院简帛研究中心编：《肩水金关汉简》壹中册，中西书局2011年版，73EJT10：69 简，第246页，"出粟小石二石，为御史张卿，置豚二鸡一只，南北食"。73EJT10：70 简，第246页，"出粟小石三（二）石，为廷史田卿，买豚二鸡一只，南北食"。〕，所以招待一位当一头猪和一只鸡每次。由这个记录来认识把鸡以外的东西给使者。但这个场合，比悬泉置不一样，肩水金关为了招待使者，不是提供了已经准备的家畜，而是用谷物迅速购买了所需的家畜。这个是两个官府的差别。

② 十三经注疏整理委员会整理：《周礼注疏（十三经注疏）》，北京大学出版社2000年版，卷4《天官冢宰》"兽人"，第119—121页，"兽人掌罟田兽……凡祭祀、丧纪、宾客，共其死兽生兽"。

③ 《周礼》卷4《天官冢宰》"獻人"，第121—122页，"獻人掌以时獻为梁……以共王膳羞。凡祭祀、宾客、丧纪，共其鱼之鲜薧"。

④ 《周礼》卷16《地官司徒》"川衡"，第493页，"川衡掌巡川泽之禁令"。

⑤ 《周礼》卷16《地官司徒》"泽虞"，第493页，"泽虞掌国泽之政令"。

⑥ 《周礼》卷16《地官司徒》"川衡"，第493页，"祭祀、宾客，共川奠"。"泽虞"，第494页，"凡祭祀、宾客，共泽物之奠"。

⑦ 《周礼》卷16《地官司徒》"囿人"，第499页，"囿人，掌囿游之兽禁，牧百兽"。

⑧ 《周礼》卷16《地官司徒》"囿人"，第500页，"祭祀、丧纪、宾客，共其生兽死兽之物"。

⑨ 《周礼》卷13《地官司徒》"牛人"，第382—385页，"牛人，掌养国之公牛，以待国之政令。凡祭祀，共其享牛、求牛……凡宾客之事，共其牢礼积膳之牛……凡会同、军旅、行役，共其兵之牛与其牵仿，以载公任器"。

不能负责祭祀所需的羊，有时他就会负责其买入。[①] 校人负责关于马的一切事务，提供祭祀、宾客和军事等所需的马，特别是在王的葬礼［大丧］上，马被埋在一起。[②] 庖人是负责所有的过程，把野兽和其肉等级分开，然后送给王、后、世子和祭祀、葬礼、宾客。[③] 最后，《周礼》所呈现的肉类消费可以分为三个地方，包括王、后、世子等最高统治者为中心的极少的人，宾客——其人的客人——，祭祀和葬礼。由悬泉置收到鸡的官吏被视为王的客人。

然而，提供给使者及从者的鸡只有 20 只，是全部的 1/4。其余的 3/4，即是 68 只根本没有言及。最后，68 只能被视为在悬泉置里消费的，而消费处根本没有提及，这会是一种非常规的消费。

三　消费鸡肉的结构

如果是这样，首先可以在祭祀中找到鸡的用度，因为祭祀是几乎唯一的机会可以合法地食用肉类。但是参考其他出土史料，祭物通常通过参加祭祀的人亲自收集资金来买入。成帝建始元年（前 32）居延都尉的卒指责殄北候和甲渠候的内容之中，可以看出官吏为了管理史社从参与的一些卒们收集钱[④]并买入必要祭物；[⑤] 也可以看出候官这么小单位进行另一个社祭

---

① 《周礼》卷 30《夏官司马》"羊人"，第 934 页，"羊人掌羊牲。凡祭祀，饰羔……宾客，共其法羊……若牧人无牲，则受布于司马，使其贾买牲而共之"。

② 《周礼》卷 33《夏官·司马》"校人"，第 1009—1016 页，"校人掌王马之政。凡颁良马而养乘之……凡大祭祀·朝觐·会同，毛马而颁之……凡宾客，受其币马。大丧，饰遣车之马。及葬，埋之。田猎，则帅驱逆之车。凡将事于四海·山川，则饰黄驹。凡国之使者，共其币马。凡军事，物马而颁之"。

③ 《周礼》卷 4《天官冢宰》"庖人"，第 102—104 页，"庖人掌共六畜、六兽、六禽，辨其名物。凡其死生鱻薧之物，以共王之膳与其荐羞之物及后、世子之膳羞。共祭祀之好羞，共丧纪之庶羞，宾客之禽献"。

④ 甘肃省文物考古研究所、甘肃省博物馆、文化部古文献研究室、中国社会科学院历史研究所编：《居延新简——甲渠候官与第四燧—》，文物出版社 1990 年版，E. P. T52：99 简，第 234—235 页，建始元年九月辛酉朔乙丑，张掖太守良、长史威、丞宏敢告："居延都尉卒人言：'殄北守候塞尉护·甲渠候谊典吏社受致廛、饭、黍、肉，护直百卅六，直百卌二。五月五日，谊以钱千五百偿所敛吏社钱，有书。护受社廛，不谨谊所，以钱千五百偿者，审未发觉。谊以私钱偿□罪名。书到如……'"

⑤ 《居延新简》，E. P. T59：173 简，第 370 页，"第三候长樊隆为社市诣官。九月乙酉蚤食入"。

祀；其长官负责并通过市买入材料。为准备社祭祀而收集的钱也借给了需要它的人。① 为了腊日的活动，预付了一些钱，还确认了从士吏的月奉扣缴案件。② 腊日相关的聚餐中③甲渠君——是甲渠候官的长官④——付钱买入各种材料时，用180钱买入鸡5对，⑤ 10人一起吃喝。⑥ 这时鸡5对的价格是180钱，所以1只的价格是18钱。鸡1只当18钱的价格比悬泉置厨买入鸡的价格——鸡1只当40钱——更便宜。然而，在这种情况下，甲渠候官的长官用钱买入鸡和其他材料，因此无法解释悬泉置消费鸡肉的结构。祭祀所需的祭物是根据各个参与人员的贡献，为了买入官吏们必须直接到市，⑦ 在这样的汉代西北边境的情况下，从效谷县搬入的鸡与祭祀无关。⑧ 此外，高祖和光武帝限制地方行政单位的社祭祀中使用羊和猪

---

① 《居延新简》，E. P. T52：185 简，第 241 页，"□。□入谷钱六百，偿中舍。又二百八十五，偿中舍。又二百八十三，梁粟。又九十黍粟计。又负丞□□□。又负官簿余钱二百廿。又社贷千二百七十。受子恩还□贷二百六十"。

② 《居延新简》，E. P. T52：353 简，第 252 页，"士吏猛，四月奉千二百。出百，偿肉钱。出十五，猛取，出十四，腾计"。

③ 《居延新简》，E. P. T51：223 简言及物资的买入，224 简言及用买入的物资享受的聚餐，都是在某一个月二十日举行的。在 225 简连续了十二月辛巳的记录来看（《居延新简》，E. P. T51：225A 简，第 191—192 页，"十二月辛巳，第十候长辅敢言之：'负令史范卿钱千二百，愿以十二月奉偿以印为信。'敢言之"。），223 简和 233 简肯定是在十二月二十日举行的，就是腊日左右举行的。参考李成珪《战国时代国家와小农民生活—李悝'尽地力之教'의재검토를중심으로—》，서울大东洋史学研究室编《古代中国의理解》1，서울，지식산업사，1994 年，第 136—137 页。

④ 京都大学人文科学研究所简牍研究班编集：『汉简语汇·中国古代木简辞典』，岩波书店，2015 年，页 159。

⑤ 《居延新简》，E. P. T51：223 简，第 191 页，"受甲渠君钱千。出二百五十，买羊一。出百八十，买鸡五只。出七十二，买骆四于。出百十八，籴米七斗。出百卅，沽酒一石三斗。●凡出八百钱，今余钱二百"。

⑥ 《居延新简》，E. P. T51：224 简，第 191 页，"戎具少酒。谨请邑大夫官厌中功厌君都谢敖等三人同食五大夫幸临戎。戎叩头，幸甚幸甚，第七三大夫、第六三大夫、第五三大夫、第四三大夫、第三三大夫谨会月廿四日日中，毋忽何君刑褚刑房"。

⑦ 《居延新简》，E. P. T59：173 简，第 370 页，"第三候长樊隆为社市诣官。九月乙酉蚕食入"。《居延新简》，E. P. T54：22 简，302 页，"□出稍人钱市社具"。

⑧ 在汉代西北边境，日常的和祭物的鸡的价格明显不同。这表明国家权力在某些情况下能够积极调整价格。也许国家权力会有足够的鸡来随意调整鸡的价格。即使私人养鸡规模越来越大，国家权力饲养的鸡肯定占有大部分的市场，则在"市"交易的鸡大部分也是国家权力饲养的。

[豕・彘] 作为祭物[①]也减少了把鸡用作祭物的可能性。[②]

如果悬泉置的鸡没有用于祭祀，另一种可能性是在同年 3 月进行的民爵赐予，以及伴随的牛酒下赐。[③] 那么牛酒下赐从这一年不断持续，[④] 这不是这一年中的特殊事件，即使举行大酺，牛和酒也会按字面意思消费，鸡肉的消费也没有多大意义。

如果我们不能完全解释鸡的消费，例如，使者的传食、祭祀的祭物、赐予民爵以后的下赐牛酒，剩下的就是人民的日常消费。在这里再次应该指出的是《居延新简》的史料，其中，记录了从士吏的月俸 1200 钱扣缴的 100 钱——为了买入肉类——和 14 钱——为了准备腊日祭祀。[⑤] 如果以 100 钱都买入鸡，市场价格 40 钱为准将获得每一个月 $2\frac{1}{2}$ 只，为了腊日祭物特别便宜的价格 18 钱为准将获得每一个月 $5\frac{5}{9}$ 只。换句话说，下级军吏的士吏[⑥]

---

① 《史记》卷 28《封禅书》，第 1380 页（《汉书》卷 25 上《郊祀志》上，第 1212 页），"高祖十年春，有司请令县常以春（三）[二] 月及（时）腊祠社稷以羊豕（彘），民里社各自财以祠。制曰：'可。'"《续汉书》志 9《祭祀志》下，第 3200 页，"建武二年，……郡县置社稷，太守・令・长侍祠，牲用羊豕"。

② 当然鸡也用于祭祀。在汉代西北边境用谷物、酒、盐和鸡等的祭物【祠具】举行祭祀的记录来看（谢桂华、均明、朱国照编：《居延汉简释文合校》，文物出版社 1987 年版，10・39 简，第 18 页，"对祠具。鸡一，黍米一斗，稷米一斗，酒二斗，盐少半升"。)，有的时候，规模比较小的祭祀里，鸡是最重要的祭物之一。

③ 《汉书》卷 8《宣帝纪》，元康四年（前 62）3 月，第 259 页，"其赐天下吏爵二级，民一级，女子百户牛酒，加赐三老・孝弟力田帛，人二匹，鳏寡孤独各一匹"。

④ 宣帝时期举行了本始元年（前 73）5 月、二年（前 72）6 月、元康元年（前 65）3 月、二年（前 64）3 月、三年（前 63）3 月、四年（前 62）3 月、神爵元年（前 61）3 月、四年（前 58）2 月、五凤三年（前 55）3 月、甘露二年（前 52）3 月等十次赐予民爵和下赐牛酒。参考［韩］李守德《牛酒赐予를 통해 본 汉代의 国家와 社会》，《中国史研究》第 13 卷，2001 年版，第 19—21 页。

⑤ 《居延新简》，E. P. T52：353 简，第 252 页，"士吏猛，四月奉千二百。出百，偿肉钱。出十五，猛取，出十四，腊计"。

⑥ 士吏是对应士卒的用语，"士"意味着属于军事系统。士吏意味着军事系统的吏，士卒意味着军事系统的卒（参考［日］富谷至编《汉简语汇考证》，岩波书店 2015 年版，第 243—244 页）。秦的士吏统领材官、趋发、发弩、善士等特殊兵种的士卒，收到县丞、令史、县尉、尉士等的命令。[陈松长主编：《岳麓书院藏秦简》肆，上海辞书出版社 2015 年版，《廷内史郡二千石官共令》，381—382 简，第 221 页，"□材官、趋发、发弩、善士敢有相责（债）入舍钱酉（酒）肉及予者，捕者尽如此令，士吏坐之，如乡啬夫。赀丞、史、尉、尉史各一甲。"]

可以把他的月俸通过他的官府定期买肉。① 这与秦的官吏被禁止在官府中吃肉喝酒②有很大的不同。此外，费用超过为了腊日祭祀的扣留金额的七倍，这表明祭祀不再是肉类消费的中心。在这个时候，国家权力积极地帮助官吏可以日常地消费肉类。

在这种情况下，悬泉置厨一年消耗的 88 只鸡之中，除了被送到使者的 20 只以外，68 只可以假设悬泉置的士吏以上的官吏吃完了。③ 悬泉置的面积是 22500 平方米，④ 保持 7100 石以上的粮食，⑤ 同时可以对 500 多人提供食物，⑥ 有相当大的规模。⑦ 宣帝甘露二年（前 52）8 月 8 日为准悬泉置的官、卒、徒、御一共有 37 人，⑧ 这些人员被视为在悬泉置常住的定员。⑨ 悬泉置里有厩、厨、传舍、驿和骑置等的官府，⑩ 监督这些是置啬夫。置啬夫的属吏有置啬夫丞和置啬夫佐，⑪ 还有卒、御、奴、徒、复等的人

① 《额济纳汉简》里有一个例子，燧长的月俸 900 钱之中由小畜钱扣留了 66 钱（魏坚主编：《额济纳汉简》，广西师范大学出版社 2005 年版，99ES17SH1∶11A 简，第 118 页，"□□燧长王立，十月奉钱九百。出五十五，卑。出十□，十月小畜钱。出二百，所□候□□。出卅，笔简直。"），比《居延新简》的士吏被扣留的 100 钱更小。这讲述了汉代西北边境的情况，无论其地位如何，都可以自由地食用肉类。

② 《岳麓秦简》肆《廷内史郡二千石官共令》，382 简，第 221 页，"吏敢令后人官者出钱财酒肉，入时夬分（饮）食及出者，皆【赀】二甲，责费"。

③ 战国时期秦国有向优秀官员下赐酒和肉类的规定（《睡虎地秦简》《秦律十八种》"厩苑律"，13 简，第 52 页，"卒岁，以正月大课之，最，赐田啬夫壶酉（酒）束脯，为旱〈皂〉者除一更，赐牛长日三旬"。汉代肯定也有这样的规定，从其赐予对象和数量限制，解释悬泉置鸡肉的大量消费是不够的。

④ 甘肃省文物考古研究所：《甘肃敦煌汉代悬泉置遗址发掘简报》，《文物》2000 年第 5 期，第 5 页。

⑤ 没有明确的年度，截至 9 月，悬泉置一共有粟 7，118 石 4 斗 6 $\frac{1}{3}$ 升。[《悬泉置汉简（释粹）》，Ⅱ0214②∶147 简，第 76 页，"九月旦，见粟七千一百一十八石四斗六升少"。]

⑥ 有一个例子悬泉置招待了从精绝国来的 470 位客人。[《悬泉置汉简（释粹）》，Ⅱ0115①∶114 简，第 114 页，"……送精绝王诸国客凡四百七十人"。]

⑦ 参考吕志峰《敦煌悬泉置考论——以敦煌悬泉汉简为中心》，《敦煌研究》2013 年第 4 期，第 68 页。

⑧ 郝树声、张德芳：《悬泉汉简研究》，甘肃文化出版社 2009 年版，Ⅱ90DXT0216③∶54 简，第 24 页，"甘露二年八月戊午朔乙丑，敦煌长史奉熹行大守事，谓郡库□□□……书告县泉置，官、卒、徒、御卅七人，砲二皆敝尽，不可用，调给有……"

⑨ 郝树声、张德芳著：《悬泉汉简研究》，甘肃文化出版社 2009 年版，第 24 页。

⑩ 同上书，第 30 页。

⑪ 同上书，第 24 页。

员。[1] 驿里有驿佐、驿骑、驿小史和驿卒,[2] 厩里有厩啬夫、厩佐、厩御、厩徒和马医,[3] 厨里有厨啬夫和厨佐,[4] 传舍里有传舍啬夫和传舍佐。[5] 在这些悬泉置的人员之中,士吏以上的是"官",限于官吏——属于悬泉置和其下的厩、厨、传舍、驿和骑置,即是置啬夫、置啬夫丞、置啬夫佐、驿佐、驿骑、驿小史、厩啬夫、厩佐、厨啬夫、厨佐、传舍啬夫、传舍佐等大概 12 人左右。如果 1 年之中 12 人——士吏以上的官吏——消费 68 只鸡,可以看 1 年之中 1 人消费 $5\frac{2}{3}$ 只鸡,两个月之中 1 人消费 1 只鸡。两个月 1 只鸡比 $2\frac{1}{2}$ 只鸡——鸡的市场价格 40 钱为准,都用士吏一个月肉类费 100 钱的话,可以买入 $2\frac{1}{2}$ 只鸡——少,悬泉置的官吏肯定会买吃鸡肉以外的肉类。

换句话说,悬泉置厨把从效谷县提供的鸡,除了使用祭祀的祭物以外,也会以市场价格或其以上的出售给悬泉置的士吏以上的官吏,悬泉置的官吏亲自会从自己的月俸中支付。由于将鸡出售给官吏并赚取利润,效谷县会毫不犹豫地积极地向悬泉置提供鸡。中央和地方的秩 600 石以上的高级官吏和其从者可以把悬泉置的鸡用来"享受",所以没有进行销售,必须"特别"留下记录。悬泉置厨经常给官吏供应的鸡肉大概不是免费的。

四 结论

从上面的描述来看,西汉中期以后各个官吏的日常肉类消费已经实现了,因为官府的生产能力越来越高。结果士吏以上的官吏可以用自己的月俸从官府买入至少一个月一只鸡。西汉以前的生产家畜能力只能对应祭祀、赐予的需要,那西汉中期以后才可以对应日常的消费。

---

[1] 郝树声、张德芳:《悬泉汉简研究》,甘肃文化出版社 2009 年版,第 25 页。
[2] 同上书,第 27 页。
[3] 同上书,第 28 页。
[4] 同上。
[5] 同上书,第 31 页。

日常生活中可以吃肉的人，先秦时期限于《周礼》所说的王族以上或《春秋》所说的"吃肉的人"，那西汉中期以后士吏以上的所有官吏可以吃肉，这个范围这么扩大了。1 年之中悬泉置消耗 160 只鸡，其中 31 只鸡是从官府以外买入的，这个情况说明民间的饲养家畜也逐渐发展。官吏每个月买入肉类的费用超过 1 只鸡的价格的事实也说明除了鸡肉以外的肉类也变成了日常生活的食物之一。西汉中期以后国家权力由于实际情况的变化，跟秦末汉初不一样，不禁止消费肉类，甚至准备饲养、提供家畜的体系。

肩水金关 F3（73EJF3）所出骑士简册初探

赵尔阳

武汉大学历史学院

2016 年 8 月出版的《肩水金关汉简（伍）》房址 3（编号：73EJF3）①中有一批骑士简，这批骑士简记载了骑士的队列、里名和姓名，还有一些勾画符号。经过初步判断，这些骑士简可分为两组。第一组是一个完整的骑士通关名籍册，每简按右前骑士、左前骑士、中营右（左）骑士的形式记载了 120 名出关骑士的姓名、里名、军队队列等信息。根据通关文书可知这组简册应有 40 支完整的简，但由于简的残缺损坏，我们只辑出了 35 支。第二组骑士简零星记载了部分骑士，一共 30 支简，其中，有 15 支简的骑士信息能和第一组简中的骑士信息完全对应。我们认为两组简应有所关联，第二组简可能是骑士的一份比较原始的记录。这类带有军队编制或队列组织信息的骑士简之前在弱水流域的出土汉简中不多见，仅零星地发现过数枚，因此学界对此类格式的骑士简研究不多。② 我们将金关房址 3（F3）中出土的骑士简辑录出来，分析骑士简所反映的简册制度，探究他们的军队编制或队列组织，考证他们的籍贯以及与骑士身份、军事征戍之间的关系。拙文主要将骑士简进行汇录分组，就他们的性质和籍贯简单谈

---

① 有时为了行文的方便，在提到金关汉简简号时，省略前面的 73EJ，仅以房址号加每简的顺序号。

② 此类骑士简在弱水流域的零星出土有：简 73EJT3：7 "右前骑士关都里☐ 右前骑士关都里王☐ 右前骑士白石里孟贺 中里右骑士千秋里龙昌 中营右骑士累山里亓襃（以上第一排），左前☐ 左前骑士☐ 左前☐（以上第二排，残断）"。简 73EJF2：42 "右前骑士广都里阳城隆"。居延新简中此类编制的骑士简有：简 EPT14：13 "右前骑士全稽里李☐"，简 EPT27：19 "右前骑士鞮汗里杨政"，简 EPT59：237 "中营右骑士三十井里阎赏"，简 EPF22：653 "中营左骑士鉼庭里苏海 第廿八"，简 EPT51：12 "中营左骑士利上里马奉亲 马一匹 牡左剽齿四岁高五尺八寸 袁中"。居延旧简中也有一枚带此类编制的骑士：简 178.22 "右前士鞮汗里儿买之"。额济纳汉简中也有一枚：简 2000ES9SF4：31 "左前骑士肩水里孟写☐"。

谈自己的看法，错讹之处，敬祈方家批评指正！

一 骑士简的分组

肩水金关遗址的主体建筑是关门，关门是两座对峙如阙的长方形土楼橹，F3 就位于东侧关门处，F3 内有一隔墙，1973 年考古工作者在墙东的窄间里发掘出简 636 枚，[①] 这批骑士简就出自这一房址隔间。以往在弱水流域出土的骑士简其格式一般为：县名＋骑士＋里名＋姓名，鲜有书军队队列名称的。此次 F3 出土的骑士简其格式为：军队队列名＋骑士＋里名＋姓名，部分简后面还有勾画符号（阝、丿、·）等。这类格式的骑士简特征鲜明：皆书有骑士的队列信息，对其籍贯只写里名而不书郡县名。

通过初步观察，金关 F3 出土的骑士简可分为两组。第一组为完整简册，每简书写三名骑士，按右前骑士、左前骑士、中营右（左）骑士排列，这样的简完整的有 20 多枚，还有些简虽残断，但根据残简的相关信息等判断属于这组简册，故归入此组。第二组简为每简书写一名骑士，也有队列和里名，有的简虽残断，可根据断简的形制以及书写笔迹等风格判断此简属单列一名骑士的简，属于第二组简，且两组简中的骑士姓名部分可对应，说明两组简应该有关联。下面分别讨论两组骑士简。

第一组骑士简册，每简书三名骑士，按右前骑士、左前骑士、中营右（左）骑士排列。这组简册字迹工整，有的简虽残断，但根据残简的宽度、简的纹路、形制，简文的书写风格、笔迹判断部分残简属此简册，如 F3：12，F3：13，F3：14，F3：19，F3：31。这组骑士简的墨色和笔迹大体相同，书写整齐划一，字迹优美工整，书风为标准的隶书，应是同一个书手书写。这组简册骑士的"士"字，第一横长，第二横短，写作 ▆▆▆▆。**"士"字写法的差异，是将 F3 中出土的骑士简，尤其是部分残断简分别归入两个组的重要依据**。这组简册的木简形制为：完整的简长度为 22—25 厘米，多数为 23 厘米，宽度为 0.9—1 厘米，长度约合汉代一尺。[②] 每简字

---

① 甘肃居延考古队：《居延汉代遗址的发掘和新出土的简册文物》，《文物》1978 年第 1 期，后收入《汉简研究文集》，甘肃人民出版社 1984 年版，第 484 页。

② 孙机：《汉代物质文化资料图说》，文物出版社 1991 年版，第 28 页。

迹工整，简中上排"右前骑士××"间距比较宽松，中排"左前骑士××"和下排"中营右（左）骑士××"间距较紧密。部分简残断相当严重，虽属于这组简册，但很难判断是否能与其他断简缀合，有些断简之间茬口明显不吻合，当不是同一支简。但为了讨论方便，我们将残断之简连写在一起，使之结构上符合这组简册的文例，便于统一观察。

第一组骑士简册

（1）右前骑士▨都里任宪𠃌　左前骑士阳里张严𠃌　中营右骑士中宿里郑戎𠃌（73EJF3：3）①

（2）右前骑士▨都里赵严𠃌　左前骑士通泽里李严𠃌　中营右骑士安乐里范良𠃌（73EJF3：11＋4）

（3）右前骑士鸣沙里尚诩𠃌　左前☑（73EJF3：6）＋☑宋章𠃌　中营右骑士富里李立𠃌（73EJF3：8）②

（4）右前骑士中宿里华赏𠃌　左前骑士当遂里萧仁𠃌　中营左骑士广郡里孙长（73EJF3：7＋360）

（5）右前骑士仁里杨意𠃌　左前骑士广都里冯恭𠃌　中营右骑士遮虏里戴林𠃌（73EJF3：273＋10）

（6）右前骑士安国里☑（73EJF3：13）＋☑永𠃌　左前骑士孤山里郭贺　中营右骑士安国里孙政𠃌（73EJF3：281＋18）③

（7）右前骑士鸣☑（73EJF3：14A）＋☑左前骑士累山里苏庆☑（73EJF3：19）＋☑（中营）左骑士昌里徐☑（73EJF3：34）④

（8）右前骑士累【山里☐☐】　左前骑士☑（73EJF3：30＋21）⑤

（9）右前骑士万岁里衣戎　左前骑士广都里任当𠃌☑（73EJF3：24）

（10）右前骑士中宿里孙赏𠃌　左前骑士累山里卞党𠃌　中营左骑士

---

① ▨都里，整理者原释作"关都里"，李洪财先生认为应为"▨都里"。详参李洪财《〈肩水金关汉简〉（伍）校读记（一）》，简帛网，http://www.bsm.org.cn/show_article.php?id=2739。

② 简73EJF3：8宋章根据文例是左前骑士，为了讨论方便，将73EJF3：6与73EJF3：8连写在一起。

③ 为讨论方便，将两支简连写在一起，简73EJF3：13和简73EJF3：281＋18断裂处茬口不吻合，当不能缀合。

④ 此三简皆残断严重，但三简字迹一致，宽度一致，书写风格一致，属于这组简册，故为了讨论方便连写在一起。简F3：34上端残断，根据文例应是"中营"，径补。

⑤ 原释文作"右前骑士累中宿北乡☐"，细察图版"累"下四字墨迹较淡，疑整理者释读有误。据文例和简文所映的"里"，似应是"累山里☐☐"，故直接更正释文。

鸣沙里囗（73EJF3：25＋543）

（11）右前骑士三十井里赵诩卩囗（73EJF3：26）＋囗左前骑士三泉里张建卩 中营右骑囗（73EJF3：29）

（12）右前骑士中宿里单崇卩 左前骑士广囗（73EJF3：27）

（13）右前骑士富里周护 左前骑士阳里顾立 卩 中营左骑士累山里囗（73EJF3：28）

（14）右前骑士■都里李谊卩 左前骑士阳里张丰卩 中营左骑士安乐里李丰卩（73EJF3：415＋33）

（15）右前骑士中宿里刑戎卩 左前骑士诚敖里马护卩 中营左骑士富里宋多卩（73EJF3：96）

（16）右前骑士杂里刑禁卩 左前骑士安国里朱辅卩 中营左骑士千秋里孙章丿（73EJF3：97）①

（17）右前骑士延年里杨放卩 左前骑士累山里许良卩 中营左骑士金城里左阳卩（73EJF3：98）

（18）右前骑士杂里孙长 左前骑士累山里樊戎卩 中营左骑士白石里侯博卩（73EJF3：359）

（19）右前骑士全稽里郭隆 左前骑士白石里郑立卩 中营右骑士龙起里孙房卩（73EJF3：361）

（20）右前骑士全稽里成功恭卩 左前骑士安国里孙赦卩 中营左骑士阳里囗囗（73EJF3：362）

（21）右前骑士富里周并卩 左前骑士累山里萧霸卩 中营右骑士安乐里房阳卩（73EJF3：416＋364）

（22）囗左前骑士孤山里张护卩 中营右骑士囗囗里朱嘉卩（73EJF3：365）

（23）右前骑士长乐里庄成卩 左前骑士阳里张崇卩 中营右骑士富里任并（73EJF3：366）

（24）右前骑士中宿里苏永卩 左前骑士通泽里张宗囗（73EJF3：413）

（25）右前骑士中宿里徐严卩 左前骑士富里韩庆囗（73EJF3：414）

---

① 此简千秋和孙章显系二次书写。

（26）右前骑士仁☐（73EJF3：12）+☐卩左前骑士累山里祝隆卩☐（73EJF3：280）①

（27）☐前骑士肩水里刑并卩☐　（73EJF3：556）②

（28）☐骑士肩水里冯阳卩☐　（73EJF3：31）

（29）☐（富）里韩宫卩☐　（73EJF3：22）③

　　这组骑士简册，书写格式皆为：军队队列名＋骑士＋里名＋姓名。完整的简每支皆按右前、左前、中营右（左）书写，这是骑士在军队中的队列信息。据甘肃居延考古队的发掘报告，一共有 62 枚简。④ 我们在出土的骑士简中找到了属于这组简册的 35 支简，有的简出版时已经缀合，有的简虽残断严重，但依旧保留有骑士的队列情形，并根据书写笔迹、木简形制、字符间距等信息判断属于这组简册。

　　这 35 支骑士简，部分断简由于残缺得很严重，已经很难判断它们之间是否能相互缀合，即使根据他们的编制信息进行遥缀，也存在误缀的巨大风险，而且断简之间茬口互不吻合，个别残简之间还存在很大差异。如简 F3：19"☐左前骑士累山里苏庆"简面涂红色，异于其他简。简 F3：365、简 F3：280 都有所弯曲，显然不能和其他断简缀合在一起。我们曾试图将简 F3：13"右前骑士安国里☐"和简 F3：281＋18"☐永　左前骑士……"缀合在一起，因为简 F3：20 有"右前骑士安国里史永 卩"这一信息，缀合后似乎能复原出"右前骑士安国里史永"，但这两简残断处的茬口也不一致，并且缀合后的完整简中两次出现安国里也和此一简册中单简不重里的文例不符，因此这两简也不能缀合。所以，如果我们假定这 35 支简都是相互独立的，断简之间互不能缀合，那么每支简都完整的话，这组简册一共记载了 105 位骑士的队列信息。遗憾的是，由于部分简的残损，我们只能从简上提取出有编制有姓名的骑士 74 名（包括个别字迹漫漶的简），根据残简能推断出编制但姓名缺失的骑士有 27 名，根据残简能推断出编制和姓名都缺失的骑士有 4 名。为了讨论方便，我们对这组简册进行

---

① 简 73EJF3：280 有所弯曲，当不能和简 73EJF3：12 缀合，连写一起，便于观察。

② 此简据残断部分可判断肩水里邢并是右前或左前骑士。

③ 简 73EJF3：22 上部残断，韩宫应属富里，可与简 73EJF3：230 对应。

④ 甘肃居延考古队：《居延汉代遗址的发掘和新出土的简册文物》，《文物》1978 年第 1 期，第 9 页。后收入《汉简研究文集》，甘肃人民出版社 1984 年版，第 484 页。

了编号，并且按照原简右前、左前、中营右（左）的书写格式，对残简进行了编联。虽然残简之间互不缀合，但为了更直观地看到他们的队列形式，我们按照完整简的骑士队列形式将残简骑士也连写在一起，这样一共是29个编号。简（27）"☑前骑士肩水里刑并卩"，只能判断骑士刑并是左前或右前骑士。简（28）和简（29）的骑士由于简残断很严重，不能判断他们在这组简册中的队列，故列于最后。

这组骑士简册排列有序，显然不是骑士的零星过关记录，而是一次集体行为。那么这次行动的原因是什么呢？金关简73EJF3：184记载了这次军事行动的任务以及这批骑士的人数：

（30）☑年十一月癸亥朔壬辰，居延守宰城仓守宰诩、守丞习移肩水金关，

遣骑士史永等百百二十人，以诏书持兵马之西或，卒马十二匹，名如牒。书到出入如律令。

73EJF3：184A

居延丞印

☑月三日入　　　　　　　兼掾永、守令史党

73EJF3：184B

由简（30）可知，某年十一月癸亥朔壬辰，居延守宰城仓守宰诩、守丞习给肩水金关发通关文书，派遣骑士史永等120人，外加12匹备用马根据诏书命令到西域去执行任务。简中"西或"中的"或"字，《说文解字》："或，邦也，从口从戈，以守一。一，地也。""域，或，又从土。"① "或""域"相通，"西或"即"西域"。简中"史永等百百二十人"，衍一"百"字，应为"史永等百二十人"。简中"卒马"，"卒"通"萃"，"卒，假借为萃"。② "萃马，备用马。"③《周礼·春官·车仆》："掌戎路之萃。"郑玄注："萃，犹副也。"因此，"卒马"即备用马或副马的意思。

简（30）

---

① 《说文解字》第十二下"戈部"，中华书局2013年版，第267页。
② 朱骏声：《说文通训定声》，武汉市古籍书店影印，1983年，第601页。
③ 中国简牍集成编委会编：《中国简牍集成》（八），敦煌文艺出版社2005年版，第216页。

关于该简的性质，有学者认为属于"致书"，[1] 有学者认为属于"出入通行证"，[2] 但无论何种观点，此文书内容是居延县发给金关的过关通知书，要求"牒"中的人员、马匹根据规定予以出入关放行。简文中的"名如牒，书到，出入如律令"，所附的"牒"，即出关骑士的名籍，学界一般认为是"致籍"或"出入关名籍"。因此，上面我们辑出来的编号为（1）—（29）的骑士名单，就是简（30）所附的"牒"，即骑士的通关名籍，又称致籍。金关关吏根据出关通知书和致籍校核无误后予以放行入关，史永等 120 名骑士的名籍就是过关时被留在金关的。由于出土时部分骑士简已残缺断裂，还有些简估计永远消失在了历史的尘埃中，所以我们辑出的第一组简册中骑士人数实不足 120 人。

简（30）的纪年缺失，我们认为此简属于王莽时期。原因有二：一是 F3（房址 3）遗址是金关关门一侧的长方形土楼橹，F3 中的简牍都是在隔墙内的窄间里出土，且有纪年的简基本是新莽时期的简，估计此一隔间当时应是文书的保管室；二是简（30）中的"守宰"称谓是新莽时期王莽更改县令长为宰而来。简的上端纪年缺失，虽推断此简为新莽简，但还需进一步求证具体年份。"囗年十一月癸亥朔"，我们翻阅了前人整理的秦汉时期的历谱，未查检到王莽时期有十一月癸亥朔，考虑到王莽更改历法，前人的整理和逆推容有差误，我们尝试着在 F3 出土简牍中寻找与此相关的简，而下列一简为我们提供了年代参考：

（31）始建国二年十一月癸亥朔癸亥，广地守候纪移肩水金关，吏诣官，除如牒，书到出入如律令

73EJF3：123＋561[3]

因此，简（30）的年代应该为始建国二年（10），这年十一月是癸亥朔，壬辰日为十一月三十日，简背的"居延丞印""囗月三日入"与简正面的文字内容和背面的起草人具名"兼掾永守令史党"书风、笔迹很不一致，显然系金关关吏收到文书后的另笔所书。"囗月三日入"应该是闰月

---

① 郭伟涛认为此简属于致书。详参郭伟涛《汉代张掖郡肩水塞研究》，博士学位论文，清华大学，2017 年，第 257 页。

② 关于致书与出入通行证的讨论，详参李均明《简牍文书中的"致"考述》，《初学录》，兰台出版社 1999 年版，第 116—121 页。藤田胜久《肩水金关的交通与"出入"通行证》，《中国简帛学国际论坛 2017 会议论文集》，2017 年，第 37—56 页。

③ 此简由姚磊博士缀合，简（30）的纪年承蒙清华大学博士后郭伟涛兄提示，谨致谢忱！

三日，说明这批骑士始建国二年（10）十一月三十日从居延出发，闰十一月三日经金关关吏核对名籍和人数，进入金关。① 这组简册中绝大多数骑士后面都有"卩"符号，说明当时过关时是逐一验证。简（13）的"中营左骑士千秋里孙章"，简文系二次书写完成，第一次只书写了"中营左骑士"和籍贯通名"里"，"千秋"和"孙章"系后来追加，名籍后的勾画符号是"丿"，说明孙章可能是替补骑士。这批骑士奔赴西域，应与始建国二年（10）汉廷与西域关系紧张有关。此外，我们还在 F3 中找到如下一简：

（32）　·冣凡士百廿人，马百卅二匹　　　其十二匹萃马　73EJF3：91

此简的笔迹和书写风格与简（30）相似，则此简应是出关致书最后总结性的一支简，再一次确认了执行这次任务的骑士人数及马匹数。如果我们要复原这份出关致书，则简（30）为致书之首简，中间为出关骑士的名籍简，最末是这支总结性的简。在这 120 名出关执行任务的骑士中，骑士"史永"是通关文书中提到的代表性骑士，但我们在辑出来的第一组骑士简册中并未找到他的名字，记载他姓名的那支简应该残缺或消失了，但 F3 中出土的另一支简记载了史永，简 73EJF3：20 "右前骑士安国里史永丿"，经过分析，这支简虽记载了史永及其队列信息和里籍，但此简不属于这组简册，这支简应归入第二组。

第二组骑士简，这组简最显著的特征是每简书写一名骑士，也有队列和里名。有的简虽残断，但根据残简形制和书写笔迹可判断此简是单书一名骑士信息，可归入这组。这组简中有些骑士姓名能和上组简对应，说明两组简

① 关于始建国二年的闰月，学界以往存在两说。一说闰丑正十月癸亥朔（王莽以丑正为岁首，即刘汉寅正九月癸亥朔），一说闰丑正十一月壬辰朔（寅正十月壬辰朔）。前一说的主张者有陈垣《二十史朔闰表》第 22 页，上海古籍出版社 1956 年版；饶尚宽《春秋战国秦汉朔闰表》第 191 页，商务印书馆 2006 年版；徐锡祺《西周（共和）至西汉历谱》第 1702 页，北京科学技术出版社 1997 年版。后一说的主张者有刘义叟《长历》见《资治通鉴目录》，《通鉴史料别裁》第 1 册，学苑出版社 1998 年版，第 396 页；陈梦家《汉简年历表叙》，收入《汉简缀述》，中华书局 1980 年版，第 396 页；任步云《甲渠候官汉简年号朔闰表》，收入《汉简研究文集》，甘肃人民出版社 1984 年版，第 446 页。额济纳汉简中出土过"始建国二年诏书册"，马怡推定始建国二年的闰月是丑正之闰十一月，见氏文《"始建国二年诏书"册所见诏书之下行》，原刊《历史研究》2006 年第 5 期，后收入《额济纳汉简释文校本》，文物出版社 2007 年版，第 265 页。金关简 F3：123＋561 记录"始建国二年十一月癸亥朔"，否决闰十月癸亥之说，是年当闰十一月。根据简 F3：184 "十一月癸亥朔壬辰"可知十一月有三十日，壬辰日即为晦日，则闰十一月的朔日当是"癸巳"，而非"壬辰"。

有关系。这组骑士简，书写较潦草，字体隶中带草，非规整隶书，骑士的"士"字多写作"▆▆"，"士"字第二横明显长于第一横。这组简中骑士信息能和上组简对应的，我们在每简后面标注出上组简册中同姓名骑士所在的简号。这组简的形制为：完整的简长为 22 厘米左右，宽不一，为 0.7—1.3厘米不等。① 从简文书写的潦草，简的宽度参差不一等因素判断，这组简应不是一个完整的简册，他们或许是骑士零星出入关的记录。

第二组骑士简

（33）右前骑士仁里李恭　☑　　　　　　　　　　　（73EJF3：5）

（34）右前骑士富里凤当　☑　　　　　　　　　　　（73EJF3：9）

（35）中营左骑士富里宋多　　　（73EJF3：15，与简 F3：96 可对应）

（36）中营右骑士安乐里☑　　　　　　　　　　　　（73EJF3：16）

（37）中营右骑士平明里张宗　　　　　　　　　　　（73EJF3：17）

（38）右前骑士安国里史永　亅　　　　　　　　　　（73EJF3：20）

（39）中营右骑士中宿里郑戎　·（73EJF3：23，与简 F3：3 可对应）

（40）（左前）骑士阳里张严

　　　　　　　　　（73EJF3：32，残缺部分为"左前"，与简 F3：3 可对应）

（41）右前骑士关都里李谊毋马十二月壬戌北出（73EJF3：47，与简 F3：415＋33 可对应）

（42）左前骑士阳里郑冯　亅　　　　　　　　　　　（73EJF3：99）

（43）中营左骑士白石里侯博　（73EJF3：100，与简 F3：359 可对应）

（44）☑（左前骑士）孤山里张护②　　（73EJF3：102，残缺部分为"左前"，与简 F3：365 可对应）

（45）左前骑士阳里张放　　　　　　　　　　　　　（73EJF3：148）

（46）中营右骑士富里赵腾　　　　　　　　　　　　（73EJF3：151）

（47）☑富里韩宫　　　　（73EJF3：230，与简 F3：22 可对应）

（48）右前骑士中宿里单崇　·（73EJF3：241，与简 F3：27 可对应）

（49）☑士中宿里郑忠　　·　　　　　　　　　　　（73EJF3：248）

────────────

① 简的尺寸数据由我们用尺子测量同比例尺图版而得出。

② 应为孤山里，原释文误，可与简 F3：102 对校。姚磊先生亦指出此处释文有误，详参姚磊《读〈肩水金关汉简〉札记（二十九）》，简帛网，http：//www. bsm. org. cn/shou_ artide. php? id＝2934。

（50）中营左骑士金城里左阳　　（73EJF3：351，与简 F3：98 可对应）

（51）右前骑士中宿里刑戎　·　（73EJF3：358，与简 F3：96 可对应）

（52）右前骑士中宿里召永　　·　　　　　　　（73EJF3：363）

（53）左前骑士孤山里郭贺（73EJF3：367，与简 F3：281＋18 可对应）

（54）左前骑士阳里张丰　（73EJF3：385，与简 F3：415＋33 可对应）

（55）（左）前骑士三泉里张建　闰月晦北出

　　　　　　　　　　　　（73EJF3：387，与简 F3：29 可对应）

（56）中营右骑士富里任并　　（73EJF3：398，与简 F3：366 可对应）

（57）右前骑士中宿里郑并①　　　　　　　　（73EJF3：399）

（58）右前骑士中宿里韩褒　　　　　　　　　（73EJF3：406）

（59）中营右骑士富里李☒　　　　　　　　　（73EJF3：506）

（60）☒士富里凤则②　　　　　　　　　　　（73EJF3：531）

（61）右前骑士富里周并③

　　　　　　　　（73EJF3：554，与简 F3：416＋364 可对应）

（62）中营左骑士鸣沙里尚尊☒　　　　　　　（73EJF3：586）

　　这组简共有 30 支，记载了 30 名骑士，其中有 15 支简的骑士队列信息、姓名能和上组简册中的骑士相对应，我们在后面的括号中备注了其在上组简册中出现时的简号。这一组中的部分简除了记载骑士的队列里籍姓名外，文末还写有一些勾画符号，如简（38）、简（47）、简（48）、简（50）、简（51），这几枚简在文末都有实心小圆点符号——"·"，通过观察简文和图版，我们发现这几枚简上的骑士皆来自中宿里，且多数编在右前队列，简文书写笔迹基本一致，当是一人同时所书，文末的"·"除了表示他们是同里之人外，或许还有其他含义。简（54）记载骑士张建闰月晦北出，前面已推知始建国二年（10）闰十一月，故张建当是闰十一月末日出关。简（40）记载骑士李谊"十二月壬戌北出"，壬戌是十二月的

---

　　① 原简释作郑彭，今察图版，发现"彭"字酷似"并"，径改。

　　② 此简"富里"原释作"曹里"，姚磊先生认为当释为"富里"，笔者认同。详参姚磊《读〈肩水金关汉简〉札记（二十九）》，简帛网，http：//www. bsm. org. cn/shou_ artide. php? id = 2934。

　　③ 简 554 原释作"富田里"，应为"富里"，雷海龙先生曾指出此释文"富田里"有误，详参雷海龙《〈肩水金关汉简（伍）〉释文补正及残简新缀》，《简帛》（第十四辑），上海古籍出版社 2017 年版。

朔日，则李谊于是月初一日出关。

为了便于观察这批骑士，我们将两组简中的骑士按他们的队列组织绘成表格如下（表1），其中在两组简中都出现的骑士，我们在第二组简中将他们用下划线表示。

表1　　　　　　　　　**肩水金关 F3 所出骑士简的分组**

序数	右前骑士	左前骑士	中营右骑士	中营左骑士
		第一组骑士简册		
1	关都里任宪（F3：3）	阳里张严（F3：3）	中宿里郑戎（F3：3）	
2	关都里赵严（F3：11+4）	通泽里李严（F3：11+4）	安乐里范良（F3：11+4）	
3	关都里李谊（F3：415+33）	阳里张丰（F3：415+33）		安乐里李丰（F3：415+33）
4	中宿里华赏（F3：7+360）	当遂里萧仁（F3：7+360）		广郡里孙长（F3：7+360）
5	仁里杨意（F3：273+10）	广都里冯恭（F3：273+10）	遮虏里戴林（F3：273+10）	
6	安国里口口（F3：13）	孤山里郭贺（F3：281+18）	安国里孙政（F3：281+18）	
7	中宿里孙赏（F3：25+543）	累山里卞党（F3：25+543）		鸣沙里☑（F3：25+543）
8	富里周护（F3：28）	阳里顾立（F3：28）		累山里☑（F3：28）
9	中宿里刑戎（F3：96）	诚敖里马护（F3：96）		富里宋多（F3：96）
10	杂里刑禁（F3：97）	安国里朱辅（F3：97）		千秋里孙章（F3：97）
11	延年里杨放（F3：98）	累山里许良（F3：98）		金城里左阳（F3：98）
12	杂里孙长（F3：359）	累山里樊戎（F3：359）		白石里侯博（F3：359）
13	全稽里郭隆（F3：361）	白石里郑立（F3：361）	龙起里孙房（F3：361）	

第一组骑士简册

序数	右前骑士	左前骑士	中营右骑士	中营左骑士
14	全稽里成功恭 （F3∶362）	安国里孙赦 （F3∶362）		阳里□□ （F3∶362）
15	富里周并 （F3∶416＋364）	累山里萧霸 （F3∶416＋364）	安乐里房阳 （F3∶416＋364）	
16	长乐里庄成 （F3∶366）	阳里张崇 （F3∶366）	富里任并 （F3∶366）	
17	中宿里单崇 （F3∶27）	广☑ （F3∶27）		
18	鸣☑ （F3∶14A）	累山里苏庆 （F3∶19）		昌里徐☑ （F3∶34）
19	中宿里徐严 （F3∶414）	富里韩庆 （F3∶414）		
20	鸣沙里尚诩 （F3∶6）	☑宋章 （F3∶8）	富里李立 （F3∶8）	
21	三十井里赵诩 （F3∶26）	三泉里张建 （F3∶29）		
22	仁☑ （F3∶12）	孤山里张护 （F3∶365）	□□里朱嘉① （F3∶365）	
23	万岁里衣戎 （F3∶24）	广都里任当 （F3∶24）		
24	中宿里苏永 （F3∶413）	通泽里张宗 （F3∶413）		
25	累山里□□② （F3∶30＋21）	□□ （F3∶30＋21）		

---

① 此简释文字迹漫漶，整理者释作"中营右骑士"，暂从。

② 原释文有误，径改。

续表

	第一组骑士简册		
序数	右前骑士	左前骑士	中营右骑士	中营左骑士

序数	右前骑士	左前骑士	中营右骑士	中营左骑士
26		累山里祝隆 （F3：280）		
27	富里韩宫（F3：22）①	（左/右）前骑士肩水里刑并（F3：556） 肩水里冯阳（F3：31）②		

	第二组骑士简册		
右前骑士	左前骑士	中营右骑士	中营左骑士
仁里李恭 （F3：5）	阳里郑冯 （F3：99）	安乐里□▨ （F3：16）	鸣沙里尚尊 （F3：586）
富里凤当 （F3：9）	阳里张放 （F3：148）	平明里张宗 （F3：17）	富里宋多 （F3：15）
中宿里召永 （F3：363）	阳里张严 （F3：32）	富里赵腾 （F3：151）	白石里侯博 （F3：100）
中宿里郑并 （F3：399）	孤山里张护③ （F3：102）	中宿里郑忠④ （F3：248）	金城里左阳 （F3：351）
中宿里韩褒 （F3：406）	孤山里郭贺 （F3：367）	富里李▨ （F3：506）	
安国里史永 （F3：20）	阳里张丰 （F3：385）	中宿里郑戎 （F3：23）	
关都里李谊 （F3：47）	三泉里张建 （F3：387）	富里任并 （F3：398）	
中宿里单崇 （F3：241）			
中宿里刑戎 （F3：358）			
富里周并 （F3：554）			
	富里凤则（F3：531）	富里韩宫（F3：230）	

---

① 韩宫属富里无疑，简 F3：230 可证，但韩宫所属队列由于简残断难考，故列在最末。

② 刑并只能判断是右前或左前骑士，冯阳不能判断其队列，故一起列于表格最末。

③ 应为孤山里，原释文误，可与简 F3：102 对校。

④ 此简郑忠隶属编组残断，简 F3：23 有中宿里郑戎，属中营右骑士，两人或许是同族兄弟，故暂列郑忠为中营右骑士，便于讨论。

二 骑士简的籍贯

居延旧简中的骑士简基本出土于地湾和大湾，即肩水候官遗址和肩水都尉府遗址，居延新简中也出土了零星的骑士简。学界在讨论居延新旧简中的骑士籍贯时意见基本一致。李天虹教授认为：所有骑士名籍均不录郡、爵位、年龄。据县名，骑士都是张掖郡人。[①] 大庭脩将居延旧简中的骑士简进行了排列梳理，发现旧简中的骑士都来自张掖郡，他们的籍贯有氐池、骊得、日勒、番和、昭武等，但没有以居延开头书写的骑士，因此他判断居延旧简中"从简上端开始书写骑士，上部没有残损，因此从一开始就没有县名，我考虑这些有可能是居延骑士"。他将未书县名的骑士认定是居延骑士，认为只有这样才会只言里名而不引起混乱。[②] 李均明先生也认为：（居延旧简）所见边郡骑兵，主要来自张掖郡所属氐池、骊得、昭武县，冠以县名，或以县为单位组队，此名籍当为过境时留下的登记名单。[③] 沈刚先生关注了居延新简中带军队编制名称的骑士简，认为此类格式的简骑士身份信息并不完整，这种格式应和书有县名的骑士简册配合使用，身份信息完整的骑士简册具有备查案底的功能，只有编制信息和里籍的骑士简只能表明它们是一种特定用途的名籍。[④] 总之，以上诸家都认为居延旧简中的骑士都来自张掖郡，大庭脩还推论出未书县名只书里名的骑士来自居延县，其他学者则对只书里名的骑士籍贯未曾论及。沈刚先生虽注意到了居延新简中带编制的骑士简，也发现这类格式的骑士简只有里名未书县名，但他认为此类格式的骑士简只是一种有特定用途的名籍，其身份信息并不完整。

综合以上诸家的观点，笔者赞同大庭脩的论点。弱水流域出土的骑士简中，非居延籍骑士一般会写明他们的县级籍贯，如氐池骑士、骊得骑

---

① 李天虹：《居延汉简簿籍分类研究》，科学出版社2003年版，第18页。

② 大庭脩：《汉简研究》第四章《地湾出土的骑士简册》，广西师范大学出版社2003年版，第74—75页。

③ 李均明：《秦汉简牍文书分类辑解》，文物出版社2009年版，第354页。

④ 沈刚：《西北汉简所见骑士简二题》，《出土文献研究》（第十一辑），中西书局2012年版，第229—238页。

士、昭武骑士等，而以居延开头书写的骑士简则未见。通过分析金关 F3 出土骑士简之里名，我们发现这些"里"都属于居延县，故可知大庭脩氏的论点为真知灼见。

我们将金关 F3 所出骑士简中的"里"进行排比分析，通过里名的梳理可分析确定这些"里"都属于居延县，这批骑士的籍贯都是居延，试论证如下：

（1）广都里

73EJF3：273＋10　左前骑士广都里冯恭

73EJF3：24　……左前骑士广都里任当 乁

73EJF3：27……左前骑士广（都里）☒①

在金关简中，河南洛阳有广都里（T2：64）②，此简图版模糊、字迹漫漶，暂从原释者。居延有广都里（T9：18，T10：134，T22：120，T34：8）。金关简中的骑士基本来自张掖郡，此广都里当属居延县。

（2）▨都里③

73EJT3：7 右前骑士▨都里☒

73EJT3：7 右前骑士▨都里王☒

73EJF3：3 右前骑士▨都里任宪

73EJF3：11＋4　右前骑士▨都里赵严

73EJF3：415＋33　右前骑士▨都里李谊 乁

73EJF3：47 右前骑士▨都里李谊，毋马，十二月壬戌北出☒

金关简中有居延▨都里（T3：39，T26：56，C：594），居延新简中亦有居延▨都里（EPT51：356），此里名应属居延县。

（3）阳里

73EJF3：3 左前骑士阳里张严 乁

73EJF3：28 左前骑士阳里顾立　乁

73EJF3：32□骑士阳里张严　乁

---

① 此简下残，里名仅剩一字"广"，广都里骑士一般编在左前队列，推断此里为广都里，故列于此。

② 为使行文简洁方便，凡提到肩水金关汉简编号时，皆省略简号前面的 73EJ，非 73EJ 者才出完整简号。

③ 整理者原释作"关都里"，李洪财先生认为应为"▨都里"。详参李洪财《〈肩水金关汉简〉（伍）校读记（一）》，简帛网，http：//www. bsm. org. cn/show_ article. php？id＝2739。

73EJF3：415＋33　左前骑士阳里张丰 卩

73EJF3：99 左前骑士阳里郑冯　 𠂤

73EJF3：148 左前骑士阳里张放

73EJF3：362　　……中营左骑士阳里□□☑

73EJF3：366　　……左前骑士阳里张崇

73EJF3：385 左前骑士阳里张丰

金关简中有阳里的县有：雍县广昌乡阳里（T23：897），河东皮氏县阳里（T3：69），河内荡邑阳里（T3：83），颍川定陵阳里（T9：117），南阳郡杜衍阳里（72EDIC：1），南阳邓邑阳里（T4：40），居延县阳里（T9：50，T9：104，T10：30，T21：310＋314，T37：465，T37：1389，C：236），淮阳郡阳夏阳里（T31：145）。依据 F3 中的骑士皆来自张掖郡，则阳里应属居延县。

阳里骑士基本编在左前队列，[①] 并且张严、张丰、张放、张崇是同里同姓之人，可能是同宗或堂兄弟。居延新简中记载了阳里的大体位置：

延城甲沟候官第三十队长上造范尊，中劳十月十桼日，能书会计，治官民，颇知律令，文，年三十二岁，长桼尺五寸，应令，居延阳里，家去官八十里　　属延城部　　　EPT59：104

从上简可知，阳里距离甲沟候官 80 汉里。此简属新莽时期的简，王莽时将甲渠候官更名为甲沟候官，将居延都尉改为延城大尉，[②] 但此时居延县还未被改名，阳里距甲渠候官 80 汉里。

（4）中宿里

73EJF3：3　……中营右骑士中宿里郑戎　 卩

73EJF3：7＋360 右前骑士中宿里华赏 卩

73EJF3：23 中营右骑士中宿里郑戎　　·　 ☑

73EJF3：25＋543 右前骑士中宿里孙赏 卩

73EJF3：27 右前骑士中宿里单崇 卩

73EJF3：96 右前骑士中宿里刑戎

73EJF3：241 右前骑士中宿里单崇　 ☑

---

① 简 F3：362 有"中营左骑士阳里☑"，此处"阳里"由于简残缺，属整理者依残笔拟释，存疑。

② 李均明：《居延汉简编年——居延编》，新文丰出版公司 2004 年版，第 145 页。

73EJF3：358 右前骑士中宿里刑戎　　　·　　▢

73EJF3：363 右前骑士中宿里召永　　　　·　　▢

73EJF3：399 右前骑士中宿里郑并

73EJF3：406 右前骑士中宿里韩褒

73EJF3：413 右前骑士中宿里苏永

73EJF3：414 右前骑士中宿里徐严

金关简居延县有中宿里（T7：8、T7：53、T37：1057），居延旧简中也记载有居延中宿里（89.24），居延新简中多处提到居延中宿里（EPT2：40、EPT68：68、EPT68：107、EPT68：115、EPT68：139、EPF22：700），故此里应属居延县。

由以上诸简可知，中宿里骑士多编在右前队列。郑戎与郑并同里同姓，或许是同宗。中宿里的骑士姓氏较杂，姓氏分别有郑姓、华姓、孙姓、单姓、刑姓、召姓、韩姓、苏姓、徐姓，金关简中记载中宿里的人物还有：居延厨佐中宿里徐让（73EJT7：8），中宿里男子王长（73EJT23：260），中宿里公乘徐孺（73EJT37：1057）等，说明中宿里应是多姓聚居的里，居民来源相比单姓聚居的里可能更为复杂。居延旧简中记载了中宿里的大体位置：

▢（渠）候官穷虏燧长簪袅单立：中功五劳三月，能书会计治官民，颇知律令，文，年卅岁，长七尺五寸，应令，居延中宿里，家去官七十五里　　属居延部

89.24（A8 破城子出土）

从简 89.24 中可知居延中宿里距离甲渠候官 75 汉里。

（5）通泽里

73EJF3：11+4　　左前骑士通泽里李严　卩

73EJF3：413……左前骑士通泽里张宗

我们在金关简中未检索到通泽里，但居延新简中有如下一简，通泽里应当属居延县。

▢张掖郡居延通泽里大夫忠强年三十▢　　　　　　　　EPT17：27

（6）安乐里

73EJF3：11+4　　中营右骑士安乐里范良　卩

73EJF3：16 中营右骑士安乐里▢▢

73EJF3：415＋33　　……中营左骑士安乐里李丰　　卩　（简体涂红色）

73EJF3：416＋364　　……中营右骑士安乐里房阳 卩

金关简中有安乐里的县有：河南安乐里（T9：137），内黄北安乐里（T37：993），此处北安乐里或为北乡安乐里之省略，觻得安乐里（T9：123、T27：102、T37：827），氐池安乐里（T6：146、C：530），居延（都乡）安乐里（T5：27、T10：153、T10：340、T24：250、T25：15、T37：548），酒泉表是安乐里（T23：303、T37：529），会水安乐里（T26：120），赵国柏安乐里（T37：900）。可见安乐里是汉代比较常见的里名，此里名寓含祥意，许多县下均有此里。根据金关 F3 中的骑士都来自张掖郡居延县，则此处安乐里当属居延县。

（7）仁里

73EJF3：5 右前骑士仁里李恭　　▢

73EJF3：12 右前骑士仁▢

73EJF3：273＋10　　右前骑士仁里杨意 卩

金关简中未检索到仁里。根据这批编制骑士简中其他骑士皆来自居延县，则此处仁里亦可能属居延县。

（8）鸣沙里

73EJF3：6 右前骑士鸣沙里尚诩　　　卩

73EJF3：14A 右前骑士鸣▢

73EJF3：25＋543　　中营左骑士鸣沙里▢

73EJF3：586 中营左骑士鸣沙里尚尊▢

金关简中有居延鸣沙里（T9：119），居延新简中亦有数处居延鸣沙里的记载（EPT50：10、EPT59：1、EPT68：77、EPT68：110），故此里属居延县。

记载鸣沙里骑士的简只有 4 枚，且其中两简（F3：14、F3：25＋543）缺失姓名。从简中可知，鸣沙里骑士编在右前或中营左队列。尚诩和尚尊是同姓之人，或许是同宗，居延新简中记有一名尚姓小吏，简 EPT68：77 "甲渠守候长居延鸣沙里公乘尚林，年五十"，简 EPT68：110 "守候长居延鸣沙里尚林，私去署"，我们推测尚姓或许是鸣沙里的主要姓氏，尚姓有可能在这里聚族而居。居延新简中记载了鸣沙里的大体位置，简

EPT50：10 "☒居延鸣沙里，家去太守府千六十三里。"说明鸣沙里距离张掖太守府 1063 汉里。

（9）当遂里

73EJF3：7+360　左前骑士当遂里萧仁卩

金关简中居延县有当遂里（T37：32、T37：694、T37：1108），居延新旧简中亦有居延当遂里（55.6、244.8、515.2、EPT7：38、EPT10：42），此里应属居延县。

（10）广郡里

73EJF3：7+360　中营左骑士广郡里孙长

居延新简 EPT68：78 有"☒长居延广郡里公乘吕良，年五十，建武六年正月壬子除"，金关简 T10：265 有"从者广郡里杨圣，年廿三"，则广郡里当属居延县。

（11）富里

73EJF3：8 中营右骑士富里李立　　卩

73EJF3：9 右前骑士富里凤当　　　卩

73EJF3：15 中营左骑士富里宋多

73EJF3：28 右前骑士富里周护

73EJF3：96 中营左骑士富里宋多　卩

73EJF3：151 中营右骑士富里赵腾

73EJF3：230 ☒富里韩宫

73EJF3：416+364　右前骑士富里周并卩

73EJF3：366 中营右骑士富里任并

73EJF3：398 中营右骑士富里任并

73EJF3：414 左前骑士富里韩庆

73EJF3：506 中营右骑士富里李

73EJF3：531 ☒骑士富里凤则

73EJF3：554 右前骑士富里周并①

金关简中有富里的县有：河东皮氏富里（T14：5），河南新郑富里（T37：452），武威揩次富里（T24：63），张掖觻得富里（T1：20、T10：

---

① 原释文误为"富田里"，应为"富里"。

156、T24：239、T26：133、T37：968 + 1310、T37：992、T37：1446、C：428），昭武富里（T23：735、T37：1047、H2：21），居延（西乡）富里（T7：97、T10：287、T10：313①、T23：971、T23：973、T37：401 + 857 + 1473②、F3：371）。富里由于是单字里名，且含嘉意，在里名中较常见。张掖郡下觻得、昭武、居延均有富里，根据这批编制，骑士简中其他骑士皆来自居延县，则此处富里应属居延县。

从这些简中可以看出，富里骑士分别编在不同的队列。凤当、周护、周并编在右前队列，韩庆编在左前队列，李立、赵腾、任并编在中营右队列，宋多编在中营左队列。凤则的队列信息缺失，凤则和凤当是同姓，有可能是同宗，凤则极可能也编在右前队列。周护和周并也是同里同队列，两人或许也是同宗。从姓氏中可以看出，富里是众姓杂居的聚落，说明里民来源地广泛。

（12）遮虏里

73EJF3：273 + 10　中营右骑士遮虏里戴林卩

金关简中有居延县遮虏里（T9：332、T21：208），居延新简中亦有居延庶房里（EPT65：462），故此里应属居延县。《汉书·李陵传》曾提到遮虏障，"……诏陵以九月发，出遮虏障"。李陵矢尽被围时，"令军士持二升糒、一半冰，期至遮虏障者相待"。③《地理志》张掖郡"居延县"下颜师古注引阚骃云："武帝使伏波将军路博德筑遮虏障于居延城"，④ 可知遮虏障在居延城附近。居延旧简中还有遮虏田舍（127.7），遮虏卒（276.8），遮虏置（EPT65：315）等地名。

此骑士简册中记载遮虏里的骑士只有戴林一人，遮虏里作为乡里组织，或许距遮虏障不远。

（13）安国里

73EJF3：13 右前骑士安国里☑

73EJF3：281 + 18　中营右骑士安国里孙政　　　卩

---

① 简文为西乡。
② 简文为东乡。
③ 《汉书》卷54《李陵传》，第2451页。
④ 《汉书》卷28《地理志下》，第1613页。

73EJF3：20 右前骑士安国里史永　　乃 ☑

73EJF3：97 左前骑士安国里朱辅 卩

73EJF3：362 左前骑士安国里孙赦 卩

金关简中记载安国里的县有：河南洛阳安国里（T37：1209），河南县安国里（T33：31），觻得安国里（T3：17、T10：288、T24：815、T37：536、T37：779、F3：199），昭武安国里（F3：393）。金关简中居延县下未查到安国里，但居延旧简中有居延安国里（224.28），居延新简中也有居延安国里（EPT2：7、EPT68：4），考虑到这批骑士简中的其他骑士皆来自居延县，则此处安国里当属居延县。

（14）平明里

73EJF3：17 ☑ 中营右骑士平明里张宗　　　☑

金关简中记载有居延平明里（T37：160＋642、T37：833、T37：914、T37：1584、F3：107），此处里名当属居延县。

（15）孤山里

73EJF3：102 ☑孤山里张护①

73EJF3：281＋18 ……左前骑士孤山里郭贺……

73EJF3：365……左前骑士孤山里张护 卩……

73EJF3：367 左前骑士孤山里郭贺　　　☑

金关简中有居延孤山里（T4：57、T25：15、T30：23、T37：1430），居延旧简中亦有居延孤山里（3.19、71.55、188.32），则此里属居延县。

记载孤山里的骑士有郭贺和张护两人，他们都编入了左前队列。金关简中记载孤山里属都乡（都乡孤山里张辅，T25：15），都乡一般位于县治所在之乡，则孤山里处在居延县的中心地带。

（16）累山里

73EJT3：7 中营右骑士累山里亓褒

73EJF3：19 ☑ 左前骑士累山里苏庆　　（简体涂红色）

73EJF3：25＋543 左前骑士累山里卞党　　卩

73EJF3：28 中营左骑士累山里☑

---

① 原简释为累山里，误！当为孤山里，可与简 F3：365 对校。

73EJF3：98 左前骑士累山里许良卩

73EJF3：280 左前骑士累山里祝隆卩　　☑

73EJF3：359 左前骑士累山里樊戎卩

73EJF3：416＋364　左前骑士累山里萧霸卩

金关简中有居延累山里（T37：891、F3：558、D：17），居延旧简中亦记载有居延累山里（35.16，137.13，52.19）。此里当属居延县。

（17）万岁里

73EJF3：24 右前骑士万岁里衣戎

金关简中有觻得万岁里（T10：102、T23：59、T37：1104、F3：49＋581、D：62），昭武万岁里（T31：40、T37：1463、H2：17、F3：369），日勒万岁里（T37：1003），居延万岁里（T25：43、F3：101），表是万岁里（T24：366），赵国□陵万岁里（T37：231），居延旧简中也有东郡白马万岁里（EPT57：63），魏郡邺万岁里（EPT51：497）等。"万岁"寓含嘉意，为郡县常见里名。金关简中的骑士皆来自张掖郡，且张掖郡属县觻得、昭武、日勒、居延县下皆有万岁里。金关简 F3：101 记载"始建国二年十月甲寅，肩水掌官士吏恽受赍家居延万岁里衣戎，就人西道里王竟"，这批骑士简的年代为始建国二年（10）十一月，与简 F3：101 时代相同，且两简都出土于 F3 遗址，则两简中的衣戎当为同一人，此处的万岁里应属居延县。

居延地区与万岁相关的地名还有：万岁燧（264.3；217.22）、万岁燧仓（214.128）、万岁部（55.24；137.20）等。居延万岁里和万岁部、万岁燧是否有关系，目前的简牍材料还不能确定，俟以后资料丰富时再作进一步讨论。

（18）三十井里

73EJF3：26 右前骑士三十井里赵诩　　卩☑

金关简有居延卅井里（T6：130、T10：237、T10：392、T37：1509），且居延卅井县索关（T6：91、T23：15、T23：133、T24：237）为当时的重要关卡，常与肩水金关并称，悬索关和肩水金关一起组成了弱水流域的两处关隘，防备敌人入侵和检查吏民过往。卅井候官更是居延都尉府所辖的几个重要候官之一。此处的"三十井里"是新莽更改"卅井里"而来。

新莽时将"廿"写作"二十"，"卅"写作"三十"，此里属居延县，地望或许距卅井塞不远。

（19）三泉里

73EJF3：29 ☑左前骑士三泉里张建　　卩

73EJF3：387 ☑前骑士三泉里张建　闰月晦北出　　　☑

金关简中有南乡三泉里（T10：335），居延新简中有居延三泉里（EPT65：339、EPT65：372），三泉里应属居延县。三泉里骑士张建编入左前队列，破城子出土的居延旧简中有三泉亭（3.6），居延新简中也有三泉卒（EPT57：66）。三泉亭、燧位于甲渠候官辖区，三泉里或许也在此附近。

（20）肩水里

73EJF3：31 ☑骑士肩水里冯阳　　卩　☑

73EJF3：556 ☑前骑士肩水里刑并

金关简有居延肩水里（T9：228、T10：130、T23：763、T26：87、T37：456、T37：701），故此里属居延县。肩水里骑士冯阳和刑并，由于简的残断其队列信息缺失。额济纳汉简中也曾记载过一名肩水里骑士"左前骑士肩水里盖寫"（2000ES9SF4：31），[1] 肩水里并不在肩水候官和肩水都尉府附近，居延新简中记载了肩水里的地望：

☑囗会计知官民，颇知律令，文，年卅八岁，长七尺五寸，居延肩水里，家去官八十里，秩百石。　　　　　　　　　　　　　　　　　EPT3：3

上简记载了一名斗食吏，能书会计，明晓律令，年龄38岁，身高七尺五寸，家在居延肩水里，距离甲渠候官80汉里，俸禄百石。因此，肩水里距甲渠候官80汉里。

（21）昌里

73EJF3：34 ☑左骑士昌里徐☑

金关简有居延昌里（T8：5），居延旧简中亦有居延昌里（137.2、286.14、38.13、132.3），则昌里属居延县。

昌里骑士徐囗编在（中营）左队列。居延新简中有一简记载了昌里的

---

① 孙家洲主编：《额济纳汉简释文校本》，文物出版社2007年版，第90页。

地理位置"☐岁，长七尺五寸，居延昌里，家去官八十里"（EPT52：137），说明昌里距甲渠候官 80 汉里，和肩水里距甲渠候官的距离相等，两里或在同一地。

（22）诚里

73EJF3：96 左前骑士诚里马护 卩

诚里，或作城里、成里，金关简有居延诚里（T24：296、T24：304、T24：781、T25：55、T27：33），则此里属居延县。

（23）杂里

73EJF3：97 右前骑士杂里刑禁 卩

73EJF3：359 右前骑士杂里孙长

襍，即"褋""雜"之简体。金关简有居延杂里，写作居延襍里的简有（T9：73、T9：185），写作居延雜里的简有（T10：159、T37：393），故此里属居延县。

（24）千秋里

73EJT3：7 中营右骑士千秋里龙昌

73EJF3：97 中营左骑士千秋里孙章 丿

金关简有居延千秋里（T8：62、T23：1049、T37：757、T37：1000），觻得亦有千秋里（T4：45、T23：373、T37：984），根据 F3 所出编制骑士简中的其他骑士皆来自居延县，则此处千秋里应属居延县。

（25）延年里

73EJF3：98 右前骑士延年里杨放 卩

金关简中有钜鹿南缲延年里（T1：154），会水延年里（T15：6），居延东乡延年里（T37：753、T37：1325、F2：14、F3：138），根据这批编制骑士简的其他骑士来自居延县，可推知此里属居延县。

（26）金城里

73EJF3：98 中营左骑士金城里左阳 卩

73EJF3：351 中营左骑士金城里左阳

金关简有居延金城里（T9：281、T37：840、T37：1105 + 1315、T37：1185），此里属居延县。

（27）白石里

73EJT3：7……右前骑士白石里孟贺……

73EJF3：100 中营左骑士白石里侯博

73EJF3：359……中营左骑士白石里侯博 卩

73EJF3：361…… 左前骑士白石里郑立 卩

金关简中有居延白石里（T37：663），其他郡县皆无白石里，则白石里应属居延县。

（28）全稽里

73EJF3：361 右前骑士全稽里郭隆

73EJF3：362 右前骑士全稽里成功恭 卩

金关简中未检索到全稽里。但居延新简中有"右前骑士全稽里李口"（EPT14：13），居延旧简中也有"☒七尺三寸，居延全稽里，家去官十（里）☒"（136.2）。① 此简下残，若简文释读无误，则全稽里距甲渠候官10 汉里，距甲渠塞不远。

（29）龙起里

73EJF3：361 中营右骑士龙起里孙房 卩

金关简有居延龙起里（T6：41、T23：775、T37：418、T37：1491），此里属居延县。

（30）长乐里

73EJF3：366 右前骑士长乐里庄成 卩

金关简有居延长乐里（T7：91、T24：250、T37：765、T37：814、T37：1523、C：352），此里属居延县。

通过排比这些骑士的里籍我们发现：这批带有队列信息的骑士皆来自居延县，且同里之人往往编入同一队列。有些里中的骑士皆在同一队列，有些里中的骑士编在不同的队列。有些里出骑士多，有些里出骑士少，这或许是简残断或发掘不充分导致的。我们将骑士的里籍与队列关系列表如下（表2）：

---

① 简 136.2 下残，简文"十"疑似"七"，其后残断，故简文亦有可能是"☒七尺三寸，居延全稽里，家去官七（十里）☒"。如是，则全稽里距甲渠候官70 汉里。

表 2　　　　　　　　　　　　　　　骑士里名与队列关系①

序号	里名	队列	姓名
1	▨都里	右前骑士	任宪（F3：3）、赵严（F3：11+4）、李谊（F3：415+33）
2	中宿里	右前骑士	郑并（F3：399）、华赏（F3：7+360）、孙赏（F3：25+543）、单崇（F3：27）、刑戎（F3：96）、召永（F3：363）、韩褒（F3：406）、苏永（F3：413）、徐严（F3：414）
		中营右骑士	郑戎（F3：3）
3	仁里	右前骑士	李恭（F3：5）、杨意（F3：273+10）、□□（F3：12）
4	富里	右前骑士	凤当（F3：9）、周护（F3：28）、周并（F3：416+364）、凤则（F3：531）②
		左前骑士	韩庆（F3：414）、韩宫（F3：230）③
		中营右骑士	李立（F3：8）、赵腾（F3：151）、任并（F3：366）、李☑（F3：506）
		中营左骑士	宋多（F3：15）
5	杂里	右前骑士	刑禁（F3：97）、孙长（F3：359）
6	全稽里	右前骑士	郭隆（F3：361）、成功恭（F3：362）
7	鸣沙里	右前骑士	尚诩（F3：6）、□□（F3：14）
		中营左骑士	□□（F3：25+543）、尚尊（F3：586）
8	安国里	右前骑士	□□（F3：13）、史永（F3：20）
		左前骑士	朱辅（F3：97）、孙敄（F3：362）
		中营右骑士	孙政（F3：281+18）
9	万岁里	右前骑士	衣戎（F3：24）
10	三十井里	右前骑士	赵诩（F3：26）
11	延年里	右前骑士	杨放（F3：98）
12	长乐里	右前骑士	庄成（F3：366）

---

① 表中部分骑士在第一组简册和第二组简中皆出现，只录其在第一组简中出现时的简号。骑士的排列顺序按编制队列形式先右前，再左前，最后排中营骑士。

② 此简上部残断，凤则队列信息缺失。按同里同姓骑士多编在同一队列，我们暂将凤则列为右前骑士。

③ 此简上部残断，韩宫队列信息缺失。按同里同姓骑士多编在同一队列，我们暂将韩宫列为左前骑士。

续表

序号	里名	队列	姓名
13	阳里	左前骑士	张严（F3：3）、顾立（F3：28）、张丰（F3：415＋33）、郑冯（F3：99）、张放（F3：148）、张崇（F3：366）
		中营左骑士	囗囗（F3：362）①
14	孤山里	左前骑士	郭贺（F3：281＋18）、张护（F3：365）
15	累山里	右前骑士	囗囗（F3：30＋21）②
		左前骑士	苏庆（F3：19）、卞党（F3：25＋543）、许良（F3：98）、祝隆（F3：280）、樊戎（F3：359）、萧霸（F3：416＋364）
		中营左骑士	囗囗（F3：28）
16	通泽里	左前骑士	李严（F3：11＋4）、张宗（F3：413）
17	广都里	左前骑士	冯恭（F3：273＋10）、任当（F3：24）、囗囗（F3：27）
18	当遂里	左前骑士	萧仁（F3：7＋360）
19	三泉里	左前骑士	张建（F3：29）
20	诚里	左前骑士	马护（F3：96）
21	白石里	左前骑士	郑立（F3：361）
		中营左骑士	侯博（F3：100）
22	肩水里	☑（右）骑士	冯阳（F3：31）③、刑并（F3：556）④
23	安乐里	中营右骑士	范良（F3：11＋4）、囗囗（F3：16）、房阳（F3：416＋364）
		中营左骑士	李丰（F3：415＋33）
24	遮虏里	中营右骑士	戴林（F3：273＋10）
25	平明里	中营右骑士	张宗（F3：17）
26	龙起里	中营右骑士	孙房（F3：361）
27	广郡里	中营左骑士	孙长（F3：7＋360）
28	昌里	（中营）左骑士	徐囗（F3：34）
29	千秋里	中营左骑士	孙章（F3：97）
30	金城里	中营左骑士	左阳（F3：98）

----

① 此简下部残断，"阳里"亦为整理者据残余部分拟释。阳里其他骑士皆在左前队列，疑此处释读有误，暂从原释者。

② 此简原释文为"右前骑士累中宿北乡囗"，细察图版，里名笔迹模糊，且释文与骑士简文例不符，故根据图版径改为"累山里"。

③ 简 F3：31 上部残断，冯阳队列信息缺失。

④ 简 F3：556 上部残断，整理者释作"☑前骑士"。细察图版，"前"属于拟释，或误，亦可能是"☑右骑士"。

由表2可知，F3中的编制骑士简以右前骑士最多，中营骑士最少，这或许是部分简残缺或发掘不充分造成的。从表中我们可以看出中宿里、富里、阳里、累山里等里出骑士较多且骑士多编在某一队列中，编组较集中，如中宿里有9名骑士编在右前队列；富里有4名骑士编在右前队列，有4名骑士编在中营右队列；阳里有6名骑士编在左前队列；累山里也有6名骑士编在左前队列。有些里的骑士分别编在不同的队列，编组较分散，如安国里骑士分别编在右前、左前和中营右队列，白石里骑士编在左前和中营左队列等。

我们通过分析骑士的里名和军队编制发现：金关房址3（F3）出土的编制骑士简不仅这批骑士全部来自居延县，籍贯也是居延，而且同里之人往往编入同一队列，甚至同一队列中有同里同姓之人。如阳里骑士张严（F3：3）、张丰（F3：415+33）、张放（F3：148）、张崇（F3：366），他们都是阳里张姓之人，且都编入左前队列；富里骑士周并（F3：416+364、F3：554）、周护（F3：28）同里同姓，都编在右前队列；富里骑士凤当（F3：9）、凤则（F3：531）同里同姓，凤当在右前队列，凤则队列信息缺失，我们推测有可能也在右前队列；中宿里骑士郑戎（F3：3）、郑并（F3：399）同里同姓，分别在中营右和右前队列；鸣沙里骑士尚诩（F3：6）、尚尊（F3：586）同里同姓，分别编在右前和中营左队列；安国里骑士孙政（F3：281+18）、孙赦（F3：362）同里同姓，分别编在中营右和左前队列。我们将同里同姓骑士与队列的关系列表如下（表3）：

表3　　　　　　　　　　　　同里同姓骑士与队列关系

序号	里名	姓名	队列
1	阳里	张严（F3：3）、张丰（F3：415+33）、张放（F3：148）、张崇（F3：366）	左前骑士
2	富里	周并（F3：416+364）、周护（F3：28）	右前骑士
		凤当（F3：9）、凤则（F3：531）①	右前骑士
3	中宿里	郑戎（F3：3）	中营右骑士
		郑并（F3：399）	右前骑士
4	鸣沙里	尚诩（F3：6）	右前骑士
		尚尊（F3：586）	中营左骑士
5	安国里	孙政（F3：281+18）	中营右骑士
		孙赦（F3：362）	左前骑士

① 由于简F3：531上部残断，凤则队列信息缺失。按富里骑士周并、周护同姓氏同在右前队列，推断凤当、凤则亦可能在同一队列。

为什么同县之人往往在一起戍边，并且同里之人常编在同一队列呢？为何同一队列中甚至会出现同里同姓之人，他们是兄弟父子叔侄吗？《汉书·晁错传》中记载了晁错给皇帝所上的《募民徙塞下疏》，从中提到了募民戍边备胡的方案和意义：

> 陛下幸忧边境，遣将吏发卒以治塞，甚大惠也。然令远方之卒守塞，一岁而更，不知胡人之能，不如选常居者，家室田作，且以备之。以便为之高城深堑，具蔺石，布渠答，复为一城其内，城间百五十步。要害之处，通川之道，调立城邑，毋下千家，为中周虎落……塞下之民，禄利不厚，不可使久居危难之地。胡人入驱而能止其所驱者，以其半予之，县官为赎其民。如是，则邑里相救助，赴胡不避死。非以德上也，欲全亲戚而利其财也。此与东方之戍卒不习地势而心畏胡者，功相万也。以陛下之时，徙民实边，使远方无屯戍之事，塞下之民父子相保，亡系虏之患，利施后世……
>
> 古之制边县以备敌也，使五家为伍，伍有长；十长一里，里有假士；四里一连，连有假五百；十连一邑，邑有假候；皆择其邑之贤材有护，习地形知民心者，居则习民于射法，出则教民于应敌。故卒伍成于内，则军正定于外。服习以成，勿令迁徙，幼则同游，长则共事。夜战声相知，则足以相救；昼战目相见，则足以相识；欢爱之心，足以相死。如此而劝以厚赏，威以重罚，则前死不还踵矣。①

晁错认为让内郡的戍卒戍边，一年就轮换，他们并不了解匈奴的习性，不如选拔常居的士卒，在边境驻扎下来，建立家室，边耕田边戍边。为了防守之便，建立高城深堑，准备好蔺石和铁蒺藜，城内还要筑内城和防御的虎落。晁错认为要害之处的城邑要有千户人家居住和防卫，但边境苦寒荒凉，且有战争风险，从人的本性来讲是不愿意前往并久居的，晁错建议用厚利丰禄去招募和引导一批罪人、奴婢和欲获得高爵的平民，让他们在边境生活驻扎下来，给予比内郡优厚的待遇，使他们既能为保全财产亲戚而安居边疆，又能戍边御敌以确保国家的北疆安全。这与内郡士卒不熟悉边境形势而畏惧胡人的情形相比，要优胜许多。通过迁徙内郡百姓移

---

① 《汉书》卷49《晁错传》，第2289—2291页。

居边疆，使内地百姓没有戍边之苦，边塞的百姓又父子相保，不用担心被俘虏，因为朝廷会帮助赎回他们。这样就会使屯戍之事益省，输将之费益寡，既能减轻百姓的负担，又能节省国家的边防开支。

关于边县居民的组织形式，晁错建议实行什伍制，将百姓每家每户逐级编连起来，每一级之长都选择贤能有威望、熟习当地地形的人，平时教百姓操练，战时教百姓如何应敌。这样，边境百姓亦兵亦农，平时是卒伍编制，一遇战事则是战斗组织。这些百姓，少年时一起游玩，相互熟识，成年后则共同守边、一起御敌。夜晚作战凭声音就能分辨出是自己人，便会互相救助；白天作战眼睛就能看到是身边同伴，相互认识，他们有共同的感情，战争中定会勠力杀敌、拼死相救。如此，既用厚利厚禄劝导赏赐他们，又用重罚惩治威慑不法者，边境百姓平时则安心戍边、和平生产，战时则共同协作、相互救助、一起杀敌、共守边疆。

肩水金关遗址 F3 出土的编制骑士简册，这批骑士皆来自居延县，且同里之人多编入同一骑士队列，这批骑士应是汉武帝开辟河西以后，从内地迁徙来的百姓的子孙。从汉武后期到王莽时期已经一百余年，这些骑士应是移民者的后代，他们已成为居延人，从小生活在居延，熟悉这里的地理环境、风俗习惯，并且同里之人相互之间也熟识，他们有保家卫产的决心。将他们组织起来，并且同里之人多编在同一队列，他们是邻里乡亲，同姓之骑士有可能还是同宗同族，或兄弟，或父子叔侄，他们平时共同耕作、一起生产，战时则相互协作，勠力杀敌，共守家园。这批居延籍骑士的情况和《募民徙塞下疏》中晁错的建议正相吻合，说明了驻扎在居延的骑士主要来自当地的居民。

附记：拙文在写作及修改过程中，承蒙导师晏昌贵教授提示资料、耐心指导修改，复蒙鲁西奇教授就骑士编制惠示诸多宝贵意见，清华大学出土文献研究与保护中心博士后郭伟涛兄亦就相关问题提示建议，武汉大学史地所廉超、罗丹、梁振涛等博硕士同门在拙文讨论、修改过程中亦提供了诸多参考性意见，谨此一并致谢！又，拙文写作完成后，余旁听武汉大学简帛中心姚磊博士之学位论文答辩时，闻其有一章为《"骑士名籍"编连与研究》，后余与姚磊博士进行了沟通交流，复蒙姚博士惠赐博士学位论文得以拜读，姚文中所论骑士与拙文互有参差，为便交流，拙文悉存原貌，对姚文卓异之处概未引述吸收。谨志于此，以示余不敢掠人之美，请读者诸君明鉴！又，拙文原稿篇幅较长，应"凉州文化与丝绸之路国际学术研讨会"之盛情相邀，余对拙文进行了削减调整，将拙文中的"骑士编制""骑士简所反映的民族关系与边疆形势"予以抽除，保留骑士简的分组和籍贯，以使拙文容量适中、长短适宜。惟文中一切疏失，概由本人负责。

什伍制度与汉代基层社会管理

马智全

兰州城市学院

什伍制度是先秦时产生的社会组织形式，由于战国时秦的商鞅变法，什伍制度在加强基层社会管理方面发挥了重要作用。两汉时期什伍制度施行状况如何，由于史料的缺乏，认识还不够明晰。近年来，张信通先生《先秦秦汉的伍长和什长》利用史籍记载对秦汉什伍制度作了通论性考察，[①] 吴海燕、冯殿羽先生《魏晋南北朝"什伍"之制与乡村社会统治》也探究了秦汉时期的什伍制度，[②] 推进了对该问题的认知。不过从这种通论性的考察也可以看出，制约两汉时期什伍制度研究最主要的因素是材料的不足，因而认识还不够深入。值得注意的是，新近刊布的汉简文献《肩水金关汉简》《地湾汉简》记载了"什长"与"伍长"的称谓，对于研究汉代什伍制度的设置状况提供了新的资料，值得关注讨论。

一 先秦时期什伍制度的设立与社会管理的加强

什与伍，本是以计数而产生的单位名称。以伍人为一组织，称之为伍，《周礼·夏官·诸子》："合其卒伍。"郑玄注："军法百人为卒，五人为伍。"[③] 在普通民众管理上，以伍家为一组织，也称之为伍，《释名·释州国》："五家为伍，以伍为名也。"什的称谓与此相似，军事上以十人为

---

① 张信通：《先秦秦汉的伍长和什长》，《六盘水师范学院学报》2014 年第 2 期。

② 吴海燕、冯殿羽：《魏晋南北朝"什伍"之制与乡村社会统治》，《郑州大学学报》2003 年第 2 期。

③ （汉）郑玄注，（唐）贾公彦疏：《周礼注疏》，李学勤主编《十三经注疏》标点本，北京大学出版社 1999 年版，第 821 页。

一组织，《礼记·祭义》："军旅什伍。"孔颖达疏："五人为伍，二伍为什。"① 在普通民众管理上，以十家为一组织，《管子·立政》："十家为什，五家为伍，什伍皆有长焉。"② 以伍与什为单位计数便捷，便于管理，成了后世社会管理的一种组织形式。

从相关文献来看，先秦时期什伍制度起源甚早，《管子》的记载说明春秋时期已有其例。又《左传·襄公三十年》记载："子产使都鄙有章，上下有服；田有封洫，庐井有伍。"杜预注："使五家相保。"③ 可见郑子产执政时期施行"庐井有伍"的制度，从而加强了社会管理。

战国时期，什伍制度的作用进一步加强，特别是秦国商鞅变法，使什伍成了加强社会管理的重要方式。《史记·商君列传》："令民为什伍，而相牧司连坐。不告奸者腰斩，告奸者与斩敌首同赏，匿奸者与降敌者同罚。"可见什伍制度使民众互相担保，有罪连坐，无罪监视，管理十分严苛。关于"令民为什伍"，司马贞索隐引刘氏曰："伍家为保，十保相连。"张守节正义："或为十保，或为伍保。"④ 可见什伍组织主要是一种担保形式。《史记会注考证》："中井积德曰，五家为伍，十家为什，什犹保也，伍犹邻也，邻与保有亲疏，则连坐亦必有轻重。"⑤ 关于"而相牧司连坐"，司马贞索隐："牧司谓相纠发也，一家有罪而九家连举发，若不纠举，恐变令不行，故设重禁。"可见什伍组织互相监视，有罪连坐，形成休戚与共的集体。关于"不告奸者腰斩，告奸者与斩敌首同赏，匿奸者与降敌者同罚"，司马贞索隐："谓告奸一人则得爵一级，故云'与斩敌首同赏'也。"这是说什伍之内发现奸情要上报，如果发现不报，则会被腰斩，如果发现上报，则与斩敌立军功一样进行奖赏，这是奸罪告发制度。正是这种什伍之间的担保、监视、检举，使什伍制度发挥了重要的社会控制功用。

---

① （汉）郑玄注，（唐）孔颖达疏：《礼记正义》，李学勤主编《十三经注疏》标点本，北京大学出版社 1999 年版，第 1399 页。

② 黎翔凤撰：《管子校注》，中华书局 2004 年版，第 65 页。

③ （晋）杜预注，（唐）孔颖达疏：《春秋左传正义》，李学勤主编《十三经注疏》标点本，北京大学出版社 1999 年版，第 1122 页。

④ 《史记》，中华书局 1959 年版，第 2230 页。

⑤ （汉）司马迁撰，［日］泷川资言考证：《史记会注考证》，文学古籍刊行社 1955 年版，第 3403—3404 页。

先秦时期的什伍制度在组织民众团结御敌方面作用重要。汉初晁错《复论募民徙塞下书》说："臣又闻古之制边县以备敌也，使五家为伍，伍有长；十长一里，里有假士；四里一连，连有假五百；十连一邑，邑有假候：皆择其邑之贤材有护，习地形知民心者，居则习民于射法，出则教民于应敌。"① 所谓"古之制边县有备敌也，使五家为伍，伍有长"，就是指先秦时期什伍制度的实施。利用什伍制度将边民组织起来，便于备敌应战。

先秦时期的什伍组织，从积极方面讲，有利于社会的组织管理。《孟子·滕文公上》说："乡田同井，出入相友，守望相助，疾病相扶持，则百姓亲睦。"② 从消极方面说，商君之法苛察少恩，也深为后世所诟病。《盐铁论·周秦》说："今以子诛父，以弟诛兄，亲戚相坐，什伍相连，若引根本之及华叶，伤小指之累四体也。如此，则以有罪反诛无罪，无罪者寡矣。"③ 但作为一种社会管理的重要方法，先秦时期的什伍制度还是对后世产生了深远影响。

二 汉代什伍制度的施行

汉承秦制，秦时的法令政策在两汉得到了延续。不过由于汉初帝王将相能够借鉴秦的过失，革秦之弊，法令也有不少改进。对于什伍制度的弊端，汉初智略之士有清醒的认知，贾谊《过秦论》言："秦王怀贪鄙之心，行自奋之智，不信功臣，不亲士民，废王道，立私权，禁文书而酷刑法，先诈力而后仁义，以暴虐为天下始。"④ 正反映出汉人对商鞅什伍制度的反思。也正因如此，汉朝如何施行什伍制度进行社会管理就是值得关注的问题。

关于汉代社会基层管理，最重要的还是乡里制度的实施，《汉书·百官公卿表》谓："大率十里一亭，亭有长；十亭一乡，乡有三老、有秩、

---

① 《汉书》，中华书局 1962 年版，第 2289 页。
② （宋）孙奭疏：《孟子正义》，李学勤主编《十三经注疏》标点本，北京大学出版社 1999 年版，第 137 页。
③ 王利器：《盐铁论校注》，中华书局 1992 年版，第 585 页。
④ 《史记》，第 283 页。

啬夫、游徼。三老掌教化。啬夫职听讼，收赋税。游徼徼循禁贼盗。"① 因此汉代基层社会的管理，乡官发挥了重要作用。里有里长，也是社会组织的重要形式。而在乡官里正的组织管理之下，一些史籍材料也反映出两汉什伍制度的存在。

西汉初年，律令制度的制定是执政者关心的要事。《汉书·高帝纪》说："初，高祖不修文学，而性明达，好谋，能听，自监门戍卒，见之如旧。初顺民心作三章之约。天下既定，命萧何次律令，韩信申军法，张苍定章程，叔孙通制礼仪，陆贾造《新语》。"② 律令的制定是政治稳定的重要基础。从张家山汉简记载来看，吕后时《二年律令》已经有什伍制度的反映。

> 《二年律令·□市律》："市贩匿不自占租，坐所匿租臧（赃）为盗，没入其所贩卖及贾钱县官，夺之列。列长，伍长弗告，罚金各一斤。"（260 简）③

这是汉初吕后二年律令规定的内容，如有贩卖不如实申报的情况，要以坐赃论罪，将贩卖物及钱财没入官。如果列长、伍长不向上级报告，则要罚金各一斤，说明汉初已有伍的设置，伍长作为基层小吏在社会管理中发挥着一定作用。

西汉中期，史载一些郡守执政重视什伍制度，反映出汉代基层社会管理的状况。《汉书·黄霸传》：

> 太守霸为选择良吏，分部宣布诏令，令民咸知上意，使邮亭乡官皆畜鸡豚，以赡鳏寡贫穷者。然后为条教，置父老、师帅、伍长，班行之于民间，劝以为善防奸之意，及务耕桑，节用殖财，种树畜养，去食谷马。米盐靡密，初若烦碎，然霸精力能推行之。④

这是汉宣帝时黄霸设置"伍长"的记载，黄霸作为颍川郡太守，重视

---

① 《汉书》，第 742 页。
② 同上书，第 80—81 页。
③ 张家山二四七号汉墓竹简整理小组：《张家山汉墓竹简》，文物出版社 2006 年版，第 44 页。
④ 《汉书》，第 3629 页。

教化，设置了"父老、师帅、伍长"等职务，班行于民间。从"置"字来看，似乎"伍长"的设置是黄霸任郡太守时的特殊情况，不过也有可能是黄霸对"伍长"作用的加强，也就是"劝以为善防奸之意"，以及"务耕桑，节用殖财，种树畜养，去食谷马"等各种杂事。这应是让伍长负责管理基层事务，是伍的组织作用的体现。《汉书·尹翁归传》：

> "治如在东海故迹，奸邪罪名亦县县有名籍。盗贼发其比伍中，翁归辄召其县长吏，晓告以奸黠主名，教使用类推迹盗贼所过抵，类常如翁归言，无有遗脱。"

这是汉宣帝时尹翁归试守右扶风时的治迹，所谓"盗贼发其比伍中"，指盗贼发现于基层，颜师古注："五家为伍，若今五保也。"[1] 因此，"比伍"其实也是"伍"社会组织形式的体现。《汉书·韩延寿传》：

> 延寿为吏，上礼义，好古教化，所至必聘其贤士，以礼待用，广谋议，纳谏争；举行丧让财，表孝弟有行；修治学官，春秋乡射，陈钟鼓管弦，盛升降揖让，及都试讲武，设斧钺旌旗，习射御之事，治城郭，收赋租，先明布告其日，以期会为大事，吏民敬畏趋乡之。又置正、五长，相率以孝弟，不得舍奸人。

这是汉宣帝时韩延寿任郡太守时实施教化的政策，所谓"又置正、五长"，颜师古注："正若今之乡正、里正也。五长，同伍之中置一人为长也。"[2]可见也是对"伍"这一组织的重视。而伍的作用，是"相率以孝弟，不得舍奸人"，则是重视伍的教化和监督作用。

上面三个例子是西汉中期宣帝时的材料，西汉后期也有什伍制度的反映。《汉书·尹赏传》：

> "乃部户曹掾史，与乡吏、亭长、里正、父老、伍人，杂举长安中轻薄少年恶子，无市籍商贩作务，而鲜衣凶服被铠扞持刀兵者，悉籍记之，得数百人。"

---

① 《汉书》，第3208页。
② 同上书，第3211页。

尹赏，汉成帝时守长安令，他部署户曹掾史，以及乡、亭、里诸吏检举恶少年，其中基层吏员有"伍人"，颜师古注说："五家为伍，伍人者，各其同伍之人也。"① 尹赏利用什伍制度，检举无赖少年，是什伍制度在社会管理中的应用。

新莽时期，什伍制度仍用于社会管理。如天凤年间币制改革，为防止私铸钱币，王莽下令互相检举，《汉书·食货志》："私铸作泉布者，与妻子没入为官奴婢；吏及比伍，知而不举告，与同罪。"② 这也是什伍制度施行的体现。王莽重视什伍的检举作用，《汉书·王莽传》："民犯铸钱，伍人相坐，没入为官奴婢。其男子槛车，儿女子步，以铁锁琅当其颈，传诣钟官，以十万数。"③ 所谓"伍人相坐"，就与商鞅时的连坐制度相似，一人犯坐铸钱，同伍之人也要坐罪，没入为官奴婢，可见什伍制度的严格施行。

东汉时期什伍制度仍然在发挥作用，史传文献有明确记载。《后汉书·百官志》："里有里魁，民有什伍，善恶以告。本注曰：里魁掌一里百家。什主十家，伍主五家，以相检察。民有善事恶事，以告监官。"④如是，什伍制度责任更加明确，里、什、伍构成基层社会管理的系统体系。而什伍组织的作用也很明确，主要是互相监察，如什伍之内有善事恶事，都要向上级官吏汇报，可见是什伍组织监伺作用的发挥。

东汉时什伍设置也见于其他文献。仲长统《昌言·损益篇》说："不为编户一伍之长，而有千室名邑之役。""一伍之长，才足以长一伍者也；一国之君，才足以君一国者也。"都强调"一伍之长"是社会最基层的管理者。针对当时懈惰民风，提出："明版籍以相数阅，审什伍以相连持。"也是要运用什伍制度加强社会管理。又提出搜罗人才的办法，说："丁壮十人之中，必有堪为其什五之长，推什长已上，则百万人也。"⑤ 也可见什伍制度的施行。而"什长"的称谓，也是强调社会管理的基层性。

东汉什伍制度的实行，还见于碑文记载，南阳出土的《东汉张景造土

---

① 《汉书》，第3674页。
② 同上书，第1184页。
③ 同上书，第4167页。
④ （宋）范晔：《后汉书》，中华书局1965年版，第3625页。
⑤ 严可均辑：《全上古三代秦汉三国六朝文》，中华书局1958年版，第950页。

牛碑》："愿以家钱，义作土牛，上瓦屋、栏楯、什物，岁岁作治。乞不为县吏、列长、伍长、征发小繇。"①县吏、列长、伍长，均为当时存在的职官名，"伍长"自然是当时什伍制度实施的反映。

三　简牍文献中的什伍组织

从上述史籍记载来看，尽管有关什伍的材料比较零散，但都反映出两汉时期什伍制度仍在基层发挥着作用。那么，在具体的基层社会管理史料中，有没有什伍制度的明确记载呢？幸运的是，近年来新刊简牍文献中，发现了有关"伍长"与"什长"的名籍记载，具有重要认识价值。

　　·右伍长　　73EJT23：779②

　　■右伍长柳应☐　　73EJT30：158

　　■右伍长董信☐　　73EJT30：159

　　■右伍长王廷年☐　　73EJH1：56

　　　　年廿五　　　练袭一领白布单衣　革履一两

万年里任广汉大奴据　　　车牛一两　　　　·右伍长卩

　　　　墨色　　　一领布袜一两　　　　73EJT23：975

　　■右第十伍长　　86EDT5H：42③

　　以上6枚汉简，是近年来新刊布肩水金关汉简和地湾汉简中的资料，都记载了"伍长"的称谓，值得关注。其中前5枚汉简出自肩水金关遗址，主要是西北边关的名籍登记。简73EJT23：779"右伍长"，应是对"伍长"名籍的登记，可见"伍长"是需要登记的一种社会身份。简73EJT30：158、73EJT30：159、73EJH1：56均是"伍长"的名籍，说明"右伍长"的情况，应该是册书的组成部分。简73EJT23：975是"万年里任广汉大奴据"的名籍，记载了大奴据的畜力车辆及衣物情况。最后说明身份"右伍长"，也是社会身份记载。又新近刊布的地湾汉简86EDT5H：

---

① 郑杰祥：《南阳新出土的东汉张景造土牛碑》，《文物》1963年第11期。
② 甘肃简牍保护研究中心等编：《肩水金关汉简（贰）》，中西书局2012年版。
③ 甘肃简牍博物馆等：《地湾汉简》，中西书局2017年版。

42 记载了"右第十伍长",也具有丰富的含义。与前述汉简"右伍长"的记载相比,"右第十伍长"多了编号,可见"伍长"也可依序列编号,似乎反映了多个"伍"进行管理的情况,与边塞汉简中的车夫简编号情况相类似。[1]

> 什长耿凤及敌同产弟田卒马适恭辞皆曰,敌素贫□　86EDT5H：47

本简也出自地湾,从简文内容来看,应是爰书性质,是什长耿凤与田卒马适恭对敌的经济状况的说明,认为敌"素贫"。简文下残,敌的身份不明。不过在同遗址发现的简文字迹相似的另一枚简或许与此简相关：

> 敢言之右前行候长事临泽燧长敌南部　86EDT5H：55

因为二简简形与文字书写风格相似,所以二简有可能属同一册书。如果二简中的敌是同一人,那么可知敌是一名边塞低级戍吏,职任燧长。边塞汉简中关于燧长贫寒的记载多见,如居延新简 EPT40：9 说："燧长陈尚焦永等贫困。"EPT59：56 为候长上都尉府书,说"部吏多贫急",也是指燧长等而言。甚至还有燧长因贫寒而罢休者,如 EPF22：296—298、EPF22：301—303 记载了六位燧长因"贫寒罢休"的情况。[2] 那么,前简中的"什长耿凤"与"同产弟田卒马适恭"证明"敌素贫□"可能与临泽燧长敌能否任职相关。

需要进一步探究的是,要证明"敌素贫□",所选的两个证人都与"敌"有特殊关系,一是"什长",应是与敌长期生活的人员,也符合"什长"的管理职责。另一位是敌的同产弟,自然是敌经济状况的知悉者。地湾汉简的时代主要是西汉中后期,最晚纪年为东汉建武三年(86EDT7：4),因此前简记载"什长耿凤"应以西汉中后期可能性较大,反映出汉代确有"什长"的设置,而且什长可以作为证明人证明所辖人员的经济状况,则什长在基层社会管理中发挥着一定作用。

关于东汉什伍制度的设置,还见于甘谷汉简的记载：

---

[1] 李均明：《"车父"简考辨》,《简牍学研究》第二辑,甘肃人民出版社 1998 年版。
[2] 钟良灿：《〈居延新简〉所见"寒吏"》,《南都学坛》2015 年第 2 期。

☑广陵令解登、巨鹿鄩守长张建、广宗长□□福登令曹掾许敦、门下吏彤石、游傲龙进☑

兵马徐、沙福亭长樊赦等，令宗室刘江、刘俞、刘树、刘举等，著赤帻为伍长，守街治滞□□☑　　　《散见简牍合辑》37①

该简册是东汉延熹元年（158）的一封奏书，说东汉末年刘姓宗室受到欺凌，应该得到尊重，简文中提到了宗室"刘江、刘俞、刘树、刘举等，著赤帻为伍长，守街治滞"，就是让这些宗室戴上红色头巾，任伍长而从事监察职事，可见伍在东汉后期还有设置。

因此，对于汉代基层社会管理，尽管史籍主要记载的是乡里制度的施行，特别是乡三老、有秩、啬夫、游徼的管理，构成汉代基层社会管理的主要方面。但我们通过史籍记载和出土文献可以看出，产生于先秦时期的什伍制度，在两汉社会管理中仍然发挥着一定作用。边塞汉简对伍长多有记载，说明伍的制度在边疆社会有所施行。地湾汉简中的"什长"作为证明人证实管辖人员经济贫困的情况，也是什伍制度实施的证明。甘谷汉简记载伍长"守街治滞"，并且"著赤帻"，从事基层社会管理。简牍文献中关于什伍制度的记载尽管零散，仍然是认识汉代基层社会管理的重要资料，值得关注。

---

① 李均明、何双全编：《散见简牍合辑》，文物出版社 1990 年版，第 6 页。

十二生肖源流补说

孙占宇

兰州城市学院简牍研究所

十二生肖是广泛流行于亚洲各国、各民族间的一种重要民俗文化事象。其中以中国汉族的十二生肖（以下所称"十二生肖"指此）最具代表性和影响力，内容主要包括两个方面：第一，以鼠、牛、虎、兔等动物（灵物）分别与十二支对应，用于纪年，特别是标志人的生年；第二，以某年或某人所属生肖为基础，配合五行生克原理，用于推算年命、合婚择日、占卜休咎等数术活动。

关于十二生肖的来源，前人多持"外来说"。唐代僧人道世《法苑珠林》引《大集经》云："此之十二兽，并是菩萨慈悲化导，故作种种人畜等形，住持世界，令不断绝。故人道初生，当此菩萨住窟，即属此兽，护持得益。是故汉地十二辰兽依此而行，不异经也。"① 清代学者赵翼认为西汉以前尚未用甲子纪岁，十二辰配禽又首见于东汉王充《论衡·物势》等篇，"是后汉时其说甚行，更推之汉以前则未有言及者，窃意此本起于北俗，至汉时呼韩邪款塞，入居五原，与齐民相杂，遂流传入中国耳。"② 法国汉学家沙畹则对道世与赵翼的观点兼收并蓄，但"更倾向于认为十二生肖的真正发明者是突厥人"。③ 郭沫若认为"此肖兽之制不限于东方，印度、巴比仑、希腊、埃及均有之，而其制均不甚古，无出于西纪后百年以

---

① （唐）释道世：《法苑珠林》卷30《主持篇·罗汉部》，《大正新修大藏经》第53册，新文丰出版公司1983年版，第511页。

② （清）赵翼著，栾保群、吕宗力校点：《陔余丛考》卷34《十二相属起于后汉》，河北人民出版社1990年版，第599页。

③ ［法］沙畹：《沙畹汉学论著选译》，邢克超等译，中华书局2014年版，第311页。

上者。意者此殆汉时西域诸国仿巴比伦十二之宫而制定之，再向四周传播也"。[1]

近三十多年来，随着睡虎地秦简、放马滩秦简及孔家坡汉简诸日书"占盗"篇的相继面世，其中"十二禽（物）"与后世生肖大体相似（见表2），李学勤、于豪亮、饶宗颐皆指为十二生肖的源头，[2] 得多数学者认同，但仍有不少人坚持十二生肖来自域外。[3] 另外，关于十二生肖的形成过程、对外传播等问题，前人所述亦未详备。因此，有关十二生肖的多个问题，仍有进一步探讨的必要。

如前所述，十二生肖的核心是：一，与十二支相配，用于纪年；二，与五行结合，用于卜算。准此，后文讨论亦主要围绕两个方面展开。

一 黄道十二宫与生肖无关

古巴比伦黄道十二宫起源甚早，在公元前2100年前后的楔形文字泥版中，就有其雏形。公元前1300年前后，黄道十二宫传入小亚细亚东部的赫提特，公元前800年以后传入希腊。黄道十二宫最初为十二种图形，中世纪后期演化为十二个符号。现存最完整的十二宫图形见于古埃及顿德拉神庙中的穹顶石雕。[4] 见图1：

---

① 郭沫若：《甲骨文字研究·释干支》，《郭沫若全集》考古编第一卷，科学出版社1982年版，第332页。

② 李学勤：《干支纪年和十二生肖起源新证》，《文物天地》1984年第3期；于豪亮：《秦简〈日书〉纪时纪月诸问题》，《于豪亮学术文存》，中华书局1985年版，第162页；饶宗颐：《云梦秦简日书研究》，见饶宗颐、曾宪通《楚地出土文献三种研究》，中华书局1993年版，第427页。

③ 李树辉：《十二生肖的起源及其流变》，《喀什师范学院学报》1999年第1期；马英昌：《中国十二生肖起源探微》，《西北师大学报》1999年第4期；孔庆典：《十世纪前中国纪历文化源流——以简帛为中心》，上海交通大学博士学位论文，2009年，第38页。

④ 自19世纪以来，学术界主流观点认为埃及的黄道十二宫是古代两河流域和希腊影响的产物。此说见夏鼐《从宣化辽墓的星图论二十八宿和黄道十二宫》，《考古学报》1976年第2期；颜海英《古埃及黄道十二宫图像探源》，《东北师大学报》2016年第3期。

图 1　古埃及顿德拉神庙石雕中的黄道十二宫图像①

此一石雕原置于埃及顿德拉神庙（建于公元前 120 年至公元 34 年之间），现藏法国卢浮宫。图像呈圆形，可由内而外分为四层，黄道十二宫分布在第二至三层。此十二宫图形与现今流行的十二星座图像大体接近，其名称历来译法不一，今通名作白羊、金牛、双子、巨蟹、狮子、室女、天秤、天蝎、人马、摩羯、宝瓶及双鱼十二宫（座）。

郭沫若《释干支》一文认为甲骨文所见未、午、巳、辰、卯、寅、丑、子、亥、戌、酉、申十二辰，或在字义上与上述十二宫名称相通，或在字形上与十二宫符号相似，因此他认为中国十二辰应源自古巴比伦黄道十二宫。鉴于十二辰与十二生肖密不可分的关系，郭氏又推测十二生肖亦来自古巴比伦，后以西域民族为中介，传播至中原。

我们认为，郭沫若对于十二辰字义与巴比伦十二宫图形的比附，还有不少可商之处。如郭氏认为"巳"之古文作"子"，当于希腊之双子座。②验之以前引顿德拉神庙黄道十二宫图像，可见双子宫的早期形象实为一男一女，并非两个男子，译成于唐代的佛经《宿曜经》及《七曜攘灾决》中

---

① 此图采自颜海英《古埃及黄道十二宫图像探源》，《东北师大学报》2016 年第 3 期。

② 郭沫若：《甲骨文字研究·释干支》，《郭沫若全集》考古编第 1 卷，第 246 页。

就分别称之为"男女"或"阴阳"（见表1），亦可证。郭氏又说"未"之本义为穗，而巴比伦之白羊宫乃合希腊之牡羊座（中国之胃、娄）与 Catus（中国之廥积）而成，前者意为"农夫"，后者意为"田圃"。"与此未之为穗，意既相近，与中国之星象则尤为切合。《天官书》曰'娄为聚众，胃为天仓，其南众星为廥积'，星象皆系农事。"因此，古文"未"乃是白羊宫之像。① 其引申迂回曲折，似有牵强附会之嫌。另外，郭氏对于十二辰字形与希腊十二宫符号的比附，也存在一定问题。如郭氏说"卯"之骨文与希腊狮子座符号类似，"申"之骨文与双鱼座符号同义，"酉"之骨文像壶尊之形，当是水瓶座。② 但希腊十二宫符号系由巴比伦十二宫图形简化、抽象而来，时代较晚，最早见于中世纪晚期的抄本，③ 其时中国十二辰早已出现。凡此种种，足证郭氏之说难以完全采信。郭氏作《释支干》时，正值安特生等人基于考古发现而主张的"中华文明西来说"盛行，④ 故而不少研究者言必称希腊、罗马乃至巴比伦、埃及。此乃一时之学术风尚，后学者须明辨之，慎思之。⑤ 更为重要的是，无论古巴比伦或古希腊的黄道十二宫，虽然一开始就与星占等数术结合，但它一直是用来纪月的（并且是跨越历法月的"星命月"），从未用于纪年。如果我们将黄道十二宫名称与十二生肖顺次比较，除白羊—未羊外，其余均不相合。退一步，如果单以其中羊、牛、蟹、狮、蝎、马、鱼七种以动物命名者与十二生肖比较，相合者也只有羊、牛、马三种。因此，将它作为中国十二生肖的起源，难以令人信服。

目前，我们尚无法从考古资料及文献记载中看到古巴比伦或希腊文化直接影响秦汉西域民族的有力证据。如果仅从文献记载来看，有关黄道十二宫的知识是经由印度传入中国的。一般认为，印度自公元前 4 世纪末开

---

① 郭沫若：《甲骨文字研究·释干支》，《郭沫若全集》考古编第 1 卷，第 269 页。

② 同上书，第 246—247 页。

③ 夏鼐：《从宣化辽墓的星图论二十八宿和黄道十二宫》，《考古学报》1976 年第 2 期。夏氏所据为《英国百科全书》1964 年修订版，第 960 页。

④ 郭沫若主张距今四五千年前中国与巴比伦及中亚已有文化交流，就是受到安特生的影响。见前引郭书第 327—328 页。

⑤ 郭沫若后来（1952）也说："《释干支》篇所谈到的十二支起源问题，在今天看来依然是一个谜。我把它解释为起源自巴比伦的十二宫，在今天虽然还是没有更好的直接物证，但也没有更坚实的反证……希望在地下发掘有系统地广泛开展的时候，能够得到更多的证明。"见前引郭书第 2 页。

始与希腊直接接触，至公元前 2 世纪前后，希腊黄道十二宫传入印度，出现在一些佛教经典中。[①] 迟至隋代，才经过佛经的汉译，被介绍到中国，其名称略如表 1。

表1 　　　　　　　　　　汉译佛经中的黄道十二宫[②]

汉译佛经名称	汉译时间	白羊	金牛	双子	巨蟹	狮子	室女	天秤	天蝎	人马	摩羯	宝瓶	双鱼
《大方等日藏经》	6 世纪	特羊	特牛	双鸟	蟹	师子	天女	秤量	××	射	摩羯	水器	天鱼
《宿曜经》	785 年	羊	牛	媱	—	狮子	女	秤	蝎	弓	—	瓶	鱼
《宿曜经》	785 年	—	—	男女	—	—	双女	—	—	—	摩羯	宝瓶	—
《支轮经》	10 世纪末	天羊	金牛	阴阳	巨蟹	—	双女	天秤	天蝎	人马	摩羯	—	双鱼

表 1 中十二宫名称还不完全统一，当是翻译者不断调适印中文化差异的结果，但从中仍可窥见十二宫传入印度后并未经过太多本土化改造。翻检上引经文，其中十二宫仍用于纪月（星命月），并未纪年。值得注意的是，黄道十二宫系由《大方等日藏经》最早介绍到中国的。其翻译者那连提黎耶舍乃北天竺乌苌国人，年十七发意出家，四处游方，后因突厥之乱，于高齐天保七年（556）来到中原，至隋开皇年间译成此书。可见十二宫知识来华，甚至未经过西域民族的中介。

综上所述，我们认为中国十二生肖、十二辰与古巴比伦及希腊的黄道十二宫并无明显渊源关系。

二　十二生肖形成于东汉中期

放马滩秦简《十二支占盗》、睡虎地秦简《盗者》及孔家坡汉简《盗日》等篇中皆见一种以十二禽（物）配合十二支占卜盗者的方术，论者多指此十二禽（物）系后世十二生肖之源头。在放马滩秦简《黄钟》篇中还有一种占卜病祟的数术，其中在"旦至日中"时段与十二律搭配使用的十二禽与十二生肖尤为接近。由于十二律与十二支在秦汉时已有了固定搭配

---

① 夏鼐：《从宣化辽墓的星图论二十八宿和黄道十二宫》，《考古学报》1976 年第 2 期。
② 此表采自夏鼐《从宣化辽墓的星图论二十八宿和黄道十二宫》，《考古学报》1976 年第 2 期。

关系，故此篇中的十二禽亦可以与十二支相配。

兹将上述材料中所见十二禽（物）与后世十二生肖做一比较，列表如下。

表 2　　　　　　　　　　日书十二禽（物）与十二生肖比较

十二支	子	丑	寅	卯	辰	巳	午	未	申	酉	戌	亥
放马滩秦简《十二支占盗》	鼠	牛	虎	兔	虫	鸡	马	羊	石	鸡	犬	豕
放马滩秦简《黄钟》	鼠	牛	虎	兔	龙	雉	马	羊	王龟	鸡	犬	—
睡虎地秦简《盗者》	鼠	牛	虎	兔	—	虫	鹿	马	环	水	老羊	豕
孔家坡汉简《盗日》	鼠	牛	虎	鬼〈兔〉	虫？	虫	鹿	马	玉石	水日	老火	豕
后世十二生肖	鼠	牛	虎	兔	龙	蛇	马	羊	猴	鸡	狗	猪

表 2 所见十二支配禽（物），可据其出土地分作秦、楚二系。在楚系的睡虎地简与孔家坡简中，只有子鼠、丑牛、寅虎、卯兔（孔家坡汉简字作“鬼”，整理者以为系“兔”之误抄，今从之）、亥豕五组与后世完全一致。巳之配禽为“虫”或“蛇”，于豪亮指出，“《说文·虫部》：‘古虫虫不分。’而虫字下云：‘虫，一名蝮。’蝮是一种毒蛇，因此‘巳，虫也’，实际上是巳为蛇”。[1] 巳之配禽，睡虎地秦简无说，孔家坡汉简中相应之字笔画不全，整理者拟作“虫”，此处存疑。其余午、未之配禽，皆作“鹿”“马”；申之配物，一作“玉石”，一作“环”；酉之配物，一作“水”，一作“水日”；戌之配禽（物），一作“老羊”，一作“老火”。皆与后世迥异。于豪亮曾指出“环”可读为“猨”，猨即猿；“水”可读“雉”，雉即野鸡。饶宗颐也曾读“水”为“隼”，并引《古今注》“狗，一名老羊”之说，将“老羊”训为狗。[2] 但我们看到申之配物皆与“石”相关，酉之配物皆与“水”相关，戌之配禽（物）皆突出其“老”，自成体系，似乎另有所本。值得重视的是，隋萧吉《五行大义》所引三十六禽“异说”中也有申配“死石”，戌配“死火”或“死金”之例，其他还有未配

---

① 于豪亮：《秦简〈日书〉纪时纪月诸问题》，《于豪亮学术文存》，中华书局 1985 年版，第 162 页。下同不注。

② 饶宗颐：《云梦秦简日书研究》，饶宗颐、曾宪通《楚地出土文献三种研究》，中华书局 1993 年版，第 428 页。

"老木"，酉配"死石""死土"，亥配"朽木"等，① 皆明显超出了"禽"的范畴，当是五行说的遗留。因此，对于申、酉、戌三支所配之物，不宜强解作禽名。②

在秦系的放马滩简中，已有子鼠、丑牛、寅虎、卯兔、午马、未羊、酉鸡、戌犬、亥豕等九组与后世完全一致。辰之配禽，《十二支占盗》作"虫"，但《黄钟》又作"龙"，与后世一致。其余巳之配禽，一作"鸡"，一作"雉"；申之配禽（物），一作"石"，一作"王龟"。皆与后世不同。

由上可见，虽然楚系日书中的十二禽（物）尚与后世十二生肖存在较大差异，但秦系放马滩日书中的十二禽（物）已与十二生肖十分接近，两者之间的亲缘关系是显而易见的。而且，在放马滩秦简日书《十二支占盗》及睡虎地秦简日书《盗者》篇中，已经有了十二禽（物）与五行搭配的迹象，这一点并没有引起前人足够注意。

放马滩秦简日书《十二支占盗》篇中对盗者进入宅院行窃的方向多有占测，列表如下：

表3　　　　　放马滩秦简日书《十二支占盗》篇所见入盗方位

十二支	子	丑	寅	卯	辰	巳	午	未	申	酉	戌	亥
十二禽（物）	鼠	牛	虎	兔	虫	鸡	马	羊	石	鸡	犬	豕
入盗方位	—	北	东	东	东	—	南	南	西	西		

从秦汉时期广泛流行的"日廷图"（即十二辰方位图）来看，亥、子、丑三辰在北方，属水；寅、卯、辰三辰在东方，属木；巳、午、未三辰在南方，属火；申、酉、戌三辰在西方，属金。上表所见丑、寅、卯等八日入盗方位，无不与"日廷图"一一契合。子、巳、亥三日，该篇皆占作"盗者中人"，是说盗者为"家贼""内鬼"，故不列方位。戌日未见入盗

① （隋）萧吉：《五行大义》卷5《论三十六禽》，江苏古籍出版社1988年影印本，第323—324页。

② 迟至今日，有些地区少数民族的十二生肖仍与汉族存在较大差异。如毛道黎族以"虫"代"虎"，以"猫"代"兔"，以"鱼"代"蛇"，以"肉"代"马"，以"人"代"羊"；西双版纳傣族改"猪"为"象"，改"龙"为"蛟"或"大蛇"，改"羊"为"蚁"。哀牢山彝族十二生肖顺序则为：虎、兔、穿山甲、蛇、马、羊、猴、鸡、狗、猪、鼠、牛，除排序不同外，又改"龙"为"穿山甲"。详见李树辉《十二生肖的起源及其流变》，《喀什师范学院学报》1999年第1期。

方位，或是漏抄，或亦是"盗者中人"。

睡虎地秦简日书《盗者》篇中有四处"旦闭夕启某方"的表述，李学勤推测讲的是一种有关如何防盗的方术，所谓"启""闭"，或指门户的开关。列表如下：

表4　　　　　　睡虎地秦简日书《盗者》篇"旦闭夕启"方位

十二支	寅〈子〉	卯	午	酉
十二禽（物）	虎〈鼠〉	兔	鹿	水
"旦闭夕启"方位	西	北	东	【南】

李学勤指出，寅日条的"旦闭夕启西方"一句应在子日条下，酉日条"旦闭夕启"下又脱"南方"二字，当系抄写者疏误，[①] 其说可从。子、卯、午、酉四辰在"日廷图"中分别居于北、东、南、西的位置，在这种方术里面，"旦闭夕启"的方位实际上是将此四辰本来对应的方位逆时针移动了一位。

以上可见，在两种秦简日书"占盗"篇中，十二禽（物）借助于十二辰，已与东西南北四向形成了固定搭配关系。而四向（或五方）与五行的对应，作为传统五行说核心内容之一，早在战国时期就已固定。放马滩秦简日书《五音（二）》篇就专门讲述五行与五方、五色、五音及十干、十二支的对应关系，《日辰》篇又讲述十二支与五行及数字的对应关系，可作内证。此外，我们还可以从两种秦简及孔家坡汉简日书诸"占盗"篇看出，借助于十二支，十二禽（物）还与五色、男女（阴阳）建立了某种联系，虽不甚明朗，但已初露端倪。

综上所述，秦代日书中的十二禽（物）已与后世十二生肖大体接近，并且它们一开始就与五行学说结合，作为占卜的工具。而后世十二生肖的功用，除了纪年，主要还是作为占卜、择吉或合婚的命理依据。因此，我们将秦简日书中的十二禽视作十二生肖的源头，应该没有问题。

附带指出，主张十二生肖源自华夏本土论者，多谓其源自天文星占或图腾崇拜。郑文光认为十二支及生肖皆源自华夏先民对星象的观察，先描写为符号，后肖之以动物形象。李零据《五行大义》中的相关记述指出十

---

① 李学勤：《简帛佚籍与学术史》，江西教育出版社2001年版，第157页。

二生肖源自天文。董家遵认为十二生肖与古代十二姓同出一源，系由鼠、牛、虎、麒麟、龙等十二种图腾演化而来。麻根生认为十二生肖起源于九黎部落联盟的十二神兽图腾。张秉伦认为十二生肖多与农牧、狩猎生活有关，应来源于中国古人的动物崇拜。陈冠英则认为生肖文化源自中国古代的伏羲崇拜。① 以上诸说多是基于符号学或社会学理论的推测，虽有其合理之处，但从实证的角度来看，还缺乏过硬的证据。近年，王贵元指出"十二禽的来源，也就是十二地支所配物的原始面貌，可能是十二种物怪，或是有动物有物怪，后来才全部演化为十二种动物"。② 王氏之说主要来源于对楚系十二禽（物）中"老羊""玉石"等"异说"的全面考察，若验之以放马滩秦简日书《黄钟》篇，这一情形就更为明朗。我们知道，"病起而卜祟"是春秋以来的一种社会风习，至秦汉尤甚。而《黄钟》篇所述实为一种占卜病祟的数术，其中三十六禽（包括十二禽在内）乃是三十六种形象各异的精怪。术家根据一天内上午、下午及夜晚等不同时间所投中的律吕，可以容易地卜得是何种精怪作祟使人生病的，然后进行相应的厌禳活动。在东晋葛洪所著《抱朴子·登涉》中，也有以"三十六禽"（实有二十四禽）作为精怪的记载。因此从放马滩秦简日书来看，十二生肖的文化本源似在于古人的精怪信仰。

但秦汉简牍日书中的十二禽（物）毕竟只与纪日地支联系，③ 尚未用于纪年，还不能说它就是十二生肖。在成书于西汉初年的马王堆帛书中，已可见到干支纪年的实例。据李学勤介绍，"一种帛书的表中，排列着六行干支，计六十组。第五行第一组为'甲辰'，第二组左边写着'今皇帝十一年'右边写着干支'乙巳'。据上下文知，'今皇帝'即汉高祖。而汉高祖十一年（前196）正好是乙巳年。这与《史记》年表《集解》所说完全一致"。④《汉书·王莽传》云，始建国五年（13）"岁在寿星，填在

---

① 郑文光：《中国天文学源流》，科学出版社1979年版，第128页；李零：《中国方术正考》，中华书局2006年版，第183页；董家遵：《古姓与生肖同为图腾考》，《社会科学》1946年第1期；麻根生：《十二神兽文化探源》，《民俗论坛》1993年第3期；张秉伦：《十二生肖与动物崇拜》，《大自然》1984年第1期；陈冠英、张维萍等：《十二生肖与伏羲图腾》，《民俗研究》2002年第2期。

② 王贵元：《十二生肖来源新考》，《学术研究》2008年第5期。

③ 这一点，容易从孔家坡汉简日书中写在367号简上端的自有篇题"盗日"看出。

④ 李学勤：《干支纪年和十二生肖起源新证》，《文物天地》1984年第3期。

明堂，仓龙癸酉，德在中宫"。亦是干支纪年。

至东汉初年，十二支配禽名称始与后世十二生肖完全一致，见于王充《论衡》一书。其中《物势》篇云：

> 曰：寅，木也，其禽虎也。戌，土也，其禽犬也。丑、未亦土也，丑禽牛，未禽羊也。木胜土，故犬与牛羊为虎所服也。亥，水也，其禽豕也。巳，火也，其禽虵（蛇）也。子亦水也，其禽鼠也。午亦火也，其禽马也。水胜火，故豕食虵（蛇）；火为水所害，故马食鼠屎而腹胀。

> 曰：审如论者之言，含血之虫，亦有不相胜之效。午，马也。子，鼠也。酉，鸡也。卯，兔也。水胜火，鼠何不逐马？金胜木，鸡何不啄兔？亥，豕也。未，羊也。丑，牛也。土胜水，牛羊何不杀豕？巳，虵（蛇）也。申，猴也。火胜金，虵（蛇）何不食猕猴？猕猴者，畏鼠也。啮猕猴者，犬也。鼠，水。猕猴，金也。水不胜金，猕猴何故畏鼠也？戌，土也。申，猴也。土不胜金，猴何故畏犬？

其中已言及十一支配禽，《言毒》篇又见"辰为龙"之说，是为完整十二支配禽，与后世生肖完全一致。上文还详细叙述了十二禽的五行属性及其生克关系，说明当时十二禽与五行的搭配也趋于定型。但在《论衡》中，我们仍找不到以十二禽纪年或作为属相的记述。

至东汉中期，干支纪年已经相当普遍。如敦煌长史武斑碑："建和元年（147），大岁在丁亥"，《后汉书·朱称传》亦称此年为"丁亥之岁"。韩勑修孔庙后碑："永寿三年（157），青龙建酉。"[1] 此时，在一些道教文献中开始出现单纯以十二支记述生年，配合十二禽卜算命运的记载。不晚于汉顺帝时代（126—144）的《太平经》卷一一一《有德人禄命决》云：

> 寅申之岁，其人似虎，日月相直，殊不得相比。所以然者，寅为文章，在木之乡，山林猛兽，自不可当。但宜清洁，天遣令狩，不宜数见，多畏之者，名之为虎。年在寅中，命亦复长，三寅合生，乃可

---

① 转引自陈梦家《汉简年历表叙》，见陈梦家《汉简缀述》，中华书局1980年版，第259页。

久长。申为其冲，了不相亡，多恶畏夜，但能缘木上下，所畏众多。其命在金，行害伤人。故令小寿，是为可知。①

其文开头总述"寅申之岁，其人似虎"。其后则分说生于寅、申之年者的运势。大意为：生于寅年者，其人运势与虎相似，不可阻挡。但虎作为上天派来守护山林的神兽，宜当洁身自好，深藏不露。此年所生之人本来就长寿，若出生月日也属寅，就更长寿了。生于申年者，其人命运与猴相似（文中说"能缘木上下"，疑指猴），猴子生性顽劣，经常行害伤人，故其短寿。姜守诚指出："《太平经》继承了传统的十二禽说，又创造性地加以改造，将生年地支与诸种选择术因素糅合到一起，借此推衍祸福、预测吉凶，从而极大推动了汉代生肖宿命论的整合步伐，对后世命理学的体系建构起到了积极作用。"② 对本文的研究极具启发意义。如果再加以深入分析，其中暗含的信息就更为明朗：（1）在文献中首次以寅—虎、申—猴来表述个人生年；（2）再次明确了寅虎、申猴各自的五行属性：寅虎为木，申猴为金，寅申对冲；（3）从虎、猴的五行生旺墓绝出发，结合其天性，来占卜预测个人年寿及运势。我们不难看出，其中已经囊括了十二禽作为属相的基本因素，标志着十二生肖命理学说已经初步形成。

时代稍晚的《后汉书·郑玄传》中有如下一则材料：

（建安）五年（200）春，梦孔子告之曰："起，起，今年岁在辰，来年岁在巳。"既寤，以谶合之，知命当终，有顷寝疾。

唐李贤注引北齐刘昼《高才不遇传》论玄曰：

"辰为龙，巳为蛇，岁至龙蛇贤人嗟。"玄以谶合之，盖谓此也。

清人赵翼在论述"十二属相起于后汉"时已注意到这一史料，但其文引自王子年《拾遗记》，该书成于东晋，为志怪小说集，多诞谩无实，故研究者未敢遽信。但《后汉书》明言"以谶合之"，刘昼又确指此谶即"辰为龙，巳为蛇，岁至龙蛇贤人嗟"，联系到前引《太平经》以寅虎、申

---

① 罗炽主编：《太平经注译》，西南师范大学出版社1996年版，第902页。
② 姜守诚：《汉晋时期"十二辰配禽"说的方术化》，《四川文物》2015年第2期。

猴卜算人命之事，可知刘昼之说定有所本，则"岁至龙蛇贤人嗟"之类的生肖命理说在东汉晚期已经相当流行。

至东晋南北朝时期，十二生肖作为一种民俗文化事象，已臻于成熟，并广泛流行于大江南北。《晋书·谢安传》载：

> （谢安）因怅然谓所亲曰："昔桓温在时，吾常惧不全。忽梦乘温舆行十六里，见一白鸡而止。乘温舆者，代其位也。十六里，止今十六年矣。白鸡主酉，今太岁在酉，吾病殆不起乎！"乃上疏逊位……寻薨，时年六十六。

其中说到"白鸡主酉"，"今太岁在酉，吾病殆不起乎"，亦是东汉中晚期以来民间乃至社会上层采用生肖纪年，并与个人命运联系起来的明证。又云谢安乃上疏逊位，寻薨。亦可知时人对此类生肖命理学说深信不疑。

《南齐书·五行志》载：

> 永元中，童谣云："野猪虽嚄嚄，马子空间渠。不知龙与虎，饮食江南墟。"识者解云"陈显达属猪，崔慧景属马"，非也。东昏侯属猪，马子未详，梁王属龙，萧颍胄属虎。

其文虽述南齐永元年间之事，但所涉及的人物陈显达、崔慧景等多是刘宋早期生人，去东晋未远。

《周书·晋荡公护传》载宇文护之母阎姬为北齐所执，齐王令人为阎氏作书，贻护曰：

> 汝与吾别之时，年尚幼小，以前家事，或不委曲。昔在武川镇生汝兄弟，大者属鼠，次者属兔，汝身属蛇。

北魏孝文帝迁都洛阳之后，大规模改易汉俗，中原十二生肖应在此时为鲜卑等少数民族所接受。宇文护兄弟生于北魏宣武帝时期，其时鲜卑族已趋于全面汉化，而十二生肖纪年早已深入人心，故时年八十的阎姬仍然清楚地记得三个儿子的生年属相。

南朝后期诗人沈炯甚至创作了一首题为《十二属诗》的藏头诗，曰：

> 鼠迹生尘案，牛羊暮下来。虎啸坐空谷，兔月向窗开。龙隰远青翠，蛇柳近徘徊。马兰方远摘，羊负始春栽。猴栗羞芳果，鸡跖引清杯。狗其怀物外，猪蠢窅悠哉。①

全诗共十二句，每句起首分别嵌入一种生肖名称，次序井然，内容通俗易懂，读来朗朗上口，说明此时十二生肖已为士人及广大民众所熟知。而考古所见最早的十二生肖陶俑、壁画等也大致出现在这一时期。如山东临淄北朝崔氏墓地所出两批生肖俑，山西太原北齐娄叡墓中十二生肖壁画，② 此不赘述。

三 《大集经》十二神兽源自汉地

北凉时期天竺僧人昙无谶所译《大方等大集经》（简称《大集经》）卷二十三《净目品》中曾讲到，阎浮提外，四海之中，各住三种神兽，修行功德，教化同类，是为十二神兽。今摘录如下：

> 阎浮提外，南方海中有琉璃山。其山有窟名曰种色，有一毒蛇在中而住，修声闻慈。复有一窟名曰无死，中有一马修声闻慈。复有一窟名曰善住，中有一羊修声闻慈。
>
> 西方海中有颇梨山。其山有窟名曰上色，有一猕猴修声闻慈。复有一窟名曰誓愿，中有一鸡修声闻慈。复有一窟名曰法床，中有一犬修声闻慈。
>
> 北方海中有一银山。中有一窟名曰金刚，中有一猪修声闻慈。复有一窟名香功德，中有一鼠修声闻慈。复有一窟名高功德，中有一牛。修声闻慈。
>
> 东方海中有一金山。中有一窟名曰明星，有一师子修声闻慈。复有一窟名曰净道，中有一兔修声闻慈。复有一窟名曰喜乐，中有一龙

---

① （唐）欧阳询撰，汪绍楹校：《艺文类聚》卷56《杂文部二》，上海古籍出版社1982年版，第1007页。

② 山东省文物考古研究所：《临淄北朝崔氏墓》，《考古学报》1984年第2期；临淄市博物馆、临淄区文管所：《临淄北朝崔氏墓地第二次清理简报》，《考古》1985年第3期；山西省考古研究所、太原市文物管理委员会：《太原市北齐娄叡墓发掘简报》，《文物》1983年第10期。

修声闻慈。

　　是十二兽，昼夜常行阎浮提内，天人恭敬，功德成就已。于诸佛所发深重愿一日一夜，常令一兽游行教化，余十一兽安住修慈，周而复始。七月一日鼠初游行，以声闻乘教化一切鼠身众生，令离恶业劝修善事。如是次第至十三日，鼠复还行。如是乃至尽十二月，至十二岁，亦复如是。①

　　上引佛经中的十二神兽分别是：毒蛇、马、羊、猕猴、鸡、犬、猪、鼠、牛、师（狮）子、兔、龙。若从物种来看，与中国十二生肖并无太大差别，唯其中狮子，中国作虎而已。若从排列次序上来看，也是以鼠为首（文中说"七月一日鼠初游行"），其后排列何兽？文中并无明言，但从全文叙述次序来看，应是牛、师（狮）子、兔……依次而行，也与中国十二生肖相同。唐人道世所著《法苑珠林》认为此即汉地十二生肖之来源。

　　但文中"一日一夜，常令一兽游行教化"等句却明白无误地告诉我们，其中十二神兽是按日游行，与纪年并无关系。其起始点是七月一日，以鼠先行，"以声闻乘教化一切鼠身众生，令离恶业劝修善事"，其他神兽按日轮流，循环无穷。这些内容明显不同于中国十二生肖。因此，《法苑珠林》说"汉地十二辰兽依此而行，不异经也"，似有牵强附会之嫌。

　　事实正好相反，近人已逐渐认识到《大集经》中的十二神兽其实来自中国十二生肖。如任继愈主编的《中国佛教史》就说：《大集经》中"还有关于十二兽传法之说：蛇、马等十二兽，分别于四方修习'声闻慈'，'昼夜常行阎浮提'，按日按月轮流教化各自的同类，'令离恶业，劝修善业'……显然是采自汉民族的十二生肖说"。② 王仲尧也指出，"《大集经》中的五行阴阳、天地干支、二十八宿及十二兽修声闻慈等内容，肯定是译经时加进去的中土文化"。③ 其说未详，此下略作补充。

　　正如任继愈所指出，在"佛教传入中国的初期，为了在中国站住脚，先要与中国本土的宗教迷信，特别是道教相融合"。④ 史籍所见，当时许多

---

　　① （北凉）昙无谶等译：《大方等大集经》卷23《虚空目分·净目品五》，《大正新修大藏经》第13册，新文丰出版公司1983年版，第167页。

　　② 任继愈主编：《中国佛教史》第3卷，中国社会科学出版社1988年版，第158页。

　　③ 王仲尧：《智顗〈摩诃止观〉之三十六兽说考论》，《佛学研究》（年刊），2004年。

　　④ 任继愈主编：《中国佛教史》第1卷，中国社会科学出版社1981年版，第7页。

东来高僧都十分精通中国文化。如东汉时安息僧人安世高"克意好学，外国典籍及七曜五行，医方异术，乃至鸟兽之声，无不综达"。① 三国时康居僧人康僧会"明解三藏，博览六经，天文图纬，多所综涉"。② 南朝时天竺僧人求那毗地"明解阴阳，占时验事，征兆非一"。③ 他们在弘法的过程中都有意识地对原有经义进行了本土化改造，使之更好地适应中国文化传统，为普通民众所接受。

上引《大集经》的译者昙无谶也是这样一位人物。他生于天竺，天资聪颖，专攻大乘佛教。后经罽宾"东入鄯善，自云'能使鬼治病，令妇人多子'，与鄯善王妹曼头陀林私通。发觉，亡奔凉州。蒙逊宠之，号曰'圣人'"。④ 依附沮渠蒙逊十余年，译籍甚多。昙无谶对于中国数术方技之学也十分精通。如当时《宝星陀罗尼经》《大孔雀咒王经》《摩诃僧只律》等多种译经在表述印度天文学中的二十八个"月站"时，多按照梵语发音进行音译，而他在《大集经》卷二〇《宝幢分》中则直接译作中国的四象二十八宿。前引《大集经》中十二兽所在的方位是：南方毒蛇、马、羊，西方猕猴、鸡、犬，北方猪、鼠、牛，东方师（狮）、兔、龙，正是战国以来数术家所用的十二辰方位，即：南方巳、午、未，北方亥、子、丑，西方申、酉、戌，东方寅、卯、辰。由此可见，昙无谶译经的风格并不是简单机械地转述梵文原典的内容，而是尽可能地吸收中国文化中原有的天文历法、数术方技、神仙道教等方面的学说，使之融会贯通为佛教的有机部分。

如前所述，在昙无谶从事译著的时代，十二生肖说在中原已臻于成熟，并广为流传。昙无谶初到凉州后曾专门学习汉语三年，与社会上层及普通民众皆有很多交往，对此应有一定了解。而在他译经的过程中，又得到凉州高僧慧嵩和道朗的大力协助，不少经文的翻译实由昙无谶口授而慧嵩笔录润色。因此，他们在翻译《大集经》的过程中，完全可以结合佛经中已有的某些东西，将十二禽（生肖）、二十八宿、十二辰方位等中原文化元素植入其中，使之为中国人所喜闻乐见。

---

① （南朝）释慧皎著，汤用彤注：《高僧传》卷1，中华书局1992年版，第4页。
② 同上书，第15页。
③ （南朝）释慧皎著，汤用彤注：《高僧传》卷3，第138页。
④ 《魏书》卷99《沮渠蒙逊传》，中华书局1974年版，第2208页。

四 十二禽（生肖）在西域及北方草原的传播

郭沫若曾推测汉地十二生肖"殆汉时西域诸国仿巴比伦十二之宫而制定之，再向四周传播也"。近年来，李树辉又重申此说，并指出巴比伦十二兽历先东传至印度，经过中亚罽宾或塔里木盆地操印欧语民族的一番本土化改造后，约在公元前 3 世纪初沿丝绸之路传入中国。[①] 李氏并未举出战国晚期或秦汉时代西域民族使用十二生肖的有价值的文献记载或考古资料，在很大程度上也是一种猜测。但若从当地出土文献来看，事实也恐怕正好相反，西域十二禽应当来自河西或中原汉地，其时代可能晚在公元三四世纪。

1900 年，英国考古学家斯坦因在楼兰发现大批用佉卢文犍陀罗语写成的文书，其中第 565 号是一件以十二禽为纲领的占卜文献，刘文琐拟题为《十二属星占文》，今从之。其文云：

> 星宿之首谓之鼠日，这天可做任何事，万事如意。
> 星宿日牛日，宜沐浴。吃喝之后，可演奏音乐取乐。
> 星宿日虎日，宜作战。
> 星宿日兔日，若逃亡，必能成功，难以寻觅。
> 星宿日龙日，须忍耐，事事要忍耐。
> 星宿日蛇日，百事皆凶。
> 星宿日马日，宜向东西方向旅行。
> 星宿日羊日，宜沐浴。
> 星宿日鸡日，宜裁剪和缝纫衣服被褥。
> 星宿日猴日，万事如意。
> 星宿日狗日，来去从速。
> 星宿日猪日，宜耕作、播种葡萄园，耕作顺利并能增产。[②]

---

① 李树辉：《十二生肖的起源及其流变》，《喀什师范学院学报》1999 年第 1 期。
② 林梅村：《犍陀罗语文学与古代中印文化交流》，中国艺术研究院编《中国文化》第 17、18 期。

学界一般认为佉卢文源于古代犍陀罗，公元1—2世纪时曾在中亚地区广泛传播。至东汉末年，随着贵霜帝国的衰落，部分大月氏人东入塔里木盆地，佉卢文开始在于阗、鄯善等地传播，逐渐成为丝绸之路上重要的佛教语文。关于斯坦因所获佉卢文文书的年代，学界大体认为其时代范围约在公元3世纪中期至4世纪中期，略当于中原王朝的西晋至十六国前期，这篇文献应不会例外。

林梅村最早指出，这篇文献应该是内地日书的犍陀罗语译本，其内容与建除十二值有关。① 其后，刘文琐对该文献进行过详细考证，并指出"这件文书可看成是一篇占星术文献，但体现出东西方占卜术相结合的特征"。② 以上两说对本文的研究颇具启发意义，但我们更倾向于这是一件大体按照日书"建除"篇的框架，糅合了"占盗"篇中的十二禽，并杂采多种占卜术，加以本土化改造，乃至创作后的东西，并非单纯的日书佉卢文译本，也不是真正的占星术文献。以下稍作分析。

这篇文献主要讲述十二禽值日的吉凶宜忌，在形式及内容上都与秦汉日书诸"建除"篇较为接近。③ 但必须强调的是，此篇对"建除"进行了大量的加工改造：（1）其中值日神煞已改作十二禽。日书中的建除十二神值日及十二禽配日都以十二为周期，且都与十二地支存在固定搭配关系，故两者容易替换。（2）其中"星宿日猪日，宜耕作、播种葡萄园"等内容不见于内地日书，明显是为了适应当地生产生活的需要而作的增补，具有本土化特征。（3）其中"星宿日龙日，须忍耐，事事要忍耐"等内容不见于内地日书，刘文琐曾推测"这种'忍'的思想，有可能受当时的佛教思想所影响"，④ 为确论。另外，这篇文献中的"星宿日"徒有其名而无确指，实与星占术无关。按说日书中有二十八宿纪日法，也可见二十八宿与十二月的固定搭配，若将其中"月"代之以"日"，则可与十二日搭配，但此篇中并无任何具体星宿名称，当是术家出于增强占卜神秘性的需要，故弄玄虚而已。

---

① 林梅村：《西域文明——考古、民族、语言和宗教新论》，东方出版社1995年版，第122页。

② 刘文琐：《沙海古卷释稿》，中华书局2007年版，第339页。

③ 如放马滩秦简《建除》篇"建日，良日殹"与《十二属星占文》"鼠日，这天可做任何事，万事如意"相近，《建除》篇"开日，逃亡，不得"与《十二属星占文》"兔日，若逃亡，必能成功，难以寻觅"相近。

④ 刘文琐：《沙海古卷释稿》，中华书局2007年版，第346页。

西晋时期，借助于玄学，佛教在社会各阶层得以广泛传播。进入十六国，又有北方少数民族割据政权的支持，佛教开始兴盛。这一时期，不少中亚、西域胡僧经由丝绸之路前往中土弘扬佛法，如无罗叉（于阗人）、强梁娄至（西域人）、安法钦（安息人）、佛图澄（西域人，或谓天竺人）、帛尸梨蜜多罗（西域人）等。而佛教的兴盛也激发了河西、中原僧人前往西域取经求法的热忱，渐成风气，见诸史籍者有竺法护、康法朗、慧常、慧辩、僧纯、昙充等。

往来于丝绸之路上的胡汉僧人大都勤奋好学，精通中原及西域的多种语言文化，竺法护就是其中颇具代表性的人物。南朝僧祐《出三藏记集·竺法护传》载：

> 竺昙摩罗刹，此云法护。其先月支人，本姓支氏，世居墩煌郡。年八岁出家，事外国沙门竺高座为师，诵经日万言，过目则能。天性纯懿，操行精苦，笃志好学，万里寻师。是以博览六经，涉猎百家之言，虽世务毁誉，未尝介于视听也。是时晋武帝之世，寺庙图像，虽崇京邑；而方等深经，蕴在西域。护乃慨然发愤，志弘大道。遂随师至西域，游历诸国。外国异言，三十有六种，书亦如之，护皆遍学，贯综诂训，音义字体，无不备晓。遂大赍胡本，还归中夏。自墩煌至长安，沿路传译，写为晋文。所获大小乘经《贤劫》、《大哀》、《正法华》、《普耀》等凡一百四十九部。①

其中所见竺法护祖籍月氏，生于敦煌，八岁出家，博览六经，通晓中原文化，到西域以后，又遍学三十六国异言（可能有夸大的成分），最后携带大量西域佛经进入内地从事译经、弘法工作。纵览佛教传播历史，这样的僧人并不少见。

前引《十二属星占文》中含有"事事要忍耐"的佛教思想，十分值得我们重视。在两晋以前的中国传统文化中，虽然已经有了"忍"的概念，但其含义近乎"克制""容忍"。如《论语·卫灵公》："巧言乱德。小不忍，则乱大谋。"《荀子·儒效》："志忍私然后能公，行忍情性然后能

---

① （南朝）释僧祐撰，苏晋仁、萧錬子点校：《出三藏记集》卷13《竺法护传》，中华书局1995年版，第518页。

修。"《论语·八佾》:"是可忍也,孰不可忍也。"而"事事要忍耐"的思想并不被中国人重视。尤其是在秦汉日书中,我们没有找到任何关于"忍耐"的讲述。但在佛教中,十分强调"忍耐"及"忍行"。刘文琐曾介绍过一件出土于尼雅的佉卢文佛经《解脱戒本》残卷,其中就有:

> (毗婆尸):"忍是最高的苦行,最好的忍是涅槃。"

从中可见,在尼雅使用佉卢文的时代,佛教所倡导的"忍耐"思想已在当地流行。因此,这件《十二属星占文》的创作者应当是一位兼通日书与佛经的人物,很可能就是某个通晓佉卢文的河西或中原僧人。而据伊斯拉斐尔·玉苏甫介绍,新疆吐鲁番安乐城出土的汉文《金光明经》残卷中有生肖纪年,其时代稍晚,大体在公元 430 年前后,[①] 亦可证明内地僧人曾在十二生肖西传过程中起过重要作用。

从西北汉简来看,早在两汉时期,各种版本的日书就在河西走廊的居延、敦煌、武威等地军民中间广为流传。而这一时期及稍晚,汉晋政府也曾在楼兰地区大兴屯田,日书"建除"篇也有可能经由戍边吏卒流入西域,经当地笃信佛教的僧侣或士人加以改造后,转写为佉卢文版的《十二属星占文》。

和多种日书"占盗"篇一样,《十二属星占文》中的十二禽也仅用于纪日,还不是严格意义上的十二生肖。但无论如何,不晚于 4 世纪中期,来自内地的十二禽知识已在西域楼兰一带传播,并为广大民众所接受,应是不争的事实。而同一时期有关西域的传世文献及考古材料中,尚未发现来自古巴比伦或印度"十二生肖"的任何证据。因此,我们倾向于西域十二禽来自汉地而非域外。[②]

唐代道世曾说汉地十二生肖源自佛经,清人赵翼又称起于匈奴。近

---

① 伊斯拉斐尔·玉苏甫、安尼瓦尔·哈斯木:《维吾尔十二生肖文化源流考》,《民族语文》2009 年第 3 期。

② 据林梅村介绍:年代在 4—5 世纪的疏勒文书中"采用十二生肖纪年,并和内地的干支纪年相对应"。年代约在 5—11 世纪的于阗文书中"不仅用十二生肖纪年,还模仿汉文文书用生肖纪时……其生肖纪年与内地的干支纪年是对应的"。年代约在公元 5—8 世纪的龟兹文书中也有十二生肖(林梅村:《西域文明——考古、民族、语言和宗教新论》,东方出版社 1995 年版,第 123页)。以上情况表明,在 5 世纪前后,西域各地已普遍采用汉地十二生肖纪年。因没有看到第一手资料,这里不作进一步分析。

世，法儒沙畹折中旧说，推测道：在公元 1 世纪之前十二生肖已在西域广泛流行，其真正发明者是突厥人（沙氏所谓"突厥"实指匈奴——笔者注）。东汉末年支娄迦谶（后世一般简称作"支谶"）在翻译《大集经》时引入其中，遂为汉人所熟知。[①] 今人马英昌持有相近的看法，他主张十二生肖源自印度佛经。并说，大体在阿育王时期十二神兽传入中亚，演化为匈奴十二兽纪年习俗。秦汉之际，汉匈往来频繁，遂传入中国。

沙畹之说大抵以为匈奴人游牧为生，对各种动物甚为熟悉，具有创造十二生肖的有利条件。而后世突厥、蒙古等草原民族皆以十二生肖为官方纪年形式，似可上溯至匈奴。但翻检两汉史籍，其中并无匈奴等北方草原民族使用生肖纪年的文字记载，同期考古材料中也未见其他有说服力的证据。赵翼所据者，乃《新唐书·回鹘传》及《宋史·吐蕃传》中的材料。[②] 沙畹所引中外史料颇为宏富，但其中涉及北方草原民族使用十二生肖的事例却以《北史》所载阎姬数说宇文护兄弟三人属相为最早，其次则为出土于蒙古国中部的"鄂尔浑碑"突厥语铭文，是唐玄宗时期的遗物。皆去汉世甚远，恐不足为凭。因此对于两汉匈奴曾有十二生肖的说法，我们应持有审慎的态度。马英昌主张十二生肖源自印度佛经，但他并未举出相关证据，实际上是一种猜测。沙畹曾说："事实上，没有任何一本印度书籍提到过十二生肖，这个国家好像对它一无所知。"[③] 当可作为对这一问题的回应。

沙畹所谓东汉末年另有《大集经》汉译本者，出自隋代费长房《历代三宝纪》，这是他坚持十二生肖来自匈奴说的文献依据。今按：支谶，本月氏僧人，东汉桓帝时来华，在洛阳从事译经活动，后不知所终。东晋僧人道安著述《综理众经目录》时，确定为支谶所译者有《般若道行经》等三部，另指《阿阇世王经》等九部（其中并无《大集经》）疑似为支谶所译。南朝僧人僧祐《出三藏记集》对此兼收并蓄，皆谓支谶所译。费长房《历代三宝纪》又依各杂录加了《大集经》等八种，后人多指为附会。汤用彤《汉魏两晋南北朝佛教史·支娄迦谶之译经》、任继愈《中国佛教

---

① 沙畹：《沙畹汉学论著选译》，邢克超等译，中华书局 2014 年版，第 311 页。
② 《新唐书》卷 217《回鹘列传下》云："谓岁首为茂师哀，以三哀为一时，以十二物纪年，如岁在寅则曰虎年。"《宋史》卷 492《吐蕃列传》云："仁宗遣刘涣使唃厮啰，其首领厮啰延使者劳问，'道旧事则数十二辰属，曰兔年如此，马年如此'"。
③ 沙畹：《沙畹汉学论著选译》，邢克超等译，中华书局 2014 年版，第 311 页。

史·东汉三国译经目录》皆从僧祐之说，而对费氏之说不予采信，是其证。传世本《大方等大集经》前 26 卷下皆题作"北凉天竺三藏昙无谶于姑臧译"或"北凉天竺三藏昙无谶译"，是前引十二神兽教化民众之内容由昙无谶所译，当无可怀疑。

那么，隋唐之际的突厥人所用十二生肖纪年法从何而来？另一法国学者路易·巴赞主张"古突厥人肯定是从六世纪下半叶起，从中国中原借鉴了这种纪年"。[1] 其说大致可从。但我们认为，突厥人的十二生肖纪年法并不是通过隋文帝开皇六年（586）"班历于突厥"直接从中原引进，[2] 而是经由鲜卑等其他民族作为中介辗转传入的。

前文已指出，北魏孝文帝改革后鲜卑族应已接受中原十二生肖。其后西魏、北周皆与突厥和亲，前者帮助突厥消灭柔然残余势力，后者又借助突厥势力征讨北齐。突厥也曾多次遣使朝贡，北周"岁给缯絮锦綵十万段。突厥在京师者，又待以优礼，衣锦食肉者，常以千数"。[3] 双方往来频繁，关系密切。此时，鲜卑族普遍使用的十二生肖纪年法可能对突厥人产生较大影响。出自蒙古国后杭爱省（突厥故地）的"布古特碑"记有"兔年"，据学界考证，应是公元 571 年，并无异议。此后不久，隋文帝开皇四年（584），突厥可汗沙钵略遣使致书曰："辰年九月十日，从天生大突厥天下贤圣天子、伊利俱卢设莫何始波罗可汗致书大隋皇帝。"[4] 其中没有采用汉地通用纪年"甲辰"，而代之以单字"辰"，应是突厥口语"龙年"的书面化的表达。由此可见，至迟在北周晚期，突厥人已使用十二生肖纪年。至于《周书》所谓突厥人"不知年历，唯以草青为记"的说法，[5] 可能是由于彼时突厥人采用此种纪年法不久，故不为汉地人所知。

值得注意的是，前引"布古特碑"是用粟特文写成的。联系到汉唐间大量粟特商人曾经活跃于丝绸之路，与中原文化交流颇多的史实，我们推测，粟特人也应在十二生肖传入西域及北方草原的过程中起过重要作用，但限于材料，目前还难知其详。

---

① ［法］路易·巴赞：《突厥历法研究》，耿昇译，中华书局 1998 年版，第 169 页。
② 《隋书》卷 1《高祖纪上》，中华书局 1973 年版，第 23 页。
③ 《周书》卷 50《突厥传》，中华书局 1971 年版，第 910 页。
④ 《隋书》卷 84《突厥传》，第 1868 页。
⑤ 《周书》卷 50《突厥传》，第 911 页。

论大规模战争对游牧民族的负面影响

——以汉匈战争为视角

王绍东

内蒙古大学历史与旅游文化学院

一般认为，游牧民族对农耕民族的战争中，农耕民族的战争成本更高，损伤严重，游牧民族在战争中则主要是获取掠夺利益。在小规模的战争下，的确具有这种情况。小规模的游牧骑兵来去迅捷，防不胜防。但长城修筑后，战争规模变大，残酷程度提高，带给游牧民族的负面影响也大大增加。

一 大规模战争严重影响了牧业生产的正常进行

受草场载畜量的限制，也为了抵御各种突发情况和自然灾害，游牧人群需要随时移动，"由于常要及时移动，且有能力移动，所以各个小单位人群（家庭或牧团）都需要拥有行动的'决策权'，也就是他们要能为生存自作抉择"①。正常的牧业生产牲畜不能大规模集中，需要分散牧养。大规模的战争则需要把青壮年劳动力集中起来参军作战，为了保证军队的后勤供应，防止在缺乏男劳力的情况下畜群遭受意外损失，也需要把牲畜大规模集中起来。牧业生产的分散性，决策的自主化与战争要求的集权化、阶序化必然产生冲突和矛盾。畜群的高度集中，十分不利于牧业生产，既会对草场造成过度啃食，也会导致牲畜得不到足够的营养，还可能造成传染病暴发，又容易导致大量牲畜被敌方截获。汉武帝时期

---

① 王明珂：《游牧者的抉择——面对汉帝国的北亚游牧部族》，广西师范大学出版社 2008 年版，第 26 页。

出兵匈奴，常有虏获牛羊数万、数十万甚至上百万的记载，当与战时畜群大量集中有关。

不同季节出现大规模战争，对牧业生产都会造成损失，而春季的战争影响最大。经过漫长的冬季，牲畜的体内营养大量消耗，再加上牧草尚未返青，青黄不接，牲畜会出现跑青现象，"远看绿油油，近吃不供口"。跑青会大量消耗牲畜体力，特别是怀孕带仔的母畜，更容易膘情变差，体力变弱。为了保护牲畜，需要牧民分散放牧，细心照料母畜、弱畜和幼畜。这时为了战争而调动集中畜群，并让畜群长途移动，会造成牛羊大量死亡，无法保羔，就算赢得战争胜利，也会给牧业生产造成灾难性后果。元朔五年（前124）春，卫青率领汉军袭击匈奴右贤王，"得胡首虏数千，牛羊百余万"[①]。王明珂认为："春季是青草非常匮乏、分散的时期，也是各游牧社会人群分散觅求水、草资源的季节。汉军能在此时掳获大量匈奴牲畜，必然因为它们相当聚集。如此违反游牧季节的牲畜聚集，应是为了战争的缘故。"[②] 冬季天气寒冷，常会出现暴风雪等反常气候，牧民应该留居背风保暖，日照充足的冬牧场细心照料牲畜，这时出现大规模战争，也会给畜牧业造成惨重损失。本始三年（前71），"其冬，单于自将万骑击乌孙，颇得老弱。欲还，会天大雨雪，一日深丈余，人民畜产冻死，还者不能十一"。[③] 为了国家的军事行动，牧民放松了对暴风雪的防护，才造成了这场人员和牲畜严重损失的悲剧。

二 大规模战争造成了牧业劳动力的大量损伤

汉匈战争中，游牧骑兵的损伤是极其惨重的。《史记·匈奴列传》多有汉军出击匈奴，"得胡首虏数千""得右贤王众男女万五千人""得首虏前后万九千余级""得胡首虏八千余级""得胡首虏三万余人"的记载。王庆宪认为："西汉武帝组织对匈奴大规模战争爆发以后，自公元前129年至前119年十年之间，匈奴在短时期内蒙受了巨大损失。其中，仅损失

---

① 《史记》卷110《匈奴列传》，中华书局1959年版，第2906页。
② 王明珂：《游牧者的抉择——面对汉帝国的北亚游牧部族》，第126—127页。
③ 《汉书》卷94上《匈奴传上》，中华书局1962年版，第3787页。

其精锐人口（大都是适龄丁壮）至少在二十二万以上。"① 值得注意的是，由于游牧民族全民皆兵，男人参军及伤亡的比例都远高于农耕民族，游牧人群过迁徙移动的生活，对伤员的救治缺乏良好的环境和条件，伤员死亡的比例也应远高于中原军队。

大规模战争的爆发，必然导致游牧民族男劳动力的紧张和短缺。农耕民族的生产季节性强，分农忙和农闲，由于生产的财富可以积累，可以抽出部分男丁组成一支常备部队。"在一个游牧社会中日常生产工作最主要的特色是，无论男女老少，人们在一年绝大多数时期都十分繁忙。而且由于环境变数大，许多工作都是十分迫切或来得十分突然。因此虽然这些工作大致上都有依男女性别或年龄的分工，但由于其迫切与突然，所有的人皆需适时投入任何工作中，以及随时做出行动抉择以应对突来的情况。"② 男人在牧业生产中承担着重要的职责，平时的放牧、转场、选择游牧路线、搭建毡帐等工作男人起的作用更大一些。遇到紧急情况，更需要男人挺身而出：及时决策，承担风险，快速行动。我们看到，中原王朝发动对北方游牧民族的战争，往往是在春季和初夏时节，因为这时游牧民族的劳动力最为紧张，牲畜也最不适宜大规模集中；而游牧民族南下对中原地区的战争，则多选择在秋冬季节③，因为这时牧业生产对劳动力的需要相对宽缓，牲畜膘肥体壮，可以适度集中。

在与中原王朝的征战过程中，牧区劳动力紧张的情况长期得不到缓解。匈奴对中原地区的入侵，除了抢夺粮食和财物外，一个重要目标是掠夺人口和劳动力。马长寿认为，汉匈战争期间，匈奴掠夺的汉族人口，"至少也在二十万左右"④。战争造成了大量成年男人的死亡，对此，游牧民族之中盛行收继婚制的风俗，"父死，妻其后母；兄弟死，尽取其妻妻之"⑤，这种习俗很大程度上是为了解决男女人口比例失调情况下的人口再生产。另外一个现象也值得关注，匈奴对于俘获或扣留的中原王朝的将士和使者，多允许他们组建新的家庭，例如，张骞、苏武、李陵等，都有在

---

① 王庆宪：《匈奴与西汉关系史研究》，博士学位论文，内蒙古大学，2007 年。
② 王明珂：《游牧者的抉择——面对汉帝国的北亚游牧部族》，第 30 页。
③ 王子今：《秦汉边疆与民族问题》，中国人民大学出版社 2011 年版，第 72 页。
④ 马长寿：《论匈奴部落国家的奴隶制》，《匈奴史论文集》，中华书局 1983 年版。
⑤ 《史记》卷 110《匈奴列传》，第 2900 页。

匈奴境内娶妻生子的经历，这也与匈奴境内男女比例失衡及匈奴繁殖人口的迫切需要有关。

三 长期大规模战争易造成草原帝国的衰落和游牧政权内部的矛盾与分裂

草原民族的统一与分裂，多与战争有密切关系。战争的胜利可以增强游牧政权领袖的威信，提高草原敌国的凝聚力；战争失败则会造成相反的后果，导致草原帝国的衰落和游牧政权内部的矛盾与分裂。

匈奴冒顿射杀头曼获取单于地位，利用战争打败了月氏和东胡，统一了蒙古高原，"然至冒顿而匈奴最强大，尽服从北夷，而南与中国为敌国"①，在白登之战中几乎俘虏了汉高祖刘邦，迫使汉朝订立和亲盟约。高惠文景时期，汉朝实行休养生息政策，维持了与匈奴的和亲及通贡关系，这段时期匈奴政权是强大而稳定的。汉武帝即位，改变对匈奴的政策，汉朝由守势改为攻势，持续发动了对匈奴的大规模战争。"乃大兴师数十万，使卫青、霍去病操兵，前后十余年。于是浮西河，绝大幕，破窴颜，袭王庭，穷极其地，追奔逐北，封狼居胥山，禅于姑衍，以临瀚海，虏名王贵人以百数。自是之后，匈奴震怖。"② 汉朝一度把匈奴赶出了漠南地区。战争给双方带来了沉重的负担，"汉武帝选将练兵，约赍轻粮，深入远戍，虽有克获之功，胡辄报之，兵连祸结三十余年，中国罢耗，匈奴亦创艾"。③ 然而总体来看，对匈奴造成的打击更大。

一是给匈奴政权造成了沉重的经济负担，以致国力衰败。长时间的大规模战争，不仅使大量牲畜得不到充足劳动力的照顾，而且造成畜群非正常的聚集迁徙。为应对战争，"必然迫使许多匈奴牧民在不宜聚焦、不宜长途迁徙的季节，毫无选择地驱着牲畜逃避兵灾，或聚集在其'千长'、'万骑'领导下与汉军对抗"④。战争的强大破坏力给牧区人民和牧业生产

---

① 《史记》卷110《匈奴列传》，第2890页。
② 《汉书》卷94下《匈奴传下》，第3813页。
③ 同上书，第3824页。
④ 王明珂：《游牧者的抉择——面对汉帝国的北亚游牧部族》，第150页。

造成了巨大损失，以至于"匈奴闻汉兵大出，老弱奔走，驱畜产远遁逃"①。战争持续进行，其后果是灾难性的，"汉兵深入穷迫二十余年，匈奴孕重惰殰，罢极苦之"。② 牲畜不能正常孕产和大量死亡，受灾后牧业生产的恢复速度远低于农业。国力的衰弱，使西汉后期的匈奴已经无力再与汉朝对抗了，"卫律在时，常言和亲之利，匈奴不信，及死后，兵数困，国益贫"。③ 江上波夫认为，对于匈奴来说，除了畜牧业，匈奴经济还依赖于三个方面的因素：来自被征服者的强制税收，来自友好国家的礼物或者贡品，以及与国外的贸易。④ 前两个方面的因素，多与战争有关。战争的胜利，使匈奴控制了西域等其他民族，迫使他们缴纳赋税，并迫使中原政权开放边境贸易，但当战争失败时，其他北方民族则摆脱了匈奴的控制，"汉帝国经常以'闭关市'来作为对匈奴的政治惩罚"⑤。可以说，持续大规模战争对北方游牧民族造成的损失是全方位的，匈奴政权就是在与汉王朝长期的战争中走向分裂、衰落的道路的。

二是造成了匈奴内部的矛盾与分裂。"尽管游牧民族实行的是兵民一体的社会组织，但频繁抽调各部族人员参加战争，不仅造成了大量伤亡，还使各部落物质匮乏，牲畜损失严重。其结果是内讧、分裂。翻阅匈奴、突厥等民族的历史不难发现，每一次大规模战争之后，其内部总会出现分裂或内讧，这与战争损失不无关系。"⑥ 匈奴冒顿单于和老上单于之时，凭借战胜之威，匈奴内部没有出现大的矛盾和分裂迹象。军臣单于时期，汉武帝发动了对匈奴的反击战，特别是元朔二年（前127）卫青指挥的河南地之战取得了对匈奴战争的第一次重大胜利，战争的失败降低了军臣单于的威信，也导致了匈奴贵族内部的矛盾和斗争。第二年，军臣单于去世，他的弟弟伊稚斜打败了军臣单于的指定接班人太子于单，自立为单于，于单则投降了汉朝，被汉朝封为陟安侯。元狩二年（前121）霍去病指挥河西战役取得大胜，"得胡首虏八千余级，得休屠王祭天金人"⑦。这一地区

---

① 《汉书》卷94上《匈奴传上》，第3785页。
② 《汉书》卷94下《匈奴传上》，第3781页。
③ 同上书，第3783页。
④ 转引自余英时著《汉代贸易与扩张》，邬文玲等译，上海古籍出版社2005年版，第42页。
⑤ 王明珂：《游牧者的抉择——面对汉帝国的北亚游牧部族》，第142页。
⑥ 常生荣主编：《烽火狼烟：中国长城新考》，中国友谊出版公司2013年版，第15页。
⑦ 《汉书》卷94上《匈奴传上》，第3768页。

是匈奴浑邪王、休屠王的防御领地。伊稚斜单于对西线的连续失败十分恼怒，就想治罪浑邪王和休屠王。二王担心被杀，图谋降汉，后来浑邪王又杀掉休屠王，带领4万余匈奴人投降汉朝。这是一次因战争失败而导致的匈奴内部的严重分裂，这次事件，使汉朝巩固了对新夺取的河西走廊地区的控制。

元狩四年（前119），在漠北之战中，匈奴主力被围，由于卫青指挥得当，再加上突刮暴风，匈奴大败，伊稚斜单于仅带领少数人突围。匈奴大军与单于失去联络十余日，"右谷蠡王以为单于死，乃自立为单于"①。这次事件说明，战争的失败，极易发生争夺单于权位的斗争。战争失败带来的巨大损失，也使匈奴内部产生了厌战情绪。乌维单于死后，其子詹师庐年少即位，被称为儿单于。"是岁，汉使贰师将军西伐大宛，而令因杆将军筑受降城。其冬，匈奴大雨雪，畜多饥寒死，儿单于年少，好杀伐，国中多不安。"② 为了阻止儿单于的行为，匈奴左大都尉欲与汉朝政权联合，谋杀儿单于，汉朝筑受降城以接应。由于谋事不密，左大都尉被杀。汉宣帝地节二年（前68），虚闾权渠单于欲与汉和亲，左大且渠为破坏此事，"乃自请与呼庐訾王各将万骑南傍塞猎，相逢俱入"③。准备趁汉朝不备南下掠夺，结果被人告密，汉朝严加防御。秋天，匈奴西嗕王带领数千人及畜产投降汉朝。汉武帝对匈奴战争连续取得胜利后，匈奴内部与汉朝重修和亲的呼声日益高涨。战争的失利不仅使匈奴单于难以树立自己的政治权威，而且必然加剧其内部的矛盾和争斗。五单于分离，南北匈奴分裂，都与此密切相关。

三是加剧了匈奴民族与其他北方民族的冲突与矛盾。冒顿单于统一蒙古高原后，又"以天之福，吏卒良，马力强，以灭夷月氏，尽斩杀降下定之。楼兰、乌孙、呼揭及其旁二十六国皆以为匈奴，诸引弓之国并为一家"④。对西域、乌桓、鲜卑等北方民族的征服，使匈奴帝国获得了巨大的经济及政治利益。"西域诸国大率土著，有城郭田畜，与匈奴、乌孙异俗，故皆役属匈奴。匈奴西边日逐王置僮仆都尉，使领西域，常居焉耆、危

---

① 《汉书》卷94上《匈奴传上》，第3770页。
② 同上书，第3775页。
③ 同上书，第3788页。
④ 同上书，第3757页。

须、尉黎间，赋税诸国，取富给焉。"① 乌桓、鲜卑也曾臣服匈奴，"乌桓自为冒顿所破，众遂孤弱，常臣伏匈奴，岁输牛马羊皮，过时不具，辄没其妻子"。② 西域地区的经济结构与匈奴有很大的互补性，匈奴征服西域各国，从那里获取粮食、手工业品、畜产品和劳动力，是匈奴帝国得以维系的重要经济基础。对乌桓、鲜卑的征服，则使匈奴的国力更为强大。

汉武帝对匈奴的用兵，采取与西域各国联合的策略，以"断匈奴右臂也"③，开始与匈奴争夺西域地区。随着汉匈战争中匈奴的不断失败，特别是河西之战的失败，西汉王朝夺取了河西走廊，控制了与西域联通的咽喉要道。元封年间，汉武帝派兵击破了亲匈奴的楼兰、车师，派细君公主、解忧公主妻乌孙王，太初年间，两次攻伐大宛，使匈奴失去了楼兰、乌孙、大宛等附属国。车师国地处天山南北的要冲之地，匈奴与车师联合，多次攻入与汉朝和亲的乌孙等国，汉朝与匈奴展开了五次大的对车师国的争夺战。本始二年（前72），汉朝为救援乌孙，派五将军共10万人分五路出击匈奴，乌孙、昆弥亦出10万军队从西方呼应汉军。据《汉书·匈奴传》记载，汉朝的各路军队共得匈奴首虏4200余级，获马牛羊80余万头。"然匈奴民众死伤而去者，及畜产远移死（于）［亡］不可胜数。于是匈奴遂衰耗，怨乌孙。"④ 为报复乌孙，当年冬天，匈奴壶衍鞮单于亲自率兵进攻乌孙，战争取得了胜利，但就在返程路上，"会天大雨雪，一日深丈余，人民畜产冻死，还者不能什一"。被汉朝战败再加上突然而至的天灾，使周边各国有了可乘之机。"于是丁令乘弱攻其北，乌桓入其东，乌孙击其西。凡三国所杀数万级，马数万匹，牛羊甚众。又重以饿死，人民死者什三，畜产什五，匈奴大虚弱，诸国羁属者皆瓦解，攻盗不能理。"⑤ 此后，"丁令比三岁入盗匈奴，杀略人民数千，驱马畜去"⑥，"乌桓击匈奴东边姑夕王，颇得人民"⑦。连续战败并失去对西域地区的控制，匈奴帝国在经济上和政治上遭受了沉重打击，内部出现了严重分化和激烈斗争。先是

---

① 《汉书》卷96上《西域传上》，第3872页。
② 《后汉书》卷90《乌桓列传》，第2981页。
③ 《汉书》卷61《张骞传》，第2692页。
④ 《汉书》卷94上《匈奴传上》，第3786页。
⑤ 同上书，第3787页。
⑥ 同上书，第3788页。
⑦ 同上书，第3790页。

日逐王先贤掸率其众数万骑归汉，接着，匈奴内部发生战争，握衍朐鞮单于兵败被杀，然后又发生五单于争立，到呼韩邪单于时期，只好归附汉朝以求得安定。

依靠战争匈奴帝国得以建立，一度统一蒙古高原，"长城以北引弓之国受命单于"①。但长期的大规模的战争，显然已经超越了匈奴游牧生产方式的承受范围。特别是连续遭受战争的失败，使匈奴帝国的生产力被严重削弱，内部分崩离析，内忧外患、天灾人祸相协而至，匈奴进入了日渐衰弱的时期。正如北魏始祖皇帝力微所言："我历观前世匈奴、蹋顿之徒，苟贪财利，抄掠边民。虽有所得，而其死伤不能相补，更招寇仇，百姓涂炭，非长计也。"② 对于北方游牧民族来说，战争无疑也是一把双刃剑，其负面影响是不能忽视的。

［基金项目：国家社科基金项目"多维视角下的内蒙古地区战国秦汉长城研究"（13BZS020）］

---

① 《汉书》卷94上《匈奴传》，第3762页。
② 《魏书》卷1《序纪》，中华书局1974年版，第3页。

汉武帝姻亲在西进战略中作用再认识
——以卫青、霍去病、李广利三大将为例

吴小强

广州大学档案馆

一 汉朝初年来自匈奴国的严重威胁

匈奴是活跃于战国至魏晋南北朝时期的北方游牧民族，《史记·匈奴列传》记载："匈奴，其先祖夏后氏之苗裔也，曰淳维。唐虞以上有山戎、猃狁、荤粥，居于北蛮，随畜牧而转移。其畜之所多则马、牛、羊，其奇畜则橐驼、驴、骡、䯄騠、騊駼、驒騱。逐水草迁徙，毋城郭常处耕田之业，然亦各有分地。毋文书，以言语为约束。儿能骑羊，引弓射鸟鼠；少长则射狐兔：用为食。士力能弯弓，尽为甲骑。其俗，宽则随畜，因射猎禽兽为生业，急则人习战攻以侵伐，其天性也。其长兵则弓矢，短兵则刀铤。利则进，不利则退，不羞遁走。苟利所在，不知礼义。自君王以下，咸食畜肉，衣其皮革，被旃裘。壮者食肥美，老者食其余。贵壮健，贱老弱。父死，妻其后母；兄弟死，皆取其妻妻之。其俗有名不讳，而无姓字。"① 这是正史中关于匈奴族社会的叙述。强悍的匈奴曾经统治了中国北方广袤的土地，其全盛时期的疆域，北控蒙古高原，西抵帕米尔高原，南临长城，东至东海，雄霸一方。刚经过楚汉相争而建立的汉王朝感受到来自匈奴国的强大军事压力。吕思勉先生分析汉初形势："汉初对匈奴，亦尝用兵。已而被围于平成，不利。乃用刘敬策，妻以宗室女，与和亲。盖以海内初平，不能用兵，欲以是徐臣之也。高后、文、景之世，守和亲不

---

① 《史记》卷94上《匈奴列传》，中华书局1982年第2版，第2879页。

变。然匈奴和亲不能坚，时入边杀掠。中国但发兵防之而已。是时当匈奴冒顿、老上、军臣之世，为匈奴全盛之时。"① 史载：汉高祖九年（前198）、汉惠帝三年（前192）、汉文帝六年（前174）、后元二年（前162）、汉景帝元年（前156）、汉景帝二年（前155）、五年（前152）累计7次将宗室女嫁与匈奴单于，并陪嫁大量财物。汉武帝即位后停止执行与匈奴的和亲政策，转而采取强硬对抗的方针，公开指责"匈奴逆天理，乱人伦，暴长虐老，以盗窃为务，行诈诸蛮夷，造谋借兵，数为边害，故兴师遣将，以征厥罪"。②

汉武帝元光二年（前133）夏六月，任命御史大夫韩安国为护军将军，卫尉李广为骁骑将军，太仆公孙贺为轻车将军，大行王恢为将屯将军、太中大夫李息为材官将军，率车骑、材官等大军30余万人，设伏于马邑旁谷中，引诱匈奴单于10万骑兵前来决战，后被单于发觉，匈奴军队逃脱。伏击计划尽管落空，由此则拉开了汉武帝策划已久的对匈奴全面反击战争的序幕。

二 汉武帝三大将在北拓、西进中的卓越表现

史家所称汉武帝三大将卫青、霍去病、李广利都出自外戚姻亲，身份卑微，清代学者赵翼指出"汉武帝三大将皆从嬖宠擢用"。③ 第一位彰显功名的是卫青。卫青是汉武帝卫皇后的同母弟，出身卑微。史载："大将军卫青者，平阳人也。其父郑季，为吏，给事平阳侯家，与侯妾卫媪通，生青。青同母兄卫长子，而姊卫子夫自平阳公主家得幸天子，故冒姓为卫氏。"④ 卫青主要在北方打击匈奴，挫伤匈奴国的锐气。其第一次出征，是在汉武帝元光六年（前129）⑤，匈奴入犯上谷，杀掠吏民，汉武帝立即派遣车骑将军卫青出上谷，骑将军公孙敖出代，轻车将军公孙贺出云中，骁骑将军李广出雁门，各率1万骑兵，夹击匈奴，结果失利，其中公孙贺这

---

① 吕思勉：《中国民族史·中国民族演进史》，上海古籍出版社2012年版，第40页。
② 《史记·卫将军骠骑列传》，中华书局1982年第2版，第2923—2924页。
③ （清）赵翼撰，曹光甫校点：《廿二史札记》，凤凰出版社2008年版，第35页。
④ 《史记·卫将军骠骑列传》，第2921页。
⑤ 按：《史记·卫将军骠骑列传》记为元光五年，《汉书·武帝纪》《资治通鉴·汉纪十》均记载为武帝元光六年。

一路汉军被匈奴击败，丧失 7000 骑兵，只有卫青运气好，杀至龙城，斩获匈奴首级 700 人，初战得胜，卫青声望急剧上升。元朔元年（前 128）春三月，立卫夫人为皇后。是年秋季，匈奴先后从辽西、渔阳、雁门大肆入侵，汉朝辽西太守及数千人被杀掠。汉武帝复召李广为右北平太守，派卫青率 3 万骑兵出雁门，将军李息出代，反击匈奴。卫青第二次出击匈奴，大获全胜，"令车骑将军青出云中以西至高阙。遂略河南地，至于陇西，捕首虏数千，畜数十万，走白羊、楼烦王。遂以河南地为朔方。以三千八百户封青为长平侯"。①

此战不仅为汉军首次重创了匈奴，收复了自秦代以来被匈奴侵占的河南地，设置朔方郡，而且驱逐了匈奴白羊王、楼烦王，占领陇西，将汉朝疆土向河西地区大大拓展。汉武帝十分高兴，特颁布诏书嘉奖卫青："《诗》不云乎，'薄伐猃狁，至于太原'，'出车彭彭，城彼朔方'。今车骑将军青度西河至高阙，获首虏二千三百级，车辎畜产毕收为卤，已封为列侯，遂西定河南地，按榆溪旧塞，绝梓岭，梁北河，讨蒲泥，破符离，斩轻锐之卒，捕伏听者三千七十一级，执讯获丑，驱马牛羊百有余万，全甲兵而还，益封青三千户。"②

匈奴进行报复，连续两年大举入侵代、定襄、上郡，杀掠汉朝代郡太守友等数千人。元朔五年（前 124）春，大旱，汉武帝令车骑将军卫青率 3 万骑兵出高阙，并指挥苏建、李沮、公孙贺、李蔡等 4 将出朔方，李息、张次公 2 将出右北平。此役卫青一军出其不意，深入匈奴右贤王王庭，几乎全歼其主力，右贤王仅与爱妾及数百人溃围北逃，俘获右贤裨王十余人，男女 1.5 万余人，牲畜数千万头。汉武帝派遣使者持大将军印，赶至边塞，于汉军营中拜卫青为大将军，"诸将皆以兵属大将军，大将军立号而归"。武帝下诏称赞"大将军青躬率戎士，师大捷，获匈奴王十有余人，益封青六千户"。③ 同时封卫青三个儿子为侯，荣极一时。卫青第三次出征，明显缓解了匈奴在西北方对汉朝的军事压力。元朔六年（前 123）春二月、夏四月，卫青两度统率十余万大军出定襄，北击匈奴，分别斩首3000 余级和 1 万余级，其两位部将则遭遇失败，前将军赵信兵败投降匈

---

① 《史记·卫将军骠骑列传》，第 2923 页。
② 同上书，第 2924 页。
③ 同上书，第 2925 页。

奴，右将军苏建仅以身还。

三大将中功勋最著者非霍去病莫属。与卫青身世相似，霍去病出身同样卑贱，且同为私生子。史载："霍去病，大将军青姊少儿子也。其父霍仲孺先与少儿通，生去病。及卫皇后尊，少儿更为詹事陈掌妻。去病以皇后姊子，年十八为侍中。"霍去病十七八岁就在战场上显露出过人的军事天赋与勇气，"善骑射，再从大将军。大将军受诏，予壮士，为票姚校尉，与轻勇骑八百直弃大军数百里赴利，斩捕首虏过当。"汉武帝十分欣赏这位青年姻亲，"以二千五百户封去病为冠军侯"。[1] 元狩二年（前121）春，霍去病为骠骑将军，率1万骑兵出陇西，击匈奴，大获全胜。武帝在嘉勉诏书中列举了霍去病此次战功："票骑将军率戎士逾乌戾，讨速濮，涉狐奴，历五王国，辎重人众摄者弗取，几获单于子。转战六日，过焉支山千有余里，合短兵，鏖皋兰下，杀折兰王，斩卢侯王，锐悍者诛，全甲获丑，执浑邪王子及相国、都尉，捷首虏八千九百六十级，收休屠祭天金人，师率减什七，益封去病二千二百户。"[2]尽管获胜，汉军损失也颇为惨重，"师率减什七"。此役对实现汉朝西进战略意义重大。同年夏，霍去病与公孙敖率数万骑兵俱出北地，张骞、李广出右北平，均异道而进。霍去病率军深入祁连山，再次大胜匈奴，其他几路兵马则失利。张骞、公孙敖当斩，赎为庶人。汉武帝对爱将霍去病再行奖赏："票骑将军涉钧耆，济居延，遂臻小月氏，攻祁连山，扬武乎觲得，得单于单桓、酋涂王，及相国、都尉以众降下者二千五百人，可谓能舍服知成而止矣。捷首虏三万二百，获五王，王母、单于阏氏、王子五十九人，相国、将军、当户、都尉六十三人，师大率减什三，益封去病五千四百户。"[3]此役对匈奴右翼实力的打击是毁灭性的，导致匈奴内部的分裂。

元狩二年（前121）秋，"单于怒浑邪王居西方数为汉所破，亡数万人，以票骑之兵也，欲召诛浑邪王。浑邪王与休屠王等谋欲降汉。使人先要道边"。霍去病大智大勇，抓住有利时机，成功促成浑邪王杀休屠王而投诚，"去病乃驰入，得与浑邪王相见，斩其欲亡者八千人，遂独遣浑邪王乘传先诣行在所，尽将其众度河，降者数万，号称十万。既至长安，天

---

① 《汉书·卫青霍去病传》，中华书局1962年第1版，第2478页。
② 同上书，第2479页。
③ 同上书，第2480页。

子所以赏赐数十钜万，封浑邪王万户，为漯阴侯"。①汉武帝又一次下诏嘉奖："票骑将军去病率师征匈奴，西域王浑邪王及厥众萌咸犇于率，以军粮接食，并将空弦万有余人，诛猍悍，捷首虏八千余级，降异国之王三十二。战士不离伤，十万之众毕怀集服。仍兴之劳，爰及河塞，庶几亡患。以千七百户益封票骑将军。减陇西、北地、上郡戍卒之半，以宽天下徭役。"②汉武帝在河西地区设置五属国，安置投降的浑邪王及4万余众，在原匈奴故地建立武威、酒泉两郡。霍去病之功彻底解除了匈奴对汉朝西北边境的威胁，打开了从长安向西域的通道，实现了汉武帝西进战略的重要目标。

在瓦解了匈奴西部力量之后，元狩四年（前119）春，汉武帝命令卫青、霍去病各率5万精锐骑兵，步兵及运输部队数十万人，分别从定襄、代郡出，"而敢力战深入之士皆属去病"。深入漠北，寻找匈奴主力决战，力图彻底击败匈奴。

卫青出塞千余里，与匈奴单于精兵大战漠北，"杀伤大当"，单于兵败远遁，卫青"颇捕斩首虏万余级，遂至寘颜山赵信城，得匈奴积粟食军。军留一日而还，悉烧其城余粟以归"。③而霍去病率猛士李敢等，远出代郡、右北平二千余里，消灭了匈奴东方主力，"所斩捕功已多于青"。汉武帝最后一次颁诏嘉奖霍去病："票骑将军去病率师躬将所获荤允之士，约轻赍，绝大幕，涉获单于章渠，以诛北车耆，转击左大将双，获旗鼓，历度难侯，济弓卢，获屯头王、韩王等三人，将军、相国、当户、都尉八十三人，封狼居胥山，禅于姑衍，登临翰海，执讯获丑七万有四百四十三级，师率减什二，取食于敌，卓行殊远而粮不绝。以五千八百户益封票骑将军。"④ 至此，一代杰出青年统帅霍去病的军功声望达到顶峰。

汉武帝三大将的第三位是李广利，史家历来对其毁誉参半，褒贬不一。其实，李广利在推进汉武帝西进战略中也发挥了颇为重要的作用，尤其是打通西域、将汉朝疆域拓展至葱岭，将西域置于汉朝控制之下，亦有殊功。李广利也是因为妹妹李夫人而得到汉武帝重用。史载"李广利，女

---

① 《汉书·卫青霍去病传》，第2482页。
② 同上书，第2482—2483页。
③ 同上书，第2484页。
④ 同上书，第2486—2487页。

弟李夫人有宠于上，产昌邑哀王。太初元年，以广利为贰师将军，发属国六千骑及郡国恶少年数万人以往，期至贰师城取善马，故号'贰师将军'"。① 李广利首战出师不利，损兵折将过半，"往来二岁，至敦煌，士不过什一二"。"天子闻之，大怒，使使遮玉门关，曰'军有敢入，斩之。'贰师恐，因留屯敦煌。"②当年夏天，为了获取大宛善马，汉武帝力排众议，大举增兵，命李广利再次出征西域："赦囚徒扞寇盗，发恶少年及边骑，岁余而出敦煌六万人，负私从者不与。牛十万，马三万匹，驴橐驼以万数赍粮，兵弩甚设。天下骚动，转相奉伐宛，五十余校尉。宛城中无井，汲城外流水，于是遣水工徙其城下水空以穴其城。益发戍甲卒十八万酒泉、张掖北，置居延、休屠以卫酒泉。而发天下七科谪，及载糒给贰师，转车人徒相连属至敦煌。而拜习马者二人为执驱马校尉，备破宛择取其善马云。"③李广利破轮台，围宛城，决断宛城水源，占领宛城外城，迫使宛国内讧，宛王毋寡被杀，宛国出其善马，慰劳汉军，"汉军取其善马数十匹，中马以下牝牡三千余匹，而立宛贵人之故时遇汉善者名昧蔡为宛王，与盟而罢兵"。④李广利命搜粟都尉上官桀攻破郁成国，杀郁成国王。李广利的第二次西征获得了成功。

李广利的西征行动尽管劳民伤财，损失惨重，但是基本达到了汉朝获取善马、增强国防、进一步削弱匈奴势力、控制西域的战略目标，因此，汉武帝特意下诏奖赏李广利，封其为海西侯："匈奴为害久矣，今虽徙幕北，与旁国谋共要绝大月氏使，遮杀中郎将江、故雁门守攘。危须以西及大宛皆合约杀期门车令、中郎将朝及身毒国使，隔东西道。贰师将军广利征讨厥罪，伐胜大宛。赖天之灵，从溯河山，涉流沙，通西海，山雪不积，士大夫径度，获王首虏，珍怪之物毕陈于阙。其封广利为海西侯，食邑八千户。"⑤

---

① 《汉书·张骞李广利传》，第 2699 页。
② 同上。
③ 同上书，第 2700、2702、2703 页。
④ 同上书，第 2702 页。
⑤ 同上书，第 2703 页。

三 对三大将历史贡献的重新认识

关于对汉武帝三大将的评价，清人赵翼认为"三大将皆出自淫贱苟合，或为奴仆，或为倡优，徒以嬖宠近，后皆成大功为名将，此理之不可解者也"。①司马光认为，三大将勇立武功，与汉武帝"好四夷之功"有关："天下信未尝无士也，武帝好四夷之功，而勇锐轻死之士充满朝廷，辟土广地，无不如意。及后息民重农，而赵过之俦教民耕耘，民亦被其利。此一君之身趣好殊别，而士辄应之，诚使武帝兼三王之量以兴商、周之治，其无三代之臣乎！"② 赵翼总结汉武帝的用人政策核心在于"不计流品"："武帝长驾远驭，所用皆跅弛之士，不计流品也。""至其操纵赏罚，亦实有足以激劝者。如卫青、霍去病等，屡经出塞，为国宣力，固贵之宠之，封侯增邑不少靳。或奋身死事，如韩千秋战死南越，帝曰：'千秋功虽不成，然亦军锋之冠。'则封其子为成安侯。或在军有私罪，而功足录者，如李广利伐大宛，斩其王毋寡，而私罪恶甚多，则以其万里征讨，不录其过。"③钱穆先生引司马相如文章"世必有非常之人，然后有非常之事。有非常之事，然后有非常之功。非常者，固常人之所异也。故曰，非常之原，黎民惧焉。及臻厥成，天下晏如也"。又云"夫拯民于沉溺，奉至尊之休德，反衰世之陵夷，继周氏之绝业"。认为司马相如所言，"最足代表武帝一朝开边之理论"。④ 钱穆指出，汉武帝发动对外战争的主要目的是为了获得经济利益，尤其是对西域的用兵，"汉与西域之关系，尤以财货为主"。⑤汉朝之所以能够取得对外战争的胜利，彻底打败匈奴，除了汉武帝长期精心策划、正确领导之外，根本原因在于汉朝的综合国力远远超过包括匈奴在内的四夷，"当时四外蛮夷之文化，及其社会经济情况，种族人口，皆远出汉下"。⑥ 此外，钱穆认为，汉代去古未远，兵农犹未分

---

① （清）赵翼撰，曹光甫校点：《廿二史劄记》，凤凰出版社 2008 年版，第 35 页。
② 司马光著，胡三省音注：《资治通鉴·汉纪十四》，中华书局 1956 年版，第 742 页。
③ （清）赵翼撰、曹光甫校点：《廿二史劄记》，凤凰出版社 2008 年版，第 34 页。
④ 钱穆：《秦汉史》，生活·读书·新知三联书店 2012 年第 3 版，第 136—137 页。
⑤ 同上书，第 141 页。
⑥ 同上书，第 147 页。

途，全国壮丁皆有从军义务，社会尚武进取之风，亦似远较后代为胜。汉廷征召的亡命恶少年从军后，亦往往立奇功，其时军人亦壮烈多可称道，如李广、李敢、李陵祖孙三代皆为奇才。"武帝时大将最著者莫如霍去病。"年十八为侍中，"其卒在武帝元狩六年，年二十九。后世谓汉武三大将，卫青、霍去病、李广利，皆由女宠。然去病实亦当时一奇才，卫青已非其比，李广利更无论也。去病死，匈奴已衰，汉亦不复能大惩创之矣。去病能将善战之功，实不可没。即以女宠言，彼等既已进身，而重以建功绝域自显，亦见当时人意气，确乎有一种进取勇决无畏之风，与后世不同"。①

吕思勉先生则对汉武帝拓边及三大将的武功颇不以为然，给予评价较低。他在其《秦汉史》专著《论武帝用兵得失》一节开篇即提出："汉武帝东征西讨，所开拓者颇广，后世盛时之疆域，于此已略具规模，读史者或称道之。然汉人之议论，则于武帝多致讥评。何哉？予谓是时之开拓，乃中国之国力为之，即微武帝，亦必有起而收其功者，而武帝轻举寡虑，喜怒任情，用人以私，使中国之国力，为之大耗，实功不掩其罪也。"吕思勉认为，卫青、霍去病、李广利三大将都是皇帝宠爱、自私自利、不恤士卒、不学无术之辈，并举例：天子尝欲教去病孙、吴兵法，对曰"顾方略何如耳，不至学古兵法"。并指出"此去病不学无术之明征，亦汉武以三军之众，轻授诸不知兵法之将之铁证。世顾或以是为美谈，此真势利小人之见。彼卫、霍之所以致胜者，乃由其所将常选，而诸宿将所将，常不逮之耳，非其能也。汉去封建之世近，士好冒险以立功名，不知义理，徒为愚忠，皆与后世绝异。即以李广之事论之。广与程不识，俱为边郡名将，匈奴畏之久矣。又尝俱为卫尉，天子知其能亦久矣。征胡而择大将，非广、不识辈而谁？乃汉武之所任者，始则卫、霍，后则李广利也。以椒房之亲，加诸功臣宿将之上，不亦令战士短气乎？"②他认为，匈奴终汉武帝之世不能平，与武帝只器重女宠姻亲，不重用功臣宿将、不会用兵有关。这是皇权专制下用人政策的必然。汉武帝好大喜功、滥用民力、穷奢极欲，"此其所为，与隋炀帝亦何以异？获保首领，没于五柞，岂不幸哉？"③钱穆也认为："惟当时军人中，豪杰与近宠判为两党。卫霍李广利

① 钱穆：《秦汉史》，生活·读书·新知三联书店2012年第3版，第156—157页。
② 吕思勉：《秦汉史》，上海古籍出版社1983年版，第129—131页。
③ 同上书，第133页。

之属，名位虽盛，豪杰从军者贱之如粪土。李广父子愈摈抑，而豪杰愈宗之。史公亲罹李氏之祸，故其为《史纪》，于两党瑕瑜，抑扬甚显。今平心论之，则两党中亦各有奇材，惜乎武帝之未能以公心善用之耳。"①

在汉武帝实施西进战略过程中，或言其对外扩张战争中，有一个令人深思的现象，即在开疆拓土的战场上建功立业的英雄主要是出身社会底层的皇帝姻亲外戚及外姓将领，而刘氏皇室宗亲却不见踪影。这种现象该如何解释？《汉书·景十三王传》或许能提供部分答案。班固在《汉书·景十三王传》尾赞中指出："昔鲁哀公有言：'寡人生于深宫之中，长于妇人之手，未尝知忧，未尝知惧。'信哉斯言也！虽欲不危亡，不可得已。是故古人以宴乐为鸩毒，亡德而富贵，谓之不幸。汉兴，至于孝平，诸侯王以百数，率多骄淫失道。何则？沉溺放恣之中，居势使然也。自凡人犹系于习俗，而况哀公之伦乎！"②清人赵翼认为，汉代诸王荒乱，"推原其始，总由于分封太早，无师友辅导之益，以至如此"。并引刘立自述："立少失父母，处深宫中，独与宦者妇妾居，渐渍小国之俗，加以性质下愚，辅相亦不以仁义相辅，遂至陷于大戮。"赵翼称"此虽畏罪自解之辞，实亦当时致弊之由也"。③汉朝开国皇帝刘氏基因经过数代相传之后，在统治者上层特殊利益集团权力富贵固化的长期腐蚀下，已经难以产生出像卫青、霍去病这样出身卑贱的优秀人才。

汉景帝时期因削藩而发生的吴楚七国之乱事件，使汉中央朝廷对地方王国势力产生了戒备心理，防止刘氏宗亲尾大不掉、坐大干政，巩固皇权，削弱地方诸侯，成为汉景帝、汉武帝的基本施政方针。因此，汉武帝在选拔征讨四夷的领军大将时，亦自然会将刘氏宗亲排除在外。

[本文系国家社科基金重大委托项目"海昏侯墓考古发掘与历史文化资料整理研究"（16ZH022）的阶段性成果之一]

---

① 钱穆：《秦汉史》，生活·读书·新知三联书店 2012 年第 3 版，第 157 页。
② （汉）班固撰，颜师古注：《汉书·景十三王传》，中华书局 1962 年版，第 2436 页。
③ （清）赵翼撰，曹光甫校点：《廿二史劄记》，凤凰出版社 2008 年版，第 41—42 页。

东汉魏晋十六国凉州地区谶纬学述略

吕宗力

哈尔滨工业大学（深圳）

香港科技大学

西汉武帝元狩二年（前121），汉军击败匈奴，迫使浑邪王杀休屠王并率其部众归降汉朝，连接西域的重要通道河西地区纳入西汉版图。从元狩末至后元元年（前88），汉朝在河西地区陆续设置酒泉、武威、张掖、敦煌四郡，即所谓"河西四郡"。加上昭帝时设置的金城郡，亦合称"河西五郡"。[①] 武帝元封五年（前106），在全国分设刺史部十三州（监察区），凉州刺史部负责监察陇右、河西的安定郡、陇西郡、天水郡、酒泉郡、张掖郡、敦煌郡六郡，昭宣时又增金城、武威，共八郡。[②]需要注意的是，西汉刺史位秩远低于郡太守，专司监察，在监察区内无行政管辖权，也无固定治所。东汉的州刺史（牧）有固定治所，在监察之外，还有选举、劾奏和领兵之权，逐渐成为地方最高行政区划。凉州刺史部治陇县（今甘肃张家川回族自治县），八郡之外，增置武都、永阳、南安（后废）、安定属国（后废）、张掖属国（后废）、张掖居延属国（即西海郡）、西平、西郡等。东汉献帝建安十八年（213），省凉州并入雍州，领弘农、京兆、左冯翊、右扶风、上郡、安定、陇西、汉阳、北地、武都、武威、金城、西平、西郡、张掖、张掖属国、酒泉、敦煌、西海、汉兴、永阳、南安二十二郡。[③]

---

① 关于河西四郡的设置年代，颇多争议。本文采用李炳泉《西汉河西四郡的始置年代及疆域变迁》（载《东岳论丛》2013 年第 12 期）的说法。周振鹤《西汉政区地理》认为，四郡设置于武帝元狩二年到宣帝地节三年，武威设郡最晚（人民出版社 1987 年版，第 168 页）。

② 周振鹤：《汉武帝十三刺史部所属郡国考》，载《复旦学报》2007 年第 5 期。辛德勇：《两汉州制新考》，载《文史》2007 年第 1 期，对刺史部的设置有不同说法。

③ 《后汉书》志 28《百官志五》李贤注引《献帝起居注》。

魏文帝黄初元年（220），分雍州河西地区的金城、武威、张掖、酒泉、敦煌、西海、西平、西郡八郡复置凉州，治姑臧（今甘肃武威），姑臧从此成为河西地区的政治中心。西晋惠帝时增置狄道郡。魏晋时期的凉州，以河西诸郡为主，辖域比两汉小。东晋十六国时期，这一地区在130多年中先后建立了前凉、后凉、南凉、北凉、西凉政权，形成了独具特色的五凉文化。前凉、后凉、南凉、北凉皆都姑臧，西凉都敦煌、酒泉。①北魏兼并凉州地区后，行政区划（包括辖域和名称）变动较大，原陇右、河西之地分属雍州、秦州、南秦州、梁州、泾州、河州、凉州、敦煌镇等。本文所讨论的凉州地区，以两汉至五凉的辖域为中心。

一 凉州地区的谶纬学

（一）两汉时期凉州的儒学与谶纬学

河西地区在汉武帝时纳入西汉版图，降汉的匈奴部众4万余人被安置在原陇西、北地、上郡、朔方、云中五郡故塞之外，"则陇西、北地、河西益少胡寇，徙关东贫民处所夺匈奴河南、新秦中以实之"。（《史记·匈奴列传》）。朝廷规划大规模屯田，多次组织"徙民实边"，内地汉人大批移居开发河西，发展农牧业，生态环境逐渐改变，凉州地区的社会经济结构和文化习俗也发生了巨大变化。作为两汉学术主流的儒学在凉州也有所发展。

正如汪受宽所指出，两汉活跃在凉州地区的士人，除了寓居凉州的内地学者，也已出现本地出生的学者。如北地义渠（今甘肃宁县西北）人公孙昆邪，汉景帝时曾任典属国，吴楚七国之乱时曾参与平乱，著有阴阳学著作《公孙浑邪》15篇。武帝时，治《欧阳尚书》的千乘人儿宽以廷尉文学卒史身份，受命"之北地视畜数年"，期间可能在凉州传授儒家经书。敦煌马圈湾等河西汉代遗址出土有《易经》《论语》、术数书等，敦煌汉简和居延新简中也能见到当地设立官学的例证。武威磨咀子6号汉墓的主人可能是西汉成帝河平年间（前28—前25）武威郡学的经师，随葬《仪礼》简与通行本《仪礼》有很大出入，同墓出土《日忌》木简中还有"诸文

---

① 郑炳林：《前凉行政地理区划初探（凉州）》，载《敦煌学辑刊》1993年第1期。

学弟子"向经师缴纳学费的记录。

新莽后期，中原动荡，割据陇右、河西的隗嚣、窦融，皆出身豪族，倾心学术，善待士人。于是有不少经学大家到凉州避难，包括郑兴、杜林、班彪、孔奋等。凉州地区不少地方行政长官，也积极举办官学，推动儒学教育。① 当地儒学逐渐向更高层次提升，形成了一些本地的儒学大家和世家。

如安定乌氏（今宁夏固原东南）人梁统，玄汉、窦融时期历任酒泉、武威太守，后随窦融归顺刘秀。他的儿子梁松"博通经书，明习故事，与诸儒修明堂、辟雍、郊祀、封禅礼仪，常与论议，宠幸莫比"，主持东汉初朝廷制礼。另一儿子梁竦"少习孟氏《易》，弱冠能教授"，"闭门自养，以经籍为娱"。梁松族孙梁不疑"好经书，善待士"，与大儒马融为至交。②

东汉后期对羌战争中的名将"凉州三明"为皇甫规、张奂与段颎。③皇甫规，出身安定朝那（治今宁夏彭阳县西古城乡）豪族，曾在老家教授《诗》《易》14 年，门徒三百余人（《后汉书·皇甫规传》）。其侄皇甫嵩也文武兼备，"好《诗》《书》"（《后汉书·皇甫嵩传》）。"凉州三明"之二张奂，敦煌渊泉（今甘肃瓜州县三道沟镇）人，"少游三辅，师事太尉朱宠，学《欧阳尚书》。初，《牟氏章句》浮辞繁多，有四十五万余言，奂减为九万言"。后因党祸禁锢于家，他"闭门不出，养徒千人，著《尚书记难》三十余万言"。（《后汉书·张奂传》）他的儿子张芝、张昶都是著名的书法家。

东汉时期出生于凉州的儒家学者，还包括安定临泾人（今甘肃镇原）李恂，从武威太守任上被免职，"步归乡里，潜居山泽，结草为庐"，教授《韩诗》，诸生常数百人（《后汉书·李恂传》）。汉阳上邽（今天水麦积区）人姜岐，治《尚书》《易经》《春秋》，名动西州。金城浩亹人三老赵宽，"修习典艺，既敦《诗》、《书》，说志《礼》、《乐》，由复研机篇籍，博贯史略，雕篆六体"，"教诲后生，百有余人，皆成俊艾，仕入州府"。④

---

① 如东汉建武间，武威太守任延"造立校官，自掾史子孙，皆令诣学受业，复其徭役。章句既通，悉显拔荣进之。郡遂有儒雅之士"（《后汉书·循吏·任延传》）。

② 《后汉书·梁统列传》。梁氏不仅是凉州大姓，也是东汉顶级豪门。仅梁竦一支，"七封侯，三皇后，六贵人，二大将军，夫人、女食邑称君者七人，尚公主者三人，其余卿、将、尹、校五十七人"。

③ 参阅陈勇《"凉州三明"论》，载《中国史研究》1998 年第 2 期。

④ 高文：《汉碑集释》，《三老赵掾之碑》，河南大学出版社 1985 年版，第 444—447 页。

赵宽是赵充国五世孙，敦煌太守赵仁侄，本人曾任护羌校尉假司马，当然也出身金城豪族。他兼通《诗》《书》《礼》《乐》、史籍、书法，以授学生。最知名的当然是《潜夫论》的作者，安定临泾人王符。王符"少好学，有志操"，曾游历京师，与当时的一流学者马融、窦章、张衡、崔瑗等结交。但因"安定俗鄙庶孽，而符无外家，为乡人所贱"。① 所撰《潜夫论》之《五德志》篇，就是依据谶纬五德史观及感生、异貌神话叙述三皇五帝之"古史"。

谶纬学是东汉儒学的一个重要支派。纬书本是西汉儒生依托儒学经典，杂糅《河图》《洛书》、阴阳五行学、天人感应说而编纂的一系列著作。西汉后期，谶、纬合流，形成大量谶纬文献，至东汉臻于鼎盛，被认为是经学中的内学秘经，成为当时儒学的时尚。这一文化现象在东汉的凉州地区也有所表现。

西汉末以降，因应社会结构的变动和强宗大族、豪族高门的需求，追溯氏姓源流、编造世系、炫耀门阀的谱牒之学兴起。高门大姓，常依托上古圣贤为先祖。凉州著姓则往往声称是西汉由中原迁入的高官后人。曹氏据称是曹参后人，武帝后迁入凉州，"或在安定，或处武都，或居陇西，或家敦煌，枝分叶布，所在为雄"。立于灵帝中平二年（185）的《汉合阳令曹全碑》，叙述敦煌效谷一支的世系："高祖父敏，举孝廉，武威长史，巴郡朐忍令，张掖居延都尉；曾祖父述，孝廉，谒者，金城长史，夏阳令，蜀郡西部都尉；祖父凤，孝廉，张掖属国都尉丞，右扶风隃麋侯相，金城西部都尉，北地大守；父琫，少贯名州郡，不幸早世，是以位不副德。"敦煌曹氏显然在东汉已成为凉州望族，"崇重儒学，以经学传家，家族人物常被举孝廉，出任官职"。②

曹全本人"童龀好学，甄极谶纬，无文不综"，历任敦煌郡上计掾史，凉州治中、别驾，举孝廉，除郎中，拜西域戊部司马，屡迁右扶风槐里令、酒泉禄福长、左冯翊合阳令。③碑文所谓"甄极谶纬"，就是说曹全精

---

① 汪受宽：《两汉凉州士人研究》，载《甘肃社会科学》2010年第5期，第68—70页。还可参阅卢云《汉晋文化地理》，陕西人民出版社1991年版，第82—84页；高荣《汉代河西文化述论》，载《河西学院学报》2002年第1期。

② 冯培红：《汉晋敦煌大族略论》，载《敦煌学辑刊》2005年第2期，第102页。

③ 高文：《汉碑集释》，第487—490页。

通秘经谶纬。

同为敦煌效谷人的令狐氏，先祖建威将军令狐迈因参与东郡太守翟义反莽起事兵败，"三子：伯友、文公、称，皆奔敦煌。伯友入龟兹，文公入疏勒，称为故吏所匿，遂居效谷"。（《新唐书·宰相世系五下》）令狐称的孙子令狐溥于东汉末曾任苍梧太守，与同郡的经学名家张奂有书信往来。①令狐溥的学术传承，史籍未见记载。但据 S1889《敦煌氾氏家传》中"氾咸"条："咸，字宣合，为侍御史辅之玄孙也。咸弱冠，从苍梧太守同郡令狐溥受学。明通经纬，行不苟合。"②可知令狐溥曾在家乡收学生传授经学和谶纬学。《敦煌氾氏家传》还提到氾绪"字叔纵。为西域长史洋之曾孙也。敦方正直。尝于当郡别驾令狐富受《春秋》、《尚书》"。③则令狐家族在敦煌郡"堪称儒学继世，经术传家"。④

有杰出子弟师从令狐氏学习经纬之学的氾氏，据称其先人是西汉成帝时的御史中丞氾雄，河平元年从济北卢县迁徙敦煌。东汉时氾氏成为儒学世家、敦煌望族。

汉末又有侯瑾，

> 敦煌人也。少孤贫，依宗人居。性笃学，恒佣作为资，暮还辄燃柴以读书。常以礼自牧，独处一房，如对严宾焉。州郡累召，公车有道征，并称疾不到。作《矫世论》以讥切当时。而徙入山中，覃思著述。以莫知于世，故作《应宾难》以自寄。又案汉记撰中兴以后行事，为《皇德传》三十篇，行于世。余所作杂文数十篇，多亡失。河西人敬其才而不敢名之，皆称为侯君云。（《后汉书·文苑传》）

侯瑾有文学和史学著述，已佚。据王隐《晋书》卷 2《地道记》："汉末，博士敦煌侯瑾善内学，语弟子曰：'凉州城西有泉水当竭，有双阙起其上。'魏嘉平中，武威太守条茂起学舍筑阙于此。"（辑自《水经注》卷

---

① 孙晓林：《汉——十六国敦煌令狐氏述略》，载《北京图书馆馆刊》1996 年第 4 期。
② 释文引自唐耕耦、陆宏基编《敦煌社会经济真迹释录》第 1 辑《敦煌泛氏家传残卷》，书目文献出版社 1986 年版，第 106 页。
③ 同上书，第 107 页。
④ 孙晓林：《汉——十六国敦煌令狐氏述略》，载《北京图书馆馆刊》1996 年第 4 期。

40)①"内学"即谶纬学。侯瑾预见到后人会有人在凉州城西筑双阙。曹魏曹芳时,武威太守条茂建官学,果然在此地筑阙。但侯瑾预言的意涵似乎不止于此。同书卷7记录了该预言更详细的版本:

> 汉末,博士侯瑾善内学,语弟子曰:"凉州城西有泉水当竭,当有双阙起其上,与东门相望,中有霸者出焉。"至魏嘉平中,武威太守条茂起学舍筑阙于此泉,太守填水造起门楼,与学阙相望。至是张氏遂霸河西。(辑自《艺文类聚》卷六十二、《水经注》卷四十)②

预言凉州城将有霸者出,为西晋末"张氏遂霸河西"提供了有力论证,这正是一则典型的政治谶言。

据文化地理学者的研究,秦、西汉的政治中心在关中长安一带,文化重心则在齐鲁地区。东汉的政治中心东迁至中原洛阳周围,文化重心也西移至几乎与政治中心重叠。③整个两汉时期,虽然凉州地区的经济和文化建设成果丰硕,但毕竟地处边陲,开发较晚,战事频繁,民风尚武,尤其是东汉,"羌患"严重,社会生产和安定大受影响。《后汉书·陈龟传》:"今西州边鄙,土地瘠埆,鞍马为居,射猎为业,男寡耕稼之利,女乏机杼之饶。守塞候望,命县锋摘,闻急长驱,去不图反。"而来自内地的移民,大多是贫民和罪犯及其家属,文化水准普遍不高。尽管出现了不少杰出士人和学者,也培植出一些儒学世家,但无论学者人数、著作数量还是学术影响力,与当时的文化重心区域仍然无法相比。"凉州寡于学术"(《后汉书·盖勋传》)的评语可能苛刻了些,但在一定程度上确实反映了凉州地区儒学在两汉时期的边缘地位。

(二) 曹魏西晋时期凉州的谶纬学

东汉末年,河西经济曾遭到极大破坏,人口死亡或流徙严重。魏文帝始,高度重视河西经济和社会秩序的恢复。前后数任凉州刺史和郡太守,如张既、徐邈、苏则、仓慈、毌丘兴、范粲、范茂等,兴修水利、鼓励农

---

① 汤球:《九家旧晋书辑本》,《丛书集成初编》,上海商务印书馆1936年版,第213页。

② 同上书,第325页。

③ 卢云:《区域控制与历史发展——论秦汉时期的政治中心、文化重心及其相互关系》,载《福建论坛》1987年第4期。

耕、招徕流民、兴办官学、安抚羌胡、保护商旅，都称得上"国之良吏"。至明帝世，已出现"家家丰足，仓库盈溢"的局面。①经济和社会的安定和发展，也为文化和学术的兴盛提供了良好条件。据周振鹤的《中国历史文化区域研究》，三国西晋时期河西地区的学术有明显的提升，当然文化重心仍在黄河流域、中原一带。②

卢云进一步论证说，在三国西晋时期，作为文化重心的洛阳、南阳及兖豫一带，学术学风与教育形式都出现很大变革，玄学清谈流行；但青徐滨海地区儒学传统浓厚，形成了经学与玄学并重的局面；在吴地、蜀地、河东、关中、河西等广大地区，都仍保持着两汉以来的儒家经学传统和教育形式，少有清谈之士。但若谈到谶纬学，则"自三国以后，谶纬神学就结束了它繁荣的历史，逐渐走了下坡路"。"在三国西晋时期，谶纬学主要保存在周边的广大地区中。"他认为，当时保存谶纬神学的主要有四个地区：陇右河西，燕代辽东，巴蜀和吴越。③

曹魏正始（240—249）以后，玄学在曹魏西晋的文化重心地区确实流行，加上东汉后期盛行古文经学，至东汉末、三国时期，谶纬学逐渐走向边缘化。甚至在汉献帝建安末年和西晋武帝泰始三年（268），中央政府曾两次颁布针对谶纬学的禁令。④但"在三国西晋时期，谶纬学主要保存在周边的广大地区中"的结论，不够准确。在曹魏、西晋的社会生活、文化生活中，包括在其政治中心和文化重心地区，谶纬学仍扮演着重要角色，对当时人的思维模式、表达习惯之影响无所不至。⑤而关于凉州地区保存经学、谶纬学传统的观察，倒是符合史籍记载的。

汉魏之交，武都人李庶、姜合客居汉中。姜合"长于内学，关右知名"。他和李庶曾据谶书《孔子玉版》推算"天子历数，虽百世可知"。他们预言："魏公子桓，神之所命，当合符谶，以应天人之位。"曹丕嗣位

①　参阅陆庆夫《曹魏时期河西经济恢复原因浅析》，载《甘肃社会科学》1985 年第 4 期，第 63—67 页；周振鹤《中国历史文化区域研究》，复旦大学出版社 1997 年版，第 252 页。

②　周振鹤：《中国历史文化区域研究》，第 278—280 页。

③　《汉晋文化地理》第 124、126、129、216—223 页。

④　参阅拙作《魏晋南北朝至隋禁毁谶纬始末》，载《高敏先生八十华诞纪念文集》，线装书局 2006 年版，第 235—252 页。

⑤　参阅拙作《谶纬与曹魏的政治与文化》，载《许昌学院学报》2018 年第 3 期，第 13—24 页。

魏王后，张鲁旧部、左中郎将李伏上表，引述这则谶言，揭开了曹魏群臣劝进曹丕、鼓吹禅让的序幕。①

西晋初尽管严令"禁星气谶纬之学"，玄学之风行更胜曹魏，但谶纬学统绪绵延不绝，张华、何随、文立、李密、陈寿、杜夷等都是兼通经纬的知名学者。②凉州的谶纬学则在安定皇甫氏和敦煌索、氾等几大家族中持续传承。

安定朝那皇甫氏自东汉以来就是西州豪杰，累世效命边郡，允文允武，经学传家。至皇甫谧（215—282，东汉太尉皇甫嵩曾孙），"博综典籍百家之言"，"门人挚虞、张轨、牛综、席纯，皆为晋名臣"。③皇甫谧是西晋著名的医学家、文学家、史学家，终身不仕，潜心著述与教学。著作包括《帝王世纪》《高士传》《列女传》《玄晏春秋》《年历》等。《帝王世纪》叙述三皇至汉魏历代帝王的世系、年谱及事迹，以五德终始史观为叙事框架，大量采用谶纬话语和典故，描述神农、黄帝、少昊、颛顼、尧、舜、禹、商汤、后稷、周文王、周武王、刘邦等"受命"帝王的感生、异貌、符命等神迹。

敦煌是凉州的文化重镇，大姓最多，学术声望也最高。索、氾、令狐等著姓，都以儒学见称，尤以索氏为最。据 P2625《敦煌名族志》"索氏"条，敦煌索氏分南北两支，先后从巨鹿西迁至敦煌。东汉初，索颜、索班、索劢等以武力起家，立功西域，"确立了敦煌索氏家族的社会政治地位"；索颜之子索堪"举孝廉、明经，对策高第"，至幽州刺史；东汉末至曹魏，索展、索翰师事杨赐、王朗，习《欧阳尚书》。至此索氏已具备东汉儒学世族的基本特征。④西晋最著名的敦煌儒学世族正是"累世官族"的

---

① 《三国志·魏书·文帝纪》，裴松之注引《献帝纪》。

② 参阅拙作《两晋南北朝经学与谶纬学》，载林庆彰、卢鸣东主编《中日韩经学国际学术研讨会论文集》，（台北）万卷楼图书公司2014年版，第936—938页。

③ 《晋书》卷51《皇甫谧传》。丁宏武"时人张华、左思、卫权等也视其为'西州高士'、'西州之逸士'"（《世说新语·文学》《晋书·左思传》）。皇甫谧在学术文化方面的成就和影响，使安定皇甫氏的社会地位得到进一步的巩固和提高。"皇甫氏家族真正实现了从武力强宗向衣冠士族的转变。""后赵石虎时，镇远王擢表雍、秦二州望族，皇甫氏列十七姓之首"（《晋书·石季龙载记》）；西魏、北周时，宇文氏称霸关中，皇甫璠以西州著姓，预参勋业（《周书·皇甫璠传》）；"唐贞观所定泾州安定郡六姓，其一曰皇甫"（《古今姓氏书辩证》卷15）。参阅丁宏武《皇甫谧籍贯及相关问题考论》，载《文史哲》2008年第5期，第37—38页。

④ 冯培红：《汉晋敦煌大族略论》，第104页。

索氏，其代表人物则是索靖。

索靖（239—303），字幼安。父索湛，北地太守。"靖少有逸群之量，与乡人氾（泛）衷、张甝、索紾、索永俱诣太学，驰名海内，号称'敦煌五龙'。"①索靖完成学业后，"州辟别驾，郡举贤良方正，对策高第。傅玄、张华与靖一面，皆厚与之相结。拜驸马都尉，出为西域戊己校尉长史"。后拜尚书郎，先后任雁门太守、鲁相、酒泉太守。八王之乱中数次率军平乱，"太安末，河间王颙举兵向洛阳，拜靖使持节、监洛城诸军事、游击将军，领雍、秦、凉义兵，与贼战，大破之，靖亦被伤而卒"。追赠太常、司空。②兼资文武，这是汉晋凉州文士的典型风格。索靖文才出众，草书与卫瓘齐名。幼承家学，又入洛阳太学深造，"该博经史，兼通内纬"。《索子》《晋诗》之外，"著《五行三统正验论》，辩理阴阳气运"。可知他在谶纬学上的造诣。史称"靖有先识远量，知天下将乱，指洛阳宫门铜驼，叹曰：'会见汝在荆棘中耳！'""靖行见姑臧城南石地，曰：'此后当起宫殿。'至张骏，于其地立南城，起宗庙，建宫殿焉。"③与侯瑾汉末之谶，异曲同工。谶言之应验，有时真的可能来自作谶者的政治洞察力呢！

敦煌氾氏在东汉时曾从令狐氏学习谶纬学，到了西晋，又有子弟从索靖学习谶纬学。S1889《敦煌氾氏家传》"氾祎"条：

氾祎字休藏，晋宜安太守。④素刚直。祎少好学，事师（师事）司空索静（靖），通三《礼》、三《传》、二《易》、《河图》、《洛书》，

①　《晋书》卷60《索靖传》。《敦煌名族志》索紾、索永作索绤、索舘（唐耕耦、陆宏基编《敦煌社会经济真迹释录》第1辑《敦煌名族志》，第103页）。又，《敦煌名族志》说索靖"不应辟召，乡人号曰腐儒"。这一描述不见于《晋书》。冯培红指出，"五龙"中索氏占三位，氾氏、张氏各一位，"说明了索氏家族在文化传习上的优势"（《汉晋敦煌大族略论》，第107页）。"五龙"如果是在年轻时入太学，可能是在曹髦在位、司马昭辅政之时（汪华龙、熊长云：《晋辟雍碑碑阴"凉州散生"考——兼谈辟雍碑碑阴题名的添改》，载《中国史研究》2017年第4期，第70页）。

②　《晋书》卷60《索靖传》。或以为索靖任职驸马都尉，可能曾尚公主。此官西汉武帝始置，皇帝出行时掌副车，为侍从近臣，常用作加官。魏、晋与奉车、骑都尉并号三都尉，多用作宗室、外戚、功臣子、贵族、亲近之臣的加官，或亦加于尚公主者。司马睿为晋王时，其府掾属皆授此号。东晋南朝无定员，无实职，尚公主者亦多加此号。至梁、陈渐成定制，专加尚公主者。索靖、氾祎虽然都拜驸马都尉，却未必曾尚公主。

③　《晋书》卷60《索靖传》。

④　晋无宜安郡，当即冥安县（治今甘肃安西东南），元康五年置晋昌郡，治此。《晋书·地理志》误作宜安县。

玄明究算历。性高义，居家不简堕，昏行不改节，不偶众以素名，不畏毁以求誉。举孝廉，贤良方正，对策第一，拜驸马都尉，除护羌将军驸马都尉。徙禄福令，性刚直不事上府。酒泉太守马模遣督邮张休祖劾祎。祎曰："君不闻'宁逢三千头狼，不逢氾休藏'？"①

有学者根据《晋书·隐逸传》《艺术传》的记载，注意到两晋"凉州学者仍如其先辈多治神仙谶纬之学、礼制典章之学、阴阳律历之学等汉学"。②

西晋初，一方面尊奉儒学、重振太学、大兴文教：

> 戎夏既泰，九域无事，以儒术久替，古典未隆，乃兴道教，以熙帝载。廓开太学，广延群生，天下鳞萃，远方慕训，东越于海，西及流沙，并时集至，万有余人。③

另一方面因应门阀士族势力成长、"士庶天隔"的社会政治格局，在中央官学入学资格上向门阀士族倾斜。泰始八年（272），武帝下诏太学整顿，"已试经者留之，其余遣还郡国。大臣子弟堪受教者，令入学"。（《宋书》卷十四《礼志一》）经过整顿，留下三千人。这时的太学主要招收六品官以下子弟入学，无品级身份的平民子弟入学机会极少。咸宁二年（276）又设国子学，专门招收贵胄子弟。④另一个值得注意的政策取向，是大规模征召凉州豪右子弟入太学。⑤前引《晋辟雍碑》就是一个很好的例子。

《晋辟雍碑》，1931年春于河南省偃师县西南东大郊村北出土，亦称《大晋龙兴皇帝三临辟雍皇太子又再莅之盛德隆熙之颂》碑。该碑立于咸

---

① 唐耕耦、陆宏基编：《敦煌社会经济真迹释录》第1辑《敦煌氾氏家传残卷》，第105页。
② 杨胜良：《论五凉学术的渊源和特征》，载《厦门大学学报》2002年第2期，第42页。
③ 刘承幹：《希古楼金石萃编》卷9，《石刻史料新编》，第1辑第5册，《晋辟雍碑》，新文丰出版公司1982年版，第3913页。余嘉锡认为，"此碑叙廓开太学于荡定梁、益，文告江裔之下，当是咸熙二年事，又在景元之后。时值用兵，避役者当益众，则所谓太学群生，集至万有余人者，纵非实数，亦约略近之矣"。参阅余嘉锡《晋辟雍碑考证》，载《余嘉锡文史论集》，岳麓书社1997年版，第132页。
④ 宁欣、张天虹：《汉唐时期中央官学的演变与社会流动》，载《河北学刊》2003年第4期，第165页。
⑤ 汪华龙、熊长云：《晋辟雍碑碑阴"凉州散生"考——兼谈辟雍碑碑阴题名的添改》，第70页。

宁四年（278）10月20日，描述晋武帝重视文教，在4年内3次亲临辟雍巡视以及皇太子司马衷亲临辟雍的经过。刊名碑阴的有400余人，除少数太常的主管官员和礼官，绝大多数是太学的学官和学生。① 太学生员包括礼生、门人、弟子315人及个别寄学（候补性质），以司州、冀州、豫州、兖州和青州籍最多。②来自凉州西海、敦煌、西平、金城四郡的被称为散生，共49人。③余嘉锡评论说：

> 散生盖在太学弟子员之外者，然不知其与门人寄学有何不同，又不知何以独并州（按，应为凉州）及西域人为散生，且无一礼生弟子门人，而他州亦无一散生也。岂以其介在边陲，文风不及中原，之耶？不可考矣。④

汉魏职官，"散"一般指无定员、无职事、地位低于正员，如散郎、散骑、散官骑从。历朝太学生有员额，散生应该是"员外"的学生。凉州学生无一列名正员的礼生、弟子、门人，或许反映了凉州儒学在当时的尴尬地位。但仅次于政治中心、经济文化发达地区的司州、冀州的员外学生数额，可以视为凉州学术发展迅速的迹象以及西晋中央政府对凉州地区的特别"照顾"。学者也已考证，凉州散生多为当地豪右子弟，⑤正如"敦煌五龙"皆出身索、氾、张等著姓。这些受业太学的名门子弟，是凉州地区儒学传承的重要力量。其中有一部分学生，兼学谶纬学，自然也推动了凉州地区谶纬学的持续发展。

（三）五凉时期的谶纬学

五凉指东晋南朝十六国时期在凉州地区先后或同时建立的五个地方性

---

① 参加仪式、列名碑阴的当然只是获遴选的学生代表（很可能以《礼》学学科为主），远非全体学生。

② 刘承幹：《希古楼金石萃编》卷9，第3915—3925页。参阅王东洋《〈晋辟雍碑·碑阴〉所反映的几个问题》，载《重庆社会科学》2007年第2期；汪华龙、熊长云《晋辟雍碑碑阴"凉州散生"考——兼谈辟雍碑碑阴题名的添改》，《中国史研究》2017年第4期。

③ 据刘承幹《希古楼金石萃编》卷9之著录。余嘉锡统计散生有51人。

④ 余嘉锡：《晋辟雍碑考证》，载《余嘉锡文史论集》，岳麓书社1997年版，第153—154页。

⑤ 汪华龙、熊长云：《晋辟雍碑碑阴"凉州散生"考——兼谈辟雍碑碑阴题名的添改》，《中国史研究》2017年第4期，第70页。

政权：安定乌氏人张轨（或说张寔）建立的前凉（301/317—376，都姑臧），略阳氐人吕光建立的后凉（386—403，都姑臧），京兆人段业、临松卢水胡人沮渠蒙逊建立的北凉（397—439 或 460，都张掖、姑臧），河西鲜卑人秃发乌孤建立的南凉（397—414，都乐都），陇西成纪李暠建立的西凉（400—421，都敦煌、酒泉）。

前凉奠基者张轨（255—314），"安定乌氏人，汉常山景王耳十七代孙也。家世孝廉，以儒学显"。曾师事西晋大儒皇甫谧，与中书监张华讨论经义及政事损益而获器重。晋惠帝永宁初（301），张轨出任护羌校尉、凉州刺史。他笼络索氏、李氏、曹氏、张氏、阎氏等敦煌著姓，"以宋配、阴充、氾瑗、阴澹为股肱谋主"，"内抚遗黎，外攘逋寇"。奉晋正朔，"征九郡胄子五百人，立学校，始置崇文祭酒，位视别驾，春秋行乡射之礼"，大兴文教。①张轨的继任者也多崇儒重文。十六国中，前凉享国最久，统治期间"秩序安定，经济丰饶，既为中州人士避难之地，复是移民流徙之区，百余年间纷争扰攘固所不免，但较之河北、山东屡经大难者，略胜一筹。故托命河西之士庶犹可以苏喘息长子孙，而世族学者自得保身传代以延其家业也"。②

正因具备了这样的政治、经济、社会、文化条件，凉州地区得以"保存汉代中原之文化学术，经历东汉末、西晋之大乱及北朝扰攘之长期，能不失坠，卒得辗转灌输，加入隋唐统一混合之文化，蔚然为独立之一源，继前启后，实吾国文化史之一大业"。③谶纬学就是凉州地区所保存的汉代中原文化学术的一个支脉。

敦煌索氏世代传承天文谶纬之学。

索袭"虚靖好学"。惠帝世西晋大乱，索袭"不应州郡之命，举孝廉、贤良方正，皆以疾辞"。居乡著述，"游思于阴阳之术，著天文地理十余篇，多所启发。不与当世交通"。张轨谋主之一阴澹，张茂（320—325 年在位）时任敦煌太守，曾造访索袭，经日忘反，出而叹曰："索先生硕德名儒，真可以谘大义。"④

---

① 《晋书》卷 86《张轨传》及附传。
② 陈寅恪：《隋唐制度渊源略论稿》，生活·读书·新知三联书店 2001 年版，第 30 页。
③ 同上书，第 22 页。
④ 《晋书》卷 94《隐逸传》。

索纮，少时曾受业西晋太学，"博综经籍，遂为通儒。明阴阳天文，善术数占候。司徒辟，除郎中，知中国将乱，避世而归"，回到敦煌。索纮的占候术在前凉名气极大，"乡人从纮占问吉凶，门中如市"，不胜其烦，"遂诡言虚说，无验乃止。惟以占梦为无悔吝，乃不逆问者"。索纮占梦、预言吉凶，善用谶纬学中的文字离合技巧：

孝廉令狐策梦立冰上，与冰下人语。纮曰："冰上为阳，冰下为阴，阴阳事也。士如归妻，迨冰未泮，婚姻事也。君在冰上与冰下人语，为阳语阴，媒介事也。君当为人作媒，冰泮而婚成。"策曰："老夫耄矣，不为媒也。"会太守田豹因策为子求乡人张公征女，仲春而成婚焉。

郡主簿张宅梦走马上山，还绕舍三周，但见松柏，不知门处。纮曰："马属离，离为火。火，祸也。人上山，为凶字。但见松伯，墓门象也。不知门处，为无门也。三周，三期也。后三年必有大祸。"宅果以谋反伏诛。

索充初梦天上有二棺落充前，纮曰："棺者，职也，当有京师贵人举君。二官者，频再迁。"俄而司徒王戎书属太守使举充，太守先署充功曹而举孝廉。充后梦见一虏，脱上衣来诣充。纮曰："虏去上中，下半男字，夷狄阴类，君妇当生男。"终如其言。

宋桷梦内中有一人著赤衣，桷手把两杖，极打之。纮曰："内中有人，肉字也。肉色，赤也。两杖，箸象也。极打之，饱肉食也。"俄而亦验焉。

黄平问纮曰："我昨夜梦舍中马舞，数十人向马拍手，此何祥也？"纮曰："马者，火也，舞为火起。向马拍手，救火人也。"平未归而火作。

索绥梦东有二角书诣绥，大角朽败，小角有题韦囊角佩，一在前，一在后。纮曰："大角朽败，腐棺木。小角有题，题所诣。一在前，前统凶也。一在后，后背也。当有凶背之问。"时绥父在东，居三日而凶问至。

郡功曹张邈尝奉使诣州，夜梦狼啖一脚。纮曰："脚肉被啖，为却字。"会东虏反，遂不行。凡所占莫不验。①

索纨的族人索绥，西晋司徒索毗之子，"举孝廉，为记室祭酒。母丧，去官。又举秀才"。张骏（324—346 年在位）时受命著《凉春秋》，张玄靓（一作靖）（355—363 年在位）时任儒林祭酒。于《凉春秋》外，"又作《六夷颂》、《符命传》十余篇"。② 所谓"符命"，当记前凉符瑞图谶之事。

敦煌宋氏是西晋新兴的武力强宗，在前凉军功卓著，多人出任军事要职。③五凉时期，宋氏亦崇儒学，代表人物为宋纤。宋纤，"敦煌效谷人也。少有远操，沈靖不与世交，隐居于酒泉南山。明究经纬"。潜心学术，不应州郡辟命，"注《论语》，及为诗颂数万言。年八十，笃学不倦"。张祚（354—355 年在位）强征宋纤为太子友，召至姑臧。"寻迁太子太傅"，实非宋纤所愿，"遂不食而卒，时年八十二"。④

郭瑀，亦敦煌人，游学张掖，师事隐居东山的经学名家郭荷，⑤ "尽传其业。精通经义，雅辩谈论，多才艺，善属文"。著有《春秋墨说》《孝经错纬》。

所以有研究 5—10 世纪敦煌家族的学者，在考察魏晋五凉敦煌大姓中的文化人物后，总结说，"诸人所学，经史礼易皆有，而以纬学为最。可以说，敦煌文化之在中原占有一席之地，更多的是经纬阴阳术数上独树一帜的缘故"。⑥

敦煌的诸位谶纬学大师，不仅自己潜心学术，也积极教授弟子。如宋纤隐居酒泉南山，"弟子受业三千余人"；郭瑀"隐于临松薤谷，凿石窟而居"，弟子著录千余人，前秦吞并前凉后，"太守辛章遣书生三百人就受业

---

① 《晋书》卷 95《艺术传》。

② 汤球辑：《十六国春秋辑补》卷 70《前凉录四》，第 499 页；卷 72《前凉录六》，第 517 页。

③ 冯培红：《汉晋敦煌大族略论》，第 110 页。

④ 《晋书》卷 94《隐逸传》。

⑤ 《晋书》卷 94《隐逸传》："郭荷，字承休，略阳人也。六世祖整，汉安顺之世，公府八辟，公车五征，皆不就。自整及荷，世以经学致位。荷明究群籍，特善史书。不应州郡之命。张祚遣使者以安车束帛为博士祭酒，使者迫而致之。及至，署太子友。荷上疏乞还，祚许之，遣以安车蒲轮送张掖东山。年八十四卒，谥曰玄德先生。"

⑥ 杨际平、郭锋、张和平：《五一十世纪敦煌的家庭与家族关系》，岳麓书社 1997 年版，第 120 页。

焉"。酒泉人祈嘉，"少清贫，好学"，求学"西至敦煌，依学官诵书，贫无衣食，为书生都养以自给，遂博通经传，精究大义"。"张重华征为儒林祭酒。性和裕，教授不倦，依《孝经》作《二九神经》。"祈嘉也教了不少弟子："西游海渚，教授门生百余人"；"在朝卿士、郡县守令彭和正等受业独拜床下者二千余人。"①在官学或私学中学习儒学的学生，应该有不少人也接受了谶纬学的传承。

如敦煌人刘昞，父亲刘宝"以儒学称"。"昞年十四，就博士郭瑀学。时瑀弟子五百余人，通经业者八十余人"，而瑀以女妻之。后隐居酒泉，不应州郡之命，弟子受业者五百余人。西凉王李暠征为儒林祭酒、从事中郎。著述颇丰，"著《略记》百三十篇、八十四卷，《凉书》十卷，《敦煌实录》二十卷，《方言》三卷，《靖恭堂铭》一卷，注《周易》、《韩子》、《人物志》、《黄石公三略》，并行于世"。北魏孝明帝正光四年（523）诏书褒奖刘昞"'德冠前世，蔚为儒宗，太保启陈，深合劝善。其孙等三家，特可听免。'河西人以为荣"。②刘昞长于史学和《易》学，可惜他的著述多已亡佚。唐宋间有些类书，如《白帖》《太平御览》《太平广记》等引述了一些《敦煌实录》佚文。从现存零星佚文看，《敦煌实录》叙述张骏、李暠等五凉政权君主事迹时，颇多符瑞、灵异故事。③ 如：

> 凉文王张骏梦一人鬓眉皓白，自称子瑜，曰："地上之事付汝，地下之事付我。"王寤，问之，有侯子瑜先死，得其曾孙亮为祁连令矣。（《太平广记》卷二七六）
>
> 晋安帝隆安元年，凉州牧李暠微服出城，逢虎道边，虎化为人，遥呼暠为西凉君，暠因弯弧待之，又遥呼暠曰："有事告汝，无疑也。"暠知其异，投弓于地，人乃前曰："敦煌空虚，不是福地，君之子孙王于西凉，不如从酒泉。"言讫乃失。暠乃移都酒泉。（《太平御览》卷一六五）

也收录有索统拆字占验的故事（与《晋书》所录略同）：

---

① 《晋书》卷94《隐逸传》。
② 《魏书》卷52《刘昞传》。
③ 邢培顺、王明东：《刘昞与他的〈敦煌实录〉》，载《古籍整理研究学刊》2017年第3期，第3页。

索充梦一虏脱上衣来诣充。索纮占曰："虏去上半，下男字也，夷虏阴类，君妻当生男也。"已后果验。(《太平广记》卷二七六)

宋桶梦内中有一人著赤衣，桶一手把两杖，极打之。索纮占曰："内中有人是肉字也；两杖，箸之象；极打，肉食也。过三日，过三家，皆得肉食矣。"(《太平广记》卷二七六)

西平郡有郭黁，少学《老》《易》，明天文星占，以占候神验著称凉州。历任前凉郡主簿，后凉吕光散骑常侍、太常，西秦建忠将军、散骑常侍，后秦姚兴太史令。

张天锡末年，符氏每有西伐之问，太守赵凝使黁筮之，黁曰："若郡内二月十五日失囚者，东军当至，凉祚必终。"凝乃申约属县。至十五日，鲜卑折掘送马于凝，凝怒其非骏，幽之内厩，鲜卑惧而夜遁。凝以告黁，黁曰："是也。国家将亡，不可复振。"

符坚末，当阳门震，刺史梁熙问黁曰："其祥安在？"黁曰："为四夷之事也。当有外国二王来朝主上，一当反国，一死此城。"岁余而鄯善及前部王朝于符坚，西归，鄯善王死于姑臧。

光将伐乞伏干归，黁谏曰："今太白未出，不宜行师，往必无功，终当覆败。"太史令贾曜以为必有秦陇之地。及克金城，光使曜诘黁，黁密谓光曰："昨有流星东堕，当有伏尸死将，虽得此城，忧在不守。正月上旬，河冰将解，若不早渡，恐有大变。"后二日而败问至，光引军渡河讫，冰泮。时人服其神验。光以黁为散骑常侍、太常。

黁后以光年老，知其将败，遂与光仆射王祥起兵作乱。百姓闻黁起兵，咸以圣人起事，事无不成，故相率从之如不及。黁以为代吕者王，乃推王乞基为主。后吕隆降姚兴，兴以王尚为凉州刺史，终如黁言。黁之与光相持也，逃人称吕统病死，黁曰："未也，光、统之命尽在一时。"黁后统死三日而光死。黁尝曰："凉州谦光殿后当有索头鲜卑居之。"终于秃发傉檀、沮渠蒙逊迭据姑臧。①

常爽，原籍河内温县，祖辈因世乱定居凉州，累世贵宦。他在凉州接

---

① 《晋书》卷95《艺术·郭黁传》。

受完整的儒学教育，"笃志好学，博闻强识，明习纬候，五经百家，多所研综"。入北魏后，不事王侯、州郡，专心办学、教授儒学经典二十余年，时人号为"儒林先生"。"是时戎车屡驾，征伐为事，贵游子弟未遑学术，爽置馆温水之右，教授门徒七百余人，京师学业，翕然复兴。"教学之余，著述《六经略注》，行于世以广制作，甚有条贯。①常爽教导有方，要求严格，门下弟子，有尚书左仆射元赞、平原太守司马真安、著作郎程灵虬等。北魏名臣崔浩、高允等，并叹服之。

二　凉州地区谶纬学传承不绝的社会、政治、文化语境

之前说过，魏晋时期谶纬学在文化重心地区已逐渐边缘化，中央政府也曾两次颁布针对谶纬学的禁令。十六国北朝时期，后赵石虎、前秦苻坚、北魏太武帝和孝文帝，都曾严令禁绝。② 为什么凉州地区的谶纬学仍然传承不绝、一派生机呢？

（一）移民社群的文化保守心态与谶纬话语的表述习惯

两汉以来凉州地区特别是河西地区的汉人，基本上是来自内地的移民及其土生后裔。移民社群将内地的生产方式及文化观念传播到凉州，对该地区的早期开发及文化发展起到较大作用。当时的凉州地区，土地资源相对较宽裕，较易解决移民社群面临的生存、繁衍等基本需求。但一旦踏上向西迁徙的旅程，"无论是个人、家庭甚或家族都将由此而被扔进一个无常的、生活环境迥异的境况之中，他们每向前迈进一步都意味着放弃比较熟悉的安全环境，而面临一种陌生的无常的环境，并将由此产生种种失落、恐惧和不安"。③ 恐惧和不安，部分来自严酷的自然环境和似乎永无休止的与戎狄的战事；失落恐怕更多来自其心理人格的危机感。魏晋时期凉州地区的著姓，多源自或自认为源自西汉末至东汉获罪徙谪、乱世避难或

---

① 《魏书》卷84《儒林·常爽传》。
② 参阅吕宗力《魏晋南北朝至隋禁绝谶纬始末》，载《高敏先生八十华诞纪念文集》，线装书局2006年版，第235—236页。
③ 杨际平、郭峰、张和平：《五—十世纪敦煌的家庭与家族关系》第7章"古代敦煌边民的文化心态"，第275、280页。

居官滞留的内地文化精英家族。"当他们被逐出传统社会的本土之后",他们精神焦虑的焦点,是他们心理人格的生存根基——故乡故土与相应的传统文化。西迁凉州的人们,早就被"打上了传统文化的烙印,传统文化已经内化于他们的深层意识中,成为一种能够代表种族标志的文化本能"。"如果丢失了这个传统,也就丢失了自我,丢失了一种早已熟知的生活方式,其甚者则有可能导致种族记忆的丧失。"①

西汉末至东汉末,谶纬化儒学风行全国,构成该历史时期的学术和意识形态主流,谶纬话语体系渗透政治、社会、文化生活的各个层面和各个地域,凉州自非例外。如东汉灵帝建宁四年(171)摩崖刻石《西狭颂》,颂扬武都太守、汉阳阿阳人李翕:"天姿明敏,敦《诗》悦《礼》……三剖符守,致黄龙、嘉禾、木连、甘露之瑞"。② 熹平三年(174)《耿勋碑》叙武都太守、右扶风茂陵人耿勋之出生迹:"泰华惟岳,神曜吐精。"③这都是谶纬中关于符瑞和感生的典型话语。这一套话语体系也成为西迁精英家族文化和学术上最鲜明的集体记忆,甚至积淀成为一种信仰。即使魏晋时期政治中心、文化重心区域的学术和意识形态风尚已变,凉州著姓在文化上仍持保守心态,世代延续着谶纬话语的表述习惯。

前凉历代统治者以尊崇晋室、"弘尽忠规"为国策。④ 至第七代统治者张祚,采纳尉缉、赵长等的建议,拟僭号称帝。为了论证称帝的正当性,他宣称晋皇室"金行失驭,戎狄乱华,胡、羯、氐、羌咸怀窃玺",以致"中原丧乱,华裔无主,群后金以九州岛之望无所依归,神只岳渎罔所凭系,逼孤摄行大统,以一四海之心"。谶纬五德史观,以晋属金德。"金行失驭",即指晋皇室已丧失天命的眷顾⑤。

魏晋南北朝政治文化中另一流行话语,即"应期"或"期运"。按照谶纬论述,上天依五德相生之顺序,在人间选择天子,轮流坐庄。这些受命于天的代理人,有任期的限制。"期"即《尚书·刑德放》所谓"《河

---

① 杨际平、郭峰、张和平:《五—十世纪敦煌的家庭与家族关系》第7章"古代敦煌边民的文化心态",第276—280页。

② 高文:《汉碑集释》,第369页。

③ 同上书,第414页。

④ 《晋书》卷86《张轨传》。

⑤ 《晋书》卷86《张祚传》。

图》帝王终始存亡之期"。① "运"即五德历运之运，陆机所谓"历命应化而微，王师蹑运而发"。②李康《运命论》李善注："运谓五德更运，帝王所禀以生也。《春秋·元命苞》：'五德之运，各象其类。兴亡之名应篆，以次相代。'"③ 所以"期运"是指五德之运，更迭有期，也称"历"。所谓"应期"，是说真命天子必须生逢其时，又恰好当运。④

西晋怀帝永嘉五年（311），刘聪、石勒的军队攻陷洛阳，掳走晋怀帝，次年豫州刺史阎鼎等拥立秦王司马邺为皇太子，即后来的晋愍帝。时任凉州刺史的张轨驰檄关中，号召共尊辅秦王，理由是："秦王天挺圣德，神武应期。世祖之孙，王今为长。"并遣"前锋督护宋配步骑二万，径至长安，翼卫乘舆，折冲左右。西中郎寔中军三万，武威太守张琠胡骑二万，骆驿继发"以勤王。⑤

东晋安帝隆安四年（400），敦煌太守李暠（351—417）自称大将军、护羌校尉、秦凉二州牧、凉公，改元庚子，都敦煌，建立西凉政权。安帝义熙元年（405），李暠改元为建初，遣舍人黄始、梁兴间行建康奉表，希望得到晋廷的事后认可。表文中"汉运将终，三国鼎峙"，"历数相推，归余于终，帝王之兴，必有闰位"，"五胡借袭，期运将杪"等表述，都属于谶纬"期运"话语。因没有收到晋廷的回复，义熙三年（407）又派沙门法泉间行奉表诣建康。表文称安帝"应期践位，景福自天"。

"感生"是谶纬五德论述中另一重要话语体系。五德史观认为受命开国的真命天子，"皆五帝精宝，各有题序，以次运相据起"，⑥ 所以必须由五德之帝感其母而生，即所谓"感生帝"。非受命帝王或身为人臣者，不得感五帝之精而生。《春秋演孔图》对此有解释："正气为帝，间气为臣，宫商为姓，秀气为人。"注云："正气，谓若木人则得苍龙之形，灵威仰之气；火人得朱鸟之形，赤熛怒之气。以生之比也。间气则不苞一行，各受

---

① 安居香山、中村璋八编：《纬书集成》卷上，河北人民出版社1994年版，第382页。
② 《辩亡论》，胡克家校刻本《文选》，台北艺文印书馆1983年重印本，卷53，第752页。
③ 《文选》，卷53，744页。
④ 详见拙作《谶纬与魏晋南朝文学》（《汉魏六朝文学与宗教》），上海古籍出版社2005年版，第143—145页。
⑤ 《晋书》卷86《张轨传》。
⑥ 安居香山、中村璋八编：《纬书集成》，卷中第581页。

一星以生，若萧何感昴精，樊哙感狼精，周勃感亢精者也。"① 东汉以来豪族、官僚自矜门第家世，每每自诩感某岳、某渎、某星辰而生。②蔡邕《陈太丘碑文》所谓"陈君禀岳渎之精，苞灵曜之纯"，"峨峨崇岳，吐符降神"，即此类也。更极端者，宣称圣人、帝王、名臣皆无父，由其母感大人迹、神龙、云虎、仙人、电光、流星、大虹、白气、星宿之精、山渎之灵，"意感""气感"而生。笔者在考察北朝墓志中谶纬的影响时，注意到北朝的宗室、士族、权贵，无分性别、族裔，常借助感生话语，凸显其家世之显赫、天赋之神奇。最常见的是标榜墓主感山渎河海之灵而生，也有不少人标榜自己感日月星宿之精而生。③ 近检北魏墓志，发现入魏的凉州籍士人或曾任职凉州人物，其墓志铭文亦颇受感生话语的影响。如：

宣武帝延昌四年（515）《魏故泾雍二州别驾安西平西二府长史新平安定清水武始四郡太守皇甫君墓志铭》：皇甫骥，安定朝那人，"名川峻阜，灵感特微。诞生君侯，独禀玄质"。④

孝明帝熙平元年（516）《魏故威远将军凉州长史长乐侯王君墓志铭》：王昌，太原祁县人，"禀日月之辉，含川岳之曜"。⑤

节闵帝普泰元年（531）《贾散骑之墓志》：贾瑾，武威姑臧人，"禀玄中之妙气，资海岳之冲精"；"峨峨灵岳，浩浩东溟。昭昭君子，含气诞生"。⑥

孝武帝永熙二年（533）《魏故使持节都督河凉二州诸军事卫大将军河州刺史宁国伯乞伏君墓志》：乞伏宝，金城榆中人，"山岳降神，膺此余庆，挺兹哲人"。⑦

最有趣的是孝明帝昭仪胡明相的墓志铭。胡明相，安定临泾人，墓志称其为高平侯胡洪孙女，阴盘伯胡乐世女，宣武灵太后从侄女，则当与胡

---

① 安居香山、中村璋八编：《纬书集成》，卷中第 573 页。

② 参见吕宗力《东汉碑刻与谶纬神学》，载《研究生论文选集》，江苏古籍出版社 1984 年版，第 74 页；冷德熙《超越神话——纬书政治神话研究》，第 97—102 页。

③ 参阅拙作《谶纬与十六国北朝的政治与社会》，载《1 至 6 世纪中国北方社会、民族与边疆国际学术研讨会论文集》，科学出版社 2008 年版。

④ 赵超：《汉魏南北朝墓志汇编》，天津古籍出版社 1992 年版，第 80—82 页。

⑤ 同上书，第 84 页。

⑥ 同上书，第 281 页。

⑦ 同上书，第 304—305 页。

国珍同族。"孝明皇后胡氏，灵太后从兄冀州刺史盛之女。灵太后欲荣重门族，故立为皇后。"① 则与胡明相亦同族。胡氏女之入侍孝明帝，显然不止孝明皇后一人。"明帝颇有酒德，专嬖充华潘氏，后及嫔御并无过宠"，年仅十九，未曾生育而薨。② 所以墓志铭于例行颂词"体坤元之至性，资星月之玄图"，又悯其身世之可叹："方当缉是芳猷，永隆鸿范，以俟大虹之祥，有愿仓龙之感。岂图八眉之门不树，两童之庆未融，如何不吊！"③ "八眉"是帝舜之相，"大虹之祥，仓龙之感"是舜的感生神迹。《尚书中候·考河命》："握登见大虹，意感而生舜。"④仓龙象征帝舜的木德。胡明相身为皇帝昭仪而未获仓龙垂青、感生龙子，应该是她本人乃至其家族的极大遗憾了。

（二）符瑞与石纹图谶信仰

符瑞，或祥瑞，即被视为吉祥的自然现象，是汉儒天人感应和谶纬君权天授论述的重要符号意象，也是当时社会、政治文化中的流行话语。皇权更迭、五运转移之际，甚至贵人降生之刻，往往伴随有多种"符瑞"，时人视为启示天意的征兆。凉州的符瑞表述和意象，极具地域特色。张和平在概括中古敦煌边民爱国情怀时，将此类意象称为灵异。他指出敦煌呈奉给朝廷的贡献中，灵异事物占了相当大的比重。比如西汉武帝时所献渥洼天马。又按五行说，西方属金，色尚白，故敦煌灵异多以白色为主，如《晋书》卷87《李暠传》所记："时白狼、白兔、白雀、白雉、白鸠皆栖其园囿，其群下以为白祥金精所诞，皆应时邕而至，又有神光、甘露、连理、嘉禾众瑞，请史官记其事，玄盛从之。"⑤

397年，卢水胡首领沮渠蒙逊等拥戴后凉建康太守段业为使持节、大都督、龙骧大将军、凉州牧、建康公，改年号为神玺，建立政权，史称北

---

① 《魏书》卷13《孝明皇后胡氏传》。
② 同上。
③ 孝明帝孝昌三年（527）《魏故胡昭仪之墓志铭》，赵超：《汉魏南北朝墓志汇编》，第209—210页。
④ 安居香山、中村璋八编：《纬书集成》，卷上第429页。
⑤ 杨际平、郭锋、张和平：《五—十世纪敦煌的家庭与家族关系》第7章，第297—298页。张和平引 P. 2695《沙州都督府图经残卷》和 P. 2005《沙州都督府图经残卷》，指出唐代敦煌地区仍热心进献或表奏白色灵异，包括白雀、白龙、白狼等，不绝于史。

凉。沮渠蒙逊为张掖太守，实掌北凉军政大权。时木连理，生于永安，①永安令张掖上书庆贺："异枝同干，遐方有齐化之应；殊本共心，上下有莫二之固。盖至道之嘉祥，大同之美征。"②张掖出现的灵异型符瑞当然不止木连理。卢云已注意到，汉末河西一带的谶纬家擅长附会石文图。③

笔者在《汉代的谣言》一书中曾讨论汉代谶言的几种载体，其中一种就是图像符号。传说中的《河图》《洛书》，最早据说就是以文、图并重的形象出现的。秦汉的谶书，很可能是文图并茂的。图像化的谶言，有时浑然天成，令人们真的相信是上天垂示所致。例如，人的异常体征，如掌纹、皮肤纹理，常被视为天启信息。石头有纹理，有些石纹酷似文字、图画。这些出自大自然鬼斧神工的意象，古人往往视之为天启信息。④ 新莽代汉过程中，各地官员上报许多这样的"天启"石文或金（铜）文，其实多属人为伪造之物。如元始五年十二月（6年1月）平帝病死，当月即有武功县长孟通宣称，在淘井时挖到一块上圆下方的白石，上有丹书："告安汉公莽为皇帝。"该石文通过王莽的心腹大臣前辉光（长安南部郡守）谢嚣上呈，⑤ 成为公推王莽居摄践祚，称"假皇帝"的重要论据。

居摄三年（8），各地反莽起事基本平定，王莽的统治基本稳固，由假即真的舆论准备也紧锣密鼓地展开，各地符命奏报纷沓而至。巴郡献石牛，扶风献雍石文。⑥始建国五年（13），长安民闻王莽欲迁都洛阳，不肯缮治室宅。王莽又引石文为证："《玄龙石文》曰'定帝德，国雒阳'。符命著明，敢不钦奉！"⑦

张掖地区的灵异石纹，魏晋之际开始见诸史籍。"石纹图完全是一种在内生与表生地质作用下产生的自然现象。河西多山，而且气候干燥，风力强劲，气温日较差与年较差值都很大，岩石特别容易风化，出现石纹图

---

① 当为永平之误。永平县，时为张掖郡治。

② 《晋书》卷129《沮渠蒙逊载记》。

③ 卢云：《汉晋文化地理》，陕西人民教育出版社1991年版，第218页。

④ 参阅吕宗力《汉代的谣言》，浙江大学出版社2011年版，第127—130页。

⑤ 《汉书》卷99上《王莽传上》。

⑥ 同上。

⑦ 《玄龙石文》的出处不详。《汉书》卷99中《王莽传中》载《王莽传中》：始建国元年秋，"遣五威将王奇等十二人班《符命》四十二篇于天下。德祥五事，符命二十五，福应十二，凡四十二篇"，以为禅汉制造舆论。其"福应十二"之九，即玄龙石。

的机会较多。但石纹这种自然现象经河西地区谶纬家的解说，就变成了一种石谶。"①

魏明帝青龙二年（234）三月，前汉献帝寿终正寝。魏明帝《孝献皇帝赠册文》推崇汉献帝顺天应人，而魏文帝则"乾精承祚，坤灵吐曜，稽极玉衡，允膺历数"，"承天禅位"，再次确认曹魏皇权受命于天的正当性。从史书书写中，我们观察到太和、青龙、景初年间祥瑞纷呈。诸多祥瑞的巅峰，是青龙三年（235）凉州刺史报告张掖郡删丹县金山玄川溢涌，有七具石马现世，上有谶文：

> 青龙四年辛亥诏书："张掖郡玄川溢涌，激波奋荡，宝石负图，状像灵龟，巉然盘峙，仓质素章，麟凤龙马，焕炳成形，文字告命，粲然著明。太史令高堂隆上言：'古皇圣帝所未尝蒙，实有魏之祯命，东序之世宝。'"事颁天下。②

这是张掖石纹图首次见诸史册。张掖奇石图谶当时被称为"灵命瑞图"。博士秦静建议："灵命瑞图可祀天皇大帝五精之帝于洛阳，祀南郊所祭，祭讫，奉诰册文，脯、醢、酒，告太祖庙。藏册于石函。"③所谓"五精之帝"，即谶纬五德论述中的太微五帝：苍帝灵威仰，赤帝赤熛怒，黄帝含枢纽，白帝白招拒，黑帝汁光纪。

吊诡的是，巨鹿人张骁当时就偷偷告诉任令于绰："夫神以知来，不追已往，祯祥先见而后废兴从之。汉已久亡，魏已得之，何所追兴征祥乎！此石，当今之变异而将来之祯瑞也。"④而明帝所见到的石马上显现的谶文到底是哪些文字？史籍阙载。

据后出的史料，张掖石纹谶言在不同历史时期有不同的版本。《三国志》裴松之注引《魏氏春秋》魏明帝青龙三年（235）：

> 是岁张掖郡删丹县金山玄川溢涌，宝石负图，状象灵龟，广一丈六尺，长一丈七尺一寸，围五丈八寸，立于川西。有石马七，其一仙

---

① 卢云：《汉晋文化地理》，陕西人民教育出版社 1991 年版，第 218 页。
② 《三国志》卷 11《管宁传》。
③ 杜佑撰，王文锦等点校：《通典》，卷 55，中华书局 1988 年版，第 1537 页。
④ 同上。

人骑之，其一羁绊，其五有形而不善成。有玉匣关盖于前，上有玉字，玉玦二，璜一。麒麟在东，凤鸟在南，白虎在西，牺牛在北，马自中布列四面，色皆苍白。其南有五字，曰"上上三天王"；又曰"述大金，大讨曹，金但取之，金立中，大金马一匹在中，大吉开寿，此马甲寅述水"。凡"中"字六，"金"字十；又有若八卦及列宿孛彗之象焉。①

马形奇石上出现"大讨曹""金但取之"谶文，显然是"魏、晋代兴之符"。如果魏明帝见到的是这样的谶文，岂能视为曹魏的祥瑞？习凿齿后来在《汉晋春秋》作了这样的说明：

氐池县大柳谷口夜激波涌溢，其声如雷，晓而有苍石立水中，长一丈六尺，高八尺，白石画之，为十三马，一牛，一鸟，八卦玉玦之象，皆隆起，其文曰"大讨曹，适水中，甲寅"。帝恶其"讨"也，使凿去为"计"，以苍石窒之，宿昔而白石满焉。至晋初，其文愈明，马象皆焕彻如玉焉。②

即使将石文"大讨曹"改凿为"大计曹"，又何益于曹魏统治的正当性？可惜今日已无从获知魏明帝所见张掖石纹图谶的原文了，但依常理推测，应该包含有有利于曹魏皇权正当性论证的文字，与《魏氏春秋》所记不同。

据干宝《搜神记》，石纹图谶流传至两晋，其文字已有不同版本：

初，汉元、成之世，先识之士有言曰："魏年有和，当有开石于西三千余里，系五马，文曰'大讨曹'。"及魏之初兴也，张掖之柳谷，有开石焉，始见于建安，形成于黄初，文备于太和，周围七寻，中高一仞，苍质素章，龙马、麟鹿、凤凰、仙人之象，粲然咸著，此一事者，魏、晋代兴之符也。

至晋泰始三年，张掖太守焦胜上言："以留郡本国图校今石文，文字多少不同，谨具图上。"按其文有五马象，其一有人平上帻，执

---

① 《三国志》卷3《魏书·明帝纪》。
② 《三国志》卷3《魏书·明帝纪》裴松之注引。

载而乘之，其一有若马形而不成，其字有"金"，有"中"，有"大司马"，有"王"，有"大吉"，有"正"，有"开寿"，其一成行，曰"金当取之"。①

《宋书·符瑞志上》亦载，曹魏初兴时，张掖山丹县金山柳谷有奇石，苍质白章，有五马、麟、鹿、凤凰、仙人之象。上有文字曰："上上三天王述大金讨大曹金但取之金立中大金马一匹中正大吉关寿此马甲寅述水"，②与《魏氏春秋》所记大同小异。司马氏受禅，以此奇石及石文为晋之祥瑞。太尉属程猗作《柳谷石文说》，以为此石"感德而生，应正吉而王之符也"。该文对柳谷奇石外形及石纹的解读、联想和描述，完全基于五德说。其赞辞"白麟耀精，神马自图，金言其形"，以晋属金德，其色白，马则司马氏也。③

西晋末张轨保据凉州，"张掖临松山石有'金马'字，磨灭粗可识，而'张'字分明，又有文曰：'初祚天下，西方安万年。'"④ 这应该是张掖石纹的第三个版本。

北魏太武帝太平真君年间，屡现甘露、黄光等符瑞。太平真君五年（444）正月，太武帝颁诏严禁王公以下私养沙门、师巫及金银工巧之人，及私藏谶记、阴阳、图纬、方伎之书。⑤有趣的是，二月张掖郡就上报丘池县大柳谷山发现石纹图谶。山石有呈龙马之形者，其石马脊文曰"大讨曹"，当是预言晋氏代魏。有大石五，青质白章，间成文字。两块大石上的谶文预言前凉、后秦政权的命运，都已应验。

其三石记国家祖宗以至于今。其文记昭成皇帝讳（什翼犍）"继世四六，天法平，天下大安"，凡十四字；次记太祖道武皇帝讳（珪）"应王，载记千岁"，凡七字；次记太宗明元皇帝讳（嗣）"长子二百二十年"，凡八字；次记"太平天王继世主治"，凡八字；次记皇太子讳

---

① 干宝撰，汪绍楹点校：《搜神记》卷7，中华书局1979年版，第93页。
② 《宋书》卷27。
③ 《全晋文》卷72，1874。
④ 《晋书》卷86《张轨传》。
⑤ 拙作《魏晋南北朝至隋禁毁谶纬始末》对该事件起因有详细讨论，也可参阅向燕南《北魏太武灭佛原因考辨》（载《北京师范大学学报》1984年第1期），不赘。

（晃）"昌封太山"，凡五字。初上封太平王，天文图录又授"太平真君"之号，与石文相应。太宗名讳之后，有一人象，携一小儿。见者皆曰："上爱皇孙，提携卧起，不离左右，此即上象灵契，真天授也。"①

石纹谶言预告北魏列祖列宗至太武帝应命而王的事迹，关于太武帝的谶言是"太平天王继世主治"，这既符合拓跋焘曾经获封的太平王爵号，也契合寇谦之所献"太平真君"谶语。而乐安王范等四王随即上奏，称：

> 臣闻帝王之兴，必有受命之符，故能经纬三才，维建皇极，三五之盛，莫不同之。伏羲有《河图》、八卦，夏禹有《洛书》、九畴，至乃神功播于往古，圣迹显于来世。伏惟陛下德合乾坤，明并日月，固天纵圣，应运挺生，上灵垂顾，征善备集。是以始光元年经天师奉天文图录，授"太平真君"之号。陛下深执虚冲，历年乃受。精诚感于灵物，信惠协于天人，用能威加四海，泽流宇内，溥天率土，无思不服。今张掖郡列言：丘池县大柳谷山大石有青质白章，间成文字，记国家祖宗之讳，著受命历数之符。王公已下，群司百辟，睹此图文，莫不感动，佥曰：自古以来，祯祥之验，未有今日之焕炳也。斯乃上灵降命，国家无穷之征也。臣等幸遭盛化，沐浴光宠，无以对扬天休，增广天地，谨与群臣参议，宜以石文之征，宣告四海，令方外僭窃知天命有归。②

以张掖奇石为天降符命，建议广泛宣传，以强化北魏政权的合法性论证。

至此我们发现，张掖石纹图谶的内容是"与时俱进"的。始见于魏晋之交，流行于两晋南朝，满足不同时期统治者的不同政治需求。至北魏太武帝时，群臣翻炒冷饭之余，又为石文增添了若干"预言"北魏诸帝命运的新谶言。

张掖奇石，当时也被称为"玄石"。西晋武帝平吴，一统天下。太康元年（280）九月，尚书令卫瓘，尚书左仆射山涛、魏舒，尚书刘实、张

---

① 《魏书》卷112下《灵征志下》。
② 同上书，第2954—2955页。

华等奏请行封禅礼，"若夫玄石素文，底号前载，象以姓表，言以事告，《河图》、《洛书》之征，不是过也"。① 程猗作《柳谷石文说》，形容张掖奇石"皇德遐通，实降嘉灵。乾生其象，坤育其形。玄石既表，素文以成。瑞虎合仁，白麟耀精。神马自图，金言其形"。②

张掖玄石之外，东晋初又有《玄石图》之流行。《晋书·元帝纪》："初，《玄石图》有'牛继马后'，故宣帝深忌牛氏，遂为二榼，共一口，以贮酒焉，帝先饮佳者，而以毒酒鸩其将牛金。而恭王妃夏侯氏竟通小吏牛氏而生元帝，亦有符云。"③ 司马懿曾否因《玄石图》之语而鸩杀牛金，无从查考。然而两晋皇室以"马"为国姓，多年来对所有语涉"马"字的谶言或谶谣都非常敏感，却是史有明文。在这样的心理氛围和历史语境中，推测司马懿曾郑重其事看待"玄石图"谶言，倒也不算是妄想天开的假设。至少东晋南朝的史家们，视其事为史实。④《晋书·王导传》史臣论赞称"江左嗣兴，兆著玄石之图"，⑤ 也高度重视《玄石图》与东晋皇室统治正当性论证之间的关系。

东晋流行的《玄石图》源自何时何处，史籍语焉不详。张轨据凉州时，"姑臧又有玄石，白点成二十八宿"。⑥ 北凉沮渠蒙逊迁都武威后，西祀金山，至盐池，祀西王母寺，寺中有《玄石神图》。⑦沮渠牧犍统治时期，"大雷震电，于震所得石，丹书曰：'河西三十年，破带石，乐七年。'"⑧ 则张掖之外，凉州其他地区也陆续有玄石或石纹图谶出现。东晋流行的《玄石图》有可能也出自凉州。

凉州出产的奇石和石纹是一种自然现象，对石纹的解读是一种文化现

① 《宋书》卷16《礼志三》。

② 《宋书》卷27《符瑞志上》。

③ 牛金事迹见于《三国志·魏书·曹仁传》及《晋书·宣帝纪》，曾为曹仁部将，从击周瑜，拜后将军。后屡随司马懿征蜀，击退马岱，是一员得力战将，其后寂然无闻，下落不明。

④ 王隐《晋书》、孙盛《晋阳秋》均载其事。《宋书·符瑞志上》所载更详："先是，宣帝有宠将牛金，屡有功，宣帝作两口榼，一口盛毒酒，一口盛善酒，自饮善酒，毒酒与金，金饮之即毙。景帝曰：'金名将，可大用，云何害之？'宣帝曰：'汝忘石瑞，马后有牛乎？'元帝母夏侯妃与琅琊国小史姓牛私通，而生元帝。"

⑤ 《晋书》卷65《王导传》。

⑥ 《晋书》卷86《张轨传》。

⑦ 《晋书》卷129《沮渠蒙逊载记》。

⑧ 汤球辑：《十六国春秋辑补》卷97《北凉录三·沮渠茂虔》，第670页。

象，具有政治意味的解读以及政治解读的"与时俱进"是一种政治文化现象。心诚则灵，凉州层出不穷的石纹图谶及其不同版本，无论是否真的灵验，所折射的群体心理预期或期盼其实是真的。

（三）谶纬与凉州地区的政治生活

保守的文化心态、话语表述的习惯、群体心理的期盼还不足以完整解释谶纬学为什么在魏晋十六国凉州地区持续流行。必须注意的是，自西汉末以来，谶纬在凉州地区的政治生活中扮演着重要角色，成为当地政治文化不可或缺的组成部分。

新莽末年，窦融割据河西。当时由于关中战乱，许多关中士人流入河西避难，谶纬之学也传入该地区。刘秀称帝后，陇西隗嚣虽采用建武年号，但"外顺人望，内怀异心"，派遣辩士张玄到河西游说，建议窦融继续割据，"与陇、蜀合从，高可为六国，下不失尉佗"。窦融召集河西豪杰与诸郡太守商议，众说纷纭。但"其中智者皆曰"："汉承尧运"，哀帝时《赤精子谶》已预言汉朝中衰后当"再受命"；刘秀姓名见于谶书《河图赤伏符》；"除言天命，且以人事论之：今称帝者数人，而洛阳土地最广，甲兵最强，号令最明。观符命而察人事，它姓殆未能当也"。① 这些智者，显然既熟悉谶纬之学，也颇具政治上的大局观。窦融经审慎斟酌，最后决策东向，以河西归属东汉皇朝。

窦融深具政治智慧，归汉后，"融自以非旧臣，一旦入朝，在功臣之右，每召会进见，容貌辞气卑恭已甚，帝以此愈亲厚之。融小心，久不自安，数辞让爵位"。又上疏光武帝："臣融年五十三。有子年十五，质性顽钝。臣融朝夕教导以经艺，不得令观天文，见谶记。诚欲令恭肃畏事，恂恂循道，不愿其有才能。"② 正值东汉朝廷大力支持谶纬学之际，窦融向光武帝表明心迹，不许儿子"观天文，见谶记"，其意不在标榜学术上的特立独行、鄙视谶纬，而是深明谶纬在东汉政治生活中的分量和影响，希望皇帝明白窦氏在政治上绝无野心和抱负。

东汉末年，凉州军团首领董卓占据洛阳，自行废立，独揽朝政。关东

---

① 《后汉书》卷23《窦融传》。
② 同上。

诸州郡以袁绍为盟主，联合反董。董卓以《石苞室谶》为依据，强行迁都长安。《石苞室谶》已佚，内容不详。回想起王莽曾引"《玄龙石文》曰'定帝德，国洛阳'。符命著明，敢不钦奉"，计划迁都洛阳。《石苞室谶》和《玄龙石文》，似有异曲同工之妙。

稍迟又有武都的谶纬名家姜合、李庶，宣传谶书《孔子玉版》，预言"定天下者，魏公子桓"。影响所及，令张鲁在面对刘备和曹操的同时拉拢下决心投降曹操，也推动了汉魏禅代的进程。①

张轨"以晋室多难，阴图保据河西，追窦融故事"。采取行动之前，先卜卦，得《泰》之《观》。张轨大喜，说这是"霸者之兆"，于是求为凉州刺史。② 而秘书监缪世征、少府挚虞夜观星象，也认可："天下方乱，避难之国唯凉土耳。张凉州德量不恒，殆其人乎！"③ 上文说过，东汉末敦煌谶纬学者侯瑾曾作预言："凉州城西有泉水当竭，当有双阙起其上，与东门相望，中有霸者出焉。"至曹魏嘉平（249—254）中，武威太守条茂填平泉水，建学舍筑双阙。至是张氏遂霸河西。

晋怀帝永嘉二年（308），张轨患中风不能说话，命次子张茂摄州事。当时凉州流传"张氏霸凉"谶言。以张轨家族在凉州的势力，这则谶言几乎是为他家量身定制的。但凉州大族晋昌张越，自以才力应之，联合其兄酒泉太守张镇、西平太守曹祛等传檄郡县，图谋颠覆张轨政权，称霸凉州，最后被张轨的长子张寔击败。

张寔执政凉州期间，有流人京兆刘弘，④ 挟左道以惑百姓，受道者千余人。张寔的部属中，也颇有事之者，帐下阎沙、牙门赵仰，都是刘弘的同乡。刘弘煽惑阎沙、赵仰说："天与我神玺，应王凉州。"这显然是谶言

---

① 《三国志》卷2《魏书·文帝纪》裴松之注引《献帝传》："左中郎将李伏表魏王曰：'昔先王初建魏国，在境外者闻之未审，皆以为拜王。'武都李庶、姜合羁旅汉中，谓臣曰：'必为魏公，未便王也。定天下者，魏公子桓，神之所命，当合符谶，以应天人之位。'臣以合辞语镇南将军张鲁，鲁亦问合知书所出？合曰：'《孔子玉版》也。天子历数，虽百世可知。'是后月余，有亡人来，写得册文，卒如合辞。合长于内学，关右知名。鲁虽有怀国之心，沉溺异道变化，不果疢合之言。后密与臣议策质，国人不协，或欲西通，鲁即怒曰：'宁为魏公奴，不为刘备上客也。'言发侧痛，诚有由然。"参阅吕宗力《谶纬与曹魏的政治与文化》，载《许昌学院学报》2018年第3期。
② 汤球辑：《十六国春秋辑补》卷67《前凉录一·张轨》，第481页。
③ 《晋书》卷86《张轨传》。
④ 魏晋南北朝至隋，"李弘应王"谶言流行。各地民间武装抗争的主事者一再借用李弘、李洪、刘弘之名，甚至改姓名以应谶。参阅吕宗力《谶纬与十六国北朝的政治与社会》。

"李（刘）弘应王"的变奏。阎沙、赵仰深信其言，刺杀张寔。①

张寔之弟张茂继任使持节、平西将军、凉州牧，能断大事，杀伐果决。张轨、张寔先后辞世，凉州地区反对张氏的一些大姓豪强渐形猖獗。凉州大姓贾摹，是张寔的妻弟，势倾西土。当时凉州地区流传一首谶谣："手莫头，图凉州。"这是一首字谜谶谣，"手莫头"可以诠释为"摹"字。张茂以此为由头，诱杀贾摹。"于是豪右屏迹，威行凉域。"②

张茂死后无子，由张寔之子张骏继位。张骏即位之初，姑臧流传民谣："鸿从南来雀不惊，谁谓孤雏尾翅生，高举六翮凤皇鸣。"③不久，"陇西人辛晏以枹罕降之，骏遂有河南之地，至于狄道，与石勒分境"。④时人于是认为这是一首谶谣，预言张骏将收复河南之地。"出现了国家富裕，士马强壮的极盛局面。凭借这样的物质和军事条件，从公元335年起，张骏先攻夺戊己校尉地，置高昌郡，继而向西拓地，征服了龟兹、鄯善、焉耆、于阗等西域政权，从而'尽有陇西之地'，版图骤然扩大。"⑤西域诸王遣使贡方物，"得玉玺于河，其文曰'执万国，建无极'"。⑥这在当时也可以算一则图谶。又据喻归《西河记》，"张骏立谦光殿，成，后池中有五龙，昼日见，移时乃灭。水通，变绿色。骏即为铜龙以厌之。骏卒，不胜此殿"。⑦

张祚，张骏庶长子。353年，废其十二岁侄子张曜灵，自称大都督、大将军、凉州牧、凉公。354年，张祚称王（一说称帝），废弃前凉长期采用的晋愍帝建兴年号。张祚因为得位的正当性颇受争议，焦虑心理无解，执政期间对灵异图谶特别敏感。355年，张祚派部将易揣、张玲率大军攻击镇守枹罕的同族张瓘，又派张掖太守索孚去取代张瓘镇守枹罕。当时有张掖人王鸾颇知神道，预言："军出不复还，凉国将有不利矣。"张祚大怒，"以鸾妖言沮众，斩之以徇，三军乃发"。王鸾临刑时再作预言："我死不二十日，军必败。"张祚虽杀王鸾，却内心不安。"时有神降于玄武殿，自称玄冥，与人交语。祚日夜祈之，神言与之福利，祚甚信之。"结

---

① 《晋书》卷86《张寔传》。
② 《晋书》卷86《张茂传》。
③ 《晋书》卷86《张骏传》。
④ 《魏书》卷99《私署凉州牧张寔传附张骏传》。
⑤ 赵向群：《前凉政权的兴替》，载《西北师院学报》1983年第3期，第175页。
⑥ 《晋书》卷86《张骏传》。
⑦ 汤球：《三十国春秋辑本》，《丛书集成初编》，上海商务印书馆1936年版，第59页。

果易揣、张玲大军和索孚都被张瓘击败。张瓘军乘胜追击，敦煌大姓宋混等聚众内应。"祚既失众心，莫有斗志，于是被杀。"①

张瓘兄弟拥立张重华之子、张耀灵之弟张玄靓即位，内乱频生。陇西人李俨诛大姓彭姚，自立于陇右，奉东晋年号。西平人卫缉又据郡叛。"瓘先欲征缉、以兄珪在缉中为疑，缉亦以弟在瓘中，故彼我经年不相伐。"西平郡有一位懂星占谶纬的"高人"郭勋，为卫缉作"谶"："张氏应衰，卫氏当兴，岂得以一弟而灭一门，宜速伐瓘。"②卫缉很愿意相信，却被张瓘的军队大败。

后凉政权建立者吕光，略阳氐人。原为苻坚大将，战功卓著，受命率军降服西域。后前秦因淝水之战战败而国乱，吕光回军消灭凉州刺史梁熙，入主凉州。史籍上记载了一些吕光的出生灵异和特异相貌，如"生于枋头，夜有神光之异，故以为名"；"身长八尺四寸，目重瞳子，左肘有肉印"；"左臂内脉起成字，文曰'巨霸'"。又有种种祥瑞：

> 营外夜有一黑物，大如断堤，摇动有头角，目光若电，及明而云雾四周，遂不复见。旦视其处，南北五里，东西三十余步，鳞甲隐地之所，昭然犹在。光笑曰："黑龙也。"俄而云起西北，暴雨灭其迹。杜进言于光曰："龙者神兽，人君利见之象。《易》曰：'见龙在田，德施普也。'斯诚明将军道合灵和，德符幽显。愿将军勉之，以成大庆。"光有喜色。
>
> 又进攻龟兹城，夜梦金象飞越城外。光曰："此谓佛神去之，胡必亡矣。"③

这些意象都是谶纬论证受命帝王的常见符号，"金象"意象则涂抹上当时当地特有的佛教光彩。

386年，吕光得知苻坚被姚苌所杀，自称使持节、侍中、中外大都督、督陇右河西诸军事、大将军、凉州牧、酒泉公等，建年号为太安。太安三年（388）八月，"甘露降逍遥园，白燕翔于酒泉，众燕成列而从之"。④又，"是

---

① 《晋书》卷86《张祚传》。
② 《晋书》卷86《张玄靓传》。
③ 《晋书》卷122《吕光载记》。
④ 汤球辑：《十六国春秋辑补》卷81《后凉录一·吕光》，第571页。

时麟见金泽县，百兽从之，光以为已瑞"，于是改元麟嘉，进号三河王。① 他建都于姑臧后，还"曾以郭黁言谶，改昌松为东张掖郡"。②裴景仁《秦记》：

> 吕光破龟兹，始获鸠摩罗什。光死，子缵立，戏弄鸠摩罗什，或共棋博，及杀子，云："斫胡奴头。"什曰："不斫胡奴头，其胡奴斫人头。"后，缵弟越（当作超）字胡奴，果斫缵头。③

前文提过，郭黁明天文，善占候，深得国人信重。郭黁观察天文，"凉之分野将有大兵"，又预见"主上老病，太子冲暗，纂等凶武，一旦不讳，必有难作"，遂联手仆射王详，发动政变。"百姓闻黁起兵，咸以圣人起事，事无不成，故相率从之如不及。"④ 吕纂司马杨统游说他的从兄杨恒："郭黁明善天文，起兵其当有以。京城之外非复朝廷之有，纂今还都，复何所补！统请除纂，勒兵推兄为盟主，西袭吕弘，据张掖以号令诸郡，亦千载一时也。"⑤最后虽然事败，但"圣人起事，事无不成"之说，反映出当时政治生活中谶纬占候之言的影响力。

南凉政权，河西鲜卑贵族秃发乌孤所建。《三十国春秋》记录有一则乌孤先祖的感生神话：397 年，"乌孤称西平王。后凉秃发乌孤七世祖寿阗之在孕也，母梦一老父被发左衽，乘白马，谓曰：'尔夫虽西移，终当东归，至京，必生贵男，长为人主。'言终胎动而寤，后因寝，生寿阗被中（鲜卑谓'被'为'秃发'），因以秃发为号，寿阗为名"。⑥

397 年，卢水胡首领沮渠蒙逊、沮渠男成等反叛后凉，拥立段业为使持节、大都督、龙骧大将军、凉州牧、建康公，其政权史称北凉。段业，"京兆人也。博涉史传，有尺牍之才，为杜进记室，从征塞表。儒素长者，无他权略，威禁不行，群下擅命，尤信卜筮、谶记、巫觋、征祥"。⑦

4 年后，沮渠蒙逊等杀段业，自任使持节、大都督、大将军、凉州牧、张掖公，改元永安。蒙逊虽是匈奴支脉卢水胡人，却重视儒学、优礼士人。

---

① 《晋书》卷 122《吕光载记》。
② 《晋书》卷 14《地理志上》，第 434 页。谶言具体内容不详。
③ 汤球：《三十国春秋辑本》，第 53 页。"缵"当作"纂"。吕超为吕纂堂弟。
④ 《晋书》卷 95《艺术·郭黁传》。
⑤ 《晋书》卷 122《吕光载记》。
⑥ 汤球：《三十国春秋辑本》，《丛书集成初编》，上海商务印书馆 1936 年版，第 12 页。
⑦ 《晋书》卷 129《沮渠蒙逊载记》。

他本人"博涉群史，颇晓天文"，对谶纬学颇熟悉，当时也有关于他的谶言流传："沮渠蒙逊，其先世为匈奴左沮渠，因以官为氏。少牧羊，卧息田畔，忽见沙门以手摩其头曰：'尔后当王，此土不久苦焉。'言终而灭。"①

永安三年（403），蒙逊接受后秦姚兴封授官爵镇西大将军、沙州刺史、西海侯。

> 时地震，山崩折木。太史令刘梁言于蒙逊曰："辛酉，金也。地动于金，金动刻木，大军东行无前之征。"时张掖城每有光色，蒙逊曰："王气将成，百战百胜之象也。"遂攻秃发西郡太守杨统于日勒。②

433 年蒙逊死，其三子牧犍（字茂虔）即位，称河西王，改元永和。永和三年（435）五月，

> 西中郎将燉煌太守沮渠唐儿上言曰："十五日，有一老父见于郡城东门。投书，忽然不见。其书一纸，八字满之，文曰：'凉王三十年若七年'。"虔访于奉常张慎，曰："昔虢将亡，神降于莘。深愿陛下克念修政，以副三十年之庆。若盘于游田，荒于酒色，臣恐七年将有大变。"虔不悦。

> 七年正月，朝群臣于谦光殿。有狐在于东序，门首不见其入。左右以告，禽之不获。二月，端门崩。③

谶言和狐异，皆预示北凉衰亡之兆。牧犍在位 7 年，北魏灭北凉。

西凉政权创建者李暠（351—417），出身陇西大姓，"通涉经史，尤善文义"。年轻时曾与郭黁及其同母弟宋繇同宿，黁告诉繇："君当位极人臣，李君有国土之分，家有骝草马生白额驹，此其时也。"④ 李暠自任大都督、大将军、凉公、领秦凉二州牧、护羌校尉，建立西凉政权后，以宋繇为谋主，逝世前又命宋繇为顾命大臣，辅佐世子李歆，将西凉军国大事均托付宋繇。

---

① 汤球：《三十国春秋辑本》，《丛书集成初编》，上海商务印书馆 1936 年版，第 12 页。
② 《晋书》卷 129《沮渠蒙逊载记》。
③ 汤球辑：《十六国春秋辑补》卷 97《北凉录三·沮渠茂虔》，第 670—671 页。
④ 《晋书》卷 87《李暠传》。

前引刘昞《敦煌实录》，记凉州牧李暠微服出城，有虎化为人，告诉李暠："敦煌空虚，不是福地，君之子孙王于西凉，不如从酒泉。"李暠于是移都酒泉。

李歆（字士业）继位以后，屡与北凉交战。420 年，歆闻沮渠蒙逊南伐南凉，率军往攻北凉都城张掖，途中为蒙逊所败。蒙逊杀李歆，进占酒泉。李歆未败之前，西凉传说出现异象和谶谣：

> 有大蛇从南门而入，至于恭德殿前；有双雉飞出宫内；通街大树上有乌鹊争巢，鹊为乌所杀。又有敦煌父老令狐炽梦白头公衣帢而谓炽曰："南风动，吹长木，胡桐椎，不中毂。"言讫忽然不见。士业小字桐椎，至是而亡。①

由上可知，谶纬观念及相关现象在五凉时期的政治生活中，相当流行。

三　余论

我们在考察东汉至五凉时期凉州地区的历史文化时，注意到：移民社会坚持和保存原有文化传统的特有信念、心理需求和表达习惯，凉州地区独特的地理环境和文化氛围，以及当地政治社会局势的现实需要，令魏晋时期中心地区已被边缘化的谶纬学及相关文化现象在西北边区经久不衰。

我们也注意到，这一时期涌现的大量谶言、谶谣，令汉字的符号功能得到淋漓尽致的发挥。人们从不同角度，分解组合汉字的字形、声韵，及借助一字多义的训诂方法，可以从任何单字或词组中寻绎出他们所企望的天机。② 谶言信仰的这一发展走向，不但对当时的社会心态、宗教意识、文化行为，打下了虽不大为人注意却难以磨灭的印记，其影响更极其深远，直到今日之华人社会，仍可见到相关痕迹。后世流行的《推背图》《烧饼歌》，秘密宗教的许多经典宝卷，测字术和种种签诗，即其余韵。

---

① 《晋书》卷 87《李暠传》。

② 关于魏晋南北朝的这一历史文化现象，参阅吕宗力《谶纬与两晋南朝的政治与社会》，载《中华国学研究》2008 年第 1 期。

　　魏晋南北朝历史文献中大量存在的谶纬式流行话语、意象和范式表述，不能简单理解为政治宣传的陈词滥调或实用主义的应景策略。以五德历运、符瑞图谶符号体系论证政权正当性固然是一种论述策略，但这种策略能够奏效实有赖于天命转移、德运终始等观念确已深深植根于当时的历史文化脉络和社会心理之中，其话语体系也已成为当时具有普遍性的社会心态、惯性思维之自然流露。

　　虽然在魏晋南北朝的经学、宗教、文学、史学等领域都能发现谶纬学的影响，但政治文化应该是谶纬最能展现身手的领域。利用谶纬作政治宣传或打击对手的武器，是政治斗争中常见的策略，但也显示出谶言争取时人心理认同的特殊价值。符谶图箓不仅是仪式及宣传之必备符号，更是觊觎大位者自信与底气的心理凭借，探测天命顺逆、人心向背的风向标。"道应符历，虽废必兴；图箓所弃，虽成必败"之论述，[1] 并非人云亦云、口是心非的空话，而是有能力影响甚至左右政治抉择的信仰。如刘曜陷长安，俘晋愍帝，南阳王司马保谋称尊号。割据凉州的张寔认同破羌都尉张诜的分析，认为南阳王"天不受其图箓，德不足以应运，终非济时救难者也"，决心向晋王司马睿效忠，"驰檄天下"，"奉表江南，劝即尊位"。[2]

　　由于魏晋南北朝时期社会和政治局势的动荡和疆域的裂解，许多地区性政权频繁更迭、生存空间盈缩无常，因此统治者们对象征天命支持的图谶和符瑞需求孔亟。史籍记载的图谶和符瑞，不少是有伪造、曲解或过度诠释嫌疑的。但现实层面上的利用甚至作伪，并不一定妨碍精神层面上的信仰或敬畏。例如张掖奇石上的石纹解读，与时俱进，就算其中有伪冒产品，但作伪之必要以及石文在政治斗争中所发挥的实际作用，就已显示出图谶在争取社会心理认同的特殊价值。统治者及其支持者们就算有作伪的嫌疑，也不表示他们对于谶言丝毫未存信仰或敬畏之心。他们对图谶既戒惧亦迎合，既需要也信仰。这种看似矛盾的心态，其实合情合理，信仰基于需要，需要不妨信仰。

---

① 《晋书》卷125《乞伏乾归载记》。

② 《晋书》卷86《张寔传》。

汉晋南北朝时期凉州文化中的儒道佛

戴卫红

中国社会科学院古代研究所

西汉元朔三年（前126），武帝"以其金行，土地寒凉故"①，改雍州曰凉州。汉武帝元狩二年（前121）匈奴浑邪王归汉后，其部众被安置于陇西、北地、上郡、朔方、云中等五郡塞外，称为"五属国"。于是，"故浑邪地空无人"，汉朝乃"稍发徙民充实之"，以其地为武威、酒泉郡。元封五年（前106），天下为十三州各置一刺史，史称十三刺史部。在凉州范围内置凉州刺史部，凉州刺史部治所武威郡，辖武威郡、酒泉郡、金城郡、敦煌郡、陇西郡、汉阳郡、武都郡、安定郡、北地郡、张掖郡、张掖属国、居延属国。东汉兴平元年（194）六月，汉献帝分凉州河西四郡为雍州，设雍州刺史，雍州治武威姑臧，领14县。曹魏黄初元年（220），魏文帝曹丕于十月重置凉州，辖武威等7郡，治所为武威郡姑臧县。西晋永宁元年（301），张轨为凉州刺史。西晋亡，建立前凉，姑臧即为前凉都城，于原城之外增筑四城，人文荟萃，经济繁盛，大气雄阔，为北方之最，前凉以富饶著称于西北，姑臧成为全国政治、经济、文化的三大中心之一，尤保华夏制度。《水经注》四〇"都野泽在武威县东北"注引王隐《晋书》曰："凉州有龙形，故曰卧龙城，南北七里，东西三里，本匈奴所筑也。及张氏之世居也，又增筑四城箱各千步。东城殖园果，命曰讲武场；北城殖园果，命曰玄武圃，皆有宫殿。中城内作四时宫，随节游幸。并旧城为五，街衢相通，二十二门，大缮宫殿观阁，采绮妆饰，拟中夏也。"② 这里的"凉州"，便是指姑臧城，即今天的武威。张轨"大城姑臧"，

---

① （北魏）郦道元著，陈桥驿校证：《水经注校证》卷40"都野泽在武威县东北"条，中华书局2007年版，第953页。

② 《水经注校证》卷40"都野泽在武威县东北"条，第953页。

南北 7 里，东西 3 里，后凉、南凉、北凉均以此为都。《魏书》记载，北魏灭北凉之时，其都城姑臧"城东西门外涌泉合于城北，其大如河。自余沟渠流入泽中，其间乃无燥地。泽草茂盛，可供大军数年"。① 武威是十六国时代北中国文化的中心，作为河西都会，在政治、经济、文化、商贸、佛教等方面都处于国内重要地位。

狭义的"凉州文化"，大致指从汉武帝设置河西郡或从张骞"凿空西域"、开拓丝绸之路以后，直到清代中叶"凉州复兴"这一长达近两千年的时间里，产生在武威地区光辉灿烂的古代文明。② 而本文采用的"凉州"的概念为西汉至魏晋凉州刺史部的概念，因此"凉州文化"不仅仅局限于武威地区产生的古代文明，但武威地区因其为凉州刺史的治所所在，因此也是本文中"凉州文化"的核心区域。

一　儒学西传入河西、后东进入中原

汪受宽先生指出，两汉活跃在凉州地区的士人，除了寓居凉州的内地学者，也已出现本地出生的学者。他列举了北地义渠（今甘肃宁县西北）人公孙浑邪，汉景帝时曾任典属国，吴楚七国之乱时曾参与平乱，著有阴阳学著作《公孙浑邪》15 篇。③ 高荣先生认为河西文化的源流，就其地域因素而言，一为"外来避乱之儒英"的教授传播，一为"本土世家之学术"的保存发扬。所谓"本土世家之学术"，即指汉代以来河西本土学者而言。④

到西汉末年，河西四郡共有户 71370，口 280211。这些人口基本上是从内地迁徙而来的，故《汉书·地理志》云：

> 自武威以西，本匈奴浑邪王、休屠王地，武帝时攘之，初置四郡，以通西域，隔绝南羌、匈奴。其民或以关东下贫，或以报怨过当，或以悖逆亡道，家属徙焉。习俗颇殊，地广民稀，水草宜畜牧，故凉州之畜为天下饶。保边塞，二千石治之，咸以兵马为务；酒礼之

---

① 《魏书》卷 4 下《世祖纪第四下·恭宗景穆帝》，中华书局 1974 年版，第 108 页。
② 伏俊琏：《建设凉州文化的一点思考》，在武威市政协举办的"武威历史、文化、宗教与旅游开发座谈会"上的发言稿，刊发于 2016 年。
③ 汪受宽：《两汉凉州士人研究》，《甘肃社会科学》2010 年第 5 期。
④ 高荣：《汉代河西文化述论》，《河西学院学报》2002 年第 1 期。

会，上下通焉，吏民相亲。是以其俗风雨时节，谷籴常贱，少盗贼，有和气之应，贤于内郡。此政宽厚，吏不苛刻之所致也。①

他们从内地迁入河西的同时，也将内地的文化传统带到了河西。如敦煌遗书 P. 2625《敦煌名族志残卷》记载："汉武时太中大夫索抚、丞相赵周直谏忤旨徙边，以元鼎六年，从巨鹿南和迁于敦煌。"② 又如范氏，据敦煌遗书 S. 1889《敦煌范氏家传残卷》记载："成帝御史中丞范雄，直道见惮，河平元年自济北卢县徙居敦煌。"他们到敦煌以后，"代代相生，遂为敦煌望族"。

1959 年以来，考古工作者先后在武威磨咀子 6 号汉墓清理出了《仪礼》简册残本和 11 枚日忌杂占木简。③ 武威磨咀子 6 号汉墓的主人可能是西汉成帝河平年间（前 28—前 25）武威郡学的经师，随葬《仪礼》简与通行本《仪礼》有很大出入。《武威汉简》日忌木简：

□□□不乏塞人　买席辟壬庚　河魁以祠家邦必扬（正）
河平□年四月四日诸文学弟子出谷五千余斛　六（背）④

日忌木简的背面记载着河平某年四月四日诸文学弟子出谷五千斛的内容，陈直先生在解释本简中的"文学弟子"时，认为即学官弟子之异称，与博士弟子名例相同。他认为本简之墓主人深通礼经，应为西汉末期武威郡之文学官。⑤

在磨咀子 18 号墓中，出土 2 根鸠杖以及十枚王杖简，⑥ 帮助了解汉代"尊老""养老"的制度之如何具体施行。规定满七十的老人，受王杖予以保护，得出入衙门并行走驰道的旁道、有侵辱者罪同"大逆不道"等。

1981 年新出"王杖诏书令"木简 26 枚，书写时间为西汉成帝元延三

---

① 《汉书》卷 28《地理志》，中华书局 1962 年版，第 1644—1645 页。
② 唐耕耦、陆宏基：《敦煌社会经济文献真迹释录》第一辑，全国图书馆文献缩复制中心 1990 年版，第 99—103 页。图版又见黄永武《敦煌宝藏》，新文丰出版公司 1986 年版，第 122 册，第 593—595 页。
③ 甘肃省博物馆：《甘肃武威磨咀子 6 号汉墓》，《考古》1960 年第 5 期。
④ 陈梦家：《武威汉简补述》，《汉简缀述》，第 286—290 页。
⑤ 陈直：《武威汉简文学弟子题字的解释》，《考古》1961 年第 10 期。
⑥ 甘肃省博物馆：《甘肃武威磨咀子汉墓发掘》（陈贤儒执笔），《考古》1960 年第 9 期。黑白摹写图片来源于本文。

年（前10）或其稍后的成、哀之际，内容包括汉成帝发布的尊敬长老、抚恤鳏寡孤独废疾者和赐高年者王杖及处治吏民殴辱王杖主的诏令。在武威磨咀子13、18号墓和旱滩坡汉墓均出土了木鸠杖；这些简牍文书和木鸠杖实物的发现，说明汉代尊老养老、抚恤鳏寡孤独废疾者的诏令已在河西贯彻执行，儒学思想已经在这里生根、发展，并广为传播。

敦煌马圈湾等河西汉遗址出土有《论语》《仓颉篇》等，① 敦煌汉简和居延新简中也能见到当地设立官学的例证，敦煌汉简：527：敦MC.481A：“之故，建明堂、立辟雍、设学校庠序之官，兴礼乐以风天下。诸生庶民翕然响应食胙，时走步自然。”

及王莽败，窦融保踞河西，“抚结雄杰，怀辑羌虏”②，初步稳定了河西局势。于是“而保塞羌胡皆震服亲附，安定、北地、上郡流人避凶饥者，归之不绝”③。“以儒学显”的河内怀人蔡茂、能诗会文的冯翊云阳人王隆、“性沉重好古”的班彪等均被窦融委以重任，为融出谋划策。建武初年，新任武威太守任延“又造立校官，自掾史子孙，皆令诣学受业，复其徭役。章句既通，悉显拔荣进之。郡遂有儒雅之士”④。河西官学亦因此而恢复和发展起来。建武中任武威太守的廉范，早年曾“诣京师受业，事博士薛汉”⑤，在任职期间，“随俗化导，各得治宜”⑥，这些饱学之士对于儒家文化在河西的迅速传播，无疑产生了巨大的促进作用。

1972年武威磨咀子清理的49号汉墓，墓室长4.19米，宽1.88米，墓主可能是东汉中期（顺、冲、质帝）的官吏，其随葬品中有毛笔、砚、漆骊冠即进贤冠和木印。⑦ 进贤冠，“古缁布冠也，文儒者之服也”⑧，是儒者的服装。木印正面刻有“森（？）私印”、背面刻有“臣森”，由此可见墓主人的身份是具有儒家性质的官吏，这也揭示出河西地区儒学的普及。

---

① 甘肃省博物馆、敦煌县文化馆：《敦煌马圈湾汉代烽燧遗址发掘简报》，《文物》1981年第10期。

② 《后汉书》卷23《窦融传》，中华书局1965年版，第796页。

③ 同上书，第797页。

④ 《后汉书》卷76《循吏·任延传》，第2463页。

⑤ 《后汉书》卷31《廉范传》，第1101页。

⑥ 同上书，第1102页。

⑦ 甘肃省博物馆：《武威磨咀子三座汉墓发掘简报》，《文物》1972年第12期。

⑧ 《续汉书》卷30《舆服志》，第3666页。

两汉之际，尤其是东汉时期，河西地区已经是文化极盛的地方，如索氏中的索靖，敦煌遗书 P. 2625《敦煌名族志残卷》和《晋书·索靖传》均有记载：“靖少有逸群之量，与乡人汜衷、张甝、索紾、索永俱旨太学，驰名海内，号称‘敦煌五龙’。”①

（前　欠）
1 □　□尉。
2 □　□尉張璀、領兵東来、
3 □　□郡城東南十里。子憑因
4 □　□。憑子瑝、字仲嚴、漢豫
5 □　□、(A)晉涼興令。自晉已後、
6 □　□郎将張慶方、即其後也。
7 □　□時、有司隷校尉張襄者。趙王敖
8 □　□孫。襄奏、霍光妻顯、毒煞許后。帝以光有
9 大功、寢其事。襄懼、以地節元年、自清河繹(幕)幕、挙
10 家西奔天水、病卒。子□□年来適此郡、家于北
11 府。俗号北府張。史籍(籍)(B)□□、子孫莫覩。游撃将軍・
12 上柱国・西州岸頭府果毅都尉張端、自云、是其
13 後也。
14 陰氏
15 隨(C)・唐已来、尤為望族。有陰稠者、立性清高、不
16 求栄禄。身九十八、板授鄧州刺史。長子仁幹、神
17 監明朗、気量含弘、世(世)(D)号智囊、時称理窟。唐
18 任昭武校尉・沙州子亭鎮将・上柱国。次子仁果(E)、
19 志纂三軍、情敦八陳、遠除戎醜、拓定辺壃(疆)。唐
20 任遊騎将軍・甘州甘峻府左果毅都尉・上柱国。
21 次子仁協、稟霊敦直、愛撫字人、兼□(備カ)(F)五材、驍高九
22 徳、織(識カ)仁徂義、令問斯彰。唐任正議大夫・使持節紙(瓜)(G)
23 州諸軍事行紙(瓜)州刺史・上柱国・南陽郡(H)開国公。次子仁
24 希、性蘊九流、情含五典、作牧能理、素好兵鈐、挹
25 徳斉賢、清(I)風峻(邈カ)遠。唐任雲麾(J)将軍・守左武衛
26 将軍・上柱国・燉煌郡開国公。幹長子嗣業(K)、自天
27 聡明、博諺(諳カ)経史、訓諸(L)方岳、愛好琴書、令問久彰、
28 清声遠着。唐任正議大夫・使持節紙(瓜)州諸軍
29 事行紙(瓜)州刺史・上柱国・燉煌郡開国公。次子嗣監(M)、
30 幼而岐嶷、植種天聴、作牧字人、明閑妙術、行
31 高智遠、預(伐カ)代師謀。唐見任正議大夫、北庭副
32 大都護・瀚海軍使・兼営田支度等使・上柱国。
33 果子嗣瑋、素好琴歌、情含五韻、作牧能撫、擅預
34 兵鈐。唐任朝散大夫・使持節瓜州諸軍事検
35 校瓜州刺史・上柱国。　希長子嗣琛(N)、情自温和、行
36 敦仁信、琴書養志、智遠幽微。唐任昭武校尉・行
37 瓜州雍帰鎮将・上柱国。希次子嗣瓌、素蘊(過)忠貞、志
38 存仁孝、孫・呉祕術、上崇有聞、処代(世)名超、元緒

① 池田温：《唐朝氏族志の一考察：いわゆる敦煌名族志残卷をめぐって》，北海道大学文学部纪要，13（2）：第1—64页，1965年。以下图版及行90—94排列顺序及释文引自此文。

39 逐之。見任昭武校尉、左金吾衛隨州源洴府左果毅都尉、賞緋、行彰名譽。協超子

40 思諫、孝友能仁、行彰名譽。上柱国。豆盧軍子惣管

41 仁。唐任昭武校尉、原州安善府左果毅都尉、志列能

42 次子思言、忠直敬信、仁孝文聞、行預声

43 有聞、光粘永古。唐任昭武校尉、秦州成紀府別将・

44 超、時材美差。果長子嗣宗、仁周宗党、賢友忠貞、名譽

45 上柱国。果次子元祥、立性賢和、悦愛詩礼、能仁

46 上柱国。唐任昭武校尉、庭州咸泉鎮将・

47 果毅都尉・上柱国。甘州三水鎮将・上

48 柱国。果子嗣王、志敦経史、博覧天聰、奉国忠貞、上

49 亦物、処代名光。幹子嗣瑰、志

50 承家孝悌。唐見任刑州平郷尉。業

51 気嶷雄、情素多謀略、超閑祕術、明達孫・呉。

52 唐任昭武校尉、岐州邵吉府別将・上柱国。

53 唐任昭武校尉、岐州邵雲府別将・上柱国。

54 五代義居、承家孝悌、忠誠奉国、各受其班。

55 祖、郷閭令望、州縣軌儀。年八十四、板授秦州陽

56 清水縣令・上柱国。祖子守忠、唐任壮武将軍・

57 行西州岸頭府折衝・兼充豆盧軍副使。又

58 改授忠武将軍・行左領軍衛涼州麗水府折衝都尉・攝本衛郎将・借魚袋・仍充墨離軍

59 副使・上柱国。以父老請侍、孝誠懇切、蒙涼州都督郭元振判録奏。謀略克己、右衛勲二

60 当王涼之西面、処四鎮之東門、弾厭山川、控禦

61 緩急、寇不敢犯、塵不得飛、将士有投醴之歓・

62 吏人承狹纊之惠。防援既衆、功効実多、利潤倍

63 深、孳課尤剰、趙充国之為将、省而成功、甘延

64 壽之居辺。材兼文武、蹈礼依仁、少習父風、郷閭

65 府勳衛。節度使差、専知本州軍兵馬。次

66 挹以其幹略。材兼文武、蹈礼依仁、少習父風、郷閭

67 子脩義、見任文州□平府別将。次

68 右、其先商王帝甲、封子丹於京索、因而氏焉。

69 子脩義、見任文州□平府別将。

70 索氏

71 右、其先商王帝甲、封子丹於京索、因而氏焉。秦并六國[注]

72 武王滅商、遷之于魯、封之為侯。

73 侯索番、致仕国除。漢武帝時、太中大夫索撫、丞相趙周、直諫忤旨從辺。以元鼎六年、從鉅鹿南和、遷于燉煌。凡有二祖、号為北索。

74 號為南索。

75 至王莽天鳳三年、鳴開都尉索駿、号為燉煌。

76 北索。初索撫在東、居鉅鹿之南、号為南索。後漢有索頼、明帝永平中、為燉煌

77 幼、威累代官族。後漢代己校尉、居高昌域、有文武才。

78 駿在東、居廣鹿之南族。

79 西域代己校尉、居高昌域、顔子堪、字伯高、才（疑学才）

80 明、舉孝廉明経、対策高第、拜尚書郎、積遷幽州刺史。其撫玄孫翔、字厚山、師事太尉楊

81 兵法。漢桓帝永初六年、拜行西域長史。

82 華除為郎。華之後展、字文長、師事司徒王朗・

83 賜。展孫瀚、字子曾、祖殿、太尉狄。父祓、祉陵令。德

84 宗人徳、字益済。

85 華孝廉、拝尉馬都尉、桓帝延熹元年、拜東

86 宜。清霊潔浄、好黄・老、沈深篤学。事繼母、以孝聞・

87 不応辟召、郷人号曰腐儒。蜀郡太守、族父靖、字幼安。父湛、北地太守、

88 守。族父崎、字幼安。父湛、北地太守、

89 逸群之量。与郷人張芝・索称・氾衷・索縮等

90 五人、俱遊太学、号称燉煌五龍、四人早亡、唯峙得騁□□□門

91

92

93

94

（後　欠）

河西地区不仅有官学，大儒们可能还私人传授弟子。《水经注》卷40"都野泽"条注引王隐《晋书》云，汉末博士敦煌侯瑾"语弟子曰：'凉州城西泉水当竭，有双阙起其上'"，可见侯瑾有从学弟子。而到"魏嘉平中，武威太守条茂起学舍，筑阙于此泉"①，是曹魏时期武威官学又兴。

西晋后期，宗室内乱，时人挚虞以善观玄象著称，曾对友人说："今天下方乱，避难之国，其唯凉土乎。"②张轨入凉州刺史后，立学校以教河西九郡胄子，置崇文祭酒，春秋行乡射之礼，并广泛征求高才硕学、经史著述等有识之士。京都长安残破后，"中州避难来（河西）者日月相继"③。一部分中州士民在洛阳、长安二京先后失陷之时，避乱到了凉州，受到凉州刺史、前凉政权的奠基者张轨的妥善安置。《资治通鉴》胡三省注云："永嘉之乱，中州之人士避地河西，张氏礼而用之。子孙相承，衣冠不坠，故凉州号为多士。"④

张寔即位以后，河西还专门遣使往西都长安奉献名马方珍、经史图籍。前凉都城姑臧立辟雍明堂，并在宫城内外设置专门的场所，为开展学术文化活动提供方便。前凉后期民间私人传授之风颇为盛行。有名的隐士如索袭，宋纤"明究经纬，弟子受业三千余人"⑤，郭荷、郭瑀"弟子著录千余人"⑥，祈嘉"西游海渚，教授门生百余人"⑦，讲学授徒，个人门下弟子少则几百，多则数千，形成一时之盛。在这种求学的社会风气影响下，在姑臧任职的官吏，在郡县为官的守令，也纷纷拜师求学，"在朝卿士、郡县守令彭和正等受业独拜床下者二千余人"⑧。儒学名士也各有专精，如宋纤，"注《论语》，及为诗颂数万言"；祈嘉，"依《孝经》作《二九神经》"。

北凉玄始六年（417），沮渠蒙逊在姑臧"起游林堂于内苑，图列古圣

---

① 《水经注校证》卷40"都野泽在武威县东北"条，第953页。

② 《晋书》卷51《挚虞传》，第1427页。

③ 《晋书》卷86《张轨传》，第2286页。

④ 《资治通鉴》卷123《宋纪五·太祖文皇帝中之上·十六年》，中华书局1956年版，第3877页。

⑤ 《晋书》卷94《隐逸·宋纤传》，第2453页。

⑥ 《晋书》卷94《隐逸·郭瑀传》。又《魏书》卷52《刘昞传》载"时瑀弟子五百余人，通经业者八十余人"。

⑦ 《晋书》卷94《隐逸·祈嘉传》，第2456页。

⑧ 同上。

贤之像"①，经常在堂内与群臣说论儒家经传。沮渠蒙逊之对待硕学通儒，敬重有加，委以重任，使其在北凉政权中均发挥了极其重要的作用。敦煌人张穆，博通经史，才藻清赡，当沮渠蒙逊攻克姑臧时，即擢拜为中书侍郎，并委以机密之任。金城人宋钦，幼而好学，有儒者之风，博综群言，声著河右，仕蒙逊为中书郎，世子洗马。②阚骃"博通经传，聪敏过人，三史群言，经目则诵，时人谓之宿读。注王朗《易传》，学者借以通经。撰《十三州志》，行于世。蒙逊甚重之，常侍左右，访以政治损益。拜秘书考课郎中，给文吏三十人，典校经籍，刊定诸子三千余卷。加奉车都尉。牧犍待之弥重，拜大行，迁尚书"。③

敦煌硕儒宋繇在西凉时，"历位通显。家无余财，雅好儒学，虽在兵难之间，讲诵不废，每闻儒士在门，常倒屣出迎，停寝政事，引谈经籍。沮渠蒙逊平酒泉，于繇室得书数千卷，盐米数十斛而已。蒙逊叹曰：'孤不喜克李歆，欣得宋繇耳。'拜尚书吏部郎中，委以铨衡之任"。④

河西大儒刘昞隐居酒泉，著《略记》百三十篇、八十四卷，《凉书》十卷，《敦煌实录》二十卷，《方言》三卷，《靖恭堂铭》一卷，注《周易》《韩子》《人物志》《黄石公三略》，并行于世。"蒙逊平酒泉，拜秘书郎，专管注记。筑陆沉观于西苑，躬往礼焉，号'玄处先生'，学徒数百，月致羊酒。牧犍尊为国师，亲自致拜，命官属以下皆北面受业焉。时同郡索敞、阴兴为助教，并以文学见举，每巾衣而入。"⑤

河内人常爽，明习纬候，五经百家多所研综，著成《六经略注》，号为儒林先生，为蒙逊所重；陈留江强，家学深邃，擅文字训诂，亦为蒙逊父子所重。这些通儒硕学在北凉沮渠蒙逊政权中发挥了极为重要的作用。

在与刘宋的交通往来中，又遣使求儒学书籍。宋元嘉三年（426），"请《周易》及子集诸书，太祖并赐之，合四百七十五卷。蒙逊又就司徒王弘求《搜神记》，弘写与之"。⑥元嘉十四年（437），沮渠茂虔又求晋、

---

① 崔鸿撰：《十六国春秋》卷94《北凉录》。
② 《魏书》卷52《宋钦传》，第1154页。
③ 《魏书》卷52《阚骃传》，中华书局1974年版，第1153页。
④ 《魏书》卷52《宋繇传》，第1152—1153页。
⑤ 《魏书》卷52《刘昞传》，第1153页。
⑥ 《宋书》卷98《氐胡传·胡大且渠蒙逊传》，中华书局1974年版，第2415页。

赵起居注诸杂书数十件，（宋）太祖赐之。①

以上我们可见自西汉至刘宋以来，儒学从中原内地西传到河西地区，并在凉州一地发展繁荣的情景。就在刘宋遣使搜求儒学典籍时，北凉的儒学典籍在正史记载中第一次东传至江南王朝。刘宋元嘉十四年（即沮渠牧犍义和五年、437 年），沮渠茂虔奉表献方物，并献《周生子》十三卷，《时务论》十二卷，《三国总略》二十卷，《俗问》十一卷，《十三州志》十卷，《文检》六卷，《四科传》四卷，《敦煌实录》十卷，《凉书》十卷，《汉皇德传》二十五卷，《亡典》七卷，《魏驳》九卷，《谢艾集》八卷，《古今字》二卷，《乘丘先生》三卷，《周髀》一卷，《皇帝王历三合纪》一卷，《赵畋传》并《甲寅元历》一卷，《孔子赞》一卷，合一百五十四卷。②

北凉后期给刘宋王朝贡献的 154 卷典籍，包括经学、史学、地理、文字学、天文、历法、算学等各个方面。河西政权这样大规模地向江南政权奉献图书的事例，在北方十六国时代乃至其后的北朝时期都是绝无仅有的。

北魏太延五年（439），魏军破姑臧，沮渠牧犍降，北凉亡。《魏书·世祖纪》载："（太延五年）九月丙戌，牧犍兄子万年率麾下来降。是日，牧犍与左右文武五千人面缚军门，帝解其缚，待以藩臣之礼。收其城内户口二十余万，仓库珍宝不可称计……冬十月辛酉，车驾东还，徙凉州民三万余家于京师。"在这支庞大的移民队伍中，以上所提到的敦煌索敞、张湛、阚骃，武威阴兴、段承根，金城赵柔、宗钦，流寓到河西的广平程骏、程弘，河内常爽等声名卓著的河西士人赫然在列。阚骃在"姑臧平，乐平王丕镇凉州，引为从事中郎。王薨之后，还京师"。③刘昞，世祖平凉州，士民东迁，凤闻其名，拜乐平王从事中郎。世祖诏诸年七十以上听留本乡，一子扶养。昞时老矣，在姑臧，岁余，思乡而返，至凉州西四百里韭谷窟，遇疾而卒。④常爽入魏后，在魏都平城开馆授徒，为北魏培养了大量的人才。江强入魏后，献经史诸子千余卷，拜中书博士。其子绍兴，在北魏掌国史二十余年。其孙江式，精于古史，功于书法，著有《古今文

---

① 《宋书》卷 98《氐胡传·胡大且渠蒙逊》，第 2416 页。
② 同上。
③ 《魏书》卷 52《阚骃传》，第 1153 页。
④ 《魏书》卷 52《刘昞传》，第 1153 页。

字》四十卷；在北魏迁都洛阳后，连洛京各宫门上的匾题等，也交由他书写。阴仲达、段承根等人，均以文学才识知名，才堪著述，入魏后，崔浩说他"二人俱凉土才华"，因此，令"同修国史"。《魏书》卷五十二分别给十二位凉州学者立传，并称赞以上诸人"通涉经史，才志不群，价重西州，有闻东国，故于流播之中，拔泥滓之上"①。

胡三省在《资治通鉴》中注曰："魏之儒风及平凉州之后始振。"北魏灭北凉后，河西文化带到了北魏，是河西儒学第二次大规模东传，推进了拓跋氏吸收汉族先进文化的进程，对后来中原的文化复兴起了十分重要的作用。②

儒学西传至河西，后再次向东反哺平城，促进北魏儒学发展的同时，从河西走廊一直向西，影响到新疆吐鲁番地区。327 年，前凉在高昌置郡，使其从行政建制上与内地一体化，此后的前秦、后凉、西凉和北凉政权，均统辖高昌。而此前此后，随着内地战乱，大量的中原汉族民众迁移河西，复由河西迁移到吐鲁番盆地。尤其是北凉沮渠氏的残余势力于 442 年占据高昌，并于次年在此建立大凉政权。1959 年到 1975 年，在新疆吐鲁番县阿斯塔那和哈拉合平两地，共发掘清理了晋到唐的墓葬四百余座，在所获珍贵文物中，有 2700 多件汉文文书。其中晋十六国时期的 100 多件，占全部文书的 5%，高昌王朝时期的 700 余件，占 30%，其余为唐朝的，约 1700 多件。其中包括《毛诗关雎序》残页、晋人写本《三国志》《臧洪传》及《吴主权传》残页；记有赵王伦与张华事迹的残页，当为东晋某家所修晋史之抄本。儒家经典中有《礼记》《孝经》、隶古定《尚书》《谥法》残本等，而以郑玄注《论语》的写本最多。

二 道教西传入河西

道教作为汉民族土生土长的宗教，在我国由来已久。自汉代以来，道家经典著作与儒家经典一起，随着内地人的西迁，进入河西地区。敦煌马圈湾等河西汉代遗址便出土有《易经》、术数书等。

东汉时期，索隆，"清灵洁净，好黄老，沉深笃学，事继母以孝闻。不

---

① 《魏书》卷 52《赵逸传》，第 1164 页。
② 韩峰、高倩倩：《魏晋南北朝时期儒学在河西地区发展的原因及影响》，《敦煌学辑刊》2013 年第 2 期。

应辟召，乡人号曰腐儒"。①前凉时期的"硕德名儒"索袭，"游思于阴阳之术，著天文地理十余篇，多所启发"。他死后，敦煌太守阴淡评价他："兼重玄于众妙之内。宅不弥亩而志忽九州，形居尘俗而栖心天外，虽黔娄之高远，庄生之不愿，蔑以过也。"乃谥其为玄居先生。② 广平人程骏，亦曾师事刘昞，专心老庄之学，深受蒙逊的赏识；"精通经义，雅辩谈论，多才艺，善属文"的郭瑀，作春秋墨说、孝经错纬③；通儒索绥，"明阴阳天文，善术数占候"④；而宋纤也"明究经纬"，《晋书》本传载其"少有远操，沈靖不与世交，隐居酒泉南山"，死后被谥为玄虚先生。他们在治礼制典章之学的同时，也治神仙谶纬、阴阳律历之学。他们死后被谥为玄居、玄虚这些带有道家色彩的谥号，他们的思想也应有道家玄学倾向。凉武昭王李暠，字玄盛，《晋书》本传所载其著《述志赋》，"涉至虚以诞驾，乘有舆于本无，禀玄元而陶衍，承景灵之冥符"⑤，"至虚""本无""玄元"等道家用语，充分体现了李暠思想中的道教因素。

我们不仅能从汉晋十六国时期统治阶层和知识阶层中，看到道教思想的影响和传播，而且从基层百姓的丧葬习俗中，也可看出凉州文化中的道教因素。道教是"重生恶死"的宗教，极其重视现世利益，在送葬亡者的告地文以及镇墓文中无不强调生死永隔，以保证生人不受干扰；文书中虚拟夸大的数字，其实质也是为生人祈福，保证后世子孙利禄双收。最终实现了道教为生者祈祷求福、禳除灾祸的目的。

根据何双全、狄晓霞《甘肃省近年来新出土三国两晋简帛综述》可知，1991年在武威市凉州区新华乡红崖支渠墓群中出土了4枚升平年间的木牍，其中：

1号牍

故□一枚　尖二枚　衫一枚　褕袼一枚

三□鞋而量　青被一副　福□□　□褶一枚　□□袴一立

---

① 池田温：《唐朝氏族志の一考察：いわゆる敦煌名族志残卷をめぐって》，北海道大学文学部纪要，13（2）：第1—64页，1965年。以下图版及行90—94排列顺序及释文引此文。

② 《晋书》卷94《隐逸·索袭传》，第2448—2449页。

③ 《晋书》卷94《隐逸·郭瑀传》，第2454—2455页。

④ 《晋书》卷95《艺术·索绥传》，第2493—2495页。

⑤ 《晋书》卷87《凉武昭王李玄盛传》，第2265页。

大箭十四枚　黄□褋□　运靳□石　　□□□

升平十二年九月十六日辛丑，□杨□黄石

　　□□药生亡□所著衣物□□□

正当□用九万九千九百九十九

　　□□正多□归……

2号牍

升平十二年九月十六日辛丑，□杨□黄

石□□药生，今终亡，于市买黄□官一

合，贾符九万九千钱，□□卖□地中

匿不得相因□急急如律令

　　□□时□□左青龙……

根据何文，1、2号木牍出土于同一墓群的不同墓葬，[①] 东晋"升平十二年"即公元368年，前凉沿用之，《晋书·张轨传》记："天锡既克邕，专掌朝政，改建兴四十九年，奉升平之号。"为前凉张天锡太清六年、东晋哀帝司马奕太和二年。1号牍前部分为衣物疏，后半部分残缺，但可能与告地书之类的丧葬文书有关。而2号牍中的"符"，《说文》曰："信也，汉制以竹，长六寸。分而相合。"其中的"急急如律令"为道教"符"中最常用的用语。

3号牍：

干粮万斛　　旌一枚

　　□□八辆　　单襜一领　　刀一枚　　青复襜一领

单袭一领　　巾一枚　　　弓箭一枚　故复襦一领

布襦一领　　尖一枚　　　步叉曾佗

两当一立　　白卷八匹　　□一量

故襜褕一领

凡十九种物听遣行

---

① 不过，关于这两枚简的出土，陈松梅在其文章说，"两枚木牍同出一墓，且内容前后连贯，皆是升平十二年杨氏墓主的随葬衣物疏，所以二牍应同配合使用"，参见陈松梅《河西地区魏晋告地文书中道教思想考释》，《敦煌学辑刊》2009年第1期，第101页。但是何文、陈文对这四枚简的引用，均未见最原始的来源。

4 号牍：

十三年五月二十一日，生人父母为乌浊浑十九种衣物，生时所著所衣，山川、谷郭、黄泉、河津、桥、不得妄柯，□□符妄遮复转。持上诣苍天，急急如律令。①

3、4 号木牍出土于同一墓葬中，此处的"十三年"应为升平十三年，即公元 369 年。3、4 号木牍配合使用，为升平十三年"乌浊浑"的随葬衣物疏。3 号牍中的"干粮万斛"也是一种虚拟夸张的说法，体现了道教为了安定亡者保证其地下生活衣食无忧，防止其因饥饿等原因变成注鬼返回阳间注害生人的思想。4 号牍的内容与衣物疏相配合，也是一种告地书，为亡者所过的山、川、河津各关口不得妄加阻拦，以保证亡者顺利到达阴间。"持上诣苍天，急急如律令"为典型的告地书或镇墓文经常使用的道教用语。

陈松梅曾引《通志》卷二十八《氏族略》记："秦有乌获，唐表言乌余之裔，世居北方号乌洛侯，后徙张掖，又乌石兰改为乌氏"，考证墓主"乌浊浑"可能是少数民族，从而认为魏晋时期民间道教在河西地区产生了很大的影响，从出土的告地文书可以看出魏晋时期河西地区丧葬习俗中的道教因素。②

在更往西面的敦煌地区，出土了《前凉升平十二年（368）郭遥黄镇墓文》。③ 1985 年出土于敦煌祁家湾西晋十六国墓葬，编号为 85DQM349：3：

升平十二年二（正）月戊午朔十二日乙（己）巳直除（平），郭遥黄之身死。今下斗瓶、五谷、铅人，用当〔复〕地上生人。青乌子、北辰，诏令死者自受殃，罚不加两，移殃转咎，远与他乡。如律令！

1960 年出土于敦煌新店台的《前凉升平十三年（369）氾心容镇墓

---

① 何双全、狄晓霞：《甘肃省近年来新出土三国两晋简帛综述》，《西北师范大学学报》2007 年第 5 期。

② 陈松梅：《河西地区魏晋告地文书中道教思想考释》，《敦煌学辑刊》2009 年第 1 期。

③ 戴春阳、张珑：《敦煌祁家湾：西晋十六国墓葬发掘报告》，文物出版社 1994 年版，第 112—113 页。

文》①：

> 升平十三年，润（闰）月甲子朔廿一〔日〕壬寅，张弘妻氾心容，五谷瓶。（60DXM1∶26）
>
> 升平十三年，闰月甲子朔廿一日壬寅，张弘妻氾心容，盛五谷瓶。（60DXM1∶27）
>
> 天注、地注、□□、氾（？）注、立注、獦注、风注、火注、人注。（60DXM1∶4）②

在佛教东渐的同时，中国的传统宗教道教也传向西域，在吐鲁番出土文书中有一件《西凉建初十四年（418 年）韩渠妻随葬衣物疏》，上面写有："左青龙、右白虎。书物数，前朱雀，后玄武。□要，急急如律令。"这正反映了十六国时期，道教思想已传至西域。而从前来到河西的西域僧人中不少亦通晓道教，如鸠摩罗什通阴阳术数，昙无谶"又晓术数，禁咒"，则更反映了道教学说已为西域人们所熟悉和接受。佛教的东传和道教的西渐，西域僧人的东来译经传教和河西僧人的西行求法，构成了凉州文化交流中的一个双向过程。③

道教所信仰的阴阳五行、长生不老等思想在凉州民间有极广的传播。大众对道教的信仰主要从墓葬中表现出来。甘肃武威博物馆于 1982 年发现了魏晋时期彩绘灰陶盆，盆高 22 厘米，口部直径 39 厘米，腹围 40 厘米，底部直径 13 厘米，口沿边宽 0.3 厘米，外表有五道泥条纹。内壁光滑，表面施一层白陶衣，上用墨线绘制精美的图案。左上方绘有一飞廉（古代传说中的神兽），下方绘有太阳，太阳内有三足乌，太阳下面两侧绘有双翼，下绘蛇的躯体，四周云气缭绕；右上方也有一飞廉，下方是月亮，月亮内有蟾蜍和玉兔，月亮下面有双翼，下绘蛇的躯体，两蛇尾紧紧缠绕在一起，作交尾状，四周云气缭绕。④

---

① 敦煌文物研究所考古组（马世长、孙国璋）：《敦煌晋墓》，《考古》1974 年第 3 期，第 191—199 页。

② 以上两处镇墓文的考释，均见吴浩军《河西镇墓文丛考（一）——敦煌墓葬文献研究系列之五》，《敦煌学辑刊》2014 年第 1 期。

③ 施光明：《论五凉文化与西域文化的交融》，《许昌师专学报》1990 年第 2 期。

④ 何金兰：《魏晋彩绘灰陶盆》，《丝绸之路》2001 年第 6 期。

伏羲、女娲崇拜习俗，自春秋战国以来便存在。伏羲、女娲图像，也多见于汉代的画像石、画像砖、壁画中，反映出了当时社会特有的宗教和文化习俗。从构图和含义上来说，伏羲女娲画像，包含了道教阴阳两极、太极回环相生的基本元素。赵莉认为，吐鲁番地区出土的高昌时期墓葬中，有绘伏羲、女娲的帛画。甘肃考古发现的汉、魏晋时期伏羲、女娲图像，填补了这一题材向西传播途中的缺环。[①] 程琦、王睿颖也梳理了河西走廊出土的汉至魏晋时期的伏羲女娲画像，比较它们的异同；认为发源于天水的伏羲女娲文化顺着丝绸之路往西传播的过程中，出现伏羲女娲图案各不相同的情况，表现出大众对道教阴阳五行等思想认识的神化，同时也是希望借由道教的神仙满足人们到达逍遥极乐生活的向往，最终把这些认识付诸图像之中。[②]

三 佛教东进入河西

公元前 6 世纪诞生在古印度的佛教向外辐射的线路主要有两条，一条是沿海南下，经缅甸、泰国等传播到了东南亚各国；另一条北上，从克什米尔、伊朗等进入我国新疆，再经甘肃河西走廊传向中原内地。中原和西域的佛教高僧西去东来，弘扬佛法，求经译经，凉州成为他们的驻足地。魏晋南北朝时期，凉州佛教达到鼎盛。西域高僧佛图澄、鸠摩罗什，河西名僧竺法护、昙无谶等都曾在这里译经传法。在他们的影响下，凉州籍高僧也人才辈出，如竺佛念、释智严、释宝云等，他们不但西行求法，还远赴江南传法。凉州成为佛教文化传播、交流、发展的中心。范文澜《中国通史》第二卷中说："凉州是禅学最盛行的地方，魏文成帝兴佛后，先后任沙门统的师贤、昙曜，都是凉州禅师，作为北朝佛学主流的禅学，以及规模巨大的佛教艺术，都寻源于凉州，凉州在接受西方文化时所起的作用是值得重视的。"

西晋时期，佛教在凉州已有了很多信徒。太康七年（286），由"敦煌菩萨"竺法护所译的《光赞般若经》以及《渐备一切智经》等，便曾流

---

① 赵莉：《甘肃考古发现的汉、魏晋时期伏羲、女娲图像》，《丝绸之路》2009 年第 22 期。
② 程琦、王睿颖：《河西走廊的伏羲女娲图像与道教信仰》，《天水师范学院学报》2014 年第 1 期。

布凉州。东晋简文帝司马显咸安二年（372），始由内地前往天竺求法的慧常、慧辩等人路经凉州时，将它和《首楞严》《佛说须赖》二经一并抄写后，辗转送到正在襄阳弘法的高僧道安手中。

前凉张氏政权以佛教为国教，广招名僧，建寺译经。《魏书·释老志》中记载：凉州自张轨后，世信佛教。升平十七年（373），前凉王张天锡邀请大月氏人优婆支施仑在凉州姑臧城内正厅堂后湛露轩下诵译佛经。张天锡不但支持还亲自参加了这次译经活动。"外国优婆塞一人，译经四部，六卷，见存一部，亡三部。优婆塞支施崙，月支人也，博综众经，特善方等，意存开化，传于未闻，奉经来游达于凉土。张公见而重之，请令翻译。以咸安三年癸酉（373）于凉州州内正听堂后湛露轩下，出《须赖经》等四部。龟兹王世子帛延传语，常侍西海赵潇、会水令马亦、内侍来恭政三人笔受，沙门释慧常、释进行同在会证。"[1] 这是现在所能见到的凉州最高统治者正式组织译场和释译佛经的最早记录。据道安在襄阳整理的《综理众经目录》中所列《凉土异经录》记述，当时，在凉州所出的佛经便已有五十九部七十九卷之多。可见当时凉州佛教已发展到了何等昌盛的程度。

曾被誉为"苻姚二代译人之宗"的竺佛念，"志行弘美，辞才辩赡，博见多闻，雅识风俗"以及江南"众皆咸服"的译经大师释宝云，他们曾游域外"遍学梵书"，得以通晓"诸国音字话训"，根本的还在于他们"家世河西，通习方语。故能交译华梵，宣法关渭"之故。[2]

385年，后凉吕光灭龟兹，迎请西域高僧鸠摩罗什在凉州居留传法17年。由于吕光昏聩，罗什佛学才能未得到充分发挥，但他利用这一段时间学习了汉语，为以后的译经奠定了基础。[3] 鸠摩罗什一生共翻译佛经74部，384卷，其中一部分可能就是在驻锡凉州期间翻译的。公元401年，后秦王姚兴灭后凉，鸠摩罗什被迎至长安，并被尊为国师，翻译佛经，崇

---

① 释智升撰：《开元释教录》卷4下，文渊阁四库全书本。

② （南朝梁）释僧祐撰，苏晋仁、萧链子点校：《出三藏记集》卷13《竺佛念传》，中华书局1995年版，第524页。

③ 《晋书·鸠摩罗什传》载"罗什之在凉州积年，吕光父子既不弘道，故蕴其深解，无所宣化。"《晋书》卷95《艺术·鸠摩罗什传》，第2496页。

扬佛教。①

后凉灭亡后，沮渠蒙逊很快统一了河西走廊。他笃信佛教，倾心致力于佛法的传播。这一时期，佛经翻译更加如火如荼。《十六国春秋》卷94《北凉录》载："先是，蒙逊王有凉土，专弘事佛。"《魏书·释老志》也说："沮渠蒙逊在凉州，亦好佛法。"凉州高僧道朗在其所撰《大般涅槃经序》内云："大沮渠河西王者，至德潜著，建隆王业，虽形处万机，每思弘大道，为法城渐。"② 在《高僧传》卷二《昙无谶传》称"蒙逊素奉大法"，且说他"志在弘通"③。

按《开元释教录》记载，从沮渠蒙逊建都张掖、迁都姑臧开始到北凉灭亡，先后在张掖和姑臧直接译经者有道龚、法众、僧伽陀、昙无谶、沮渠京声、浮陀跋摩、智猛、道泰、法盛等九人，共译出佛经82部、311卷。其中，仅昙无谶一人翻译经部112卷，可谓北凉译经的魁首巨子。在北凉所译诸经中，影响最大的要首推昙无谶的《大般涅槃经》。凉州高僧道朗在其所撰《大般涅槃经序》中说："大般涅槃者，盖是法身之玄堂，正觉之实称，众经之渊镜，万流之宗极。"④ 梁启超在《佛教教理在中国》一文中曾说："西凉佛教界有两要人，其一法护，其二昙无谶。两人功绩，皆在翻译。""谶之大业，在译《涅槃》，与罗什之《般若》，譬犹双峰对峙，二水中分也"。昙无谶所译《大涅槃经》中的佛教思想，在中国佛教史和思想史上有着重大的影响。

沮渠蒙逊时期，凉州在佛教造像、石窟建筑和壁画艺术方面也开始崭露头角，且独树一帜。此时，在距凉州城约30公里处建造了天梯山石窟。天梯山石窟为窟寺合一，盛时有僧230余人。据崔鸿《十六国春秋·北凉录》记载："先是，蒙逊王有凉土，专弘事佛，于凉州南百里崖中大造形

---

① 《晋书》卷95《艺术·鸠摩罗什传》："仍使入西明合及逍遥园，译出众经。罗什多所暗诵，无不究其义旨，既览旧经多有纰缪，于是兴使沙门僧叡、僧肇等八百余人传受其旨，更出经论，凡三百余卷。沙门慧叡才识高明，常随罗什传写，罗什每为慧叡论西方辞体，商略同异，云'天竺国俗甚重文制，其宫商体韵，以入管弦为善。凡覲国王，必有赞德，经中偈颂，皆其式也。'罗什雅好大乘，志在敷演，常叹曰：'吾若著笔作大乘阿毗昙，非迦旃子比也。今深识者既寡，将何所论！'惟为姚兴著《实相论》二卷，兴奉之若神。"

② 《出三藏记集》卷8《大涅盘经序第十六》，中华书局1995年版，第314页。

③ （南朝梁）释慧皎撰，汤用彤校注，汤一玄整理：《高僧传》卷2《译经中·晋河西昙无谶》，中华书局1992年版，第77页。

④ 《出三藏记集》卷8《大涅盘经序第十六》，中华书局1995年版，第313页。

像。千变万化，惊人眩目。"唐代名僧道宣所撰《集神州三宝感通录·凉州石窟瑞像者》云："昔沮渠蒙逊，以晋安帝隆安元年据有凉土三十余载，陇西五凉，斯最久盛。专崇福业，以国城、寺塔终非云固，古来帝宫终逢煨烬，若依立之效尤斯及。又用金宝终被毁盗，乃顾眄山宇可以终天。于州南百里，连崖绵亘，东西不测，就而断窟，安设尊仪，或石或塑，千变万化。有礼敬者惊眩心目，中有土圣僧可如人等，常自经行。"① 这两处史料所提及的"州南百里"所造石窟者，经学者考证便为天梯山石窟。宿白先生称天梯山石窟为"凉州石窟"，并提出了"凉州模式"的重要论点。② 天梯山石窟的设计者叫昙曜，是当时最出色的石窟专家之一。昙曜在完成天梯山石窟的建造之后，于北魏文成帝时期（460）又来到山西云冈，主持建造了云冈石窟。因天梯山石窟是云冈、龙门石窟的源头，故考古学界称其为"中国石窟之鼻祖"。

陈寅恪先生在《隋唐制度渊源略论稿·叙论》中曾论述河西文化，"又西晋永嘉之乱，中原魏晋以降之文化转移保存于凉州一隅，至北魏取凉州，而河西文化遂输入于魏，其后北魏孝文、宣武两代所制定之典章制度遂深受其影响，故此（北）魏、（北）齐之源其中已有河西之一支派"。他在《隋唐制度渊源略论稿·礼仪》中又云："秦凉诸州西北一隅之地，其文化上续汉、魏、西晋之学风，下开（北）魏、（北）齐、隋、唐之制度，承前启后，继绝扶衰，五百年间延绵一脉，然后始知北朝文化系统之中，其由江左发展变迁输入者之外，尚别有汉、魏、西晋之河西遗传。"因地缘因素和政治影响，儒、道之西传与佛教之东进，不仅影响了凉州本地的文化，还影响到西域和内陆之地。

---

① 释道宣：《集神州三宝感通录》卷中《十五凉州石崖塑瑞像者》，《大正藏》第 52 册，第 417—418 页。

② 宿白：《凉州石窟遗迹与"凉州模式"》，收入其著《中国石窟寺研究》，文物出版社 1996 年版，第 42 页。

论魏晋南北朝时期河西地区的家学文化

——以江氏家族为中心

冯晓鹃　王　欣

陕西师范大学

一　江氏家族与河西地区的家学文化

魏晋南北朝是一个战乱频繁、民族矛盾复杂的动荡与分裂时期，正统的官学日趋没落，家传世授成为相对于学校教育有时要来得更为突出、更有特点的一部分,[1] 家族成为当时文化传承、发展的一个中心,[2] 家学文化由此兴盛[3]。河西地区一度成为家学文化最为发达的地区之一，这既与河西地区所处的地理环境、历史上各民族对此地的开拓经营以及战乱导致的中原大族迁居等因素息息相关，也与中原家学文化的不断熏陶密不可分。

（一）河西地区地理环境与开拓经营

河西地区地当东西要冲，北接蒙古高原，南抵青藏高原，是中原通往

---

[1]　楼劲：《魏晋南北朝隋唐时期的知识阶层》，兰州大学出版社 2017 年版，第 234—255 页。

[2]　陈寅恪：《隋唐制度渊源略论稿》，上海古籍出版社 1982 年版，第 19 页。

[3]　魏晋南北朝家学兴盛状况，参见李必友《论魏晋南北朝家学兴盛的原因》，《宁夏大学学报》（人文社会科学版）2002 年第 4 期；何忠盛《官学沦废与家学兴盛——试论魏晋南北朝的学术传承模式和人才培养机制》，《中华文化论丛》2015 年第 3 期；陈利娜《魏晋南北朝家学兴盛的表现及其影响》，《岳阳职业技术学院学报》2012 年第 5 期。

西域①的咽喉要道，具有重要的战略地位。② 自汉武帝元狩二年（前121）将河西地区归入政权版图以来，历代政权皆对河西地区进行了经营；尤其是五凉政权，是直接在河西地区发展起来的地方割据政权，为发展当地的政治、经济及文化做出了直接的贡献。此外，河西地区在历史上是一个多民族杂居的地方，③ 其中，羌、匈奴、汉族是当时河西地区的主要民族④，在中国历史上对西北疆域的开拓与形成，⑤ 促进中华民族的融合与发展，对中西文化的传播与交流发挥了重要作用。

汉武帝为实现通往西域和"断匈奴右臂"，采取了一系列措施。据《汉书·地理志》记载，"自武威以西，本匈奴浑邪王、休屠王地，武帝时攘之，初置四郡，以通西域，隔绝南羌、匈奴。其民或以关东下贫，或以报怨过当，或以悖逆亡道，家属徙焉。习俗颇殊，地广民稀，水草宜畜牧，故凉州之畜为天下饶"。⑥ 即设置敦煌、酒泉、张掖、武威四郡，以隔绝羌和匈奴，取得通往西域的要道。另还通过修筑边塞、徙民屯田、鼓励耕种等方式经营开拓河西路，使河西地区成为汉西北边疆的重要战略基地，⑦ 并逐渐形成以汉族为中心，把河西各族紧密联系起来，成为保卫和建设河西的强大力量。⑧ 故后来"羌胡所以不敢入据三辅，为心腹之害者，以凉州在后故也"。⑨

东汉后期不断的战乱使河西地区的经济与社会遭到严重破坏。后来经曹魏的治理，河西地区社会渐趋稳定，包括张既、苏则、徐邈、仓慈、黄

---

① 从汉代到清代中晚期，狭义的西域主要指的是新疆天山南北的广大地区。

② 参见李并成《河西历史地理》，甘肃人民出版社1995年版，第1—3页；贾文丽《汉代河西军事地理研究》，博士学位论文，首都师范大学，2011年，第21页。

③ 古代的西北地区是一个民族杂居之地，这里不仅有两汉以来在西域地区居住的月氏、乌孙、昭五九姓等族，有居于河湟、陇南的氐、羌、党项，还有从蒙古高原西来或南下的柔然、突厥和鲜卑，有的由南北上进入西北的吐蕃等 ［齐陈骏主编：《西北通史（第二卷）》，兰州大学出版社2005年版，前言第2页］。

④ 赵向群：《五凉史探》，甘肃人民出版社2005年版，第346—355页。

⑤ 武沐：《历史上的河西走廊与中国西北疆域》，《中国民族报》2018年4月6日第8版。

⑥ 《汉书》卷28《地理志下》，中华书局1975年版，第1644—1645页。

⑦ 王宗维：《汉代丝绸之路的咽喉——河西路》，昆仑出版社2001年版，第60—113页。

⑧ 同上书，第403页。

⑨ 《后汉书》卷58《虞诩传》，中华书局1973年版，第1866页。三辅，又称"三秦"，这里指西汉武帝至东汉末年（前104—220）期间，治理长安京畿地区的三位官员京兆尹、左冯翊、右扶风。

甫隆等在内的良吏在凉州效力，为民兴利造福，使得河西地区生产逐渐恢复，流民回归，为河西安定、地方经济的恢复与发展起到了很大的作用。① 另外，曹魏凉州历任守宰都实行比较开明的民族政策，对于促进河西地区民族关系的发展、巩固曹魏业已实现的北方统一，维护中原与西域的贸易往来，都有积极的作用。②

西晋时期中原地区变乱不断，河西地区各民族亦深受其害，造成"河西荒废"的局面。③ 张轨于晋惠帝永宁元年（301）出任凉州刺史，采取了一系列"保境安民"④ 措施，使凉州变成乱世中的一片乐土，成为中原流民众心思归的避乱之地，于是"中原避乱来者日月相继"。⑤ 对于这些中原避乱河西之人，"张氏礼而用之，子孙相承，衣冠不坠，故凉州号为多士"，⑥ 凉州地区文化的发展此后逐渐呈现出兴盛的局面。北魏亦采取了有力措施对"新附"河西进行经营和开发，一方面用武力消除北凉残余势力，巩固统一；另一方面实行农牧并举的经营开发战略，使河西经济得以迅速恢复和发展。⑦ 北魏太延五年（439），河陇士人被大规模迁徙至平城，对于河西地区及北魏政权分别产生了深远的影响。⑧

总的来说，由于河西地区既为中原通往西域要道，也是保障西北边境安全的要地，战略地位重要，因此为历代统治者所重视；即使在割据和战乱的形势下，他们也总会采取各种措施维持河西地区稳定，从而为河西地区文化的发展提供了良好的环境。

---

① 齐陈骏主编：《西北通史（第二卷）》，兰州大学出版社 2005 年版，第 36 页。
② 刘光华主编：《甘肃通史·魏晋南北朝卷》，甘肃人民出版社 2012 年版，第 52 页。
③ 同上书，第 90—108 页。
④ 保境安民措施有以下：第一，联合河西大族的力量，用以稳固自己的统治；第二，注意经济、文化的发展，安定河西内部的社会秩序；第三，为保境安民，对强大的少数民族政权实行和战的两手政策，并积极经营西域地区［参见齐陈骏主编《西北通史（第二卷）》，第 96—104 页］。
⑤ 《晋书》卷 86《张轨传》，中华书局 1974 年版，第 2225 页。
⑥ 司马光编著，胡三省音注：《资治通鉴》卷 123《宋纪五文帝元嘉十六年（439 年）》十二月条胡注，中华书局 2013 年版精装典藏本，第 3996 页。
⑦ 闫廷亮：《北魏对河西的经营与开发》，《河西学院学报》2005 年第 4 期。
⑧ 参见李智君《公元 439 年：河陇地域学术发展的转捩点》，《中国文化研究》2005 年第 2 期；施光明《略论河西学者在拓跋族封建化进程中的作用与地位》，《兰州学刊》1987 年第 1 期。

（二）河西地区家学文化的来源

在历代政权的经营下，河西地区家学文化得到不断发展，并有着不同的来源形式。陈寅恪先生在《隋唐制度渊源略论稿》提到："河陇一隅所以经历东汉末、西晋、北朝长久之乱世而能存汉代中原之学术者，不外前文所言家世与地域之二点，易言之，即公立学校之沦废，学术中心移于家族，大学博士之传授变为家人父子之事业。"① 他认为，河西地区能历经社会长久动乱而能保存传承汉代中原学术的原因，关键在于"家世"及"地域"。有学者曾对这一独到见解进行探究，并进一步探讨了河西地区文化的来源，② 还有学者将之主要归结为河西本土文化的发展及中原文化的传播两个部分。③

其中，河西本土文化的产生与两汉以来至西晋时期，中原在开拓经营河西过程中，有大量中原人士，包括到河西戍边屯田的平民、被派遣管理河西的官吏，或被贬至河西屯戍的官吏等，迁入并定居河西，逐渐成为河西本土人士。以上这些中原移民，特别是各级官吏大多曾接受过以儒学、经学为主的中原文化的教育和熏陶，通过世代定居而发展成为河西本土学者，如索靖、郭荷、郭瑀、刘昞、祈嘉、阚骃、阴仲达、段承根、赵柔、宗钦、宗敞、张湛、宋繇、张穆等；其中又以敦煌大族最为著名，包括索、曹、张、氾、令狐、宋、阴、李等氏。④ 他们均在当时处于显学地位的经、史、子、学方面有很深的造诣，最终促成了当地经学、儒学发展兴盛的

---

① 陈寅恪：《隋唐制度渊源略论稿》，上海古籍出版社 1982 年版，第 19 页。

② 参见韩锋、高倩倩《魏晋南北朝时期儒学在河西地区发展的原因及影响》，《敦煌学辑刊》2013 年第 2 期；马志强、吴少珉《魏晋南北朝时期的河西儒学略论》，《洛阳大学学报》2004 年第 3 期；高倩倩《汉代儒学在河西地区的传播与影响》，硕士学位论文，曲阜师范大学，2014 年。

③ 孔军：《魏晋南北朝时期的河西崇儒研究》（《怀化师范学报》2014 年第 7 期）将河西儒学来源分为自东而来的世家大族和河西本土家族两部分；李智君：《公元 439 年：河陇地域学术发展的转捩点》（《中国文化研究》2005 年第 2 期）和《五凉时期移民与河陇学术的盛衰——兼论陈寅恪"中原魏晋以降之文化转移保存于凉州一隅"说》（《中国史研究》2006 年第 2 期）将河陇学术分为本土和迁移两个部分。

④ 参见冯培红《汉晋敦煌大族略论》，《敦煌学辑刊》2005 年第 2 期；《汉宋间敦煌家族史研究回顾与述评（上）》，《敦煌学辑刊》2008 年第 3 期；刘光华主编《甘肃通史·魏晋南北朝卷》，甘肃人民出版社 2012 年版，第 440—449 页。

局面，如河西出土简牍中就有大量有关经学、儒学文化的内容。① 因此，他们的到来无疑为河西地区本土家学文化的形成和发展做出了重要的贡献。

西晋末年"永嘉之乱"以来至十六国时期，中原地区一些世家大族为避战乱迁入河西地区，同时也将中原地区的家学文化带入，并构成这一时期河西家学文化的重要组成部分。见于史料中的这些中原大族的家学代表人物至少包括张轨、江琼、苏湛、裴佗、裴徽、王士良、赵肃、程骏、崔玄伯、司马子如、常爽、袁式和杜骥等，这些家族迁入河西的具体情况可参见表1。

表1　　　　　　　　　　　中原迁入河西地区家族统计②

家族	迁居原因	史料来源
江琼	"永嘉大乱，琼弃官西投张轨，子孙因居凉土，世传家业"	《魏书》卷91《术艺传·江式》，第2124页（中华书局2017年版）
苏湛	"又有武功苏湛，字景儁……晋乱，避地河右"	《魏书》卷45《苏湛传》，第1121页
裴佗的先人	"裴佗，河东闻喜人。其先因晋乱避地凉州"	《魏书》卷88《良吏传·裴佗》，第2063页
裴徽的后人	"遇中朝乱，子孙投凉州，仕于张氏"	《南齐书》卷51《裴叔业传》，第869页（中华书局1974年版）
王士良的先人	"其先太原晋阳人也。后因晋乱，避地凉州"	《周书》卷36《王士良传》，第638页（中华书局1974年版）
赵肃的先人	"河南洛阳人也。世居河西。及沮渠氏灭，曾祖武始归于魏"	载于《周书》卷37《赵肃传》，第662页
程骏的先人	"六世祖良，晋都水使者，坐事流凉州"	《魏书》卷60《程骏传》，第1467页

① 河西简牍包括敦煌汉简、武威汉简、居延汉简、水泉子汉简等，内容涉及传世典籍、簿籍文书、律令科品、私人书记等方面。其中传世典籍涵盖了《汉书·艺文志》中的"六艺""诸子""诗赋""兵书""术数""方技"六个大类，其中"六艺"包括《周易》《尚书》《诗经》《礼纪》《论语》《孝经》等儒家经典和《仓颉篇》《急救篇》等小学字书的内容。（参见孙占鳌，尹伟先主编《河西简牍综论》，甘肃人民出版社2016年版，第55页）

② 参见李智君《五凉时期移民与河陇学术的盛衰——兼论陈寅恪"中原魏晋以降之文化转移保存于凉州一隅"说》，《中国史研究》2006年第2期，表2《五凉时期流寓河西可考人物表》，有删改。

家族	迁居原因	史料来源
崔玄伯的先人	"祖彤，随晋南阳王保避地陇右"	《魏书》卷24《崔玄伯传》，第699页
司马子如先人	"八世祖模，晋司空、南阳王。模世子保，晋乱出奔凉州，因家焉"	《北齐书》卷18《司马子如传》，第238页（中华书局1972年版）
常爽的先人	"祖珍，苻坚南安太守，因世乱遂居凉州"	《魏书》卷84《常爽传》，第1996页
张轨	"轨以时方多乱，阴图据河西……永宁初，出为护羌校尉、凉州刺史"	《晋书》卷86《张轨传》，第2221页
杜骥的先人	"曾祖耽避地河西，因仕张氏"	《宋书》卷65《杜骥传》，第1720页（中华书局1974年版）

由表1可以看出，他们当中大部分为了逃避战乱，有一部分是因任职或其他原因携家眷迁移到河西地区，随后与河西本土地域学者、名流连同他们拥有的文化成果汇聚河西，中原学术与河西学术融会贯通、珠联璧合，造成了五凉时期文教昌明的景象，[①] 也形成了独具特色的河西地区家学文化。

魏晋南北朝时期河西地区家学文化作为河西文化的一部分，其来源亦可大致归结为河西本土及中原迁入两个部分，并以经学、儒学等中原传统文化为主。值得注意的是，河西家学文化的来源在很大程度上影响了这一时期当地家学文化的内容、性质及特征，这在江氏家族家学文化发展历程中，可以得到具体的体现。

二 江氏家族家学文化的传承及其主要内容

（一）江氏家学传承概况

有关江氏家族的情况主要见于《魏书》卷九十一《术艺传·江式》和《北史》卷三十四《江式传》，[②] 其中谈到江氏家族成员包括江式六世祖江

---

① 赵向群：《五凉史探》，甘肃人民出版社1996年版，第267、280页。

② 《魏书》卷91《术艺传·江式》，第2124—2129页（《北史》卷34《江式传》有相同记载，中华书局1974年版，第1277—1281页）。

琼、祖父江强、父亲江绍兴、江式、江式兄长之子江顺和，及江琼的从父兄江应元（即江统），其具体记载如下。

江琼："字孟琚，晋冯翊太守，善虫篆、诂训。永嘉大乱（311），琼弃官西投张轨，子孙因居凉土，世传家业。"①

江强：江式之祖，"字文威，太延五年（439），凉州平，内徙代京"。②

江绍兴：江式之父，"高允奏为秘书郎，掌国史二十余年，以谨厚称。卒于赵郡太守"。③

江式："江式字法安，陈留济阳人也……式少专家学……篆体尤工，洛京宫殿诸门板题，皆式书也。"④

江顺和：江式兄长之子，"亦工篆书"。⑤

江统（江应元）：江琼"从父兄"，曾于往晋之初，与江琼一起"受学于卫觊，古篆之法，《仓》《雅》《方言》《说文》之谊，当时并收善誉"。⑥

从上述记载中大致可以看出江氏家族家学形成与传承脉络：

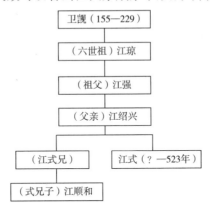

图1　江氏家族家学文化传承

---

① 《魏书》卷91《术艺传·江式》，第2124页。
② 同上。
③ 同上。
④ 同上书，第2125页。
⑤ 同上书，第2129页。
⑥ 同上书，第2128页。

河西地区的江氏家学文化最初源于卫觊。江式六世祖江琼曾与从父兄应元（江统）"俱受学于卫觊"。卫觊（155—229），字伯儒，有丰厚的书学修养，"好古文、鸟篆、隶草，无所不善"，[1] 他是魏晋时期河东卫氏家族书学的开端人物，[2] 同时也是曹魏时期有名的书法艺术家。江琼与江统从师于卫觊之后，"古篆之法，《仓》《雅》《方言》《说文》之谊"，在当时"并收善誉"。他们不仅学习"古篆之法"，还学习了像《仓》《雅》《说文》等训诂学的典范之作，[3] 故江琼能"善虫篆、诂训"。永嘉大乱迁往河西地区之后，江氏家族世代传承此家业，直至两百多年后，其后代江式仍能"少专家学"，"篆体尤工"，还上书请求"撰集古来文字"，希望"借六世之资，奉遵祖考之训，窃慕古人之轨"，最终编撰了《古今文字》。[4] 另外，其兄长之子江顺和"亦工篆书"，反映了江氏家族家学文化的世代承袭脉络。

（二）江氏家族家学文化的主要内容

江氏家族家学文化的主要内容，在江式于延昌三年（514）三月的上表修撰《古今文字》的表文中可以得到详细的呈现：

> 延昌三年三月，式上表曰：
>
> 臣闻庖羲氏作而八卦列其画，轩辕氏兴而龟策彰其彩。古史仓颉览二象之文，观鸟兽之迹，别创文字，以代结绳，用书契以维事。宣之王庭，则百工以叙；载之方册，则万品以明。迄于三代，厥体颇异，虽依类取制，未能悉殊仓氏矣。故《周礼》八岁入小学，保氏教国子以六书：一曰指事，二曰象形，三曰形声，四曰会意，五曰转注，六曰假借。盖是仓颉之遗法也。及宣王太史史籀著大篆十五篇，与古文或同或异，时人即谓之"籀书"。至孔子定《六经》，左丘明述

---

[1] 《三国志·魏书》卷21《卫觊传》，中华书局1959年版，第612页。

[2] 殷全增：《魏晋时期卫氏家族书学研究》，硕士学位论文，郑州大学，2012年，第15—21页。

[3] 《说文》《玉篇》《尔雅》《广雅》《左传注》《礼记注》《毛传》等古籍，都是训诂学的典范之作，是进行训诂学不可缺少的基本文献，另外像《诗经》《礼记》《左传》《战国策》《吕氏春秋》《淮南子》等古籍的古注，也常被作为古训的根据（刘毓庆：《国学概论》，北京师范大学出版社2014年版，第51页）。

[4] 《魏书》卷91《术艺传·江式》，第2128—2129页。

《春秋》，皆以古文，厥意可得而言。

其后七国殊轨，文字乖别，暨秦兼天下……斯作《仓颉篇》，中车府令赵高作《爰历篇》，太史令胡母敬作《博学篇》，皆取史籀大篆，或颇省改，所谓小篆者也……始用隶书……故秦有八体：一曰大篆，二曰小篆，三曰刻符书，四曰虫书，五曰摹印，六曰署书，七曰殳书，八曰隶书。

汉兴，有尉律学，复教以籀书，又习八体，试之，课最，以为尚书史……时有六书：一曰古文，孔子壁中书也；二曰奇字，即古文而异者；三曰篆书，云小篆也；四曰佐书，秦隶书也；五曰缪篆，所以摹印也；六曰鸟虫，所以幡信也。壁中书者，鲁恭王坏孔子宅而得《礼》《尚书》《春秋》《论语》《孝经》也。又北平侯张仓献《春秋左氏传》，书体与孔氏相类，即前代之古文矣。

后汉郎中扶风曹喜号曰工篆，小异斯法，而甚精巧，自是后学皆其法也。又诏侍中贾逵修理旧文……逵即汝南许慎古文学之师也。后慎嗟时人之好奇，叹儒俗之穿凿，愧文毁于誉，痛字败于訾，更诡任情，变乱于世，故撰《说文解字》十五篇，首一终亥，各有部属，包括六艺群书之诂，评释百氏诸子之训，天地、山川、草木、鸟兽、昆虫、杂物、奇怪珍异、王制礼仪、世间人事莫不毕载。可谓类聚群分，杂而不越，文质彬彬，最可得而论也。左中郎将陈留蔡邕采李斯、曹喜之法为古今杂形，诏于太学立石碑，刊载《五经》，题书楷法，多是邕书也。后开鸿都，书画奇能莫不云集，于时诸方献篆无出邕者。

魏初博士清河张揖著《埤仓》《广雅》《古今字诂》……陈留邯郸淳亦与揖同，博古开艺，特善《仓》《雅》，许氏字指，八体六书精究闲理，有名于揖，以书教诸皇子。又建《三字石经》于汉碑之西，其文蔚炳，三体复宣。校之《说文》，篆隶大同，而古字少异。又有京兆韦诞、河东卫觊二家，并号能篆。当时台观榜题、实器之铭，悉是诞书，咸传之子孙，世称其妙。

晋世义阳王典祠令任城吕忱表上《字林》六卷，寻其况趣，附托许慎《说文》，而案偶章句，隐别古籀奇惑之字，文得正隶，不差篆意也。忱弟静别放故左校令李登《声类》之法，作《韵集》五卷，宫商角徵羽各为一篇，而文字与兄便是鲁卫，音读楚、夏，时有不同。

皇魏承百王之季，绍五运之绪，世易风移，文字改变，篆形谬错，隶体失真。俗学鄙习，复加虚巧，谈辩之士，又以意说，炫惑于时，难以厘改。故传曰，以众非，非行正。信哉得之于斯情矣。乃曰追来为归，巧言为辩，小兔为𪓐，神虫为蚕，如斯甚众，皆不合孔氏古书、史籀大篆、许氏《说文》、《石经》三字也。凡所关古，莫不惆怅焉。嗟夫！文字者六艺之宗，王教之始，前人所以垂今，今人所以识古，故曰"本立而道生"。孔子曰："必也正名乎。"又曰："述而不作。"《书》曰："予欲观古人之象。"皆言遵修旧史而不敢穿凿也。

臣六世祖琼家世陈留，往晋之初，与从父兄应元俱受学于卫觊，古篆之法，《仓》《雅》《方言》《说文》之谊，当时并收善誉。而祖官至太子洗马，出为冯翊郡，值洛阳之乱，避地河西，数世传习，斯业所以不坠也。世祖太延中皇威西被，牧犍内附，臣亡祖文威杖策归国，奉献五世传掌之书，古篆八体之法，时蒙褒录，叙列于儒林，官班文省，家号世业……是以敢借六世之资，奉遵祖考之训，窃慕古人之轨，企践儒门之辙，辄求撰集古来文字，以许慎《说文》为主，爰采孔氏《尚书》、《五经》音注、《籀篇》、《尔雅》、《三仓》、《凡将》、《方言》、《通俗文》祖文宗、《埤仓》、《广雅》、《古今字诂》、《三字石经》、《字林》、《韵集》、诸赋文字有六书之谊者，皆以次类编联，文无复重，纠为一部。其古籀、奇惑、俗隶诸体，咸使班于篆下，各有区别。诂训假借之谊，佥随文而解；音读楚、夏之声，并字而逐注。其所不知者则阙如也……所撰名目，伏听明旨。①

在这篇表文中，江式首先追溯了从远古至今（北魏王朝）的文字形成发展史及音韵、训诂史，然后陈述了其家学文化的渊源及传承发展状况，从中可见其家族在文字及训诂方面有着十分深厚的家学功底。另外，从江式六世祖江琼"善虫篆、诂训"，经过五凉时期，到祖父江文威于太延五年（439）向北魏"奉献五世传掌之书，古篆八体之法"，②"上书三十余法，各有体例，又献经史诸子千余卷"，③再到父亲江绍兴"掌国史二十余

---

① 《魏书》卷91《术艺传·江式》，第2124—2129页。
② 同上书，第2128页。
③ 同上书，第2124页。

年"，① 体现出江氏家族的家学文化经历了从以小学文化②为主，发展到兼涉经、史、子、文之学的发展过程，在某种程度上反映了江氏家族"由小学入经学，由经学通文史"③ 的发展道路，也展现了魏晋南北朝时期，家传世授在内容上由专而泛的社会知识系统发展状况。④

江式少专家学，认为文字乃是"六艺之宗，王教之始，前人所以垂今，今人所以识古"，⑤ 并打算收集古来文字撰写《古今文字》："以许慎《说文》为主，爰采孔氏《尚书》、《五经》音注、《籀篇》、《尔雅》、《三仓》、《凡将》、《方言》、《通俗文》祖文宗、《埤仓》、《广雅》、《古今字诂》、《三字石经》、《字林》、《韵集》、诸赋文字有六书之谊者，皆以次类编联，文无复重，纠为一部"；⑥ 在字体、训诂、音韵的具体安排上，则是为本上篆下隶，"其古籀、奇惑、俗隶诸体，咸使班于篆下，各有区别。诂训假借之谊，金随文而解；音读楚、夏之声，并逐字而注"。⑦

由此可见，江氏家族的家学文化，是以文字、训诂、音韵为主要内容，同时又兼涉经史子学。其中，文字学是对汉字内部规律的归纳，包括对字形、字义的总结和解释，"六书"（即指事、象形、形声、会意、转注、假借）是其中的重要代表，主要研究文字原义及古今文字的变化；音韵学主要是指对文字读音的研究；训诂学则是一门具有综合性、实践性和技术性特点的学问，它主要应用文字学与音韵学以及有关古典的相关知识，来解决文献的阅读、诠释问题。古籍是训诂学不可缺少的基本文献，其古注也常被作为训诂的根据。⑧ "不明训诂，不可以读经史"，⑨ 江氏家族明训诂，而能读经史，最终从通小学文化发展至兼通经、史、子、文之

---

① 《魏书》卷91《术艺传·江式》，第2124页。

② 小学文化通常包括文字学、音韵学和训诂学。参见刘毓庆《国学概论》，北京师范大学出版社2009年版，第17—46页。

③ 刘毓庆：《国学概论》，第54页。

④ 自魏晋至隋唐，家传世授在内容上已由专而泛，往往就是或迅速趋同于官方学术；传承世系则由长变短……家传世授之例，已退化、近似于一般家庭教育；至于传承世系仍较长者，几乎皆与其家凭此执业或担任特定官职相连，又尤其集中于那些专业性、技术性较强的知识领域（楼劲：《魏晋南北朝隋唐时期的知识阶层》，第236页）。

⑤ 《魏书》卷91《术艺传·江式》，第2128页。

⑥ 同上。

⑦ 同上书，第2128—2129页。

⑧ 刘毓庆：《国学概论》，第37—45页。

⑨ 同上书，第45页。

学。这既是其家族能够累世为官的重要条件，也是家学文化历经魏晋南北朝时期仍能得以传承的重要原因。集江氏家学文化大成的《古今文字》，既是经学名著，也是书法大观，是江氏家族将中原学术与河西学术融会贯通、珠联璧合的力作，[①] 这与五凉政权的推崇与支持有着密不可分的联系，是魏晋南北朝时期，尤其是五凉时期，河西地区家学文化发展的重要表现及文化成果汇聚交融的重要展现。

三 江氏家族与魏晋南北朝时期河西地区家学文化的传承与发展

家学文化的传承与发展受各种因素的影响，其各自发展路径与结果亦存在一定的差异或特点。对于魏晋南北朝时期河西地区家学文化来说，最主要的影响因素就是包括政治、经济、文化在内的社会制度与环境，以及自身家学文化的内涵。江氏家族家学文化的传承与发展深受魏晋南北朝时期政权尤其是五凉政权的影响，同时也在巩固河西政权、促进河西社会发展及与西域文化的交流、推动西北少数民族融合等方面发挥了积极作用，并进一步为传承发展中国传统文化、稳定边境和巩固西北边防做出了重要贡献。

（一）江氏家族与五凉政权

汉武帝采纳董仲舒的建议，颁令儒学为国家正统之学，此后历代官学遂以儒学为宗。[②] 然而"两汉今文经学，重视专经之学；魏晋以来主导官学的古文经学，则以注重书本文字和发明大义为尚，故常兼治诸经而博通文史"。[③] 因此，在魏晋南北朝时期整套知识和社会系统中非常重视经、史、子、文之学，且以通经擅文为职官（尤其是文教官）的基本选任条件。[④] 包括汉族张氏的前凉，氐族吕氏的后凉，鲜卑秃发氏的南凉，汉族李氏的西凉和匈奴卢水胡沮渠氏的北凉在内的五凉政权，也非常重视世家

---

① 赵向群：《五凉史探》，第 280 页。
② 冯友兰著：《中国哲学史》，赵复三译，中华书局 2015 年版，第 252 页。
③ 楼劲：《魏晋南北朝隋唐时期的知识阶层》，第 238 页。
④ 同上书，第 461 页。

大族及其文化，并在五凉时期推行文教兼设政策，实行了一些昌明学术的举措，为包括江氏家族在内的河西地区家学文化的传承与发展提供了良好的环境与条件。

一方面，五凉政权统治者原本大多就具有深厚的家学渊源，并重视发扬和传承其家学文化。如前凉张轨"家世孝廉，以儒学显"，① 西凉李暠"通涉经史，尤擅文义"，② 而北凉沮渠蒙逊虽出生于匈奴酋豪家庭，却也倾慕华风，"博涉群史，颇晓天文，雄杰有英略，滑稽善权变"。③ 对于这一现象，陈寅恪先生曾亦予论及："又张轨、李暠皆汉族世家，其本身即以经学文艺著称，故能设学校奖儒业。若其他割据之雄，段业则事功不成而文采特著，吕氏、秃发、沮渠之徒俱非汉族，不好读书，然仍能欣赏汉化，擢用士人，故河西受制于胡戎，而文化学术亦不因此沦替，宗敞之见于姚兴，斯又其一例也。"④

具体来说，前凉张轨开启了五凉时期河西地区重视文教之风。他在治理凉州时，"以宋配、阴充、氾瑗、阴澹为股肱谋主，征九州胄子弟五百人，立学校，始置崇文祭酒，位视别驾，春秋行乡射之礼"，⑤ 在河西地区兴教立学，以敦崇儒学为基点，开始振兴河西文化教育。后来的南凉、西凉、北凉也各按国情和政治要求，将兴学重教作为立国之本。如南凉在秃发利鹿孤时期，采纳祠部郎中史暠提出的"宜建学校，开庠序，选者德硕儒以训胄子"的建议，于是"以田玄冲、赵诞为博士祭酒，以教胄子"；⑥ 西凉李暠"立泮宫，增高门学生五百人。起嘉纳堂于后园，以图赞所志"，并曾"宴于曲水，命群僚赋诗，而亲为之序"，⑦ 并创作诗赋数十篇，包括《槐树赋》《大酒容赋》《述志赋》等。⑧ 西凉李氏由此也造就、培养了大批儒学精英，他们最后都进入中原，为汉魏文化在中原大地的复兴发挥了重要的作用，李氏家族在汉魏文化的传承和发展中的作用也因此超越了家

---

① 《晋书》卷86《张轨传》，第2221页。
② 《晋书》卷87《凉武昭王李玄盛传》，第2257页。
③ 《晋书》卷129《沮渠蒙逊载记》，第3189页。
④ 陈寅恪：《隋唐制度渊源略论稿》，第27页。
⑤ 《晋书》卷86《张轨传》，第2221—2222页。
⑥ 《晋书》卷126《秃发利鹿孤载记》，第3146页。
⑦ 《晋书》卷87《凉武昭王李玄盛传》，第2264页。
⑧ 同上书，第2265—2272页。

学和家族的意义。① 故有人总结说："凉州地居戎域，然自张氏以来，号有华风。"② 正是在五凉政权的推动下，河西家学打破了家族的范围，产生了诸如官学推广、私学师承与民间传授等多种传承方式，使河西地区文人能够"业其所学，展其所长"，并形成了五凉时期河西地区家学文化繁盛的局面。

另一方面，这些具有家学文化传统的世家大族，既是五凉政权实现割据的重要依靠，也是其巩固统治所要利用的社会资源和力量。江氏家族从魏晋经过十六国直到南北朝时期，累世为官，具有较高的威望和社会地位。江式六世祖江琼是"晋冯诩太守"，③ 曾"官至太子洗马"，于永嘉大乱弃官西投张轨，"避地河西，数世传习"。④ 到北魏灭北凉、统一北方时，祖父江强回到中原地区，被北魏朝廷擢拜为中书博士。父亲江绍兴，"高允奏为秘书郎，掌国史二十余年，以谨厚称"，⑤ 江式则最开始任司徒长兼行参军、检校御史，后又升迁为殄寇将军、符节令。⑥ 延昌三年（514）三月，江式上表请求撰写《古今文字》得到朝廷同意后，又被任命为太常，负责教授八书史；其后又担任宣威将军、符玺郎、轻车将军、骁骑将军、著作佐郎等职。⑦ 正光四年（523）江式去世时，还被赠右将军、巴州刺史。江式兄之子江顺和，也曾担任征虏将军。⑧ 可看出，江氏家族成员所任官职包括太子洗马、中书博士、秘书郎、符节令、骁骑将军、著作佐郎、右将军、太常、巴州刺史、尚书郎、黄门侍郎、散骑常侍、领国子博士等。其中太子洗马、秘书郎、太常博士等官职，选用的家世、才学条件一直很严格，威望也明显高于官学教官。⑨

---

① 参见周伟洲主编《中国文化世家·关陇卷》，湖北教育出版社2004年版，第84页。
② 《魏书》卷52《胡叟传》，第1264—1265页。
③ 《魏书》卷91《术艺传·江式》，第2124页。
④ 同上书，第2128页。
⑤ 同上书，第2124页。
⑥ 同上书，第2125页。
⑦ 同上书，第2129页。
⑧ 同上。
⑨ （文教官中）威望明显高于官学教官的，是专事典籍、著述、礼仪、文学等事的官职。魏晋至隋唐主要包括分掌宫廷图籍和修史著述的秘书监、著作局上下官员，陪侍太子的庶子、舍人、洗马等职，以及掌礼仪咨询等事的太常博士等官……选用的家世、才学条件一直比较严格。（参见楼劲《魏晋南北朝隋唐时期的知识阶层》，第462页）

可见，在魏晋南北朝时期诸政权尤其是河西五凉政权的支持推动下，江氏家族家学文化得以传承、丰富和发展；而江氏家族不断丰富发展的家学文化，又为所服务政权的社会发展提供了强大的精神力量，并为他们的建立、发展与稳固提供了重要的文化支持。

（二）河西家学文化与西域文化交流

魏晋以来，内地与西域之间的政治、经济、文化联系不仅从未中断，而且有了很大的发展，特别是建立在河西地区的五凉政权，均保持了对西域不同范围、不同程度的统辖关系。① 这一点在河西与高昌地区的关系中表现得尤为显著。

史载："高昌者，车师前王之故地，汉之前部地也……汉西域长史、戊己校尉并居于此。晋以其地为高昌郡，张轨、吕光、沮渠蒙逊据河西，皆置太守以统之……国有八城，皆有华人。"② 高昌作为河西邻近地区，与河西地区关系很是密切，自从前凉张轨于晋咸和二年（327）始置高昌郡，其后前秦、后凉、西凉、北凉沿袭置郡不变，维持了对高昌的统治。在此期间，大量河西民众尤其是敦煌大族迁徙并定居高昌郡，使高昌成为汉文化在西域的汇聚之地。③ 这一时期的高昌居民多为内地迁入者，史称"汉魏遗黎"，④ 其中以张氏家族为代表的敦煌籍汉族移民和以麴氏家族为代表的河西籍移民数量最多。⑤ 有学者对《吐鲁番出土文书》中姓氏进行统计研究得出，汉人人数占高昌总人口的70%至75%。⑥ 在教育上，高昌"置学官弟子，以相教习"，⑦ 学习内容见于出土文书的除《毛诗》《论语》

---

① 杨建新、马建春主编：《中国西北少数民族通史·西晋十六国卷》，民族出版社2009年版，第328页。

② 《魏书》卷101《高昌传》，第2429页。

③ 冯培红：《汉唐敦煌大姓与西域边防》，载于冯培红《敦煌学与五凉史论稿》，浙江大学出版社2017年版，第203页；施新荣：《丝绸之路上的汉文化》，载于刘进宝主编《丝路文明》第一辑，上海古籍出版社2016年版，第29—38页。

④ 熙平（516—518）初，遣使朝献。诏曰："卿地隔关山，境接荒漠，频请朝援，徙国内迁……彼之氓庶，是汉魏遗黎，自晋氏不纲，因难播越，成家立国，世积已久。"（《魏书》卷101《高昌传》，第2431页）

⑤ 宋晓梅：《高昌国：公元五至七世纪丝绸之路上的一个移民小社会》，中国社会科学出版社2003年版，第95页。

⑥ 参见杜斗城、郑炳林《高昌王国的民族和人口结构》，《西北民族研究》1988年第1期。

⑦ 《北史》卷97《西域传》，第3215页。

《孝经》等儒家经典以外，还有大量历史文献，如《汉书·西域传》残片，《三国志·吴志》残卷，孙盛《晋阳秋》残卷等；另外还有关于礼仪规范和儿童读物出土，如《谥法》《乘法诀》《书仪》《千字文》《急就章》等。① 除此之外，在吐鲁番出土的大量五凉时期的文书中，除了官府文书外，诸如民间买卖田园宅空、牲畜器物等的契约，陪葬衣物疏、借贷契约、账簿等大都用汉文书写。② 以上均反映出了汉文化在高昌地区的广泛传播及传统的汉文典籍在西域的流行。

高昌在魏晋南北朝时期的文化制度"远承汉、魏、晋，近继诸凉"，③体现出河西地区与西域交往之密切，其中河西地区家学文化无疑发挥了重要作用。大量河西大族的迁入，既丰富发展了包括高昌在内的西域文化，也使得河西地区家学文化在边地得以传承与发展。

（三）河西地区家学文化的历史作用

1. 承前启后

魏晋以后，河西地区的世家大族大部分于太延五年（439）北魏统一北方后被迁移至中原地区，其家学文化亦随之渗透至北魏政权的制度文化之中，并为后世所延续和发展，"承前启后"。④ 直到隋唐大一统时期，河西家学文化成为隋唐文化制度的重要一源，即陈寅恪先生所指出：

> 隋唐之制度虽极广博纷复，然究其因素，不出三源：一曰（北）魏、（北）齐，二曰梁、陈，三曰（西）魏、周。
>
> 又西晋永嘉之乱，中原魏晋以降之文化转移保存于凉州一隅，至北魏取凉州，而河西文化遂输入于魏，其后北魏孝文、宣武两代之典章制度遂深受其影响，故此（北）魏、（北）齐之源其中亦有河西一支派，斯则前人所未深措意，而今日不可不详论者也。⑤

---

① 参见陈国灿《从吐鲁番出土文书看高昌王国》，《兰州大学学报》（社会科学版）2003年第4期。

② 参见施光明《十六国时期西域与五凉文化交流论述》，《兰州学刊》1990年第2期。

③ 陈仲安：《曲氏高昌时期门下诸部考源》，唐长孺主编《敦煌吐鲁番文书初探》，武汉大学出版社1983年版，第26页。

④ 陈寅恪：《隋唐制度渊源略论稿》，第41页。

⑤ 同上书，第1页。

　　……秦凉诸州西北一隅之地，其文化上续汉、魏、西晋之学风，开（北）魏、（北）齐、隋唐之制度，承前启后，既绝抚衰，五百年间延绵一脉……①

　　因此，河西地区家学文化不仅上承汉、魏西晋的文化学术，对河西文化影响深刻，而且还下启北魏、北齐乃至隋唐王朝，并成为后世王朝文化制度的主要来源之一，可谓影响深远，在中国传统文化的传承和发展史中占有不可或缺的重要地位。

2. 促进民族交流

　　魏晋南北朝时期，河西地区一方面呈现出割据分裂、政权频繁更迭的状态，另一方面民族关系错综复杂，纷争不断。然而，各族间的纷争，在一定条件下为不同民族间的相互接触、频繁交往提供了广阔的空间。② 西北各少数民族在这一时期既通过互相兼并、征伐进行交往，也通过大迁徙等方式产生交流。在此形势下，作为文化黏合剂和政治制度基础的河西家学自然也为当时的各族统治者所利用和提倡，从而在凝聚各族、促进民族交流等方面也发挥了重要作用。

　　以江氏家族为代表的世家大族所掌握的经、史、子、文之学，乃当时选任官职（尤其是文教官）的基本条件，因而他们可以借此进据官场要津，遂得攫取多种资源，使其家族保持政治、经济、文化上的优势地位。③ 他们既是崇尚教化、倡导文治政策的中坚和基础，也是以经、史、子、文之学为顶端的知识体系及相应社会、政治知识的坚定维护者，无疑为河西地区政治、经济及文化发展产生了重要影响。

　　河西地区家学文化在与西北各少数民族的交往中不断传播，使得一些西北少数民族政权在政治上模仿汉制、在文化上倡导儒学。从这方面看，河西地区家学文化作为民族之间交往、交流的载体，推进了魏晋南北朝时期西北地区少数民族的相互交融。

---

　　① 陈寅恪：《隋唐制度渊源略论稿》，第41页。
　　② 杨建新、马建春主编：《中国西北少数民族通史·西晋十六国卷》，民族出版社2009年版，第11、317—350页。
　　③ 参见楼劲《魏晋南北朝隋唐时期的知识阶层》，第236、419、420、461页。

3. 稳定边疆、巩固边防

河西地区家学文化作为与西北少数民族及西域诸国的文化交流的重要载体，通过战争、相互交往、设置郡县、迁徙移民等方式渗入他们的社会生活中，促进了西北各民族政治、经济和文化共同体的形成，增强了民族凝聚力和向心力，从而为稳定边疆、巩固边防以及统一多民族国家的形成创造了条件。

魏晋南北朝时期，河西世家大族及其家学文化通过不同的形式为西北边防做出了重要贡献。首先，在五凉政权时，河西大族是诸政权建立的重要支持力量，同时也为五凉政权所重视和任用；他们通过依附于五凉政权，为巩固边防贡献力量。其次，在中原战乱动荡，无暇西顾时，与西域毗邻的河西大族成为经营西域的主体，他们在西域地区领兵作战，担起了保卫边疆的责任。① 最后，大量的河西大族迁入西域并定居，并将其家学文化携同带入，从而使得以经、史、子、文之学为主要内容的中国传统学术文化得以在西域传播，使得西域诸国与内地农业王朝在政治、经济、文化方面建立并保持紧密的联系，为隋唐"大一统"局面的形成发挥了重要作用。

---

① 参见冯培红《汉唐敦煌大姓与西域边防》，载氏著《敦煌学与五凉史论稿》，浙江大学出版社 2017 年版，第 187—236 页。

吐谷浑习俗对魏晋时期甘肃地区"飞天"形象的影响

李焕青　张宇

赤峰学院历史文化学院

　　飞天作为佛教系统中的一部分，随佛教一起从公元 3 世纪左右开始传入我国，并在我国西北地区发展出了具有西域特色的飞天形象。在此之前，犍陀罗时代的飞天造型依旧是"乾闼婆"和"紧那罗"一起出现的形象，且多为具有希腊风格的"有翼神"。进入新疆地区后，除上述造型外，还出现了具有龟兹特色的飞天，并逐步发展为去除双翼、二人合体、不辨男女特征的飞天形象。最后在魏晋时期的凉州地区得到较大发展，此时典型的飞天形象出现于敦煌、张掖、武威等地，飞天形象不仅兼具佛教文化和道教文化，还融合了当地少数民族习俗的特征，在飞天形象的表现上体现出了少数民族文化中的因素。

一　飞天形象在甘凉地区的发展

　　我国古代的佛教是由古印度经贵霜王国，通过新疆地区经河西走廊传入中国内地，这一路径在任继愈先生主编的《中国佛教史》中有具体说明①。翦伯赞先生则认为，佛教最初于秦汉之际传入塔里木盆地一带，在张骞通西域以后才传入中国本土。② 此外，胡克森先生也在《佛教初传中

---

① 任继愈：《中国佛教史（第 1 卷）》，中国社会科学出版社 1981 年版，第 67—80 页。

② 翦伯赞：《中国史纲（第二卷）·秦汉史》，商务印书馆 2012 年版，第 656 页。

国的途径讨论》一文中对中国近代以来诸学者对佛教传入中国路径的研究进行了探讨，总结出了我国佛教的传入存在南传和北传两大系统三条路径①。甘凉地区的佛教便是通过陆路的北传系统，由印度经过中亚地区沿丝绸之路传入，且就此地的飞天造型来看，其传入初期所具备的中亚飞天形象的特征，也充分证明了甘凉地区佛教的传播路径。

有关飞天形象的演变过程，国内学者已经进行了大量的探讨，张玉平先生对我国飞天形象的演变做出了归纳，将各时期的飞天形象特征进行了简要的描述，并归纳了主要的变化规律。② 笔者认为，我国的飞天形象大致可分为早中晚三个阶段。早期阶段大致为公元4世纪至5世纪中期，此时的飞天形象多受中亚地区的飞天形象影响，在最初传入我国西北地区时与当时少数民族文化进行了融合，形成了兼具中亚风格和本地特色的"西域式飞天"。这一时期的飞天形象以新疆地区的克孜尔石窟和敦煌莫高窟的早期飞天形象为代表，其造型"均粗率简单，强调体积感"③，男性与女性形象尚有区分，以对体态特征的写实性为主，姿势多呈"U"或"V"形。中期阶段大致为公元5世纪中晚期至6世纪中期，此时的飞天形象处于进一步的创新发展阶段，以云冈石窟和龙门石窟为代表的飞天形象在"西域式飞天"的基础上融合了中原地区的道教文化，开始出现"中国式飞天"，飞天造型由早期强调写实性的体积感逐步转变为"秀骨清像"的造型风格，由以往较为粗犷简单的造型转变为身形更加挺拔修长，姿势也变得愈加优美，强调了飘带的重要性以展示飞升的状态和整体的美感。晚期阶段为公元6世纪以后，飞天发展为中国本土化的成熟形象，基本具备了中华民族自身的艺术特点，并发展出了一系列我国佛教飞天的艺术造型。此时的飞天形象以我国北方各大石窟的后期作品为代表，已经形成了区别于中亚地区的有翼飞天和印度式的飞天形象，与道教文化完成了有机的融合，在道教仙人的基础上形成了"雄浑豪放与秀丽飘逸的统一"④ 的艺术风格，飞天形象多变、优美、奇异的造型也体现了盛唐时期绚丽的艺

---

① 胡克森：《佛教初传中国的途径讨论》，《邵阳学院学报》2015年第3期。
② 张玉平：《从"飞天"形象的演变看佛教美术的民族化》，《美与时代（中）》2010年第5期。
③ 胡敏：《飞天形象演变：中西人体艺术理想化途径之差异》，《中国闻一多研究会会议论文集》，2014年6月。
④ 易存国：《敦煌艺术美学》，上海人民出版社2007年版，第69页。

术文化景象。唐朝由盛转衰之后，尤其是五代时期的飞天风格则多呈现程式化，创新之处较少，飞天形象的发展也逐步缓慢下来。

魏晋时期甘凉地区的飞天形象多具有西域特色，可以明显看出飞天形象经过新疆地区传入河西走廊一带的变化过程和特点，较为典型的有敦煌莫高窟、麦积山石窟、张掖大佛寺、肃南马蹄寺等几处。魏晋早期甘凉地区的飞天形象仍具有"龟兹风格"，一定程度上还在沿袭中亚与龟兹地区的飞天形象的特征，刻画较为简单粗犷，线条浓重，飞天仍有男女性别之分，但已经初步融入了当地少数民族的文化因素，并在此后逐渐发展，至魏晋中晚期发展出了具有当地特色的飞天形象，与中原特色的飞天形象互相影响。

二　甘凉地区的吐谷浑"车子秋"

甘凉地区的吐谷浑本为辽东地区慕容鲜卑的一支，于公元 4 世纪初由辽东地区西迁至枹罕，开始了吐谷浑在我国西北地区的发展。吐谷浑西迁后不仅适应了当地的环境，也在发展壮大的过程中将东部鲜卑的文化习俗带到了西北地区，影响了西北地区在后世的文化发展。吐谷浑的习俗除"乌桓帽""扭达""鲜卑山歌""髡发"外，还有被东胡族后裔普遍继承的萨满祭俗"姑圜"，这种祭祀方法为鲜卑与乌桓所继承，并以"车子秋"的形式表现出来，后被吐谷浑带入甘青地区并保留下来，成为现在青海土族的习俗①。甘凉地区的鲜卑后裔除吐谷浑外，在公元 3 世纪初至 5 世纪还活跃着一支与北魏始祖同源的秃发鲜卑，也对此地的文化发展起到过重要的作用。

有关鲜卑的文化和习俗，史籍材料中有较为明确的记载，《慕容廆载记》载："其先有熊氏之苗裔，世居北夷，邑于紫蒙之野，号曰东胡。其后与匈奴并盛，控弦之士二十余万，风俗官号与匈奴略同。"② 又《三国

---

① 李焕青：《古代北方少数民族名号与崇山习俗考论》，博士学位论文，东北师范大学，2014 年 5 月，第 129 页。

② （唐）房玄龄等撰：《晋书》，中华书局 1974 年版，第 2803 页。

志》载："鲜卑亦东胡之余也，别保鲜卑山，因号焉。其语言习俗与乌丸同。"① 这就证明，无论是早期的东胡和匈奴还是后期的乌桓和鲜卑，作为我国北方的游牧民族在文化习俗上都有一定的共性。而鲜卑与乌桓作为东胡的两支后裔，其语言风俗都相同。《史记·匈奴列传》曰："燕北有东胡、山戎。"《汉书音义》曰："乌丸，或云鲜卑。"《史记索隐》曰：服虔云："东胡，乌丸之先，后为鲜卑。在匈奴东，故曰东胡。"案：《续汉书》曰："汉初，匈奴冒顿灭其国，余类保乌桓山，以为号。俗随水草，居无常处。桓以之名，乌号为姓。父子男女悉髡头为轻便也。"②"乌桓，本东胡也。汉初，匈奴冒顿灭其国，余类保乌桓山，因以为号焉。""姓氏无常，以大人健者名字为姓。""以髡发为轻便。妇人至嫁时乃养发……犹中国有簂步摇。"③"鲜卑者，亦东胡之支也……唯婚姻先髡头，以季春月大会于饶乐水上，饮宴毕，然后配合。"④ 由此可知，乌桓与鲜卑在族源上是相同的，均为东胡后裔，风俗习惯基本相同，同理，其祭祀方式也相差无几。

吐谷浑习俗中的"车子秋"，便来源于东胡及其后世的乌桓与鲜卑等民族中的"姑圌"习俗。⑤《史记·匈奴列传》："秋，马肥，大会蹛林。"《史记正义》曰：颜师古云："蹛者，绕林木而祭也。鲜卑之俗，自古相传，秋祭无林木者，尚竖柳枝，众骑驰绕三周乃止，此其遗法也。"⑥"魏旧制，气岁祀天于西郊，魏主与公卿从二千余骑，戎服绕坛，谓之蹻坛。明日，复戎服登坛致祀，已又绕坛，谓之绕天。"⑦"高车，盖古赤狄之种也。初号为狄历，北方以为敕勒，诸夏以为高车、丁零焉。其语略与匈奴同而时有小异……至于来岁秋，马肥，复相率集于震所，埋殺羊，燃火，拔刀，女巫祝说，似如中国被除，而群队驰马旋绕，百匝乃止。人持一束

---

① （晋）陈寿撰，（宋）裴松之注：《三国志》，中华书局1964年版，第836页。

② （汉）司马迁：《史记》卷110《匈奴列传》，中华书局1963年版，第2883—2885页。

③ （宋）范晔：《后汉书》卷90《乌桓鲜卑列传》，中华书局1962年版，第2979页。

④ 同上书，第2985页。

⑤ 李焕青：《古代北方少数民族名号与崇山习俗考论》，博士学位论文，东北师范大学，2014年5月，第129页。

⑥ （汉）司马迁：《史记》卷110《匈奴列传》，第2892—2893页。

⑦ （宋）司马光：《资治通鉴》卷137《齐纪三·世祖武皇帝中》，中华书局2013年版，第4455—4456页。

柳枝回，曲辂之，以乳酪灌焉……而露坎不掩，走马绕旋，多者数百匹……牛羊畜产尽与蠕蠕同。唯车轮高大，辐数至多。"① 以上各代史籍之中这些"蹛者，绕林木而祭也""而群队驰马旋绕，百匝乃止""戎服绕坛，谓之蹛坛""已又绕坛，谓之绕天"的记载，就是我国古代北方游牧民族中所行的萨满祭仪"姑圜"，即"乌桓（巫圜）"。②"姑圜"作为祭祀仪式中所使用的巫舞，融合了我国古代北方诸游牧民族的文化特点，将"秋千""蹛坛""绕天"与车轮等文化因素进行了有机的融合，形成了东胡族系"车子秋"的祭祀习俗。在祭祀仪式中，将"车子秋"立于"祭场"的核心，由年轻女子"神姑（或女巫）"在飞转的车轮上，以"荡秋千"的技法糅以西北地区"胡旋舞"姿来实施。其余祭众围绕于"祭场"外围形成"祭圜"（祭圈），边"旋转"而行边在行进间跳"安昭舞"。这种"祭仪"中的"车子秋"便是吐谷浑文化中"乌桓"（巫圜）萨满祭俗的展现。"乌桓"（乌丸）萨满祭俗也被保留在土族民俗"车子秋"这一历史的活化石之中。

图1　敦煌莫高窟中的"胡旋舞"形象

图片引自陈海涛《胡旋舞、胡腾舞与拓枝舞》，《考古与文物》2003 年第 3 期

---

① （唐）杜佑撰，王文锦等点校：《通典》第 3 版，中华书局 1996 年 8 月第 5398 页。

② 李焕青：《古代北方少数民族名号与崇山习俗考论》，博士学位论文，东北师范大学，2014 年，第 128 页。

图2　青海地区土族习俗中的"车子秋"

图3　土族人祭鲜卑山时在围绕"车子秋"跳"安昭舞"

图片引自《中国土族》2004年春季号。

三　飞天形象中的吐谷浑文化因素

　　根据前文对飞天形象在我国发展的三个阶段的总结来看，吐谷浑习俗对飞天形象发展的早中期影响较大。飞天形象随佛教由北传系统最初传入龟兹地区时，其形象风格仍多具备印度佛教和中亚地区"有翼神"的特点，包括对飞天的外貌、服饰、体态、姿势等刻画还没有吸收太多我国西北地区少数民族文化的特点，在经过新疆地区到达河西走廊一带后，便开始与当地的少数民族文化进行深度的融合。以飞天形象的传播过程中的变化为例，龟兹地区的飞天形象多位于佛陀上方，飞天性别差异明显，部分飞天形象仍生双翼，刻画手法也多为中亚地区典型的"凹凸法"。新疆龟兹研究院的台来提·乌布力先生在文章中对龟兹飞天形象的起源、发展、形象概况等都做出了比较系统的梳理，说明了龟兹飞天形象对敦煌飞天形象的影响。①

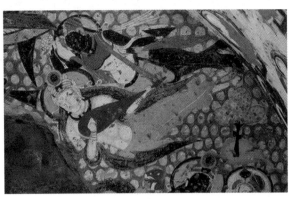

图 4　龟兹地区的飞天形象

在飞天传入河西走廊地区后，飞天形象开始显现出"凉州模式"② 的

---

① 台来提·乌布力：《龟兹飞天的起源及发展》，《新疆地方志》2014 年第 1 期。

② 宿白：《凉州石窟遗迹和"凉州模式"》，《考古学报》1986 年第 4 期。

特征来。在此之后飞天形象逐渐变化，尤其是北魏时期的汉化改革，加速了中原艺术特征向西北地区飞天形象中的融入，由原来的粗犷厚重逐渐倾向于"秀骨清像"的风格，身体线条也更加流畅，体现出迎风飞翔、身轻如燕的感觉。窦修林在其硕士论文中对魏晋南北朝时期的飞天样式做出了系统的梳理与对比分析，并以敦煌飞天为例，明确了西北地区飞天形象的发展脉络和变化过程，探讨了"西域特色"和"中原特色"的飞天交流、融合的过程。①

图5　新疆木兰遗址出土迦陵频伽

图6　敦煌第二七二窟穹顶
中央藻井飞天

图7　金塔寺泥塑飞天

---

① 窦修林：《魏晋南北朝飞天样式研究》，硕士学位论文，南京大学，2012年。

前述诸位学者对于我国飞天的研究，大都着重于飞天形象的样式和演变过程，对于飞天形象在甘凉地区的本土化及其所含少数民族文化的因素并未做出过多的探讨。关于飞天形象的飞行姿态呈"U"形的问题，以及飞天的布局为环绕佛陀四周，或装饰于藻井之上，以藻井中心为原点呈圆周的分布的风格，应该是受我国古代北方游牧民族中的萨满（即"巫"）文化的祭祀仪式的影响。前文已经提到，包括匈奴、东胡、鲜卑、乌桓、高车等在内的我国古代北方游牧诸族中的一个重要习俗就是"姑圜"，或称"乌桓（巫圜）"，他们通过"蹋者，绕林木而祭也"[①]"群队驰马旋绕，百匝乃止"[②]"戎服绕坛，谓之蹹坛；已又绕坛，谓之绕天"[③] 这些祭祀方式，来表达对上天和祖神的敬意和祈祷。及至后期，这些习俗被有机地融合在一起，具体的表现便是吐谷浑习俗中的"车子秋"习俗。"车子秋"祭祀习俗最大的特点就是"环祭""绕祭"，女巫（神姑）通过在飞速旋转的车子秋上展现出多变的高难度动作以礼上苍，通过不同的姿势体现出飞升的状态。这些高难度姿势往往都伴随着较高的危险性，而巫则通过克服内心的恐惧且练习高超的特技以保证自身的安全，难度越高、变换样式越多，越能体现"天"对族人的祝福和守护，从而达到"请神""降神""装神"的效果。而其族人则以车子秋为原点，呈圆周分布围绕女巫跳"安昭舞"，直至祭祀仪式结束。车子秋表演时也包括单手执绳、单脚踏板、倒挂、多人合舞等众多姿势，表演者的体态也多呈大张口的"U"形或"V"形，这与甘凉地区的飞天形象如出一辙。此外，众人环祭、女巫在车子秋上的飞环等表现方式，也与多个飞天形象以一点为圆心，环绕分布的格局有较大的相似性。

吐谷浑于公元4世纪初迁徙至甘肃地区，并在接下来的一个世纪中发展为雄踞青海、甘肃等地的政权，其文化习俗必然会对其周边地区产生深远的影响，且在吐谷浑之前我国西北地区就活跃着匈奴、秃发鲜卑等民族，文化上的相似性也对吐谷浑文化融入当地文化并扎根于此产生了的巨大作用。吐谷浑在发展渐趋鼎盛的时候，飞天形象也随佛教穿过了新疆地区，进入了河西走廊一带，这也是吐谷浑习俗影响飞天造型的一大原因。

---

① （汉）司马迁：《史记》卷110《匈奴列传》，第2892—2893页。

② （唐）杜佑撰，王文锦等点校：《通典》，第5398页。

③ （宋）范晔：《后汉书》卷90《乌桓鲜卑列传》，第2985页。

河西走廊自古就是联系中亚、西域、我国北方地区和中原地区的交通要道，自西汉起更起到了联系汉与西域地区的咽喉作用，其在交通、经济、文化等方面所起到的枢纽作用，更是体现出了这一地区在文化上的包容性。其次，外来文化被本地文化所接受，其必然过程就是适应本地的文化习俗，并进行相互的借鉴和融合，甘凉地区的飞天形象与吐谷浑车子秋习俗的相似性便是最佳的佐证。此外，公元6世纪早期的莫高窟壁画中还出现了"髡头式"飞天①，这也与文献记载中乌桓与鲜卑的"髡发"习俗相合。且西魏本就是鲜卑后裔，吐谷浑政权又对此地的影响较为广泛，所以此类飞天的出现应当是鲜卑文化因素影响的结果。

图8　西魏时期莫高窟的"髡发飞天"

图片引自《敦煌莫高窟壁画中的髡发人物》一文。

四　结语

吐谷浑在快速融入西北地区后便开始了发展壮大的过程，并在其发展过程中与周边各族和外来文化都产生了相互交流、融合，也对当地的文化艺术造成了影响。从吐谷浑车子秋习俗对甘凉地区飞天形象的影响，就可以看出飞天在甘凉地区发展所具备的民族性与地域性。而吐谷浑习俗对飞天的影响，在飞天形象整个发展过程中只是一个方面。就民族性和地域性来说，与其说吐谷浑习俗影响了飞天形象和布局的设计，更应该说是我国古代北方游牧民族普遍秉承的萨满（巫）习俗与文化对其产生了影响。我

---

① 李金娟：《敦煌莫高窟壁画中的髡发人物》，《敦煌研究》2008年第1期。

国古代北方游牧民族文化上的相似性，使得各族文化得以互相借鉴融合，并一直延续传承，吐谷浑的“车子秋”习俗与蹛林、绕坛、蹋坛、绕天、驰马旋绕等相同，只是这种文化的一个具体表现形式，后为飞天形象所借鉴。

综上所述，作为慕容鲜卑后裔的吐谷浑在继承了我国古代北方游牧民族的文化习俗后，将其带到了甘青地区，恰逢飞天随佛教传入我国西北地区。在吐谷浑政权发展壮大的过程中，其文化习俗中的“车子秋”对后来飞天造型的特征及布局产生了一定的影响，飞天形象借鉴了吐谷浑车子秋习俗中“巫舞”的姿势和形象，并在接下来的设计中将这种文化因素进一步融合，具体表现在南北朝时期的敦煌莫高窟和张掖马蹄寺中的壁画和雕塑中。此外，鲜卑的“髡发”习俗也影响到了西魏时期莫高窟壁画的形象设计，出现了“髡发式”飞天。同时，甘凉地区的飞天造型也逐步吸收着中原地区道教的文化因素，并在此之后逐渐进行融合，创造出了具有中华民族特色和本土化的飞天形象。

十六国时期碑形墓志源流考

张铭心

中央民族大学

一 引言

至今为止的有关隋唐以前墓志源流的研究，多集中在墓志起源等问题上①，而对于这期间碑形墓志源流问题尚未见到有专文探讨②。虽然笔者也见到一些以时代、地域或者单例墓志为中心的这一时期的墓志研究③，但基本上都没有涉及碑形墓志的源流问题。近几年，笔者由于研究新疆吐鲁

① 有关墓志起源的相关研究，请参见赵超《墓志溯源》，《文史》1983 年第 21 辑；华人德《谈墓志》，《书谱》1983 年第 5 期。其后发表的相关论文还有黄展岳《早期墓志的一些问题》，《文物》1995 年第 12 期；福原启郎《墓志铭の起源》，《月刊しにか一石で読む中国史一》2001 年第 3 期等。

② 虽然上引论文中有些也论及墓志从滥觞到定型的过程，但多是泛泛而论，未见到与本文的研究相关的内容。

③ 比如福原启郎《西晋の墓志の意义》，《中国中世の文物》，京都大学人文科学研究所，1993 年，第 315—369 页；罗宗真《略论江苏地区出土六朝墓志》，《南京博物院集刊》1980 年第 2 辑，第 44—59 页；罗宗真《南京新出土梁代墓志述评》，《文物》1981 年第 12 期，第 24—29 页；宫大中《邙山北魏墓志初探》，《中原文物》1981 年特刊，第 116—122 页；中村圭尔《东晋南朝の碑・墓志について》；河温能平（研究代表者）《比较史の观点による史料学の综合的研究》昭和六一・六二年度科学研究费补助金一般研究（A）研究成果报告书（昭和六三年三月出版），第 36—54 页；殷宪《北魏早期平城墓铭析》，《北朝研究》第一辑，北京燕山出版社 1999 年版；路远《后秦〈吕他墓表〉与〈吕宪墓表〉》，《文博》2001 年第 5 期，第 62—65 页及第 28 页等。华人德曾经撰写过《魏晋南北朝墓志概论》，虽然其文对这一时期的墓志有过比较系统的介绍，但是对于源流问题几乎没有涉及，参见《中国书法全集 13・三国两晋南北朝墓志》，荣宝斋，1995 年。另外，至今出版的一些有关墓志的概论或史话等性质的文章和书籍虽然多涉及这一时期的墓志，但是均无有关碑形墓志的源流问题研究。

番出土的高昌墓砖①，涉猎了一些魏晋南北朝时期墓志源流的问题，略有心得，特撰此文以求正于方家。

迄今所见汉至西晋时期的墓志均为河南、山东、河北等地出土的碑形墓志②。进入东晋十六国时期后，中原政权南移，墓志的使用中心也南移到了以今南京为中心的江南地区，并且墓志形制以非碑形的方形墓志为主③。这一时期在北方虽然也有零星的墓志出土，但仍然保持着西晋时代的碑形形制。然而与西晋的碑形墓志出土地点相对集中在中原地域的状况相比较，其出土地点分散在西北各地，非常散乱。

十六国时期④的碑形墓志到底是一种什么样的存在呢？本文将以此问题为中心进行探讨。

二　有关十六国时期碑形墓志的先行研究

有关十六国时期碑形墓志的研究，据管见所知，主要有赵超和兼平充明二氏的相关论著。首先，赵超认为，"十六国时期西北地区的一些官员中存在着这样一种送葬礼俗，即在墓中安放小碑形的墓表。对照晋代墓葬的状况，很明显，这种习俗应该是沿袭了晋代的丧葬制度。由此可见，晋代，在地位较高的官员墓中树立小碑的做法基本上形成了一定的

---

① 参看张铭心《高昌墓塼の纪年问题》，日本大阪教育大学《历史研究》1999 年第 36 号；《"义和政变"与"重光复辟"问题的再探讨——以高昌墓砖为中心》，《敦煌吐鲁番研究》第 5 卷，北京大学出版社 2000 年版；《高昌墓砖书式研究》，《新疆师范大学学报》2004 年第 1 期；《吐鲁番出土"且渠封戴墓表"的性质以及无纪年高昌墓砖的年代问题——以高昌墓砖的起源问题为中心》，《新疆师范大学学报》2006 年第 2 期。

② 参见前引福原启郎《西晋の墓志の意义》。此外，在墓志源流的研究中，至今还没有一个得到相关学者共识的有关墓志的定义。我认为这是墓志起源问题出现诸多争论的主要原因。本文虽然不讨论墓志起源问题，但是为了不引起争议，特将墓志定义如下：埋藏在墓域地下（包括埋藏在墓域地下的墓室、甬道、斜坡墓道或墓穴的填土中）的，专门为了刻写被葬者姓名、籍贯、享年、身份、埋葬日期及颂词等相关内容而制作的，可以长久保存的随葬品。按照这个定义，刻写在黄肠石上（气贺泽保规编著，郭玉堂原著：《洛阳出土石刻时地记——附解说·所载墓志碑刻目录》，明治大学东洋史资料丛刊 2，日本汲古书院，2002 年，第 8 页）的被誉为"中国最早的墓志"的《贾仲武妻马姜墓记》[1929 年在洛阳出土，刻于东汉延平元年（106）九月]就不属于本文讨论的墓志之列。

③ 关于东晋墓志源流问题，笔者将发表专题讨论。

④ 本文中使用的"十六国时期"一词，是时间概念，同时也包含着地域概念。

制度，并且往往把这种小碑称作墓表"。① 其次，兼平充明认为，十六国时期的圆首碑形墓志虽然基本上自称为"墓表"，其内容和机能与墓志并不完全相同，可以说是十六国时期特有的一种石刻。兼平氏进而指出，"墓表"与墓志有着不同的性质和机能，可以认为，"墓表"是墓志形成前的一种形态②。

以上的对于十六国时期碑形墓志的研究，既有将十六国碑形墓志与西晋碑形墓志相提并论的观点，也有将其看作一个时期特有的石刻形态的结论。但是由于在西晋时期的碑形墓志中从来没有见到过"墓表"的自称③，我们可以认为，前者的观点还须进一步细化探讨。后者的研究可以说是有关十六国时期碑形墓志的最早的专题研究。然而虽然其强调"墓表"是墓志形成前的一种形态，但是并没有对此结论做出进一步说明，而且对于十六国时期以"墓表"为自称的碑形墓志的地域性偏差也没有进行任何探讨。

可以认为，至今为止虽然有以上列举的有关十六国时期碑形墓志的相关探讨，但是还没有出现过有关其源流问题的研究。

三　碑形墓志资料的整理与分析

在对十六国时期碑形墓志进行整理分析之前，为了明确十六国时期的碑形墓志与其前后各时代碑形墓志的差异，在此对隋以前的碑形墓志根据墓志主姓名、纪年、公历、墓主本籍、墓志出土地、墓志自称、志首形态、墓志本体的高宽厚、墓志质地、墓志铭文字数、铭文书刻形式、书体等项内容做了一个统计（参见表1）。

---

① 参见赵超《古代石刻》，文物出版社2001年版，第135—137页。

② 兼平充明：〈書道博物館蔵「後秦呂憲墓表」について〉，《明大アジア史論集》7，2002年2月，頁63–81。

③ 西晋时期的碑形墓志在自称上有"碑""墓""柩""表""铭表"等，在形态上有圆首、圭首、方首等区别，与十六国时期的碑形墓志有着明显的区别。参见前引福原启郎《西晋の墓志の意义》。

表1 汉魏晋南北朝隋唐时期碑形墓志相关资料统计

	墓志主	纪年	公元纪年	墓主本籍	出土地	志自称	志首	高×宽×厚（厘米）	质地	字数（个）	书刻形式	书体
01	肥致	建宁二年	169	河南梁东安乐	河南偃师	碑	圆首	98×48×9.5	石	512	单面阴刻	隶书
02	孙仲隐	熙平三年	174	北海高密	山东高密		圭首	88×34	石	51	单面阴刻	隶书
03	王文伯	太康八年	287	不明	河南洛阳	不明	圭首	22（残）×17	石	不明	单面阴刻	隶书
04	徐夫人菅洛	永平元年	291	□郡	河南洛阳	墓碑	圆首	58×24.4	石	244	两面阴刻	隶书
05	成晃	元康元年	291	阳平	河南洛阳	碑	圆首	69.3×28.8	石	172	单面阴刻	隶书
06	荀岳	元康五年	295	颍川	河南洛阳	碑	圭首	59（残）×41	石	692	四面阴刻	隶书
07	王侯	元康六年	296		河南洛阳	碑	圆首	64×21	不明	186	两面阴刻	隶书
08	贾充妻郭槐	元康六年	296	太原阳曲	河南洛阳	柩	圭首	76×31.2	石	172	单面阴刻	隶书
09	魏鹬	元康八年①	298		河南洛阳	柩	圆首	45.4×21	砖	151	两面阴刻	隶书
10	赵氾	元康八年	298	河南河南	河南洛阳	墓中之表	圆首	78×33×8.5	石	341	单面阴刻	隶书
11	徐义	元康九年	299	城阳东武	河南洛阳	铭	圭首	86×50	石	1002	两面阴刻	隶书
12	张朗	永康元年	300	沛国相	河南洛阳	碑	圆首	53×27	石	418	两面阴刻	隶书
13	刘宝	永康二年	301	高平	山东邹县	铭表	圆首	44×21.5×5	石	57	单面阴刻	隶书
14	刘韬		265—316		河南偃师	墓	圭首	58.4×16.4	石	47	单面阴刻	隶书

① 本墓志没有纪年，但是由于同时出土的石柱上有"元康八年二月甲戌十日"的铭文，故可知此墓志纪年。

续表

	墓志主	纪年	公元纪年	墓主本籍	出土地	志自称	志首	高×宽×厚（厘米）	质地	字数（个）	书刻形式	书体
15	张镇	太宁三年	325	吴国吴	江苏吴县		圆首	45.6×29.5×13.5	石	98	两面阴刻	隶书
16	梁舒	建元十二年	376	安定郡乌式县	甘肃武威	墓表	圆首	37×26×5	石	74	单面阴刻	楷书
17	梁阿广	建元十六年	380		宁夏固原	墓表	圆首	36×27.5×5	石	86	两面阴刻	隶书
18	吕宪	弘始四年	402	略阳	陕西咸阳	墓表	圆首	66×34	石	37	单面阴刻	隶书
19	吕他	弘始四年	402	略阳	陕西咸阳	墓表	圆首	65×34	石	37	单面阴刻	隶书
20	尹氏	嘉兴二年	418	不明	甘肃酒泉	墓表	圆首	9.8×24×3.1	砖	不明	单面阴刻	隶书
21	梁氏	不明	314—439	不明	甘肃嘉峪关	墓表	圆首	不明	砖①	不明	不明	隶书②
22	韩弩真妻	兴安三年	454	幽州范阳郡方城县	山西大同	碑	圆首	44×24	石	71	单面阴刻	楷书
23	且渠封戴	承平十三年	455		新疆吐鲁番	墓表	圆首	52×35×16	石	40	单面阴刻	隶书
24	刘贤		452—465	朔方	辽宁朝阳	墓志	圆首	103×30.4×12	石	200	四面阴刻	楷书
25a	司马金龙	大和八年	484	河内郡温县	山西大同	墓表	圆首	64.2×45.7×10.5	石	74	单面阴刻	楷书
25b	司马金龙	大和八年	484	河内郡温县	山西大同	铭	圆首	71×56×14.5	石	74	单面阴刻	楷书
26	韩显宗	太和二十三年	499	昌黎棘城人	河南洛阳	墓志	圭首	55.5×32.8	石	418	单面阴刻	楷书
27	封和突	正始元年	504	恒州代郡平城	山西大同	墓志铭	圆首	42×33×8.3	石	141	单面阴刻	楷书
28	奚智	正始四年	507	恒州	河南洛阳		圆首	57×40	石	221	单面阴刻	楷书
29	元淑	永平元年	508	河南洛阳	山西大同	墓志	圆首	79×43×8	石	554	两面阴刻	楷书

① 本墓表首为砖质，墓表本体质地不明。据发掘者推测，墓表本体为木质。参见后文。
② 此书体为墓表首书体，墓表本体未见，故书体不明。

续表

	墓志主	纪年	公元纪年	墓主本籍	出土地	志自称	志首	高×宽×厚（厘米）	质地	字数（个）	书刻形式	书体
30	贾瑾·贾晶	普泰元年	531	山东长山	山东长山	墓志	圭首	93×57	石	678	正侧阴刻	楷书
31	□子辉	天保九年	556	高柳	山西太原		圆首	121×52.5×13.5	石	423	单面阴刻	楷书
32	淳于俭	开皇八年	588	恒州代郡平城	山东任城	墓志铭	圆首	95×40	石	262	单面阴刻	楷书
33	张质	开皇二十年	600	青州安乐	四川奉节	墓志	圆首	98.5×51	石	292	单面阴刻	楷书
34	刘猛进	大业五年	609	彭城	广东广州	墓志	圆首	76.7×35	石	979	两面阴刻	楷书
35	徐智竦	大业八年	612	山东兖州	广东广州	墓志铭	圆首	81×43.5	石	967	两面阴刻	楷书

说明：①表1的各项中如果墓志铭文中没有相关情报，表格空白不填，如果相关内容残缺，
则注"不明"二字。

②"纪年"一项中，如果墓志铭文中有死亡年代和埋葬年代两项，则记入埋葬年代。
如果没有纪年，则在公历纪年一项中填入推测年代。

③如果墓志题额和铭文的书体不同，则"书体"一项中记入铭文书体。

至今为止，已经发表的传世（包括实物和拓本）或考古出土的隋以前
（包括隋）的碑形墓志共有36件①。其中东汉2件、西晋12件、东晋1
件、十六国时期6件、北朝11件、隋4件。通过上表我们可以注意到，汉
和西晋时期的碑形墓志基本上出土于河南、山东、河北等地区，它们没有
统一的名称，有"碑""墓碑""柩""墓中之表""铭""铭表""墓"等
自称，在形制上有圆首碑形、圭首碑形（西晋时期还有方首碑形的），书
刻形式方面有单面阴刻，也有双面或者四面阴刻的，在字数上少者四十余
字，多者超过千字。然而到了东晋十六国时期，其情况却有所不同。比如
在出土地域上，东晋和十六国地区出土的7件碑形墓志分别出土于江苏、

---

① 由于方首碑形墓志与本研究没有直接的关系，所以本数字不包括这一时期的方首碑形
墓志。

甘肃、宁夏和陕西，但是除了东晋的张镇墓志①外，它们在名称上都自称"墓表"，在形制上都是圆首碑形，在书刻形式上都是单面阴刻（梁阿广墓表背面虽然也刻有铭文，但是与正面铭文性质有别），在字数上都少于百字。然而进入北朝以后，以上各项又开始出现变化，比如出土地虽然也见有新疆和辽宁的出土物，但其大多数都集中在山西大同和河南洛阳等地区。在墓志名称上也开始出现变化，比如有称"墓表"者，而更多的是"墓志"和"墓志铭"，在形制上也是圆首、圭首和方首都有。如此看来，十六国时期的墓志应该有其时代的特征，下面我就此问题通过个体的具体分析进一步探讨。

如表1所示，至今为止出土的十六国时期的碑形墓志共有6件，如果加上与这一时代有关的2件，共有8件。它们分别是梁舒墓表（376）、梁阿广墓表（380）、吕宪墓表（402）、吕他墓表（402）、李超夫人尹氏墓表（418）、梁氏墓表（314—439）、且渠封戴墓表②（455）、司马金龙墓表③（484）。下面先对这8件碑形墓志进行整理和分析。

1. 梁舒墓表

梁舒墓表于1975年3月出土于甘肃省武威县城西北的金沙公社④。本墓表圆首碑形，石质，有长方形莲花纹底座。墓表本体高37厘米，宽26厘米，厚5厘米。碑额竖排阳刻篆书"墓表"二字，墓表铭文竖排阴刻，共9行，行8字，共72字。书体介于隶楷之间，录文如下。

---

① 参见西林昭一《中国新发见の书》，日本柳原出版，2001年版，第151页。张镇墓志虽然在形制上与十六国地域出土的碑形墓志有着相同的样式，但是在铭文书式上不同于西北地域出土的8件碑形墓志，而且无"墓表"名称，碑额部分雕刻有碑穿，与十六国地域出土的碑形墓志有着明显的区别。所以笔者在此只探讨十六国地域出土的8件碑形墓志，不将本件碑形墓志纳入讨论范围。

② 从年代上看，且渠封戴墓表属于北朝时期的墓志。然而，虽然北魏在公元439年统一了中国北方地区，但是且渠封戴墓表出土的吐鲁番地区仍然是一个独立政权，而沮渠氏又是十六国之一的北凉的王族，所以笔者在此将且渠封戴墓表作为十六国时期的墓志数据使用。

③ 司马金龙墓表是北魏平城时代的墓志。但是由于司马金龙妻沮渠氏有着十六国之一的北凉王族的背景（相关内容见后文），所以在此笔者也将此墓志作为十六国时期的碑形墓志数据使用。

④ 参考钟长发、宁笃学《武威金沙公社出土前秦建元十二年墓表》，《文物》1981年第2期，第8页；宿白《武威行——河西访古丛考之一（上）》，《文物天地》1992年第1期，第6页。

墓
表

凉故中郎中督護公
國中尉晉昌太守安
定郡烏氏縣梁舒字
叔仁夫人故三府錄
事掌軍中侯京兆宋
延女名華字成子以
建元十二年十一月
卅日葬城西四十七里
楊墓東百步深五丈

图1　前凉梁舒墓表

梁舒墓表是至今发现最早的有"墓表"自称的碑形墓志。铭文中的"建元"是前秦苻坚的年号，建元十二年即公元376年。前凉在这一年的八月被前秦苻坚所灭[1]，此墓表是前凉灭亡三个月后制作的。铭文中的"凉故中郎中都护公国中尉晋昌太守"表明，墓表主梁舒是前凉张氏政权的官员。梁舒的事迹不见编纂文献记载。

2. 梁阿广墓表

梁阿广墓表是2000年宁夏固原博物馆在彭阳县新集乡征集到的，现收藏在该博物馆中[2]。此墓表圆首碑形，沙石质，有长方形莲花纹底座。墓表通高36厘米，宽27.5厘米，厚5厘米。碑额竖排阳文篆书"墓表"二字，铭文竖排阴刻，共9行，行8字，共72字。墓表背面有两行阴文铭刻，共12字。铭文内容如下。

墓
表

秦故領民酋大功門
將襲爵興晉王司州
西川梁阿廣以建元
十六年三月十日丙
戌終以其年七月歲
在庚辰廿二日丁酉
葬于安定西北小盧
川大墓塋西東卅里
居青巖川東南卅里

碑表及送終之
具於凉州作致

图2　前秦梁阿广墓表

近年，日本学者町田隆吉先生针对此墓表铭文发表有相关研究[3]。梁

① 参考《资治通鉴》104《晋纪》26，太元元年八月条，中华书局1987年版，第3275—3276页。
② 宁夏博物馆编著《固原历史文物》，科学出版社2004年版，第113、114页。
③ 町田隆吉：《"前秦建元十六年（380）梁阿广墓表"试释》，樱美林大学《国际学レヴュー》第18号，2006年，第91—105页。

阿广墓表虽然铭文完整，但是铭文内容的解读还存在一些问题。据"建元"年号可知，此墓表为前秦遗物。建元十六年即公元 380 年，此时距前秦灭前凉仅四年。铭文中的"领民酋大、功门将"之官名及墓主梁阿广之名均不见《晋书》《魏书》等相关文献记载，兴晋王之爵名也不见于有关十六国时期的编纂文献中。据严耕望、周一良诸位先生的研究可知，"领民酋长"在北魏政权是一种给予非汉族族长的官号①。进而町田隆吉先生认为，梁阿广"领民酋大"之官号，或许就是北魏同官号之源。然而梁阿广另有"功门将"之官号，表明其地位似乎又与一般的族长不同。西川，晋属安定郡②，即今宁夏固原。这与梁阿广墓表的出土地吻合。从行文看，西川当是梁阿广的祖籍，然而墓表背部铭文"碑表及送终之具于凉州作致"表明梁阿广与凉州有着密切的关系。梁姓，本安定之大姓③，然而梁阿广似乎与东汉盛极一时的安定梁氏并非同族。町田隆吉先生认为梁阿广的祖先或许是从凉州迁居到安定郡的屠各种之梁氏。

3. 吕宪墓表

吕宪墓表于清末光绪年间出土于陕西咸阳④。初被端方收藏，后流落东洋，现陈列在日本东京的书道博物馆⑤。本墓表圆首碑形，石质，有长方形碑座。墓表本体高 66 厘米，宽 34 厘米，碑座资料不明，碑额横排阴刻隶书"墓表"二字，铭文竖排阴刻，共 6 行，行 5 至 6 字不等，共 35 字。书体为隶书，录文如下。

---

① 严耕望：《中国地方行政制度——魏晋南北朝地方行政制度》，"中央研究院"历史语言研究所 1963 年版。周一良：《领民酋长与六胡都督》，《魏晋南北朝史论集》，北京大学出版社 1997 年版，另见《20 世纪中华学术经典文库 史学卷 中国古代史卷》中册，兰州大学出版社 2000 年版。

② 《晋书》卷 14《地理上》，雍州条，中华书局 1974 年版，第 431 页。

③ 参见《后汉书》卷 34《梁统列传》，中华书局 1982 年版，第 1165 页。徐兴亚《西海固史》，甘肃人民出版社 2002 年版，第 74—77 页。

④ 据相关文献记载，吕宪墓表出土于长安，但具体出土地点不明。然而由于吕他墓表的出土（参见后文），我们可以推知吕宪墓表的出土地点应该是陕西咸阳渭城区密店镇东北原畔。另外，过去曾经有人认为吕宪墓表是地表刻石，如姚华在《论文后编·目录中第三》（郭绍虞、罗根泽编《中国近代文论选》下册，人民文学出版社 1959 年版，第 685 页）目录中写道："至与墓碣式同而名异者、有墓表、如吕宪；有墓砖、如房宣。表则树于墓外、砖则藏于墓中。"另外，赵超也有过相同的观点，参见前揭赵超《墓志源流》，第 51 页。由于吕他墓表的出土使我们得知，吕宪墓表不是地表刻石而是埋藏于墓域地下的墓志。

⑤ 吕宪墓表的图版与录文请参考《书道博物馆图录》，日本二玄社，平城十二年四月，第 54、74 页。

表墓

弘始四年十二
月乙未朔廿七
日辛酉秦故遼
東太守略陽呂
憲葬于常安
陵去城廿里北

图3　后秦吕宪墓表

吕宪墓表铭文中的"弘始"是后秦姚兴的年号，弘始四年为公元402年。吕宪为后凉吕纂的从叔①。铭文中的常安即长安，后秦建初元年（386）姚苌在长安僭称帝号，改长安为常安②。吕宪墓表出土于后秦领地常安的问题，陆增祥根据《晋书》卷一二三《吕隆载记》中"（姚）硕德表隆为使持节，镇西大将军，凉州刺史，建康公。于是遣母弟、爱子、文武旧臣慕容筑、杨颖、史难、阎松等五十余家质于长安，硕德乃还"③的记载认为，"吕宪盖在五十余家之内，故系于秦而葬于常安也"。④关于此问题，在下文继续讨论。

4. 吕他墓表

吕他墓表于20世纪70年代出土于陕西咸阳市⑤，现收藏于西安碑林博物馆。此墓表圆首碑形，石质，有长方形座。墓表本体高65厘米、宽32.5—34厘米、厚9厘米。碑额横排阴刻隶书"墓表"二字，铭文竖排阴刻，共5行，行7字，共35字。书体为隶书，录文如下。

吕他墓表铭文中的纪年与前揭吕宪墓表相同，埋葬地点也同样是"葬

----

① 《十六国春秋》卷84中"吕宪妻苻氏"（《四库全书》上海古籍出版社1987年版，第463册，第996页）条"吕宪，纂之从叔也，为建节将军，辽东太守"。另外，《太平御览》卷439《人事部》80《贞女》上（中华书局1985年版，第2021页）记载吕宪官职为"建中将军，辽东太守"。"建节（建中？）将军"或许为吕宪在后凉时的官职。

② 《晋书》卷116《姚苌载记》，第2964页。

③ 《资治通鉴》卷112《晋纪》24，第3528页，记载同一事件的时间是安帝隆安五年（401）九月。

④ 陆增祥《八琼室金石补正》卷10，文物出版社1985年版，第55页，辽东太守吕宪墓表条。

⑤ 参考李朝阳《吕他墓表考述》，《文物》1997年第10期，第81—82页。

表墓

安北陵去城廿里
略阳吕他葬于常
酉秦故幽州刺史
乙未朔廿七日辛
弘始四年十二月

图4 吕他墓表

于常安北陵，去城廿里"。墓表主吕他是后凉王吕光之弟①。铭文中的幽州，李朝阳先生认为是陕西耀县②，其实不然。对于这个幽州刺史，应该理解为"示以名位，宠授之耳"③。同样，吕宪墓表中的"辽东太守"的官号，应该也具有同样性质。另外，作为后凉王族的吕宪、吕他兄弟为什么被埋葬在了后秦的常安这个问题，李朝阳认为他们是于元兴元年（402）十月"秦徙河西豪右万余户于长安"④ 时来到常安的，然而据文献记载，

---

① 据《十六国春秋》卷81 中有"（吕光）遣弟左将军（吕）他、子武贲中郎将（吕）纂……"（前揭《四库全书》第463 册，第983 页）的记载，可知吕他是吕光之弟，但《晋书》卷122《吕光载记》（前揭同书第3059 页）中又有："（吕光）遣其子左将军（吕）他，武贲中郎将（吕）纂讨北房……"的记载，说明吕他是吕光之子。最初发表吕他墓表的前揭李朝阳论文《吕他墓表考述》中采用的应该就是《晋书》中的这一条史料。但是在《十六国春秋》卷84，吕纬条（前揭《四库全书》第463 册，第995 页）和《晋书》卷122《吕纂载记》（前揭同书第3068 页）中还有"（吕）他妻梁氏止之曰，纬（吕光之子）、超（吕光之弟吕宝之子）俱兄之子……"的内容，证明吕他是吕光之弟无误。有关此问题参见前揭《晋书》卷122，第3073 页，校勘记之［六］。另参见前揭路远《后秦〈吕他墓表〉与〈吕宪墓表〉》。

② 前揭李朝阳《吕他墓表考述》，第81 页。

③ 《资治通鉴》卷112《晋纪》34，第3546 页，安帝元兴元年（402）条："（晋辅国将军）袁虔之等至长安，……（姚）兴善之，以虔之为广州刺史。"胡注："秦以广州授袁虔之，示以名位宠授之耳。"据《晋书》卷117《姚兴载记上》，第2982 页，袁虔之是叛逃到后秦的晋官员，其身份与吕他相同。此外，且渠封戴墓表中也记载有"敦煌太守"的追赠官号，其性质也应该与吕他的"幽州刺史"相同。参考王素《高昌史稿·统治编》，文物出版社1998 年版，第261—262 页。另外，相关研究还有前揭兼平允明《关于书道博物馆藏"后秦吕宪墓表"》，罗新、叶炜：《新出魏晋南北朝墓志疏证》，中华书局2005 年版，第29—30 页。另外，路远先生认为吕宪的"辽东太守"及吕他的"幽州刺史"均为前秦所授官职，但无实证；参见前揭路远《后秦〈吕他墓表〉与〈吕宪墓表〉》，第63、65 页。

④ 《资治通鉴》卷112，晋纪34，安帝元兴元年（402）十月条，中华书局1976 年版，第3544 页。

吕他是吕超和吕隆兄弟弑吕纂①后不久就叛逃到后秦的②，所以吕宪、吕他到达常安的时间应该在隆安五年（401）二月之后不久，早于元兴元年（402）十月被迁徙的万余户河西豪右。

5. 李超夫人尹氏墓表

2006年9月6日笔者在甘肃省酒泉市调查时，得知酒泉市博物馆也收藏有一件碑形墓表③。据该博物馆的范晓东先生告知，1999年8月，酒泉地区文物局在清理新建博物馆管区内墓葬时，在位于丁家闸十六国壁画墓东南50米处发掘了一座五凉时期的墓葬④。墓葬中出土了一件碑形墓表。墓表由碑首、碑身、碑座三部分组成，均为砖质，碑首下部有两个凹槽，当是与碑身连接的榫槽。由于盗墓所致，墓表身部已经破碎，墓表头部及座部保存较完整。

墓表首部高9.8厘米，宽24厘米、厚3.1厘米。其上自右而左竖排阴刻六行铭文，每行两字，共十二字。内容为"陇西狄道李超夫人尹氏墓表"。碑身由于破碎严重，铭文已不可复原，根据拓片可识读十余字，具体内容如下。

墓尹夫李狄陇
表氏人超道西

□年□□
□十□□
□二□凉
□月凉嘉
□十嘉兴
□九兴二
　日二

图5　陇西狄道李超夫人尹氏墓表

① 吕纂被弑的时间，参考《资治通鉴》卷112《晋纪》34，第3518—3519页，安帝隆安五年（401）二月条。

② 《十六国春秋》卷84《吕纬》条（前揭《四库全书》第463册，第995页）："（吕）超弟邈有宠于纬，因说纬曰……，纬信之，乃与隆、超结盟，单马入城。超执而杀之，（吕）他寻叛降于秦。"

③ 郭大民：《现存西凉文字经籍珍贵文物数据》，参见郭大民主编《西凉王国史探——酒泉历史一瞥》，政协甘肃省酒泉市委员会编，2004年，第137—139页，图版参见第136、137页间彩版插页。

④ 此墓葬位于丁家闸5号墓东50米处，被编号为丁家闸6号墓。参见《酒泉小土山墓葬清理简报》，《陇右文物》2004年第2期，第17—20页。

嘉兴为西凉李暠的年号，嘉兴二年，即公元418年。尹氏墓表，是至今发现的唯一的一件十六国时期的女性的碑形墓志。墓表为砖质，碑首刻铭不仅刻有"墓表"二字，而且还刻有墓主人的籍贯和姓名。被葬者尹氏之夫，编纂史料未见记载，但是其本籍、姓氏均与西凉宗室相同①，或为西凉宗室。夫人尹氏身世因墓表本体损毁而不知其详，但是其尹氏之姓，很容易让人联想到西凉王李暠之夫人尹氏②。因此李超及夫人尹氏应该与西凉宗室关系极近③。

6. 梁府君墓表

1977年，甘肃省博物馆和酒泉地区文教局在酒泉县果园公社丁家闸大队和嘉峪关市新城公社观蒲大队发掘了八座晋代墓葬④，该墓表出土于丁家闸墓地的一号墓。墓表出土时只发现了砖质的刻有"镇军梁府君之墓表"的墓表首（高23厘米、下宽35厘米⑤）和底座，没有发现墓表本体。据发掘者推测，墓表本体很可能是木质的，由于年代久远，已经腐朽不存⑥。

图6　梁府君墓表

镇军梁府君墓表，因同墓未见有纪年文物出土，所以具体年代无法确认。但是据墓表首的题额中的"镇军"官号可以推测，本墓表的制作年代应是五凉时期⑦。进而，同一墓域的丁家闸6号墓同样是砖质，且碑首铭文书式基本相同于李超夫人尹氏墓表的出土，进一步说明，此梁府君之墓

---

① 参见《魏书》卷99《署凉王李暠传》，第2202—2203页。
② 参见《晋书》卷96《烈女传，凉武昭王李玄盛后尹氏传》，第2526—2528页。
③ 关尾史郎：《"西凉嘉兴二年十二月李超夫人尹氏墓表"について—"五胡"时代石刻ノート（2）—》，《环日本海研究年报》第12号（2005年），第55—62页。
④ 甘肃省博物馆：《酒泉、嘉峪关晋墓的发掘》，《文物》1979年第6期。
⑤ 参见西林昭一编，陈滞东译《新出土中国历代书法》，成都出版社1990年版，第175页。
⑥ 参见前揭《酒泉、嘉峪关晋墓的发掘》，第11页。
⑦ 同上。

表很可能是西凉（400—421）时代的遗物。

7. 且渠封戴墓表

且渠封戴墓表于 1972 年出土于吐鲁番阿斯塔那古坟群的 TAM117 号墓①。本墓表圆首碑形，石质，有碑座。墓表本体高 52 厘米，座高 13 厘米、宽 35 厘米、厚 16 厘米。据考古发掘报告示意图可知，此墓表埋藏在墓室内靠近甬道的一侧②。墓表铭文楷书，阴文填朱，录文如下。

封 太 冠 在 大
戴 守 军 乙 凉
府 都 将 未 承
君 郎 军 四 平
之 中 凉 月 十
墓 大 都 廿 三
表 且 高 四 年
也 渠 昌 日 岁

图 7　且渠封戴墓表

且渠封戴墓表的铭文中出现的"大凉"，即 5 世纪 40 年代时逃亡到高昌的北凉政权的残余势力所建立的地方政权。"承平"即此大凉国的年号③，承平十三年即公元 455 年。虽然有关且渠封戴的传世编纂文献史料没有发现，但史学界一般认为且渠封戴应该是北凉王且渠蒙逊之子，或者很可能就是文献史料中记载的且渠封坛④。

8. 司马金龙墓表

司马金龙墓表于 1965 年 11 月出土于山西省大同市东南约六公里的石家寨村的司马金龙墓⑤，现展示于山西省博物院。本墓表圆首碑形，石质，

----

① 新疆文物考古研究所：《阿斯塔那古墓群第十次发掘简报》，《新疆文物》2000 年 3—4 合刊，第 84—128 页。

② 参考前揭《阿斯塔那古墓群第十次发掘简报》，第 90 页，图一。

③ 周伟洲：《试论吐鲁番阿斯塔那且渠封戴墓出土文物》，《考古与文物》创刊号 1980 年，另见周伟洲《西北民族史研究》，中州古籍出版社 1994 年版，第 441 页。

④ 池田温：《新疆维吾尔自治区博物馆编〈新疆出土文物〉》，《东洋学报》第 58 卷 3·4 号，1977 年，第 127 页；前揭周伟洲《吐鲁番阿斯塔那且渠封戴墓出土文物》，第 441 页注3。

⑤ 山西省大同市博物馆、山西省文物工作委员会：《山西大同石家寨司马金龙墓》，《文物》1972 年第 3 期，第 20—33 页。

有座。出土时埋藏于墓门券顶。墓表高 64.2 厘米，宽 45.7 厘米，厚 10.5 厘米，座的长、宽、厚分别是 47 厘米、14.4 厘米、13 厘米。铭文楷书，阴刻，共 9 行，行 3—8 字。录文如下。

墓康琅司
表王玡空

龍琅真將持縣西酉庚歲維
之耶司軍節肥代午在大
銘康空吏侍鄉故朔甲代
　王冀部中孝河十子大
　司州尚鎮敬內六十和
　馬刺書西里郡日一八
　金史羽大使溫乙月年

图8　司马金龙墓表

司马金龙墓表的纪年为"大代大和八年"，大代即北魏，大和即太和，太和八年为公元 484 年。有关本墓表主人司马金龙，《魏书》《北史》均有传①。

四　有关十六国碑形墓志相关信息的分析

首先我们注意到，上举 8 件中国西北地域出土的碑形墓志与其前后各时代的碑形墓志相比较，不仅在形制上统一、名称上一致，而且铭文书体也有着诸多共同之处。比如均为圆首碑形，名为"墓表"，铭文书体都是隶书②，而且在书法风格上具有共同的特征③。进而我们还发现，这 8 件墓表在书式上也有着共同点，其基本构成是纪年＋官号＋墓主名＋墓域位置等，与其前后时代的碑形墓志相比较，非常统一（参看表 2）。

---

①　《魏书》第 857 页。《北史》，第 1043—1044 页。

②　梁氏墓表由于没有发现墓表本体，我们无法确定其书体形式。但是由于墓表题额是隶书，墓表本体铭文也应该是隶书。

③　参考施安昌《古代书法地方体》，《善本碑帖论集》，紫禁城出版社 2002 年版，第 240—272 页；前揭西林昭一《中国新发见の书》，第 158 页。

表 2   **十六国时期圆首碑形墓表书写格式统计**

	墓表主	碑额文	纪年	官号	墓主名	墓域	其他
1	梁 舒	墓表	○	○	○	○	夫人的家世
2	梁阿广	墓表	○	○	○	○	终年
3	吕 宪	墓表	○	○	○	○	×
4	吕 他	墓表	○	○	○	○	×
5	尹 氏	李超夫人尹氏墓表	○	不明	不明	不明	不明
6	梁 氏	镇军梁府君之墓表	不明	不明	不明	不明	不明
7	且渠封戴	×	○	○	○	○	墓表文的最后为"墓表"
8	司马金龙	司空琅耶康王墓表	○	○	○	○	墓表文的最后为"铭"

注:"○"表示墓表铭文中有相关内容,"×"表示无相关内容。

如此看来,十六国时期的碑形墓志在形制与铭文书式上有着高度的统一。但是正如在表 1 中所显示的,不管是汉晋时期的碑形墓志,还是北朝时期的碑形墓志,都有着出土地比较集中的现象,而上举 8 件十六国时期的墓志,其出土地却是散落在西北各地,从出土地看不出任何关联。若如此,我们就看不出这种高度的统一有什么政治背景或者地方文化、葬俗背景。但是让我们对这 8 件墓表的墓主人做一次考察后就会发现,这 8 个人都与河西地域有着各种各样的关联(参考表 3)。

表 3   **十六国墓表墓主本籍统计**

	墓表名	墓表出土地	墓志载籍贯	文献载籍贯	现地名	备注
1	梁舒墓表	甘肃武威	安定郡乌式县		甘肃泾川北	安定郡属雍州
2	梁阿广墓表	宁夏固原	司州西川		宁夏固原	墓表本体制作于凉州
3	吕宪墓表	陕西咸阳	略阳	略阳①	甘肃天水东北	略阳郡古属秦州
4	吕他墓表	陕西咸阳	略阳	略阳	甘肃天水东北	略阳郡古属秦州
5	李超夫人尹氏墓表	甘肃酒泉	不明	天水冀	天水甘谷	李暠夫人尹氏同族?夫狄道李氏
6	镇军梁府君墓表	甘肃酒泉	不明		不明	出土于酒泉
7	且渠封戴墓表	新疆吐鲁番		临松卢水②	甘肃张掖	古属凉州张掖郡
8	司马金龙墓表	山西大同	河内郡温县肥乡孝敬里	河内温县孝敬里	河南温县	夫人且渠氏为北凉宗室

① 参见《晋书》卷 122《吕光载记》,第 3053 页。

② 参见《二十五史别·十六国春秋辑补》卷 95《北凉录·且渠蒙逊》,齐鲁书社 2000 年版,第 646 页。

从墓表的出土地来看，这 8 件墓表分别出土于甘肃武威（梁舒）、宁夏固原（梁阿广）、陕西咸阳（吕宪、吕他）、甘肃酒泉（梁府君、李超夫人尹氏）、新疆吐鲁番（且渠封戴）、山西大同（司马金龙），但是从墓表主本籍来看，其中的梁舒为安定郡乌式人（今甘肃泾川北），梁阿广为司州①西川（今宁夏固原）人，均属雍州。从文化、地理范围看，雍州自古为西河之地②，在地缘上接壤河西地域。吕宪、吕他本籍略阳，古属秦州。另外的李超夫人尹氏，虽然我们不能确定她一定就是地属秦州的天水尹氏，但是其墓表本体出土于河西，其原籍大致应属西北地域。而且其夫李超籍贯陇西狄道（今甘肃临洮），古属秦州。秦州亦是接壤河西。且渠封戴原籍张掖郡，属凉州。梁府君墓表虽然铭文内容已不可知，但其与李超夫人尹氏墓表一样，本体就出土于甘肃省酒泉市的同一墓区，其本籍也应属河西地域。此外，司马金龙的原籍属于河南③，但是我们注意到他的夫人是北魏世祖之妹武威公主所生的河西王且渠牧犍之女且渠氏（原籍张掖郡，属凉州）④。如此，我们可知这 8 件墓表的主人在籍贯上基本上集中在秦、雍、凉三州。

以下，再让我们看看 8 件墓表主的主要活动地域。首先，从梁舒的官名"凉故中郎中督护公国中尉、晋昌太守"来看，梁舒一生的活动地域应该就在以武威为中心的河西地域。其次，梁阿广为"秦故领民酋大，功门将，袭爵兴晋王"。从铭文看，"领民酋大、功门将"等官名看不出所属地域，但是"兴晋王"之"兴晋"，据《晋书》记载前凉时期属河州（州治枹罕县，今甘肃临夏市）⑤，前秦时代也应该是河州之一郡⑥。但是梁阿广墓表铭文中所记官职，是否表明就是河州兴晋（青海省民和县西北），据现有的数据我们还无从判断。然而梁阿广墓表碑阴中刻有"碑表及送终之

---

① 《晋书》卷14《地理志·雍州》，第431页："石氏既败，苻坚僭据关中，又都长安，是为前秦。于是乃于雍州置司隶校尉，……苻坚时，分司隶校尉为雍州。"可知此司州即雍州。

② 参见《晋书》卷14，《地理志·雍州》，第430页。

③ 参见《魏书》卷37《司马金龙传》，第857页。

④ 同上。

⑤ 参见《晋书》卷14《地理志·凉州》，第434页："张骏分武威、武兴、西平、张掖、酒泉、建康、西郡、湟河、晋兴、广武合十郡为凉州，兴晋、金城、武始、南安、永晋、大夏、武成、汉中为河州。"

⑥ 参见前引町田隆吉《"前秦建元十六年（380）梁阿广墓表"试释》，第96—97页。

具，于凉州作致"。可知梁阿广墓表制作于凉州，不管梁阿广活动地域如何，墓表本体代表着的是凉州丧葬风俗。吕宪在逃到常安以前的官历我们虽然不清楚，但是他是后凉吕纂的从叔①，死前（401 年二月逃往常安，402 年十二月前死亡）的主要活动地域在武威，其河西的文化背景自不待言。另外的吕他曾在后凉被封为"左将军"②"巴西公"③，他的经历与吕宪相同，也同样具有河西的文化背景。梁府君作为西凉④官员，且葬在酒泉，他具有河西的文化背景也是不言而喻的。李超夫人尹氏虽然不能确定其原籍，但是她被埋葬在酒泉，且其夫李超本籍河西（狄道），其活动范围当以河西之酒泉为中心。另外的且渠封戴，是被北魏政权逼迫而从河西逃到吐鲁番的⑤，他的一生应该主要活动于河西地域。这里只有司马金龙一人没有任何河西文化的背景，但是司马金龙的夫人且渠氏作为北魏世祖之妹武威公主和河西王且渠牧犍所生之女⑥，具有河西的文化背景也是自不待言的了。

如此看来，虽然十六国时期的这 8 件碑形墓志出土于不同的地域，但是它们有着共同的"河西地域"的文化背景。进而笔者认为，这 8 件圆首碑形，自称"墓表"的墓志均是河西地域丧葬风俗的具体表现。在这里，我们不妨将这类墓志统称为"河西圆首碑形墓表"。

五　有关"河西圆首碑形墓表"形制之源流

圆首碑形墓志，最早的可追溯到东汉的肥致墓志（169 年/表 1 – 1）⑦。

---

①　参见前揭《十六国春秋》卷 84，第 463 册，第 996 页："吕宪，纂之从叔也，为建节将军，辽东太守。"

②　参见《晋书》卷 122《吕光传》，第 3059 页；另见前揭《十六国春秋》卷 81（第 463 册，第 977 页）；前揭《二十五史别·十六国春秋辑补》卷 81《后凉录》《吕光》条，第 564 页；《通志》卷 190《载记》5 后凉条，中华书局 1987 年版，第 3062 页；《册府元龟》卷 231《僭伪部·征伐》，中华书局 1982 年版，第 2751 页。

③　参见《晋书》卷 122，《吕纂传》，第 3068 页，另见《通志》卷 190，第 3065 页。

④　参见前引关尾史郎《"西凉嘉兴二年十二月李超夫人尹氏墓表"について》，第 55—62 页。

⑤　参见王素《高昌史稿·统治编》，文物出版社 1998 年版，第 163—254 页。

⑥　参见《魏书》卷 37《司马金龙传》，第 857 页。

⑦　参见河南省偃师县文物管理委员会《偃师县南蔡庄乡汉肥致墓发掘简报》，《文物》1992年第 9 期，第 37—42 页。

此后的还有西晋徐夫人菅洛墓志（291 年/表 1 - 4）①、成晃墓志（291 年/表 1 - 5）② 等。这些墓志虽然是圆首碑形，但碑首部都雕有装饰图案，与"河西圆首碑形墓表"有一定的差别。与"河西圆首碑形墓表"完全相同的圆首碑形之形制，最早的可以追溯到西晋时代的碑形墓志中。比如元康八年魏雏墓志（298 年/表 1 - 9/左图）③ 和刘宝墓志（301 年/表 1 - 13/中图）④ 等。由于我们没有更具体的有关魏雏墓志和刘宝墓志形制的数据，还难于做进一步的比较，但是两墓志碑身的形态与"河西圆首碑形墓表"基本相同。此外，浙江吴兴出土的东晋张镇墓志（325 年/表 1 - 15/右图），形态上除了碑首上多出了一个装饰性的碑穿外，与"河西圆首碑形墓表"也基本相同。也就是说，虽然西晋时代在中原地域圆首碑形墓志非常少见，但是由于魏雏墓志、刘宝墓志、张镇墓志⑤的存在，这种圆首碑形的墓志在西晋时代已经出现是可以肯定的了。

图9　元康八年魏雏墓志、乌丸校尉刘宝墓志、东晋张镇墓志

然而我们应该注意的是，至今为止出土的西晋时代的十余件墓志中，

---

① 西安碑林博物馆编：《西安碑林博物馆》，陕西人民出版社 2000 年版，第 57 页。

② 河南省文物研究所、河南省洛阳地区文物管理处编：《千唐志斋》，文物出版社 1984 年版，1989 年第二次印刷，图版第 1 页。

③ 参考赵万里《汉魏南北朝墓志集释》，科学出版社 1956 年版，卷 1。

④ 参见佟柱臣《喜见中国出土的第一块乌丸石刻》，《辽海文物学刊》1996 年第 2 期，第 8—14 页。

⑤ 东晋以前的江南地域葬俗中，还未见使用墓志（参见阮国林《南京梁桂阳王萧融夫妇合葬墓》，《文物》1981 年第 12 期，第 12 页），张镇墓志源于西晋当无疑义。所以 我们可以将东晋时代的张镇墓志看作西晋时代中原墓志的一个类型。

虽然只有两件出土于以洛阳为中心的地域以外，但其形制却都是圆首碑形。这是不是暗示着这种圆首碑形墓志在晋代有可能是一种地方官贵经常使用的墓志形制？如果有这种可能性，那么作为具有地方色彩的"河西圆首碑形墓表"的圆首碑形似乎就有了依据。

六　有关"河西圆首碑形墓表"之"墓表"的称谓

图 10　河南洛阳出土元康八年（298）赵氾墓表原石

虽然我们可以在西晋时代的墓志中找到与"河西圆首碑形墓表"形制基本相同的墓志，但是其中"墓表"的称谓还没有出现过。西晋赵□墓志（298 年/表 1－10/右图）① 的题额中刻写有"墓中之表"的用词，虽然可解释为"墓中的墓表"，但这同时也说明"墓表"一词这时还没有使用在墓志上。

在编纂文献中，关于"墓表"一词的含义一般有两种。第一种是将陵墓神道上树立的神道石柱称为"墓表"②，另一种是将墓葬前树立的墓碑称为"墓表"。有关墓前树立的神道石柱的称谓问题，赵超先生曾经指出："有人把南朝的神道柱称为墓表，这种称呼容易造成混乱。"③ 笔者同意赵超先生的观点。关于墓葬前树立的墓碑，明人徐师曾曾经指出："按墓表，自东汉始。安帝元初元年立谒者景君墓表，其文体与碑碣同。以其树于神道，故又称神道表。"④ 此处的谒者景君墓表，即赵明诚《金石录》卷 14 中所收录的题额

---

① 湖南省博物馆、香港中文大学文物馆：《中国古代铭刻文物》第 53 号展品，香港，2001 年；罗新、叶炜：《新出土魏晋南北朝墓志疏证》，中华书局 2005 年版，第 3—4 页。

② 《资治通鉴》卷 129，大明七年（463）条，第 4063 页："（宋孝武帝殷贵妃）墓前石柱"，胡注："石柱，墓表也。"

③ 赵超：《墓志溯源》，《文史》1983 年第 21 期，第 51 页。

④ 参见贺复征编《文章辩体汇选》卷 686，墓表一（前揭《四库全书》第 1410 册，第 191 页）。

为"汉故谒者景君墓表"之墓碑。

由此可知,"墓表"一词,最晚自东汉起就使用于墓前树立的墓碑上。那么,西晋赵□墓志所题刻的"墓中之表"的用词,表现的正是汉代到十六国时期"墓表"从地上转移到地下的过程。当然,据文献记载可知,地上之"墓表"在汉代以后并没有中断使用①,而且在中原地区出土的墓志中也从来没有出现过"墓表"的用词。那么,十六国时期的"河西圆首碑形墓表"除了与前代中原地域的地上墓表有着渊源关系外,应该还有着河西地域的地方特色。特别是联系到吐鲁番地区出土的曲氏高昌国(502—640)时期的高昌墓砖中普遍使用"墓表"一词②,十六国时期的圆首碑形墓表的地域性特征就更加明显。

如此看来,"河西圆首碑形墓表"的出现,不但有深刻的中原的文化因素,同时应也有其地域文化特征。

七 "河西圆首碑形墓表"与河西文化

河西地域为中原与西域的交通通道,自从元狩四年(前119)汉朝在漠北击败匈奴单于之后,中原王朝就开始向西北边疆地区移民,开发河西地区③。而以武威为中心的河西地域,自西汉元狩二年(前121)设武威郡④开始,就成为中原汉人移民地⑤。特别是十六国时期,随着中原战乱,"中州避难来者日月相继"⑥。此后,因汉人移民的进入,使此地迅速成为中原之外的一个重要汉文化中心。进入东汉时期以后,河西地域虽然也有

---

① 有关地上石刻"墓表"的问题,笔者另有专文讨论,故此处注释省略。参见张铭心《汉魏晋南北朝时期神道石柱及其相关问题探析》,载朱凤玉、汪娟编《张广达先生八十华诞祝寿论文集》,台北新文丰出版股份有限公司 2010 年版,第 19—30 页;同文另见《碑林集刊》(十七),2011 年,第 123—128 页。

② 参见侯灿、吴美琳《吐鲁番出土砖志集注》,巴蜀书社 2003 年版。另参见前揭拙文《高昌墓砖书式研究》及《吐鲁番出土"且渠封戴墓表"的性质以及无纪年高昌墓砖的年代问题——以高昌墓砖的起源问题为中心》。

③ 参见王宗维《汉代丝绸之路的咽喉——河西路》,昆仑出版社 2001 年版,第 204 页。

④ 有关汉设武威郡的时间,学界还有不同说法,此处采用传统说法。参见梁新民《武威史地综述》,兰州大学出版社 1997 年版,第 6—10 页。

⑤ 参见梁新民《武威史地综述》,第 78—83 页。

⑥ 参见《晋书》卷86《张轨传》,第 2225 页。

"羌胡化"的倾向①，但是魏晋以后，凉州已然形成了一个以汉文化为主的地域，同时保存了汉代中原之文化学术，经历了东汉末、西晋、十六国之大乱而不衰，最后成为隋唐文化的重要源泉②。与中原汉文化相比，其文化具有地域文化特征③是可以理解的。表现在丧葬文化方面，在西晋时代河西地域与中原虽然有着相同的墓域地上石刻制度④。但是在河西地域的魏晋时代的古墓，除了具有魏晋时代古墓的一般特征外，还具有此地域所独有的特征⑤。而"河西圆首碑形墓表"所表现出来的地域特征，进一步说明河西文化在十六国时期的丧葬文化中具有其特有的地方文化特征。

小　结

汉晋十六国时期的墓志源流是至今学界还没有完全能解决的一个课题。本论文针对这一课题，通过对汉至隋代碑形墓志的整体性考察，发现了十六国时期碑形墓志具有统一的圆首碑形的形制、统一的铭文书写格式、统一名为"墓表"的自名等特征。并进一步通过对十六国时期碑形墓志特征的分析研究，发现了出土于不同地域的十六国时期的"圆首碑形墓表"之主人在籍贯上集中于秦、雍、凉三州，更在活动区域上集中于凉州的问题。进而由此得出了圆首碑形墓表作为一种丧葬文化，具有河西文化之地域性特征。并提出了"河西圆首碑形墓表"的概念。在此研究的基础上，本文进一步从形制、名称等角度分析"河西圆首碑形墓表"的渊源，

---

① 陈勇：《东汉凉州"羌胡化"论述》，《何兹全先生八十五华诞纪念文集》，中国社会科学出版社 1997 年版。第 163—176 页；赵向群：《魏晋五凉时期河西民族融合中的羌化趋势》，西北师范大学历史系编《西北史研究》，兰州大学出版社 1997 年第一辑，上册，第 243—251 页。

② 陈寅恪：《隋唐制度渊源略稿》，中华书局 1977 年第二版，第 19—20 页。

③ 比如在石窟造像上形成了"凉州模式"。参考宿白《凉州石窟遗迹和"凉州模式"》，《考古学报》1986 年第 4 期，第 435—446 页。在书体上形成了"北凉体"。参考施安昌《古代书法地方体》，施安昌《善本碑帖论集》，紫禁城出版社 2002 年版，第 240—272 页。

④ 比如武威出土的鲁铨刻铭（神道石柱上的方版）的存在就可以说明，在河西与中原有着相同的使用神道石柱的丧葬制度。参见北京图书馆编辑《北京图书馆藏中国历代石刻拓本汇编》，中州古籍出版社 1990 年版，第 2 册，第 45 页。相关研究，参见王素《西晋鲁铨墓表跋》，《出土文献研究》第 6 辑，上海古籍出版社 2004 年版，第 271—278 页。又见前揭张铭心《汉魏晋南北朝时期神道石柱及其相关问题探析》。

⑤ 中国社会科学院考古研究所编：《新中国的考古发现和研究》，文物出版社 1984 年版，第 523 页。

探讨了其发源于河西地域的历史、文化渊源。

　　本文是笔者于 2002 年在日本大阪大学攻读博士学位时撰写的。当时由于材料的缺乏，初稿完成之后就一直束之高阁。此后在 2005 年和 2006 年的西北考察中，笔者分别在宁夏固原和甘肃张掖发现了能有力地支持本论观点的重要数据，因此不揣冒昧发表此文。本文在写作过程中，先后得到了荒川正晴、森安孝夫、福原启郎、王素、罗新等诸位先生的指教，在 2007 年 1 月召开的《唐研究》第 13 卷 "南北朝隋唐史专号" 文稿讨论会上，本文还得到了会议组织者侯旭东、张学锋等与会同人的诸多赐教，特此致谢！

　　本文最初发表于《文史》2008 年第 2 辑，本次发表，略有文字修改。

北凉永安至义和年间的对外关系

——兼谈天梯山沮渠蒙逊"为母造丈六石像"的时间

童 岭

南京大学文学院

一 引言

2018 年 10 月 10 日，我有幸受邀至武威参加"凉州文化与丝绸之路国际学术研讨会"。我的行程首先从南京飞至兰州，等其他学者到齐后，再一同坐中巴车开 3 个小时左右至武威。中巴车一路行驶，翻越乌鞘岭，道路左侧出现连绵不绝的天祝山脉，山顶皑皑积雪，终年不化，令人震撼。同车的楼劲先生提示，山那一侧即是藏区，是中古时代的羌人驻地所在；而我们车行的右侧如果一直向北走，即是沙漠，通往内蒙古。楼先生还戏吟了"胡天八月即飞雪"诗句（当天是农历九月初二，刚刚过八月）。不过我从南京出发时，天气尚热，大型商场、学校图书馆等机构还开着冷气，因此冷热反差非常大。这一"河西走廊"在从汉代开始承担着"隔绝羌胡"的重任，所以也一下子想明白了为何即便到了晋初，凉州刺史往往还兼任护羌校尉。

光绪二十四年（1898），康有为奉清帝之命，对答总理衙门事宜而成书的《日本变法记》，曾云："若夫日本，地域比我四川。"① 那么，顺延康南海这种将中国地域与外国国家相比的国际视野，中国"河西走廊"约 11 万平方公里的面积，可以说，它与整个保加利亚共和国国土面积相似，而超过了今天的韩国、匈牙利、葡萄牙等（皆约 10 万平方公里不到）。占

---

① 康有为：《日本变政考》，载《康有为全集·第四集》，中国人民大学出版社 2007 年版，第 102 页。

地面积不可谓不大。

我们常常看到不少的魏晋南北朝通史，涉及河西走廊的"五凉"（前凉、后凉、南凉、西凉、北凉）政权时，都会无意识地写道"这是五个地方性的割据政权"，或者写道"与中原相比，因为地域狭小，迟早并入华北的霸主北魏"诸如此类云云。如果推源溯流的话，这种文化上"轻视"河西的观点，至少在统一的隋唐帝国时期就存在了，如唐人李延寿《北史·文苑传》云："区区河右，而学者埒于中原。"① "区区""埒于"（如"埒"，《说文解字》云："埒，卑垣也。"段玉裁注云："引申之为卑也。"②）等词句，都可以看到中古时代中原正统观念在背后的强大影响。儒家典籍之外，佛典如唐代神清《北山录》云："西秦、北凉，俱微国也。"③ 也是唐代佛教文献中将北凉视为一个地方小政权的讲法。

日本研究十六国史著名的三崎良章教授，著有《五胡十六国：中国史上の民族大移动》一书，精义迭现，理论与文献素养都非常高。在该书第四章，三崎教授将十六国分为 A、B 两个组，A 组有：前赵、后赵、前燕、前秦、后秦等；B 组有：前凉、代、西秦、南凉、北凉等。他区分的根据是：前一组有支配全中国的意识，后一组则没有，尚未达到支配天下的阶段，因此后一组停留在"从属国"的地位上。④ 我个人认为，B 组的分类恐有不妥之处。而形成"从属国"的误判，可能是顺延唐代以来的中原正统观。

这一种"边缘"与"狭小"的错觉，毋庸说，是后知后觉的历史维度。即便是视河西走廊为中西"交通"要道，也要跳出"人"与"物"单纯空间移动的 transportation 意味，而要加上文化传播的 communication 含义⑤。总之，绵绵千里的河西走廊，其文化、历史、民族、文学等诸种层

---

① 李延寿：《北史》卷 83《文苑传》，中华书局 1974 年版，第 2778 页。

② 许慎撰，段玉裁注：《说文解字注》，上海古籍出版社 1981 年版，第 685 页。黄侃《说文段注小笺》云："埒，训等者，借为类。"黄侃笺识、黄焯编次：《说文笺识四种》，上海古籍出版社 1983 年版，第 203 页。

③ 神清撰，慧宝注，德珪注解，富世平校注：《北山录校注》卷 3《合霸王第五》，中华书局 2014 年版，第 207 页。

④ 三崎良章：《五胡十六国：中国史上の民族大移动》第四章 "'十六国'の国际关系と佛教と国家意识"，东方书店 2012 年版，第 172—174 页。

⑤ 这一点受妹尾达彦启发，参其著《グローバル・ヒストリー》第一部第二讲 "3つの仮说：生态环境の境域で国家がつくられる"，中央大学出版部 2018 年版，第 8 页。

面的深度与广度，放在古代欧洲，就是一个"国别史"的研究层级。

前秦之前，华北势力最强大的羯族政权后赵，曾经由大将麻秋率领十几万大军攻击前凉，最后败于此地。一代枭雄石虎感慨道："吾以偏师定九州，今以九州之力困于枹罕。彼有人焉，未可图也。"① 这句话有很多解读的角度，比如凉土多士等，但我特别想指出"九州"其实对应的就是"天下"概念，如果石虎认为存在一个中古时代的"大九州（大天下）"的话，那么，河西走廊在一个特定时期也存在"小九州（小天下）"。因此，对于河西走廊建立政权的"五凉"在中国中古史的重要意义，迄今为止的叙述与阐发，绝不能说已经达到了"题无剩义"的程度。

二　匈奴卢水胡北凉的极盛期

五凉政权更替的顺序，首先据有河西的是西晋末年的前凉张氏，随后是后凉吕氏。后凉亡于后秦，继之而起的是北凉、南凉、西凉。除了前凉在 376 年亡于实力上升期的前秦苻坚②之外，在公元 400 年（西凉李暠庚子元年）至 403 年（后凉吕隆神鼎三年亡于后秦），河西走廊一度出现过四凉争霸的局面。而争斗的一条主线是在鲜卑南凉与卢水胡北凉之间。其中，北凉是五凉政权中最后一个被灭的国家（439③），而北凉的灭国不仅代表了"五凉"政权的结束，也宣告了五胡十六国时代的结束。天下从那之后进入南北朝的时代。所谓南北朝的开始，并不以通常以为的宋武帝永初元年（北魏明元帝泰常五年，420 年）为肇端，因为彼时北方除了拓跋魏之外，尚有大夏、北凉、北燕等国。

关于北凉沮渠氏的出自，三种史料《晋书》《魏书》《宋书》，以沈约《宋书·氐胡传》最为详细，其有云：

> 大且渠蒙逊，张掖临松卢水胡人也。匈奴有左且渠、右且渠之

---

① 《晋书》卷86《张轨列传》，中华书局1974年版，第2242页。

② 关于氐秦军事研究的最新成果，参考藤井律之《前秦政権における"民族"と軍事》，文载宫宅洁编《多民族社会の軍事統治：出土史料が語る中国古代》，京都大学学术出版会2018年版，第259—287页。

③ 这里指的是凉州姑臧政权北凉的灭亡，暂不包括沮渠无讳、沮渠安周割据高昌时期（433—460）。

官，蒙逊之先为此职，羌之酋豪曰大，故且渠以位为氏，而以大冠之。世居卢水为酋豪。蒙逊高祖晖仲归，曾祖遮，皆雄健有勇名。祖祁复延，封狄地王。父法弘袭爵，苻氏以为中田护军。①

早年的六朝史学者，往往聚焦于"卢水"的所在，如周一良、唐长孺等。然而，我特别留意上述史料的两则信息，第一则是"羌之酋豪曰大"句，也就是匈奴进入河西的这一支部落，很早就与羌胡有往来。第二则是"世居卢水为酋豪"句。尤其是"酋豪"二字，预示着沮渠氏不单单是游牧性质的"酋"，也具有汉人社会的指导阶层"豪"的性质。

如果从整个五胡十六国及北朝的发展史上看，融合胡汉"酋豪"双重性的君主不在少数，但聚焦到公元 4 世纪末及 5 世纪初的河西地区，沮渠蒙逊的卢水胡领导层的这种特质，还是颇为不同寻常的。尤其是将之与氐族后凉、鲜卑南凉——纯粹的军事游牧民族政权相比，可以明显看出北凉"酋豪"的双重性。

哈佛亚洲中心 2001 年 *Culture and Power in the Reconstitution of the Chinese Realm，200—600* 一书的序言说道：

> 北方旧帝国领土就这样被边境地区的军队统治了 3 个世纪。尽管他们是由可以辨识的核心集团组成，本质上却都是"部落"（hordes）而非族群，是建筑在共同的政治军事目标上的联盟。②

"共同的政治军事目标上的联盟"（Confederations built around commonly shared political and military aims）这一描述对于北凉是比较合适的，但对于南凉却不太合适。如《晋书·秃发利鹿孤载记》有云：

---

① 《宋书》卷98《氐胡传》，中华书局 1974 年版，第 2412 页。案，丁福林先生主持整理新校本《宋书》（中华书局 2018 年版）"封狄地王"句下考证，崔宏作"北地王"，李延寿作"伏地王"。页 2656。关于新旧整理本的业绩，请参童岭《丁福林谈〈宋书〉的编纂、点校与修订》，文载《澎湃新闻·上海书评》，2018 年 8 月 12 日。又载中华书局《点校本"二十四史"及〈清史稿〉修订工程简报》第 100 期，2018 年 9 月版。

② 中译文参考单国钺主编《当代西方汉学研究集萃·中古史卷》，上海人民出版社 2012 年版，第 125 页。Pearce Scott, Audrey Spiro, Patricia Ebrey, *Culture and Power in the Reconstitution of the Chinese Realm，200—600*, Harvard University Asia Center, 2001, pp. 7 – 8. 此书承蒙余欣兄代购自普林斯顿，谨表谢忱。

宜置晋人于诸城，劝课农桑，以供军国之用，我则习战法以诛未宾。①

这是鲜卑战将鍮勿崘劝其主秃发利鹿孤的话，得到了利鹿孤的首肯。秃发氏这种严格区别胡汉的做法②，与沮渠氏有显著的区别。五胡十六国时代，胡族君主多有"帝王"与"单于"的双重称号，比如西秦、南凉等，但北凉沮渠氏却始终没有用"单于"称号，这一点尤其需要注意。③此外，鲜卑秃发氏建立的南凉，也是沮渠蒙逊北凉达到鼎盛前最大的敌人之一，这不能不说其中存在有若干联系。

谭其骧主编《中国历史地图集》第四册《东晋十六国·南北朝时期》，标有北凉位置的仅有一幅图，这幅图给人的"错觉"是北凉地域狭小，夹在西凉与南凉之间，仅仅控制有张掖、临松等几个郡而已。其实这幅图下方明确说时间点是北凉永安九年（409）。④

仅仅一年之后，即北凉永安十年（410），南凉国主秃发傉檀亲率鲜卑精骑五万追击进犯的沮渠蒙逊，由于在此之前河西鲜卑的军事实力是明显强于卢水胡的，当鲜卑人追到穷泉时，沮渠蒙逊的将军们劝说"贼已安营，弗可犯也"⑤。但沮渠蒙逊坚持趁秃发傉檀垒壁未成之机出击，结果大获全胜。这一次被称为"穷泉之战"的会战，一方面对于南凉来说是继三年前败于赫连勃勃"阳武之战"⑥之后又一次惨烈的失败，另一方面则完成了河西走廊霸主地位的转移，卢水胡从此之后对鲜卑展开战略攻势。

---

① 《晋书》卷126《秃发利鹿孤载记》，第3145页。

② 秃发傉檀有一子名秃发明德归，撰有《高昌殿赋》。当然，部分汉化的事例不能从整体上否认南凉严格区别胡汉的做法。事见汤球撰《十六国春秋辑补》（上海商务印书馆1936年版），卷89《南凉录二》，第625页。

③ 最早点明这一问题的是黄烈，参其著《中国古代民族史研究》（人民出版社1987年版），上编第六章《卢水胡与北凉》，第317页。

④ 谭其骧主编《中国历史地图集》，第四册《东晋十六国·南北朝时期》，中国地图出版社1982年版，第15—16页。

⑤ 《晋书》卷129《沮渠蒙逊载记》，第3195页。

⑥ 东晋义熙三年、北凉永安七年（407），秃发傉檀大败于赫连勃勃。王仲荦称："赫连勃勃这一次进攻，给予南凉以致命性的打击。"所见其著《魏晋南北朝史·上册》（上海人民出版社1979年版），第309页。

穷泉之战后，秃发傉檀害怕被彻底消灭，主动撤出了姑臧，迁都乐都①。一年后，沮渠蒙逊出兵，获得了南凉秃发氏的都城姑臧②。我认为姑臧是凉州地区的"王权"代表性城市，这一点对于游牧民族来说，尤其重要。因为五凉中除了被唐人排除在"十六国"之外的汉人政权西凉未能建都于姑臧外，其余胡族建立的四凉，均占有过姑臧。而姑臧城的早期建设，秦汉以来就与匈奴人关系密切。

关于姑臧城在胡人心目中的地位，我们引用卢水胡的"死敌"鲜卑秃发傉檀说过的一句话来证明：

> 姑臧今虽虚弊，地居形胜，河西一都之会。③

入居姑臧城的沮渠蒙逊不久就"僭即河西王位，大赦境内，改元玄始。置官僚，如吕光为三河王故事"④。古人改元，必有重大祥瑞或重要事件。对于秦汉隋唐这样的统一政权固然如斯，对于五胡十六国政权来说，"建元"与"改元"尤其具有宣示正统性的含义在其中⑤。对于北凉沮渠蒙逊来说，拥有姑臧这座匈奴时代的古城——河西胡族王权的象征之后，改元"玄始"无疑证明了他自己更大的野心。北凉太史赵𫘦制作《玄始历》，甚至影响了北魏与刘宋的历法。⑥

因此，永安的最后两年（实际两年不到）是北凉政权"质"的转变，永安十年（410）至永安十一年（411），也是河西走廊胡族霸主地位从鲜卑转移到卢水胡的重要时间点。

在此之后的北凉疆域，我们引用清儒洪亮吉《十六国疆域志》的说

---

① 齐陈骏等《五凉史略》云："南凉自从进入姑臧以后，就使它成为众矢之的。无休止地与四邻争战使其国力不断消耗。"（甘肃人民出版社 1988 年版），第 130 页。

② 关于姑臧城的研究，可参贾小军《魏晋十六国河西社会生活史》（甘肃人民出版社 2011 年版），第四章"凉州七城十万家"，第 100—116 页。陈力《边境都市から王都へ——后汉から五凉时代にかける姑臧城の变迁》，文载洼添庆文编《魏晋南北朝史のいま》（勉诚出版 2017 年版），第 226—236 页。

③ 《晋书》卷 126《秃发利鹿孤载记》，第 3147 页。

④ 《晋书》卷 129《沮渠蒙逊载记》，第 3195 页。关于北凉年号的意义，参见王素《沮渠氏北凉建置年号规律新探》，载《历史研究》1998 年第 4 期，第 11—26 页。

⑤ 童岭：《五胡十六国前期"列国元年"纪年研究序说》，载水上雅晴编《年号と东アジア：改元の思想と文化》，八木书店 2019 年版。

⑥ 沈约《宋书》将《玄始历》记为《甲寅元历》，见《宋书》卷 98《氐胡传》，第 2416 页。按："甲寅"即公元 414 年干支，北凉玄始三年也。

辞，谓沮渠蒙逊鼎盛时期"郡十六，县可考者四十"。① 《中国行政区划通史·十六国北朝卷》云："北凉承玄二年（429）至永和七年（439）疆域最盛。"② 该书制作了一份承玄三年（430）的地图，先转引如下：

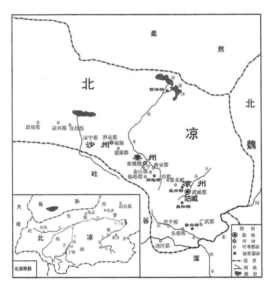

考虑到控制地域大小只是一个政权强弱的重要表征之一，我个人认为北凉在永和年间（433—439，宋文帝元嘉七年至十六年），可能并不是实力最强大的时期。

北凉的实力飞跃期，应该在玄始年间，其中玄始三年（414）与玄始十年（421）分别是两个重要的转折点。

首先考察玄始三年（414），南凉在之前已失掉河西胡族王权象征意义的姑臧，对于崛起的北凉又屡战不胜，国力空虚，于是秃发傉檀让太子秃发虎台守乐都，自己统率为数不多的鲜卑精骑七千倾巢偷袭鲜卑乙弗部，西秦乞伏炽磐趁机攻下南凉最后一个据点乐都，秃发傉檀降，至此南凉灭亡。虽然说南凉灭亡最直接的事件看似与北凉无关，但正如秃发傉檀西征乙弗部之前，臣下孟恺苦劝之辞所谓"连年不收，上下饥弊，南逼炽磐，

---

① 洪亮吉：《十六国疆域志》卷9《北凉》，文海出版社1968年版，第562页。
② 牟发松、毋有江、魏俊杰：《中国行政区划通史·十六国北朝卷》，复旦大学出版社2016年版，第427页。又可参见魏俊杰《十六国疆域与政区研究》，复旦大学出版社2018年版，第424—435页。

北迫蒙逊"。① 沮渠蒙逊获得姑臧之后，对于乐都的秃发鲜卑战略压迫日将加紧②，最终导致南凉的覆灭。③

失去了南凉的缓冲带后，北凉与另一支鲜卑建立的政权西秦即存在直接的冲突。从 414 到 416 两年间，两国进行了规模万人以上的战争，最终沮渠蒙逊在权衡利弊后，于玄始五年（416，东晋义熙十二年）和乞伏炽磐和亲，暂时缓解了北凉东南部的压力，而将卢水胡主力西调，对付西凉政权。

在宋武帝永初元年（420，北凉玄始九年），沮渠蒙逊对外声称讨伐西秦，引兵向姑臧的东南方向进发。而中途却暗地里回师至川岩设伏。西凉后主李歆闻听沮渠蒙逊征伐西秦，即不听臣下劝阻出师张掖，在都渎涧一带，被"攻战之际，身均士卒"④的沮渠蒙逊率领的北凉军队打败。恼羞成怒的李歆不仅不撤退，又在蓼泉与沮渠蒙逊再次决一死战，最终断送了西凉的精锐部队与自己的性命。占有酒泉的沮渠蒙逊，于玄始十年（421）追击西凉余众于敦煌，三面围城而夺之，一举占有整个凉州，控制地域达到鼎盛。李歆的儿子李重耳南奔刘宋，至此五凉唯有北凉独霸河西。

也就是说，在玄始十年之后，北凉一度掌控了地域面积超过 11 万平方公里的河西走廊，除此之外，高昌地区也进入了北凉沮渠氏的势力范围之内。据新疆博物馆考古队 1975 年开始发掘、1978 公布的《吐鲁番哈喇和卓古墓群发掘简报》，记载该十六国高昌郡古墓群出土的北凉文书，时间最早的就是玄始十一年（422），名为《北凉玄始十一年马受条呈为出酒事》（75TKM91：18〈a〉）⑤，也就是西凉被灭后的一年不到，北凉即对高

① 《晋书》卷 126《秃发傉檀载记》，第 3155 页。

② 同是孟恺有云："蒙逊初并姑臧，凶势甚盛。"见《晋书》卷八一百二十六《秃发傉檀载记》，第 3156 页。

③ 秃发傉檀之子秃发破羌，南凉国灭后逃至北魏，被赐姓名为源贺。公元 439 年，北魏讨灭北凉，以源贺为向导。

④ 《资治通鉴》卷 118《晋纪四十》，中华书局 1956 年版，第 3728 页。

⑤ 新疆博物馆考古队：《吐鲁番哈喇和卓古墓群发掘简报》，《文物》1978 年第 6 期，第 3 页。需要说明的是，这份文书记载时间是玄始十一年十一月，并不是"民用"器物，而是"军用"酒的记账。

昌地区开始了有效的文书行政，西域三十六国则遣使朝贡①。至此，北凉国土达到甚至超过了今天保加利亚国土面积，或朝鲜半岛二分之一面积的程度。虽然对于北魏或东晋刘宋来说，北凉的"正统性"低其一格，但作为一个古代政治史范畴的王权国家，它的存在绝不仅仅是一个"地方政权"而已。

三　在晋帝与魏主之间：两份上表文的周边

沮渠蒙逊在面对晋帝（以及此后的宋武帝刘裕）、北魏国主外交问题之前，最大的一个名义上的"宗主国"是后秦。

> 姚兴遣使人梁斐、张构等拜蒙逊镇西大将军、沙州刺史、西海侯。时兴亦拜秃发傉檀为车骑将军，封广武公。蒙逊闻之，不悦，谓斐等曰："傉檀上公之位，而身为侯者何也！"构对曰："傉檀轻狡不仁，款诚未著，圣朝所以加其重爵者，褒其归善即叙之义耳。将军忠贯白日，勋高一时，当入谐鼎味，匡赞帝室，安可以不信待也（中略）。"蒙逊曰："朝廷何不即以张掖见封，乃更远封西海邪？"构曰："张掖，规画之内，将军已自有之。所以远授西海者，盖欲广大将军之国耳。"蒙逊大悦，乃受拜。②

历来论史者，往往被后秦使者张构的"捷对"所吸引。其实我对此段史料更想强调两点：第一，沮渠蒙逊的"镇西大将军、沙州刺史、西海侯"是他自行称王前，从中原政权获得的最重要的官职与爵位。第二，沮渠蒙逊对于秃发傉檀获得比他高一等的"广武公"爵位耿耿于怀，其实背后存在着如本文第二节分析的：河西走廊匈奴与鲜卑两者争夺胡族霸权的含义在其中。

然而与面对后秦相比，如何面对南北争雄的晋（宋）、北魏两大政权，是沮渠蒙逊执政中期以后的最大问题之一。

---

① 沈约云："鄯善王比龙入朝，西域三十六国皆称臣贡献。"参见《宋书》卷98《氐胡传》，第2414页。
② 《晋书》卷129《沮渠蒙逊载记》，第3193—3194页。

首先，在击败南凉取得姑臧城后，随即是北凉"永安"年号的结束与"玄始"年号的开始，在412年这一关键年份，即位"河西王"的沮渠蒙逊遣使北魏，《魏书·沮渠蒙逊列传》云：

> 永兴中，蒙逊克姑臧，迁居之。改号玄始元年，自称河西王，置百官丞郎以下，频遣使朝贡。①

这是北魏方面史书记载的北凉最早朝贡时间，以"频"字为界，起始点应该就是玄始元年（412）。

而面对南方"重塑中国"②的正统政权东晋，沮渠蒙逊也保持了"形式"上的谦恭。首先，《晋书·沮渠蒙逊载记》记录晋益州刺史朱龄石遣使来聘，第二年沮渠蒙逊遣舍人报聘益州，并上表云：

> 上天降祸，四海分崩，灵耀拥于南裔，苍生没于丑虏。陛下累圣重光，道迈周汉，纯风所被，八表宅心。臣虽被发边徼，才非时隽，谬为河右遗黎推为盟主。臣之先人，世荷恩宠，虽历夷险，执义不回，倾首朝阳，乃心王室。去冬益州刺史朱龄石遣使诣臣，始具朝廷休问。承车骑将军刘裕秣马挥戈，以中原为事，可谓天赞大晋，笃生英辅。臣闻少康之兴大夏，光武之复汉业，皆奋剑而起，众无一旅，犹能成配天之功，著《车攻》之咏。陛下据全楚之地，拥荆扬之锐，而可垂拱晏然，弃二京以资戎虏！若六军北轸，克复有期，臣请率河西戎为晋右翼前驱。③

《晋书·沮渠蒙逊载记》并没有记录这份上表文的时间，而《资治通鉴》《宋书》也均未收录。不过我们可以从文本信息推测这份上表文的大致时段。"谬为河右遗黎推为盟主"，暗含了此时沮渠蒙逊已经成为"河西王"，即玄始元年（412）；而"承车骑将军刘裕秣马挥戈，以中原为事"，这一加点引文，则涉及义熙年间刘裕北伐后秦事。笔者曾在台北汇报《义

---

① 《魏书》卷99《沮渠蒙逊列传》，第2204页。

② "重塑中国"这个词汇参考何肯（Charles Holcombe）的学说，参何肯著《在汉帝国的阴影下：南朝初期的士人思想与社会》，卢康华译，中西书局2018年版，第一章"导论：重塑中国"，第1—4页。

③ 《晋书》卷129《沮渠蒙逊载记》，第3196—3197页。

熙年间刘裕北伐的天命与文学》一文，指出刘裕北伐之经纬①。若以沮渠蒙逊此文推测，此时当在刘裕成为"中外大都督"准备北伐之后（义熙十二年三月，416），收复洛阳之前（义熙十二年十月，416）。即可以认为：北凉第一次正式上表东晋的时间（416），是在第一次朝贡北魏之后（412）的四年。

"先魏后晋"这一表征，背后蕴含着的是地缘政治的影响力。北凉第一次出使北魏，恰逢北魏明元帝拓跋嗣在位期间，拓跋嗣时期的对外策略，相对于之前的道武帝（拓跋珪）以及之后的太武帝（拓跋焘），无疑是相对收缩与保守的，但即便如此，蒸蒸日上的北魏国力也使得沮渠蒙逊选择将北魏外交置于首要位置。

此外，东晋末年与北魏的冲突由于多重原因（如拓跋嗣的畏惧刘裕心理；中间存在南燕、后秦等缓冲国等），远不如刘宋与北魏的冲突激烈。因此，沮渠蒙逊才可以在遣使北魏的同时，试探性地询问晋帝（其实是询问刘裕）"臣请率河西戎为晋右翼前驱"。

而实际上刘裕北伐后秦成功后，沮渠蒙逊的反应甚为激烈。杀了报信的门下郎刘祥，盛怒云：

> 古之行师，不犯岁镇所在。姚氏舜后，轩辕之苗裔也。今镇星在轩辕，而裕灭之，亦不能久守关中。②

如果从南方朝廷的视角来看，将上表晋帝理解为"正"，那么上举沮渠蒙逊的言行无疑是"反"。紧接着面对南方刘宋代晋的时代巨变，沮渠蒙逊再次以"正"的姿态表示了对南朝的恭顺，连续得到了宋武帝、少帝、宋文帝的封号，列举如下：

A：宋武帝→使持节、散骑常侍、都督凉州诸军事、镇军大将军、开府仪同三司、凉州刺史、张掖公。

B：宋少帝→侍中、都督凉秦河沙四州诸军事、骠骑大将军、领护匈奴中郎将、西夷校尉、凉州牧、河西王、开府、持节如故。

---

① 童岭：《义熙年间刘裕北伐的天命与文学》，《"刘宋的文本世界：跨学科的探索"学术研讨会论文集》，"中央研究院"中国文哲研究所，2018年，第73—98页。
② 《晋书》卷129《沮渠蒙逊载记》，第3198页。

C：宋文帝→元嘉三年，改"骠骑"为"车骑"。①

我们看一下宋初三帝给予沮渠蒙逊封号的时间点，A 是永初几年，尚无定说②。要之在 420—422 年之间，即北凉玄始九年至十一年间。倘若展开推测，我以为沮渠蒙逊遣使入建康，当以平李氏西凉为由，也就是玄始十一年（宋武帝永初三年）；以下 B 和 C，于《宋书》都有明确纪年，即公元 423 年（少帝景平元年，北凉玄始十二年）和公元 426 年（文帝元嘉三年，北凉玄始十五年）。

宋少帝在短暂的在位期间，为何将沮渠蒙逊的地位大力提升（由"公"至"王"）？缘由恐怕是北魏明元帝拓跋嗣不听崔浩劝告，在宋武帝刘裕去世后急攻刘宋河南驻防地区（滑台、虎牢、碻磝等）③，特别值得一提的是，刘宋镇守虎牢的名将毛德祖在孤立无援被俘至北方，后病逝于代北。他在代北妻子张氏的石椁，曾经于 2018 年 12 月底在南京博物院"琅琊王：从东晋到北魏"特展展出，我在 2019 年 1 月 8 日带队南京大学的同学去参观，得南博策展人左骏先生讲解，在石椁前驻足良久，一方面感慨这份融合了胡汉风格的艺术精品，另一方面思绪上溯到宋武帝去世之后的河南战场。总之，在宋少帝及文帝初年，面对北魏的压力，刘宋方面则亟须在北方寻找能够牵制北魏的盟友。

北凉玄始后期至承玄年间，面对的实际压力依旧是北魏，外交的首要重点也是北魏。用当时西秦国主乞伏炽磐的话说，即为：

> 今宋虽奄有江南，夏人雄踞关中，皆不足与也。独魏主奕世英武，贤能为用，且谶云，"恒代之北当有真人"，吾将举国而事之。④

西秦不仅是这么说的，也是这么做的。西秦乞伏暮末在国家被北凉逼迫无奈之际，曾经正式准备举国投降北魏，只不过道路为大夏赫连定所阻，身死国灭。

同样，沮渠蒙逊也对北魏称臣。北魏神䴥中，沮渠蒙逊几乎是在派遣

---

① 《宋书》卷 98《氐胡传》，第 2414—2415 页。
② 齐陈骏等系年于永初二年（421），见齐陈骏《五凉史略》附录《五凉大事年表》，第 191 页。
③ 具体经纬，参考《资治通鉴》卷 119《宋纪一》，第 3747—3754 页。
④ 《资治通鉴》卷 119《宋纪一》，第 3757 页。

使者南下建康朝贡宋文帝的同时，派遣使者去平城朝贡太武帝，上表文曰：

> 伏惟陛下天纵睿圣，德超百王，陶育齐于二仪，洪其隆于三代。然钟运多难，九服纷扰，神旗暂拥，车书未同。上灵降祐，祚归有道，纯风一鼓，殊方革面。群生幸甚，率土齐欣。臣诚弱才，效无可录，幸遇重光，思竭力命。（中略）臣历观符瑞，候察天时，未有过于皇魏，逾于陛下。加以灵启圣姿，幼登天位，美咏侔于成康，道化逾于文景。方将振神网以掩六合，洒玄泽以润八荒。况在秦陇荼炭之余，直有老臣尽效之会。①

这份上表文，与呈上给东晋的上表文相比，两者背后的意图都在于为北凉获得更大的政治自由与生存空间。因为拓跋焘此时尚要对付北燕与大夏两个更直接的敌人，加之在义和元年（431），沮渠蒙逊又遣子沮渠安周入平城内侍，所以北魏遣太常李顺持节拜沮渠蒙逊为：

> 假节，加侍中，都督凉州、西域羌戎诸军事，太傅，行征西大将军，凉州牧，凉王。②

如果对比沮渠蒙逊玄始年间从刘宋获得的封号，那么，义和年间从北魏获得的封号可谓旗鼓相当。同时李顺带去的魏帝册文有"建天子旌旗，出入警跸，如汉初诸侯王故事"一句，可以认为一直到北凉义和年间（也就是沮渠蒙逊去世之前），河西走廊这一卢水胡政权通过在南北二帝之间的双向投靠，获得了极大的政治利益。

刘勰《文心雕龙·章表篇》云："原夫章表之为用也，所以对扬王庭，昭明心曲。既其身文，且亦国华。章以造阙，风矩应明；表以致禁，骨采宜耀。（中略）表体多包，情伪屡迁，必雅义以扇其风，清文以驰其丽。"③是以六朝人的眼光来看，因为上表文的体制"多包"，也就是能够涵盖很

---

① 《魏书》卷99《沮渠蒙逊列传》，第2204—2205页。
② 同上书，第2205页。
③ 刘勰著，范文澜注：《文心雕龙注》卷5《章表》，人民文学出版社1956年版，第408页。又可参周勋初《文心雕龙解析》，凤凰出版社2015年版，第350—362页。

多方面，因此其内容的真实与虚伪反而是游离不定的，也就是"情伪屡迁"。从沮渠蒙逊分别给晋帝与魏帝的两份上表文来考察，确实达到了刘勰所云"华实相胜，唇吻不滞"。

四 天梯山沮渠蒙逊"为母造丈六石像"的时间

2018 年 10 月 9 日，《光明日报》"文化新闻版"刊载了《武威天梯山新发现佛造像与北凉王"为母造丈六石像"契合》一文①，恰好一天之后，我随"凉州文化与丝绸之路国际学术研讨会"会议代表们亦一起考察了天梯山。

该篇报道的核心内容如下：

> 9 月 22 日，宁强在甘肃武威市南边的天梯山石窟寺考察研究时发现了这尊佛像，该佛像位于一个方形殿堂窟内正壁中央，身体略微前倾，体型饱满厚重，头部已经严重毁损，但身躯保存较为完整。佛像双腿并立，右臂斜下垂，左臂抬起（已残），身体两侧有袈裟长袖残痕。特别值得注意的是，该佛像的乳房突出，明显是成年妇女的形体特征。武威古称凉州，河西四郡之一，中国旅游标志"铜奔马"出土地。据古文献记载，北凉王沮渠蒙逊（401—433 年在位）曾在此山崖"为母造丈六石像"，因此，宁强认为，天梯山石窟寺发现的这尊带有明显女性身体特征的佛像正是北凉王沮渠蒙逊为其母祈福所造的"丈六石像"。

上述《光明日报》记者文字，在中古史学者中评判不一，此不赘论。承蒙天梯山石窟管理处的卢秀善主任惠示与《光明日报》报道有关的第 15 窟该尊残像图片，卢氏指出早在 2000 年张学荣《武威天梯山石窟》一书就认为此像与沮渠蒙逊"为母造丈六石像"有关②。笔者对于佛教造像无甚研究，因此本文最后一节，我想浅谈一下所谓沮渠蒙逊"为母造丈六石

---

① （记者）宋喜群：《武威天梯山新发现佛造像与北凉王"为母造丈六石像"契合》，载《光明日报》，2018 年 10 月 9 日 "文化新闻版"。

② 关于第 15 窟佛像的描述，又可参见王奎《石窟之祖：武威天梯山石窟》，甘肃人民美术出版社 2018 年版，第 86 页。

像"的时限。

首先，沮渠蒙逊的母亲车氏，可能是西域胡人①；沮渠蒙逊的妻子彭氏，则可能是羌族人。② 无论是西域胡人还是羌人，中古时代多为信奉佛教的民族。

关于沮渠蒙逊母亲的记载，《晋书·沮渠蒙逊载记》记其卒事，云：

> 蒙逊母车氏疾笃，蒙逊升南景门，散钱以赐百姓。下书曰："孤庶凭宗庙之灵，乾坤之祐，济否剥之运会，拯遗黎之荼蓼，上望扫清气秽，下冀保宁家福。而太后不豫，涉岁弥增，将刑狱枉滥，众有怨乎？赋役繁重，时不堪乎？群望不絜，神所谴乎？内省诸身，未知罪之攸在。可大赦殊死已下。"俄而车氏死。③

汤球《十六国春秋辑补》将这段记事系年于玄始二年（413）④，这一点非常重要，也就是说，如果在此之前沮渠蒙逊建造了"丈六石像"佛像，是为其母祈现世福；如果在此之后沮渠蒙逊建造了"丈六石像"佛像，那么就是为亡母祈求冥福。

下面接着考察天梯山石窟若干问题。

天梯山在形成佛教石窟之前，似乎就是姑臧南部的著名隐居之所，北凉的第一任君主段业，在尚为吕光臣下时，曾经不满吕光治理无方而隐居于此，作《九叹》《七讽》以示心志。清人张珌美《五凉全志》云："武威，天梯横其南，层峦峻峭，周蔽诸夷。"又云："天梯山，县正南八十里，上古城南。"⑤

天梯山石窟又称"凉州石窟"，被宿白先生称为"凉州模式"的典型石窟遗址⑥。石窟位于武威市区南部50公里外的祁连山山脉中，市区出

---

① 周伟洲：《试论吐鲁番阿斯塔那且渠封载墓出土文物》，载《考古与文物》1980年第1期。又载周伟洲《西域史地论集》，兰州大学出版社2012年版。
② 王素：《北凉沮渠蒙逊夫人彭氏族属初探》，载《文物》1994年第10期，第43—47页。
③ 《晋书》卷129《沮渠蒙逊载记》，第3196页。
④ 《十六国春秋辑补》卷96《北凉录二》，第662页。
⑤ 张珌美总修，张克复等校注：《五凉全志校注》第一卷《智集·武威县志·地理志》，甘肃人民出版社1999年版，第21页。
⑥ 宿白：《凉州石窟遗迹与"凉州模式"》，《中国石窟寺研究》，生活·读书·新知三联书店2019年版。

发，车程约两个小时。沮渠蒙逊及其后继者沮渠牧犍均是虔诚的佛教信奉者①，这一点毫无疑问。五凉政权，多有崇敬佛教的君主。②

唐代道宣《集神州三宝感通录》卷中"北凉河西王南崖塑像缘"条，同条又见于唐代道世《法苑珠林》卷十三，其有云：

> 凉州石崖塑瑞像者，昔沮渠蒙逊以晋安帝隆安元年（397）据有凉土，三十余载，陇西五凉，斯最久盛。专崇福业，以国城寺塔，终非久固。古来帝宫，终逢煨烬，若依立之，效尤斯及。又用金宝，终被毁盗，乃顾眄山宇，可以终天。于州南百里，连崖绵亘，东西不测，就而斲窟，安设尊仪，或石或塑，千变万化。有礼敬者，惊眩心目。③

早期中古佛教的弘扬，据《续高僧传》记载慧远对答北周武帝的话，一方面靠"赖经闻佛"（翻译佛经），另一方面靠"借像表真"（修造佛像）④。前者根据杜斗城《北凉译经论》的研究，北凉是十六国中除了后秦译经最多的国家。⑤ 后者，则主要表现在佛像的建造上。宿白认为道宣此处"凉州石崖瑞像"就是后文涉及的"丈六石像"⑥。

又，上述《集神州三宝感通录》与《法苑珠林》的记载，并不能体现一个精准的北凉佛像建造时间。而"昔沮渠蒙逊以晋安帝隆安元年据有凉土"一句也很有问题，因为那时是北凉的第一位君主段业的神玺元年（397），沮渠蒙逊尚未获得北凉的最高领导权。

《法苑珠林》在上一条后，随即又有"北凉沮渠丈六石像现相缘"

---

① 镰田茂雄谓而沮渠蒙逊对待宗教，"一面是利用，一面是拥护"。镰田茂雄：《中国佛教通史·第三卷》，第一章"大乘经典的传来与入竺求法僧的活跃"，关世谦译，佛光出版社1986年版，第48页。

② 冯培红：《五凉的儒教与佛教——从石窟的早期功能谈起》，载《兰州学刊》2006年第1期，第50—54页。

③ 《集神州三宝感通录》，《大正藏》第52册，第417—418页。同条记载又见于释道世撰，周叔迦、苏晋仁校注《法苑珠林校注》卷13《敬佛篇第六·北凉河西王南崖塑像缘》，中华书局2003年版，第467页。

④ 道宣撰，郭绍林点校：《续高僧传》卷8《隋京师净影寺释慧远传十四》，中华书局2014年版，第282页。

⑤ 杜斗城：《北凉译经论》，甘肃文化出版社1995年版，第175页。又，同氏：《北凉佛教研究》（新文丰出版公司1998年版）的第一章《北凉译经》与前一本书相同。

⑥ 宿白：《凉州石窟遗迹与"凉州模式"》，第437页。

条云：

> 北凉河西王蒙逊，为母造丈六石像于山寺，素所敬重。以宋元嘉
> 六年遣世子兴国攻于罕，大败，兴国遂死于佛氏。逊恚恨以事佛无
> 灵，下令毁塔寺，斥逐道人。逊后行至阳述山，诸僧候于路侧，望见
> 发怒，立斩数人。尔时将士入寺礼拜，此像涕泪横流，惊还说之。逊
> 闻往视，至寺门，举体战悚，如有犯持之者，因唤左右扶翼而进，见
> 像泪下若泉。即稽首礼谢，深自尤责。登设大会，信更精到，招集诸
> 僧，还复本业焉。（中略）今沙州东南三十里三危山，崖高二里，佛
> 像二百八十龛，光相亚发。①

上述史料宋文帝元嘉六年（429），又为北魏神麚二年、北凉承玄二
年、西秦永弘二年。该年五月，沮渠蒙逊伐西秦不利，世子沮渠兴国为乞
伏暮末所俘获，沮渠蒙逊欲以三十万斛粮食赎回沮渠兴国，但是乞伏暮末
不许。所以沮渠蒙逊只得立另一子沮渠菩提——也是充满佛教意味的名
字——为世子。文中"兴国遂死于佛氏"一句，必须联系下一则文献
解读。

如果进行史料溯源的话，上举唐代"为母造丈六石像"记载应该来源
于六朝文献。现可寻者，为梁代慧皎《高僧传》，其卷二《晋河西昙无谶》
记载沮渠蒙逊为母亲造丈六石像事云：

> 河西王沮渠蒙逊僭据凉土，自称为王，闻谶名，呼与相见，接待
> 甚厚。蒙逊素奉大法，志在弘通。（中略）
>
> 至逊伪承玄二年。蒙逊济河伐乞伏暮末于枹罕，以世子兴国为前
> 驱，为末军所败，兴国擒焉。后乞伏失守，暮末与兴国俱获于赫连定
> 定，后为吐谷浑所破，兴国遂为乱兵所杀。逊大怒，谓事佛无应，即
> 遣斥沙门，五十已下皆令罢道。蒙逊先为母造丈六石像，像遂泣涕流
> 泪，谶又格言致谏，逊乃改心而悔焉。②

上举《高僧传》的传主昙无谶（385—433），是中天竺人。初习小乘，

---

① 《法苑珠林》卷13《敬佛篇第六·北凉沮渠丈六石像现相缘》，第467—468 页。
② 释慧皎撰，汤用彤校注：《高僧传》卷2《译经中》，中华书局1992 年版，第77—78 页。

后改习大乘。是大乘佛教经典《大涅槃经》与《大方等大集经》的译者，也精通咒术，因而甚得沮渠蒙逊信赖，他使诸女儿、诸儿媳都从昙无谶学"男女交接之术"①。而《高僧传》史料中所记，乞伏暮末被吐谷浑所破，缘由就是被赫连定邀击（事又见本文第三节之叙述）。乞伏暮末希望内附北魏之后，西部两大势力吐谷浑与北凉都"对北魏采取曲意逢迎的态度"②。在大夏、北凉、西秦、吐谷浑的混战中，沮渠蒙逊的儿子沮渠兴国"被创，数日死"。③

6世纪的《高僧传》与7世纪的《法苑珠林》，一则提及"为母造丈六石像于山寺"，另一则提及"蒙逊先为母造丈六石像"，如果是在其母车氏去世之后方才建造，那么依照六朝初唐的造像记文法④，当列写"亡母"或"几世父母"而不当径云"母"。因此，也就是沮渠蒙逊"为母造丈六石像"祈福的下限时间，就是车氏去世的玄始二年（413）。

接着再尝试推论"为母造丈六石像"的上限时间，据本文第二和第三节论述，可简要归纳为如下三点。

甲：南凉的覆灭，使得沮渠蒙逊占有姑臧（北凉玄始元年）。

乙：西凉的覆灭，使得沮渠蒙逊领有凉州全土，与西域的交通大大增强。

丙：从西凉覆灭到义和年间，沮渠蒙逊向北魏和刘宋的双向朝贡，使北凉获得了极大的政治安定。

考虑到天梯山石窟的地理位置，也就是只有在获得姑臧城的绝对控制权之后，沮渠蒙逊才有可能"为母造丈六石像"，因此，其上限时间就是玄始元年（412）。故而石佛像的建造时限，就在一年之间（玄始元年——玄始二年）。沮渠蒙逊及其卢水胡部族崇尚佛教⑤，由来已久⑥，因此可以

---

① 《魏书》卷99《沮渠蒙逊传》，第2208页。

② 前田正名：《平城历史地理学研究》，李凭等译，书目文献出版社1994年版，第142页。

③ 《宋书》卷98《氐胡传》，第2415页。

④ 关于造像记的研究，请参侯旭东《五、六世纪北方民众佛教信仰》，中国社会科学出版社1998年版。

⑤ 对于整个卢水胡佛教的信仰，刘淑芬还特别注意到了北魏卢水胡盖吴起义与佛教的关系，参见刘淑芬《中古的佛教与社会》，上海古籍出版社2008年版，第25—36页。

⑥ 在公元439年姑臧北凉政权被北魏攻灭后，沮渠牧犍诸兄弟犹在河西走廊的西部抵抗，尤其是在吐鲁番建立的高昌北凉。虽然在夹缝中生存，但依然崇敬佛教。参见荣新江《〈且渠安周碑〉与高昌大凉政权》，北京大学出版社1998年版，第65—92页。

在进驻姑臧短短的一年内，为"河西王太后"建造了一尊丈六石佛像。

上举《光明日报》报道尚有云：

> 为母亲祈福造像，既是行孝，也是崇佛。沮渠蒙逊为母亲造的这尊带有女性特征的佛像，反映了彼时佛教信仰的一个重要观念，即把统治者与佛陀等同起来。（中略）因此，北凉王沮渠蒙逊用"女身佛像"来对应他尊敬的母亲（皇太后），也应该是这种流行观念在石窟造像上的反映。

是否"为母造丈六石像"就一定是塑造了"王太后"（不是《光明日报》所谓"皇太后"，沮渠蒙逊未称过帝）的女性佛像呢？我觉得这是一种过度解读，同时也因为记者对"为……造……"这样的典型北朝造像记句式的不了解。我们从大量的北朝造像记中简要列出几种：

> 为父前邢邢（？）令、亡母王造兹石浮图、大涅槃经一部。（《太平真君三年四月十八日鲍纂造像记》）
> 为七世父母、所生、因缘敬造弥勒佛一躯。（《永平三年九月四日尼法庆造像记》）
> 上为皇家，右为亡父母、亡兄，右为身，并及居家眷属，敬造石像一躯。（《延昌三年七月九日刘归安造像记》）
> 为家口造石像一区。（《正光二年七月二日扈豚造像记》）

著名的《杨大眼造像记》亦云：

> 遂为孝文皇帝造石像一区，凡及众形，罔不备列。①

又如，2018 年末在南京博物院举办的"琅琊王：从东晋到北魏"特展，展出北魏《邑主吕双造像碑》，该碑一面有释迦佛，下有 7 行供养人立像。碑文右侧造像记铭文云：

> 神龟元年岁在戊戌，九月癸未朔三日乙酉，□邑主吕双都唯那造

---

① 2017 年 5 月，南京大学博物馆举办"楮墨留真：南京大学藏金石拓片展"，展出有《杨大眼造像记》原拓一幅，"一区"二字略有损，但"为……造……"句式赫然可见。

石像一区，上为国主，下为州郡令长、察土人民、邑子家眷老者承福求道。①

这样加点的"为……造……"（或者是"造"字提前格）句式，如果按照《光明日报》的理解，就会与"为"字后的祈愿人物的形象相同吗？虽然北朝隋唐有极少数将帝王面容对应为佛像的做法（如龙门奉先寺卢舍那大佛面容与武则天面容的关系）②，但也仅限于面容。而《光明日报》所叙述的，那种将祈愿人物（男女性别特征、身体形象、衣饰等）全部塑造成佛像的做法——这无疑是不可思议的奇谈。

根据研究造像记的学者考证，这些"为……造……"的佛像都有一定的类型，如释迦造像、弥勒造像、观世音造像、无量寿造像、卢舍那造像等③，绝非想当然的根据祈愿人的"个人形象"去建造佛像。上举数则北朝造像记史料，虽然时代略晚于北凉，但其提及的"石像一区"，也大多指释迦等约定俗成的造像。

又，笔者曾经于2011年在台北故宫博物院看过一件北魏太和元年铜鎏金释迦牟尼佛坐像精品，台座有造像记云：

太和元年九月十日，安熹县堤阳□□愿己身为□□母造释加闻佛。④

这里同样也是"为母造"的佛像，但明确点出了是释迦牟尼佛。沮渠蒙逊"为母造丈六石像"虽然史料没有指明是建造什么佛，然而，崇尚佛教的沮渠蒙逊周边又有昙无谶这样一流的高僧在，几乎不太可能如《光明日报》所谓：为其母建造一尊"带有明显女性身体特征的佛像"。

同样，中古语法里面"为……造……"的句式，不仅见于北方的佛国

---

① 南京博物院编：《琅琊王：从东晋到北魏》，译林出版社2018年版，第144—145页。

② 童岭：《炎凤朔龙记——大唐帝国与东亚的中世》，第五章第四节《大云经与女帝》，商务印书馆2014年版，第124页。

③ 上举侯旭东著作中篇《造像记所见民众信仰研究》。较新研究可参见仓本尚德《北朝佛教造像铭研究》，法藏馆2016年版。

④ 录文参见《精彩一百 国宝总动员》，台北"故宫博物院"2011年版，第82页。

北凉①，还见于南方的佛国——梁②。《建康实录》有云：

> 是岁，魏明帝正光元年也。置大爱敬寺，西南去县十八里，武帝为太祖文皇帝造。大通四年，又造一丈六尺旃檀像，量之剩二尺，成丈八形，次衣文及手足，更重量，又剩一尺五分。③

　　文中所谓"是岁"，是天监十九年春正月④，改元为"普通元年"（520），该年七月，北魏孝明帝改元"正光元年"。而"为……造……"句式也很明显指出这一造像行为是建造"旃檀佛像"，绝不是模仿其父形象而造佛。因此，我们解读沮渠蒙逊"为母造丈六石像"时，不能单纯按照字面理解为：为她的母亲塑造了一尊女性佛像。

---

① 汤用彤云："北凉沮渠氏，本可谓为佛法之国家。"说见汤用彤《汉魏两晋南北朝佛教史》，第 14 章《佛教之北统》，北京大学出版社 1997 年版，第 348 页。

② 陈金华：《梁武帝内道场中的无遮大会》，载民著《佛教与中外交流》，中西书局 2016 年版，第 123—168 页。

③ 许嵩撰、孟昭庚等点校：《建康实录》卷 17《梁高祖武皇帝》，上海古籍出版社 1987 年版，第 476 页。

④ 有学者认为，"历史上并不存在天监十九年这一年"。说见麦谷邦夫《梁天监十八年纪年有铭墓砖和天监年间的陶弘景》，载日本京都大学人文科学研究所编《日本东方学·第一辑》，中华书局 2007 年版，第 93 页。但是，我以《建康实录》此处史料以及出土墓砖来考察，"天监十九年"是存在过的，但不是存在过"一年"这一时间单位而已。

沮渠氏的早期发展及卢水胡之内争

朱艳桐

浙江大学人文学院历史学

十六国时期民族纷繁，政权林立，北凉能称霸一方并非偶然，得益于沮渠氏卢水胡的早期发展。五胡时期，即使地域邻近的相同民族不同部族间也多处于对立状态，如秃发鲜卑、乞伏鲜卑。沮渠氏与张掖、临松一带的马氏卢水胡族也存在矛盾。

一　卢水胡沮渠氏的兴起

居延新简 74. E. P. T22：696、42、322、43 记载了"属国秦胡、卢水士民"，① 《秦汉南北朝官印征存》载卢水印信有"汉卢水仟长""汉卢水佰长"，② 汉时卢水胡已经进入中原王朝视野。《三国志·张既传》载"凉州卢水胡伊健妓妾、治元多等反，河西大扰"，③ 说明三国时期凉州卢水胡颇有势力。《秦汉南北朝官印征存》载晋时有"晋卢水率善邑长""晋卢水率善佰长""晋卢水率善仟长""晋卢水归义王"之印。④ 卢水胡被封归义王，其势力当获得了进一步发展。《宋书》记载"晋武帝泰始八年（272）十月，泸水胡王彭护献嘉禾"，⑤ 彭护即彭荡仲之子彭夫护，为安定

---

① 甘肃省文物考古研究所编，薛英群、何双全、李永良注：《居延新简释粹》，兰州大学出版社 1988 年版，第 62—63 页。

② 罗福颐主编，故宫博物院研究室玺印组编：《秦汉南北朝官印征存》，文物出版社 1987 年版，第 219 页。

③ 陈寿撰，裴松之注：《三国志》卷 15《魏书·张既传》，中华书局 1982 年版，第 474 页。

④ 罗福颐主编：《秦汉南北朝官印征存》，第 345—346 页。

⑤ 沈约：《宋书》卷 29《符瑞下》，中华书局 1974 年版，第 828 页。

卢水酋豪。① 史料记载与出土文物均可证明晋时卢水胡称王一方。

《宋书·大且渠蒙逊传》记载：

> 蒙逊高祖晖仲归，曾祖遮，皆雄健有勇名。祖祁复延，封狄地
> 王。父法弘袭爵，符氏以为中田护军。②

蒙逊之高祖、曾祖"雄健有勇名"，当是其部族有一定势力，当并不强盛，尚未为中原王朝重视。其祖获封王爵，则说明沮渠氏卢水胡已有相当实力。传世史料未记载祁复延封王的时间，按照世系计算大致相当于前凉时期。周济撰《晋略·国传十·北凉沮渠氏》记载："祖祁复延，当后赵时，封北地王。"③《晋略》只说"当后赵时"，可理解为后赵册封，亦可理解为相当于后赵立国 319 至 351 年之间沮渠氏获得册封。黄烈认为法弘封王袭爵大致是西晋、前凉时期的事。④ 园田俊介认为祁复延被封王可能是在张祚 354 至 355 称帝这两年间。⑤ 魏军刚认为是在前凉时期。⑥ 前凉曾先后向西晋、前赵刘曜、后赵石勒、东晋、前秦称臣，并接受官职，⑦那么张掖一带的卢水胡也是这几国名义上辖区内的臣民。东晋余归对张重华言："故王陵曰：'非刘氏而王，天下共伐之。'至于戎狄，不从此例"，⑧ 虽然两晋异姓不王，但戎狄并不在此例。"北地王""狄地王"称号明显带有异族君长官爵的特征，因此西晋、前凉、前赵、后赵、东晋、前秦诸国均可能授予河西沮渠氏此称号。

祁复延所封"狄地王"，《宋书》注释"狄地王，《晋书·载记》作北

---

① 姚薇元：《北朝胡姓考（修订本）》，中华书局 2007 年版，第 396 页。

② 《宋书》卷 98《氐胡传·胡大且渠蒙逊传》，第 2412 页。

③ 周济：《晋略·国传十·北凉沮渠氏》，《四部备要》史部第 45 册，中华书局 1936 年版，第 385 页。

④ 黄烈：《中国古代民族史研究》，人民出版社 1987 年版，第 313 页。

⑤ 园田俊介：《北凉沮渠氏と河西社会—北凉建国以前の沮渠氏を中心として—》，《西北出土文献研究》第 8 号，2010 年。

⑥ 魏军刚：《后凉政权与淝水战后的河西政局》，硕士学位论文，西北师范大学，2015 年，第 51 页。

⑦ 两晋册命前凉统治者多为都督诸军事、将军、凉州刺史（或凉州牧）、西平公。前赵刘曜封张茂为都督凉南北秦梁益巴汉陇右西域杂夷匈奴诸军事、凉州牧、凉王，册命张骏为凉州牧、凉王。后赵册命张骏为武威郡公。前秦苻坚册命张天锡为西平公、凉州刺史、骠骑大将军、都督河右诸军事。

⑧ 《晋书》卷 86《张轨附重华传》，中华书局 1974 年版，第 2244 页。

地王",① 然《晋书》并未见蒙逊祖辈的记载。《北史》写作"伏地王",②
"伏"字可能是"狄"字的误书。崔鸿撰，汤球辑《十六国春秋辑补》记载
为"北地王"。③ 屠乔孙、项琳辑本记为"北地王"，注曰"北，一作狄，又
作乞"。④ 综上，祁复延的封号主要有"狄地王""北地王"两种记载。

"北地"与卢水胡的联系非常紧密，较能说明此问题的是北魏世祖时
期"卢水胡盖吴聚众反于杏城"一事。《宋书·索虏传》记载盖吴为"北
地泸水人"，宋文帝诏书称之为"北地盖吴"，并加爵"北地郡公（北地
公）"。⑤ 盖吴出自杏城卢水胡。杏城在今陕西黄陵县，是盖姓卢水的聚居
地之一。⑥ 北魏时期，杏城长期置军镇，盖吴起义平定后，大批护军改置
郡县，但杏城仍保留军镇体制，直到太和十五年（491），北魏才置东秦
州，治杏城，领中部郡、敷城郡。⑦ 北魏时期北地郡治陕西铜川耀州区，
杏城并非北地郡下治县，在行政上不存在隶属关系，那么史书将杏城盖吴
记载为"北地卢水"当另有原因。

唐长孺曾说"所云北地人恐是指其族类，并非居于北地，正如称盖吴
为北地泸水人一样"，又说"北地似亦指杂胡之旧居北地者"。⑧ 赵永复根
据居延汉简有"属国秦胡卢水"的记载，推测北地卢水之北地是指秦时期
北地郡内的卢水胡。秦北地郡治今甘肃庆阳西南。⑨ 赵向群、方高峰认为：

---

① 《宋书》卷98《氐胡传·胡大且渠蒙逊传》，第2420页。

② 李延寿：《北史》卷93《僭伪附庸·大沮渠蒙逊传》，中华书局1974年版，第3082页。

③ 崔鸿撰，汤球辑：《十六国春秋辑补》卷95《北凉录一》，《丛书集成初编》3819，商务印
书馆1936年版，第653页。

④ 崔鸿撰，屠乔孙、项琳辑：《十六国春秋》卷94《北凉录一》，文渊阁《四库全书》史部载
记类（第463册），上海古籍出版社2003年版，第1058页。

⑤ 《宋书》卷95《索虏传》，第2339、2341页。《魏书》卷97《岛夷刘裕传》，中华书局
1974年版，第2137页。

⑥ 《魏书》卷4下《世祖纪下》记载"酒泉公郝温反于杏城，杀守将王幡。县吏盖鲜率宗
族讨温，温弃城走，自杀"（第98页），杏城县吏盖鲜为卢水胡人。《魏书》卷43《唐和附唐玄达
传》载"杏城民盖平定聚众为逆"（第963页）。陕西黄陵县香坊石窟外左壁供养人像中间有姓名
题记四行"盖阿默一心 盖父里□一心 息林迳一心 息道奴一心 息石生一心 息何回一心……"右壁
像中间姓名题记"媳盖机女 媳盖阿香 息似先上□ 母王阿清 母王明姬……"李淞判断杏城香坊石
窟附近应是卢水胡居住的一个主要地点（《陕西古代佛教美术》，陕西人民教育出版社2000年版，
第15—16页）。

⑦ 戴卫红：《盖吴起义与关中地方行政体制变革》，《中国史研究》2009年第3期。

⑧ 唐长孺：《魏晋杂胡考》，《魏晋南北朝史论丛》，河北教育出版社2000年版，第390、405页。

⑨ 赵永复：《关于卢水胡的族源及迁移》，《西北史地》1986年第4期。

"政府为便于管理内迁的'羌胡',则往往在他们的部种前加上现居籍贯,形成现籍、原籍、种族三位一体的复合式族名。"① 赵以武同意唐先生的观点:"'北地胡'一般指流动于两汉时北地边境内的卢水胡、鲜卑族等北部少数族。"② 由是观之,"北地卢水"之北地可能表示卢水胡人的旧居地,与魏晋时期陕西境内的北地郡关系不大,而史书仍记之为北地卢水,则是一种种族称呼的延续。《后汉书》记载汶山郡"北有黄石、北地卢水胡,其表乃为徼外"。③《华阳国志》载元康八年(298)"汶山兴乐县黄石、北地卢水胡成豚坚、安角、成明石等与广柔、平康、文降刘紫利羌有仇",④ 汉晋时期的北地郡与汶山郡无甚关系,但这一族群一直被称为"北地卢水"。

基于"北地"与卢水胡的紧密关系,笔者倾向沮渠蒙逊祖父所获封爵位可能是"北地王"。无论其爵号为何,沮渠氏的封王说明张掖一带卢水胡族的势力已有所扩大。

沮渠蒙逊之父法弘承袭祁复延爵位,并在前秦任中田护军。相较于"北地王"异族君长类的爵位,中田护军则是被纳入国家支配之下。中田护军的设置是管理此地居住的卢水胡。沮渠蒙逊父亲法弘当是前秦时期张掖一带卢水胡的首领。

沮渠氏出仕后凉者史书共记载 4 人,分别是沮渠罗仇、沮渠罗仇、沮渠蒙逊、沮渠男成。沮渠罗仇在吕光时期任西平太守,⑤ 392 年以建忠将军身份随吕光征西秦,后升任尚书。晋太元二十一年(396)吕光即天王位,以"中书令王详为尚书左仆射,段业等五人为尚书"。⑥ 沮渠罗仇很可能于396 年与王详、段业等同时升任后凉尚书。沮渠罗仇弟麹粥任后凉三河太守。⑦ 397 年后凉伐西秦,前军新败,沮渠麹粥劝罗仇谋反,罗仇不从,

① 赵向群、方高峰:《卢水胡源起考论》,《简牍学研究》第 1 辑,甘肃人民出版社 1997 年版,第 234 页。
② 赵以武:《关于汉魏晋时期北地郡的变迁》,《中国边疆史地研究》1998 年第 3 期。
③ 范晔撰,李贤等注:《后汉书》卷 86《西南夷·冉駹传》,中华书局 1965 年版,第 2859 页。
④ 常璩:《华阳国志》卷 8《大同志》,王云五主编《丛书集成初编》3188,商务印书馆1939 年版,第 105 页。
⑤《宋书》卷 98《氏胡传·胡大且渠蒙逊传》,第 2412 页。
⑥《晋书》卷 122《吕光载记》,第 3060 页。
⑦ 同上书,第 3061 页。

曰："吾家累世忠孝，为一方所归，宁人负我，无我负人。"①罗仇在沮渠氏后凉任职者中辈分、官职最高，所谓为"一方所归"自是为卢水胡依靠之意。后凉活动的卢水胡人应以罗仇为首。

《晋书·沮渠蒙逊载记》载：

> 蒙逊博涉群史，颇晓天文，雄杰有英略，滑稽善权变，梁熙、吕光皆奇而惮之，故常游饮自晦。②

《宋书·胡大且渠蒙逊传》载：

> 蒙逊代父领部曲，有勇略，多计数，为诸胡所推服。吕光自王于凉州，使蒙逊自领营人配箱直。③

蒙逊先仕前秦凉州刺史梁熙，吕光争夺河西之后，为吕光箱直。箱直又见于吐鲁番文书《北凉真兴七年（425 年）箱直杨本生辞》，辞残存年月及"箱直杨本生辞"半行。④唐长孺指出"箱直当指在官衙内两厢当直的将士，他们属于帐内。北朝后期帐内是主将亲兵的专称"。⑤高昌郡的箱直是守护太守官衙的将士，蒙逊领军营兵士承担吕光的守卫工作。沮渠蒙逊从兄沮渠男成为后凉将军，守晋昌。

沮渠氏入凉为官的四人中沮渠罗仇辈分最长、官职最高，以其为首。男成、蒙逊为沮渠氏下一辈中翘楚，一为将军镇守一方，一为吕光护卫。

二 卢水胡沮渠氏和马氏之争

前文已经指出，沮渠蒙逊的父亲法弘在前秦任"中田护军"，后凉时期蒙逊反吕光：

> 斩光中田护军马邃、临松令井祥以盟。⑥
>
> 罗仇弟子蒙逊叛光，杀中田护军马邃，攻陷临松郡，屯兵金山，

---

① 《晋书》卷 129《沮渠蒙逊载记》，第 3189 页。
② 同上。
③ 《宋书》卷 98《氐胡传·胡大且渠蒙逊传》，第 2412 页。
④ 唐长孺主编：《吐鲁番出土文书》壹，文物出版社 1992 年版，第 61 页。
⑤ 唐长孺：《吐鲁番出土文书中所见的高昌郡军事制度》，《社会科学战线》1982 年第 3 期。
⑥ 《晋书》卷 129《沮渠蒙逊载记》，第 3189—3190 页。

大为百姓之患。①

马邃任后凉中田护军。沮渠蒙逊建立北凉之后，亦置中田护军，并以伯父沮渠亲信担任，"蒙逊伯父中田护军亲信、临松太守孔笃并骄奢侵害"。②《读史方舆纪要》载："临松城，在镇东南。《晋志》'前凉张天锡别置临松郡，太元中吕光置中田护军，镇临松'"，③ 即中田护军治所在临松。临松一带亦是河西卢水胡的大本营，中田护军的设置"主要是用来管理居住在这里的卢水胡，统领戍军及担任镇守"。④

表1　五凉时期"中田护军"任职情况

护军	时代	任职人员
中田护军	前秦	沮渠法弘
	后凉	马邃
	北凉	沮渠亲信

《十六国春秋》记载段业北凉时期门下侍郎、张掖太守马权是"卢水胡人"，⑤ 说明一支卢水胡姓马，后凉中田护军马邃很可能是卢水胡人。中田护军在前秦时由沮渠蒙逊父亲法弘担任，北凉时由蒙逊伯父任，说明此职多由卢水胡本族担任，以本民族首领充任部族管理者是十六国政权较常用之方式。因此，笔者推测马邃亦是卢水胡人。后凉将中田护军职位交给马氏也代表着卢水胡掌控权发生了转移，从沮渠氏转移至了马氏，蒙逊杀马邃除了要反抗吕光外可能也是为了夺回卢水胡的控制权。

沮渠麹粥劝罗仇谋反时曰："吾兄弟素为所惮，与其经死沟渎，岂若勒众向西平"，⑥ 吕光对蒙逊也表现出"奇而惮之"。王仲荦说："居住在张掖的这个部落，在十六国云扰时期，为了要保卫本部落，经过武装过程，逐渐形成为一支武装力量。"⑦ 洪涛认为："这支武装力量在凉州来说，

---

① 《晋书》卷122《吕光载记》，第3061页。
② 《晋书》卷129《沮渠蒙逊载记》，第3193页。
③ 顾祖禹撰，贺次君、施和金点校：《读史方舆纪要》卷63《陕西·甘肃镇》，中华书局2005年版，第2975页。
④ 龚元建：《五凉护军考述》，《敦煌学辑刊》1994年第1期。
⑤ 崔鸿撰，屠乔孙、项琳辑：《十六国春秋》卷97《北凉录四·马权》，第1085页。
⑥ 《晋书》卷129《沮渠蒙逊载记》，第3189页。
⑦ 王仲荦：《魏晋南北朝史》，上海人民出版社1979年版，第312页。

是有举足轻重的地位的。"① 吕光所忌惮的应是沮渠氏背后强盛的胡族力量。后凉将中田护军转交给马氏则可避免沮渠氏世代掌控卢水胡族势力不受节制，中田护军从沮渠氏转交马氏，但权力仍在卢水胡内部流动，不会引起胡族的过激反应。

北凉初建，段业以卢水胡马权为张掖太守，"甚见亲重，每轻陵蒙逊。蒙逊亦惮而怨之"。② 蒙逊起兵之初就杀了马邃，卢水胡马氏与沮渠氏可谓宿敌，段业重用马权替代蒙逊为北凉都城张掖太守，必为蒙逊不喜。蒙逊曾对男成说"所惮惟索嗣、马权"。蒙逊深知段业"信谗爱佞，无鉴断之明"，在段业面前说："天下不足虑，惟当忧马权耳"，很快段业即杀马权。

后凉中田护军马邃可能是卢水胡人，沮渠蒙逊杀马邃一方面是反抗后凉统治，另一方面也可能是为了夺回卢水胡的统领权。马权任段业北凉门下侍郎、张掖太守，为沮渠蒙逊所忌惮，因此蒙逊游说段业杀之。

小　结

河西地区的卢水胡族自汉代兴起，约前凉时期沮渠氏一支获封北（狄）地王。前秦时沮渠蒙逊父亲法弘任中田护军，管理临松一带的卢水胡人。后凉时期多位沮渠氏人物入仕，从中枢机构的尚书到地方的将军均任要职，这也引起了吕光对卢水胡族的忌惮。吕光杀沮渠麹粥引起了沮渠蒙逊、男成的反抗，沮渠男成拥戴后凉建康太守段业自立，是为北凉政权。河西卢水胡的内争主要表现在沮渠氏与马氏之争，中田护军任职者由沮渠氏变为马氏可能也关系到卢水胡族控制权的转移。唐长孺研究屠各的时候指出他们并不注重同族的关系，③ 这样的情况似也适用于卢水胡，特别是在权力争夺之中，同族关系几可忽视。沮渠氏北凉政权中除本氏族外，尚未见到明确的他姓卢水胡人入仕，在这一点上沮渠氏表现出相当强的排他性。

---

① 洪涛：《五凉史略》，中国社会科学出版社1992年版，第96页。
② 《晋书》卷129《沮渠蒙逊载记》，第3191页。
③ 唐长孺：《魏晋杂胡考》，《魏晋南北朝史论丛》，第374页。

北凉职官制度钩沉

贾小军

河西学院河西史地与文化研究中心

北凉发端于后凉末年卢水胡沮渠蒙逊的反吕起义。后凉龙飞二年（397），吕光征讨西秦乞伏干归失败，诿罪于卢水胡酋豪、后凉尚书沮渠罗仇、三河太守沮渠麴粥，制造民族仇杀，成为罗仇弟子沮渠蒙逊起义的导火线。《资治通鉴》记其事曰："初，张掖卢水胡，匈奴沮渠王之后也，世为部帅。凉王光以罗仇为尚书，从光伐西秦。及吕延败死……光果听谗，以败军之罪杀罗仇及麴粥。罗仇弟子蒙逊，雄杰有策略，涉猎书史，以罗仇、麴粥之丧归葬；诸部多其族姻，会葬者凡万余人。蒙逊哭谓众曰：'吕王昏荒无道，多杀不辜。吾之上世，虎视河西，今欲与诸部雪二父之耻，复上世之业，何如？'众咸称万岁。遂结盟起兵，攻凉临松郡，拔之，屯据金山。"① 很快，蒙逊从兄沮渠男成起兵响应。"凉王光遣太原公纂将兵击沮渠蒙逊于忽谷，破之。蒙逊逃入山中。蒙逊从兄男成为凉将军，闻蒙逊起兵，亦合众数千屯乐涫。酒泉太守垒澄讨男成，兵败，澄死。男成进攻建康。"并遣使游说建康太守段业，"业不从。相持二旬，外救不至，郡人高逵、史惠等劝业从男成之请。业素与凉侍中房晷、仆射王详不平，惧不自安，乃许之。男成等推业为大都督、龙骧大将军、凉州牧、建康公，改元神玺。以男成为辅国将军，委以军国之任。蒙逊帅众归业，业以蒙逊为镇西将军。"② 初步建立北凉政权。神玺二年（398），段业使沮渠蒙逊攻克后凉西郡，晋昌太守王德、敦煌太守孟敏皆以郡降，北凉遂有西郡以西河西走廊之地。同年六月，段业徙治张掖。神玺三年（399）

---

① 《资治通鉴》卷 109 安帝隆安元年（397）四月条，第 3452—3453 页。
② 《资治通鉴》卷 109 安帝隆安元年（397）五月条，第 3454—3455 页。《晋书》卷 129《沮渠蒙逊载记》："业以蒙逊为张掖太守，男成为辅国将军，委以军国之任。"（第 3190 页）

二月，"段业即凉王位，改元天玺。以沮渠蒙逊为尚书左丞，梁中庸为右丞"。① 胡三省曰："是为北凉。"② 这标志着北凉政权正式立国。

段业本为沮渠男成拥立，建国后亦颇赖沮渠蒙逊，蒙逊本人又"博涉群史，颇晓天文，雄杰有英略，滑稽善权变"③，很快为段业所疑忌，"业惮蒙逊雄武，微欲远之，乃以蒙逊从叔益生为酒泉太守，蒙逊为临池太守"。"蒙逊既为业所惮，内不自安，请为西安太守。业亦以蒙逊有大志，惧为朝夕之变，乃许焉。"④ 双方矛盾日益激化。蒙逊及从兄男成利用段业"信谗爱佞"的弱点剪除段业羽翼索嗣、马权二人后，于天玺三年（401）四月起兵反抗段业。五月，蒙逊至张掖，段业"左右皆散"，为蒙逊俘杀。胡三省云："北凉段业四年而亡。"⑤《晋书》评价道："（段业）儒素长者，无他权略，威禁不行，群下擅命，尤信卜筮、谶记、巫觋、征祥，故为奸佞所误。"⑥ 六月，沮渠蒙逊受梁中庸、房晷、田昂等人推举，称"使持节、大都督、大将军、凉州牧、张掖公，赦其境内，改元永安"。⑦ 玄始元年（东晋安帝义熙八年，412），沮渠蒙逊迁都姑臧，"僭即河西王位，大赦境内，改元玄始"。⑧ 宋文帝元嘉十年（433），蒙逊薨，子茂虔嗣位，七年而为北魏所灭。《宋书》卷九十八《氐胡传·胡大且渠蒙逊传》记其事曰："（元嘉）十六年闰八月，拓跋焘攻凉州，茂虔兄子万年为虏内应，茂虔见执。茂虔弟安弥县侯无讳先为征西将军、沙州刺史、都督建康以西诸军事、酒泉太守，第六弟武兴县侯仪德为征东将军、秦州刺史、都督丹岭以西诸军事、张掖太守。焘既获茂虔，遣军击仪德，弃城奔无讳。于是无讳、仪德拥家户西就从弟敦煌太守唐儿。焘使将守武威、酒泉、张掖而还。十七年正月，无讳使唐儿守敦煌，自与仪德伐酒泉，三月，克之。攻张掖、临松，得四万余户，还据酒泉。"⑨ 442 年，茂虔次弟沮渠无讳在高

---

① 《资治通鉴》卷 111 安帝隆安三年（399）二月条，第 3488 页。

② 《资治通鉴》卷 111 安帝隆安三年（399）二月条胡注，第 3488 页。

③ 《晋书》卷 129《沮渠蒙逊载记》，第 3189 页。

④ 同上书，第 3191 页。

⑤ 《资治通鉴》卷 112 安帝隆安五年（401）五月条注，第 3523 页。按，段业于东晋安帝隆安元年（397）五月立，隆安五年（401）四月为蒙逊所杀，在位整整 4 年，跨 5 个年头。

⑥ 《晋书》卷 129《沮渠蒙逊载记》，第 3192 页。

⑦ 同上。

⑧ 同上书，第 3195 页。

⑨ 《宋书》卷 98《氐胡传·胡大且渠蒙逊传》，第 2416—2417 页。

昌建立流亡政权，444 年，无讳死，弟沮渠安周代立，460 年被柔然袭杀[①]，国亡。

北凉历段业、沮渠蒙逊、沮渠牧犍三主，凡 43 年，其中段业 4 年（397—401），沮渠蒙逊、牧犍父子 39 年（401—439），若将沮渠牧犍投降北魏后沮渠无讳、沮渠安周流亡酒泉、敦煌、高昌的时间计算在内，则有 64 年（397—460）。《晋书·沮渠蒙逊载记》、各家《十六国春秋》《魏书·卢水胡沮渠蒙逊传》《宋书·且渠蒙逊传》《资治通鉴》、缪荃孙《北凉百官表》、洪亮吉《十六国疆域志》等及今人相关著述，以及 20 世纪以来相关考古发现，为探究北凉职官设置及职官制度变迁提供了重要依据与参考。现据上述资料及相关成果，并参考相关考古资料，对北凉时期职官设置统计如表1：

表1　　　　　　　　　　北凉职官设置一览

执政者	执政者名号	职官		任职者
段业 （397—401 年在位）	大都督、龙骧大将军、凉州牧、建康公	府官	右长史	梁中庸
		武官	辅国将军	沮渠男成
			镇西将军	沮渠蒙逊、臧莫孩
		地方官	沙州刺史	孟敏
			晋昌太守	沮渠男成
			张掖太守	沮渠蒙逊
			酒泉太守	王德
			西安太守	臧莫孩
	凉王	中枢官	尚书左丞	沮渠蒙逊
			尚书右丞	梁中庸
			门下侍郎	马权
			中散、常侍	宋繇

---

①　《魏书》卷101《高昌传》："无讳死，弟安周代立，和平元年，为蠕蠕所并。"（第2243页）《周书》卷50《异域传下·高昌传》："无讳死，蠕蠕杀其弟安周，以阚伯周为高昌王。"（第914页）《资治通鉴》卷129孝武帝大明四年十一月（460）条："柔然攻高昌，杀沮渠安周，灭沮渠氏。"胡注曰："文帝元嘉十六年，魏克凉州，沮渠无讳与弟安周西走，保据高昌，今为柔然所灭。"（第4053页）

执政者	执政者名号	职官		任职者
段业 （397—401 年在位）	凉王	地方官	右将军	田昂
			武卫将军	梁中庸
			右卫将军	索嗣
			安西将军、领护西胡校尉	李暠
		中枢官	酒泉太守	沮渠益生
			张掖太守	马权
			敦煌太守	索嗣、李暠
			西安太守	沮渠蒙逊
			临池太守	沮渠蒙逊
			敦煌护军	郭谦
			沙州治中	索仙
			效谷令	李暠
沮渠蒙逊 （401—433 年在位）	使持节、大都 督、大将军、凉 州牧、张掖公	中枢官	中书侍郎	张穆
			太史令	刘梁
		州官	牧府长史	张潜
		府官	左长史	房晷
			右长史	梁中庸、杨统
			左司马	张骘
			右司马	谢正礼
			从事中郎	李典
		武官	镇军将军	沮渠伏奴
			建忠将军	沮渠挐
			镇南将军	田昂
			辅国将军	臧莫孩[①]
			镇京将军	沮渠益子

---

① 蒋溥等编《御制金薤留真》有北凉"辅国将军章"。罗福颐主编，故宫博物院研究室玺印组编：《秦汉南北朝官印征存》，第389页。

续表

执政者	执政者名号	职官		任职者
沮渠蒙逊 (401—433 年在位)	使持节、大都督、大将军、凉州牧、张掖公	地方官	护羌校尉、秦州刺史	沮渠挐、沮渠益子
			张掖太守	沮渠伏奴、句呼勒
			建康太守	沮渠挐
			西郡太守	田昂、梁中庸、沮渠鄯
			临松太守	沮渠孔笃
			酒泉太守	沮渠益生
			金山太守	沮渠成都
			中田护军	沮渠亲信
			永安令	张掖
	河西王	中枢官	录尚书事	沮渠政德、沮渠兴国
			尚书左丞	房晷、宋繇
			兵部尚书	张湛
			吏部郎中	宋繇
			库部郎中	宗舒
			尚书郎	宗舒
			中书侍郎	张穆
			黄门侍郎	张湛
			中书郎	宗钦
			秘书考课郎中	阚骃
			秘书郎中	刘昞
			左常侍	高猛
			门下校郎	刘祥
			舍人	黄迅
			中兵校郎	杨定归
			太史令	张衍
			世子洗马	宗钦

续表

执政者	执政者名号	职官		任职者
沮渠蒙逊 (401—433 年在位)	河西王	武官	镇卫大将军	沮渠政德
			镇东大将军	文支
			前将军	沮渠成都
			征南将军	姚艾
			抚军将军	沮渠兴国
			振威将军	成宜侯
			殿中将军	王建
			冠军将军①	伏恩
			折冲将军②	沮渠汉平
			恢武将军	沮渠奇珍
			将军	段景
		地方官	广武太守	文支
			湟川太守	成宜侯
			湟河太守	王建、沮渠汉平
			高昌太守	隗仁
			酒泉太守	沮渠茂虔
			西平太守	麴承
			晋昌太守	唐契
			敦煌太守	索元绪
			建昌令	张铣
			和宁令	张谭
沮渠牧犍 (433—439 年在位)	河西王	中枢官	右丞相	宋繇
			录尚书事	沮渠封坛
			大行、尚书	阚骃
			(尚书)左丞	姚定国
			中书舍人	孙通
			奉常	张慎（体顺）
			都郎中	沮渠封戴

---

① 故宫博物院藏有北凉"冠军将军章"。罗福颐主编，故宫博物院研究室玺印组编：《秦汉南北朝官印征存》，第389页。

② 陕西省博物馆藏有北凉"折冲将军章"。罗福颐主编，故宫博物院研究室玺印组编：《秦汉南北朝官印征存》，第389页。

续表

执政者	执政者名号	职官		任职者
沮渠牧犍 （433—439 年在位）	河西王	武官	抚军大将军	沮渠封坛
			征南大将军	沮渠董来
			镇西将军	沮渠傍周
			征西将军、都督 建康以西诸军事	沮渠无讳
			征东将军、都督 丹岭以西诸军事	沮渠宜得
			扬烈将军	鞠宁
			西中郎将	沮渠唐儿
		地方官	沙州刺史	沮渠无讳
			秦州刺史	沮渠宜得
			领酒泉太守	沮渠无讳
			张掖太守	沮渠宜得
			敦煌太守	沮渠唐儿
			武威太守	沮渠天周
			姑臧太守	阚骃
			乐都太守	沮渠安周
			浇河太守	鞠宁
沮渠无讳 （439—444 年在位） 沮渠安周 （444—460 年在位）	河西王 （凉王）	中枢官	中书郎中	夏侯粲
			常侍	氾俊
			散骑常侍	张幼达
			典作御史	索宁
			河西王通事舍人	张季宗
		武官	冠军将军	沮渠封戴
			龙骧将军	张幼达
			折冲将军	张兴明
			将	卫崿
		地方官	凉都高昌太守	且渠封戴
			新城太守	张兴明
			戍主	

一 段业时代：从"二府"到王国官僚体制

关于段业在北凉历史上的地位，历代史家意见颇为不同。神玺三年（399）段业即凉王位，改元天玺，并设置尚书左右丞等职官，胡三省论曰："是为北凉。"① 当代学者多将段业时代的北凉看作沮渠氏北凉的前身，或者北凉初建阶段。齐陈骏等指出，段业被推为大都督、龙骧大将军、凉州牧、建康公，改元神玺，"建立了历史上称作北凉的政权"。② 沮渠蒙逊杀段业，受梁中庸、房晷、田昂等人推举，称"使持节、大都督、大将军、凉州牧、张掖公，赦其境内，改元永安并设官命职"，"一个由沮渠氏统治的、胡汉混合的北凉政权从此开始了"。③ 赵向群认为，段业称凉州牧、建康公，设官命职，"标志着北凉政权的初步形成"④；天玺三年（401）蒙逊杀段业后，"北凉在张掖正式立国"⑤；412 年沮渠蒙逊迁都姑臧、即河西王位，从此开始了北凉的封建王权时代⑥。王素认为："段氏北凉本是沮渠氏北凉的前身，在历史上没有独立的地位。"⑦ 但从段业时代设官命职的情况来看，其与此前立国的其余诸凉政权颇为相似，即经历了从"二府"到王国官僚体制的转变，因此笔者以为，段业时代北凉在职官制度上的开创之功不可忽视。

（一）段业初年的"二府"制

段业时期所置职官，以其称凉王为界有明显的变化。段业称凉王前，即神玺元年至神玺二年（397—398）所置职官见诸史籍者，仅辅国将军、晋昌太守沮渠男成、镇西将军、张掖太守沮渠蒙逊、酒泉太守王德、沙州刺史孟敏、西安太守、镇军将军臧莫孩等，可分为武职军将和地方州郡行政长官两部分。武职军将可视为段业初年最重要的依靠，其东征西讨，颇

---

① 《资治通鉴》卷 111 安帝隆安三年（399）二月条胡注，第 3488 页。
② 齐陈骏、陆庆夫、郭锋：《五凉史略》，甘肃人民出版社 1988 年版，第 122 页。
③ 同上书，第 125 页。
④ 赵向群：《五凉史探》，甘肃人民出版社 1996 年版，第 168 页。
⑤ 同上书，第 171 页。
⑥ 同上书，第 179 页。
⑦ 王素：《高昌史稿》，文物出版社 1998 年版，第 157 页。

赖沮渠男成、沮渠蒙逊、臧莫孩等人。沮渠男成、蒙逊兄弟手握重兵，为段业所忌，男成被杀之后，蒙逊终反段业，臧莫孩也归于蒙逊，成为段业的掘墓人。地方州郡长官中，既有州刺史，也有郡太守，又李暠曾任段业效谷令，可知段业时期地方推行州郡县三级制。因段业曾任建康太守，故北凉建国后此职未授予臣下，而以张掖太守为北凉初年国都之行政长官，以沮渠蒙逊任之。沮渠蒙逊既任北凉之首郡长官，又手握重兵，可谓权高震主。由此可知，段业初年北凉政权实际形成类似东晋初司马睿及王敦、王导兄弟"共天下"的格局，而双方矛盾较之后者更不可调和，这决定了双方的共存不会很久。

总体看来，段业初年北凉职官设置很不完备，段业虽为北凉国主，但其所置职官并未超出其"张掖公"的身份，低于当时称天王的后凉吕光职官建置，这应与段业曾为吕光部将"杜进记室，从征塞表"①、其成为北凉主事出偶然及建国初诸事草创有关，颇类前凉"二府"体制②。据上表，梁中庸曾为段业右长史，按段业曾称"大都督"，长史为都督府属官。

（二）凉王时期的王国官制

神玺三年（399）段业即凉王位后，以沮渠蒙逊为尚书左丞、梁中庸为尚书右丞，建立起一套类似吕光三河王时代"置官司，自丞郎已下犹摄州县事"的职官体制。具体而言，段业凉王时代所置职官包括如下几个部分。

一是中枢台省职官。尚书左右丞为段业时期最显要职官。《晋书》卷二十四《职官志》："左右丞，自汉武帝建始四年置尚书，而便置丞四人。及光武始减其二，唯置左右丞，左右丞盖自此始也。自此至晋不改。晋左丞主台内禁令，宗庙祠祀，朝仪礼制，选用署吏，急假；右丞掌台内库藏庐舍，凡诸器用之物，及廪振人租布，刑狱兵器，督录远道文书章表奏事。"③除尚书左右丞外，还有门下侍郎马权。《通典》卷二十一《职官三》："门下侍郎，秦官有黄门侍郎，汉因之，与侍中俱管门下众事，无员。郊庙则一人执盖，临轩朝会则一人执麾。凡禁门黄闼，故号黄门；其

---

① 《晋书》卷129《沮渠蒙逊载记》，第3192页。
② 贾小军：《五凉职官制度研究》，博士学位论文，西北师范大学，2015年。
③ 《晋书》卷24《职官志》，第731页。

官给事于黄闼之内，故曰黄门侍郎。初，秦汉别有给事黄门之职，后汉并为一官，故有给事黄门侍郎。掌侍从左右，给事中使，关通中外。及诸王朝见于殿上，引王就坐。无员。"① 据《魏书》卷五十二《宋繇传》，段业又曾以宋繇为中散、常侍②。按常侍为门下省属官，中散似为中散大夫，为列卿之一的光禄勋属官。《宋书》卷三十九《职官志上》："中散大夫，王莽所置，后汉因之。前汉大夫皆无员，掌论议。后汉光禄大夫三人，中大夫二十人，中散大夫三十人。魏以来复无员。自左光禄大夫以下，养老疾，无职事。"③《资治通鉴》卷一一一安帝隆安四年（400）四月条则作"中散常侍"，胡注曰："以中散大夫常侍左右也。"④ 宋繇以儒生而被任为"掌论议"的中散大夫虽合情理，然《宋繇传》先"中散"再"常侍"，颇疑宋繇在段业时代任职乃"中散骑常侍"，为门下省属官，南凉秃发利鹿孤时期即有中散骑常侍张融⑤，疑《宋繇传》夺"骑"字。陈仲安、王素论道："（十六国时期）即使是置官'自丞郎以下'的国家，台省实际上也是存在的，只不过具体而微罢了。"⑥ 可知段业时期设有"具体而微"的尚书省、门下省。

二是武官。计有右将军田昂、武卫将军梁中庸、右卫将军索嗣以及安西将军、领护西胡校尉李暠等。其中武卫将军、右卫将军为禁卫武官。加上前述三省官员，凉王段业时代"具体而微"的帝国官僚体制隐然可见。

三是地方行政长官。计有酒泉太守沮渠益生、张掖太守马权、敦煌太守索嗣、敦煌太守李暠、敦煌护军郭谦以及先后任职西安太守、临池太守的沮渠蒙逊和效谷令李暠。又有沙州治中索仙。据上，段业以孟敏为沙州刺史，治中索仙为孟敏属官。沮渠蒙逊曾"密遣司马许咸"告其从兄男成谋叛，此司马许咸为沮渠蒙逊军府属官。

① 《通典》卷21《职官三》，典122中。
② 《魏书》卷52《宋繇传》，第1152页。
③ 《宋书》卷39《职官志上》，第1230页。
④ 《资治通鉴》卷111安帝隆安四年（400）四月条，第3509页。
⑤ 《资治通鉴》卷112安帝元兴元年（402）正月条，第3536页。
⑥ 陈仲安、王素：《汉唐职官制度研究》，第68页。

二 沮渠蒙逊与沮渠牧犍时期的改弦更张

天玺三年（401）六月，沮渠蒙逊入张掖杀段业，并受梁中庸、房晷、田昂等人推举，称"使持节、大都督、大将军、凉州牧、张掖公，赦其境内，改元永安"，重新建立起北凉政权。从蒙逊称号来看，其并未继承段业之"凉王"称号，而是与前凉以来河西各割据政权一样，从称"凉州牧"起家，以显示自己乃新造之国。玄始元年（东晋安帝义熙八年，412），沮渠蒙逊迁都姑臧后称"河西王"而不称"凉王"①，亦应与其强调并非继承段业有关。但从蒙逊称"凉州牧"之初政府班子结构、成员来讲，其无疑是在段业的基础上建立新的北凉国。

（一）沮渠蒙逊永安年间的"二府"制

沮渠蒙逊永安年间（401—412）所设职官，与前述诸凉政权"二府"体制相类，主要包括"二府"官、武官和地方官。

一是都督府、凉州府即前述"二府"官员。计有左长史房晷、右长史梁中庸、右长史杨统、左司马张骘、右司马谢正礼、从事中郎李典、牧府长史张潜等，仍显示出长史、司马在"二府"体制中的显要地位。

二是武官。包括镇军将军沮渠伏奴、建忠将军沮渠挐、镇南将军田昂、辅国将军臧莫孩②、镇京将军沮渠益子等。在上述诸人中，沮渠伏奴为蒙逊从兄，沮渠挐为蒙逊弟，沮渠益子为蒙逊从祖，尤其是蒙逊"以镇京将军作为镇守其新京姑臧城的军事长官"③，显示出卢水胡沮渠氏手握军事大权，居军国之要。

三是地方行政长官。计有护羌校尉、秦州刺史沮渠挐，护羌校尉、秦州刺史沮渠益子，张掖太守沮渠伏奴，建康太守沮渠挐，西郡太守田昂，西郡太守梁中庸，中田护军沮渠亲信，临松太守沮渠孔笃，张掖太守句呼

---

① 直到义和元年（431），北魏太武"拜河西王蒙逊为侍中、都督凉州西域羌戎诸军事、太傅、行征西大将军、凉州牧、凉王……置将相、群卿、百官，承制假授，建天子旌旗，出入警跸，如汉初诸侯王故事"。详见《资治通鉴》卷122宋文帝元嘉八年九月条，第3834页。

② 蒋溥等编《御制金薤留真》有北凉"辅国将军章"。罗福颐主编，故宫博物院研究室玺印组编：《秦汉南北朝官印征存》，第389页。

③ 张金龙：《魏晋南北朝禁卫武官制度研究》，第399—400页。

勒，金山太守沮渠成都，西郡太守沮渠鄯，酒泉太守沮渠益生，永安令张披①等，知沮渠蒙逊地方行政建置推行州郡县三级制。按，沮渠挐、沮渠益子先后所任护羌校尉、秦州刺史镇姑臧，未领魏晋时代陇右之秦州实土，时蒙逊在张掖，号凉州牧，故以魏晋凉州所在为秦州，并非侨置。又，前凉时期护羌校尉一职由最高统治者兼任，沮渠蒙逊则有变通，以沮渠氏亲贵任之。张掖为沮渠蒙逊国都所在，建康乃北凉起家之地，其行政长官亦由蒙逊亲信担任。

需要注意的是，永安年间后期，沮渠蒙逊亦创设了"具体而微"的中枢台省职官。永安八年（408），"地震，山崩折木。太史令刘梁言于蒙逊曰：'辛酉，金也。地震于金，金动刻木，大军东行无前之征。'"② 知北凉设有太史令。《史通·外篇·史官建置》云："寻自古太史之职，虽以著述为宗，而兼掌历象、日月、阴阳、管数。司马迁既殁，后之续《史记》者，若褚先生、刘向、冯商、扬雄之徒，并以别职来知史务。于是太史之署，非复记言之司。故张衡、单飏、王立、高堂隆等，其当官见称，唯知占候而已。"③ 据上，北凉沮渠氏之太史令，亦"知占候"，其史著已难详知。永安十一年（411），蒙逊攻克姑臧。次年，"以敦煌张穆博通经史，才藻清赡，擢拜中书侍郎，委以机密之任。以其弟挐为护羌校尉、秦州刺史，封安平侯，镇姑臧。旬余而挐死，又以从祖益子为镇京将军、护羌校尉、秦州刺史，镇姑臧"。④ 既然以张穆为中书侍郎，同时当有"丞郎以下"属员。不久，蒙逊称河西王，可知设中书侍郎、护羌校尉、秦州刺史等，应是为沮渠蒙逊称王做准备。

（二）河西王时期的王国官制

玄始元年（412），沮渠蒙逊即河西王位，"置官僚，如吕光为三河王故事……立其子政德为世子，加镇卫大将军、录尚书事"。⑤ 重新建立起北凉封建王权政治。所谓"如吕光为三河王故事"，即仿吕光三河王时期职

---

① 《晋书》卷129《沮渠蒙逊载记》"校勘记"："《十六国疆域志》曰：考平阳郡有永安县，相去较远，或疑即'永平'之误也。"（第3200页）
② 《十六国春秋辑补》卷95《北凉录·沮渠蒙逊》，第658页。
③ 刘知几撰，赵吕甫校注：《史通新校注》，第640页。
④ 《晋书》卷129《沮渠蒙逊载记》，第3195页。
⑤ 同上。

官制度设官命职。如前所论，吕光三河王时期所置职官包括中央台省职官、武官及地方行政系统官员，初步具备了帝国官僚体制的特点①。如史所载，河西王沮渠蒙逊所置职官大体也包括上述三个部分，只是中枢台省较吕光三河王时期更加完备，接近于吕光天王时期职官。

蒙逊最初以世子政德为录尚书事，玄始十一年（422）政德死，又以次子沮渠兴国为世子②、录尚书事③。又有尚书左丞房晷、尚书左丞宋繇、中书侍郎张穆、左常侍高猛、尚书郎宗舒、中书郎宗钦、舍人黄迅、门下校郎刘祥、中兵校郎杨定归、吏部郎中宋繇、库部郎中宗舒、秘书考课郎中阚骃、太史令张衍，以及先后为郎中、秘书郎中的刘昞和任职黄门侍郎、兵部尚书的张湛。如此，知河西王蒙逊所置中央台省职官包括尚书省的录尚书事、尚书左丞、兵部尚书、尚书郎、吏部郎中、库部郎中、考课郎中等，其中兵部尚书为五凉政权中少见者。蒙逊灭西凉得宋繇，以之为吏部郎中，"委以铨衡之任"④。中书省有中书侍郎、黄门侍郎、中书郎、秘书等。门下省则有左常侍、门下校郎等。其尚书省在五凉政权中最为齐备。《魏书》卷九十九《卢水胡沮渠蒙逊传》云："玄始元年，自称河西王，置百官丞郎以下。"⑤ 据上可知，河西王蒙逊所置官僚，并非自"丞郎以下"，亦与吕光三河王时期同⑥。武官有镇卫大将军沮渠政德、抚军将军沮渠兴国、镇东大将军文支、振威将军成宜侯、殿中将军王建、冠军将军伏恩⑦、折冲将军沮渠汉平⑧、前将军沮渠成都、征南将军姚艾、恢武将军

---

① 详参贾小军《五凉职官制度研究》（博士学位论文，西北师范大学，2015 年）第二章"后凉：'二府'、三河王与天王属官"。

② 《十六国春秋辑补》卷 96《北凉录·沮渠蒙逊》，第 665 页。承玄二年（429），沮渠兴国攻西秦，兵败被俘，"蒙逊遣使送谷三十万斛以赎世子兴国于西秦，暮末不许。蒙逊乃立兴国弟菩提为世子"（《十六国春秋辑补》卷 96《北凉录·沮渠蒙逊》，第 665 页）。

③ 《沮渠氏北凉大且渠兴国等译写〈优婆塞戒〉卷第七后记》称"河西王世子、抚军将军、录尚书事大且渠兴国"，王素、李方《魏晋南北朝敦煌文献编年》（新文丰出版公司 1997 年版，第 125 页）系于 427 年，蒙逊以沮渠兴国为抚军将军、录尚书事当也在以其为世子的同时。

④ 《魏书》卷 52《宋繇列传》，第 1153 页。

⑤ 《魏书》卷 99《卢水胡沮渠蒙逊传》，第 2204 页。

⑥ 贾小军：《五凉职官制度研究》（博士学位论文，西北师范大学，2015 年）第二章"后凉：'二府'、三河王与天王属官"有辨析，可参。

⑦ 故宫博物院藏有北凉"冠军将军章"。罗福颐主编，故宫博物院研究室玺印组编：《秦汉南北朝官印征存》，第 389 页。

⑧ 陕西省博物馆藏有北凉"折冲将军章"。罗福颐主编，故宫博物院研究室玺印组编：《秦汉南北朝官印征存》，第 389 页。

沮渠奇珍、将军段景等。其中沮渠政德、沮渠兴国先后为蒙逊世子，亦录尚书事，与其他将军自然不同。其余将军亦多为沮渠氏亲贵，这与蒙逊称凉州牧时期一致，可见北凉军国权力始终掌握在沮渠亲贵手中。地方行政长官则有广武太守文支、湟川太守成宜侯、湟河太守王建、湟河太守沮渠汉平、高昌太守隗仁、酒泉太守沮渠茂虔、西平太守麹承、晋昌太守唐契、建昌令张铣、和宁令张谭。另，玄始十一年（411）沮渠蒙逊先后以沮渠挐、沮渠益子为护羌校尉、秦州刺史，镇姑臧。沮渠蒙逊占据姑臧、灭西凉、统一河西之后，凉州改治姑臧，秦州改治张掖。《读史方舆纪要》卷3《历代州舆形势》："（北凉）西控西域，东尽河、湟。尝置沙州于酒泉（牧犍以弟元津为沙州刺史，督建康以西诸军事，兼领酒泉太守），秦州于张掖（牧犍以弟宜得为秦州刺史，督丹岭以西诸军事，领张掖太守。丹岭，删丹岭也），而凉州仍治姑臧，前凉旧壤几奄有之矣。"[1] 据上表，上述地方郡守多兼军职，这与魏晋以来地方行政长官多兼军职一致。

义和三年（433），蒙逊薨，在位33年，因冠军将军、河西王世子菩提年幼，"蒙逊第三子茂虔时为酒泉太守，众议推茂虔为主，袭蒙逊位号"[2]，北魏以其为"使持节，侍中，都督凉沙河三州、西域羌戎诸军事，车骑将军，开府仪同三司，领护西戎校尉，凉州刺史，河西王"[3]。次年，茂虔上表于南朝宋政权，宋以之为"持节、散骑常侍、都督凉秦河沙四州诸军事、征西大将军、领护匈奴中郎将、西夷校尉、凉州刺史、河西王"[4]。

沮渠茂虔即位后虽先后接受了北魏、南朝宋政权的封拜，但毕竟关河悬远，且北凉在河西已有多年积淀，反映在职官制度上，仍显示出割据政权的特点。

据表1可知，牧犍时期的北凉职官设置，主要是对蒙逊时期官制的继承，并有一定的突破。

一是继续设置中枢台省职官。计有右丞相宋繇，录尚书事沮渠封坛，大行、尚书阇驷，（尚书）左丞姚定国，奉常张慎（体顺）。右丞相之职为

---

① 《读史方舆纪要》卷3《历代州舆形势三·晋十六国》，第141页。
② 《宋书》卷98《氐胡传·胡大且渠蒙逊传》，第2415页。
③ 《魏书》卷99《卢水胡沮渠蒙逊传》，第2206页。
④ 《宋书》卷98《氐胡传·胡大且渠蒙逊传》，第2416页。

五凉政权仅见。《晋书》卷二十四《职官志》："丞相、相国，并秦官也。晋受魏禅，并不置，自惠帝之后，省置无恒。为之者，赵王伦、梁王肜、成都王颖、南阳王保、王敦、王导之徒，皆非复寻常人臣之职。"① 北凉沮渠茂虔时期的右丞相宋繇，亦颇类"王敦、王导之徒"，为河西大族的代表性人物，具有重大政治影响力，其在北凉段业时期、西凉时期即颇为段业及李暠、李歆父子所重，入北凉，先后任蒙逊吏部郎中、尚书左丞。据《魏书》卷五十二《宋繇列传》："牧犍以繇为左丞，送其妹兴平公主于京师。世祖拜繇为河西王右丞相，赐爵清水公，加安远将军。"② 知宋繇之右丞相，乃北魏所拜。大约相当于汉代以来诸侯王国之相国、丞相或相，因此职举足轻重，故由中央代置③。按宋繇纵横西凉、北凉间，除去其才学之外，其河西大族身份当起了重要作用。北魏以之为河西王右丞相，应是假手河西大族控制北凉政治的重要表现。宋繇既能为"门户私计"置故国西凉于不顾，亦可为之背叛北凉沮渠氏，故宋繇与北魏政府有某种默契亦未可知④。录尚书事已见于蒙逊时期，例由河西王世子担任，为众僚之首。然有右相宋繇后，未知其与茂虔世子、抚军大将军、录尚书事沮渠封坛如何处之？沮渠牧犍时期，外则北魏步步紧逼，内则河西大族尾大不掉，故而出现如此局面。又据表1，牧犍时期还有中书舍人孙通⑤。阚驷曾任的大行，即为大行令，为列卿之一的大鸿胪属官，亦为五凉时期第一次出现。《晋书》卷二十四《职官志》："大鸿胪，统大行、典客、园池、华林园、钩盾等令，又有青宫列丞、邺玄武苑丞。及江左，有事则权置，无事则省。"⑥《通典》卷二十六《职官八》："鸿胪属官有大行令丞。魏改大行为客馆令，晋改为典客。宋分置南北客馆令，齐梁陈皆有客馆令丞。后魏初曰典客监，太和中置主客令。"⑦ 如此，则牧犍时期之大行乃继承曹魏旧

---

① 《晋书》卷24《职官志》，第724页。

② 《魏书》卷52《宋繇列传》，第1153页。

③ 安作璋、熊铁基：《秦汉官制史稿》，齐鲁书社2007年版，第737—741页。

④ 有关宋繇事，可参见贾小军《五凉职官制度研究》（博士学位论文，西北师范大学，2015年）"第九章　五凉职官与河西大族"。

⑤ 《北齐书》卷18《孙腾传》："（孙腾）祖通，仕沮渠氏为中书舍人，沮渠灭，入魏，因居北边。"（第233页）孙通为中书舍人应在沮渠茂虔时期。

⑥ 《晋书》卷24《职官志》，第737页。

⑦ 《通典》卷26《职官八》，第153页中。

制，当亦具有"有事则权置"的特点。奉常即太常，亦为列卿之一。

二是武职军将。茂虔时期虽然河西已经统一，但来自北魏的压力却越来越大，故武职在其可考的职官中仍然占很大比例。计有抚军大将军沮渠封坛，征南大将军沮渠董来，西中郎将沮渠唐儿，镇西将军沮渠傍周，征西将军、都督建康以西诸军事沮渠无讳，征东将军、都督丹岭以西诸军事沮渠宜得以及扬烈将军麴宁①。几乎仍是清一色的沮渠亲贵，显见军权依然掌握在沮渠氏手中。

三是地方州郡长官。据上表，知有敦煌太守沮渠唐儿，沙州刺史、领酒泉太守沮渠无讳，秦州刺史、张掖太守沮渠宜得，乐都太守沮渠安周，武威太守沮渠天周，浇河太守麴宁。与蒙逊时期一样，地方郡守亦多兼军职，且多以沮渠亲贵为之。需要注意的是，史籍未见蒙逊时期移凉州于武威、秦州于张掖的记载，《宋书》卷九十八《氐胡传·胡大且渠蒙逊传》称："茂虔弟安弥县侯无讳先为征西将军、沙州刺史、都督建康以西诸军事、酒泉太守，第六弟武兴县侯仪德为征东将军、秦州刺史、都督丹岭以西诸军事、张掖太守。"② 则这一过程似在牧犍时期完成。这也是对其父职官制度及地方行政建制的补充与完善。

但沮渠牧犍即位之时，已是十六国末期，原来割据北方的大小割据政权先后被北魏所灭，北魏统一北方的趋势早已呈现，故虽然沮渠牧犍依魏晋制度对蒙逊时期的职官制度有所补益，但毕竟河西小区域的制度完善不比整个北方的统一，茂虔永和七年（439）魏太武帝伐北凉，茂虔出降，北凉亡，河西职官制度的改革成果也随之融入统一的北魏历史。

三 高昌时期的北凉职官

已如前述，沮渠牧犍永和七年（439）投降北魏后，牧犍弟沮渠无讳、沮渠宜得率北凉遗民西就从弟敦煌太守沮渠唐儿。440 年，无讳东攻酒泉，

---

① 赵万里《汉魏南北朝墓志集释》图版一四三《元寿妃曲氏墓志》："妃姓麴，沮渠时扬烈将军、浇河太守麴宁孙之长女。"（第 86 页）［新文丰出版公司印行：《石刻史料新编》第三辑第 3 册《汉魏南北朝墓志集释（上）》，第 443 页］本文将曲宁置于沮渠牧犍时期。

② 《宋书》卷 98《氐胡传·胡大且渠蒙逊传》，第 2416 页。

克之。继而"攻张掖、临松,得四万余户,还据酒泉"①。次年(宋文帝元嘉十八年,441),"唐儿反,无讳留从弟天周守酒泉,复与仪德讨唐儿。唐儿将万余人出战,大败,执唐儿杀之,复据敦煌。七月,拓跋焘遣军围酒泉。十月,城中饥,万余口皆饿死,天周杀妻以食战士;食尽,城乃陷,执天周至平城,杀之。于时虏兵甚盛,无讳众饥,惧不自立,欲引众西行。十一月,遣弟安周五千人伐鄯善,坚守不下。十九年四月,无讳自率万余家弃敦煌,西就安周,未至而鄯善王比龙将四千余家走,因据鄯善。初,唐契自晋昌奔伊吾,是年攻高昌,高昌城主阚爽告急。八月,无讳留从子丰周守鄯善,自将家户赴之。未至,而芮芮遣军救高昌,杀唐契,部曲奔无讳。九月,无讳遣将卫嶷夜袭高昌,爽奔芮芮,无讳复据高昌"。② 至此,高昌为沮渠氏所有,遂建立沮渠氏北凉高昌流亡政权,并遣常侍氾儁向南朝宋奉表贡献,宋文帝以其为"持节、散骑常侍、都督凉河沙三州诸军事、征西大将军、领护匈奴中郎将、西夷校尉、凉州刺史、河西王"③,此后宋仍以"持节、散骑常侍、都督凉河沙三州诸军事、领西域戊己校尉、凉州刺史、河西王"封无讳弟安周④。可知南朝政权仍以当年封北凉政权的"河西王"封无讳、安周,而据相关考古资料,高昌时期亦有自称"河西王通事舍人"的无讳属官张季宗⑤,被封"河西王"与自称"河西王"属官,都在表明无讳、安周在高昌的流亡政权与原统治河西、西域东部地区的沮渠氏北凉一脉相承。已如前述,自沮渠蒙逊以来北凉主一直以"河西王"为号,这应与蒙逊强调自己有别于段业政权有关,但俗称"凉王",应是继承前凉以来河西割据者均多自称"凉州牧"起家的传统。又据相关考古资料可知,443年,沮渠无讳改元承平,承平二年(444)无讳卒,"弟安周夺无讳子乾寿兵,规领部曲"⑥。继续沿用无讳承

---

① 《宋书》卷98《氐胡传·胡大且渠蒙逊传》,第2417页。
② 同上。
③ 同上。
④ 同上。
⑤ 《大凉张季宗及夫人宋氏墓表》,《吐鲁番出土砖志集注》,第7—9页。
⑥ 《魏书》卷30《车伊洛传》,第723页。

平年号，至承平十八年（460）为柔然所灭①。

（一）中枢官

无讳、安周时期所置职官，因史籍记载缺略，故其整体情况已难详知，但在有限的记述中，仍可窥其一斑。无讳时期有常侍氾俊，有冠军将军、凉都高昌太守、都郎中沮渠封戴②，中书郎中夏侯粲③，典作御史索宁④，河西王通事舍人张季宗，龙骧将军、散骑常侍张幼达⑤，折冲将军、新城太守张兴明⑥，将卫崿，又有戍主。常侍氾俊应是依魏晋旧制所置中书省属员，无讳据高昌不久，就遣常侍氾俊向南朝宋奉表贡献，氾俊应为敦煌氾氏成员。关于称沮渠封戴冠军将军、凉都高昌太守、都郎中的《承平十三年大且渠封戴墓表》和同年《且渠封戴追赠敦煌太守令》⑦，学界已有很深入的研究⑧，不赘。至于沮渠封戴本人，沮渠茂虔有世子沮渠封坛，曾为抚军大将军、录尚书事，封戴当是封坛一辈的兄弟，"封坛"又作"封壃"⑨。沮渠封戴所任之都郎中，黄烈指出："不见旧制，可能是魏晋都官郎中的演变。"⑩ 侯灿、吴美琳认为："在魏晋时期，中央朝廷的尚书各

---

① 学界对沮渠无讳、安周年号的讨论，百余年来已有大量成果，可参见王素《吐鲁番出土高昌文献编年》，新文丰出版公司1997年版，第238页，此从王素之说（王素：《高昌史稿（统治编）》，文物出版社1998年版）。

② 《且渠封戴墓表》内容如下："大凉承平十三岁/在乙未四月廿四日/冠军将军、凉都高昌/太守、都郎中大且渠/封戴府君之墓表也。"新疆维吾尔自治区博物馆编：《新疆出土文物》，文物出版社1975年版，第33页。

③ 侯灿、吴美琳：《吐鲁番出土砖志集注》，巴蜀书社2003年版，第11页。

④ 同上。

⑤ 《大凉张幼达及夫人宋氏墓表》，《吐鲁番出土砖志集注》，第10—12页。

⑥ 《大凉张兴明夫人杨氏墓表》，《吐鲁番出土砖志集注》，第13—14页。

⑦ 追赠令内容如下："有/令：故冠军将军、都郎中、高昌太守封戴：夫功高德邵，好/爵亦崇。惟君诞秀神境，文照武烈。协辅余躬，熙继/绝之美；允厘庶绩，隆一变之祚。方遵旧式，褒赏勋庸/荣誉未加，奄然先逝。眷言惟之，有恨乎心。今遣使者阴/休，赠君敦煌太守。魂而有灵，受兹嘉宠/承平十三年四月廿一日，起尚书吏部。"据新疆维吾尔自治区博物馆编《新疆出土文物》，文物出版社1975年版，第33页。

⑧ 池田温：《新疆维吾尔自治区博物馆编〈新疆出土文物〉》，《东洋学报》第58卷第3、4号，1977年；周伟洲：《试论吐鲁番阿斯塔那且渠封戴墓出土文物》，《考古与文物》1980年第1期；王去非："版授"及有关出土文物》，《考古与文物》1982年第2期；黄烈：《中国古代民族史研究》，人民出版社1987年版；侯灿：《大且渠封戴墓表考释》，《高昌楼兰研究论集》，新疆人民出版社1990年版；王素：《高昌史稿》（统治编），文物出版社1998年版，等等。

⑨ 《十六国春秋辑补》卷97《北凉录·沮渠茂虔》，第669页。

⑩ 黄烈：《中国古代民族史研究》，第323页。

部分部曹主事，各曹之中配有主管官吏郎；在各王国中又设有主管王国行政事务的郎中令。大凉政权接受刘宋诏封为河西王，本应设有王府，此都郎中应即王府主管王国事务的郎中令。"① 沮渠封戴为北凉王室成员，果如侯灿、吴美琳所论，即便当时高昌设有河西王府，其郎中令也不大可能由其担任，故笔者同意黄烈所论。通事舍人为承魏晋旧制所设中书省属员。《晋书》卷二十四《职官志》："中书舍人，案晋初初置舍人、通事各一人，江左合舍人通事谓之通事舍人，掌呈奏案章。"② 散骑常侍亦承魏晋旧制，为门下省属官。又前引《且渠封戴追赠敦煌太守令》云"承平十三年四月廿一日，起尚书吏部"③，知沮渠安周时期置有尚书吏部。另外需要注意的是，前引墓表云"敦煌张季宗""敦煌张幼达""敦煌张兴明"，反映出敦煌张氏的重要影响力。又，《且渠封戴追赠敦煌太守令》谓"遣使者阴休"，阴休当属敦煌阴氏。据上，则无讳、安周时期基本继承了沮渠蒙逊、茂虔时代的职官制度，中枢台省粗具规模。

（二）地方官及其他

无讳、安周时期亦有地方郡守等职官，即前述凉都高昌太守沮渠封戴、新城太守张兴明，以及不知名的戍主等。沮渠封戴为凉都高昌太守，时自称"大凉"的沮渠氏流亡政权都高昌，故称"凉都"。张兴明所任之新城太守，为地方郡守。"戍主"应与"城主""城大"等相近，属于具有"胡制"色彩的职官④。《魏书》卷四十三《唐和传》："时沮渠安周屯横截城，和攻拔之，斩安周兄子树，又克高宁、白力二城，斩其戍主。"⑤前引史料云"高昌城主阚爽告急"，阚爽所在为区域政治中心高昌，称"高昌城主"，而"高宁、白力二城"地位不及高昌，则为"戍主"。无讳统治高昌时期，当既有戍主，亦有城主。十六国时期，前燕有城大，段辽有豪大。《资治通鉴》卷九十五成帝咸和九年（334）二月条："段辽遣兵袭徒河，不克；复遣其弟兰与慕容翰共攻柳城，柳城都尉石琮、城大慕舆

---

① 侯灿、吴美琳：《吐鲁番出土砖志集注》，第4—5页。
② 《晋书》卷24《职官志》，第735页。
③ 新疆维吾尔自治区博物馆编：《新疆出土文物》，第33页。
④ 冯君实：《十六国官制初探》，《东北师大学报》（哲学社会科学版）1984年第4期。
⑤ 《魏书》卷43《唐和传》，第962页。

泥并力拒守，兰等不克而退。"胡注："城大，犹城主也；一城之长，故曰城大。"① 同书卷96成帝咸康四年（338）三月条："段辽以其弟兰既败，不敢复战，帅妻子、宗族、豪大千余家，弃令支，奔密云山。"胡注："豪大，犹言豪帅也。是时东北夷率谓主帅为大，部帅曰部大，城主曰城大是也。"② 冯君实指出："城大大体相当于中原郡县的县级机构。"③ 上述城主、戍主等，皆当为"以城统民"的军政合一的地方官制④，城主级别高于戍主。据此看来，无讳、安周时期的地方行政系统颇有变通，兼以传统的中原郡县制和具有"胡制"色彩的戍主、城主制，对仅据有高昌一郡之地且被强邻环伺的北凉流亡政权，似更实用。

据上可知，北凉高昌流亡政权职官大体沿袭了蒙逊、茂虔旧制，但因地域狭小，虽设中央、地方两级职官，实际中央官和地方官往往一身而兼二任⑤，敦煌大族张氏、氾氏、阴氏仍然具有重要影响。这都说明，沮渠无讳、安周在高昌所建政权，正是蒙逊、茂虔北凉事业的延续和复兴。前引《且渠封戴追赠敦煌太守令》谓"熙继绝之美""隆一变之祚"可证此点。

小　结

据上所论，北凉职官设置及其变迁都有自己较明显的特点，表现在以下几个方面。

第一，北凉职官制度经历了段业时期、沮渠蒙逊与沮渠茂虔时期、高昌流亡政权时期三个阶段的起落。

第二，段业北凉经历了"二府"体制到王国官制的转变。沮渠蒙逊夺权、重建北凉之后，其职官制度又从"二府"体制开始，逐渐转向王国官僚体制，这是沮渠蒙逊有意为之，以示北凉乃卢水胡沮渠氏新建。

第三，沮渠蒙逊称"河西王"后，建立起王国官僚体制，其中枢台省

---

① 《资治通鉴》卷95成帝咸和九年（334）二月条，第2993页。
② 《资治通鉴》卷96成帝咸康四年（338）三月条，第3015页。
③ 冯君实：《十六国官制初探》，《东北师大学报》（哲学社会科学版）1984年第4期。
④ 周伟洲：《十六国官制研究》，《文史》2002年第1辑。
⑤ 黄烈：《中国古代民族史研究》，第323页。

职官较为齐备，尚书省在诸凉政权中尤为完备，所置职官，亦非仅自"丞郎以下"。重要武职、地方郡守多由沮渠亲贵兼任。

第四，沮渠茂虔时期基本因袭蒙逊时期的职官制度并有所突破。宋繇所任右相之职为五凉政权仅见，然此职为北魏所拜，应是北魏假手河西大族控制北凉政治的重要表现。茂虔移凉州于武威、秦州于张掖，则是对北凉地方行政建制的补充与完善。

第五，沮渠无讳、沮渠安周流亡高昌时期，其中枢职官设置也基本沿袭蒙逊、茂虔旧制，反映其乃河西北凉政权的继承，敦煌大族仍然具有重要影响力。由于控制地域有限，周围强敌环伺，遂出现了郡守与城主、戍主并存的地方官制。

小月氏与卢水胡新探

——兼论后赵与北凉的建国

沈　骞

南京博物院

国家文物局《中国文物志》编纂委员会办公室

一　大月氏的西迁和小月氏的形成

据林梅村先生的研究，希腊人将大月氏称作"吐火罗人"。从考古发现看，吐火罗人起源于里海、黑海北岸颜那亚文化，公元前2300年迁入阿尔泰山南麓形成"克尔木齐文化"。我们发现，吐火罗语"神"字的代名词为古印欧语的"双马神"，而新疆康家石门子和内蒙古阴山岩画刻有吐火罗人双马神的艺术形象。汉代"祁连山"指新疆天山东麓，先秦称"昆仑山"，唐代称"析罗漫山"，皆为吐火罗语"天山"一词的各种音译。"析罗漫山"是大月氏人的宗教、文化和政治中心，而大月氏王庭就在所谓"天山"脚下的巴里坤草原①。先秦时代至汉初，大月氏人一直称雄天山南北，乃至蒙古高原西部。《史记》载："当是之时，东胡强而月氏盛，匈奴单于曰头曼。头曼不胜秦，北徙。"② 匈奴称号"头曼"源于吐火罗语 tu-mane（万户长）。此外，匈奴还有"沮渠"等官号，源于吐火罗语 cam-bura（头领），这些官号皆为大月氏王所封，可见大月氏曾经是中亚草原和西域诸国的霸主③。

公元前176年，大月氏族在匈奴的打击下西迁后，引起了中亚草原地区的一轮民族大迁徙，还产生了史称"小月氏"的部族。《汉书·西域传

---

① 林梅村：《大月氏人的原始故乡》，《西域研究》2013年第2期。

② （汉）司马迁：《史记》，中华书局1973年版，第2887页。

③ 周连宽：《大唐西域记史地研究丛稿》，中华书局1984年版，第58页。

上》载："大月氏本行国也，随第四移徙，与匈奴同俗。控弦十余万，故强轻匈奴。本居敦煌、祁连间，至冒顿单于攻破月氏，而老上单于杀月氏王，以其头为饮器，月氏乃远去，过大宛，西击大夏而臣之，都妫水北为王庭。其余子众不能去者，保南山羌，号小月氏。"① 今甘肃祁连山和新疆阿尔金山一带的山脉，汉代统称"南山"。一部分月氏遗民亡命南山，与羌人逐渐融合，号"小月氏"。汉武帝之所以在河西走廊至罗布泊一线筑长城，旨在隔绝匈奴与南山羌的联系。所谓"大月氏本行国"，意思说大月氏本来是游牧人，那么他们的原始故乡应在汉代南山（今甘肃祁连山）和敦煌以北的草原地带。

东汉时期的《后汉书·西羌传》又一次较为详细地记载了小月氏的渊源和分布情况，该族群至少由两部分构成："湟中月氏胡，其先大月氏之别也，旧在张掖、酒泉地。月氏王为匈奴冒顿所杀，余种分散，西逾鲲领。其羸弱者南入山阻，依诸羌居止，遂与共婚姻。及骠骑将军霍去病破匈奴，取西河地，开湟中，于是月氏来降，与汉人错居。虽依附县官，而首施两端。其从汉兵战，随埶强弱。被服饮食言语略与羌同，亦以父名母姓为种。其大种有七，胜兵合九千余人，分在湟中及令居。又数百户在张掖，号曰义从胡。中平元年，与北宫伯玉等反，杀护羌校尉泠征、金城太守陈懿，遂寇乱陇右焉。"② 《后汉书》明确记载了小月氏的一部分是西汉时期大月氏族人西迁时在敦煌与南山中遗留下来的一部分同族老弱者，后来与西羌通婚同居，习俗语言等也被羌人某种程度上同化。

《史记·匈奴列传》记载匈奴入主西域后，"诸引弓之民，并为一家"。换言之，那些不肯离开故乡的月氏人归降了匈奴。《汉书·霍去病传》记载："而去病出北地，遂深入，合骑侯失道，不相得。去病至祁连山，捕首虏甚多。上曰：'票骑将军涉钧耆，济居延，遂臻小月氏，攻祁连山，扬武乎鱳得，得单于单桓、酋涂王及相国、都尉以众降下者二千五百人。可谓能舍服知成而止矣。捷首虏三万二百、获五王、王、单于阏氏、王子五十九人，相国、将军、当户、都尉六十三人，师大率减什三，益封去病五千四百户。赐校尉从至小月氏者爵左庶长。鹰击司马破奴再从票骑将军

---

① （汉）班固：《汉书》，中华书局1973年版，第3890—3891页。
② （南朝宋）范晔：《后汉书》，中华书局1965年版，第2899页。

斩速濮王，捕稽且王右千骑将，得王、王母各一人，王子以下四十一人，捕虏三千三百三十人，前行捕虏千四百人，封破奴为从票侯。校尉高不识从票骑将军捕呼于耆王王子以下十一人，捕虏千七百六十八人，封不识为宜冠侯。校尉仆多有功，封为辉渠侯。'"① 前文提到，西汉时期的"祁连山"就是现在的新疆东部东天山的巴里坤草原一带；居延泽，就是现在内蒙古西部额济纳旗的东居延海；小月氏，指大月氏西迁后留在故乡的残部。汉武帝元狩二年（前121），霍去病追击匈奴至析罗漫山，尔后攻打巴里坤草原的匈奴和小月氏。细读史料，可见大月氏西迁时一些部落不肯离开原始故乡，归降了匈奴，史称"小月氏"。从称号看，汉军俘获的"单于单桓"指驻守天山的匈奴地方官，霍去病俘虏或斩首的"酋涂王""速濮王""稽且王""呼于耆王"皆为匈奴部落首领，"酋涂王"应为"休屠各王"，也就是后世入中原的南匈奴十九部之首的"屠各部"，即是前赵的创建部落。结合《后汉书·西羌传》的记载"又数百户在张掖，号曰义从胡"，霍去病在巴里坤草原俘获的小月氏人后来迁往张掖，史称"义从胡"，这就是"湟中月氏胡"的另一部分源头。

月氏西迁时期留在敦煌和南山间的余众，在西汉武帝时已经达到万人以上，主要分布地区仍旧在敦煌与酒泉之间，依南山（现在的祁连山）而居，酒泉南山的小月氏归属汉朝后，服从汉朝的调遣，参与河西地区各种事务②。《汉书·赵充国传》记载了神爵元年（前61）小月氏和同居的羌人共同应对西羌起义的事件："今诏破羌将军武贤将兵六千一百人，敦煌太守快将二千人，长水校尉富昌、酒泉候奉世将婼羌、月氏兵四千人，亡虑万二千人。"从这条记载可以看出"被服饮食言语略与羌同"的小月氏已经显现出和羌族迥然不同的政治立场；居延汉简387·1·甲1793条简文记载了："小月氏，仰羌人。"③ 汉武帝时期，汉置居延以卫酒泉，防御匈奴南下，小月氏参与其中。此两条记载表明小月氏和同居的羌人已经成为西汉政府在河西地区重要的雇佣军力量，能出兵数千，按照一户一丁、五口人计，其人口规模至少已经达到数万。

---

① （汉）班固：《汉书》，第2480—2481页。
② 王宗维：《卢水胡与小月氏》，《西北民族研究》1995年第2期。
③ 杜庆军：《试析关于郅支的一册诏书》，《濮阳职业技术学院学报》2009年第5期。

二 卢水胡的出现

卢水胡之名始见于东汉，《后汉书·窦融附弟子固传》记载："固与忠率酒泉、敦煌、张掖甲卒及卢水胡羌胡万二千骑出酒泉塞。"[①]

《后汉书·西羌传》记载："时烧何豪有妇人比铜钳者，年百余岁，多智算，为种人所信向，皆从取计策。时为卢水胡所击，比铜钳乃将其众来依郡县。二年夏，迷吾遂与诸众聚兵，欲叛出塞。金城太守郝崇追之，战于荔谷，崇兵大败，崇轻骑得脱，死者二千余人。于是诸种及属国卢水胡悉与相应，吴棠不能制，坐征免。"[②] 由此可见，东汉初年卢水胡已经见于文献记载，且其与上文所述的小月氏胡一样，能征善战，经常被汉政府征为雇佣军使用。魏晋南北朝时期，关于卢水胡的记载频频出现于文献记载中。

《三国·魏志·张既传》："凉州卢水胡伊健、妓妾治元多等反，河西大扰。"[③]

《晋书·沮渠蒙逊载记》记载："沮渠蒙逊，临松卢水胡人也。其先世为匈奴左沮渠，遂以官为氏焉。"[④]

《宋书·氏胡传》亦载："大且渠蒙逊，张掖临松卢水胡人。匈奴有左且渠、右且渠之官，蒙逊之祖先曾任此职。羌之酋豪曰'大'，故且渠以官位为姓氏，而以'大'字冠之，世居卢水为酋豪。"[⑤]

细读史料可见，《晋书》和《宋书》都提到过卢水胡沮渠蒙逊先祖都担任过匈奴的"左沮渠"官职，结合上文所述的：《后汉书·西羌传》的记载"又数百户在张掖，号曰义从胡"，卢水胡沮渠蒙逊先祖很有可能就是霍去病在巴里坤草原俘获的附属于匈奴的小月氏人，后来迁往张掖，史称"义从胡"。

《居延新简》E，P，F22 有三枚简文提到卢水及"属国秦胡"。

建武六年七月戊戌朔乙卯府书曰属国秦胡卢水士民从兵起以来口

---

① （南朝宋）范晔：《后汉书》，第 1749 页。
② 同上书，第 2892 页。
③ （西晋）陈寿：《三国志》，中华书局 1959 年版，第 666 页。
④ （唐）房玄龄等：《晋书》，中华书局 1974 年版，第 3192 页。
⑤ （南朝梁）沈约：《宋书》，中华书局 1974 年版，第 2418 页。

（42）

匿之明告吏民诸作使秦胡卢水士民畜牧田作不遣有无＝四言·谨
案部吏毋作使属国秦胡卢水士民者敢言之（43）

甲渠言部吏毋作使属国秦胡卢水士民者（696）

与这三枚简文相关的还有 E，P，F22：322：

囵甲渠郡守候敢言之府移大将军莫
囵困愁苦多流亡在郡县吏……①

研究者认为，这些简文构成一件完整的官文书，反映甲渠候官接到由
居延属国都尉转发河西大将军幕府"关于追查民间擅自役使张掖属国各族
为劳役"的文件后，向上呈递的调查报告。简文中的建武六年七月，即公
元 30 年 8 月，当时正是窦融保据河西时期。窦融原任张掖属国都尉，后受
推举行河西五郡大将军事，治觻得县（今张掖西北）。沮渠蒙逊所说其祖
上"翼奖窦融"正在这个时期。此时上距汉武帝反击匈奴百余年。因此，
沮渠氏一支属于降胡是清楚的。

结合上文所述的《汉书》卷五十五《霍去病传》记载，元狩二年
（前 121）霍去病出击匈奴，"至祁连山，捕首虏甚多。上（汉武帝）曰：
'票骑将军涉钧耆，济居延，遂臻小月氏，攻祁连山，扬武乎觻得。得单
于单桓、酋涂王及相国、都尉以众降下者二千五百人，可谓能舍服知成而
止矣。捷首虏三万二百，获五王、王母、单于阏氏、三子五十九人，相
国、将军、当户、都尉六十三人。'"上述被霍去病俘虏的小月氏就生活在
张掖的卢水一带，成为张掖属国都尉及居延属国都尉的领民。

以"沮渠"作为姓氏反映出两个事实：一是蒙逊先祖在以"沮渠"为
姓氏前尚无姓氏；二是蒙逊先祖在担任"沮渠"一职时，由于卢水胡此前
尚无姓氏，故将变故前的官号"沮渠"作为姓氏。《晋书·沮渠蒙逊载记》
又记载："蒙逊哭谓众曰：'昔汉祚中微，吾之乃祖翼奖窦融，保宁河
右。'"结合《后汉书·窦融附弟子固传》记载："八年夏，车驾西征隗
嚣，融率五郡太守及羌虏小月氏等步骑数万，辎重五千余两，与大军会高

① 甘肃省文物考古研究所编：《居延新简释粹》，兰州大学出版社 1988 年版，第 62—63 页。

平第一。"① 可见小月氏确实与窦融合作过，卢水胡与小月氏确实很可能就是一个种族，只是由于西汉时期回归河西后，文献所载的"世居卢水"地望而被称为卢水胡。卢水胡所居的张掖临松山与保南山羌的小月氏所居之地临近，且《宋书》将其归为氐胡类，当与氐羌有渊源或地望近，这与小月氏与羌人同居通婚的历史也有近似之处。《汉书·武帝功臣表》载："骐兹侯稽谷姑，以小月氏右沮（苴）王将众降，侯千九百户。"师古注："苴，音子余反"，与沮和且同音。匈奴官名有沮渠，卢水胡首领为左沮渠，小月氏有右沮渠。稽谷姑时为匈奴所封为右沮渠王后裔，官名仍旧。"② 由此可以看出，小月氏和卢水胡确实同属于过匈奴，互为左右，有着比较近缘的关系。

西晋末年的各族人民起兵反晋的军事活动中，卢水胡多次参与其中。《晋书·惠帝纪》载西晋元康六年（296），"匈奴郝散弟元度师冯翊、北地马兰羌、卢水胡反，攻北地"③。另据唐长孺先生考证，晋元康四年（294），"匈奴郝散起兵于上党，杏城郝氏为卢水大族"，上党为羯胡聚居地，号称匈奴的郝散"应为上党杂胡，亦即羯胡"，其能统领卢水胡，卢水胡与羯胡之间的种族关系着实让人深思④。

此外，据唐长孺先生研究，沮渠蒙逊母亲为车氏，车姓乃西域车师之姓，这些姓在匈奴和月氏中很多，他们进入匈奴或月氏族中时间已久，卢水胡中白姓和安姓等西域胡色彩明显的姓氏乃大姓⑤，这也可见卢水胡与月氏族的渊源关系，其印欧人种源头色彩明显。根据林梅村先生的研究，《汉书》记载了赵破奴于汉武帝元封三年（前112）攻破姑师国，匈奴右贤王将他们安置在距离原居地罗布泊西岸不远的小月氏族故地，更名"车师"⑥。小月氏族与车师族本来的原居地就临近，相互通婚也不为奇怪，沮渠蒙逊母亲为车氏，又一次可以印证卢水胡为迁往张掖的小月氏族。小月氏在正史中的记载最早出现在西汉时期，而卢水胡则出现于东汉时期。

---

① （南朝宋）范晔：《后汉书》，第 1752 页。
② 王宗维：《卢水胡与小月氏》，《西北民族研究》1995 年第 2 期。
③ （唐）房玄龄等：《晋书》，第 103 页。
④ 唐长孺：《魏晋杂胡考》，载《魏晋南北朝史论丛》，河北教育出版社 2000 年版，第 393 页。
⑤ 同上书，第 398 页。
⑥ 林梅村：《大月氏人的原始故乡》，《西域研究》2013 年第 2 期。

三　董卓之乱与小月氏的东迁及羯族的形成

东汉时期，小月氏开始向东发展，逐渐渗透入内地。《后汉书·邓训传》记载："先是，小月氏胡分居塞内，胜兵者二三千骑，缘勇健富强，每与羌战，常以少制多。虽首施两端，汉亦时收其用。时迷吾子迷唐，别与武威种羌合兵万骑，来至塞下，未敢攻训，先欲胁月氏胡，训拥卫稽故，令不得战。议者，咸以羌胡相攻，县官之利，以夷伐夷，不宜禁护。训曰：'不然。今张纡失信，众羌大动，经常屯兵，不下二万，转运之费，空竭府帑，凉州吏人，命县丝发。原诸胡所以难得意者，皆恩信不厚耳。今因其迫急，以德怀之，庶能有用。'遂令开城及所居园门，悉驱群胡妻子内之，严兵守卫。羌掠无所得，又不敢逼诸胡，因即解去。由是湟中诸胡皆言'汉家常欲斗我曹，今邓使君待我以恩信，开门内我妻子，乃得父母。'咸欢喜叩头曰：'唯使君所命。'训遂抚养其中少年勇者数百人，以为义从。"[1] 这段记载描述了小月氏入居塞内和湟中月氏义从胡的由来。小月氏种族大概是印欧人游牧种族善骑射的缘故，深得东汉政府的重视，已经成为其镇压西羌暴乱所依赖的一支重要力量，雇佣军色彩明显。

东汉末年在镇压河湟羌胡起义中，董卓的兴起促进了小月氏由河西向内地的发展[2]。《后汉书·董卓传》记载："董卓字仲颖，陇西临洮人也。性粗猛有谋。少尝游羌中，尽与豪帅相结。后归耕于野，诸豪帅有来从之者，卓为杀耕牛，与共宴乐，豪帅感其意，归相敛得杂畜千余头以遗之，由是以健侠知名。为州兵马掾，常徼守塞下。六年，征卓为少府，不肯就，上书言：所将湟中义从及秦胡兵皆诣臣曰：'牢直不毕，禀赐断绝，妻子饥冻。'牵挽臣车，使不得行。羌胡敝肠狗态，臣不能禁止，辄将顺安慰，增异复上。"[3] 董卓是陇西临洮人，少游羌中，与羌胡部落关系密切，河湟羌胡起义中，董卓为破虏将军，在天水一带镇压羌胡，数年发展中部下就有大批"湟中义从及秦胡兵"，《后汉书·郑太传》记载："且天下强勇，百姓所畏者，有并、凉之人，及匈奴、屠各、湟中义从、西羌八

---

①　（南朝宋）范晔：《后汉书》，第 899 页。

②　沈骞：《河西小月氏、卢水胡与河东羯胡关系探源》，《敦煌学辑刊》2015 年第 4 期。

③　（南朝宋）范晔：《后汉书》，第 2331 页。

种，而明公拥之，以为爪牙。"① 湟中小月氏就这样在董卓的军事行动中由湟中发展到三辅地区，善战的屠各和湟中义从成为董卓军事力量的主力，董卓败亡后，这些小月氏胡人部落并未离散，自然以部落为单位散居于中原。

根据《晋书·北狄匈奴传》："武帝践祚后，塞外匈奴大水，塞泥、黑难等二万余落归化，帝复纳之，使居河西故宜阳城下。后复与晋人杂居，由是平阳、西河、太原、新兴、上党、乐平诸郡靡不有焉。""侍御史西河郭钦上疏曰：'戎狄强犷，历古为患。魏初人寡，西北诸郡皆为戎居。今虽服从，若百年之后有风尘之警，胡骑自平阳、上党不三日而至孟津，北地、西河、太原、冯翊、安定、上郡尽为狄庭矣。宜及平吴之威，谋臣猛将之略，出北地、西河、安定，复上郡，实冯翊，于平阳已北诸县募取死罪，徙三河、三魏见士四万家以充之。裔不乱华，渐徙平阳、弘农、魏郡、京兆、上党杂胡，峻四夷出入之防，明先王荒服之制，万世之长策也。'""北狄以部落为类，其入居塞者有屠各种、鲜支种、寇头种、乌谭种、赤勒种、捍蛭种、黑狼种、赤沙种、郁鞞种、萎莎种、秃童种、勃蔑种、羌渠种、贺赖种、钟跂种、大楼种、雍屈种、真树种、力羯种，凡十九种，皆有部落，不相杂错。屠各最豪贵。"② 入塞匈奴所居平阳、西河、太原、新兴、上党、乐平诸郡皆在今黄河以北的山陕境内，曹操曾把入塞匈奴分为五部，各居一郡，这些地方在晋代时仍是平阳、太原、新兴、上党诸郡③，而匈奴诸部落之迁徙在时间上是有前后的，朱凤《晋书》就曾指出入塞匈奴："前后徙河北诸郡县，谓之羯胡"，其中有与羯人有关的羌渠种和力羯种，也有最豪贵的屠各种，可见其部族是随着屠各匈奴进入塞内的。

值得注意的是，前赵的建立者休屠各匈奴原居河西今甘肃民勤境内，与小月氏和卢水胡及西羌相邻，张骞第一次出使西域联络西迁的大月氏便经过由休屠各匈奴控制的河西地区，张骞不通月氏语言，所随的胡奴堂邑父肯定是个翻译，有可能为月氏人。休屠王不杀使者，胡奴堂邑父的翻译能力功不可没，休屠各匈奴本非匈奴本部，世居河西，和大月氏原居地相近，其种族语言的关系也值得玩味。屠各后来入并州境内，其和小月氏卢水胡都受过匈奴的统治，也都被董卓控制过，其向并州地区的移动很有可

---

① （南朝宋）范晔：《后汉书》，第 2262 页。

② （唐）房玄龄等：《晋书》，第 2549—2550 页。

③ 万绳楠：《魏晋南北朝史讲论稿》，安徽教育出版社 1983 年版，第 132 页；王仲荦：《魏晋南北朝史》，上海人民出版社 2003 年版，第 175 页。

能和董卓之乱有关。

后世所谓的羯胡说到底是一种杂胡，其刚形成时期就包含了羌化月氏胡、西羌、屠各等，但其主要成分是羌化月氏胡和与其杂处的西羌，其羌人文化背景比较深，到了石赵政权建立后，越来越多的部族混入其内，故其成分越来越复杂①。羯胡和屠各匈奴一直是一种被裹胁相从的关系，从羯族使用祭天金人的习俗与河西屠各匈奴类似即可以看出一斑②。羯族部落组织作为一个战斗集体也并未离散。

在曹魏政权把入塞匈奴分为五部之前，必然有一个屠各匈奴和羯胡由河西向河东并州地区移动的过程。凡是羌人深入的地方，就有卢水胡和小月氏参与其间，羯胡的源头小月氏再向东发展中，董卓起了推动作用，董卓是陇西人，少游羌中，与羌胡关系密切③。董姓在羌人中即有此姓，董卓部将吕布的吕姓本身也是氐羌大姓。河湟羌胡起义后，董卓为汉破虏将军，在天水一带镇压羌胡，数年间，部下就有大批"湟中义从及秦胡兵"，郑太对董卓陈词十条，第七条云："且天下强勇，百姓所畏者，有并、凉之人及匈奴、屠各、湟中义从、西羌八种，而明公拥之，以为爪牙。"月氏胡成分为主的"湟中义从"成为董卓兵力的主要成分之一。董卓失败后，其所领的小月氏胡散居内地，唐长孺先生《魏晋杂胡考》一文就指出董卓之乱后不久的西晋至五胡时期关中渭水南岸就曾存在过一个支姓的月氏人部落④。《晋书》所谓的"力羯种"也是汉人对于入居塞内的匈奴别部的称呼，羯胡大都是剽悍强健，善于骑射的勇士，故年代较晚的《晋书》有所谓"力羯种"之称，石勒部族极有可能是早先的力羯种。史书中关于义从胡的记载就可以看出羯族的源头小月氏和卢水胡都是骁勇善战和精于骑射的，这才成为董卓可以依赖的爪牙力量，颇有些职业雇佣军的味道。

四 羯胡后赵与卢水北凉

后赵（319—352）是十六国时期羯族首领石勒建立的政权，后期改国

---

① 沈骞：《论石勒之种族》，南京大学元史研究室编《元史及北方民族史集刊》第23辑，上海古籍出版社2011年版。

② 沈骞：《从沙州图经所记敦煌祆舍谈晋书·石季龙载记下所谓之"胡天"》，《敦煌学辑刊》2013年第3期。

③ 王宗维：《卢水胡与小月氏》，《西北民族研究》1995年第2期。

④ 唐长孺：《魏晋杂胡考》，载于《魏晋南北朝史论丛》，河北教育出版社2000年版，第403页。

号为"卫"。历经七主，达32年。319年，石勒在襄国（今河北邢台）自立，称赵王，史称后赵。329年石勒灭前赵，次年（330）称大赵天王，行皇帝事，旋称帝。建平四年（333）石勒卒。次年其从子石虎篡位，称居摄天王。335年，迁都邺（今河南安阳北至河北临漳南）。337年称大赵天王，349年复称帝。石虎非常残暴，征役无时，大兴土木，荒淫无度，社会矛盾尖锐。太宁元年（349），石虎卒，其诸子为争帝位互相残杀，石虎养孙冉闵坐大把权，并于350年改国号为"卫"，不久杀皇帝石鉴，并屠杀石氏子孙及羯胡，同时石只也在襄国称帝，内战全面爆发。351年，石只被手下大将刘显所杀，之后刘显也被冉闵攻杀，后赵最终灭亡。石勒开拓疆土，灭前赵，占有除辽东、河西以外的北方地区。后赵前期仍采取胡汉分治政策，后赵政权令"又下书禁国人不听报嫂及在丧婚娶，其烧葬令如本俗"。但注意笼络汉族士人，减轻租赋，发展农业生产，推行儒家教育。统治地区包括北方的大部分地区。

北凉（397—460）是十六国时期由卢水胡的首领沮渠蒙逊所建立。北凉都城先为张掖，蒙逊自称张掖公。412年迁都武威，称河西王，凉州牧。最强盛的时候控制今甘肃西部、宁夏、新疆、青海的一部分，是河西一带最强大的势力。421年灭西凉。433年蒙逊去世，其子沮渠牧犍继位。439年北魏大军围攻姑臧，沮渠牧犍出降。之后牧犍弟沮渠无讳西行至原大月氏族后车师族的故地高昌重新建国，444年沮渠无讳病故，弟弟沮渠安周继任。460年柔然攻破高昌，沮渠安周被杀，北凉遂亡。

大月氏被匈奴击败西迁后，留在原居地的部众分化为保南山羌的小月氏和附属于匈奴的小月氏，霍去病于巴里坤草原俘获的附庸于匈奴的小月氏被东迁到张掖，史称"义从胡"，东汉时因"世居卢水"地望而被称为卢水胡，小月氏和卢水胡同源。小月氏在大月氏西迁后一直是附属于屠各匈奴部落，从宗教祭祀就可看出一斑。董卓之乱使其所领的河西屠各匈奴和羌化小月氏胡散居内地，直至曹魏政权把入塞匈奴分为五部，羯胡就分布在属于五部所在之一的河东并州上党地区，羯胡在其刚形成时期就主要包含了羌化小月氏胡和西羌及屠各等，但其主要成分是羌化小月氏胡。羯胡在中原地区建立后赵国家，卢水胡在河西走廊地区建立北凉国家。

十六国时期五凉政权"文教兼设"政策浅述

柴多茂

武威市凉州文化研究院

3世纪至5世纪，中原及北方各地处于严重的动荡不安，河西走廊虽然也相继建立了前凉、后凉、南凉、西凉、北凉割据政权，但因特殊的地理环境，社会安定，经济发展，有一大批中原学者流寓于凉州，与本土士人共同传习学业，蔚然壮观，形成了这一时期河西地区文化繁荣发展的新局面。这一独具特色的文化，被史学家称为"五凉文化"。

一 中原之乱与凉州之治

从东汉末年到魏晋，百余年间，整个社会处于长期的分裂割据。继而，频繁的战乱，摧毁了经济，特别是抑制了文化发展。这主要表现在三个方面：一是战乱导致典籍惨遭浩劫，或散佚殆尽，或毁于兵燹。史载："董卓之乱，献帝西迁，图书缣帛，军人皆取为帷囊。""惠、怀之乱，京华荡覆，渠阁文籍，靡有孑遗。"[①] 二是动荡之际，大多数文士流亡逃遁，或"柴门灌园，琴书自适"[②]，或废业放诞，"不与当世交通，或独语独笑，或长叹涕泣，或请问不言"[③]。三是各割据政权间以邻为壑，间接地阻碍了文化的交流、传播，影响了学术成果的创造和积累。

在文化发展处于低谷、衰退之时，学校教育也是举步维艰。如太学，经汉末大乱之后，已废弃殆尽。史载：

① 《隋书》卷32《经籍一》，中华书局1973年版，第906页。

② 《晋书》卷94《隐逸·氾腾传》，中华书局1974年版，第2438页。

③ 《晋书》卷94《隐逸·索袭传》，第2449页。

自初平之元至建安之末，天下分崩，人怀苟且，纪纲既衰，儒道尤甚。至黄初元年之后，新主乃复始扫除太学之灰炭，补旧石碑之缺坏，备博士之员录，依汉甲乙以考课；申告州郡，有欲学者皆遣诣太学。太学始开，有弟子数百人。至太和青龙中，中外多事，人怀避就。虽性非解学，多求诣太学。太学诸生有千数，而诸博士率皆粗疏，无以教弟子；弟子本亦避役，竟无能习学。冬来春去，岁岁如是①。

太学如此，州、郡、县学的境况更是不忍言说。虽有试图扭转者，也仅仅是为王纲解纽唱挽歌，主要目的不在于授业传道。如西晋江州刺史华轶，在匈奴军队围攻洛阳时，为表明"吾为司马氏"，特置"儒林祭酒"，并下教令申告州内士民，说："今大义颓替，礼典无宗，朝廷滞议莫能攸正，宜特立儒林祭酒官，以弘其事。"②

然而，地处河西走廊的凉州，因当政者推进了一系列弘扬文化教育的政策，使其在中原大乱的历史背景下，异彩独放，成为黑暗夜空中的一颗最耀眼的明珠。陈寅恪在《隋唐制度渊源略论稿》中写道：

盖张轨领凉州之后，河西秩序安定，经济丰饶，既为中州人士避难之地，复是流民移徙之区。百余年间纷争扰攘固所不免，但较之河北、山东屡经大乱者，略胜一筹。故托命河西之士犹可以苏喘息长子孙，而世族学者自得保身传代以延其家业也。③

《晋书·张轨传》亦载："秘书监缪世征、少府挚虞夜观星象，相与言曰'天下方乱，避难之国唯凉土耳'。""中州避难来者日月相继，分武威置武兴郡以居之。"魏嘉平年间，郡官在凉州城西"起学馆，筑双阙"。④张寔时期，曾遣都护王该向京师献去大量经史图籍。永嘉时期，长安谣曰："秦川中，血没腕，惟有凉州倚柱观。"⑤可见，在3—5世纪整个社会因战乱而致使文化教育事业陷入衰落时，凉州却峰回路转，特别是张骏时期，河西境内的军事争夺逐渐平息，社会安定，文化教育事业出现了繁荣

① 《文献考通》卷41《学校二》，中华书局1986年版，第389页。
② 《晋书》卷91《华轶传》，第1671页。
③ 陈寅恪：《隋唐制度渊源略论稿》，商务印书馆2011年版，第30页。
④ 《晋书》卷86《张轨传》，第2222页。
⑤ 同上书，第2229页。

景象。相较整个西晋时期中原地区的形势，凉州是个例外。

二 实施"文教兼设"的缘起

因避祸而流寓到凉州的中原人，被张轨安置在姑臧城西的武兴郡。但士人都留在姑臧城，被前凉等政权起用为官吏。这些士人大都学术底蕴极深，是享誉中原的大学者。如陈留江式，从其六世祖江琼起，书法和训诂已经成为家学，"永嘉大乱，琼弃官西投张轨。子孙因居凉土，世传家业"①。到江式时，其家族学术在河西已传延七世，使得在中原已将灭绝的古文经学得到保存，后又经北魏回输到中原。又如常爽，祖籍河内温县，是曹魏太常卿常林的六世孙，其祖父常珍曾任前秦苻坚时期的南安太守，前秦灭亡时，"因世乱遂迁居"。常爽"笃志好学，博闻强识，明习纬候，五经百家多所研综"，是一位颇有建树的学者。他的家族经历了后凉、南凉、西凉、北凉，后入魏。常爽对"州郡礼命皆不就"，一生矢志于学术研究，"教授门徒七百余人，京师学业，翕然复兴"②，对河西以及平城的教育事业贡献非常大。

五凉时期，凉州本土学者也是灿若群星，特别是"河西著姓"，他们不仅是政治上的中坚，也是文化学术界的英才。如宋繇、张湛、宗钦、段承根、刘昞、阚骃、赵柔、索敞、阴仲达等，都对弘扬河西文化教育有重要贡献。正是他们的学术活动，使五凉时期的凉州成为北中国文明的摇篮。

五凉推行文教兼设政策，并实行倡明学术的举措，其中一个重要原因就是各政权创立者都具有一定的文化素质。对此，陈寅恪在《隋唐制度渊源略论稿》中论道：

> 又张轨、李暠皆汉族世家，其本身即以经学文艺著称，故能设学校奖儒业……若其他割据之雄，段业则事功不成而文采特著，吕氏、秃发、沮渠之徒俱非汉族，不好读书，然仍能欣赏汉化，擢用士人，故河西区域受制于胡戎，而文化学术亦不因以沦替。③

① 《魏书》卷91《术艺·江式列传》，中华书局1974年版，第1960页。
② 《魏书》卷91《术艺·常爽列传》，第1848页。
③ 陈寅恪：《隋唐制度渊源略论稿》，第30、31页。

前凉张轨出身于孝廉世家，"以儒学显"，"明敏好学，有器望，姿仪典则"，与当时著名学者皇甫谧、挚虞、张华等以学问相过从，备受张华等赏识，"张华与轨论经义及政事损益，甚器之，谓安定中正为蔽善抑才，乃美为之谈，以为二品之精"①。其子张寔也是"学尚明察，敬贤爱士"②。

西凉李暠与父亲李昶都是学术造诣很深的知识分子，李昶曾官居"世子侍讲"，李暠"少而好学，通涉经史，尤善文义"③，是杰出的文学家、诗人，著有《靖恭堂颂》《述志赋》《槐树赋》《大酒容赋》等。

后凉吕光、南凉秃发乌孤、北凉沮渠蒙逊，虽分别生于氐、鲜卑、匈奴酋豪家庭，擅长弓马战阵，但长期熏染于儒家文化圈，均受到不同程度的影响，钦慕华风，倾身儒雅。其中，沮渠蒙逊尤为突出，他"博涉群史，颇晓天文，雄杰有英略，滑稽善权变"④，是一位文武全才和足智多谋的政治家。与沮渠蒙逊相比，吕光、秃发乌孤稍有逊色，然而他们也明白用兴理文教来争正朔，身边常常有一批汉族士人为他们经邦论道。秃发傉檀"有才略"⑤，纳史暠之言，"文教兼设"，从宗敞之谋，"农战并修"，这都显露出他们过人的思维和谋略。

虽然，后凉、南凉学风不盛，但也微波荡漾，重文兴教，时而受到执政者的重视。故宗敞对秃发傉檀说道："凉州虽弊，形胜之地，道由人弘。"⑥ 正因为五凉政权的创立者都有一定的文化素养，懂得文化教育对巩固其政治统治的重要性，所以各项文教政策及举措才会得以很好的贯彻实施。

三　政策和措施的实施

（一）敦崇儒学，振兴教育

自汉武帝元光元年（前134）尊儒学为首，并立太学后，崇儒读经之风兴盛于中原大地，儒学兴国和读经起家，成为汉代以后的社会风尚和士

---

① 《晋书》卷86《张轨列传》，第2221页。
② 同上书，第2226页。
③ 《晋书》卷87《凉武昭王李玄盛传》，第2257页。
④ 《晋书》卷129《沮渠蒙逊载记》，第3189页。
⑤ 《晋书》卷126《秃发乌孤载记》，第3147页。
⑥ 同上。

人追求的人生目标。然而，到了魏晋之际，崇儒读经的风气逐渐式微。曹魏正始中（240—249），"是时朝堂公卿以下四百余人，其能操笔者未有十人，多皆相从饱食而退。嗟夫！学业沉陨，乃至于此！"① 到西晋末年，北方陷入分裂，中原群雄逐鹿，整个社会以强暴取代儒雅，文治转为武功。

当北方普遍出现"学业沉陨"时，张轨却将兴教立学作为治理凉州的头等大事。永宁初年，他以敦崇儒学为第一要务，开始振兴凉州文化教育。他采取的具体措施主要有："征九郡胄子五百人，立学校，始置崇文祭酒，位视别驾，春秋行乡射之礼。"② 崇文祭酒又称崇文祭酒从事史，依晋制，是掌管图籍和文教的佐吏。张轨对其高配，把崇文祭酒的职位等同于别驾，显见对其的重视。在恢复学校教育制度后，张轨又延聘人才，下令各郡县详推"高才硕学，著述经史"者，将他们"具状以闻"③，以备选拔擢用。这样，又将文化教育与察举征辟结合起来，有助于鼓励士人和提倡尚学风气，有利于推动凉州文化逐步走向繁荣。同时，张轨也博得了"德量不恒"的美称，受到中原和凉州各界人士的尊崇。

在张骏当政时，前凉的学校教育体制进一步完备。张骏因"勤修庶政，总御文武"，是"远近嘉咏"的"积贤君"④。他在"始置百官，官号皆拟天朝"的建国中，将学校和教育进行了全面升级。339年，他设立国子学，"以右长史任处领国子祭酒"。这完全仿照了西晋教育体制。史载，晋惠帝时，"天下暂宁"，裴頠"奏修国学，刻石写经"。⑤ 魏晋时期，国子祭酒是国子学诸生之师，"执经，葛巾单衣，终身致敬"。张骏的这一举措，证明前凉已建立太学制度。另外，张骏也遵照名教治国之礼，在张轨行乡射之礼的基础上，进一步完备儒家礼仪教育，"立辟雍、明堂以行礼"⑥。

自前凉张轨实施儒学教育，并奠定其基础始，后来的南凉、西凉、北凉也各按其国情和政治要求，将兴学重教作为立国之本、执政之基。南凉秃发利鹿孤曾延耆老、访政治，纳史暠之言，依"立太学以教于国，设庠

---

① 《三国志》卷13《魏书·王肃传》，中华书局1964年版，第421页。
② 《晋书》卷86《张轨列传》，第2222页。
③ 同上书，第2224页。
④ 同上书，第2237页。
⑤ 《晋书》卷35《裴秀列传》，第1042页。
⑥ 《资治通鉴》卷96《晋纪十八》，岳麓书社1990年版，第226页。

序以化于邑"的王道成规，"建学校，开庠序，选耆德硕儒，以训胄子"。又"以田玄仲、赵诞为博士祭酒，以教胄子"①。西凉初，李暠"立泮宫，增高门学生五百人，立嘉纳堂于后园，以图赞所志②"，并亲身率导，敦励学风，"退朝之后，念观典籍"。北凉的崇学之风更甚，沮渠蒙逊专门兴建游林堂，常常率群臣"谈论经传"，并"图列古圣贤之像"。

学校教育制度的恢复和完善，为五凉执政者培养了一大批政治人才，在帮助各政权实施文治的同时，由于崇儒重教，也促进了民间授学和著述之风的兴盛。风气转盛的结果必然是地域文明程度的提高和文化的繁荣。故《魏书》载："凉州虽地居戎域，然自张氏以来，号有华风。"③

（二）重视人才，优礼士人

五凉时期，各政权的执政者采取以礼致之、量才擢用的基本政策，不论在朝或在野，还是世居凉州或来自中原，都极为重视知识分子作用的发挥，并且对深有造诣的知名学者给予政治殊荣。因为有开明的政策，广大士人中，除誓志隐逸者外，都心甘情愿地为当政者效力服务。如江琼、程骏、常爽、杜骥、裴颁等及其家族子弟"避地河西"期间，无一例外地都受到张轨及其他统治者的礼遇。如程骏，原籍广平曲安，"六世祖良，晋都水使者，坐事流于凉州；祖父肇，吕光民部尚书。骏少孤贫，师事刘昞，性机敏好学，昼夜无倦"，"沮渠牧犍擢为东宫侍讲"④。杜骥，原籍京兆杜陵，高祖是西晋名臣杜预，家族世治春秋经，杜预自称有"左传癖"。杜氏家族中，从杜预之子即杜骥曾祖父杜耽起，"避地河西，因仕张氏，世业相承，不殒其旧"。裴佗，原籍河东闻喜，本是西晋太常卿，"因晋乱，避地凉州。苻坚平河西，东归，因居解县……少治春秋杜氏、毛诗、周易，并举其宗致"⑤。这些著名的学者在中原丧乱之际选择凉州避难，本身就说明张轨等对中原知识分子持倾身接纳的态度。迁到河西后，又受到张轨及其后继者的信任和重用，又使他们以展平生所学，发挥其学术才

---

① 《晋书》卷126《秃发乌孤载记》，第3146页。
② 《晋书》卷87《凉武昭王李玄盛传》，第2257页。
③ 《魏书》卷52《胡叟列传》，第1150页。
④ 《北史》卷40《程骏列传》，第1450页。
⑤ 《魏书》卷52《裴佗列传》，第1906页。

干，从而给凉州文化增光添彩。胡三省盛赞道："永嘉之乱，中州人士避地河西张氏礼而用之。子孙相承，衣冠不坠，故凉州号为多士。"①

五凉政权礼遇士人、重视知识的政策在凉州本土学者身上体现得最为明显，因为五凉各政权都是依靠"河西著姓"而起家立国。

凉州学者中，以宋繇、张湛、宗钦、段承根、刘昞、阚骃、赵柔、索敞、阴仲达、祈嘉、索袭、宋纤、郭荷等为代表。他们之中，或在朝，或在野，都受到了相同的礼遇。就宋氏家族而言，宋繇"西奔李暠，历位通显"，"沮渠蒙逊平酒泉，于室得书数千卷，叹曰：'孤不喜克李歆，欣得宋繇耳！'拜尚书吏部郎中，委以铨衡之任。蒙逊之将死也，以子委托之"。宋氏家族中也有笃志于学，隐迹山林的，如宋纤，史载"少有远操，沉靖不与世交，隐居于酒泉南山。明究经纬，弟子守业三千余人。不应州郡辟命，唯与阴颙、齐好友善。张祚时，太守杨宣画其像于阁上，出入视之。作颂曰：'为枕何石？为漱何流？身不可见，名不可求。'酒泉太守马岌，高尚之士也，具威仪，鸣铙鼓，造焉。纤高楼重阁，距而不见。岌叹曰：'名可闻而身不可见，德可仰而形不可睹，吾而今而后知先生人中之龙也！'铭诗于石壁曰：'丹崖百丈，青壁万寻。奇木蓊郁，蔚若邓林。其人如玉，维国之琛。室迩人遐，实劳我心。'"② 后来，宋纤被张祚强征到姑臧，拜为太子太傅，但不久"不食而卒"。

五凉政权的统治者对知识分子是思贤若渴。如秃发利鹿孤曾对群臣说："自负乘在位，三载于兹，务进贤彦而下犹蓄滞，二三君子其极言无讳。"③ 这些执政者招贤纳士的态度都表露得十分虔诚，得到之后更是十分倚重。如张轨对宋配，秃发傉檀对宗敞，李暠对刘昞，沮渠蒙逊对宋繇，均传有佳话。

五凉统治者对待士人的政策，给凉州文化的发展提供了宽松的政治环境，形成了这一时期人才与成果蜂拥而至、层出不穷的良好局面。

（三）民间授学，私人著述

在东汉末期，学校制度式微，导致文化教育和学术活动陷入窘境。但

① 《资治通鉴》卷123《文帝元嘉十六年》十二月条胡注。
② 《晋书》卷94《隐逸·宋纤列传》，第2453页。
③ 《晋书》卷126《秃发乌孤载记》，第3146页。

是，以民间授学和私人著述为主要形式的文化学术活动却又兴盛起来。魏晋时期，凉州城内地士人积聚，文化氛围浓厚，享有"名郡"之誉。在这当中，前凉、后凉等政权积极的文化政策和振兴文教的举措，对民间的文化学术活动起到了助推作用，使得已呈抬头之势的民间授学和私人著述与正在恢复发展中的官学和官方学术活动相向而行，相得益彰，进而促成了五凉时期河西文化教育多元化的格局和态势。

前凉张轨颁布的征辟法令，在推动民间文化学术活动进一步活跃方面起到了有力的促进作用。征辟法令规定："高才硕学""著述经史"列入选格。这就极大地激励士人追求学问，创造学术成果。因为前凉的征辟法令，一些学者还得以封侯。如《十六国春秋·前凉录》记载：索绥在张骏时开始编修《凉春秋》，至张重华时完成，共五十卷，"以著述之功"，封为平乐亭侯。

五凉时期，河西各郡名家辈出。如：隐居于张掖临松东山的郭荷，撰成名著《春秋墨说》《孝经错纬》，弟子郭瑀也是高才硕学。刘昞在隐居酒泉期间，身边常有数百名学生跟随学习，后来入仕，他将学术带入朝堂，教授北凉君臣，建树颇丰，著有经、史、子、集十多部。"昞以三史文繁，著《略记》百三十篇八十四卷，《凉书》十卷，《敦煌实录》二十卷，《方言》三卷，《靖恭堂铭》一卷。注《周易》《韩子》《人物志》《黄石公三略》，并传于世。"① 索敞，字巨振，在北凉时"为刘昞助教，专心经籍，尽能传之业"。入魏后，"以儒学见拔为中书博士。笃勤讲授，肃而有礼。京师大族，贵游之子，皆惮敞威严，多所成益。前后显达，位至尚书牧守者数十人，皆受业于敞。敞遂讲授十余年"。②

五凉时期，还有许多学者隐居乡里，传道授业并兼以著述，他们各有其研究领域，涉及经学、史学、文学乃至天文地理、阴阳之学。如祈嘉，酒泉人，前凉时"西游海渚，教授门生百余人"，张重华时拜为儒林祭酒，"依孝经作二九神经。在朝卿士、郡县守令彭和正等，受业独拜床下者二千人"③。索袭，敦煌人，"不应州郡之命，举孝廉方正、贤良方正，皆以

---

① 《魏书》卷 52《术艺·刘昞列传》，第 1160 页。
② 《魏书》卷 52《术艺·索敞列传》，第 1162 页。
③ 《晋书》卷 94《隐逸·祁嘉列传》，第 2456 页。

疾辞。游思于阴阳之术，著天文地理十余篇，多所启发"。① 索统，敦煌人，"少游京师，受业太学，博综经籍，遂为通儒。明阴阳天文，善术数占候。司徒辟除郎中，知中国将乱，避世而归"②，敦煌太守阴淡召他出来做官，他以"不求闻达"为辞，不应辟命。

在这些民间教育家和学者中，凉州本土士人占很大比例，他们是五凉时期文化教育和学术领域的精英，与在朝的士林人物一同成为推动凉州文化发展的重要力量。

因为凉州在地缘上接近西域，所以五凉政权也较为重视吸收外来文化，以充实本土文化。如佛教，在五凉时期就广为传播，非常活跃。史载："凉州自张轨后，世信佛教。敦煌地接西域，道俗交得其旧式。村坞相属，多有塔寺。"③ 此时，有许多高僧汇聚于凉州。其中，来自龟兹的鸠摩罗什最为著名。他七岁出家，精通佛教大、小乘，年纪轻轻已誉满西域。吕光出征西域，临行前，苻坚命他寻访罗什并"驰驿送之"。后吕光东返，将罗什迁到姑臧。在姑臧，罗什生活了16年，对河西佛教的传播做出贡献。401年，后秦占领姑臧，罗什被迁到长安，姚兴尊他为国师，特辟逍遥园，让他翻译佛经。另一位高僧是昙无谶，北凉玄始中（412—427）游学到姑臧，与河西沙门慧嵩、道朗等合作，先后翻译佛经14部。魏太武帝闻其名，使李顺往凉征其入朝，"蒙逊留不遣，仍杀之。魏主由是怒凉"。④

此外，西域艺术中的精华也被凉州文化吸收。吕光征龟兹，搜集了一大批西域奇异戏带回姑臧，其中就有西域乐舞《龟兹乐》。北凉玄始中，西域又贡吞刀、吐火、秘幻奇术。

五凉政权不仅善于吸收外来文化，也特别重视文化交流。北凉永和五年（437），沮渠牧犍与刘宋通使，献给刘宋的方物中有大批图书典籍，其目录为：《周生子》十三卷，《时务论》十二卷，《三国总略》二十卷，《俗问》十一卷，《十三州志》十卷，《文检》六卷，《四科传》四卷，《敦煌实录》十卷，《凉书》十卷，《汉皇德传》二十五卷，《亡典》七卷，

---

① 《晋书》卷94《隐逸·索袭列传》，第2449页。
② 《晋书》卷95《艺术·索统列传》，第2494页。
③ 《魏书》卷114《释老志》，第3032页。
④ 《资治通鉴》卷122《宋纪四》元嘉九年条，中华书局1956年版，第3845页。

《魏驳》九卷,《谢艾集》八卷,《古今字》二卷,《乘邱先生》三卷,《周牌》一卷,《皇帝王历三合纪》一卷,《甲寅元历》一卷,《孔子赞》一卷,总计其数为十九部一百五十四卷。这些图书典籍大多是河西学者的作品,内容包括经学、史学、文学、数学、天文历法等类,其中有刘昞、阚骃、谢艾等著名学者的著作。另外,在蒙逊时期,北凉已遣使向刘宋求取《周易》及子集诸书,宋司徒王弘亲自手抄干宝《搜神记》给北凉使者。牧犍在向刘宋王朝献书时,又求取晋赵起居注等"诸杂书数十种"。这是自晋亡以来,南北之间规模最大、最早的一次图籍交流活动,这不仅促进了江南和凉州文化的发展,对保存和传播凉州文化及中原文明成果,具有重要意义。

北魏时期丝绸之路与中西文化交流

薛瑞泽

河南科技大学人文学院

丝绸之路作为中西文化交流的象征，自汉代开辟以来，开启了沟通中西文化交流的先河，发挥了中西文化交流的桥梁作用。即使在社会动荡的魏晋南北朝时期，因为丝绸之路对于中原地区经济社会所产生的巨大影响，所以在相对和平时期，曹魏、西晋、北魏等王朝都通过丝绸之路的开通，实现了与域外经济文化的往来，并因此增强了自身的实力，体现了文化的强大影响力。

一 代京时期中西文化交流

道武帝时期，北魏与西域乃至以远地区的文化交流萌始。在初始阶段，双方的交流处于仅仅闻知对方，尚没有往来的状态。《北史》卷九十七《西域传》云：

> 道武初，经营中原，未暇及于四表。既而西戎之贡不至，有司奏依汉氏故事，请通西域，可以振威德于荒外，又可致奇货于天府。帝曰："汉氏不保境安人，乃远开西域，使海内虚耗，何利之有？今若通之，前弊复加百姓矣！"遂不从。历明元世，竟不招纳。

这说明在北魏建立之初，部分官员虽然有"依汉氏故事"通西域的想法，但因为北魏刚刚建立，政权处于不稳定状态，文化影响力尚无法达到西域地区。从这条材料可以看出，北魏社会上层虽有开通西域的想法，但因为国力有限没有实施而已。

北魏太武帝初期，因为国势尚弱，依然无力开通西域道路，但朝野内外均对西域道路的开通抱有较高的政治热情，太武帝也积极响应，册封了北凉河西王沮渠蒙逊代替朝廷行使在西域的管辖。神䴥四年（431）九月癸亥日，太武帝"诏兼太常李顺持节拜河西王沮渠蒙逊为假节、加侍中、都督凉州及西域羌戎诸军事、行征西大将军、太傅、凉州牧、凉王"，这一任命是北魏朝廷首次实现对西域的间接管辖，这里提到了凉州、西域等词，在中西交通中具有重要的作用，无疑表明姑臧等地的重要战略地位。随着北魏国力的不断增强，太武帝开始派出使节与西域国家建立起广泛的联系。太延元年（435）五月，"遣使者二十辈使西域"，次年八月丁亥，"遣使六辈使西域"①。因为通往西域沿线的地区为柔然所控制，所以在出使之初并不顺利，"始遣行人王恩生、许纲等西使。恩生出流沙，为蠕蠕所执，竟不果达"②。王恩生、许纲等人初次出使的国家是车师国，没有达到出使的目的。太延三年（437），北魏朝廷"又遣散骑侍郎董琬、高明等多赍锦帛，出鄯善，招抚九国，厚赐之"。董琬此次出行收获颇多，受到沿途国家的重视，"琬过九国，北行至乌孙国。其王得魏赐，拜受甚悦"。正因为董琬等人深得乌孙信任，其后乌孙"每使朝贡"，与北魏建立起了良好的关系。乌孙王还告知了董琬另一个颇为重大的消息，乌孙王曰："传闻破洛那、者舌皆思魏德，欲称臣致贡，但患其路无由耳。今使君等既到此，可往二国，副其慕仰之诚。"董琬、高明随即西行，到达破洛那、者舌两国，乌孙王"为发导译"，乌孙、破洛那、者舌在董琬、高明返回时，"遣使与琬俱来贡献者，十有六国"，并且出现了"自后相继而来，不间于城，国使亦数十辈矣"③的繁盛景象。破洛那即汉代的大宛国，其所在的费尔干纳盆地位于乌兹别克斯坦、塔吉克斯坦和吉尔吉斯斯坦三国的交界地区，是天山和吉萨尔—阿赖山的山间盆地，属于锡尔河中游地区。者舌即汉代的康居，在破洛那西北，位于今巴尔喀什湖和咸海之间。北魏派出使节联络了西域以远的国家和地区，这些国家频繁派出使者出使北魏，并到代京朝贡。太延三年（437）三月癸巳，"龟兹、悦般、焉耆、车

---

① 《魏书》卷4上《世祖纪上》，中华书局1974年版，第79、85、87页。

② 《魏书》卷102《西域·车师传》云："世祖初，始遣使朝献，诏行人王恩生、许纲等出使。恩生等始度流沙，为蠕蠕所执。恩生见蠕蠕吴提，持魏节不为之屈。后世祖切让吴提，吴提惧，乃遣恩生等归。许纲到敦煌，病死，朝廷壮其节，赐谥曰贞。"第2264页。

③ 《北史》卷97《西域传》，中华书局1974年版，第3206页。

师、粟特、疏勒、乌孙、渴盘陁、鄯善诸国各遣使朝献"。太延五年（439）夏四月丁酉，"是岁，鄯善、龟兹、疏勒、焉耆诸国遣使朝献"。太延五年，"鄯善、龟兹、疏勒、焉耆、高丽、粟特、渴盘陁、破洛那、悉居半等国并遣使朝贡"①。太平真君五年（444）三月，北魏再次"遣使者四辈使西域"②。太平真君十年（449）十一月，"龟兹、疏勒、破洛那、员阔诸国各遣使朝献"③。从太武帝太延元年（435）到太平真君十年（449）前后15年时间形成了北魏历史上对外交流的高潮，从北魏与西域各国互派使节，可见彼此交流的意愿均非常强烈。

太武帝时期，对外交流的高潮局面表现在中西交往过程中，北魏西去使节是从代京出发，而东来出使北魏的西域国家使节都是不远万里来到代京，代京因此成为中西文化交流的核心。在此期间，为了使中西交通道路的畅通，太延五年（439）六月，太武帝进攻北凉。八月丙申，太武帝到达姑臧，包围了北凉的都城，九月丙戌，沮渠牧犍投降。随后北魏又灭了鄯善，丝绸之路实现了畅通。通西域的道路由原来的两条道路拓展为四条道："出自玉门，度流沙，西行二千里至鄯善，为一道；自玉门度流沙，北行二千二百里至车师，为一道；从莎车西行一百里至葱岭，葱岭西一千三百里至伽倍，为一道；自莎车西南五百里，葱岭西南一千三百里至波路，为一道焉。"④ 从此之后，丝绸之路沿线的国家与地区方位的确定都是以代京为坐标点计算距离的。这些国家和地区大体分为三类，其一是今天中国境内的国家和地区，这些国家和地区有鄯善国、于阗国、蒲山国（今新疆皮山县）、悉居半国（今新疆叶城县）、权于摩国（今新疆莎车县）、渠莎国（今新疆和田县）、车师国（今新疆吐鲁番市）、且弥国（今新疆乌鲁木齐和昌吉、呼图壁县境内）、焉耆国（今新疆焉耆县境东）、龟兹国（今新疆阿克苏地区和巴音郭楞蒙古自治州部分地区）、姑默国（今新疆温宿县）、温宿国、尉头国（今新疆阿合奇县）、疏勒国（今新疆喀什葛尔）等，这些国家大多在今天新疆境内。其二，在今新疆之西中亚地区的国家和地区与北魏在联系过程中也是以代京为坐标点，这些国家有乌孙国、悦

---

① 《魏书》卷4上《世祖纪上》，第88—90页。
② 《魏书》卷4下《世祖纪下》，第97页。
③ 同上书，第103页。
④ 《北史》卷97《西域传》，第3207页。

般国、者至拔国（今吉尔吉斯斯坦费尔干纳地区）、迷密国（即米国，今乌兹别克斯坦撒马尔罕）、悉万斤国（今乌兹别克斯坦撒马尔罕北七里）、忸密国（今乌兹别克斯坦布哈拉一带）、破洛那国（今吉尔吉斯斯坦费尔干纳地区）、粟特国（乌兹别克共和国撒马尔干）等，这些国家和地区与代京之间的距离也是以"去代"多少里作为计算的标准。其三，除了中亚地区的国家与北魏通过丝绸之路建立起广泛的联系之外，今天西亚地区乃至更远的国家有波斯、伏卢尼国、色知显国、伽色尼国、薄知国、牟知国、阿弗太汗国、呼似密国、诸色波罗国、早伽至国、者舌国、伽不单国、伽倍国、折薛莫孙国、钳敦国、弗敌沙国、阎浮谒国、大月氏国、安息国、大秦国、阿钩羌国、波路国、小月氏国、罽宾国、吐呼罗国、副货国、南天竺国、叠伏罗国、拔豆国、嚈哒国、朱居国、渴槃陁国、钵和国、波知国、赊弥国、乌苌国、乾陀国、康国等。这些国家有的与北魏直接建立联系，有的仅仅是北魏有所闻知而已。

太武帝时期出现这样一个集中出使与朝贡的现象并非偶然，是与北魏王朝国势强盛联系在一起，"太延中，魏德益以远闻"，正是这种国势强大的影响吸引了西域地区小国多次派遣使节出使北魏。太武帝借鉴汉代派遣使节的经验教训，起初并不愿与西域诸国建立联系，"若报使往来，终无所益，欲不遣使"。正因为龟兹等九国冒着艰难险阻而来，故而主管官员对太武帝说："九国不惮遐险，远贡方物，当与其进，安可豫抑后来？"①太武帝接受了这一建议，随后多次派遣使节出使西域，西域各国也不断派出使节到北魏朝贡，出现了北魏历史上对外交流的高潮。

二　洛阳时代的中西文化交流

《洛阳伽蓝记》卷三《城南》云：

> 自葱岭已西，至于大秦，百国千城，莫不款附。商胡贩客，日奔塞下。所谓尽天地之区已。乐中国土风因而宅者，不可胜数。

这段材料学术界在研究北魏洛阳时期中西文化交流史时常会被引用，显现

---

① 《北史》卷97《西域传》，第3206页。

出洛阳在中西文化交流中的核心地位。迁都洛阳之后的北魏王朝，继承了代京时代与西域地区国家建立起密切关系的传统，双方交往频繁。这里提到的大秦是西域地区极西之国，其商人定居洛阳的不在少数。宣武帝在洛阳城西所建永明寺是安置外国僧人所居，"时佛法经像盛于洛阳，异国沙门，咸来辐辏，负锡持经，适兹乐土。世宗故立此寺以憩之"。可见，随着丝绸之路的畅通，西域的僧人纷至沓来会聚洛阳，在永明寺中，"房庑连亘，一千余间。庭列修竹，檐拂高松，奇花异草，骈阗堦砌"，环境优美。在这里居住进行传教的外国僧人包括大秦僧人在内，有"百国沙门，三千余人"之说。除此之外，在南方地区域外之国，"亦与西域、大秦、安息、身毒诸国交通往来。或三方四方，浮浪乘风，百日便至。率奉佛教，好生恶杀"①。这说明通过丝绸之路已经建立起沟通中西方文化交流的纽带。

以波斯国为例，文成帝的太安元年（455）十月，和平二年（461）八月，波斯两次遣使朝贡。天安元年（466）三月、皇兴二年（468）四月，波斯又两次遣使朝贡。孝文帝承明元年（476）二月波斯亦至代京朝贡。这些朝贡显示出北魏国势的强大影响力，迁都洛阳之后，波斯继续东来，宣武帝正始四年（507）十月辛未，"嚈哒、波斯、渴槃陁、渴文提不那杖怈杖提等诸国，并遣使朝献"②。孝明帝时期，波斯至洛阳朝贡次数增多。熙平二年（517）四月甲午，"高丽、波斯、疏勒、嚈哒诸国并遣使朝献"。神龟元年（518）七月丁未，"波斯、疏勒、乌苌、龟兹诸国并遣使朝献"。波斯国使节东来不仅带来贡物，还带来波斯国王的美好祝愿，云："大国天子，天之所生，愿日出处常为汉中天子。波斯国王居和多千万敬拜。"北魏朝廷接受了祝福和贡品，从此之后，波斯"每使朝献"③。正光二年（521）闰五月丁巳，"居密、波斯国并遣使朝贡"。次年七月壬子，"波斯、不汉、龟兹诸国遣使朝贡"④。即使到西魏恭帝二年（555），"其王又遣使献方物"。频繁的交流还留下许多典型的事例，为双方的交往增添了色彩。

---

① （魏）杨衒之撰，周祖谟校释：《洛阳伽蓝记校释》卷4《城西》，中华书局1963年版，第173—175页。
② 《魏书》卷8《世宗纪》，第205页。
③ 《北史》卷97《西域传》，第3223页。
④ 《魏书》卷9《肃宗纪》，第226、228、232、233页。

孝明帝时期，北魏的国势达到极盛，波斯东来朝贡的频次增多，并与诸王发生了私下联系。当时任城王元澄声望颇高，"西域嚈哒、波斯诸国各因公使，并遗澄骏马一匹"。元澄"请付太仆，以充国闲"。由于元澄颇知进退，将骏马上缴朝廷，孝明帝下诏褒奖曰："王廉贞之德，有过楚相，可敕付厩，以成君子大哉之美。"① 波斯国的名马为北魏达官贵人所喜爱，甚而出现了远涉西域购买波斯良马的现象。河间王元琛任秦州刺史时，因"多无政绩"而受到时人的讥讽，但他钟爱西域的名马，"遣使向西域求名马"，甚至"远至波斯国。得千里马，号曰追风赤骥。次有七百里者十余匹，皆有名字"。为了饲养这些马匹，"以银为槽，金为环锁"予以夸奢，以至于"诸王服其豪富"②。从波斯使节赠送任城王元澄骏马，到河间王元琛任秦州刺史时向波斯求名马，是因为波斯"土出名马"③，并由此为北魏社会上层所喜爱。

随着使节进入中原，进贡的物品中还有狮子，在洛阳城南永桥南道东的狮子坊，得名就与波斯所献狮子有关，"狮子者，波斯国胡王所献也。为逆贼万俟丑奴所获，留于寇中。永安末，丑奴破灭，始达京师"。狮子被运送到洛阳后，引起了孝庄帝的极大兴趣，用从巩县、山阳活捉的虎、豹测试是否害怕狮子。普泰元年（531），广陵王即位后，"狮子亦令送归本国。送狮子胡以波斯道远，不可送达，遂在路杀狮子而返"④。狮子虽然在送还途中被杀，但狮子坊地名留存则是波斯与北魏交流的历史见证。

除了使节进入中原之外，波斯僧人也进入了中原。《洛阳伽蓝记》卷一《城内》云：

> 时有西域沙门菩提达摩者，波斯国胡人也。起自荒裔，来游中土。见金盘炫日，光照云表，宝铎含风，响出天外；歌咏赞叹，实是神功。自云：年一百五十岁，历涉诸国，靡不周遍，而此寺精丽，阎浮所无也。极佛境界，亦未有此！口唱南无，合掌连日。

从来自波斯国的僧人进入中原传播佛教，应当与北魏重视佛教，僧人

---

① 《魏书》卷19 中《任城王云传附子澄传》，第477页。
② （魏）杨衒之撰，周祖谟校释：《洛阳伽蓝记校释》卷4《城西》，第164页。
③ 《北史》卷97《西域传》，第3222页。
④ （魏）杨衒之撰，周祖谟校释：《洛阳伽蓝记校释》卷3《城南》，第134页。

享有较高的地位有关。而代表北魏王朝西行求经的僧人以宋云为代表最具特色。神龟二年（519）十月宋云西行到达嚈哒国，该国"西及波斯"①。留存至今的有关波斯历史的记载，应当就是那个时代西行取经之人留给我们的宝贵财富。

三　河西四镇与中西文化交流

河西走廊历来是中西文化交流的重要通道之一，对河西走廊的控制与否，关乎丝绸之路能否畅通。北魏时期丝绸之路的开通是在太武帝时期实现的，与北魏最终占领河西走廊有着密切的关系。

十六国时期，河西走廊先后为前凉、前秦占领，随后又分别为西凉、北凉、南凉等占领。到北凉时期，随着北魏国力的迅速提升，太武帝先后灭大夏（431）、北燕（436）、北凉（439），实现了黄河流域的统一。特别是灭北凉之后，在河西走廊设立了凉州郡和敦煌郡，更便利了丝绸之路的畅通。

沮渠牧犍在位初期，对于丝绸之路畅通的维护发挥了积极的作用。"初，太武每遣使西域，常诏河西王沮渠牧犍，令护送。至姑臧，牧犍恒发使导路，出于流沙"。因为太武帝下令沮渠牧犍护送使者，所以北魏使节到达姑臧之后，沮渠牧犍都要派遣人员作为向导引路。后来，沮渠牧犍听信柔然主吴提妄言，当"使者自西域还至武威"，"稍以慢堕"，受到慢待的北魏使者，回到代京后，"具以状闻"②。正因为沮渠牧犍首鼠两端，太武帝即有灭其而保证丝绸之路畅通的想法。为了侦知北凉的详情，朝廷派遣李顺"凡使凉州十有二返，世祖称其能"③。在沮渠牧犍即位之初，太武帝对其加封的同时，使"牧犍尚太武妹武威公主"，在太延五年（439）三月，"牧犍淫嫂李氏，兄弟三人传嬖之。李与牧犍姊共毒公主，上遣解毒医乘传救公主得愈，上征李氏，牧犍不遣，厚送居于酒泉，上大怒"④。虽然武威公主得救，但仍然使武威公主居住在酒泉，几乎成了人质。太武帝震怒之下，亲率大军灭了北凉。北凉灭亡后，黄河流域实现了统一。凉州被

---

① （魏）杨衒之撰，周祖谟校释：《洛阳伽蓝记校释》卷5《城北》，第195页。
② 《北史》卷97《西域传》，第3206页。
③ 《魏书》卷36《李顺传》，第832页。
④ 《魏书》卷99《卢水胡沮渠蒙逊传附子牧犍传》，第2208页。

北魏占领后，"鄯善国以为唇亡齿寒，自然之道也"，鄯善国王认为："今武威为魏所灭，次及我矣。"因而继续阻挠北魏使节往来，"若通其使人，知我国事，取亡必近；不如绝之，可以支久。乃断塞行路，西域贡献，历年不入"。太平真君六年（445）四月，太武帝"诏秦州刺史、天水公封敕文击慕利延兄子什归于枹罕，散骑常侍、成周公万度归乘传发凉州以西兵袭鄯善"。八月，"度归以轻骑至鄯善，执其王真达以诣京师"①。鄯善平定后，"行人复通"。可见北魏控制鄯善之后，丝绸之路的畅通基本实现。

北凉灭亡之后，北魏对于北凉在河西走廊的残余势力进行了剿灭，以保证丝绸之路的畅通。太平真君元年（440）正月，沮渠牧犍之弟沮渠无讳包围酒泉，并在三月攻占酒泉。四月庚辰，沮渠无讳进攻张掖，鲜卑族的秃发保周驻屯于删丹，丙戌，朝廷派遣抚军大将军、永昌王健等督诸军讨伐保周。五月乙巳，沮渠无讳再次包围张掖，太武帝"诏（周）观统五军西讨秃发保周于张掖"，沮渠无讳退回。七月己丑，永昌王拓跋健至番禾，大败保周。保周逃走并自杀。周观"徙其民数百家，将置于京师，至武威，辄与诸将私分之"，太武帝因此罢免了周观。② 八月甲申，沮渠无讳投降，送弋阳公元洁及诸将士。太平真君二年（441）正月癸卯，太武帝"拜沮渠无讳为征西大将军、凉州牧、酒泉王"。三月，封沮渠万年为张掖王。四月庚辰，太武帝"诏镇南将军、南阳公奚眷征酒泉"。十一月庚子，奚眷平定酒泉，"获沮渠天周、臧嗟、屈德，男女四千口"。三年（442）四月，沮渠无讳西逃占据鄯善。李暠的孙子李宝占据敦煌，派遣弟弟李怀达为使内附。太武帝任命李怀达为敦煌太守，李宝为镇西大将军、开府仪同三司、沙州牧，封敦煌公。③ 北魏实现了对河西走廊的控制。

北魏占领河西走廊之后，在河西走廊建立了地方政权，并且驻扎军

---

① 《魏书》卷4下《世祖纪下》，第98页。《北史》卷97《西域传》云："魏遣使使西域，道经其国，鄯善人颇剽劫之，令不得通，太武诏散骑常侍、成周公万度归乘传发凉州兵讨之。度归到敦煌，留辎重，以轻骑五千度流沙，至其境。时鄯善人众布野，度归敕吏卒不得有所侵掠。边守感之，皆望旗稽服。其王真达面缚出降，度归释其缚，留军屯守，与真达诣京都。太武大悦，厚待之。是岁，拜交趾公韩拔为假节、征西将军、领护西戎校尉、鄯善王以镇之，赋役其人，比之郡县。"第3208页。

② 《魏书》卷30《周观传》，第728页。《魏书》卷16《河间王修传附嗣子略阳王羯儿传》云："后与永昌王健督诸军讨秃发保周于番和，徙张掖民数百家于武威，遂与诸将私自没入。"第399页。

③ 《魏书》卷4下《世祖纪下》，第93—95页。

队，保证了丝绸之路的畅通。首先，北魏朝廷任命了河西地区的官员。在北魏占领河西地区后，高湖"除宁西将军、凉州镇都大将，镇姑臧，甚有惠政"①。又有阚骃在"姑臧平"之后，适逢"乐平王丕镇凉州"，被"引为从事中郎"②。孝文帝时，城阳王元鸾"拜外都大官，又出为持节、都督河西诸军事、征西大将军、领护西戎校尉、凉州镇都大将"。当朝廷改镇立州时，又以元鸾为凉州刺史，姑臧镇都大将。③赵默、韦景、平济等曾先后任武威太守。到了武定年间，武威郡"领县二"，分别是林中、襄城，有"户三百四十"④。通过北魏任命的一系列官员可知朝廷已经对这一地区实施了有效的管理。其次，处于守护丝路沿线的重要战略城池，对河西走廊的控制是北魏政府长期关注的方面。在孝文帝延兴年间，尚书上奏："以敦煌一镇，介远西北，寇贼路冲，虑或不固，欲移就凉州。"韩秀则提出异议，使朝廷没有撤掉敦煌的镇守。⑤裴修在任张掖子都大将时，"张掖境接胡夷，前后数致寇掠，修明设烽候，以方略御之。在边六年，关塞清静"⑥，裴修因为修建烽火台，抵御胡人的掳掠，受到孝文帝表彰。神龟末年，高车进攻河西，当时"河西捍御强敌，唯凉州、敦煌而已。凉州土广民希，粮仗素阙，敦煌、酒泉空虚尤甚"。面对高车的威胁，袁翻建议朝廷修复西海郡故城，否则一旦西海郡为高车占领，"脱先据西海，夺我险要，则酒泉、张掖自然孤危，长河以西终非国有"。鉴于如此形势，袁翻请求朝廷加以重视，"乞遣大使往凉州、敦煌及于西海，躬行山谷要害之所，亲阅亭障远近之宜，商量士马，校练粮仗，部分见定，处置得所。入春，西海之间即令播种，至秋，收一年之食，使不复劳转输之功也"。在实现物资丰富之后，必将有雄厚的基础抵制高车。他的建议受到朝廷赞许。⑦类似袁翻的建议，在当时还有不少，体现了北魏朝廷内部对河西走廊地区的重视。

综上所论，我们认为北魏时期对河西走廊在丝绸之路畅通以及中西文

---

① 《魏书》卷 32 《高湖传》，第 752 页。
② 《魏书》卷 52 《阚骃传》，第 1159 页。
③ 《魏书》卷 19 下 《城阳王长寿传附子鸾传》，第 509 页。
④ 《魏书》卷 106 下 《地形志二下》，第 2624 页。
⑤ 《魏书》卷 42 《韩秀传》，第 953 页。
⑥ 《魏书》卷 45 《裴骏传附子修传》，第 1021 页。
⑦ 《魏书》卷 69 《袁翻传》，第 1543 页。

化交流的重要地位有了全新的认识。虽然太武帝和明元帝时期因为国力尚弱，无暇顾及河西走廊地区，但社会上层已经有了控制河西走廊的想法。经过太武帝初期的准备，北魏最终灭北凉，占领了河西地区，实现了黄河流域的统一。统一之后的北魏王朝，为了丝绸之路的畅通，在河西走廊地区驻扎军队、设立地方政权，体现了北魏依赖河西走廊与欧亚地区建立广泛联系的宏大构想。

试释中古时期河西地区的僧名及相关称呼

严耀中

北京师范大学历史学院特聘教授

作为中国佛教的特色之一，中古时期僧侣出家后另起法名或法号，敦煌文书里还有称"香号"① 者，登记在僧录上的名字或称为僧名，自东晋道安提出倡议后，一般还加上"释"字构成完整的姓名，一如世俗。这些僧名虽然特殊，但与世俗姓名一样，都寓于一定的意义。同时，"敦煌这一特殊的社会文化环境，造成了敦煌边民姓名的特定文化意蕴"②，其实整个河西地区的僧名及其称呼也一样，从中亦可能蕴含佛教发展和地域社会文化等各种讯息。

中古时期河西地区遗存的文献里记录着大量的僧名及相关称呼，为探索其含义提供了有利的条件。一方面，丝绸之路贯穿于河西走廊，是中国与当时各种世界文化交流的重要通道，佛教也是主要经过此地进入了中土，比内地有更多的异域色彩。另一方面，"沙州者，古瓜州地。其地平川，多沙卤，人以耕稼为业。草木略与东华夏同"③，表明在河西走廊上各个绿洲是与内地相同的农耕社会。当中原自东汉末陷入动乱之后，河西地区由于所处的地理环境，社会文化之存在与发展和内地之差异有了一定的增大。这种社会文化的特殊之处，即使在中国被统一之后，依然继续存在着，包括僧名及对僧人的称呼。

河西地区既离华土腹地较远，又位处中西交通之要道，加之天宝之后

---

① 如 P. 4640 之"香号义辩"，见《沙州释门索法律窟铭》，载《法藏敦煌西域文献》第32册，上海古籍出版社 2005 年版，第 256 页。

② 杨际平、郭峰、张和平：《五一十世纪敦煌的家庭与家族关系》第 7 章，岳麓书社 1997年版，第 291 页。

③ S. 2593 背，载《英藏敦煌社会历史文献释录》第 12 卷，社会科学文献出版社 2015 年版，第 470 页。

一度被吐蕃所占，所以和中原的佛教僧名及称呼既有共同之处，也有特殊的地方，后者说明了其地域的特殊性。本文主要着眼于后者来进行一些诠释。

河西地区的僧名当然和内地有相同之处。随着僧官制度的日益健全，从南北朝时统计僧人数目的文书之情况来看，官属的僧务机构已有了僧人登记的名录。在这些登记僧尼的正式名单上，所录的大约是僧人的僧名（法名）。表明法名或僧名已和官方发生了关系，并不是纯粹的宗教上或僧侣个人的事情。此传统来自内地，"初魏晋沙门依师为姓，故姓各不同。（道）安以为大师之本，莫尊释迦，乃以释命氏。后获《增一阿含经》，果称四河入海，无复河名；四姓为沙门，皆称释种。既悬与经附，遂为后式焉"。① 道安的这个倡议很快得到普遍的响应，南朝慧皎在编撰《高僧传》时，道安之后传主为汉族的沙门基本上是以释姓连着僧名的，这个传统一直延续到今天。最晚到了唐代，出于控制僧人数目和状况之需要，也为了管理的规范和方便，由官府"班（颁）僧号而辉耀隆衮，赐释名而高悬雁塔"②，即至少是僧名之起用须得官方之认可。在统一的帝国里，河西地区也不会例外。由于内地佛教通过丝绸之路和河西比较便于交往，相关释姓法名的僧制一定会很快影响此地，许多现存写自于内地的敦煌佛经题记或识语中所署的僧名，应当为河西僧尼所仿效。如沙州永安寺的"当寺应管主客僧数牒"所列举的利宽、法照、证因等 36 位僧人的名单即是写在作为"僧录"③ 的文书上，可见当地正式僧录里所填写的是僧人们的僧名。

鉴于"在佛教历史上，佛教的僧人或者学者，有各种称呼，这些称呼，出现在不同的时期，对应于不同的条件，有不同的含义"④。从现有的资料看，河西走廊和内地僧名之最大区别是冠于僧名之前的僧姓系俗姓而非"释"，如"龙兴寺都统石惠捷、张菩提、张净隐、米净辩"⑤ 等。个

---

① 《出三藏记集》卷 15 《道安法师传》。
② S.529，载《英藏敦煌社会历史文献释录》第 3 卷，社会科学文献出版社 2003 年版，第 43 页。
③ S.545 背，载《英藏敦煌社会历史文献释录》第 3 卷，社会科学文献出版社 2003 年版，第 182 页。
④ 王邦维：《跨文化的想象：文献、神话与历史》，中国大百科全书出版社 2017 年版，第 64 页。
⑤ S.2729 + ДХ1366，载《英藏敦煌社会历史文献释录》第 14 卷，社会科学文献出版社 2016 年版，第 71 页。

别的还继续使用俗姓名的，如敦煌文书里有署名"僧马永隆撰"的诗①。又如中古时期出现在敦煌文书僧名中有一种与内地相违的组合，即在僧人的一般称呼或通称之前采用的是世俗的姓，若陈和尚、氾法师等②。尼寺的名录有些特殊，法名之前既不是"释"，也不是俗姓。如《诸寺尼名录》："普正念、国殊胜成、国照惠、普精进、普妙会、国真行、国善满、国政思、国殊胜智、弃明成、普慈济、普无妄……普启行修慈行。"③ 这里"国"指安国寺，"普"指普光寺，都是当地的尼寺。又如在大乘寺常住什物点检时出现的"法律尼戒性""法律尼明照"等④，显示出对比丘尼称呼与比丘之间的差异。值得注意的是，名单上的这些比丘尼并非按照寺院分开排列，仅仅是表明她所属之僧团，并以此权且充当她们的"姓"。

还有的特殊处，是俗家姓氏与僧职之搭接，"有些用的是官衔或名号，如'唐僧统'、'唐和尚'都指俗姓唐氏的都僧统悟真"⑤。还如在一份《报恩寺方等道场榜》文书里就列有吴僧政、索僧政、梁法律、刘法律、康教授等近 20 位如此称呼之僧人⑥。"敦煌的一般僧官包括僧政、法律、判官等"，而"在吐蕃管辖敦煌时期，主要僧官称教授，又有都教授、副教授等名目"⑦。职由是故，在《沙州诸寺僧尼名簿》⑧ 里，绝大多数包括沙弥在内的僧人登录在上的都是一般僧名，唯有诸如张僧政、孟法律、康僧统、宋判官等少数僧人是以俗姓加僧职称呼之。这不仅是对具有所谓僧

① S. 3011B 背，载《英藏敦煌社会历史文献释录》第 15 卷，社会科学文献出版社 2017 年版，第 90 页。

② S. 1284 背，载《英藏敦煌社会历史文献释录》第 5 卷，社会科学文献出版社 2006 年版，第 299 页。

③ ДХ01459，载《俄藏敦煌文献》第 8 册，上海古籍出版社 1997 年版第 190 页。

④ S. 1776A，载《英藏敦煌社会历史文献释录》第 8 卷，社会科学文献出版社 2012 年版，第 13 页。

⑤ 荣新江：《石碑的力量》，载《唐研究》23 卷，2017 年。

⑥ S. 520 + S. 8583，载《英藏敦煌社会历史文献释录》第 2 卷，社会科学文献出版社 2001 年版，第 566、567 页。

⑦ 郝春文：《唐后期五代宋初敦煌僧尼的社会生活》第 7 章，中国社会科学出版社 1998 年版，第 378 页。

⑧ S. 2614 背，载《英藏敦煌社会历史文献释录》第 13 卷，社会科学文献出版社 2015 年版，第 89—96 页。

职者的尊称，其实也显示僧官所在家族的一种俗习①。

又，在敦煌文书《唐西州诸寺禅师名籍》里称呼更为简单："追福寺麴上坐、刘师；崇福寺真师、方师、麴师、张逸师；万寿寺竹师、恩师、刘师；……"② 及在《纳赠历》里载："陈阇利（梨）粟一斗，熟布一疋，柴。"③ 这陈阇利（梨）应当是对陈姓僧人的称呼，犹如"陈师"，所以有"阇梨法体"④ 之说。在另一件《吐蕃时期书仪》的套语是："惟阇梨，某粗遣。远承厌世，桂（挂）以衣冠。不羡功名，慕于释义"⑤，即出家之人。关于寺院的一般文书里也可以有这样的称呼，如某寺《因法事配诸僧纳物》里的"幽法师、枢法师、檀阇梨"⑥，及"诸寺尊宿教授法律就灵图寺"的有"李教授阇梨（二人）、张阇梨（二人）、唐阇梨（一人）、索教授阇梨（一人）、杜法律（二人）……阇梨、康阇梨（二人）、阴法律（二人）、照法律、吴律师（二人）、照律师（二人）宗律（二人）"等⑦。在不同场合对同一僧人则有分别的称呼，突出其即时身份。如在敦煌文书S.6604里"报恩寺李教授梨"。在P.5000v和P.2469V里则被称为"恩教授"⑧，后一个称呼强调该教授是属于报恩寺的。还如在《祝定德阿婆身故纳赠历》里，程阇梨、张阇梨、竹阇梨、付阇梨等几个，是与数十位俗人

---

① 当然基于僧职的称呼也有被叫滥了的危险。如郝春文认为"ДХ11196《某年十月九日渠人转贴》系通知渠人去平道建桥，人名单中有'唐僧正、吴法律'，'渠人'就是承担'渠河口作'的百姓，则此件《渠人转贴》即僧人承担'渠河口作'的实例"。见郝春文《唐后期五代宋初敦煌僧尼的社会生活》第2章，第103页。故而这里的"唐僧正"不应该是现职僧官。

② 转引自陈国灿《辽宁省档案馆藏吐鲁番文书考释》，载陈国灿《论吐鲁番学》，上海古籍出版社2010年版，第176页。

③ S.782背，载《英藏敦煌社会历史文献释录》第4卷，社会科学文献出版社2006年版，第126页。

④ S.1976，载《英藏敦煌社会历史文献释录》第8卷，社会科学文献出版社2012年版，第352页。

⑤ S.1438背，载《英藏敦煌社会历史文献释录》第6卷，社会科学文献出版社2009年版，第150页。

⑥ S.1167背，载《英藏敦煌社会历史文献释录》第5卷，社会科学文献出版社2006年版，第297页。

⑦ ДХ06065，载《俄藏敦煌文献》第12册，上海古籍出版社2000年版，第343页。

⑧ 参见姜伯勤《敦煌毗尼藏主考》，载《敦煌研究》1993年第3期。

姓名混写在一起的①。里面还有一些特殊的称呼，如"吴法阇梨"②。这里的"吴"系俗姓，"法"当是"法律"之简称，其实"阇梨"犹如我们现在见到寺庙里的僧人尊称他为"师傅"或"法师"③，因此"吴法阇梨"即若"索教授阇梨"，实际职务放在一般称呼之前，若当时官场上"曹库官、宋镇使、米帐使"④之类，亦如今日称呼"王主席先生""张经理女士""李总裁先生"等。

上述这些称呼和内地颇不一致，如在内地"法律"一般称为"律师"，也没有"僧政""教授"这样的通称，必要时仅列出具体的职务，如见于白居易所作《大唐泗州开元寺临坛律德徐、泗、豪三州僧正明远大师塔碑铭》《车都十律大德长圣善寺钵塔院主智如和尚荼毗幢记》⑤等。河西当然也有与内地相同的情况，如"开元寺律师沙门神秀，补充摄法师"⑥，虽然写上"补充"职事的在内地也不多见。这主要是表示一种尊敬，其出发点河西与内地无异，也是对注重尊卑之礼的一种表现，"希望通过大小互相礼让的方式来达到维持长幼尊卑之序的目的"⑦。如"僧智益请周法律共立论端"。其实这个"周法律"也是僧人，且与僧智益"当寺同时同侣"。按照文书中智益的说法，请教他并一起立论，主要是因为周法律"儒宗也知理知源；教法也寻根尽底。三寸舌始动，如春雷震于天边；两行唇才开，似秋雾遍于地际"⑧，即后者内、外学精通，又能说会道。但智益称他为"周法律"，恐怕一来是因为后者出身于大族；二来"法律"等同"律

---

① 参见 S.1845，载《英藏敦煌社会历史文献释录》第 8 卷，社会科学文献出版社 2012 年版，第 136—139 页。

② S.2447 背，载《英藏敦煌社会历史文献释录》第 12 卷，社会科学文献出版社 2015 年版，第 117 页。

③ 在密教里"阿阇梨世位"有传法权，所以"阇梨"是对高级师尊的专称，在其他诸宗的僧侣里很少用之。但在敦煌文书中则经常出现，这固然是密教，尤其是藏传密教在当地存在之反映，另一方面也说明尊称之通俗化在河西地区十分流行。

④ S.1153，载《英藏敦煌社会历史文献释录》第 5 卷，社会科学文献出版社 2006 年版，第 47 页。

⑤ 见《白氏长庆集》卷 69，上海古籍出版社 1994 年影印本，第 764、765 页。

⑥ S.515 背，载《英藏敦煌社会历史文献释录》第 2 卷，社会科学文献出版社 2001 年版，第 464 页。

⑦ 郝春文：《唐后期五代宋初敦煌私社的教育与教化功能》，《敦煌吐鲁番研究》第 9 卷，2006 年。

⑧ S.191 背，载《英藏敦煌社会历史文献释录》第 3 卷，社会科学文献出版社 2003 年版，第 79—82 页。

师",或系具有候选僧职之资格①,是不宜小觑的。还要指出的是,据《唐律疏议》,唐代佛寺"有上座、寺主、都维那,是为三纲"②。如"云居寺主僧道俰,都维那僧惠□,律师僧玄法"③ 这样的排位。甚至在当时的西州,即吐鲁番地区也一样,如在阿斯塔那 193 号墓出土的《武周证圣元年(公元六九五年)五月西州高昌县崇福寺转经历》(73TAM193:28)里,主持该寺的就是"都维那僧玄静,上座僧文海,寺主僧智才"④。这应该是官定的佛教寺院里的最高僧职,反过来能够说明敦煌文书里僧政、法律、阇梨、教授等是职名的滥用和僧制的相对混乱,不过与当地僧人之俗名和法名混用的现象却是相符的。这里还要对"僧职"和"僧官"之间做一些区分,前者只是表明在僧团内负责一类事务之分工,后者则是兼受官方行政任务的某些特定僧职。如在教内主修诸律及监察戒律之执行的僧侣都可称为"律师"或"法律",但只有担任被官方认可的寺院"三纲"的律师才是僧官。

以上所说比较突出地说明了河西地区僧名与称呼的异于内地之处,此外还存在一些有意思的地方。若在敦煌文书《辰年(公元 788 年)三月算使论悉诺啰接谟勘牌子历》(S. 2729 + Д 道·1366)⑤ 里也有着大量的存在,如龙兴寺僧人中的王法舟、张明真之类。其中有的僧名组合更有一些特殊,如在"金光明寺"的 16 位僧人名单里,张金曜、董金液、王金檀、张金洞、索金泽、氾金镜、薛金髻、梁金顶、曹金枢等 9 位僧人名字中的第二个字均为"金"。又如在普光寺的 47 位僧人名单里,索普证、王普意、唐普劝、安普惠、李普喜、宋普贤、张普妙、索普行、安普登、唐普胜、贺普航、安普照、张普集、氾普愿、罗普戒、索普严、唐普定、阴普意、索普满、曹普畏、阎普明等 21 位僧名中第二个字均系"普"字。由

---

① 在这种情况下不一定系"僧职"。如 ДХ01362 表明,一个寺内即有"新戒释门法律法寿、法律戒慈、法律戒昌、法律庆目(回?)、法律义勋、法律戒忍、法律戒论"等(《俄藏敦煌文献》第 8 册,上海古籍出版社 1997 年版,第 117 页)。寺院里不可能有那么多僧职,何况是些"新戒释门"。但若说其具备了担任僧职的资格是可以的,如 S. 2575 背里具名"法律知福田都判官某乙"(载《英藏敦煌社会历史文献释录》第 12 卷,第 399 页),表明某乙是以"法律"去充当判官的。

② 《唐律疏议》卷 6,刘俊文点校本,中华书局 1983 年版,第 144 页。

③ 《云居寺石经山顶石浮图铭并序》,转引自冢本善隆等《房山云居寺研究》,北京联合出版公司 2016 年版,第 357 页。

④ 载《吐鲁番出土文书》第 8 册,文物出版社 1987 年版,第 485—487 页。

⑤ 录文载《英藏敦煌社会历史文献释录》第 14 卷,社会科学文献出版社 2016 年版。

此我们可以做两个假定：第一，这些僧人应该是同辈的师兄弟，如同为沙州开元寺的沙弥法端、法达、法俊、法德、法真、法定、法员、法元、法清、法保、法迁、法证、法善等①，情况与内地的寺院是一样的。第二，在同门师兄弟之间，以字号显示辈分，一如俗家。在内地，一般在所谓子孙寺里多一些，十方寺内少一些，不过中国大多数较大的寺院实际上都介乎二者之间，倾向不一而已。而且在同一个寺院里也有外来的僧人，同门师兄弟也有到别的寺院去的。如此河西与内地没有太大区别，若"灵图寺道林律师金光明寺僧道清二人同师同学同见同行者"②。可能有些特别的地方是，其中带"金"字的僧人或许和金光明寺有关，带"普"字的僧人和普光寺有关，当然这需要进一步证明。此外，他们都有着经常被使用的俗姓，一如前文所述。

比丘尼的情况也类同。如在《沙州大乘圣光等寺尼籍》③文书里，也有似乎表示出于同一师门并显示辈分的僧名。如智忍花、坚固花、净忍花、殊胜花、德净花、胜惠花、空寂花、善意花、喜乐花、智灯花、宝胜花、妙净花、性静花、遍施花、菩提花、严持花等16位尼僧，其中除一位年六十二，一位年二十八外，其余年龄都在三十几至五十几。这种年龄上之相近，佐证了她们属于同一辈分。又如最胜护、最胜惠、最胜戒④、最胜净、最胜妙、最胜意、最胜德、最胜智、最胜善（洪池乡人，姓安）、最胜行、最胜善（神沙乡人，姓索）。她们年龄最小二十岁，最大三十五岁，除后面一位最胜善属圣光寺管，其余都属大乘寺，所以前面十位僧名里带"最胜"者也可能属于一个师门。还应该注意到的是这些比丘尼的俗名可能都是小名，所以诸如"俗名娟娃""俗名判判""俗名端端""俗名娇娇"的都有好几个，但她们却不带俗姓。如此现象说明女人出家好比出嫁，从此与娘家俗姓没有关系了，其实这也反映了对女性的一种轻视。

此外，颇有无俗姓与僧名，又无籍贯的僧人很可能"系从中央亚细亚

① S.1160背，载《英藏敦煌社会历史文献释录》第5卷，第182页。
② S.2104背，载《英藏敦煌社会历史文献释录》第11卷，第19页。
③ S.2669，载《英藏敦煌社会历史文献释录》第13卷，第290—307页。
④ 该尼籍名录上有两位"最胜戒"，但她们都是洪润乡人，都姓唐，且俗名都是威娘，都属大乘寺，只是年龄不同，一为二十，一为三十五。恐怕二者系同一人，因为"大乘寺尼应管总贰伯玖人"，说明她们并非都住在寺内，最胜戒可能住处变换过而造成先后登记两次。

来的迁居者"①，即来自印度和中亚等地的僧侣，以及也被称为"僧"的摩尼教教徒和景教教徒等，还有一些被称为婆罗门或婆罗门僧的较为特殊的僧人。如"敦煌研究院藏 D0218 号残卷"是一份唐五代时当地世俗佛教信徒结社诵经的记录，其中有"十一月：见婆罗门"的记载②。这个"婆罗门"当指婆罗门僧，值得注意的是文中强调的是他婆罗门身份，而不是"僧"的身份，因为习惯上对各个宗教的神职人员一般也称为僧。不过他们基本上没有类似汉僧的僧名，故而不在本文讨论的范围之内。

非常耐人寻味的是，比河西地区离中原更远的高昌（今之吐鲁番）僧名的情况却与河西大相径庭。据吐鲁番文书《高昌僧义迁等僧尼财物疏》《高昌僧弘润等僧尼得施财物疏》《高昌樊寺等寺僧尼名籍》《高昌僧智副等僧尼财物疏》③ 及《高昌信相等寺僧尼名籍》④ 等文书上出现的僧尼法名反而和内地的毫无二致。即使到了唐代，在阿斯塔那 193 号墓出土的《武周证圣元年（公元 695 年）五月西州高昌县崇福寺转经历》⑤ 里，僧尼名号等也一如既往。在这些文书里出现的僧名往往数以百计，足以代表当地的实际情况。由此可见，河西地区的僧名及相应称呼之特殊，应该是和本地区的社会宗教情况相关，而和外部的因素关系不大。

鉴于内地之释姓僧名之产生，"大约是强调其出家，从而与世俗社会中的家族联系一刀二断"⑥。那么河西地区僧名之前另冠俗姓等现象之出现，这又意味着什么呢？

首先当然是为了强调该僧人与原本家族的关系，及家族地位在当地的重要性之突出。如"师姓氾氏，香号嗣宗，济北名家，敦煌鼎族"⑦。又如索法律的家世叙述从"其先商王帝甲之后"，到"远祖前汉太中大夫"，再

---

① 池田温：《中国古代籍帐研究》第 3 章，龚泽铣译本，中华书局 1984 年版，第 351 页。
② 录文引自张先堂《一件珍贵的唐五代敦煌俗家弟子诵经录》，载《敦煌研究》2013 年第 6 期。还有一种较小的可能是此"婆罗门"指的是带有该词的某佛经经名，一般由于这类佛经都夹杂着婆罗门教的观念，所以即便如此，也是值得注意的。
③ 这些文书均载于《吐鲁番出土文书》第 2 册。
④ 《吐鲁番出土文书》第 3 册。
⑤ 《吐鲁番出土文书》第 8 册。
⑥ 严耀中：《从严佛调、朱士行说中土的僧姓法名》，载《史林》2007 年第 4 期。
⑦ S.390，载《英藏敦煌社会历史文献释录》第 1 卷，科学出版社 2003 年版，第 257 页。此例表明敦煌非氾氏原籍，也说明移民家族的凝聚心理往往更强。

到"皇祖左金吾卫会州黄石府折冲都尉",及兄弟子侄皆为官宦①。再如陈大为先生指出:"出身于敦煌著族的僧人在龙兴寺中的确占有相当大的比重",及"单就敦煌地区张、曹、索、翟、阴几大家族而言,投身寺院的女眷就为数不少"②。如此铺陈家世虽然在内地的僧人墓志里或能见到,这里却成为对僧名之前的姓之强调。极少数也有完全用俗姓名的僧人,如有题记系"僧张明照写""僧王保昌写善恶"及"居净土寺释门法律沙门顾荣写"③,或云"比丘洪琇许"④ 等。这些至少说明该僧人与世俗家庭关系非常密切,需要经常使用俗姓名。在中原地区僧尼的一些传记或墓志上也有介绍其俗姓的,如尼请莲"俗姓王氏,字钟儿,太原祁人,宕渠太守虔象之女也"⑤。又如唐"法师讳法灯,俗姓萧氏,兰陵人,梁武皇帝之五代孙"⑥ 等,典型地表现出"宗族作为宗教情感的真正对象直接包含在每个个体的血液中"⑦。但这类情况出现较少,一般仅系出身于高门大族者,而且并非日常称呼,因此,河西地区的僧尼的这些称呼至少表明了族姓观念在当地的扩大化。或许也是因为到了隋唐,尤其在中唐之后,中原的门阀影响已经式微,而在河西依然强劲。

其次,是佛门的社会化。这一方面加深了僧俗之间的混杂,如当地"由邑社创建维修的兰若,为邑社的活动中心。由于名门与邑社参与了兰若的活动,使兰若日渐失去了其原有的职能,并成为敦煌佛教庶民特点的表征之一"⑧。如此状态下的僧人称呼之混乱可想而知。另一方面,是受各种信仰,特别是民间崇拜之影响。位于丝绸之路要津的河西地区多种崇拜

---

① S. 530,载《英藏敦煌社会历史文献释录》第二卷,社会科学文献出版社 2001 年版,第464 页。

② 陈大为:《唐后期五代宋初敦煌僧寺研究》第二、四章,上海古籍出版社 2014 年版,第115、190 页。

③ 北海字 51、北菜字 83 背、P. 2187,载池田温《中国古代写本识语集录》,东京大学东洋文化研究所 1990 年印本,第 446、473、485 页。

④ S. 2693,载《英藏敦煌社会历史文献释录》第十三卷,社会科学文献出版社 2015 年版,第 418 页。

⑤ 《王钟儿墓志》,录文见胡戟《珍稀墓志百品》,陕西师范大学出版社 2016 年版,第 5 页。

⑥ 《大唐济度寺故比丘尼法灯法师墓志铭并序》,录文见周绍良、赵超《唐代墓志汇编》,上海古籍出版社 1992 年版,第 677 页。

⑦ [德]格奥尔格·西美尔:《宗教社会学》,曹卫东译本,上海人民出版社 2003 年版,第 108 页。

⑧ 湛如:《敦煌佛教律仪制度研究》,中华书局 2003 年版,第 381 页。

杂陈交错是自然而然的事情，一如其他教之教士多以本名行；二是在华土，尤其是地方神只多由立功立德或具异能者升级为之。其中和僧名有关联的，刘萨河便是一例。僧史云："竺慧达，姓刘，本名萨河"①，以俗名流传于世。由于他有着很多显露神通的事迹，如入地狱见观音大士之类，所以在敦煌文书里常把他视作菩萨或圣人，如尚丽新先生根据《集神州三宝感通录》等文献认为刘萨河"主要在稽胡人聚居地和河西走廊传教，受到西北民众的崇拜"，并"具有佛和观音菩萨两种身份"②。河西之酒泉还有他的庙，"刘师祠，在县南。师姓刘，字萨诃。沮渠西求仙，回至此死，骨化为珠，血为丹。门人因立庙于此，今人诚心者谒之，往往获珠丹焉"。③ 鉴于刘萨河介乎人神之间，在河西有着巨大影响，虽有僧人身份，却以俗名传世，如此当然会给河西地区的僧人称呼带来很大影响。

再次，和政治动乱及官场腐败有一定的关系。整个中古时期的河西地区，行政上的管辖权有时在于中央朝廷，有时在于地方割据政权（包括"归义军"之类的特殊政治形态），还有相当长的一段时间受吐蕃的管辖。如此肯定会导致政策上的不一致，以及由此造成对寺院和僧侣管理上的混乱与松懈，并致使僧人称呼上的乱象。若高僧"洪晉就是被叫做吴僧统的吴和尚"，洪晉无疑是僧名，但"'吴'是道地汉姓还是由藏人氏族的 vgo（或 mgo、mgos）名称比附汉姓推衍而来？至今还没有取得共识"④。鉴于洪晉生活在吐蕃和归义军对敦煌统治的交替期间，至少造成了对僧人称呼之混乱是肯定的。这对奉行儒家思想为正统的汉族政权来说，为政之先，当是"必也正名乎"⑤。正若胡适先生所言："孔子把'正名'看作是社会的和政治的改革问题的核心。"⑥ 故而政治的混乱必然会导致"正名"的失败，河西地区发生在僧名上的乱象也就不奇怪了。此处，中国佛教受制于

---

① 《高僧传》卷13《晋并州竺慧达》。汤用彤注："金陵本'河'作'阿'"。敦煌文书里则常作"诃"。

② 尚丽新：《从刘萨河和番禾瑞像看中古丝路上民间佛教的变迁》，载《西南民族大学学报》2018 年第 11 期。

③ 《太平寰宇记》卷 152《陇右道·酒泉县》，王文楚点校本，中华书局 2007 年版，第 2946、2947 页。

④ 参见《从两件敦煌吐蕃文书来谈洪晉的事迹——P. T. 999、1201 号卷子译释》，载《王尧藏学文集》，中国藏学出版社 2012 年版，第 245 页。

⑤ 《论语·子路》。

⑥ 胡适：《中国名学史》，学林出版社 1983 年版，第 27 页。

政治的态势已经固定，因此政治的清明或腐败也决定着僧团的清明和腐败。自中唐始，政治腐败必然会波及河西。谢重光先生据 P. 3589 号文书指出："干元年间卖度，沙州买度出家者即有四百九十六人，其中僧三百二十七人，尼一百六十九人。"[①] 所谓"卖度"，即是把证明僧侣身份的度牒作为商品出卖，造成河西（仅以沙州为代表）僧侣人数的泛滥，由此而出现的僧名及其称呼上的滥用也在情理之中。这部分僧人系"仅在寺院挂名者。通常是逃避国家徭役的农民，他们租佃土地，列入寺院名下，取得法名并向寺院缴纳寺课。这类僧人在文书中常被称作田地僧、地主僧或百姓僧"[②]。这些"僧人"虽然也有法名，但既然仍在世俗社会里生活和生产劳动，习惯上不用法名也是很自然的。

最后，也是十分重要的一点，恐怕是与河西地区有相当数量的僧人保持着家室有关。郝春文先生认为：敦煌"与家人生活在一起的僧人并非个别现象"[③]。李正宇先生进一步指出："敦煌对僧人娶妻生子却视同平常，无论官府、僧司、民众，都不以之为非，既不歧视，又不禁止，同内地讥嘲、非议、排斥、禁止者绝然而异。"而且"沙州地区僧界首领'僧统'、'僧政'及僧界德高望重的'阇梨'都可以有妻室"[④]。当一个僧人以一家之主的身份混迹于地方居民之中，在法名之前冠以俗姓是再正常不过的事了。至少，大多数河西地区的僧尼有着宗教和世俗的双重生活。一方面，若敦煌僧尼"很难每日到寺院集中进行礼忏活动，只能以个人为单位分散进行"[⑤]。如此也大大减少了使用僧名之需要。另一方面，是和僧侣以个人身份（而不是以寺院为单位）经营经济，从事生产或参加社会活动相关。因为在这些场合里，僧人还具有家庭成员，甚至是户主的身份，称呼上将俗姓和僧名连接，能更清楚地表示其具有僧界和俗界的双重身份。如在一

---

① 谢重光：《汉唐佛教社会史论》，台北国际文化事业有限公司 1990 年版，第 206 页。

② ［俄］丘古耶夫斯基：《敦煌汉文文书》，王克孝译本，上海古籍出版社 2000 年版，第 167 页。

③ 郝春文：《唐后期五代宋初敦煌僧尼的社会生活》第二章，中国社会科学出版社 1998 年版，第 80 页。

④ 李正宇：《晚唐至宋敦煌听许僧人娶妻生子——敦煌世俗佛教系列研究之五》，载《敦煌吐鲁番研究》第九卷，中华书局 2006 年版，第 340、341 页。

⑤ 郝春文：《唐后期五代宋初敦煌僧尼的社会生活》第四章，中国社会科学出版社 1998 年版，第 192 页。

份巷社成员的名单里有"僧高继长"①，在这份单子上三十几位列名者，如高住员、高员祐等，应该都是俗人，高继长恐怕也住在巷内并参加社事，但只有他是僧人，所以在他的姓名上加"僧"，以表明其身份。

上述相关僧尼姓名和称呼的情况也证实了，"就现有资料而言，今日我们可知的中晚唐时期世俗化倾向最严重的莫过于敦煌地区的僧尼"，这包括众多僧尼不住寺，平时也不过集体生活，与世俗家庭关系密切，承受较重的经济负担，及受官府的严密监管等五个方面②。这些因素当然也和僧名及称呼有关。僧名作为姓名里的一个特殊类别起着同样的文化符号功能，体现着社会对符号所代表的文化认知度。所以，从中古时期河西地区的僧名及其所派生的称呼里是能够解析出当时的一些文化意识之状态，并作为一个侧面显示"变成了大放佛教异彩的活跃中心"③。

小结一下。僧名与称呼既有关系，也有区别。作为"同"是代表具体个人身份的一个符号，不同之处则主要在于它们应用的场合有异，二者并行不悖，当然也反映了思想观念的地方色彩。在华土，法名或僧名的发展是有个过程的，僧名之兴是为了划清出家与在家之别。由于中国人习惯名前当有姓氏，所以汉晋时汉僧在僧名前加师傅之姓，如支孝、于法开等。或在僧名之前加俗姓作为便称，若杜顺、马祖之类，但非常稀少。然而在河西地区显然被普及了，成为地方佛教里的一种特例，再加上主要记载这些僧人称呼的敦煌文书往往是反复传抄，下笔之随意也会增加僧名与称呼的复杂性。

附记：2018 年 10 月在张掖大佛寺内附设的佛教艺术展览厅里的一份署为康熙六十一年（1722）的《经书五大部经目录》抄件上载："弘仁寺僧纲刘道津/总理长老熊祖柄、吕方佩同本寺众僧/发心募化棚下客商承造"等字样。里面刘道津、熊祖柄、吕方佩等当是僧人，但用的都是俗名。这说明中古时期河西地区佛教文化的一些特征至清代尚有遗存。

---

① S. 2472 背，载《英藏敦煌社会历史文献释录》第 12 卷，第 167 页。

② 黄正建主编：《中晚唐社会与政治研究》第 6 章，中国社会科学出版社 2006 年版，第 578—583 页。

③ 戴密微：《吐蕃僧净记》，耿昇译本，西藏人民出版社 2001 年版，第 77 页。

《凉州御山石佛瑞像因缘记》
校录、辑补及相关问题讨论

吴浩军

河西学院河西文献与文学研究中心

《凉州御山石佛瑞像因缘记》，1979 年 5 月出土于武威市区东北城墙脚下，现存武威大云寺。碑座和碑额遗失。碑身顶端正中残存有长 62 厘米、宽 17 厘米、深 10 厘米的凹形卯眼，底部正中有长 75 厘米、宽 25 厘米、高 17 厘米的凸形榫头，据此可知，碑身上下部应各有与之相接的碑额和碑座。碑身上部有残损，残损断面呈不规则曲线状，其中右肩较高，中间凹陷，左肩略高。碑面左侧上部残一锐角三角形，右下部残一拳头大缺月形。自左上至右下有一道对角线状的硬器刮铲痕迹，又使数字残损（见图版）。残碑高 152 厘米，宽 115 厘米，厚 37 厘米。碑阳楷书文字 25 行，每行容字不等，最多者为第一行，存 47 字。碑阴无字。

此碑刚出土时被搁置一旁，1981 年被武威县文管会收藏保管，不久，敦煌研究院研究员孙修身和武威市文博工作者党寿山先生合作著文（下文简称"孙氏"），首次释读了这篇碑文，并就碑文内容作了阐释，讨论了相关问题。[①] 2016 年，武威日报社的李林山又对碑文残缺的部分作了辑补。[②]

此碑时代较早，内容涉及北魏隋唐时期的一些宗教问题，也是研究凉州瑞像形成和传播情况的重要文献资料，因而笔者不揣浅陋，在前贤工作的基础上，亲临碑侧重新校勘了碑文，并结合传世佛典文献对李林山所作辑补进行了修订润色，以期为此文献的研究和利用奠定更为坚实的文献基础。

---

① 孙修身、党寿山：《〈凉州御山石佛瑞像因缘记〉考释》，《敦煌研究》创刊号 1983 年总第 3 期，第 102—107 页。

② 西凉李林山的博客：http://blog.sina.com.cn/s/blog_ 60f727aa0102wmw8.html。

一 碑文校录

（一）孙修身、党寿山录文

1. （缺）延元年丹阳僧刘萨何天生神异動莫能測将往天竺观佛遺迹行至于此北面顶礼弟子恠而問□□□□□

2. （缺）□少即是喪乱之象言讫而過至後魏正光元年相去八十有六年獵師李師仁趂鹿於此山，忽见一寺儼然化□□□□□

3. （缺）□師仁稽首作礼举头不见其僧窺念常游于兹恠未曾有如是遂垒石为记将拟验之行未越界忽□雷震

4. （缺）□属魏末喪乱生人塗炭薩何之言至是验焉師仁于时怀果走诣所部言终出柰柰化为石于是□□叹此希有之

5. （缺）□之东七里洞，夜有神光照燭见像首众疑必是御山灵相捧戴于肩相去数尺飞而暗合无复差殊于是四众悲欣，千里

6. （缺）周保定元年勅使宇文俭检覆灵验不虚便勅涼甘肃三州力役三千人造寺至三年功毕隷僧七十人置屯三

7. （缺）□削逾明至今猶然至周建德三年廢三教勅使将欲毁像像乃放光溢庭使人惶怖具状闻奏唯兹一所

8. （缺）□涼州行至寺放火焚烧应时大雪翳空而下祥风缭绕撲灭其焰□梁毁栋今亦见存又于南岸见一僧

9. （缺）□番禾官人为我于僧隐处造一龕功德今石龕功德见又至开皇九年涼州总管燕國公诣寺礼拜忽

10. （缺）樊俭等至寺供养師等见青衣童子八九人堂内洒扫就视不见具状闻奏驾還幸之改为感通寺又至

11. （缺）远之则见朝看石上依稀有处至大唐贞观十年有鳳□五色双鹤导前百鸟蔽日栖于像山所部以

12. （缺）天乃禾魚活。贞观十年，三藏法師从五天竺国来云□□□

下 有像一双彼国老宿云一像忽然不知去处玄

13.（缺）知 此土众生有缘神龍兵部尚书郭元振往任安西都护曾诣寺礼谒因画其像后奉使入强虏鸟折勒宣

14.（缺）仰 视是日大雪深尺余元振岳□移晷不动虏狂□失神暴卒于夕虏五男娑葛之徒凶捍尤甚劈面持戈将

15.（缺）遂便闻奏中宗令御史霍嗣光持幡花□□绣袈裟各一幅皆长卅余尺阔十三幅诣寺申敬礼其时当

16.（缺）光现大云寺僧元明先住彼寺常闻寺有□钟 响独恨未闻恒自投地礼拜供养恳撤自誓旬月無徵

17.（缺）御山谷中远近无泉源山谷燋涸独，独 於 □□西北二三里泊然潜出清流堪激小轮经过茄蓝溉寺田二三十

18.（缺）近 寺四五十里孤游独宿晨去夕还爰□□□秋毫不犯山中石壁常有鸠鸽群飞佛殿昼开曾不敢入开

19.（缺）知 运 杜宾客共诣一婆罗门三藏□□不久皆有大厄不可过宜脩福德运□之信宾客即罄舍所有

20.（缺）□至今急事俱验 焉 若乃乡曲贱 微 之人远方羁旅之士或飘□独 往叩地申冤或子尔孤游瞻颜乞願慈

21.（缺）□□凉都会万里□通征税之□往来□时之所填委戎夷杂处戕害为常不有神变之奇宁革顽嚚之

22.（缺）□彰无 微不 烛 何异今 台山之瑞相折天竺之慈颜福于兹方难得而称者也且虑人代超忽传说差殊有

23.（缺）相 传庶□劝善 之词表大慈之致时天宝元年壬午徵士天柱山逸人杨播记

24.（缺）□□□□□初止此地后便以此处为白马寺至宇文灭法其地□俗居者多不安遂复施为感通下 寺时五凉

25.（缺）□□□赤水军使京兆王公倕同赞灵迹以传海内有缘

（二）笔者于碑侧校订后的碑文

1. （缺）[1]陽僧劉薩何天生神異動莫能測將往天竺觀佛遺迹行至於此北面頂礼弟子恡而問□□□□□

2. （缺）少即是□乱之象言訖而過至後魏正光元年相去八十有六年獵師李師仁趂鹿於此山忽見一寺儼然化□□□□□

3. （缺）師仁稽首作礼舉頭不見其僧竊念常遊於茲恠未曾有如是遂壘石為記將擬驗之。行未越界忽□雷震

4. （缺）□屬魏末喪乱生人塗炭薩何之言至是驗焉師仁于時懷菓走詣所部言終出柰柰化為石於是□□□歎此希有之

5. （缺）□之東七里澗夜有神光照燭見像首衆疑必是御山靈相捧戴于肩相去數尺飛而暗合無復差殊於是四衆悲欣千里

6. （缺）現光[2]周保定元年勅使宇文儉檢覆靈驗不虛便勅涼甘肅三州力役三千人造寺至三年功畢剗僧七十人置屯三

7. （缺）削逾明至今猶然至周建德三年廢二教[3]勅使將欲毀像像乃放光溢庭使人惶怖，具狀聞奏唯茲一所

8. （缺）涼州行至寺放火焚燒應時大雪翳空而下祥風繚繞撲滅其焰□梁燬棟今亦見存又於南岸見一僧

9. （缺）番禾官人為我於僧隱處造一龕功德今石龕功德見在又至□□九年涼州捴管燕國公詣寺礼拜忽

10. （缺）樊儉等至寺供養師等見青衣童子八九人堂內灑掃就視不見具狀聞奏駕還幸之，改為感通寺又至

11. （缺）遠之則見朝看石上依稀有處至大唐貞觀十年有鳳凰五色雙鶴導前百鳥蔽日，棲於像山所部以

12. （缺）□乃禾魚活貞觀十年三藏法師玄藏[4]從五天竺國來云□□□下有像一雙彼國老宿云一像忽然不知去處玄

13. （缺）知此土衆生有緣神龍初[5]兵部尚書郭元振往任安西都護曾詣寺礼謁因畫其像後奉使入强虜烏折勒[6]宣

14. （缺）仰視是日大雪深尺餘元振岳□移晷不動虜狂矙失神暴卒于

夕虜五男娑葛之徒凶捍尤甚劈面枕戈將

15.（缺）遂便聞奏　中宗令御史霍嗣光持幡花□□綉袈裟各一副[7]皆長卅餘尺闊十三幅詣寺申敬禮其時當

16.（缺）光現大雲寺僧元明先住彼寺常聞寺有□鐘響獨恨未聞恒自投地礼拜供養懇撤自誓旬月無徵。

17.（缺）御山谷中遠近無泉源山谷燋涸獨於□□西北二三里泊然潛出清流堪激小輪經過茄藍溉寺田二三十

18.（缺）近寺四五十里孤遊獨宿晨去夕還爰□□□秋毫不犯山中石壁常有鳩鴿羣飛佛殿晝開曾不敢入開

19.（缺）知運杜賓客共詣一婆羅門三藏□□不久皆有大厄不可過宜脩福德運不[8]之信賓客即罄捨所有

20.（缺）至今無恙事俱驗焉若乃鄉曲賤微之人遠方羇旅之士或飄□獨往叩地申冤或孑[9]尔孤遊瞻顔乞願慈

21.（缺）涼都會萬里□通征稅之□往來□時之所填委戎夷雜戕害為常不有神變之奇，寧革頑囂之

22.（缺）□彰無微不燭何異今臺山之瑞相折天竺之慈顔福于兹方難得而稱者也且慮人代超忽傳説差殊有

23.（缺）相傳庶黎勸善之詞表大慈之致時天寶元年壬午徵士天柱山逸人楊播記

24.（缺）□□□□□□初止[10]此地後便以此處為白馬寺至宇文滅法其地□俗居者多不安遂復施為感通下寺時五涼

25.（缺）□□□□□□□□□□□□□□□□赤水軍使京兆王公倕同贊靈跡以傳海內有緣

校订说明：

〔1〕原碑"陽"前无字，孙氏据文义补"延元年丹"4字。

〔2〕現光：孙氏阙录，原碑清晰可见，据补。

〔3〕二教：孙氏误作"三教"。原碑清晰，"二"上一划为剥落痕迹。按：《周书·武帝纪》记载：建德二年（573）十二月，北周武帝宇文邕

“集群臣及沙门、道士等，辨释三教先后，以儒教为先，道教为次，佛教为后”。第二年（574）五月十五日，下诏“断佛、道二教，经像悉毁，罢沙门、道士，并令还民。并禁诸淫祀，礼典所不载者，尽除之”。①

〔4〕玄藏：孙氏脱录，据原碑补。

〔5〕初：孙氏脱录，据原碑补。

〔6〕烏折勒：孙氏误为“鳥折勒”。亦或为手民之误。

〔7〕副：孙氏误作“幅”。

〔8〕不：孙氏未能释录，细察原碑，当是“不”字。

〔9〕孑：孙氏录作“子”，可能是手民之误。

〔10〕止：孙氏录作“心”。此处漫漶，辨识困难，据文义似为“止”。

二　碑文辑补

〈后魏太延元年，有丹〉陽僧劉萨何〈者〉，天生神異，動莫能測，將往天竺觀佛遺迹。行至於此，北面頂礼。弟子恠而問，〈萨诃云：“此崖當有像現。若靈相圓備，則世樂時康；若其有闕〉少，即是丧乱之象。”言訖而過。

至後魏正光元年，相去八十有六年，獵師李師仁趁鹿於此山，忽見一寺儼然，化〈出一僧，戒勿屠生靈〉，師仁稽首作礼，舉頭不見其僧。竊念常遊於玆，恠未曾有如是，遂壘石為記，將擬驗之。行未越界，忽〈聞〉雷震，〈山裂挺出石像，舉身丈八，形相端嚴，惟無有首。時〉屬魏末喪乱，生人塗炭，萨何之言，至是驗焉。師仁于時懷菓，走詣所部，言終出柰，柰化為石，於是〈部眾咸〉歎此希有之〈也。

逮周元年，涼城〉之東七里澗，夜有神光照燭，見像首。衆疑必是御山靈相，捧戴于肩，相去數尺，飛而暗合，無復差殊。於是四衆悲欣，千里〈傳頌，太平斯在，瑞像〉現光。

周保定元年，勑使宇文儉檢覆，靈驗不虚，便勑涼、甘、肅三州力役三千人造寺。至三年功畢，隸僧七十人，置屯三〈頃，命为瑞像寺。崖端

① （唐）令狐德棻：《周书》，中华书局1971年版，第83、85页。

瑞像，時放光芒，刻〉削逾明，至今猶然。至周建德三年廢二教，勅使將欲毀像，像乃放光溢庭，使人惺怖，具狀聞奏，唯茲一所〈未毀。有差自〉涼州行至寺，放火焚燒，應時大雪翳空而下，祥風繚繞，撲滅其焰，〈焦〉梁燼棟，今亦見存。又於南岸見一僧〈人，凌崖飛升，衆大駭匍匐，忽隱然不見，空中聞聲曰〉："番禾官人，為我於僧隱處造一龕功德。"今石龕功德見在。

又至開皇九年，涼州捴管燕國公詣寺礼拜，忽〈像放光，以祥瑞奏上，經像大弘，庄飾尊儀，更崇寺宇。大業初，驃騎將軍，姑臧陰世師攜僚屬〉樊儉等至寺供養，師等見青衣童子八九人堂內灑掃，就視不見，具狀聞奏，駕還幸之，改為感通寺。

又至〈武德間，有龍隱然蟠石，飛繞霄閣間，〉遠之則見，朝看石上依稀有處。至大唐貞觀十年，有鳳凰五色，雙鶴導前，百鳥蔽日，棲於像山，所部以〈祥瑞具奏，勅命嘉之。又於鳳凰棲處見糞跡，隔〉天乃穌活。貞觀十年，三藏法師玄藏從五天竺國來，云："〈天竺寺〉下有像一雙，彼國老宿云，一像忽然不知去處。"玄〈藏謂，此處瑞像，當是天竺寺所失者，〉知此土衆生有緣。神龍初，兵部尚書郭元振往任安西都護，曾詣寺礼謁，因畫其像。後奉使入強虜烏折勒，宣〈聖朝教化，元振即牙帳與計事，目不旁視〉。是日大雪深尺餘，元振岳〈峷〉，移晷不動，虜狂〈瞶〉失神暴卒。于夕，虜五男娑葛之徒凶捍尤甚，劈面枕戈。將〈曉，元振素服往吊，道逢娑葛兵，虜不意元振來，遂不敢逼，揚言迎衛。進至其帳，修吊贈禮，哭甚哀，為留數十日助喪事。娑葛感義，元振〉遂便聞奏。中宗令御史霍嗣光持幡花〈寶器〉、綉袈裟各一副，皆長冊餘尺，闊十三幅，詣寺，申敬禮。其時，當〈天雨花，御山谷中佛〉光現。

大雲寺僧元明先住彼寺，常聞寺有〈鼓〉鐘響，獨恨未聞，恒自投地礼拜供養，懇撤自誓，旬月無徵。〈一日，忽聞鼓鐘天響，悲喜交加。〉御山谷中，遠近無泉源，山谷燋涸，獨於瑞像西北二三里汨然潛出清流，堪激小輪，經過茄藍，溉寺田二三十〈畝。元明於嵒修持，嵒〉近寺四五十里，孤遊獨宿，晨去夕還，爰〈遇虫豹，〉秋毫不犯。山中石壁常有鳩鴿羣飛，佛殿晝開，曾不敢入。

開〈元元年，隴右防御副使郭〉知運、杜賓客共詣一婆羅門，三藏〈讖云〉："不久皆有大厄不可過，宜脩福德。"運不之信，賓客即罄舍所有，〈广修感通寺，軍民〉至今無恙，事俱驗焉。

若乃鄉曲賤微之人、遠方羈旅之士或飄〈泊〉獨往，叩地申冤，或子爾孤遊，瞻顏乞願慈〈佑，無不遂願矣。

今五〉涼都會，萬里咸通，征稅之所，往來憩時之所填委，戎夷雜處，戕害為常，不有神變之奇，寧革頑囂之〈性？三藏教化之〉彰，無微不燭，何異今臺山之瑞相，折天竺之慈顏，福于兹方，難得而稱者也。且慮人代超，忽傳說差殊，有〈礙正知正信，故撰瑞相因緣之文〉，相傳庶〈黎〉勸善之詞，表大慈之致。

時天寶元年壬午，徵士、天柱山逸人楊播記。

〈另，有西方僧某者，〉初止此地，後便以此處為白馬寺，至宇文滅法，其地〈僧〉俗居者多不安，遂复施為感通下寺，時五涼〈也。〉

赤水軍使京兆王公倕同贊靈跡以傳海內有緣。

辑补说明：

此辑补为《武威日报》李林山先生所作，于 2016 年 8 月 19 日发表在新浪博客中①，后自行印制成小册子，在武威市凉州区高坝镇红中村流传。辑补文字大部分出自梁释慧皎《高僧传》，唐释道宣《续高僧传》《广弘明集》《集神州三宝感通录》《释迦方志》《道宣律师感通录》，道世《法苑珠林》，宋释志磬《佛祖统纪》等佛教典籍中有关刘萨诃和凉州御谷瑞像神秘灵异事迹的记载②，并据碑文上下文有所改写。笔者在研读碑文和前述记载的基础上作了修订。此种补阙于史料的运用和相关问题的研究可能会造成一种误导，但于深入解读碑文，也许还是一种有效的途径。

三　相关问题讨论

（一）原碑的出处

据孙修身、党寿山两位先生文章，此碑是"在一九七九年五月，于兰

---

① 西凉李林山的博客：http://blog.sina.com.cn/s/blog_60f727aa0102wmw8.html。

② 详见吴浩军《刘萨诃与手迹崖、西峰宝寺、透灵碑》一文之"注释"所作辑录，载《肃州文史》第 16 辑，政协肃州区文史资料委员会 2010 年印行，第 192—217 页。

州军区第十陆军医院修建家属宿舍时，在武威城墙角下出土的"。这所医院现在官方的正式名称是"中国人民解放军第十医院"，在武威市北关东路 3 号，其家属院与医院隔祁连大道相对。这个位置原来处在武威城北城墙东端，碑即出土于墙外旧城壕。孙修身、党寿山先生文称"此碑原为武威古感通下寺内之物，并非由御山搬来"①，今笔者遍检武威旧志，如清顺治十四年（1657）刊刻《凉镇志》、清乾隆十四年（1749）《五凉全志》、张澍《凉州府志备考》均不见有感通寺或感通下寺的记载。且所谓"感通下寺"，其依据还是这篇碑文第 24 行"遂复施为感通 下 寺"的文字，其中"下"字所在位置有较粗重的残损刻画，原字已完全不可辨识，"下"字也只是在释录时臆补的。

根据碑文刘萨诃"将往天竺观佛遗迹。行至于此，北面顶礼"及围绕御山石佛瑞像所发生的种种神秘灵异的故事，此碑应是圣容寺遗物。那么，它又怎么会在武威城下出土呢？

我们知道，中国历史上曾发生"三武一宗灭佛"的事件。三武为北魏太武帝、北周武帝和唐武宗，一宗为后周世宗。其中唐武宗灭佛发生在唐朝会昌年间（841—846），史称"会昌法难"。这次灭佛持续时间较长，规模较大，天下一共拆除寺庙 4600 余所，拆招提、兰若 4 万余所，僧尼 26 万余人还俗，成为国家的两税户，没收寺院所拥有的膏腴上田数万顷，没收奴婢为两税户 15 万人。《凉州御山石佛瑞像因缘记》很可能就是在这次法难中被僧徒或信众偷运至武威从而得以保存下来的。

（二）碑文文体及语言风格

如众所知，骈体文自东汉兴起，经魏晋至南北朝大盛，终有唐一代，则一直占有绝对的优势，尤其在唐前期，从贞观初至开元末，举凡章、奏、表、启、书、记、论、说，无不以骈体出之。至中唐，韩愈、柳宗元高举"复古"的旗帜，大力倡导"古文"，并躬身实践，才使这种局面有所改变。但到晚唐，骈文卷土重来，散文的创作落入低谷。直到北宋，经欧阳修、王安石等的倡导，才真正成为创作的主流形式，并对后世的文体

---

① 孙修身、党寿山：《〈凉州御山石佛瑞像因缘记〉考释》，《敦煌研究》创刊号 1983 年总第 3 期，第 102—107 页。

发展和艺术追求产生了深远的影响。

但实际情况要远比这复杂得多。虽然骈文终有唐一代，在大部分时段中都占据着绝对的优势，但从唐初修史的"文用"宗旨，到高宗武后朝的陈子昂，历经萧颖士、李华、独孤及、梁肃、权德舆、韩愈、柳宗元、皇甫湜之手，直到晚唐杜牧、李商隐（前期）、孙樵、罗隐等人，有唐二百多年间，这些古文的倡导者对于古文的理论探索和创作实践从来就没有停止过。复旦大学陈尚君先生曾经列表统计分析《唐代墓志汇编》和《唐代墓志汇编续集》所收出土墓志从初唐到中唐前期墓志中所显示的文体变化情况，发现唐初纯用散体的很少，其中主体为散体但偶有对句出现的志文多数是较下层人士和文化落后地区的。武后时期已经展示出变化的迹象，其特征一是在骈体与散体的交叉使用中，叙事的成分明显增多，二是虽还保留以四六句居多的骈文句式，但用典以喻事的比例明显减少。玄宗时期文体取向已发生明显的逆转，全循骈体的作品已很少为作者所采用，仍保留的骈体句式也较以往简脱明畅。天宝以后，散体已逐渐占据主流位置。而这恰与殷璠《河岳英灵集》序中所说景云、开元间诗风变化的情况相同步。①

唐代功德碑未曾如墓志一样经过全面的汇集整理，据陈尚君先生说，数量亦很可观，约有千余通，其中所显示出的文体变化情况与墓志相类。而这方撰写于天宝元年（742）的《凉州御山石佛瑞像因缘记》所记为有关凉州瑞像神秘灵异之事，通篇使用了史传文常见的叙事手法，且以散体行文，几乎不见四六句型，其产生年代和文体也恰与墓志所表现的情况相一致，为我们考察研究唐代文体的变化提供了又一个生动的案例。

（三）凉州区高坝镇红光村石佛寺

在从北魏至明清漫长的历史时期，永昌县北境圣容寺的御山石佛瑞像一直广有影响，在唐代初年经南山律宗创始人道宣律师的记录宣扬，更成为佛教经典所认可的重要内容。无独有偶，就在我们探索这通碑文所隐藏的一些奥秘的时候，另一尊石佛像进入了视野。

---

① 陈尚君：《新出石刻与唐代文学研究》，《贞石诠唐》，复旦大学出版社 2016 年版，第17—18 页。

　　2016 年秋季学期，一年一度指导学生完成学年论文的工作任务布置了下来，在与分配至我名下的同学见面并交谈之后，我嘱咐他们调查各自家乡的金石碑刻，根据具体情况确定论文选题。经过一段时间的准备，在集中交流汇报时，汉语言文学专业 2014 级 2 班的丁娜同学提供了一个鲜为人知的情况：武威市凉州区高坝镇的红中村原来也有一座"石佛寺"，寺已被毁，现仅存石佛一尊，无有头颅。关于这尊石佛，民间传说其头遇乱世则坠落，遇治世则安好，竟与永昌圣容寺惊人的一致。于是我将孙、党二位先生的文章介绍给该同学，让她给这篇碑文作注释，并翻译为现代汉语。

　　2017 年 10 月，笔者利用到武威参加一个学术会议的机会联系到李林山先生，他十分热心，亲自陪同我们考察了石佛寺。

　　石佛寺遗址位于武威市区以南 12 公里处的高坝镇红中村，原寺已于1958 年拆毁，寺址被垦为农田，现仅存古柏一株，见证着寺庙的历史。另有遗存的佛像一尊，被供奉在近年来新建起的殿宇中。佛像为花岗岩石质，高约 82 厘米，无有头颅。几年前，应信众请求，凉州区鸠摩罗什寺主持理方从福建请来木雕佛头安放上去，使前来上香的十方信众瞻拜有迹。石佛身与木佛头合若符契，至今安好。至于这尊石佛为何与永昌圣容寺著名的凉州瑞像有着惊人一致的传说，笔者多方查阅资料，并作田野调查，至今没有一点线索能予以合理的解释。

　　佛法无边皆随缘，机缘未到佛也难。跬步般若波罗蜜，无相无空无西天。机缘未到，不可强求。关于此碑，拙文行至此处，并未能解决任何问题，仅罗列一些资料和笔者的困惑思考，就教于诸方家，亦为漫漫求道旅途中又迈出的一小步。

试述中古时期丝绸之路沿线佛教石窟的
开凿与颜料贸易

姚潇鸫

上海师范大学

中古时期①，丝绸之路沿线开凿了大量的佛教石窟，这些石窟中保存了大量精美绝伦的壁画以及栩栩如生的彩绘佛像。可见，在石窟修造的过程中，使用了大量的颜料，而对这些颜料成分的研究，向来受到学界的关注。

一　丝路石窟所用颜料之分析

1923 年冬，美国哈佛大学福格艺术博物馆的兰登·华尔纳从敦煌莫高窟粘窃 32000 多平方厘米的壁画，并盗走了第 328 窟佛龛南侧初唐供养菩萨彩塑一尊。加上华尔纳偷盗自新疆喀喇库图与山西华严寺的壁画，交予福格博物馆的罗瑟福·盖特斯（R. J. Gettens）博士，对其使用的颜料进行了科学的分析，并于 1935 年写出了报告。华尔纳在其著作《佛教壁画——九世纪万佛峡洞窟研究》中第一次引用了盖特斯未发表的分析结果，这就是学界所熟知的"敦煌壁画使用的颜料有铅丹、辰砂、铁红、蓝铜矿、孔雀石、铅白、墨、高岭土等无机颜料，以及藤黄、红花、靛蓝等有机颜料"②。另，江致勤、王进玉两位先生，翻译了盖特斯的这份报告，刊布于 1987 年第 1期的《敦煌研究》，使学界得以完整了解这一研究成果③。

---

① 中古时期指魏晋至宋。

② Langdon Warner, *Buddhis Wall—Paintings, A Study of a Ninth—Century Crottoa Wan Fo Hsia*, 1938, pp. 9 – 11.

③ ［美］罗瑟福·盖特斯：《中国颜料的初步研究》，江致勤、王进玉译，《敦煌研究》1987年第 1 期，第 98—103 页。

　　1936 年，哈佛大学派调查队前往阿富汗，带回许多壁画断片，加上福格博物馆 1926 年购买的勒柯克盗自中国的壁画断片，再次交由盖特斯进行研究。日本学者山崎一雄先生将其研究成果转换成表格，现将相关的内容摘抄如下①：

颜料＼地名＼时间	阿旃陀 5—6 世纪	巴米羊 5—6 世纪	克孜尔 7 世纪	伯兹克里克 9—12 世纪	米兰 3—4 世纪	敦煌 8—9 世纪
红色	铁红	铅丹、铁红、铁红＋炭黑	铅丹铁红	铅丹、铁红、朱	铁红其他红色	铅丹、铁红、朱、胭脂
黄色	黄土	黄土	—	黄土	黄土	藤黄
青色	佛青（青金石）	佛青（青金石）	佛青（青金石）	岩群青	—	岩群青兰
绿色	绿土	硅酸铜	硅酸铜	岩绿青	岩绿青	岩绿青
白色	—	石膏	石膏	—	石膏	白土铅白
黑色	炭黑	炭黑	—	炭黑	炭黑	墨

　　相较而言，国内的相关研究起步较晚，直到改革开放以后，以李最雄、苏伯民、周国信、王进玉、李亚东等为代表的一批学者，利用现代科技手段，对敦煌石窟中所使用颜料的成分进行了科学的探测和研究，使得我们对这些颜料的构成有了更清晰和全面的认识。王进玉先生指出，"根据国内外对敦煌石窟艺术所用颜料的分析可知，大体可分为无机颜料、有机颜料和非颜料物质三种类型。无机颜料中的红色有朱砂、铅丹、雄黄、绛矾。黄色有雌黄、密陀僧。绿色有石绿、铜绿。蓝色有青金石、群青、蓝铜矿。白色有铅粉、白垩、石膏，熟石膏（又称半水石膏）、氧化锌、云母。黑色主要是墨。此外，壁画、彩塑上还应用了金箔、金粉。有机颜料红色有胭脂（红花提取物），黄色有藤黄，蓝色有有机蓝（靛蓝）。非颜料的矿物质以白色为多，如高岭石、滑石、石英、白云石，还有碳酸钙镁石、角铅矿、氯铅矿、硫酸铅矿等，都是古代富有经验的民间画工因地制

---

　　① ［日］山崎一雄：《关于西域壁画的颜料》，刘永增译，《敦煌研究》1987 年第 2 期，第 69 页。

宜挑选来做颜料代用品的"①。周国信先生在"运用 X 射线衍射分析了敦煌莫高窟、敦煌西千佛洞、永靖炳灵寺、天水麦积山、庆阳北石窟、嘉峪关魏晋墓等多处壁画样品后指出：古代壁画颜料中白色有石灰（白垩、碳酸钙）、白云石（画粉、腻粉）、碳酸钙镁石、滑石、叶蜡石、云母、高岭石（白土、瓷土）、石英及石膏类（石膏、硬石膏、熟石膏）、铅矿类（白铅矿、水白铅矿、铅白和砷铅矿、磷氯铅矿）、叶蛇纹石、草酸钙石、锌白（氧化锌）等；绿色有石绿（孔雀石、岩绿青）、氯铜矿、水胆矾；蓝色颜料有石青、金青石（佛青、回回青、金精、蓝赤、天然群青）；红色颜料有红土类（赭石、铁朱砂又名铁丹、煅红土、绛矾、矿棕）、朱砂（辰砂）、铅丹、雄黄；黄色颜料有石黄、黄赭石等"②。以上两位先生的论述较为全面，且具代表性，更多的研究成果可参考《中国敦煌学百年文库·石窟保护卷》③。

　　与敦煌石窟颜料研究如火如荼展开形成鲜明对比的是，关于克孜尔石窟所用颜料的研究非常之少，其中最值得关注的是苏伯民、李最雄两位领衔的研究。他们在"克孜尔石窟中保存完好的 74 个洞窟中选择了代表各个时期的 9 个洞窟，共采集红、蓝、绿、黑等各色样品 56 个，进行了较全面系统的分析"后指出："克孜尔石窟所使用的颜料归纳如下：白色颜料：石膏、硬石膏、方解石、石英；绿色颜料：氯铜矿、副氯铜矿；红色颜料：铅丹、朱砂、铁红；蓝色颜料：青金石；黑色和棕黑色颜料：二氧化铅。"④

　　关于柏孜克里克石窟所用的颜料，除上述盖特斯的零星分析以外，笔者尚未见到其他重要的研究成果。

　　以上是通过现代科学手段检测出的丝绸之路沿线佛教石窟中使用颜料的具体成分，敦煌吐鲁番文书中也保留有大量与颜料有关的记载，这两者之间还可相互印证和补充。

---

① 王进玉：《敦煌石窟艺术与颜料化学之谜》，转自人民网，http：//www.people.com.cn/GB/keji/25509/39941/39945/2944634.html。

② 周国信：《古代壁画颜料的 X 射线衍射分析》，《美术研究》1984 年第 3 期，第 61—68 页。

③ 李最雄主编：《中国敦煌学百年文库·石窟保护卷》，甘肃文化出版社 1999 年版。

④ 苏伯民、李最雄、马赞峰、李实、马清林：《克孜尔石窟壁画颜料研究》，《敦煌研究》2000 年第 1 期，第 66 页。

二 敦煌吐鲁番文书中有关颜料的记载

首先，我们将敦煌吐鲁番文书中与颜料有关的记载摘录如下：

编号	文书标题	年代	七宝	备注
大谷文书 3036、3081、3076	唐天宝二年交河郡市估案	743年	朱沙一两　上直钱一百五十文　次一百四十文　下一百三十文　石绿一两　上直钱十文　次八文　下七文　空青一两　上直钱八十文　次七十文　下六十文　铜碌一两　上直钱三十五文　次三十文　下二十五文　铜黄一两　上直钱八十文　次七十文　下六十文　黄丹一两　上直钱九文　次八文　下七文	池田温：《中国古代物价初探》①
P.2567背面	癸酉年二月沙州莲台寺诸家散施历状	793年	红蓝七硕三斗　红花一百二十一斤　石灰两石	《三》②第71—72页
S.6829	丙戌年正月十一日已后缘修造破用斛斗布等历	806年	白面二斗，将窟取赤土付不要　出白面三斗，付智英将窟取赤土食	《三》第147页
P.2837背面	辰年支刚刚等施入疏	吐蕃占领敦煌时期	胡粉半两，施入修造	《三》第60页
P.2912	某年四月八日康秀华写经施入疏	吐蕃占领敦煌时期	……粉四斤。右施上见物写经	《三》第58页

---

① 池田温：《唐研究论文选集》，中国社会科学出版社1999年版，第137页。
② 唐耕耦、陆宏基：《敦煌社会经济文献真迹释录》第三辑，全国图书馆文献缩微复制中心1990年版，下同。

续表

编号	文书标题	年代	七宝	备注
S. 5897	子年领得常住什物历	吐蕃占领敦煌时期	胡粉一分	《三》第1页
P. 2706	年代不明某寺常住什物交割点检历	吐蕃占领敦煌时期	胡粉伍两半	《三》第7页
S. 4120	壬戌年—甲子年布褐等破历	962—964年	布壹匹，于画师面上卖（买）铜录用	《三》第214页
P. 2032背面	后晋时代净土寺诸色入破历算会稿	公元十世纪	粟三斗，愿果买金青用 白面三斗，油二胜，粟四斗，福子面上卖（买）录、丹、青用 粟五斗，于画人边卖（买）录用 粟两石，于索像友边卖（买）录用 粟两斗，于法深买青用 粟三斗，索像友铜录价用 粟五斗，于画师买录用 粟一硕，张骨子边买同（铜）录用 粟贰斗，苏定子青买（价）用	《三》第464、465、466、467、470页
S. 5050	年代不明某寺诸色斛斗入破历算会稿残卷	公元十世纪	粟贰斗，买金青用	《三》第534页
P. 3763	年代不明净土寺诸色入破历算会稿	公元十世纪中期	粟二斗，于画匠安铁子所卖（买）同（铜）录用 粟壹硕，张骨子边买同（铜）录用	《三》第519页
S. 4642	年代不明某寺诸色斛斗入破历算会牒残卷	公元十世纪	麸三硕，买丹用 麸一硕五斗，买胡粉用 麸三硕，买胡粉画幡用	《三》第553页
P. 2863	李吉子等施入疏七件	年代不明	红花一斤，铁二斤，施入写钟	《三》第81页
S. 3553	致和尚启	年代不明	今月十三日，于牧驼人手上赴（付）将丹二斤半，马牙珠两阿果，金青一阿果，咨和尚。其窟乃繁好尽著，所要色择多少，在此不觅者，其色择阿果在面褐袋内，在此取窟上来……	《五》①第37页

---

① 唐耕耦、陆宏基：《敦煌社会经济文献真迹释录》第5辑，全国图书馆文献缩微复制中心1990年版。

接着我们对其中涉及的各种颜料做一些简单的考证和说明。

（1）胡粉。姜伯勤先生曾指出："胡粉是一种化妆品。"① 但从上引编号为 S.4642 的《年代不明某寺诸色斛斗入破历算会牒残卷》中"麸三硕，买胡粉画幡用"的记载可见，胡粉还可以作为颜料使用。其实这一点，汉唐之际的文献中亦有明确的记载。《太平御览·职官部·总叙尚书郎》引《汉官仪》："省中皆胡粉涂，画古贤人、烈女。"② 又《太平御览·服用部·粉》引《邺中记》："石虎以胡粉和椒涂壁，曰椒房。"③ 另据敦煌本陶弘景著《本草经集注·序录》："画家用雌黄、胡粉相近，便自黯妒。"④ 可见，胡粉至少在汉代已传入中原地区，而且其制作的方法也逐步为中原地区所掌握，至迟到唐代，胡粉已经成了中原地区一些州郡的土贡了。《新唐书·地理志》："相州邺郡，望。本魏郡，天宝元年更名。土贡：纱、绢、隔布、凤翮席、花口瓢、知母、胡粉……卫州汲郡，望。本治卫，贞观元年徙治汲。土贡：绫、绢、绵、胡粉……澶州，上……土贡：角弓、凤翮席、胡粉。"⑤

关于胡粉的具体成分，据《抱朴子内编》："愚人乃不信黄丹及胡粉，是化铅所作。"⑥ 又《本草经集注·玉石三品》："粉锡，即今化铅所做胡粉也。"⑦ 另唐代张隐居（九垓）著《金石灵砂论·黑铅篇》："铅者黑铅也，……可作黄丹、胡粉、密陀僧。"⑧ 可见，胡粉的主要成分应该是"铅"。对照上述关于敦煌石窟使用颜料的测定，在红、黄、白三种色彩的颜料中都提到铅矿类成分。其中红色中的铅丹，据《本草经集注·玉石三品》："铅丹，即今熬铅（铅即铅）所作黄丹，画用者。"⑨ 可见，黄丹即是铅丹，亦可作为颜料使用。而据上引《抱朴子内编》及《金石灵砂论》，

① 姜伯勤：《敦煌吐鲁番文书与丝绸之路》，文物出版社 1994 年版，第 196 页。
② 李昉：《太平御览》卷 215，中华书局影印本 1960 年版，第 1026 页。
③ 《太平御览》卷 719，第 3185 页。
④ 陶弘景编：《本草经集注》，上海群联出版社 1955 年复印罗振玉《吉石庵丛书》影印敦煌本《序录》，第 80 页。
⑤ 《新唐书》卷 39《地理志三》，中华书局 1975 年版，第 1012—1013 页。
⑥ 葛洪著，王明校释：《抱朴子内编校释》（增订本），中华书局 1986 年版，第 22 页。
⑦ 陶弘景编，尚志钧、尚元胜辑校：《本草经集注》，人民卫生出版社 1994 年版，第 177 页。
⑧ 《正统道藏》第 19 册，第 5 页。
⑨ 《本草经集注》，第 166 页。

黄丹和胡粉应是两种不同的东西，因而胡粉并非红色颜料。黄色颜料中的密陀僧，据上引《金石灵砂论》，也应是另一种铅的化合物。故而，笔者认定，胡粉是作为一种白色颜料被使用的，这也应该是前述《邺中记》中，石虎能以胡粉涂壁的原因。

另据《魏书·西域传》："龟兹国，在尉犁西北，……又出细毡，饶铜、铁、铅、麤皮、氍毹、饶沙、盐绿、雌黄、胡粉、安息香、良马、犎牛等。"①《周书》《隋书》中亦有相同的记载。可见，龟兹地区是胡粉的重要产地。因而敦煌石窟所使用的胡粉，其中部分应该是来自龟兹的。然而龟兹既是胡粉的重要产地，但从上引克孜尔石窟颜料的检测结果来看，在白色颜料中却未检测出铅的成分，其中原因何在，有待学者们进一步的研究。

（2）黄丹。即铅丹，红色颜料，具体情况，上文已有论述。据《唐天宝二年交河郡市估案》，黄丹也是当时市场上流通的颜料之一。

（3）金青。据王进玉先生研究，金青即是青金石，世界上只有阿富汗等几个国家出产，截至目前，在中国还没发现有青金石的矿产资源②。在采用科技手段分析了敦煌、麦积山、炳林寺等不同石窟、不同朝代的青金石颜料，并与产自阿富汗、独联体等国外青金石矿产品分析结果进行对比研究后，王进玉先生指出，敦煌石窟所用的青金石应产自阿富汗东北地区③。另，前述苏伯民等人对克孜尔石窟颜料的研究中指出："我们使用偏光显微镜对克孜尔石窟使用的青金石颜料与来源于阿富汗地区的青金石标本作了比较，发现两者之间具有极其相似的粒子形貌及伴生矿物特征……我们可初步认为克孜尔石窟壁画的青金石来源于阿富汗地区。"④ 可见，在丝绸之路石窟中，广泛使用的蓝色颜料——青金石——应是从中亚地区进口而来的。

（4）空青。从《唐天宝二年交河郡市估案》记载的空青的价格来看，不应是价值不菲的青金石。据《本草经集注·玉石三品》："空青……生益

---

① 《魏书》卷 102《西域传》，中华书局 1974 年版，第 2266 页。
② 王进玉：《敦煌石窟艺术与颜料科技史》，载李最雄主编《中国敦煌学百年文库·石窟保护卷》，第 222—228 页。
③ 王进玉：《中国古代彩绘艺术中应用青金石颜料的产地之谜》，《文博》2009 年第 12 期，第 396—402 页。
④ 苏伯民等：《克孜尔石窟壁画颜料研究》，第 73 页。

州山谷及越嶲山有铜处。铜精熏则生空青，其腹中空……凉州西平郡有空青山，亦甚多……诸石药中，惟此最贵。医方乃稀用之，而多充画也，殊为可惜。"① 可见，空青应是一种以铜为主要成分的蓝色颜料。对照丝路石窟使用颜料科学探测的结果可见，空青应该就是蓝铜矿即石青。而据上引《本草经集注》的记载，甘肃地区即为石青的重要产地。另编号为 P. 2032 的《后晋时代净土寺诸色入破历算会稿》中有"粟两斗，于法深买青用。粟贰斗，苏定子青买（价）用"的记载。其中的"青"可能指的是青金石，但也可能指石青。

（5）朱砂。朱砂无论在敦煌石窟还是克孜尔石窟中，都是一种使用十分广泛的红色颜料。上引编号为 S. 3553 的《致和尚启》，是某人托付一位牧驼人将石窟修造所需的颜料递送给某位僧人时，随物品附上的一封书信，其中记载有"丹""马牙珠"和"金青"三种颜料。可见，丹应该是丹沙（砂）。而"丹砂"即"朱砂"②。故而敦煌文书中记载的颜料丹就是朱砂，亦即《唐天宝二年交河郡市估案》中的朱沙。另据《本草经集注·玉石三品》："丹砂……按此化为汞及名真朱者，即是今朱沙也……如樗蒲子、紫石英形者，谓马齿沙，亦好。"③ 唐开元时道士陈少微著《七返灵砂论》："丹砂是阳之正气，……惟三种堪为至药：上者光明砂，中者白马牙砂，下者紫灵砂。"④ 可见敦煌文书中的"马牙珠"很可能就是"马齿沙"或"马牙砂"，即一种质量较优的上品朱砂。据《魏书·西域传》，波斯地区盛产朱砂⑤，另据《隋书·西域传》："吐谷浑，……多牦牛，饶铜、铁、朱砂。地兼鄯善、且末"；"女国，在葱岭之南，其国代以女为王……出鍮石、朱砂、麝香、牦牛、骏马、蜀马"；"钹汗国，都葱岭之西五百余里，古渠搜国也。……俗多朱砂、金、铁"；"漕国，在葱岭之北，汉时罽宾国也……土多稻、粟、……朱砂、青黛、安息、青木等香"。⑥ 可见，丝绸之路沿线有不少地方都盛产朱砂，故而丝绸之路石窟中所使用的朱砂，应有

① 《本草经集注》，第 131 页。

② 沈澍农：《真朱与真珠的名称沿革与古今错乱考》，《中华医史杂志》2000 年第 1 期，第 9 页。

③ 《本草经集注》，第 129 页。

④ 张君房编，李永晟点校：《云笈七签》卷 69 引《七返灵砂论》，中华书局 2003 年版，第 1521 页。

⑤ 《魏书》卷 102《西域传》，第 2270—2271 页。

⑥ 《隋书》卷 83，中华书局 1973 年版，第 1842、1850、1853、1857 页。

部分来自那里。

（6）铜录。即王进玉先生所提及的铜绿，亦即周国信先生所说的氯铜矿，在克孜尔石窟的检测结果中也发现有使用这种绿色颜料。关于丝绸之路石窟中铜绿颜料使用的情况，王进玉、王进聪两位先生曾做过详尽的研究，在两人合作的一篇论文中，他们指出："北朝以来，敦煌石窟使用的绿色颜料，既有单独的氯铜矿（即铜绿），也有氯铜矿与石绿或石青混合的，早期的铜绿是从自然铜矿氧化带中采集的伴生矿物加工的。而据文献记载，龟兹与波斯地区是天然氯铜矿的产地。唐代以来，敦煌、新疆等石窟中绿色颜料主要是氯铜矿颜料，这与当地制取出售铜绿的文献记载相符。古代西北新疆、甘肃等地各民族在寻找开采、加工应用天然颜料的基础上，利用当地铜矿资源，用铜生锈法制备经久不变的碱式氯化铜颜料，并用于壁画彩绘。"[1]

（7）石绿。丝路石窟中使用的绿色颜料，除上述的铜绿外，《唐天宝二年交河郡市估案》中尚有"石绿"一种。在王进玉与周国信两位的检测结果中都有石绿，近代以来一般称为孔雀石或岩群青，再结合盖特斯的研究成果，可见在新疆米兰以及柏孜克里克石窟也使用这种颜料。另上述编号 P. 2032 的《后晋时代净土寺诸色入破历算会稿》中有数条买碌（绿）的记载，从同一件文书中还有数条买铜绿的记载来看，特别是"粟三斗，索像友铜录价用"与"粟五斗，于画师买录用"是连续的两条记录，因而这里所买的绿应该指的是石绿，以便与铜绿相区别。

（8）铜黄。据宋人唐慎微撰《证类本草》卷十二引晋朝郭义恭《广志》："藤黄，……据今所呼铜黄，谬矣。盖以铜藤语讹也，按此与石泪采无异也，画家及丹灶家并时用之。"[2] 可见，铜黄即是藤黄，盖特斯与王进玉的研究中也提及敦煌石窟使用的黄色颜料中有藤黄一种。谢弗称藤黄为"中世纪中国画家大量使用的唯一的一种草本颜料"[3]。谢弗认为藤黄的原产地在今天的柬埔寨。据《真腊风土记》："画黄乃一等树间之脂，番人预

---

① 王进玉、王进聪：《敦煌石窟铜绿颜料的应用与来源》，《敦煌研究》2002 年第 4 期，第 23—28 页。

② 唐慎微撰，尚志钧等校点：《证类本草——重修政和经史证类备用本草》，华夏出版社 1993 年版，第 367 页。

③ 谢弗：《唐代的外来文明》，吴玉贵译，中国社会科学出版社 1995 年版，第 462 页。

先一年以刀砍树，滴沥其脂，至次年而始收。"① 可见藤黄应是一种树脂制成的颜料，这种树应在热带或亚热带地区生长，传入中国的时间已不可考。而甘肃与新疆地区并不存在这种树木可以生长的环境，因而吐鲁番市场上流通的铜黄（藤黄）应来自内地甚或是"从林邑输入的"②。

（9）红花与红蓝。苏金花在其博士论文中指出："红蓝的花称为红花，多以斤论；子实称之红蓝，乃以斗量。"③ 关于红花的用途，学者多有论述，王克孝先生曾推测："莫高窟壁画中有机红色颜料的主要成分可能是红蓝。"④ 这在王进玉先生关于敦煌使用颜料的测定中也得到证实。刘进宝先生曾指出："目前，绝大多数学者都认为红蓝是传入的，笔者认为这是正确的，因为河西地区红蓝的种植应该是比较早的……红蓝的传入、种植与张骞出使西域、汉匈河西之战很有关系。"刘先生还进一步指出唐五代时期，敦煌地区曾广泛地种植红蓝⑤。

（10）赤土。应就是周国信先生所提及的红土类红色颜料，应是因地制宜挑选来做颜料代用品的。

三　对颜料贸易的促进

上文，我们列举了敦煌吐鲁番文献中与颜料有关的记载。从这些记载不难看出，丝绸之路沿线佛教石窟修造过程中所需的颜料，大致有 3 种来源，一是就地取材，如上文提及的赤土；二是信众的布施，如《辰年支刚刚等施入疏》等文书所展现的；三是通过交易而来，上列文书中有很多寺院买颜料的记载，而《唐天宝二年交河郡市估案》还保留了当时 6 种颜料的市场价格。进一步考虑到，就地取材的颜料只占非常小的一部分，而作为布施的颜料，其中很大一部分也应是交易而来的。因而，中古时期，这些佛教石窟中所使用的颜料，大部分都应是通过贸易而来的。而敦煌、高昌以及龟兹地区石窟都有较大的规模，且持续开凿的时间也长，所需颜料

---

① 周达观著，夏鼐校注：《真腊风土记·出产》，中华书局 1981 年版，第 142 页。
② 谢弗：《唐代的外来文明》，第 462—463 页。
③ 苏金花：《唐五代敦煌绿洲农业研究》（博士学位论文），中国社会科学院研究生院 2002 年通过答辩。下载自中国知网·优秀博士论文全文数据库。
④ 王克孝：《Дх·2168 号写本初探——以"蓝"的考证为主》，《敦煌学辑刊》1993 年第 2 期。
⑤ 刘进宝：《唐五代敦煌种植"红蓝"研究》，《中华文史论丛》第 83 辑，第 247—270 页。

的量可想而知，而这些颜料主要都应由市场供给。

刘玉权先生在其研究中曾指出："唐五代时期，敦煌东邻的张掖、西邻的高昌都是既大且近的颜料市场。"[①] 在上文的论述中我们提及，敦煌地区至少出产铜绿和红蓝两种颜料，龟兹地区更是胡粉、雌黄、盐绿（即铜绿[②]）的产地，这些都是石窟修造所需要的，加之敦煌和龟兹本身就是主要的颜料消费地区，因而在敦煌和龟兹也应有规模较大的颜料市场。市场是因为需求而存在的，张掖、敦煌、高昌以及龟兹地区颜料市场的存在，重要的原因正是丝绸之路沿线这些佛教石窟的开凿。

上文的论述中已提及，丝路石窟中所用的颜料，一部分是当地出产的，更多的部分则需要从异地输入，而像青金石、朱砂、藤黄等颜料还需通过海外进口。因而，丝绸之路沿线石窟的开凿，不仅带动了当地颜料的生产与交易，还刺激了地区间的经贸往来，而且在一定程度上促进了当时海外贸易的发展。

这些石窟上颜料使用的示范作用，会影响附近寺庙乃至内地石窟和寺庙也采用这些颜料。而且即使未受其影响，这些与佛教有关的建筑物修造时，也都需要使用各种颜料来装饰。而中古时期佛教的传播，为中土传统书画艺术注入了新的养分，南北朝以降有大量表现佛教题材的绘画作品问世。这些都会对这一时期的颜料贸易产生积极的影响。

另，丝路石窟的开凿，不仅仅促进了颜料贸易的发展。正如晚唐《张淮深造窟记》中提及的："螺间凝空，珊瑚玉叶。阶铺异锦，满砌红莲。百和旃檀，气氲宝室。龛内丹腰，尽用真沙。络绎长安，贺兹宝货。"[③] 当然，《造窟记》中可能会有夸大的成分，但石窟修造完成后，由于供养的需要，必然同时促进香料、七宝以及织物等的需求。因而，中古时期丝绸之路沿线佛教石窟的开凿，积极推进了新疆以及河西地区商品贸易的发展。

---

① 刘玉权：《沙州回鹘石窟艺术》，载《中国石窟·安西榆林窟》，文物出版社1997年版，第223页。

② 王进玉、王进聪：《敦煌石窟铜绿颜料的应用与来源》，第23页。

③ 《敦煌社会经济文献真迹释录》第5辑，第191页。

昙曜译《大吉义神咒经》所反映的早期汉传密教

杨 英

中国社会科学院古代史研究所

引 言

昙曜是北魏佛教史上的重要人物，他精于习禅，凉州平后被迁至北魏，曾任北魏昭玄统，并主持了北魏平城时代的译经活动，译出 14 部佛经；他主持开凿的云冈石窟是艺术史上永远的丰碑。有关他的文献记载十分简略，《魏书·释老志》：

> 先是，沙门统昙曜有操尚，又为恭宗所知礼，佛法之灭，沙门多以余能自效，还俗求见。曜誓欲守死，恭宗亲加劝喻，至于再三，不得已，乃止。密持法服器物，不暂离身，闻者叹重之。……初（和平初，公元 469）昙曜以复佛法之明年，自中山被命赴京，值帝出，见于路，御马前衔曜衣，时以为马识善人。帝后奉以师礼。昙曜白帝，于京城西武州塞，凿山石壁，开窟五所，镌建佛像各一。高者七十尺，次六十尺，雕饰奇伟，冠于一世。①

相比之下智升《开元释教录》卷六记昙曜事迹较详：

> 沙门释昙曜，未详何许人也。少出家，摄行坚贞，风鉴闲约。以魏和平年中住北台昭玄统，绥缉僧众，妙得其心。住恒安石窟通乐

寺，即魏帝之所造也。去恒安西北三十里武周山北面石崖，就而镌之，建立佛寺，名曰灵岩。龛之大者举高二十余丈，可受三千许人。面别镌像，穷诸巧丽。龛别异状，骇动人神；栉比相连，三十余里。……。至壬辰年太武云崩。孙文成立，即起塔寺，搜访经典。毁法七载，三宝还兴。曜慨前陵废，欣今重复，以和平三年壬寅故，于北台石窟集诸德僧，对天竺沙门译《吉义》等经三部，流通后贤，意存无绝。《大方广菩萨十地经》一卷（第五出与罗什庄严菩提心经等同本见《始兴录》《及道慧》《宋齐录》）；《称扬诸佛功德经三卷》（亦名《集诸佛华经》亦直名《集华经》，一名《现在佛名经》，或四卷。第三出与罗什等出者同本，见道慧《宋齐录》）；《方便心论》一卷（或二卷，凡四品。第二出与东晋觉贤出者同本，见道慧《宋齐录》及《僧祐录》）；《付法藏因缘传》六卷（或无因缘字，亦云《付法藏经》。或四卷，或云二卷，见道慧《宋齐录》。第三出与宋智严、魏昙曜出者同本，亦见《僧祐录》）；《杂宝藏经》八卷（《录》云十三卷，未详。今只有八卷，见道慧《宋齐录》及《僧祐录》）。①

昙曜主导了平城时期的译经活动。《大正藏》载昙曜、吉迦夜译经如下：

[史传部] No. 2058　《付法藏因缘传》(6 卷)

[法华部·华严部] No. 0308《佛说大方广菩萨十地经》（1 卷)

[本缘部] No. 0203　《杂宝藏经》(10 卷)

[经集部] No. 0434　《佛说称扬诸佛功德经》(3 卷)

[论集部] 1No. 632　《方便心论》(1 卷)

[密教部] No. 1335　《大吉义神咒经》(4 卷)

在这些译经中，《大吉义神咒经》是比较特别的一部，它属于汉译早期密教的系统，在《大正藏》中被归入密教部，跟昙曜所译的其他佛经性质并不相类。目前国内学界未见有对《大吉义神咒经》的专门研究，国外

---

① ［日］高楠顺次郎、渡边海旭：《大正新修大藏经》（下文简称《大正藏》）No. 2154，《大正新修大藏经》刊行会 1934 年（下同），第 55 册，第 539 页下栏。

学者中，筱原亨一（Koichi Shinohara）的《早期汉译佛经中的密教陀罗尼和视觉仪式》[①] 中有相当部分的段落从《大吉义神咒经》考察早期汉译密教的形态，Eric Matthew Greene 的《早期中国佛教中的坐禅、忏悔和禅视体验》[②] 亦有部分内容涉及此问题。《大吉义神咒经》的内容和译介涉及汉译佛经中反映的早期密教形态这样的大问题，这一问题恰是国内学界关注较少的，除吕建福《中国密教史》《密教论考》[③] 在综括中国密教的发展时有涉及外，几乎没有专门研究。本文不揣简陋，试图对此问题作些探究，不当之处敬请方家指正！

一　核心：持咒

昙曜译《大吉义神咒经》二卷，收入《大正藏》，第 21 册，No.1335，《乾隆大藏经》469 部。中国佛教流传一般称《大日经》《金刚顶经》之前的密教为"杂密"，此后的为"纯密"。杂密、纯密是就中国密教的发展阶段而言。这里必须对密教的源流稍作追溯。密教，称 Tantrism，或 esoteric Buddhism，二者含义有差别，前者由"坦多罗"一词而来，后者即指秘密佛教。西方学者用 Tantrism 的较多。它发源于古印度，后来一部分经由中亚传入我国，晚些的则传入西藏并得到极大发展。西藏著名的佛学家布顿·仁钦朱（1290—1364）把印度密教发展的历史和经典分为四个阶段：（1）所作坦多罗，相当于大小乘经典所散述的陀罗尼、仪轨等，即我国早期所传杂密；（2）行坦多罗，相当于以《大日经》为中心的密教；（3）瑜伽坦多罗，相当于以《金刚顶经》为中心的密教；（4）无上瑜伽坦多罗，以《秘密集会》为中心的左道密教。[④] 吕建福将密教划分为陀罗尼密教、持明

---

① ［美］筱原亨一：《早期汉译佛经中的密教陀罗尼和视觉仪式》，《伦敦大学亚非学院院刊》2014 年，第 85—103 页；Koichi Shinohara：Dhāraṇīs and visions in early esoteric Buddhist sources in Chinese translation, *Bulletin of SOAS*, 77, 1（2014），pp. 85–103.

② Eric Matthew Greene, *Meditation, Repentance, and Visionary Experience in Early Medieval Chinese Buddhism*。博士学位论文，加州伯克利大学，2012 年。

③ 吕建福：《中国密教史》，中国社会科学出版社 1995 年版；《密教论考》，宗教文化出版社 2008 年版。

④ 吕建福：《中国密教史》，黄心川序，第 12 页。

密教、真言密教、瑜伽密教、无上瑜伽密教等几个阶段。① 经过这几个阶段的漫长发展，密教从咒法直接、仪轨简单、教理粗疏发展到咒法和仪轨无比繁复、教理精致、流派众多的地步。中国佛教所谓的"杂密"则相当于"所作坦多罗"或"陀罗尼密教"的阶段。从《大正藏》看，卷十八至卷二十一密教部共收录密部经轨 573 部，这些大部分是"杂密"的形制。我国早期传入的秘咒大部分属于印度小乘部派佛教，特别是犊子部和法藏部以及大乘佛教初期的经咒，也有少数是属于婆罗门教的咒文和赞歌。这些秘咒和仪轨一般用以祈愿、驱魔、除害等，由于佛教最早是从陆路经由中亚传入我国的，因此或多或少混杂了一些当地的咒术和信仰。我国最早译出的秘咒是东汉《佛说安宅神咒经》，后来（223—253）支谦译出了《华积陀罗尼神咒经》《吉祥神咒》等经，东晋帛尸梨蜜多罗译《大灌顶神咒经》十二卷，是我国最早译出的佛经秘咒或陀罗尼汇编集。② 吕建福认为密教起源于大乘佛教中的陀罗尼法门，其发展演变最终导致密教的形成。③《大吉义神咒经》就是早期密教即"杂密"阶段的一部汉译佛经，下文便对它的源流、形成做些考察。

（一）"陀罗尼"的渊源

《开元释教录》记《大吉义神咒经》的翻译时间为和平三年（462），此经的核心内容和颂持目的是持咒拥护"帝主"（国王）。佛陀颂持了一条条咒语，同时讲解了每一条咒语威力所在。此前早就开始的早期汉译佛经中许多都夹杂着咒语，并不仅限于陀罗尼类的佛经。姚秦鸠摩罗什译《妙法莲华经》卷七"陀罗尼品"中，诸菩萨、天王、罗刹女纷纷说陀罗尼神咒以护持《法华经》；④ 又鸠摩罗什译《摩诃般若波罗蜜大明咒经》No. 0250 整体即是一段咒文（同流传至今的《心经》），《大正藏》No. 1351 吴支谦译《佛说持句神咒经》是最早阶段的汉译陀罗尼经，这一阶段，咒语或称陀邻尼，如西晋竺法护译《佛说八阳神咒经》：

---

① 吕建福：《中国密教史》，中国社会科学出版社 1995 年版，第 3—4 页。
② 同上书，第 6 页。
③ 吕建福：《密教论考》，宗教文化出版社 2008 年版，第 17 页。
④ 《大正藏》No. 0262，第 9 册，第 58 页。

　　复次舍利弗，是善男子、善女人，若有持是八佛名及国土名者，受持讽读奉行之者，以是功德若发菩萨心，所生处常遇陀邻尼，常遇相好，常遇相音，……若有急恐病疫疾痛者，持是八阳咒经咒之，立得除愈。①

　　此译本仍然称"陀邻尼"，显示了它时代较早。此外，《大正藏》东晋竺昙无兰（Dharmaraksa）译有《佛说陀邻尼钵经》。咒语又称陀罗尼，梁僧伽婆罗译有《八吉祥经》：

　　舍利弗！若善男子、善女人住于大乘，闻此八佛名号，闻已受持，为他人说，今世后世常有神通，得乐说辩，深修禅定具陀罗尼，六根清净，恒值圣人。无天龙夜叉、人及非人、盗贼、水火、毒药等畏，一切怖畏皆悉除灭，卧觉常安，无诸恶梦，常为诸天之所守护。②

　　这里已经译作了"陀罗尼"。此外，《大正藏》No. 1356 有吴支谦译《佛说华积陀罗尼神咒经》、《大正藏》No. 1351 有吴支谦译《佛说持句神咒经》直接称为"神咒"，这反映了早期咒经译介时，译师们对陀罗尼的性质并不是很清楚，译作何词也没有取得共识。

　　以上是经名及内容。当时许多来华的印度或西域僧人擅长持咒，如《高僧传》记载：永嘉年间到中国的西域僧人帛尸梨蜜多罗"善持咒术，所向皆验。初，江东未有咒法，密译出《孔雀王经》，明诸神咒"；③罽宾国僧佛陀耶舍应鸠摩罗什之邀，欲至姑臧，为避沙勒国人挽留，与弟子以药水洗足，咒数十言，夜行数百里。④昙无谶，"……十岁，同学数人读咒，聪敏出群……谶明解咒术，所向皆验，西域号为大咒师"。⑤这说明高僧们除了精通梵文佛典外，还精通陀罗尼的实践。

　　咒经汉译时往往有不同译本，如《大正藏》有竺昙无兰译《佛说玄师颰陀所说神咒经》一卷（《大正藏》21 册 No.1378a），又有《幻师颰陀神咒

---

　　①　《大正藏》No. 0428，第 14 册，第 73 页下栏。

　　②　《大正藏》No. 0430，第 14 册，第 75 页下栏。

　　③　（南朝梁）释慧皎撰，汤用彤校注：《高僧传》卷 1 上《译经》，中华书局 1992 年版，第 30 页。

　　④　《高僧传》卷 2《译经》中，第 66 页。

　　⑤　同上书，第 76—77 页。

经》一卷（《大正藏》21 册 No. 1378b）大同小异，有共同之渊源。又如《东方最胜灯王陀罗尼经》有两个版本，《大正藏》No. 1353 译本和 No. 1354 译本，都是隋阇那崛多译，此经晚些的译本是施护（Dānapāla）《佛说圣最上灯明如来陀罗尼经》（《大正藏》No. 1355），这反映了咒经在入华汉译的过程中，随着时代不同内容有所改变。《大吉义神咒经》亦是如此。从《大吉义神咒经》结构看，它经过几个阶段的编撰，内容逐步有所增益，这也是许多佛经在写定过程中都经历的。①《大吉义神咒经》的核心内容形成，经历了大致是从赞辞到"吉义"，再到保护"帝主"几个步骤，详见下文。

（二）赞辞—"吉义"—保护"帝主"

上文举的一些佛教咒经的例子，其文献和实践渊源均不在中土，而是来自古印度。古印度持咒的文化极为发达，不仅持咒，还有赞颂。吠陀经典和早期婆罗门教中神灵有数百上千，印度宗教的颂神方式中有一种为其他地域所鲜见，即称颂名号。古代印度各神尤其是主神往往有各种名号，其数量之多为世上任何宗教神明所不能比，这可以在大史诗《摩诃婆罗多》中看到典型的实例。其中罗列了湿婆的一千零八个名号，并把称颂这些名号的赞辞奉为"赞辞之王"，据称，"这些名号真实有效，能实现一切目的，许多出类拔萃的人物都使用过。用这些名号呼唤那无与伦比、天下第一、恩被众生、纯洁无瑕、代表天国的大神的，都是些把握真理，举世闻名的圣旨。这些名号自梵天神界流传开去，遍播宇宙，无处不闻。它们自梵天宣布后便是至高无上的。它们神秘莫测，永恒不灭"。② 对神灵（因陀罗、湿婆、风雨雷电、药叉等）赞颂，对邪魅持咒，被认为能达到治病、顺利生育、让敌人遭殃的目的，《大吉义神咒经》的经名即保存了这层含义。"吉义"的含义即是赞辞（hymn 正向的）或陀罗尼（dharani 反向的），意即此经就是一大套趋向吉祥的神咒。《大吉义神咒经》卷一："如此等今皆归命，二仙那啰达钵婆力。今说一切义吉成咒，结甘露不死界，能作五百事，能使一切所为事吉"，③ 筱原亨一认为"吉义"是由 svastyayana 一词翻译而来，它通常指一种日常的保护国王的仪式。svastyayana

---

① 杨英：《〈楞伽经〉在古印度的写定和流传考》，《宗教学研究》2018 年第 3 期。
② 葛维钧：《湿婆和"赞辞之王"》，《南亚研究》2003 年第 2 期。
③ 《大正藏》No. 1335，第 21 册，第 568 页上栏。

是"趣吉祥"的意思，① "趣"即趋向，是古印度教中一种祈求吉祥的仪式。马可·格斯兰尼（Marko Geslani）指出《阿达婆吠陀》（Atharva veda）的祭司们作为朝廷的礼仪专家，发展出了一套新的王室礼仪，其中 svastyayana 或晨祷在这礼仪中居于核心地位。它是一种重复诉说的祈福咒语（mantra），或祈求出生轮回的繁荣，在《阿达婆吠陀》中，它已是一大套祈求好运的祈福咒语的综合。② 从吠陀经典中咒语辗转进入佛教的过程看，篠原亨一此说能够成立。梵文 svastyayana 为安稳、好运之意，昙曜将之译为"吉义"正是其求平稳祈福的原意，《大吉义神咒经》大量都是这样的内容。卷 4 记载求雨：

> 若求雨时烧藿香供养娑伽罗龙王，咒四枚石，有龙住处咒石掷中。天即降雨。若族姓子、族姓女，随其所须雨之时节久近能称其意。若有欲得如意宝珠，应于佛前向娑伽罗龙王像，应诣生藕华池河所，烧香供养龙王。七遍诵是《结咒界经》。应于池所咒场之中佛形像前，作五种音乐而为庄严。③

《大吉义神咒经》还记载烧各种香礼敬各种鬼神：

> 复次至心烧众名香，萨阇赖阇香等，运心供养摩醯首罗天王，愿此香气至彼天宫。即说咒曰……
>
> 复次诚心烧众名香，逼佉香等，运心供养欲界魔王有大势力欲界之主，愿此香气达彼王所。即说咒曰……
>
> 复次诚心烧众名香，弗迦香等，运心供养化乐天王并化乐诸天，愿此香气达彼王所。若不忆念我当头破作七分。即说咒曰……
>
> 复次诚心烧众名香，运心供养他化天王，愿此香气达彼王所，当忆念我，即说咒曰……

---

① Monier Williams Sanskrit Dictionary 网络版，https：//www. sanskrit-0lexicon. uni-koeln. de/scans/MWScan/tamil/index. h。

② Marko Geslani："Astrological Vedism：Varāhamihira in Light of the Later Rituals of the Atharvaveda"，*Journal of the American Oriental Society*，Vol. 136，No. 2（April-June 2016），pp. 305 – 323。Published by：American Oriental Society《吠陀思想中的星占术：Atharva 吠陀中所记晚期仪式中的 varahamihira》，《美国东方社会学刊》第 136 卷，2016 年第 2 期，第 305—323 页。

③ 《大正藏》No. 1335，第 21 册，第 579 页下栏。

复次我今诚心烧众名香，运心供养兜率陀天王，愿此香气达彼王所，当受我供，即说咒曰……

复次我今烧众名香，运心供养须耶门天王，辅相将从，愿此香气达彼王所，即说咒曰……

复次烧众名香，运心供养帝释三十三天王，愿此香气达彼王所，即说咒曰……

复次烧众名香，运心供养东方提头赖吒天王、辅相眷属，愿此香气达彼王所，即说咒曰……

复次烧众名香，运心供养南方毗留勒叉天王、辅相眷属，愿此香气达彼王所，即说咒曰……

复次烧众名香，运心供养西方毗留博叉天王、辅相眷属，愿此香气达彼王所，即说咒曰……

复次烧众名香，运心供养北方毗沙门天王、辅相眷属，愿此香气达彼王所，即说咒曰……

复次烧众名香，运心供养大海渚中楞伽城内罗刹之主毗沙挐，愿此香气达于彼所，即说咒曰……

复次烧众名香，运心供养毗摩质多罗阿修罗王，居在海边，愿此香气达彼王所，即说咒曰……

复次烧众名香，运心供养伽罗龙王，居在海中，愿此香气达龙王所，即说咒曰……

复次烧众名香，运心供养地神，愿此香气达于彼所，即说咒曰……①

经文记载的每位神灵都对应有至少一种咒语，烧香持咒即可获得巨大威力。手段也直截了当，就是一遍遍念习，这是它最简单的原始形式。但《大吉义神咒经》已不是最简单的咒语合集了，因为其中的核心内容是保护国王（帝主）的仪式：

说是咒已，大地诸山、三千世界六种震动，一切诸天皆悉欢喜。三佛陀显现此经，城邑聚落官府诸处，此经所在百由旬内不得中住。

---

① 《大正藏》No. 1335，第 21 册，第 568 页中栏至第 569 页上栏。

如此猛咒，过去诸佛之所显现。使为帝主作大拥护，无诸灾害作一切吉祥，一切众患悉皆消除。①

说是咒时，大地震动，夜叉罗刹诸鬼神等出大音声，唱言大苦，时他化自在天而作是言："咒之住处，若城邑聚落，以此咒势汝等鬼神，皆不得住，况其饮食。此大猛咒能断汝等，又是一切鬼神所牢闭处，能灭一切诸为患者。若违此咒，汝等便为堕于地狱。"以此咒力拥护帝主，使得善利，能遮刀杖，解诸灾患。日月将蚀而得解脱。②

释提桓因说是明咒章句："若国邑聚落，我等都无住处，诸鬼至处，身皆火然，其作到处受大苦恼，譬如地狱。若有越是天王咒者，身坏命终，当堕阿鼻。若越此咒而不随顺，如违佛语，等无有异。如佛离欲，能越此咒，而此神咒是过去诸佛之所显现，拥护帝主，利益安隐，诸衰灾患，悉皆除灭，若有灾害，闻是咒名，皆生惊怖，百由旬内消灭无余。日所行处，所有鬼神皆不能得，侵害世人。"

说此咒已大地震动，百千夜叉出大音声，一切鬼神依树依地，及城郭中，闻是威猛咒已。极大恐怖，举声号哭，各自散走。结此咒界处，若城邑聚落尚不得住，况复饮食！闻此灭结之咒，设有违者得于逆。以此咒力能护帝主，为作归依除其衰患。③

此经的核心内容是为帝主祈福，昙曜将之译出，正合乎其传入北部中国时，极力寻求帝王支持的动机。

（三）《大吉义神咒经》中的万神殿简考

《大吉义神咒经》跟其他早期汉译佛经比，不同之处在于并不旨在宣说因果和强调戒律，只是一遍遍宣说咒语的威力，而且存在完整、庞大而繁复的神灵系统。《大吉义神咒经》卷二：

护世四王典领四方。提头赖吒领乾闼婆众，有九十一子皆名曰帝，姿貌端正，有大威力，眷属辅相应护此咒；毗留博叉领究槃茶

---

① 《大正藏》No. 1335，第 21 册，第 578 页上栏。
② 同上书，第 573 页下栏。
③ 同上书，第 574 页中栏。

·533·

众，九十一子皆名曰帝，姿貌端正，亦有威力，眷属辅相应护斯咒；毗留勒王领诸龙众，九十一子皆名曰帝，眷属辅相应护此咒。毗沙门王领夜叉众，九十一子同名曰帝，眷属辅相应护斯咒；此四天王合三百六十四子，能护十方。复有天帝名因达罗，次名滥罗婆喽那、苏摩婆罗呇、婆阇波阇波提，夜叉鬼众，汝等皆应拥护斯咒；有八龙王：阿那婆达多龙王、拔留那龙王、毗留勒龙王、修钵罗龙王。撷缔都龙王、难陀龙王、忧钵难陀龙王、娑伽罗龙王等。眷属辅相应护此咒；有八阿修罗王：毗摩质多啰阿修罗王、修质多罗阿修罗王、罗睺阿修罗王、苦婆利阿修罗王、钵罗度阿修罗王、茂至连达啰阿修罗王、那缠豆嚧阿修罗王、那茶阿修罗王等，眷属辅相应护此咒；有释提桓因典领四维；大梵天王，典领上方。质多啰斯那乾闼婆王等，昼夜殷勤，无有懈倦，拥护咒界。夜叉主将摩尼跋达啰、弗那跋达啰、长臂长发旷野鬼、善意财富般阇迦、与法护法酪首般、至于舍罗卢摩，及大面等阇尼沙迦，如是诸鬼，神通色力，名称具足眷属辅相，咸皆拥护持咒之人。①

这段描述的神灵系统堪称完备。提到了梵文的四大天王（Caturmahārājakayikas），即护世四天王。提头赖吒（Dhr tarās t ra）即东方天王，居须弥山半，身为白色，是主乐之神，表明他要用音乐来使众生皈依佛教。他负责守护东胜神洲，以乾闼婆、紧那罗、富单那、毗舍阇等为持国天王的部众，因此说"提头赖吒领乾闼婆众"；毗留博叉（Virūd pāks a）为西方之天王，以鸠盘荼（一种恶鬼）等为部众，因此说"毗留博叉领究槃荼众"；毗留勒王（Virūd haka）为南方天王，以龙族、薜荔多等为部众；毗沙门（Vaisravana）为北方天王，以夜叉与罗刹为多闻天王的部众。这段的神灵系统来自早期印度教的自然崇拜，下面稍加分析。

1. 龙王

龙王是印度神灵系统中的蛇类。印度的龙蛇崇拜具有悠久的历史，可以追溯到最早的书面文献或雕塑遗迹，这些蛇类是半神的神灵，跟沃殖、水、降雨联系在一起，它们有时会动怒降下洪水或旱灾。因为龙神是印度

---

① 《大正藏》No. 1335，第 21 册，第 570 页下栏至第 571 页上栏。

宗教中广泛存在的护法神，建于 5 世纪笈多王朝时期的达沙瓦它拉神庙（Dashavatara Temple）是一座位于中央邦（Madhya Pradesh）的印度教神庙，庙中有龙王之像，如图 1 所示：

图 1 达沙瓦它拉神庙（**Dashavatara Temple**）中的龙王像

图像来源：维基英文百科 Nagaraja 词条。

龙王被早期佛教经典吸收，所提到者比比皆是，《大吉义神咒经》反映的即此情况。

2. 药叉（Yaksha）

在印度教和佛教都有，起初跟植物、树精有关，通常表现为健壮的男性或妩媚的女性形象，对之的祭拜经常在村落里有简单的祭祀，大史诗《摩诃婆罗多》中记载了公元前 5 世纪人们祭拜药叉神的仪式，[①] 在印度创世史诗《往世书》（Puranas）中，它获得了神灵的地位，最终定居于斯里兰卡 sigriya 的 Alaka，古写本对之的描述多用光荣、灿烂之类的词汇描述。佛教乃至耆那教众神中吸收了药叉的存在。

---

① Pramod Chandra：Yaksha and Yakshī Images from Vidiśā, *Ars Orientalis*, Vol. 6（1966），pp. 157 – 163 ；Heather Elgood：Exploring the roots of village Hinduism in South Asia, *World Archaeology* Vol. 36（3）：pp. 326 – 342.

图 2　印度 vidisa 地区的药叉形象

图像来源：Pramod Chandra 文，第 160 页。

3. 因达罗（因陀罗，梵语：Indra/Indala）

是古印度吠陀史诗中就提到的神灵，在吠陀中，因陀罗是天帝（Svar-ga 或 Deva），闪电雷雨都归它管辖。它先于其他神灵而生，是"天"中的巅峰之神。它的形象是庄严而欢乐的，[①] 佛教对之进行吸收，成为保护神之一。传入中国后为十二药叉神将之一。

图 3　印度埃洛拉石窟 32 窟（Ellora Temples）中的因陀罗像，约公元 10 世纪

图像来源：https：//www. auient. eu/indra/。

---

①　Edward Delavan Perry，"Indra in the Rig-Veda"，*Journal of the American Oriental Society*，1885（11）.

4. 大梵天王 Brahma

梵天原为印度教的创造之神，是奥义书（Upanishad）哲学的抽象概念"终极实在"或"宇宙精神"——"梵"的化身。梵天的前身是吠陀神话的创世主。传说梵天是从漂浮在混沌汪洋中的宇宙金卵里孵化出来的，或者是从毗湿奴肚脐里长出的一朵莲花中诞生的，然后他开始创造世界万物。在印度教造像中，梵天通常是婆罗门祭司装束，四面四臂，手持吠陀，坐在莲花上或乘骑天鹅。梵天代表了通过古印度圣书《梨俱吠陀》（Rigveda）来祈祷的力量，它是吠檀多派（Vedanta）最重要的术语，对梵天的哲学解释，是它作为宇宙创造和维系乃至最后终止的终极存在，它存在于对梵天大神的崇拜自宗教实践生活中，在后来的印度教中，梵天是和湿婆、毗湿奴三位一体的神灵。①

除了神灵许多来自吠陀和古印度教之外，其神灵结构也反映了早期印度教哲学的图式被佛教吸收。《大吉义神咒经》卷 1：

> 说此咒时，大地大海悉皆六返震动，诸鬼神等咸发大取唱曰："苦哉！"诸罗刹等亦复如是，共相谓言："今者说咒，我等大苦，欲无生路。如是猛咒，诸佛所说。"尔时世尊复告天帝言："汝今应当护此咒界，由我护念此咒缘故。一切人天无能越者。"复告四道面天王有大名称，住净居天阿那含处，名摩醯首罗，及其眷属，辅相大臣："汝等宜应拥护此咒"；五阿那含天神通威德，色身名称，悉皆具足："汝等眷属亦应拥护如是明咒"；尔时大梵天王从莲花生，娑婆界主，眷属辅相："汝等亦当拥护此咒。"四禅诸天乃至梵身，神通色貌名闻具足，及其眷属辅相大臣，亦应拥护如是神咒；欲界之主，魔王波旬，眷属辅相，应护斯咒；他化自在天王及其眷属辅相大臣，应护此咒；化乐天王及其眷属辅相大臣，应护斯咒；炎魔天王眷属辅相，应护此咒；兜率天王眷属辅相，应护此咒；帝释千眼，舍脂之夫眷属辅相，应护斯咒……"②

---

① Michael Warren Myers：*Brahman*：*A Comparative Theology*，"*The Brahman and the Word Principle (śabda) Influence of the Philosophy of Bhartrhari on Maṇḍana's 'Brahmasiddhi'*"，Routledge 2001，pp. 2 – 10.

② 《大正藏》No. 1335，第 21 册，第 570 页下栏。

这段描述了阿那含天摩醯首罗统领辅相，大梵天从莲花生的情景。摩醯首罗是色界顶之王，原系印度教所崇奉创造宇宙之最高主神，是湿婆神，梵文 Mahesvara，意译为大自在。佛教吸取了摩醯首罗的存在，视之为色界顶色究竟天之主，意译为大自在天王。《大正藏》第 21 册有《摩醯首罗大自在天王神通化生伎艺天女念诵法》，失译。虽然佛教中的摩醯首罗与现存湿婆神的形象有了很大的差距，但我们仍然可以找到它与印度教湿婆的共同之处。① 湿婆派在西域获得发展，以至于佛教不得不重视这一教派。大梵天王亦是色界之王，魔王波旬、他化自在天则是欲界之主，佛教的色界、无色界天十分繁复，至此已经出现，虽然带着浓重的印度痕迹。

二 增益："结界"和图摹

以上考察了《大吉义神咒经》中咒语的渊源。随着时间推移，咒语已并非简单直接地念诵就能达到目的了，而是在原先故事内核的基础上结合其他手段，这些手段的叠加加上义理的深邃化最终导致了密教的产生。《大吉义神咒经》曲折地反映了这一过程。具体说来，就是在"天"与阿修罗征战这一古老印度故事的基础上，立足于保护帝主的动机，加上了结界、图摹、修建咒场等复杂手段，将原先简单的陀罗尼法门发展到一个新阶段，详见下文。

（一）融入天与阿修罗的征战叙事

《大吉义神咒经》有记载"天"与阿修罗战斗的内容。卷一：

> 若不信我咒，心裂作七分，血从面门出。若不听佛所说善法，终无吉利，为病所杀。身坏命终，当堕地狱。天阿修罗共相斗战，是时帝释军败退还，既入城已，即作是念：我今当诣婆伽婆所求索拥护。于天人中佛为最胜。……
>
> 我今慈彼提头赖吒龙王，裡啰婆尼龙王……难陀龙王，名色威力

---

① 丛振、吕德廷：《融合中的冲突：佛教对湿婆神的吸收与批判》，《聊城大学学报》2016 年第 2 期。

身体俱大，住须弥山，天阿修罗斗时，常佐帝释而为拥护。①

此为渊源古老的神话。古印度神话故事极为瑰丽丰富，其想象力和复杂程度为其他民族难以企及，这种丰富的想象力跟通过灵修悟性所得的宇宙至高哲理及修行实践方式紧密结合，在密教中保存得格外完整，天与阿修罗征战故事就是其中一则。《大正藏》No. 1281 有唐宝思惟译《那罗延天共阿修罗王斗战法》：

> 尔时那罗延天在于须弥山顶上，集诸天大众梵天王及大自在天王天帝释等，亦有无量天龙夜叉、乾闼婆、紧那罗、摩呼罗伽、人非人等，亦有无数鬼神等，共会说法。其甘露妙药及和合安置瓶中，尔时阿修罗王变形入其瓶中，食其甘露妙药。于是那罗延天见阿修罗王入其瓶中，以其金轮就于瓶中侧之，其阿修罗王半身遂断。②

此即是这一故事的保存，只是引入了金轮、甘露妙药等要素，密法表现得更加充分。《大吉义神咒经》的描述比这个简单，并且全经的重点是各种咒语的用处，它显示了该经有一个基本内核，后来经历了咒语的集结、再撰，形成了更为复杂精致的形式。这也合乎随着时间推移，新内容不断加入的佛经传承情况。

（二）结界

《大吉义神咒经》中更重要的手法是结界。结界即一遍遍颂习咒语，结出一定的边界，在这个边界区域可以避免鬼神灾害。《大吉义神咒经》卷第一：

> 尔时世尊闻此偈已，告帝释言：天帝！我佛法中有结咒界法，能为人天作大拥护，若有闻是结咒界法，若自持，若教人持，至心读诵如说修行，以咒力故，刀不能伤，毒火不害，能却怨敌，百由旬内无诸灾患。天阿修罗一切鬼神，无能越此咒界而作衰害。是故天帝应当受持是结咒法，至心读诵不得忘失。即说咒曰……

---

① 《大正藏》No. 1335，第 21 册，第 569 页下栏。
② 《大正藏》No. 1281，第 21 册，第 342 页中栏。

说是大咒王时，而此大地周遍俱时六返震动，一切鬼神阿修罗等皆大惊怖，自相谓言："怪哉！瞿昙大名称者为诸天众说是神咒，而使诸天得于自在。"尔时佛告释提桓因言："假使咒师诵持是咒，结于咒界，遍满三界，动不动等无能越者……"①

《大吉义神咒经》结界并持咒是保护国王（帝主）的具体方式：

若持是咒，所在城邑聚落，一切恶鬼悉皆舍走出百由旬外，能为帝主作大拥护，禳诸灾患，众善盈集。应于四十里中结作咒界，人天鬼神无能越者。此咒亦是诸佛所说，越此咒者必获衰恼，当有沸血从面门出，心当燋热而得重病遂至于死。身坏命终，堕阿鼻地狱，由违咒故。此咒真实，无有虚妄。尔时有梵众梵中尊，与色界万七千梵围绕，来至佛所礼佛足已在一面坐。②

此咒经者，名为梵天所说……以此咒力，愿令帝主获大拥护，使得无上安善利吉。以此咒界若一由旬，二三四五由旬。一十二十五十一百至千由旬，随于日月所照之处，久近时节结于咒界，随所住处周匝十方。若有能越此咒界者。头破作七分，心自劈裂。我等诸梵所作咒界，今已讫竟。③

这一念咒结界的方式，是跟其复杂的万神殿中神灵的有序存在方式结合在一起的。佛念出咒王，于是下面众神均不能越过此咒界：

四道天王有大威力，名曰摩醯首罗，处在阿那含圣果。若有不顺，越此咒界，无有是处！大梵天王有大威德，千世界主有自在力，若能不顺，越此咒界，亦无是处！魔王波旬，欲界之主，欲越咒界，亦无是处！他化自在天王、化乐天王，欲越此咒界，亦无是处！僧兜率天王、炎摩天王，欲越此咒界，亦无是处！帝释千眼，舍脂之夫，欲越此咒界，亦无是处！护世四天王：驹毗罗提头赖吒、毗留博叉、毗留勒等，欲越此咒界，亦无是处！复有四王，威力炽盛，鸠那罗、

---

① 《大正藏》No. 1335，第21册，第569页下栏至570页上栏。
② 同上书，第572页中栏。
③ 同上书，第572页下栏。

伽兰茶、毗勒驹、摇诃竺，欲越此咒界，亦无是处！复有四王，于欲界中最得自在，帝释、阎罗王，拔留那兑罗阇、波阇波提，欲过此咒界，亦无是处！复有四王有大威力……欲过此咒界，亦无是处！有八龙王，住于大海，有大威德……有大神变，如是等龙王欲越此咒界亦无是处！有八阿修罗王……若能不顺此咒，欲过此咒界，亦无是处！有乾闼婆王……有大神力，颜貌端正，兼有名闻，欲越咒界，亦无是处！佛告天帝："此咒何故有是威力？此咒乃是八十四亿那由他百千恒河沙数诸佛神口之所共说，我今现在亦复宣说如是咒王……" ①

此咒为诸佛亲自所说，因此四道天王、魔王波旬、八龙王、八阿修罗王、乾闼婆王均不能越过此界。我们可以看出，保护结界的核心咒语叙述部分跟一个超自然神灵系统的系统化并精致化有关系。结界之法后来愈加成熟。唐开元三大士之一金刚智《念诵结护法普通诸部》："凡欲念诵，先须护身结界澄想，观察本尊圣者，起慈悲心，愍念有情，发大誓愿，回向菩提，方可念诵"；"念诵已安于顶右，即令心眼想见观自在菩萨，身相圆满，作红赤色，天冠花鬘，众宝璎珞，具足庄严。冠中化佛，坐宝莲花，作说法相。又想诸大菩萨如侍佛侧，同侍如来。"② 其发展趋向，是融入密教，成为其仪轨的一部分。

《大吉义神咒经》中又有"印封"，卷二有偈："……诸天世间共印封，我今印封无能越"，又"今闻此咒，鬼神之众即自散坏。是诸人等皆以梵王印印此住处，大梵天显发此咒，此咒住处，诸鬼神等悉不得住"。③ 早期汉译佛经提到"法印"，西晋竺法护于元康四年（294）译《佛说圣法印经》："何谓比丘圣法印者？其圣法印，所可更习，至清净见。假使比丘，处于闲居，若坐树下空闲之处，解色无常，见色本无，已解无常，解至空无，皆为恍惚，无我，无欲心则休息，自然清净而得解脱。"④ 此"圣法印"是指比丘的清净和悟道无常，竺法护于酒泉演出此经，此经天竺名为《阿遮昙摩文图》，丁福保《佛学大辞典》："佛对比丘说圣法印者，案

① 《大正藏》No. 1335，第 21 册，第 570 页上栏—中栏。
② 《大正藏》No. 0904，第 18 册，第 900 页中栏。
③ 《大正藏》No. 1335，第 21 册，第 572 页中栏。
④ 《大正藏》No. 0103，第 2 册，第 500 页上栏。

阿遮，译曰无动；昙摩，译曰法，即指圣法印也。"① 晚些的译本是宋朝施护译的《佛说法印经》，见《大正藏》No. 0104，内容与此大同小异："离诸有着。由离着故，摄一切法。住平等见，是真实见。苾刍当知，空性如是，诸法亦然，是名法印。"② 这"法印"并非后来密教的手印的意思。《大吉义神咒经》的"印"仅四见，意义跟《佛说圣法印经》中的"印"不同，更像是葛洪《抱朴子》里那种用来封禁的印。《抱朴子内篇·登涉》：

> 抱朴子曰：此是老君所戴符，百鬼及蛇蝮虎狼神印也。以枣心木方二寸刻之，再拜而带之，甚有神效，仙人陈安世符矣。
>
> 抱朴子曰：古之人入山者，皆佩黄神越章之印，其广四寸，其字一百二十，以封泥着所住之四方各百步，则虎狼不敢近其内野。行见新虎迹，以印顺印之，虎即去；以印逆印之，虎即还；带此印以行山林，亦不畏虎狼也。③

《抱朴子》的印，是模仿汉代官印而来的道教法印，跟《大吉义神咒经》中的"印封"不是一回事，《大吉义神咒经》的"印封"更像是纯粹的封缄之意思，即结界之后，这块地方即被封住，灾害力不能越过咒界。

本经的下半段，甚至直接称此经为"结咒经""结咒界经""结界经"。《大吉义神咒经》卷第三：

> 若城邑聚落国土有此咒处，一切鬼神尚不得住，况复饮食！此大猛咒是焰摩天王之所宣说，如此咒典，诸佛世尊之所显说，此《结咒经》所住之处，都无鬼神能为衰害，作大拥护。百由旬内除诸怖畏，及以斗诤、口舌讥嫌。乃至两阵共战之时交刃相向，由此咒力使不害身。④

《大吉义神咒经》卷第四：

> 说是咒已，空中诸天其心调伏，还下在地，寂然听法。尔时世尊为诸天众说诸法要，示教利喜。闻是经时，无量那由他众生，远尘离

① 丁福保：《佛学大辞典》，上海书店出版社 2015 年版，第 1453 页上栏。
② 《大正藏》No. 0104，第 2 册，第 500 页中栏。
③ 《抱朴子·登涉》，中华书局 1954 年版，第 8 册，第 87、89 页。
④ 《大正藏》No. 1335，第 21 册，第 574 页下栏。

垢，得法眼净。诸有夜叉、罗刹、究槃荼、毗舍阇，……复白佛言："佛涅槃后，正法灭时，若持如此《结咒界经》，夜叉、罗刹来轻蔑者，当使其心劈裂七分，有大沸血从面门出，命终当堕无间地狱，不可救济。"佛告阿难："汝当受持、诵读是《结咒界经》，恭敬礼拜，汝等天人当知过去诸佛亦说是咒，未来诸佛亦说是咒，现在十方诸佛亦说是《咒界经》，我今复说是《大结界神咒之经》。即说咒曰……"①

今说是咒断灭我等，尔时魔王语诸鬼言："速出我界！汝若出界，身体安乐，无诸患苦。若有此咒处，若城邑聚落及诸官府皆不得住，若越此界，身即火然！"此魔所说咒《结界经》，欲说咒时，当言魔所说咒，以结于界。结此咒界，乃至日月都尽，此界乃尽。于十方面各结咒界。②

"结咒经""结界经""结界大咒经"虽前后不一，但在本经下半段的出现，说明此经在昙曜译介之前，本经内容增益已告一段落，体例已经完整并有了大致的经名。

（三）图摹佛像

增益的内容还有一种非常重要的，是图摹出佛或其他神灵的形象，对着神灵形象持咒。这涉及图像崇拜进入佛教这一大话题。早期陀罗尼密教仪轨除了重复念咒语之外，在经由中亚流传的过程中，还跟新出现的大乘佛教的佛像膜拜传统结合，制定出了包括大量佛像崇拜乃至坛场供养的丰富视觉仪式（Visions）。这一过程是缓慢而渊源持久的，筱原亨一用"视觉仪式"这一概念来描述图摹佛像进行崇拜并进行念咒这一行为。③《大吉义神咒经》卷四：

佛告阿难："若有读诵此经者，当常食乳，净自洗浴，着鲜洁衣，于一切人不生嫌心，于诸众生当生慈心，于佛像前作诸天龙王像，及

---

① 《大正藏》No. 1335，第 21 册，第 579 页上栏。

② 同上书，第 572 页中栏。

③ ［美］筱原亨一（Koichi Shinohara）：《早期汉译佛经中的密教陀罗尼和视觉仪式》，《伦敦大学亚非学院院刊》，2014 年，第 85—103 页。Dhāranīs and visions in early esoteric Buddhist sources in Chinese translation, *Bulletin of SOAS*, 77, 1 (2014), pp. 85–103.

余鬼神，皆图形像。以牛粪涂地，作七重界。界场中央着诸华鬘。烧
百一种香……"①

除了佛像，诸天龙王像及其余鬼神都要画出形象，其他早期汉译佛经
也有类似内容，刘宋昙摩蜜多译《虚空藏菩萨神咒经》：

> 若有众生，种种诸病逼切其身，其心散乱，聋盲喑哑，诸根不
> 具，支节各异，将有死相。如是等事，一心称是虚空藏菩萨名，除诸
> 病故。欲无病故，烧沉水香坚黑沉水，若多竭流香，礼虚空藏，是善
> 大丈夫于夜梦中，作婆罗门像在其人前，或现释像、大功德天像、妙
> 音天像、刹利像、大臣像、兵吏像、良医像、或父母像、或男女像，
> 于夜梦中在病人前，如实为说种种随病汤药，病者一服，所患悉除。②

又刘宋求那跋陀罗译《拔一切业障根本得生净土神咒（出小无量寿
经)》亦有膜拜佛像的内容：

> 拔一切业障根本得生净土神咒者，乃宋元嘉末年，求那跋陀重奉制
> 译。……其人云：经本外国不来，若欲受持咒法，嚼杨枝、澡豆、漱
> 口、然香，于佛像前胡跪合掌，日夜六时各诵三七遍，即灭四重五逆、
> 十恶、谤方等罪，悉得灭除。现世所求皆得，不为恶鬼神所惑乱，若数
> 满二十万遍，即感得菩提牙生，若至三十万遍，即面见阿弥陀佛。③

这些图摹佛像或天人之像的内容，来自贵霜大乘佛教的传统。古印度
早期佛教并不主张佛像崇拜。大部分学者认为，早期佛教艺术诉诸象征物
表现佛陀，包括空着的宝座、佛足印、华盖或相轮、窣堵波、菩提树、法
轮和三宝，以及大象、马等与佛传情景相关的动物母题，尤其是空虚的宝
座和窣堵波是描绘的最大重点。④ 佛像崇拜何时开始，是国际学术界关心
的一个大问题。按约翰·马歇尔的研究，佛教艺术的发展序列是从佛陀象

---

① 《大正藏》No. 1335，第 21 册，第 579 页中栏。
② 《大正藏》No. 0407，第 13 册，第 664 页上栏。
③ 《大正藏》No. 0368，第 12 册，第 352 页上栏。
④ 赵玲：《印度秣菟罗早期造像研究》，上海三联书店 2012 年版，第 193 页。

征性图像到佛陀事迹故事画，最后才发展到出现了佛陀的偶像。[①] 目前的研究一般认为最早的佛像崇拜大约开始于约公元 1 世纪，跟大乘佛教的产生有关。印度铭文学研究非常清楚地揭示了大乘佛教起初是一场群众性的运动，[②] 这运动的仪式需要偶像崇拜，加上希腊化的神像绘制艺术传统，于是佛像应运而生。宫治昭认为："贵霜朝（1—3 世纪）的犍陀罗和秣菟罗，从开始制作佛像，释迦的各种故事就被图像化，迅速发展，佛传艺术兴盛起来。"中国学者尚永琪考察了优填王旃檀瑞像在中国流布的过程，并从文献记载链条多有增益的角度认为鸠摩罗什于建元二十一年（385）三月带回"举高丈六"龟兹佛像只是从唐代开始就是一个流传在僧界的传说。[③] 从大像在巴米扬、克孜尔、敦煌等地石窟寺的一路流行看，鸠摩罗什从龟兹带回六丈高的佛像恐非子虚乌有的事。十六国时期的中国河北地区也有少量早期金铜佛像，用作礼拜。均有外来渊源。[④] 将佛像崇拜加上念咒、烧香以及一些特定的动作仪式，就是早期密教仪式。《大吉义神咒经》卷四：

> 若欲隐形，应以香供养摩醯首罗天王。以七色线系作七结，七遍诵咒，以结系头，置之顶上，即得隐形。若欲飞行，应百遍诵此《结咒界经》，咒娑罗几子以置顶上，烧香供养念佛地功德，若此神咒实是恒沙诸佛之所说者，愿我飞行，即能飞行，诸佛忆念护持力故。若欲使诸王、大臣、沙门、婆罗门欢喜忆念得自在者，应烧香供养四大天王、当咒于油，以此油涂四王像口，一切见者皆生欢喜，而得自

① 约翰·马歇尔：《犍陀罗佛教艺术》，王冀青译，甘肃教育出版社 1989 年版，第 8 页。

② Gregory Schopen，"the Inscription on the Kusan Image of Amitabha and the Character of th Early Mahayana in India"，*The Journal of the International Association of Buddhist Studies*，Volume 10，1987，Number 2.

③ 尚永琪：《优填王旃檀瑞像流布中国考——兼论鸠摩罗什与龟兹瑞像之关系》，《历史研究》2012 年第 2 期。

④ 金申认为，十六国金铜佛的磨光肉髻来源于印度秣菟罗博物馆 2 世纪石雕立佛和笈多时期石雕坐佛，水波式发型来源于犍陀罗佛像，经西域传入内地；金申：《佛教美术丛考续编》，华龄出版社 2010 年版，第 128—130 页。何志国认为，我国初期金铜佛年代是西晋时期，其特征是胡人面容，基本特点是睁眼、上唇有八字胡，与长江流域西晋纪年魂瓶佛像和吴晋陶瓷佛像相似，其图像志主要来源于汉晋时期佛像，部分受犍陀罗艺术的影响；何志国：《早期金铜佛像研究述评》，《中国美术研究》2016 年第 1 期。张帆：《胡朝佛风：十六国时期鎏金佛像艺术的发展》对此有更新的研究，见《美术研究》2018 年第 5 期。

在。若欲见一切鬼神、夜叉、提婆利沙，油涂已眼，烧香供养四大天王，日日诵念此《结界经》，以四色线结作四结，系着顶上，得如意见。若往到处处天所，与诸天等相娱乐者，应自洗浴，以香涂身，着白净衣，上车轮上，于诸众生无嫌恨意，烧一切香，读诵此经，欲界天王自来现身，在其人前，即将其人诣诸天前，以天庄严之具而庄严之，以天音乐而娱乐之。若为一切鬼神所著所捉者，噉人精气者，应以十色线七过，烧种种香七遍，诵经、系线作七结，摩醯首罗天王、梵众之主、释提桓因四大天王，还益其精气……①

这里提到了隐形的方法，就是用七色线做七结；欲使天王忆念自己得自在，则用四色线做四结；若被鬼神吸取了精气，就用十色线做十结等等，这些均是中土之外的方术。在稍晚些的汉译陀罗尼经中有类似内容：《阿阇梨大曼荼攞灌顶仪轨》一共念诵了十八种不同的咒语（真言）：

加持五色线索，系其左臂真言曰……

结修多罗，当系等持臂（五色线，五佛加持。贯摄万行，令住等持臂历经僧祇，令不失坏，故名金刚结）。

次夜行，赤衣覆其首（以真言及不动尊真言加持一百八遍）掩闭一切诸恶趣门。能开清净五眼成就。

结三昧耶契，口授此密言……

若得大日，即想窣堵波，应想己身如毗卢遮那像，执弟子所得部瓶，各想其部物体在瓶水内，如金刚莲等，各令结其所得部契，置于顶上，诵本部密语七遍，而用灌顶。②

这里的仪轨就复杂多了，有观想自己身体如毗卢遮那佛，对瓶内水颂密语真言以备灌顶的，有用五色线结金刚结的。这套仪轨传承需要上师（阿阇梨 acārya）施展一大套仪式，其中的"五色线五佛加持"就是这些仪式中的组成部分。总之，将图像直接绘成护法神的形象，辅以念咒，是早期密教的一大特征。十一面观世音菩萨咒也是如此，北周耶舍崛多译

---

① 《大正藏》No. 1335，第 21 册，第 579 页下栏。
② 《大正藏》No. 0862，第 18 册，第 191 页上栏。

《佛说十一面观世音神咒经》：

> 用石雄黄、雌黄，二种等分置草叶上，在观世音像前诵咒一千八遍。咒已和，其暖水洗浴其身，一切障难、一切恶梦、一切疫病、皆得除愈。

> 若有他方怨贼欲来侵境，以此观世音像面正向之，种种香华而为供养。取烟脂大如大豆，诵咒一千八遍，涂像左厢嚈面，令彼怨敌不能前进。若有国土人民疫病起时，或有杂类一切畜生疫病死时，安置道场，用白芥子押取脂，使得一升，取紫檀木大如笔管，寸截满一千八段，先于像前然紫檀木，其人取紫檀一段，涂白芥子脂，咒之一遍，掷之火中，尽其段数，皆咒一遍，掷着火已，能使一切疫病悉得除愈。若有人被他厌祷、蛊道咒咀，因即成病，如是病者，在于像前，用其绯绳，一咒一结，咒之七遍，使作七结，系着像顶，迳由一宿，取系病人颈，即得除愈。若有人卒得狂病，用其白綖作二十一结，咒二十一遍，在于像前更咒一百八遍，系着此像正前面顶上，迳由一宿，取系病人颈，若过二日不差，还取咒索，更咒一百八遍，绞着像颈，复迳一宿，取系病人，即得除愈。①

上文《观世音神咒经》用的是白芥子，《大吉义神咒经》用的是胡麻子，是咒法传播时因地而异的差别。《观世音神咒经》用绯（红色）线，一咒一结，或白线作二十一结，咒一百〇八遍，跟《大吉义神咒经》用七色丝线作结，咒一百〇八遍来治病，也有类似的地方。所不同之处，在于《观世音神咒经》主神是观世音，观世音本为大乘佛教产生之后才有，比《大吉义神咒经》以拥护帝主为核心还要晚。《大吉义神咒经》神灵系统并不见"菩萨"，更不见"观音"，《观世音神咒经》为北周保定四年（564）天竺僧耶舍崛多所译，反映的是大乘佛教出现观世音菩萨概念后，经由中亚羼入大乘陀罗尼法之后的情况。唐永徽四年（653）阿地瞿多译《陀罗尼集经》卷四之经，唐显庆元年（656）玄奘译《十一面神咒心经》，这三种经其实都是出自《金刚大道场经》的同本异译，唐不空译有三卷本《十一面观自在菩萨心密言念诵仪轨》，是更晚些时候坛场已经完善阶段的作

---

① 《大正藏》No. 1070，第 20 册，第 151 页中栏。

品，由此可以看出此经的发展脉络。北周译出《十一面观音神咒经》后，初唐高宗、武周时仅三年间即出两经，而十一面观音画像亦出现，如敦煌石窟就从初期直到西夏，都有此经变壁画流行。[1] 相关实践就是在观音像前念咒。[2]

由此，《大吉义神咒经》的第二步——在核心咒语内容上，增益出结界的方式和图摹佛及诸神像的内容，反映了早期密教发展步骤中的重要进阶。

三 完善：坛场

坛场，即"曼陀罗"，或称"曼荼罗"（Mandala），即按一定宇宙图式（一般为圆形或方形）绘制出的平面或立体坛城，象征宇宙空间。密教祈祷、祭供用的神圣坛场原是笈多王朝以后婆罗门教所习的土坛，后以沙坛或帛代替，密教则赋予更神秘的含义，认为图示曼荼罗是诸佛菩萨集会的场所，是对佛教教理的宣示，《大日经》还把它分为九会、嘉会、彩色、秘密四种。[3] 坛场发展成熟标志着密教发展到成熟阶段，这在唐密中表现得格外完备。唐义净译《曼殊室利菩萨咒藏中一字咒王经》先说持咒的好处，如见者欢喜，治疗病痛，使生产顺利，解厌魅蛊毒，而后"所谓坛场神咒作法，所须疗病护身，第一秘密最上咒心，一切如来所共宣说咸皆称叹"。[4]《大正藏》第 18 册 0912P0929 有《建立曼荼罗护摩仪轨》：

从净法界体　　建立曼荼罗
顶礼于世尊　　及般若佛母
次调于彩色　　护以无能害
运布诸圣尊　　而画庄严身

---

① 彭金章：《莫高窟第 76 窟十一面八臂观音考》，《敦煌研究》1994 年第 3 期；李利安：《十一面观音信仰考》，《五台山研究》2018 年第 3 期；宋艳玉：《敦煌石窟十一面观音经变的演变》，《艺术探索》2015 年第 4 期。

② ［美］筱原亨一（Koichi Shinohara）：《早期汉译佛经中的密教陀罗尼和视觉仪式》，《伦敦大学亚非学院院刊》2014 年，第 85—103 页。Dhāraṇīs and visions in early esoteric Buddhist sources in Chinese translation, *Bulletin of SOAS*, 77, 1 (2014), pp. 85—103.

③ 吕建福：《中国密教史》，黄心川序，第 3 页。

④《大正藏》No. 1182，第 20 册，第 781 页上栏。

次陈于护摩　　微密成就法
即于新净室　　建立于道场
陈设妙香华　　虔诚而供养①

"建立曼荼罗""调于彩色"的传统及技法，至今保存于藏传佛教绘制的曼陀罗之画法中。藏传佛教绘制完曼陀罗之后还要将之毁掉，表示世间的无常。唐代密教经典记载的坛场布置精美，供养丰厚，仪轨繁复，不空译《法华曼荼罗威仪形色法经》：

> 绀瑠璃地黄金界场，微妙莲华普散其上。方坛面门西向通达，周旋界道。内现意生八叶花王，柚茎敷蕊，综绚端妙，鲜白如雪，放素皓光，色超世间，葩间三蝴，其花胎上涌出七宝，大率都婆宝塔，高妙五百由旬，维广正等各三百五十由旬，其楼阁上住如意珠，焰鬘围绕，张金刚锁，普悬宝铎，种种杂珍严饰之。②

此坛场用黄金制成，上面有莲花，莲花上还有七宝（珍珠、琉璃、砗磲等供养物），极为华丽庄严。又唐地婆诃罗译《最胜佛顶陀罗尼净除业障咒经》：

> 佛告天帝，若欲作此曼荼罗法者，于白月十五日，以香水、黄土及瞿摩夷作泥涂坛，其坛方圆，四肘为量，稜伽五色，周匝三重。于坛四边更作一重眷属稜伽，以白色规界。而于坛中尽散诸花，以四瓶水安坛四角，画莲华上，其水瓶者悉须齐量，不得大小。持舍利瓶和盛牛黄，中莲华上，恭敬安置。又于坛中散种种花，焚种种香：龙脑、郁金、沉水等香，然种种灯：酥灯、油灯及于香灯，献种种食：粳米、乳酪、酥油、石蜜；蒲桃、石榴二种之浆，七宝器盛，奉于坛内。尔时行人持菩萨戒，律仪清净，餐三白食，著新净服，于坛西畔合掌右跪，心祈念已，先当作佛护身印，即作佛心慕陀罗法，诵此最胜佛顶陀罗尼咒一千八遍，一切恶业，十恶等罪，悉皆消灭。③

---

① 《大正藏》No. 0912，第18册，第930页上栏
② 《大正藏》No. 1001，第19册，第602页中栏。
③ 《大正藏》No. 0970，第19册，第361页中栏。

此坛场亦庄严丰厚，成本不菲。唐密记载的坛场是得以实践的，金刚智（671—740）于开元八年（720）经南海到洛阳，与一行、不空等合译《金刚顶瑜伽中略出念诵经》等4部7卷，在唐东西两京建立曼荼罗灌顶道场，弘扬金刚结为主的密法。相比之下，《大吉义神咒经》中的坛场还比较原始，上文所引《大吉义神咒经》卷四：

> 佛告阿难若有读诵此经者，当常食乳，净自洗浴，著鲜洁衣，于一切人不生嫌心。于诸众生，当生慈心，于佛像前作诸天、龙王像，及余鬼神，皆图形像。以牛粪涂地，作七重界，界场中央著诸华鬘，烧百一种香。……①

这里的坛场是"以牛粪涂地作七重界，界场中央著诸华鬘"，供养也还是烧香，可以说还相当简陋。《大吉义神咒经》最后一部分描述的是一套精致的仪式，最显眼的地方是这一仪式包括了图像。神灵们的图像被布置在坛场（经文中还没有出现这个词）中。手绘的图像，跟神灵系统配套，不同的香燃起供奉给不同的神灵："如是等烧百一种香，各各于彼天像前烧，诵此咒者右膝着地，一百八遍烧香于天前，各涂地作七处咒场，在此场上发大誓愿。"设置了七处咒场，在场上发大誓愿诵习咒语，配合散胡麻籽，念咒结界烧香，并且要念咒一百零八遍，诸天人众神被认为进入了所画的图像中，具有神力。另《吉义神咒经》卷四：

> 尔时娑伽罗王即于佛前与如意珠，得此珠已，能雨珍宝。尔时四方应有火起，尔时应以苏和娑利沙子置于火中，应诵魔王咒，若欲斗战求胜敌者，应七遍烧香，以七色綖结为七结，七遍诵咒，当应以此结系幢头。设有刀箭欲来向身，自然堕落，终不伤害。欲结界者，诸天王所烧香供养，在香烟上七遍诵咒，复烧香以十色綖结作七结，以娑利沙掷置火中，诸夜叉罗刹咸自见身，自然火然。界内有树，以此咒线系于树上，若复欲使日月住者，此咒神力亦能住之，终不能得越此咒界。若欲得象乘、马乘、骆驼乘，应于冢间作诸咒具，应以胶香供养毗沙门诵此咒经，尔时便得种种随意所乘。若欲使夜叉罗刹，于

---

① 《大正藏》No. 1335，第21册，第579页中栏。

月二十九日，在冢间著白净衣，以香烟供养四大天王。若欲动地，应着白净衣，不嫌恨意，于一切众生心生平等，应上车轮上，以多利婆香供养地神，诵此咒经，大地震动。若欲使火不横起，把箭诵咒，诵咒已竟，即以此箭向四方所射，火即不起。①

这段内容保留了多种咒术，有祈求刀剑不入的，有祈求得乘工具的，有希望火灾不起的，各种目的都有，反映了早先记载咒术的材料一次次被重新书写，一段一段地保存。尽管第四卷中的最新资料提到了图摹佛像和由此引导的视觉仪式，还有在佛像前颂持咒语的获益，但早先的段落（尤其是第三卷的核心叙述段落）仅仅叙述念咒语结界，在《大吉义神咒经》前的更早期陀罗尼经，比如支谦、竺法护译的陀罗尼经中，还没有出现坛场，也没有完整成序列的视觉仪式出现，只是重复描述念咒的感应，《大吉义神咒经》在描述念咒感应的同时，已经出现了结界和早期的坛场，是早期汉译"杂密"在咒语集解的同时，咒法一步步进阶的表现。

四 结语

本文对《大吉义神咒经》做了初步研究，考察了此经所反映的汉译早期密教的状态。此经是大乘佛教陀罗尼法门发展而来的咒语集结，以保护国王（帝主）为目的，其中的念咒部分和神灵系统均有古老渊源，可追溯到古印度吠陀经典时代的念咒和赞辞；神灵系统中的部分神灵，如药叉、因陀罗、梵天均可追溯到吠陀时代。早期印度教（婆罗门教）的世界观对这万神殿的众神经过了组织，神灵存在的系统和有序反映了婆罗门教下宇宙的模式和生灭的幻象。这些均被佛教吸收，《大吉义神咒经》的神灵系统就反映了吸收之后的情况。按照神灵的存在图式，从不同角度念咒并结成边界的"结界"，是直接念咒的进阶形式。此外在大乘佛教发展传播过程中，中亚地区佛教吸收了希腊化艺术传统的技法，出现了摹绘佛像并进行崇拜的现象，于是图摹佛像被吸引进入此前的陀罗尼法门，成为新的核心要素。结界念咒在发展过程中，随着密教世界图式的日益复杂，发展出

---

① 《大正藏》No. 1335，第21册，第580页上栏。

了表现日益复杂宇宙图式的坛场，《大吉义神咒经》中出现的坛场还只是初步的，简陋的，这些都说明了《大吉义神咒经》中的各种要素都处于"杂密"的发展阶段。此后到唐代开元三大士来华的阶段，随着《大日经》《金刚顶经》的译出，密教才走入"纯密"阶段。

本文写作经过美国亚利桑那州立大学（Arisona State University）陈怀宇先生惠赐资料，在此深表感谢！

唐代碎叶镇史新探

[日] 柿沼阳平

帝京大学文学部

序

  唐代碎叶镇位于唐帝国最西端。据传世文献记载，唐、突厥、突骑施、吐蕃等强国曾对该地区展开过十分激烈的争夺战。在碎叶镇的西边即是塔拉斯河，该河因唐与伊斯兰势力的碰撞而闻名于世。在塔拉斯河畔的这场战争（怛罗斯之战）令唐的西进受阻，中国本土的汉人势力（皇帝及官吏通过汉文行政文书对百姓进行直接统治的势力）因此未能由碎叶继续向西。而且，在唐代之前的碎叶以西地区，也没有发现汉人进行直接统治的痕迹，或许从这个意义上来说，碎叶镇可以说是历史上汉人统治的最西端的城市①。因此，唐代碎叶镇不仅是中国帝政时期的众多遗迹之一，它的存在对于理解唐代对外交流史，了解当时中亚史情况以及中华文明扩展的界线都是非常重要的城市。

---

  ① 前嶋信次认为"其是唐人在天山以西经营的最初也是最后的城郭"。同时，前岛还根据怛罗斯之战后唐主将高仙芝与封常清没有失势反而持续活跃下去这一点，认为不应对怛罗斯之战中唐战败的战略意义进行夸大评价，见前嶋信次《东西文化交流の诸相》，诚文堂新光社 1971 年，第 150 页。彼时伊斯兰方面东进的意图并不强，唐也于 719 年放弃了碎叶镇，并在 748 年以前放弃了第二城堡（后述），西进的意图也不强。但 751 年高仙芝等越过碎叶企图西进也是事实。所以笔者才在文中提出怛罗斯之战导致唐的西进战略受阻。

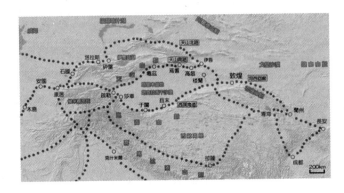

图1 中亚与丝绸之路网络

一直以来关于唐代碎叶镇历史的争论从未间断过。根据尚永亮的总结，最早引起争论的是有关碎叶镇的位置问题（亦即唐代碎叶镇遗址位于何处），我们是否能从传世文献里被冠以唐代碎叶镇的地方中探索出一个相对可靠的地方，以及碎叶镇与安西四镇间是何种关系①。这些问题都因相关文字史料的碎片化而难以把握其全貌。但在此之后，随着驾驭多种语言的历史学研究的开展，基本可以确定在唐代被称作碎叶的镇只有一处。在今天吉尔吉斯斯坦共和国的托克马克周边存在着数个古城，经过20世纪后半叶的考古调查，最终推定其中的阿克·贝西姆遗址（或称作阿克别希姆遗址）就是唐代碎叶城②。如后所述，这一结果在2017年的发掘中，通过正规考古手段调查出土的汉文史料得到了历史学上的确证③。

---

① 尚永亮：《唐碎叶与安西四镇百年研究述论》，见《浙江大学学报》（人文社会科学版）2016年第1期，第39—56页。

② 1893年圣彼得堡大学向吉尔吉斯斯坦派遣了巴托尔德进行实地考察，巴托尔德发现了阿克·贝西姆遗址。1904年夏凡纳推定托克马克附近这该就是唐代碎叶镇。此后伯恩施塔姆等继续进行了发掘调查。1961年，英国的克劳森（G. Clauson）提出阿克·贝西姆=碎叶镇这一见解。1982年，水官（mirab）在第二城堡里的佛寺遗址中偶然发现了《杜怀宝碑》。经由布拉纳博物馆移交至斯拉夫大学。1996年公开后，多名学者发表出了相关释读。1997年春，当地民众在遗址城墙南侧（兹亚布尔发掘的第二佛寺遗址）发现了汉文残碑，鲁博－列斯尼干克试着进行释读，并认为是裴行俭在平定西突厥都支等时所立的纪功碑残片，周伟洲对此表示支持。2011—2013年，东京文化财研究所、奈良文化财研究所、吉尔吉斯斯坦民族科学院进行了考古调查，认为阿克·贝西姆遗址在10世纪末至11世纪初已经被遗弃。关于上述学术史见城仓正祥、山藤正敏、山内和也、阿曼贝娃·巴吉特《キルギス共和国アクベシム遗迹の発掘（2015年秋期）调查》，收入《WASEDA RILAS JOURNAL》第4号，2016年，第43—71页；努尔兰·肯加哈买提《碎叶》，上海古籍出版社2017年版，第71—83页。

③ 山内和也、栉原功一、望月秀和：《2017年度アクベシム遗迹发掘调查报告》，收入《帝京大学文化财研究所研究报告集》第17集，2018年，第121—168页。

那么，碎叶镇的问题是否就此得到了彻底解决呢？并非如此。甚至可以说碎叶镇历史的研究在今天正面临着崭新的诸多课题。即：如果"唐代碎叶镇＝阿克·贝西姆遗址"的话，就有必要在今后对该遗址作进一步考古调查，在整理出土遗物的基础上对其历史性加以定位。而且，近年来学者将唐代碎叶镇看作阿克·贝西姆遗址的史料依据是什么？其是否可以成为论据？是否存在其他证据对其进行佐证？阿克·贝西姆遗址由东西两城构成，两者关系为何？阿克·贝西姆遗址周边还有很多遗址，它们的相互关系又是什么？这些都需要我们进行认真探讨。

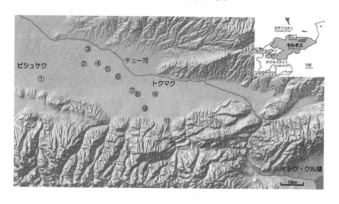

图2　阿克·贝西姆遗址等所在地（日文版）

1. 诺沃·帕克罗夫卡（Nova Pacrovka）　2. 克拉斯纳亚·列契卡遗址（Krasnaya Recha）3. 凯奈斯遗址（Kenes）　4. 赛来霍兹克希米亚遗址（Selekhozhimiya）　5. 伊万诺夫卡遗址（Iwanovka）　6. 肯布伦遗址（Ken Bulun）　7. 小阿克·贝西姆遗址（Malie-Ak-Beshim）　8. 阿克·贝西姆遗址（Ak-beshim）　9. 斯塔拉亚·帕克罗夫卡遗址（Staraya-Pakrovka）　10. 布拉纳遗址（Burana）　11. 沙姆西4号遗址（Shamshi4）　12. 沙姆西3号遗址（Shamshi3）

帝京大学自2016年开始，由山内和也担任团长，与吉尔吉斯斯坦科学院共同组建了考古调查队对阿克·贝西姆遗址进行发掘。笔者也作为成员位列其中，并分别于2016年11月、2017年5月赴现场从事发掘工作，并对相关史料进行了收集和解读。本文是其阶段性报告，在认识到唐代碎叶镇重要性的基础上，试图从历史学角度探索解决上述一系列问题。具体来说，首先借助包括唐代碎叶镇的安西四镇相关史料及近年的先行研究，对唐代碎叶镇历史进行大致概述。其次，通过文献对唐代进入碎叶以前的当地情况进行说明。然后，将视线转移至唐进入碎叶镇后，解明直到其被废弃的过程。在此基础上，介绍对该遗址进行考古调查的部分情况，并将之结合历史知识相互验证，以证明阿克·贝西姆遗址（特别是其中的 rabat or

No. 2 Shafristan. 第二城堡）确为唐代碎叶镇这一见解。在最后，列出笔者对亲眼所见出土文字资料（《杜怀宝碑》与《克拉斯纳亚·列契卡碑》）的全新释文，在印证唐代碎叶镇遗址存在的同时，指出唐代碎叶镇与其周边聚落及寺院共同组成一个复合体的可能性。

一 唐代碎叶镇史略

唐代碎叶镇之所以引起诸国相争，原因在于，第一，碎叶镇处于丝绸之路贸易战略要道；第二，碎叶附近有适合农耕的广袤土地，且由于水源充沛也适合畜牧，因而无论是对从事农耕还是游牧的人来说，都是令人垂涎三尺的存在。基于这两点，笔者试以唐代碎叶镇及其历史背景为基础大致制作如下年表。

顺便要说的是，关于包括碎叶的唐代安西都护府相关汉文史料已经得到了收集整理①。内藤みどり和斉藤茂雄二位先生通过利用多种语言文献对碎叶镇历史进行了专门论述，并对相关论文进行了较全面的验证②。关于怛罗斯之战（751 年 7 月）的前后经过，则有利用了阿拉伯语文献的前岛信次先生的研究③。下列年表是在对这些研究成果取舍选择后进行的概括体现。关于选择的标准，首先是要有史料支撑且争议较少。对有争议之处则罗列双方观点。此外，也适当触及了关于碎叶镇动向的历史大事件，并于其中加入些许个人浅见。其实，历史学者们早已开展了细致入微的探讨，但其中不少内容是文献专家之外人士所难以理解的，因此笔者在赴发掘现场时便被人问起是否能制作相关的简要年表，本年表正是为满足考古学者需求而制作的。

---

① 石墨林编著：《唐安西都护府史事编年》，新疆人民出版社 2012 年版；刘子凡：《瀚海天山》，中西书局 2016 年版。

② 内藤みどり：《西突厥史の研究》，早稻田大学出版社 1988 年版，第 1—50 页；斉藤茂雄：《碎叶とアク・ベシム—7 世紀から 8 世紀前半における天山西部の歴史的展開—》，收入《キルギス共和国チュー川流域の文化遺産の保護と研究 アク・ベシム遺跡、ケン・プルン遺跡—2011—2014 年度—》，独立行政法人国立文化財机构东京文化財研究所文化遺産国際協力センター，2016 年，第 81—92 页。

③ 前嶋信次：《タラス戦考》，收入《東西文化交流の諸相》，诚文堂新光社 1971 年版，第 129—200 页。

碎叶镇年表

支配	公元纪年	大事记
突厥	626	唐太宗李世民发动玄武门之变即位
	628—630	东突厥（第一汗国）降唐。薛延陀夷男可汗在唐支持下支配蒙古高原。萨珊朝波斯在叙利亚大败于伊斯兰势力。此时，玄奘访问碎叶城（笔者认为应该是第一城堡，即 No.1 shahristan 第一城堡。关于访问的时间有 628 年、629 年、630 年三种说法），并与西突厥"叶护可汗"（有统叶护可汗、肆叶护可汗两种说法）会面①
	634—635	唐讨伐吐谷浑并进攻鄯善、且末。6 世纪 30 年代，西突厥内部分裂
	639	唐攻高昌。受伊斯兰势力困扰的萨珊朝叶兹德吉尔德三世使者访问长安
	640	唐将高昌编入州郡，为西州。设置安西都护府（治所位于交河城，随后迁移）。每年在当地征兵千余名常驻（《贞观政要》卷 9）
	642	伊斯兰发动纳哈万德战役灭亡萨珊王朝。叶兹德吉尔德三世逃亡
	644	唐进攻焉耆（于 647 年再次进攻）
	646	唐灭薛延陀。太宗被奉为天可汗
唐	648	唐攻占龟兹设置安西都护府。安西四镇成立。关于安西四镇，除龟兹、疏勒、于阗三镇外，对于余下一镇则有焉耆与碎叶两种说法②
	649	太宗李世民驾崩。高宗李治即位。吐蕃松赞干布崩③
	651	西突厥阿史那贺鲁反唐占据碎叶城，称沙钵罗可汗（提倡碎叶镇设置于 648 年的学者认为 651 年碎叶镇被西突厥所夺占④）。萨珊朝叶兹德吉尔德三世在逃亡地木鹿被杀。其子卑路斯在吐火罗继承帝位。吐火罗作为佛教国家抵抗伊斯兰势力

① 关于玄奘访问碎叶的时期，现在主要有贞观二年（628）说，见梁启超《中国历史研究法》，第 140—143 页；森安孝夫《シルクロードと唐帝国》，讲谈社 2016 年版，第 187 页，以及贞观四年（630）说，见 De la Vaissiere 2010. Note sur chronologie du yoyage de Xuanzang. *Journal of Asiatique*. no. 298—1. pp. 165—166、吉田丰《ソグド人とソグドの历史》，收入《ソグド人の美术と言语》，临川书店 2011 年版，第 8—78 页。此外，对于一直以来认为玄奘的见面对象"叶护可汗"是统叶护可汗这一说法，De la Vaissiere 认为是肆叶护可汗。统叶护可汗于 628 年被杀，内乱后，630 年肆叶护可汗即位，因此持贞观二年观点的人才会认为是统叶护可汗，持贞观四年观点的人会认为是肆叶护可汗。

② 伊濑仙太郎与内藤みどり认为是碎叶镇，见伊濑仙太郎《中国西域经营史研究》，严南堂 1968 年版，第 197—199 页；内藤みどり《西突厥史の研究》，早稻田大学出版部 1988 年版，第 21—29 页。而松田寿男等则持不同见解，见松田寿男《古代天山の历史地理学の研究（增补版）》，早稻田大学出版部 1970 年版，第 357—391 页。

③ 佐藤长：《古代チベット史研究》，同朋舍 1958 年版，第 211 页，1977 年再版；山口瑞凤：《吐蕃王国成立史研究》，岩波书店 1983 年版，第 507—527 页。

④ 内藤みどり：《西突厥史の研究》，早稻田大学出版部 1988 年版，第 29 页。

续表

支配	公元纪年	大事记
突厥	655	武曌成为唐皇后
唐	657	唐大破西突厥阿史那贺鲁，西突厥十部分裂为西五弩失毕部与东五咄陆部，西边由阿史那步真（继往绝可汗、蒙池都护）、东边由阿史那弥射（兴昔亡可汗、昆陵都护）控制。东边置六都督府，西边也置有都督府①。阿史那氏由盛转衰
	658	有学者认为是因蒙池都护阿史那步真而在碎叶设置了州②
	659	阿悉结阙俟斤都曼发动叛乱，西边（阿史那步真麾下）的都督和州被废止。吐蕃在实权者噶尔氏主导下向吐谷浑发动进攻（—663年）③
	660	唐开始二圣政治。百济灭亡。都曼叛乱被镇压。660—661年，西边（蒙池都护阿史那步真）安西都护府所属的都督、州又再次被设立，碎叶都督府（管辖五个州？）再次设立？④
	661	因伊斯兰势力而烦恼的吐火罗等向唐请求救援。唐派遣王名远，在名义上于吐火罗设置了包括波斯都督府的诸都督府
	662—667	阿史那步真与唐将领苏海政谋害阿史那弥射。此后阿史那步真也被杀，西突厥陷入混乱。有说法认为660—667年（或670年）碎叶镇被放弃⑤。663年爆发了白村江之战。663年因受吐蕃攻击，吐谷浑的可汗逃亡（吐谷浑灭亡）。吐蕃另立吐谷浑王实施支配⑥。665年吐蕃穿越帕米尔，自西边与弓月、疏勒共同入侵于阗⑦
	668	平定高句丽
	670	吐蕃自帕米尔一侧经由疏勒控制龟兹等（之后撤退）⑧。670年以前，疏勒、于阗从属于吐蕃，670年龟兹、焉耆被废止⑨，安西都护府撤往西州。有说法认为此时（或660—667）碎叶镇也被放弃⑩。670年吐谷浑灭亡之际，虽然唐曾出兵，但最终吐蕃胜利并支配吐谷浑⑪

---

① 内藤みどり：《西突厥史の研究》，第30—44页。

② 同上书，第45页。

③ 佐藤长：《古代チベット史研究》，第248—326页；周伟洲：《吐谷浑史》，宁夏人民出版社1985年版，第97—106页。

④ 内藤みどり：《西突厥史の研究》，第30—44页。

⑤ 内藤みどり：《西突厥史の研究》，早稻田大学出版部1988年版。

⑥ 旗手瞳：《吐蕃による吐谷浑支配とガル氏》，见《史学杂志》第123卷第1号，2014年，第38—63页。

⑦ 森安孝夫：《吐蕃の中央アジア进出》，收入《东西ウイグルと中央ユーラシア》，名古屋大学出版会2015年版，第138—142页。

⑧ 同上书，第138—146页。

⑨ 伊瀬仙太郎：《中国西域经营史研究》，严南堂1968年版，第244—245页。

⑩ 内藤みどり：《西突厥史の研究》，早稻田大学出版部1988年版。

⑪ 旗手瞳：《吐蕃による吐谷浑支配とガル氏》，见《史学杂志》第123卷第1号，2014年，第38—63页。

续表

支配	公元纪年	大事记
唐	674	唐将皇帝与皇后分别改称作天皇、天后
	676	唐从吐蕃夺回安西四镇之地
	677	阿史那都支（十姓可汗）与李遮匐叛乱（有可能以碎叶为据点），纠集阿史那步真死后的西突厥，联合吐蕃攻陷安西四镇
	679	唐以帮助流亡到长安的萨珊朝卑路斯之子泥涅师在西方复国为由，派遣安抚大食使裴行俭向西方进军。由于阿史那都支未提防，裴行俭发动突袭并接管碎叶。9月，唐王方翼重新在碎叶筑城（笔者认为应该是第二城堡地区）。此后王方翼赴任庭州刺史，转由杜怀宝"统安西，镇守碎叶①"。但因杜怀宝为安西副都护（《杜怀宝碑》），所以此时安西都护府是否设置于碎叶存疑②
	682	阿史那贺鲁于阴山山脉附近再次复兴东突厥，自称颉跌利施可汗（突厥第二汗国）。阿史那车簿在热海附近叛乱。裴行俭突然逝世，王方翼出兵将之击破。唐因高宗末期的混乱局面，而未能立即拥立新的西突厥领袖
	685—686	以阿史那弥射之子元庆为玉钤卫将军兼昆陵都护、兴昔亡可汗。686年以阿史那步真之子斛瑟罗为继往绝可汗、蒙池都护（但690—703年斛瑟罗逃亡至唐。有史料认为因受到东突厥进攻，也有史料认为由于西突厥咽陆部内部突骑施乌质勒的崛起及反抗③）
吐蕃	686—687	唐高宗李治崩。中宗即位。武后摄政。阿史那元庆败于安辑咽陆部，686年或687年吐蕃陷碎叶（686年的说法依据吐鲁番文书68TAM100：1—3）。吐蕃似乎采取的是从拉萨向西北的进军路线④
	690	9月，武后即位（国号周）。编纂《大云经》，置于大云经寺
	691	东突厥颉跌利施可汗死去。默啜可汗即位。对唐持进攻态势
唐	692—693⑤	唐王孝杰等人与突骑施联合大胜吐蕃，重新夺还碎叶镇⑥。转为在安西都护府（龟兹）常驻3万汉人部队的体制。兴昔亡可汗、昆陵都护阿史那元庆被处死

---

① 伊濑仙太郎认为杜怀宝出任庭州刺史兼金山都护是677—679年，王方翼调动则为682年，见伊濑仙太郎《中国西域经营史研究》，严南堂1968年版，第220—222页。

② 周伟洲：《新出中古有关胡族文物研究》，社会科学文献出版社2016年版，第211—227页。

③ 内藤みどり：《西突厥史の研究》，早稻田大学出版部1988年版，第305—362页。

④ 森安孝夫：《吐蕃の中央アジア进出》，收入《东西ウイグルと中央ユーラシア》，名古屋大学出版会2015年版，第132—229页。

⑤ 同上书，第153页注12。

⑥ 唐的王孝杰等人与突骑施之间开展的四镇争夺战在692年并未终结，一直持续到693年，详见森安孝夫《吐蕃の中央アジア进出》，收入《东西ウイグルと中央ユーラシア》，名古屋大学出版会2015年版，第152—153页。

续表

支配	公元纪年	大事记
唐	694	大食希望在碎叶向唐贡狮子。吐蕃拥立统叶护可汗（元庆之子阿史那俀子），纠集旧西突厥势力攻碎叶，但受碎叶镇守使韩思忠迎击，败于千泉
	698	在吐蕃掌控军政大权的噶尔氏被清除，吐蕃对吐谷浑的支配发生动摇①
	700	唐以阿史那斛瑟罗（阿史那步真之子）为平西军大总管派遣至碎叶。吐蕃与旧西突厥系反唐势力（也可能是东突厥）联合，继续向草原地带发展
突骑施	703	突骑施夺取碎叶（《册府元龟》卷967作698—699年）。在突骑施妥协下，唐碎叶镇得以在名义上保留
	705	1月，武后退位。2月，中宗即位，复兴唐朝
	706	突骑施乌质勒死后娑葛继承。唐采取怀柔政策任命其为嗢鹿州都督、怀德群王。伊斯兰屈底波攻陷商业城市沛肯城
	708	唐接受乌质勒旧臣阿史那忠节建议，拥立西突厥第二代兴昔亡可汗阿史那元庆之子阿史那献为十姓可汗，与吐蕃合攻娑葛，但以失败告终
	709	唐大败于突骑施娑葛，转而对娑葛采取怀柔政策立为十四姓可汗，同时承认娑葛对旧西突厥的霸权。唐、黠戛斯、突骑施联合对抗东突厥（突厥第二汗国）默啜可汗。伊斯兰屈底波征服布哈拉
唐	710—711	唐中宗原以北庭都护、碎叶镇守使、安抚十姓使吕休璟为金山道行军副大总管和金山道行军大总管郭元振一同进军，在与黠戛斯、突骑施娑葛汇合后向东突厥发起进攻，但该计划由于中宗被韦皇后毒杀而未能实施②。睿宗通过李隆基发动政变即位。东突厥攻击黠戛斯，杀害娑葛消灭突骑施。在娑葛支配下，碎叶化为白地。唐以阿史那献为安抚招慰十姓大使、兴昔灭可汗支配旧西突厥（包括碎叶）
	712	唐玄宗即位。伊斯兰屈底波包围撒马尔罕，进攻费尔干纳。撒马尔罕王乌勒伽与屈底波缔结和约
	714	旧西突厥的都担与唐阿史那献对抗并夺取碎叶，但同年便被阿史那献镇压。东突厥趁机试图于此时进入碎叶，遭遇失败
	715	伊斯兰内乱，屈底波在费尔干纳被杀，伊斯兰的发展暂时停滞

---

① 旗手瞳：《吐蕃による吐谷浑支配とガル氏》，见《史学杂志》第123卷第1号，2014年，第38—63页。

② 内藤みどり：《西突厥史の研究》，早稻田大学出版部1988年版，第305—362页。

支配	公元纪年	大事记
唐	716—717	苏禄复兴突骑施。唐以阿史那献为十姓可汗，以苏禄为都督，对苏禄采取怀柔政策，但将阿史那献列于其上。到6—7月，阿史那献进攻苏禄反被其击败，苏禄由此确立权威。关于阿史那献在此后是否继续维持碎叶这一点有不同说法。但716年东突厥（突厥第二汗国）默啜可汗死。初代室点密系统和第二代默啜系统对立，前者的毗伽可汗即位，其弟阙特勤手握军权，阿史德元珍为辅佐，重视与唐的贸易关系。717年，吐蕃、突骑施、大食联合攻击安西四镇（特别是龟兹周边。或许与突厥也有干系）①
	719	唐册立突骑施的苏禄为忠顺可汗加以怀柔。十姓可汗（有阿史那献说与苏禄说）希望继续居于碎叶。唐根据安西节度使汤嘉惠的上表，而以龟兹、疏勒、于阗、焉耆为安西四镇，正式放弃碎叶。因受伊斯兰进攻，撒马尔罕王乌勒伽向唐请求支援

从年表可以看出碎叶曾是唐、突厥、突骑施、吐蕃等竞相争夺之地。碎叶在百年内数次辗转易主。事实上，碎叶镇受唐人直接统治时间并不长久，可以确定的是 679—686 年以及 692—703 年共计 20 年。有人认为 648—651年、658—660 年在碎叶城设置过唐的行政机构，660—667 年（或 670 年）有过废置，但这一看法存在争议。即便在这期间曾经设置过，实际上支配当地的也是西突厥及其遗民，其统治并不安稳。接下来看唐代碎叶镇建立以前（679）碎叶的情况。

二 唐朝进入之前的碎叶

如前所述，唐代碎叶镇一般被认为位于吉尔吉斯斯坦共和国的阿克·贝西姆遗址之内。这一点毋庸质疑（参见第三节）。但这并不代表所有问题因此迎刃而解。阿克·贝西姆遗址十分广阔，其中包含有各时期的遗址，究竟哪里才是唐朝进入之前的碎叶，哪里是唐代碎叶镇遗址，哪里是其之后的遗址，在今后需要重新进行探讨。

阿克·贝西姆遗址由左、右城组成这一点长期引起关注。一般而言，左侧被称作子城或第一城堡（shahristan 称作 No. 1. shahristan，即第一城

---

① 森安孝夫：《吐蕃の中央アジア进出》，收入《东西ウイグルと中央ユーラシア》，名古屋大学出版会 2015 年版，第 164—169 页。

堡，后文均作第一城堡），右侧则被称作罗城、第二城堡（rabad 称作 No. 2. shahristan，即第二城堡，后文均作第二城堡）①。开始筑城时期较早的是第一城堡，拉斯波波娃认为其是 5—6 世纪作为粟特人殖民城市而建设的②。而张广达认为，粟特人是沿着塔拉斯河、楚河东进的③。事实上，在 2017 年 5 月的发掘中，从第一城堡中央出土了带有墨书的粟特文字的土器④，印证了粟特人曾存在于第一城堡中。应该说，若想理解唐进入前的碎叶，首先要理解第一城堡的历史⑤。

关于第一城堡和粟特人，山内和也立足于当地自然环境推测如下：首先在第一城堡游牧民支配的地区进来了过着定居生活的粟特人，这些粟特人虽与游牧民相邻而居，但彼此生活圈相异，游牧民从山麓至山谷进行游牧（transfumance），而过着定居生活的人们则在楚河南岸建设城市，依靠建立的灌溉系统开展农耕生活⑥。带着这一认知，山内现在对第一城堡进行考古发掘。

那么，关于唐朝进入前的碎叶（第一城堡）情况，在历史学上可以得到怎样的线索呢。首先值得注意的是众所周知的两件基础史料：

①清池西北行五百余里，至素叶水城。城周六七里（2.5—3 千米），诸国商胡杂居也。土宜麇、麦、蒲萄。林树稀疏。气序风寒，

---

① 联合调查队将通常的 shahristan 称作 No. 1. shahristan，即第一城堡，而将 rabad 称作 No. 2. shahristan，即第二城堡，见帝京大学文化财研究所编《キルギス共和国国立科学アカデミーと帝京大学文化财研究所によるキルギス共和国アクベシム遗迹の共同调查 2016 年》，キルギス共和国国立科学アカデミー历史遗产研究所帝京大学文化财研究所，2017 年。

② Rasppova, V. I . 1960. Concarnye Izdeliya Sogdicev Cuyskoy Doliny：Po Materialam Raskopok na Ak – Besime v 1953—1954 gg. Trudy Kirgizskoy Arheologo – Etnograficeskoy Ekspedcii. IV. Moskva.

③ 张广达：《碎叶城今地考》，收入《西域史地论丛初编》，上海古籍出版社 1995 年版。

④ 山内和也、栉原功一、望月秀和：《2017 年度アク・ベシム遗迹发掘调查报告》，收入《帝京大学文化财研究所研究报告集》第 17 集，2018 年，第 121—168 页。

⑤ 第一城堡南边的第二佛教寺院，在考古学来看创建于 6—7 世纪，有可能是在 7 世纪末至 8 世纪初，因突骑施的袭击烧毁。西南的第一佛教寺院是粟特式瓦制，属于折中了新疆与中亚的建筑样式，据说是出自移居于新疆或曾住在中亚出生的粟特人之手，其创建较第二佛教寺院为迟，于 8 世纪遭到破坏。见加藤九祚《セミレチエの佛教遗迹》，收入《中央アジア北部の佛教遗迹の研究》，シルクロード学センター，1997 年，第 121—150 页。

⑥ 山内和也：《チュー川流域における都市や集落の出现—游牧民とソグド人—》，收入《キルギス共和国国立科学アカデミーと帝京大学文化财研究所によるキルギス共和国アク・ベシム遗迹の共同调查 2016》，吉尔吉斯斯坦国家科学院历史遗产研究所、帝京大学文化财研究所，2017 年。

人衣毡（细毛织物）褐（粗毛织物）。素叶已西数十孤城，城皆立长。虽不相宣命，然皆役属突厥（西突厥）。自素叶水城，至羯霜那国，地名窣利，人亦谓焉。文字语言，即随称矣。字源简略，本二十余言，转而相生，其流浸广……力田、逐利者杂半矣。（京都帝大校订本《大唐西域记》卷一）

②……循海西北行五百余里，至素叶城。逢素叶城。逢突厥叶护可汗（有统叶护可汗和肆叶护可汗两种说法。参照年表）。方事畋游，戎马甚盛……（中略。可汗与部下的情况）。既与相见，可汗欢喜云："暂一处行，二三日当归。师且向衙所（大本营）。"令达官答摩支引送安置……（中略。与可汗会面后，出门站立）……自此西行四百余里，至屏聿。此曰千泉。地方数百里，既多池沼，又丰奇木。森沈凉润，既可汗避暑之处也。自屏聿西五百五十里至呾逻斯城（现在的江布尔）。又西南二百里至白水城。（《大慈恩寺三藏法师传》卷二）

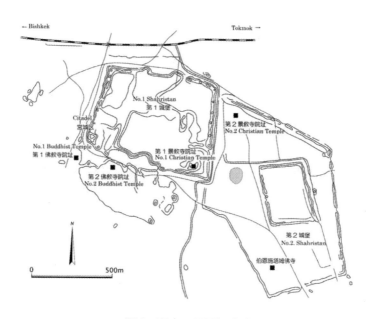

图3 阿克·贝西姆遗址

史料①是以玄奘于贞观三年（629）8月从长安出发，贞观十九年（645）正月返回的《志记》（记录）为基础的地志。在释道宣（596—667）《释迦方志遗迹篇》（被收入《大正新修大藏经》第51册）中有与引用部分几乎相同的记载。但《释迦方志遗迹篇》的记载源于《大唐西域记》。史料②是玄奘在大慈恩寺译经时期，弟子慧立写下了玄奘传记《慈恩三藏行传》（共5卷）后，再由弟子彦悰追记了其返程内容，本文所引内容被看作出自慧立之手。

这些都是关于碎叶的珍贵史料，其中涉及唐代碎叶的位置、周边环境、统治者、习俗等内容，对此目前已有不少先行研究。然而，史料①②所描绘的碎叶，严格来说当时并不处于唐直接统治之下。虽然此时唐朝已经成立，但势力尚未扩展到碎叶附近。因此，可以说史料①②是了解唐朝进入之前碎叶情况的绝佳史料。

据此可知，在7世纪30年代，碎叶属于突厥（参见前揭年表）。碎叶等商人从事丝路贸易，他们的驼队常伴有被强盗劫掠的危险，因此对他们而言，突厥正是很适合的安全守护者。另外，对突厥而言，欧亚商业利权也为之提供了生活来源。可以说，碎叶和突厥虽然确有上下级关系，但同时相互间也属于一种利益互惠的关系①，此时的碎叶与突厥联系密切。但是，叶护可汗的大本营本身严格来说并不在碎叶城，内藤みどり认为应该大致位于碎叶城北边（楚河以北）的羯丹山附近，该地与作为避暑地的千泉同为西突厥的两大重要据点②。

从上述史料来看，碎叶城已经有了城墙，在城内杂居着诸国商胡。需要注意的是，玄奘看到的城墙规模（六七里，2.5—3千米）与第一城堡大致相同。也就是说，第二城堡的外围当在3千米以上。此外还发现了围住第一城堡与第二城堡的巨大的外墙③，虽然建造时期不明④，但其规模与玄奘所描绘的并不一致。这也印证了"第一城堡 = 630年代的碎叶城 = 玄奘访问过的碎叶城"这一可能。

接下来看居民的生活方式。据史料①记载，他们栽培有糜、麦和葡萄。在《通典》边防九石国条本注所引杜环《经行记》碎叶国条中也有类

---

① 荒川正晴：《ユーラシアの交通・交易と唐帝国》，名古屋大学出版会2010年版，第18—151页；石见清裕：《むすび》，收入《ソグド人墓志研究》，汲古书院2018年版，第375—396页。

② 内藤みどり：《西突厥史の研究》，早稻田大学出版部1988年版，第48页。

③ Kyzlasov, L. R. 1959. Arheologiceskie Issledovaniya Na Gorodise Ak—Besim v 1953—1954 gg. . Trudy Kirgizskoy Arheologo—Etnograficeskoy Ekspedicii Ⅱ. Moskva.

④ 努尔兰·肯加哈买提认为从建筑样式来看，不可能晚于葛逻禄期［柿沼注：7—12世纪］，见努尔兰·肯加哈买提《碎叶》，上海古籍出版社2017年版，第90页。

似记载。笔者在下一节将对其进行全文引用（史料⑥），在此仅引用其部分内容如下。

> ③从此至西海（里海）以来（“来”当为“东”之误），自三月至九月天无云雨，皆以雪水种田。宜大麦、小麦、稻禾、豌豆、毕豆。饮蒲萄酒、糜酒、醋乳（酸奶?）。

问题是一开头的“此”究竟指代哪里？似乎是指在该记载前面的怛罗斯。但笔者认为这段记事应是对碎叶国所作总结，这里的“此”是指碎叶国。其所记特产与史料①中的特产（糜、麦、葡萄）相一致（据史料③可知，还收获有稻禾、豌豆与醋乳类）。

据史料①，城内居住着诸国商胡，他们与本地的粟特人杂居[①]。但据史料③，碎叶国以西诸国物产几乎差不多，可以想见如在该区域内做买卖，很难获得较大利润。因此，当时的粟特商人才通过将碎叶国以东的稀罕物（绢织物）与碎叶国以西的物产进行交换从而谋取巨大利益。另外，在第一城堡出土了开通元宝（开元通宝）[②]，有可能汉人商人也到访过这里。该钱币自唐武德四年（621）始铸，已持续流通了数百年。

据史料①，生活在楚河沿岸的土地（从素叶水城到羯霜那国）及民众被统称作“窣利”，并各自拥立有君长。第一城堡的君长至少在被突厥控制之前长期维持着自身独立性。内藤みどり利用突骑施汗钱与穆格山文书，指出 710 年突骑施娑葛支配下的新城 Navakat（Navikat，Krasnaya Rechka）中存在“首长”（γωß/γωßω），并推测在同时期的粟特人殖民城市阿克·贝西姆中也应该存在“首长”[③]，堪称高见。

虽然在汉文史料中几乎没有提及唐朝势力进入碎叶前的相关记载，但

---

① 荣新江指出：粟特聚落内一般进行内部通婚，也有与伊朗系胡人通婚的例子，但基本上没有与汉人通婚的。见荣新江《中古中国与外来文明（修订版）》，生活·读书·新知三联书店 2014 年版，第 125—127 页。

② 《キルギス共和国国立科学アカデミーと帝京大学文化财研究所によるキルギス共和国アク·ベシム遺迹の共同调查2016》，吉尔吉斯斯坦国家科学院历史遗产研究所、帝京大学文化财研究所，2017 年。另外，据《古今图书集成》经济汇编食货典钱钞部“右碎叶铁国钱。徐氏曰，宾铁作之。形如两镮相连，枚各围寸九分。圣历中，御史封思业使西域，监斩叛突厥阿悉结薄露大足中。还雒阳，得西域诸国钱。此与何国以下六品并是也”的记载，碎叶国似乎自己铸造铁钱，但从考古发掘中尚未得到证实。

③ 内藤みどり：《西突厥史の研究》，第 19 页。

在开元年间（713—741）摩尼教徒所作《老子西升化胡经》序说中罗列了80余个国家的"诸胡王"，其中即有碎叶国王①。虽然里面罗列的一些国王在实际中并不存在，属于虚构，但也并非完全凭空捏造。而且即便含有虚构国王，由于其并非是对开元年间情况的记载，而是对过去情况的假托，因此从中折射出了碎叶曾作为独立国家的某种记忆。在《宋高僧传》卷十八（收入《大正新修大藏经》卷五十《史传部二》）云：

> ④释僧伽者。葱岭北何国人也。自言俗姓何氏。亦犹僧会本康居国人便命为康僧会也。然合有胡梵姓名。名既梵音。姓涉华语。详其何国在碎叶国东北。是碎叶附庸耳。伽在本土少而出家。为僧之后誓志游方。始至西凉府。次历江淮。当龙朔初年（661）也。

描述了在661年以前存在过碎叶国，其下拥有许多附庸国家。这也体现出碎叶国在唐与西突厥的夹缝中仍保持半独立状态，且以碎叶城（第一城堡）为中心间接向周边聚落进行支配。至少我们从汉文史料中可以看出，碎叶国持续处于半独立状态之下。

三　唐代碎叶镇的筑城与废弃

（一）王方翼筑城与第二城堡

然而在此后，678年唐帝国试图将势力伸往碎叶。虽然在这以前唐帝国的影响力已至此，但是否已将第一城堡置于直接统治之下仍存疑，缺乏考古学证据。679年9月，王方翼开始对碎叶城进行重新修筑。《文苑英华》卷93收有张说《夏州都督太原王公神道碑》，是由张说撰写的王方翼的神道碑，其中对筑城前后情况也有所说明。

> ⑤裴行俭名立波斯（后裔尼涅师），实取遮匐（李遮匐），伟公

---

① 复以神力召诸胡王。无问远近。人士咸集。于阗国王乃至朱俱半王、渴叛陀王、护密多王、大月氏王……疏勒国王、碎叶国王、龟兹国王、拂林国王、大食国王……高昌国王、焉耆国王、弓月国王、石国王、瑟匿国王、康国王、史国王、米国王……大秦国王……五天竺国王。如是等八十余国王。

（王方翼）伟厉，飞书荐请。诏公（王方翼）为波斯军副使兼安西都护、上柱国，以安西都护怀宝（杜怀宝）为庭州刺史。大城碎叶，街郭回互，夷夏（夷狄与唐人）纵观，莫究端倪……无何，诏公（王方翼）为庭州刺史，以波斯使领金山都护。前使杜怀宝更统安西，镇守碎叶。

类似的记载也可见于《新唐书》卷一一一《王方翼传》。如前揭年表所示，在当时的西亚，伊斯兰势力十分活跃，萨珊朝波斯为其所灭。在碎叶附近，西突厥阿史那都支（十姓可汗）与李遮匐等声势浩大，连吐蕃也对其进行支持。唐以帮助逃亡至长安的萨珊朝后裔尼涅师在西方复国为由，向碎叶方面进军。率领唐军的正是安抚大食使（镇抚阿拉伯的使者之意）裴行俭。裴行俭真正的目的是镇压阿史那都支叛乱，但由于阿史那都支十分谨慎防范，裴行俭只能以镇抚阿拉伯及复兴萨珊朝的名义西进，在打消阿史那都支的警戒心之际，向其猛然发动突袭。这样一来，唐首次对碎叶城进行直接支配。据史料⑤记载，679 年 9 月，王方翼在碎叶重新筑城。

在筑城之际，动员了以"送波斯"为名集结的西州豪杰子弟与西州前庭府卫士①。王方翼在绑缚阿史那都支后仍保留了波斯军副使及波斯使的职位，掌控着对"送波斯"军的统率权。在筑城后的 679 年末至 680 年初其与杜怀宝进行交接②，离开了碎叶③。

那么，王方翼所筑是阿克·贝西姆遗址的哪一部分呢。如前所述，阿克·贝西姆遗址分为新旧两个城，而且第一城堡应该是唐进入以前就有的城，那么王方翼所筑的应该就是第二城堡了吧。

一直以来关于王方翼筑城一事存在诸多见解。如克劳森与张广达认为其所筑为第一城堡④，格利亚科娃与佩列古多娃以及加藤九祚、山内和也

---

① 刘子凡：《瀚海天山：唐代伊、西、庭三州军政体制研究》，第 180—187 页。
② 内藤みどり：《アクベシム发见の〈杜怀宝碑〉について》，收入加藤九祚《中央アジア北部の佛教遗迹の研究》，シルクロード学センター，1997 年，第 151—158 页。
③ 刘子凡：《瀚海天山：唐代伊、西、庭三州军政体制研究》，第 187—198 页。
④ Clauson, G. 1961. Ak Beshim—Suyab. *Journal of the Royal Asiatic Society of Great Britain and Ireland*. London pp. 1 – 13 或张广达《碎叶城今地考》，收入《西域史地论丛初编》，上海古籍出版社 1995 年版，第 19 页。

则认为是第二城堡①。最近努尔兰·肯加哈买提则对这些说法都进行了批判，并提出了以下新的见解，即：第一城堡始建于 5 世纪，在建筑技法上与唐无关，而是粟特风格。因此，第一城堡显然并非王方翼所筑。从考古学角度来看，在安西四镇时期，第二城堡没有城墙，筑城是葛逻禄时期（笔者注：756—940）以后的事。而且第二城堡是 3970 米的五角形城市，不可能在短时期内建成。这与王方翼仅用 5 旬（50 天以内）就得以筑城的记载相矛盾（《新唐书》卷一一一《王方翼传》）。因此，王方翼所筑之城为第二城堡的说法也不成立。在第二城堡境内的所谓佛寺遗迹（伯恩施塔姆发掘的佛寺。后文作伯恩施塔姆佛寺）中出土有唐代瓦当，这才该是王方翼所筑之城吧②。

但这一说法也有问题。第一，如此一来王方翼的官邸（数十米，方形）在当时没有像样的外墙，处于暴露状态，置身于西突厥等外敌来袭的危险之中。第二，王方翼的官邸处于第一城堡外部，不利于其管理第一城堡里的碎叶民众。第三，通过 2017 年的调查，在第二城堡内的建筑（除了伯恩施塔姆佛寺以外）中出土了巨大的瓦片，从纹饰、技术层面的相似性来看当属唐瓦③。尤其是其中发现了汉文的瓦书④。由于瓦书是建筑的一部分，据此可知第二城堡是唐代遗址，其中设置有以汉字为行政语言的行政机构。这也推翻了提出第二城堡（伯恩施塔姆佛寺以外）没有出土唐代遗物的努尔兰·肯加哈买提见解的论据。第四，龟兹唐王城遗址的瓦片尺寸几乎都是长 35 厘米、宽 20 厘米、厚 10 厘米⑤，而王方翼用 50 天左右进行了筑城。以汉代为例，虽然不明其详，但每天一个人似乎可以制作出 80

---

① Goryaceva, V. D. & Peregudova, S. 1996：186—187；加藤九祚：《中央アジア北部の佛教遺跡の研究》，シルクロード学センター，1997 年版，第 121—150 页；山内和也：《论考》，收入帝京大学文化财研究所编《キルギス共和国国立科学アカデミーと帝京大学文化财研究所によるキルギス共和国アク·ベシム遺跡の共同調査 2016 年》吉尔吉斯斯坦国家科学院历史遗产研究所、帝京大学文化财研究所，2017 年，第 61—72 页。

② 努尔兰·肯加哈买提：《碎叶》，上海古籍出版社 2017 年版，第 174 页。

③ 椿原功一：《アク·ベシム遺跡出土の瓦》，见《山梨文化财研究所报》第 57 号，2018 年。

④ 可以确认在汉文瓦书中有"杯"字，在其上还有一些文字的局部。该瓦书发现之际，笔者也在现场。笔者在此前都只是纸上谈兵，并没有过在出土文字资料发现现场的经历。在与 Bobomulloev Bobomullo 分辨土器之时，他静静地询问我道："这应该是文字吧"，便将该瓦书递给我看，这份感动至今令人难忘。借此也向山内和也等先生一并表示谢意。

⑤ 张平：《库车唐王城调查》，《新疆文物》2003 年第 1 期，第 29—21 页。

片瓦①。要修筑长 3970 米、宽 5 米、高 5 米的城墙需要 3540 人，即便算上堆砌人员，不到 6000 人已然足够。如果是版筑制作，北魏宣武帝景明二年（501）曾动员 55000 人在 40 天修建了东西 15 里、南北 20 里的洛阳外城（包括坊）。因此第二城堡城墙（约 3970 米）在唐代相当于约 9 里，王方翼以 50 日筑城，至少需要约 5657 人，即 6000 人内即可完成②。当时王方翼的名义是大食镇抚，实际上因禁着西突厥首领（阿史那都支），因此他率领的人马不大可能低于 6000 人。事实上，在 694 年，碎叶镇守使韩思忠曾击破万余人的叛军③，可见唐在碎叶镇至少有以万为单位的兵力。可以想见王方翼在 50 日之间筑成第二城堡并非不可能的事情。这虽然只是通过简单计算后得出的推测结论，但至少据此可以说明王方翼只是建造了伯恩施塔姆发掘的佛寺这一见解不大站得住脚。

因此，笔者支持格利亚科娃与佩列古多娃二人所指出的"第二城堡 = 王方翼所筑之城"这一见解。对《旧唐书》卷一八五上《良吏列传上·王方翼列传》④、《册府元龟》卷四一○《将帅部》⑤、《新唐书》卷一一一《王方翼传》等记载加以综合分析⑥，王方翼所筑之城应该为方形，其四面各有三个门，共计十二个门。但从地图来看，相对于接近正方形的第一城堡而言，第二城堡的形状并非方形。而且，现阶段也无法确认第二城堡的

---

① 大庭脩：《大英图书馆藏敦煌汉简》，同朋舍 1990 年版，敦煌汉简（第一简）。

② 《魏书》卷 8《世宗宣武帝纪传》载："九月丁酉，发畿内夫五万人筑京师三百二十三坊。"《北史》卷 4《世宗宣武帝纪》载："九月丁酉，发畿内夫五万五千人筑京师三百二十坊，四旬罢。"据《魏书》中华书局本校订"南、北、殿三本和北史卷 4'五万'下有'五千'二字。又北史作'三百二十坊'。按卷 1 八广阳王嘉传也作'三百二十坊'。'坊'上'三'字当衍"，宣武帝在景明二年动员了 55000 人修筑 320 坊。据森鹿三《东洋学研究 历史地理篇》（同朋舍 1970 年版）第 244—261 页的考证，当时洛阳在东西 6 里、南北 9 里第一城堡（城）的基础上，增筑了东西 15 里、南北 20 里的外城（郭），外城内整齐排列着 320 坊（= 里。衍生自"防"字，指代有土墙的区划）。这也表示 55000 人用 40 天修了长 70 里（15 里 + 15 里 + 20 里 + 20 里）的城墙（包括坊）。外城全长 3970 米，据森鹿三《东洋学研究 历史地理篇》，同朋舍 1970 年版，第 264—268 页，1 里 = 约 440 米，那么 3970 米约为 9 里。王方翼 50 日筑成，至少需要约 5657 人。

③ 《资治通鉴》卷 205 延载元年条。

④ 会吏部侍郎裴行俭西讨遮匐，奏方翼为副，兼检校安西都护。又筑碎叶镇城，立四面十二门，皆屈曲作隐伏出没之状，五旬而毕。西域诸胡竞来观之。因献方物。

⑤ "唐王方翼为安西都护。高宗朝安抚大食使裴行俭之遮匐也，诏以方翼为副，行俭军还，方翼始筑碎叶镇城，立四面十二门，皆屈曲作隐伏出没之状，五旬而毕。"类似记载也可见于《唐会要》卷 73 或《玉海》卷 174 宫室唐碎叶城条。

⑥ 方翼筑碎叶城，面三门，纡还多趣以诡出入，五旬毕。

城墙遗址有如此多的城门①。由于第一城堡和第二城堡完美衔接在一起，因此虽然无法否认所谓十二个门是内第二城堡两者门的总和这一可能性，但据前文对人数的计算，王方翼似乎很难再有余力对第一城堡加以改筑。这样一来，如果支持"第二城堡＝王方翼所筑之城"这一见解的话，就必须消除这一矛盾。

笔者认为，所谓"四面十二门"有可能只是一个夸张的表现手法。第一，拥有"四面十二门"的城墙实际上在文献中只有洛阳、长安这种超大城市，很难想象会在最边远的镇级别城市出现十二门。第二，在现实中，当时也没有必要修建连接第一城堡及第二城堡的12条道路。这样的道路只会对碎叶镇城的防卫实力带来负面影响，而绝不会有些许助益，所以从防卫角度来看也不可思议。第三，史料⑤中云"（对于王方翼所筑之城）夷夏（夷狄与唐人）纵观，莫究端倪"，然而，无论是第一城堡还是第二城堡，实际上并没有那么大，只能是夸张的表现手法。因此，王方翼也有可能对其他地方进行夸张表述。第四，关于碎叶镇城的门，《新唐书》卷四十三《地理志下》焉耆都督府本注云：

> 调露元年，都护王方翼筑，四面十二门，为屈曲隐出伏没之状云。

在结尾专门加以表达传闻之意的"云"字。在《旧唐书》《册府元龟》《唐会要》《玉海》中的相关记载中均不见"云"字。虽然《新唐书》作为此后完成的书籍可信性较低，但笔者反倒认为其作者专门加上"云"字的用意值得关注。正是因为他注意到"四面十二门"这一说法不大现实，因此特意以"云"字来表达该说法只是传闻吧。第五，十二门在传统的中国城市制度中是天子居住的王城结构（《周礼》冬官考工记）。作为安西四镇之一，不可能采取这种城制。有可能是因为碎叶镇城被看作夷夏（夷狄与唐人）所倾慕的王城，因此才会产生碎叶镇城有12门这样的传闻。

如果在今后的发掘中发掘出了12门的话，以上这五点笔者的个人看法自然无法成立。即便如此，笔者想强调的"第二城堡＝王方翼所筑之城"这一说法本身不会因此瓦解。如果发现十二门的话，则对"第二城堡＝王

---

① 参照 Kyzlasov, L. R., 1959, Arheologiceskie Issledovaniya Na Gorodise Ak—Besim v1953—1954 gg. Trudy Kirgizskoy Arheologo—Etnograficeskoy Ekspedicii Ⅱ. Moskva 和 Kožemyako, P. N. 1959 Rannesredhevekovye Goroda I poseleniya Cuyskoy doliny. Frunze 的地图。

方翼所筑之城"这一说法来说是好事。之所以要指出第二城堡存在没有十二门的可能性，是为了说明即便第二城堡没有十二门，"第二城堡＝王方翼所筑之城"这一说法也并不存在矛盾。

（二）王正见对城墙的破坏

那么，唐代碎叶镇城在此后迎来了怎样的结局呢？据前文年表，碎叶镇自703年被突骑施夺取后，虽留其名目，但实际已几乎不在唐实际掌控之下。到719年碎叶镇被从安西四镇剥离，完全脱离了唐的掌控。对于此后碎叶镇的情况，《通典》边防九石国条本注所引杜环《经行记》碎叶国条载①：

> ⑥碎叶国……又有碎叶城。天宝七年（748），北庭节度使王正见薄伐，城壁摧毁，邑居零落。昔交河公主（阿史那怀道之女。722年12月受玄宗所封，嫁于突骑施苏禄可汗）所居止之处，建大云寺，犹存。其川西接石国，约长千余里。川中有异姓部落，有异姓突厥，各有兵马数万。城堡闲杂，日寻干戈，凡是农人皆擐甲胄，专相虏掠以为奴婢。其川西头有城，名曰怛逻斯，石国人镇，即天宝十年（751）高仙芝军败之地。从此至西海（里海）以东，自三月至九月天无云雨，皆以雪水种田。宜大麦、小麦、稻禾、豌豆、毕豆（一种豌豆？）。饮蒲萄酒、麋酒（麋鹿之奶酒？）、醋乳（酸奶？）。

该史料是怛罗斯之战后被押至伊斯兰的杜环在回到唐后书写的文字。据此可知，碎叶镇成为诸国纷争之地，748年北庭节度使王正见来寇，破坏了留存的城墙。此时，第一城堡和第二城堡应该是并存的，但王正见破坏的是哪部分城墙则未见于史料记载。贾耽（730—805）《皇华四达记》（《新唐书·地理志七下》所引）载：

> ⑦出谷，至碎叶川口，八十里至裴罗将军城。又西二十里至碎叶城，城北有碎叶水，水北四十里有羯丹山，十姓可汗每立君长于此。自碎叶西四十里至米国城，又三十里至新城。

《皇华四达记》被看作801年向皇帝献上的《古今郡国县道四夷述》的一

---

① 关于杜环，参见前嶋信次《杜环とアル・クーファ—支那古文献に现れた西アジア事情の研究——》，《东西文化交流の诸相》，诚文堂新光社1971年版，第85—102页。

部分①。那么，800 年代左右碎叶城（至少一部分）得到了残留。实际上，第一城堡里的宫城区域等是 9—10 世纪之物，而宫城区之所以得以是宫城区，正是由于其外壁尚且保留着。如果没有外壁，只是宫城区独自屹立于平原地带，则易受外敌因素而极为危险。因此，在 9—10 世纪建造宫城区时，第一城堡的城墙应该仍然保留着。那么，王正见破坏的应该是第二城堡吧。

带着这一推测再来看史料⑥，在王正见破坏的地方，交河公主曾在此"居止"，并且曾经存在过大云寺（大云经寺）。交河公主是阿史那怀道之女，722 年 12 月嫁于突骑施苏禄可汗，此后"居止"于碎叶镇城内。也就是苏禄死后，其子被都摩度（或云都摩支）在碎叶被拥立为吐火仙可汗这一时期。或是，交河公主被莫贺达干驱赶，于 739 年 9 月被送至长安，在送往长安之前在碎叶城中。"居止"这一表达虽然含有居住之意，但具有更强烈的半强制拘押之意，这与押送往长安之前的状况相一致。另外，大云寺是武则天于 690 年 10 月所建。因此，这段记载的顺序反了，应该是690 年 10 月先在此修建了大云寺，此后交河公主曾于此居住②。关于具体其地址（大云寺旧址）虽然有诸多说法，但目前通过考古学手段已经推定为第二城堡内的某一个区域③。这也印证了笔者认为王正见破坏的是第二

---

① 榎一雄：《賈耽の地理書と道里記の称とに就いて》，收入《榎一雄著作集》第 7 卷，汲古書院 1994 年版，第 192—203 頁。

② 一直以来，对于此段史料的解读方法有两种见解。分别是认为在交河公主所住地方修建了大云寺的夏凡纳的见解，以及王正见破坏了碎叶城，交河公主曾居住在碎叶城，建于碎叶的大云寺直到 748 年仍得以存在的见解。Forte, A. 认为大云寺不可能建造于 748 年，而对第一种见解进行了否定。见加藤九祚《中央アジア北部の佛教遺迹の研究》，シルクロード学センター，1997年，第 158—159 頁。

③ 一直以来，大云寺＝阿克·贝西姆第一寺院遗址的说法最为可信，努尔兰·肯加哈买提等人现在也支持这一看法。第一寺院遗址于 1953—1954 年由科兹拉索夫等进行了发掘，认为是 7世纪末至 8 世纪初的遗址。Clauson, G. 1961. Ak Beshim—Suyab. *Journal of the Royal Asiatic Society of Great Britain and Ireland*. London 支持阿克·贝西姆＝碎叶城，并根据大云寺建于 748 年这一说法，提出第一寺院＝大云寺这一见解。另外，加藤九祚认为："虽然不能否定阿克·贝西姆第一寺院就是 692—705 年所建大云寺这一可能性，但个人以为，第一寺院遗址不大可能是大云寺。因为其位于防壁外侧，且在建筑技术上整体具有十分强烈的中亚色彩。或许大云寺如今依然长眠于地下。"加藤还备注道："事实上最具中国元素的是阿克·贝西姆都城遗址防壁内的僧院遗址。但伯恩施塔姆认为其年代为 9—10 世纪，距离大云寺的年代相距甚远。"见加藤九祚《中央アジア北部の佛教遺迹の研究》，シルクロード学センター，1997 年，第 158—159 頁。然而，伯恩施塔姆的依据并不可靠，相较而言，联合调查队认为大云寺位于第二城堡内，见帝京大学文化财研究所编《キルギス共和国国立科学アカデミーと帝京大学文化財研究所によるキルギス共和国アク·ベシム遺迹の共同調査 2016 年》，キルギス共和国国立科学アカデミー歴史遺産研究所、帝京大学文化財研究所，2017 年。

城堡这一看法。

至此，本文通过文献史料及考古调查双重成果，对唐代碎叶镇前史、筑城经过及被遗弃的历史进行了回顾。在最后，将视线置于阿克·贝西姆遗址附近出土的文字资料上，从出土文字资料研究的视角印证此前所论述的内容。至今，出土的文字资料有三方石碑、一件瓦书、一件鱼符及一件龟符。本文主要围绕笔者实际见到的两方石碑进行探讨。

四　从碑文所见唐代碎叶镇

（一）《杜怀宝碑》

如前所述，杜怀宝是王方翼的继任者，继续镇守碎叶镇。1982 年，当地农民将《杜怀宝碑》带到布拉纳塔附近的博物馆，经过鉴定确定为《杜怀宝碑》①。碑文中有"杜怀"二字，可知是人名。从其内容来看，属于造像记。这也让出土本碑石的阿克·贝西姆遗迹就此被推测为唐代碎叶镇②。王方翼的职务调动与杜怀宝的继任是 680 年左右，而唐支配碎叶则为678—686 年以及 692—703 年（参照年表），因此《杜怀宝碑》的制作年代当在 680—686 年之间。

2016 年 11 月，笔者有幸得以在斯拉夫大学看到详细碑文。据此确定了整体上一些文字的解释，并得以对此前学界的一些见解进行了新的解释。在诸多释文中，特别是作"天皇"的地方都是依据了斉藤茂雄的释文（根据拓片进行的释文）③。学界通常将之读作"天子"，但据笔者实际所见，"子"字确实无法辨识，而且是否能够辨识为"皇"字也不能完全确定。如果按照斉藤的说法，则《杜怀宝碑》的制作时间为 680—686 年之

---

① 加藤九祚：《中央アジア北部の佛教遺迹の研究》，シルクロード学センター，1997 年，第 121—150 页。

② 内藤みどり：《アクベシム発見の〈杜怀宝碑〉について》，收入加藤九祚《中央アジア北部の佛教遺迹の研究》，シルクロード学センター，1997 年，第 151—158 页。

③ 斉藤茂雄：《碎叶とアク・ベシム——7 世纪から8 世纪前半における天山西部の歷史的展开——》，收入《キルギス共和国チュー川流域の文化遺産の保护と研究　アク・ベシム遺迹、ケン・プルン遺迹——2011—2014 年度——》，独立行政法人国立文化財机构东京文化財研究所文化遺産国际协力センター，2016 年的英语版（2017）。

间的可能性则会进一步提高。而且仔细看前后文字,其中有"天皇□后"①,有可能是"天皇天后"。事实上,"天皇天后"这一表现手法常可见于造像记,其中的天皇指高宗、天后则是武后。这一称呼始自 674 年②到 683 年高宗驾崩。目前在造像记中出现"天皇天后"的做法至少从 675年就已出现,甚至于在高宗死后及武周革命(690)以后也存在。这是修造的工人单纯将身边所见造像记加以参考并进行抄袭的结果③。因此,在将《杜怀宝碑》作为确定年代的线索时须慎重。笔者对该碑释文如下:

……安西副都
……碎叶镇压
十姓使上柱国
杜怀□□上为
天皇天后□下
□□□□□妣
见□□□使之
法界□□生普
愿平安获其
暝福敬造一佛
一菩萨

释文末尾的"一菩萨"一般被判读为"二菩萨"。按照当时的常识来说,"二菩萨"构成三尊像。然而笔者却无论如何只能看出是"一菩萨",如果确是如此的话,当是受信奉"一佛一菩萨"的"说一切有部"的影响。也有可能是笔者的认识错误。这也是今后探讨的课题。

---

① 根据山内和也的宝贵建议。

② 据《旧唐书》卷 6《则天武后本纪》长安四年条"诏依上元年故事,号为天后"、《新唐书》卷 4《则天武后本纪》"上元元年,高宗号天皇,皇后亦号天后,天下之人谓之二圣"、《通鉴》卷 202 上元元年条"皇帝称天皇,皇后称天后,以避先帝、先后之称。改元,赦天下"的记载可知,上元元年(674)武则称天后。另外,自称天后的事例在武则天以前就曾有过,如嫁给吐谷浑可汗的光化公主就是一个例子(《通鉴》卷 178 隋开皇十六年条等)。

③ 砺波护:《唐中期の佛教と国家》,收入《唐代政治社会史研究》,同朋舍 1986 年版,第 397—477 页。

（二）《克拉斯纳亚·列契卡出土造像记》

克拉斯纳亚·列契卡遗址（Krasnaya Rechka）位于比什凯克与托克马克之间①，散布于阿克·贝西姆遗址内，被看作与阿克·贝西姆几乎同时期的遗址之一。该遗址整体由都市遗址、墓地、佛教寺院等构成，6世纪粟特人建造了城寨及商品贸易中心，并于7—8世纪形成了城市街区②。

在汉文传世文献中，自伊塞克以西的城市首当其冲便是碎叶，再往西十里为米国城，继续往西三十里为新城，又往西六十里为顿建城，再往西五十里则为阿史不来城，再往西七十里则为俱兰城，再往西十里为税建城，再往西五十里则到达怛罗斯城（史料⑦）。克拉斯纳亚·列契卡一般被推定位于新城。

图4　克拉斯纳亚·列契卡遗址

图5　《克拉斯纳亚·列契卡遗址造像记》

克拉斯纳亚·列契卡遗址被看作穆格山文书与伊斯兰地理书中的 Navakat 或 Navikat，与碎叶城（阿克·贝西姆。苏禄夫人曾滞留）并列，是突骑施首领苏禄的副牙的地方③。苏禄是崛起于709年，直到738年都颇具声威的突骑施首领，由于其试图将版图扩大至阿拉伯方向，因而被阿拉伯惊惧地称作 Abu Muzahim（袭击者）。

克拉斯纳亚·列契卡遗址内部东南区域为第二佛教寺院遗址，从中除

① 关于克拉斯纳亚·列契卡遗址，详见内藤みどり《アクベシム発見の〈杜怀宝碑〉について》，收入加藤九祚《中央アジア北部の佛教遗迹の研究》，シルクロード学センター，1997年，第151—158页。

② 加藤九祚：《クラスナヤ·レーチカ都城址》，收入《中央アジア北部の佛教遗迹の研究》，シルクロード学センター，1997年，第159—160页。

③ 内藤みどり：《西突厥史の研究》，早稲田大学出版部1988年版，第16页。

出土有粟特文字及婆罗米文史料外，还发现了刻有被看作汉文碑文的三尊像①。该三尊像背面下部的汉文值得关注。似乎一直以来都没人成功判读其中的内容。笔者通过 2016 年 11 月在斯拉夫大学实际观察后，对其判读如下：

该碑文表面破损严重，仿佛曾被人用硬物下意识破坏掉一样，导致文字难以判读，但笔者仍判读出了上面这段文字。其中的一些用语对于理解全文结构而言十分重要，将之与其他石刻加一对照后，笔者以为本文结构应如下：

清……的……举 ……为敬……并……造。……年五月造。
形容词　人名　人名　　　佛像　佛像

特别是其与《杜怀宝碑》中"为……敬造"的部分相一致这一点很重要。据此可知本碑与《杜怀宝碑》一样同属造像记。

将碑文一开始的"清"字与当时佛经格式相对照，似乎应该是"清信"。如 675 年的敦煌文书（斯坦因本 1515 号）《观无量寿经》跋文载：

> 大唐上元二年（675）四月廿八日，佛弟子清信女张氏，发心敬造《无量寿观经》一部及《观音经》一部。愿以此功德，上资天皇、天后圣化无穷，下及七代父母。并及法界仓（苍）生。并超烦恼之门。俱登净妙国土。

① 据加藤九祚《中央アジア北部の佛教遗迹の研究》，シルクロード学センター，1997 年，第 161—166 页，寺院部分是在更早的古建筑之上修建的。作为早期遗物有 7—8 世纪的佛涅槃像等，似乎与阿克·贝西姆佛教建筑同时（8 世纪后半期）被毁。此外，据同书第 166—178 页，寺庙东侧也有建筑，最下层的时期为中国进入之时，即 7 世纪，从中出土了开元通宝三枚，上层则是喀喇汗朝的物品。另见，林俊雄《クラスナヤ·レチカ Krasnaya Rechka 遗迹の佛教遗迹》，收入《2016 年度 中央アジア遗迹调查报告会》，帝京大学文化财研究所、帝京大学シルクロード综合学术研究センター，2017 年。

"佛弟子清信女张氏"中的"清信"当是用以体现其佛教徒身份的形容词，且无论男女，都可以被冠以"清信"二字。如敦煌文书（斯坦因本217号）《观音经》跋文所见"清信佛弟子阴嗣"，在敦煌文书（斯坦因本114号）《妙法莲华经》卷第7写本中也可见到类似记载，可见在唐朝并不稀见。前揭《观无量寿经》跋文中的"敬造"一词也与《克拉斯纳亚·列契卡碑》共通。

然而前揭史料均是佛经，严格来说并非造像记。像《杜怀宝碑》那样在碑文一开头便冠以官职名的可能性也并非不存在。如果是像"安西都护"那样冠以地名的话，在唐代以前的西域相关史料中，冠以"清"字地名的"清池"可能性最大。前揭史料①"清池西北行五百余里、至素叶水（Chui river）城"便是例子。此外，也有可能是《新唐书》或《混一疆理历代国都之图》所见的"清镇军""清海军"，但均距克拉斯纳亚·列契卡甚远。目前虽然笔者认为"清"最应该是"清信"，但也不能完全排除"清池"或"清镇军""清海军"的可能。

至此对两方从碎叶附近出土的碑文进行了介绍和探讨。据此印证了唐代碎叶镇（阿克·贝西姆遗址）中居住有汉人、汉字文化圈的影响曾波及于此、以汉字为媒介佛教曾传播于周边，克拉斯纳亚·列契卡等也受到了唐代文化（汉字文化及以汉字为媒介的佛教）的影响。唐所带来的影响绝不止于阿克·贝西姆遗址以内，其确切地影响到了周边地区。

那么，以阿克·贝西姆遗址为中心的唐代遗址群究竟互为何种关系呢？虽然由于文字资料不足，很难究明其具体的关系。但于阗却可以作为例子供我们参考。也就是说，位于塔里木盆地（塔克拉玛干沙漠）的于阗与碎叶相同，在当时都是重要的绿洲城市，作为诸国争夺的目标，常被设置为安西四镇之一。据对传世文献及出土文字资料的研究，在当地本来存在由当地民众建立的于阗国。在安西四镇设置初期，设置有都督府，由于阗国王兼任都督。其中设置有许多蕃州，由州刺史进行管理，州刺史由于阗国王族担任。在州之下又有乡、村（在其他地区一般为州—县—乡—里）。形成了都督府—州—乡—村并置的结构。此外，镇守使率领镇守军驻屯，在周边聚落则配置有镇守军麾下的镇及守捉。民属于乡、村，都督府、州、镇守军向他们课以各种物品、家畜及劳动力①。

以此为参考，安西四镇设置时期的碎叶应该也实施了都督府（州—县—乡—里）与镇（镇守使）进行的双重统治体制。事实上，在传世文献与出土文字资料中可以看到碎叶官名有"安西副都护"及"碎叶镇守使"。如本文所述，碎叶城由两个城所构成，在第一城堡居住着古来有之的粟特人，第二城堡则由王方翼驻屯。这样的话，第一城堡有可能就是州刺史系统的府衙，第二城堡则是镇守使系统的府衙。新城（克拉斯纳亚·列契卡）原本是碎叶都督及镇守使之下的行政单位，但在唐放弃碎叶镇后其独立性得到了进一步提高。因此，不应只关注碎叶城（阿克·贝西姆遗址），周边遗址也是碎叶镇的组成部分，带着这样对遗址之间关系的认知对遗址进行发掘是我们今后的重要方向。

结　语

综上，立足于传世文献研究、考古发掘调查、出土文字资料研究的成果，对唐代碎叶镇的相关问题进行了探讨。具体来说，首先在关于包括唐代碎叶镇的安西四镇的传世文献及近年来的先行研究的基础上，概览了唐代碎叶镇的历史。接下来基于文献说明了唐进入之前碎叶的情况。还介绍了该遗址的考古调查，并将之与历史学知识进行相互印证，检验了阿克·贝西姆遗址（特别是第二城堡地区）是唐代碎叶镇这一见解。在最后，列出了出土文字资料（《杜怀宝碑》与《克拉斯纳亚·列契卡碑》）的新释文，在印证唐代碎叶镇遗址存在的同时，指出唐代碎叶镇与其周边聚落及寺院共同组成了一个复合体。依我看，《克拉斯纳亚·列契卡碑》应该是在中国历史上最西端的汉文史料吧，所以这很珍贵。唐代碎叶处在都督系统与镇守使系统的双重统治体制下，其下属机构有可能就在克拉斯纳亚·列契卡等周边遗址之中。本文如能对今后的碎叶镇发掘提供绵薄之力当为万幸。

---

① 森安孝夫：《吐蕃の中央アジア进出》，收入《东西ウイグルと中央ユーラシア》，名古屋大学出版会 2015 年版，第 138—142 页；吉田丰：《コータン出土 8—9 世纪のコータン语世俗文书に关する觉え书き》，神户市外国语大学研究丛书 38，2006 年版，第 99—116 页；荒川正晴：《ユーラシアの交通·交易と唐帝国》，名古屋大学出版会 2010 年版，第 308—311 页。

长安之东：唐代丝绸之路的延伸

——从撒马尔罕壁画"鸟羽冠使者"说起

冯立君

陕西师范大学历史文化学院

关于唐代丝绸之路历史与文化研究的成果丰硕，但关注面主要集中在长安以西，对于长安以东的研究并不充分。在长安之东，作为欧亚帝国的大唐帝国境内腹地纵深的文化交流及其向周边的延伸，譬如自长安出发向北方至蒙古草原，向南方至长江以南，尤其是向东方至洛阳再分别通向幽州、营州、辽东的陆上文化贸易通道，通向登州、明州、海东的海上文化贸易通道，构成了丝路文明向东延展的两条"纵贯线"。陆海两线错综交织成一张文明之网，由此既可以透视长安在丝路文明中的重要意义，也对全面理解丝路历史与文化有相应的价值。本文拟从地跨辽海的高句丽与内陆欧亚的文化交流的一项个案着手，探讨以长安为中心的东西交流问题，特别是东方诸中原、草原、西域等多元文明的受容与独特贡献。希望能有助于丝绸之路文明整体研究的推进。

一

在今天乌兹别克斯坦境内，撒马尔罕（Afrasiab）阿夫拉西阿卜保存着粟特国王大使厅的壁画，位于该厅西墙上描摹有诸国使节的国际聚会场景的壁画中出现了两位戴鸟羽冠的人物（图1）。学界一般将这些视为来自东方的使者。那么，这两位鸟羽冠使者究竟是哪一国使臣？目前国际学界对其身份的争论中，已经出现新罗使者、渤海国使者、日本使者、高句丽使者等多种争论性观点。笔者倾向于高句丽说，因其文献、图像的依据最为充分。

韩国学者对鸟羽冠使者形象较为敏锐，持续不断关注中外资料进行综合性整理研究。最早是对高句丽、百济、新罗三国并立时期出现的鸟羽冠进行概论，近来仍有学者从这一角度再做整理①，其后专门对高句丽服饰进行分类研究的论文就涉及鸟羽冠问题。② 最近也有从朝鲜半岛之外的中国和内亚的资料来探讨古代朝鲜半岛人物以鸟羽冠形象出现的问题。③ 针对高句丽墓葬壁画中的鸟羽冠形象/鸡羽冠形象的个案研究，对揭示高句丽人服饰文化亦有特殊意义。韩国学者申敬燮《韩国冠帽鸟羽插饰的象征意义研究》一文以鸟羽插饰的相关文献与文物为中心，对鸟羽冠、鸟羽装饰的演变过程、象征意义进行了综合考察。认为鸟羽插饰的风俗盛行于北方游牧民族中，最初与鸟崇拜、太阳崇拜有关，之后还掺入了萨满元素，由此将朝鲜半岛鸟羽、鸟尾冠饰与内陆欧亚民族文化联系在一起。④ 学者们也将鸟羽冠溯源到北方民族文化和中原文化的双重影响。申敬燮另一篇关于鸟羽冠与中国鹖冠的比较研究论文认为，通过中国文化的媒介，韩国古代文化受到了北亚的影响。鸟类崇拜思想是北亚文化的一个重要因素和表现，针对中国的鹖冠象征勇武而无崇拜鸟之意，由此他强调了朝鲜半岛摄取外来文化时保留本民族心理特征的一面。⑤ 或许正是在这一思路下，韩国学者自然地将视野聚焦到内陆欧亚文明中与此有关的文化现象，例如对于西域佛教艺术中鸟翼冠与冠带的专门研究，关注西亚、犍陀罗、西域文化之间的交流现象。⑥ 古代服饰研究者还通过对壁画和文献中包括鸟羽等服饰文化在内的现象，阐释高句丽民族地域的不断扩张使得这一民族的文化具有多元化的特点。东北地区在古代是我国少数民族聚居之地，其服饰属于胡服体系，因此东北地区的高句丽居民服饰具有明显的胡服特征，诸如裤褶服、鸟羽冠等。平壤地区经箕氏朝鲜、卫满朝鲜和乐浪文化时

---

① 金文子：《三国时代鸟羽冠：变形鸟羽冠을中心으로》，《水原大学论文集》1987 年第 5 期。서길수：《춤무덤의사신도와조우관에대한재검토》，《역사민속학》2014 年第 46 期。

② 정완진，이순원：《고구려관모연구》，《服饰》1994 年第 23 期。

③ 정호섭：《조우관을쓴인물도의유형과성격-외국자료에나타난고대한국인의-》，《岭南学》2013 年第 24 期。

④ 北京大学韩国学研究中心编：《韩国学论文集2011》第 20 辑，中山大学出版社 2012 年版，第 120 页。

⑤ 신경섭：《한국의조우관과중국의갈관비교연구》，《服饰》2000 年第 50 期。

⑥ 임영애：《서역불교미술에서의조익관과관대－서아시아，간다라서역간의교류를교류를중심으로－》，《중앙아시아연구》2006 年第 11 期。

期，深受汉文化的影响，因此平壤地区的高句丽居民服饰具有明显的中原文化特征。① 赵润载最近进行了研究史的总结，是在鸟羽冠所反映的东西文化交流内涵方面研究的集大成者。② 学界总体上倾向于认为，撒马尔罕大使厅壁画中的两位鸟羽冠人物应该是高句丽使者，这一见解在服饰文化上的证据最为充分，也与高句丽文化特点各方面无不符合。

实际上，撒马尔罕大使厅壁画的研究，还应当同西安出土的唐章怀太子李贤壁画墓《客使图》鸟羽冠使者、"都管七国六瓣银盒"中的鸟羽冠人物（图2、图3），以及高句丽、新罗、渤海人物服饰形象的文献与文物资料综合比对，才能获得更为准确的认识。唐章怀太子李贤壁画墓东壁《客使图》中的鸟羽冠使者的身份，在目前国际学界的争论中，也已经出现新罗使者③、渤海国使者④、日本使者⑤、高句丽使者⑥等多种观点。最近，杨瑾又从新罗使者的可能性进行了富于启发的探讨，其切入点是使者穿戴的服饰，主要引昭陵、干陵残存新罗王室贵族"蕃臣像"的服饰等为奥援，其结论具有开放性，认同"基于不同视角和理论范式下的高句丽说或新罗说均有理论指导意义"，提供了多角度认定的可能性，值得重视。⑦与撒马尔罕大使厅壁画鸟羽冠使者、客使图鸟羽冠使者相关的另一件文物，是现藏西安博物院的"都管七国六瓣银盒"，其中既有"高丽国"铭

① 竺小恩、葛晓弘：《中国与东北亚服饰文化交流研究》，浙江大学出版社2015年版，第23页。

② 조윤재：《고대 한국의 조우관과 실크로드: 연구사 검토를 중심으로》，《선사와 고대》39，2013，121—146。

③ 金元龙：《唐李贤墓壁畫의新罗使（？）에对하여》，《미술사학연구》123、124，1974年。云翔：《唐章怀太子墓壁画客使图中"日本使节"质疑》，《考古》1984年第12期。西谷正：《唐章怀太子李贤墓の礼宾图をめぐって》，《儿嶋隆人先生喜寿记念古文化论丛》，1991年。王维坤：《唐章怀太子墓壁画"客使图"辨析》，《考古》1996年第1期。

④ 西谷正：《唐章怀太子李贤墓の礼宾图をめぐって》，《儿嶋隆人先生喜寿记念古文化论丛》，1991年，第781页。

⑤ 武伯纶：《西安历史述略》，陕西人民出版社1979年版，第213页。文物编辑委员会：《文物考古工作三十年（1949—1979）》，文物出版社1979年版，第136页。姚嶂剑：《遣唐使》，陕西人民出版社1984年版，第74页。王仁波：《从考古发现看唐代中日文化交流》，《考古与文物》1984年第3期，第104页。

⑥ 郑春颖：《唐章怀太子墓"客使图"第二人身份再辨析》，《历史教学》2012年第2期；冯立君：《高句丽与柔然的交通与联系》，《社会科学战线》2016年第8期。

⑦ 杨瑾：《唐章怀太子李贤〈客使图〉戴鸟羽冠使者之渊源》，《中国国家博物馆馆刊》2018年第7期。

文，亦有鸟羽冠人物。《译注韩国古代金石文》对此铭文有收录和说明①。这一文物最早是由西安的学者揭示出来②，日本学者进行过研讨。③ 韩国学者在对乌兹别克斯坦境内撒马尔罕古王宫壁画中"鸟羽冠"使者身份的探讨中，也引证此铭文以证明其高句丽人的身份。④ 日本学者赤羽目匡由结合铭文等资料，则将其时间比定为9世纪中后期，因此认为银盒中的鸟羽冠形象是渤海国人。⑤ 但总体而言，目前的研究成果无法撼动高句丽人说的牢固地位，毕竟高句丽而非新罗等国与中原的关系是7世纪中叶以前隋唐东亚政治关系中最为核心的一组。⑥

阿夫拉西阿卜7世纪壁画中的两位头戴鸟羽冠的使节形象，与唐朝章怀太子李贤墓中鸟羽冠者、梁职贡图中的高句丽人形象、都管七国六瓣银盒中的鸟羽冠人物以及高句丽古坟壁画和文献记录的"折风"（图4）相联系，基本可以确认大使厅壁画鸟羽冠人物就是高句丽使节。⑦ 结合东北亚地区的考古发现特别是壁画资料、汉文诗文、史籍记载，高句丽使者的可能性最大，论据更充足一些。⑧ 从隋唐东部欧亚世界的国际关系角度，可以给鸟羽冠使者就是高句丽使者增添新的证据。7世纪拜占庭史家提奥菲拉克特·西莫卡塔（Theophylaktos Simokattes）记录下来了有关阿哇尔（阿瓦尔，Avars）和Mukri两个部族的关系："阿哇尔被突厥击破后，其一部分逃往Taugas人的城市，另一部分逃到邻接Taugas的勇敢的Mukri族之

① 한국고대사회연구소：《역주 한국고대금석문》（전3권），가락국사적개발연구원 1992。

② 张达宏、王长启：《西安市文管会收藏的几件珍贵文物》，《考古与文物》1984年第4期。

③ 西谷正：《唐章怀太子李贤墓の礼宾图をめぐって》，《儿嶋隆人先生喜寿记念古文化论丛》，1991年。

④ 노태돈：《예빈도에 보인 고구려》，서울대학교출판부，2003。

⑤ 赤羽目匡由（아카바메 마사요시）：《동아시아에서의 고구려·발해 문화의 특징：도관칠국육판은합의 조우관 인물상을 통해서》，《고구려발해연구》38，2010。

⑥ 马一虹：《书评：拜根兴〈七世纪中叶唐与新罗关系研究〉》，《中国学术》2005年第1辑（总21辑）。

⑦ 卢泰敦：《礼宾图中所见高句丽》，首尔大学出版部2003年版；郑春颖：《高句丽"折风"考》，《考古与文物》2014年第4期；徐吉洙：《外国高句丽人物画中出现的鸡羽冠和高句丽的位相》，《高句丽渤海研究》2015年第51辑，第157—213页。

⑧ 郑春颖：《高句丽"折风"考》，《考古与文物》2014年第4期。

下。"① 这里的阿哇尔指的是柔然，Taugas 应指中国，② Mukri 指的是高句丽。由于柔然与高句丽关系密切，柔然在被突厥击溃四散（552）后，其一支可能逃亡高句丽。这一方面是因为高句丽与柔然二者之军事协作关系，另一方面也因为历来被漠北与中原所击溃的国家、部族、政治势力，逃入或者企图逃入高句丽避难的事例有很多，比如北燕冯弘，以及后来的斛斯政、徐敬业等。③ 亨宁（W. B. Henning）在讨论柔然可汗即阿瓦尔（Avars）可汗问题时，在注释中略提到古希腊文 Μονκρί = 梵文 Mukuri = 吐蕃文 Muglig = 突厥文 Bökli（Bükli）= Korea，即汉文"高丽"（高句丽）。④ 钟焓先生对此总结认为，"故东罗马史料中的 Mukri 指代 7 世纪时期割据辽东半岛西部和朝鲜半岛北部的高句丽当无疑问"。⑤ 高句丽与柔然、突厥以及更西的部族、国家关系久为汉文史料所囿，相信通过非汉文史料以及考古遗存，可以重新认识高句丽与内陆欧亚的联系、⑥ 高句丽与契丹、柔然、突厥、粟特等族广泛的联系。更为重要的是，高句丽与隋唐帝国的七十年战争辽东之役搅动了东部欧亚政治关系，无疑使其声名远播。由此可见，高句丽使者形象出现在撒马尔罕大使厅这一国际盛会中十分合乎情理和历史事实。

---

① Theophylacti Simocattae, Historiae, vii, 7, Oxford, 1981；内田吟风：《柔然（蠕蠕）アヴァール同族论考》，《北アジア史研究鲜卑柔然突厥篇》，同朋舍 1975 年版，第 397—421 页（汉译文参阅余大钧译《北方民族史与蒙古史译文集》，云南人民出版社 2003 年版，第 252—272 页）。

② 内田吟风：《柔然（蠕蠕）アヴァール同族论考》，第 254 页。

③ 北魏太延二年（436）三月北魏伐北燕，"文通迫急，求救于高丽。高丽使其大将葛蔓卢，以步骑二万人迎文通"。"五月乙卯，冯文通奔高丽。"（《魏书》卷 4 上《世祖太武帝纪》，第 86—87 页）。隋大业九年（613）六月，"礼部尚书杨玄感反于黎阳。戊辰，兵部侍郎斛斯政奔于高丽"。（《隋书》卷 4《炀帝纪下》，第 84 页）唐光宅元年（684），"敬业奔至扬州，与唐之奇、杜求仁等乘小舸，将入海投高丽。追兵及，皆捕获之"。（《旧唐书》卷 67《李绩传附徐敬业传》，第 2492 页。）

④ W. B. Henning, "A Farewell to the Khagan of the Aq-Aqatärān," *in Bulletin of the School of Oriental and African Studies*, University of London, Vol. 14, No. 3, Studies Presented to Vladimir Minorsky by His Colleagues and Friends (1952), pp. 501—522.

⑤ 钟焓：《一位阿尔泰学家论内亚史》，《中国边疆民族研究》第 4 辑，中央民族大学出版社 2011 年版；收入钟焓《重释内亚史》第 2 章《丹尼斯·塞诺眼中的内亚史》，社会科学文献出版社 2017 年版。杨军认为这些词都是"貉"（或"貊"）的音译，但未予详论。参阅《高句丽民族与国家的形成和演变》，中国社会科学出版社 2006 年版，第 132—133 页。

⑥ 罗新：《高句丽兄系官职的内亚渊源》，《中古北族名号研究》，北京大学出版社 2009 年版。罗新：《好太王碑与高句丽王号》，《中华文史论丛》2013 年第 3 期。《中亚的高句丽人足迹》，东北亚历史财团 2008 年版。

那么，高句丽使者出现在这样一场国际聚会中的原因和意义是什么？笔者曾撰文揭示辽东及朝鲜半岛的高句丽、百济、新罗与内陆亚洲政治文化关系。① 东北方诸族群、政治体在与中原发生绵远频仍的交流并被汉文典籍记录下来之外，他们与内亚草原及其更西方的文明之间的互动关系则很大程度上因史料的匮乏而被忽视了。唐代是丝绸之路最为辉煌的时期，留下了许多珍贵的文化遗迹，丝绸之路在中外文化交流史上亦处于特殊的地位，高句丽等海东诸国与丝绸之路文明的关系是怎样的？韩国学者赵润载《古代韩国的鸟羽冠与丝绸之路》一文，考察了古代匈奴、敦煌壁画、干陵墓葬壁画、长安兴庆宫、洛阳出土墓葬资料中的鸟羽冠的形象及与韩国鸟羽冠的传承关系。② 他的这项研究带给人们解答上述疑问许多启示，由长安、粟特、辽东等地存在内在联系的高句丽戴鸟羽冠使者这一形象，我们可以进一步探讨中古时期中外文化交流的两个方向，以明了丝绸之路在长安以东部分的情形。

二

如果将唐代中外文化交流作一整体概观，从不同的政治体视角去观察，那么中原视角、草原视角、东北视角作为审视中国古代帝国及其周边世界构成的东部欧亚世界的三种维度，综合这三种视角得到的不同观察面相，给予我们的一个重要认识是在欧亚大陆东部的广域文化交流从来不是单向的，更非一元的，而是方向不一、多种多样的文化交流繁复错综地交织在一起。除了从政治关系、贸易、军事等交流方式理解唐代中外文化交流之外，上述三种地域视角的交叉运用能够带来不少新知。

所谓中原视角，对于中国学者而言是非常熟悉甚至有时是无意识的一种研究角度，主要是因循于海量的中原汉文典籍所建构而来的中原王朝对外视域，无形之中所观看到的图景带有汉地王朝的某种限制。草原视角是内亚史、北方民族史学者近来颇为强调的一种以之为主体的研究视角，提

---

① 冯立君：《高句丽与柔然的交通与联系——以大统十二年阳原王遣使之记载为中心》，《社会科学战线》2016 年第 8 期；《百济与北族关系问题》，《韩国研究论丛》2016 年第 2 期。
② 中国唐史学会、南京师范大学社会发展学院编：《唐代江南社会国际学术研讨暨中国唐史学会第十一届年会第二次会议论文集》，江苏人民出版社 2015 年版，第 577 页。

倡将非汉民族及其政治体作为主体去探讨其历史问题，而不是将其作为中原的敌对方或附庸国。东北视角的北方民族文化史研究方兴未艾，林沄先生很早就提出东北地区（有时也含有东北亚）古代史除了中原—东北二元关系之外，还应注意东北与草原的文化联系。① 在东北—草原之间文化互动上，李鸿宾②、罗新③等少数学者依托自身的一部分具体研究成果已经彰显出这一考察视角的创新性。当然，中原与北方草原之间的关系常常表现为南北两大巨型帝国的对峙与冲突，特别是在中古时期，因对于中国史的意义似乎更为紧要而为人们所瞩目，因此论著也非常集中。④

这三种视角无论如何变换，都能够使人发现欧亚大陆东部世界即非单向更非一元的文化交流与中央帝国政治权力和疆域扩展的盛衰有密切的关系。换言之，唐朝帝国的兴盛将保证其广袤疆域内——作为一个占据欧亚版图相当比重的广域帝国，其面积众所周知相当于整个欧洲版图——纵横交叉的交通网络充分活跃，并进而向内陆欧亚及其更西、更南的世界延伸。值得注意的是，在帝国版图的东方也有相当广阔的延伸扩展，抵达海滨甚至逾越海洋，遍及唐朝法律所未覆盖的"化外"之地——高句丽、百济、新罗、日本、靺鞨诸国（7世纪中叶以后则又短期覆盖至高句丽、百济旧地，唐朝分别设置熊津都督府、安东都护府等予以统治，使之成为"化内"）⑤。

如果取东北亚的视角，将地图倒转，或可视为东北亚诸国借由唐朝帝国/突厥汗国等中介而与丰富多元的欧亚文化接通，源源不断受容新鲜元素（具体方面见后文）。唐朝时期以及此前的魏晋南北朝时期，长安、洛阳为都的中国帝国与西域的文化交流和外交、商贸等联系固然十分重要，但唐朝长安的文物一方面自然向东传播，另一方面外国人、蕃人流动也向东传播，甚至超出域内，向辽海以东朝鲜半岛、日本传播。辽海以东受到西域文化影响，也并非中原一途，存在其他途径，主要是来自内陆草原。

荣新江先生对于中古时期中国与外来文明及中外交流史的多角度研究

① 林沄：《〈中国东北史〉（第一卷）读后》，《史学集刊》1989年第1期。
② 李鸿宾：《逐鹿中原：东北诸族南向之拓展》，《中国社会科学报》2015年1月28日。
③ 罗新：《高句丽兄系官职的内亚渊源》，《中古民族名号研究》，北京大学出版社2009年版。
④ 李鸿宾：《唐朝的北方边地与民族》，宁夏人民出版社2011年版。
⑤ 王义康：《唐朝的化外与化内》，《历史研究》2014年第5期。

显示，汉唐时期中西交流在地域上表现为广袤辽阔，在文明内容上表现为多元并包；特别是针对活动范围纵贯东部欧亚区域的粟特人，长安以东的幽州、营州地区也是一个重要的文化交流地带。① 同样，集中于幽营两地民族文化的研究，也在显示出"胡化"的面相。陈寅恪先生提出河北胡化现象及其因由，"盖自玄宗开元初，东突厥衰败后，其本部及别部诸胡族先后分别降附中国……于是河北之地，至开元晚世，约二十年间，诸胡族入居者日益众多，喧宾夺主，数百载山东士族聚居之旧乡，遂一变为戎区"，"夫河北士族大抵本是地方豪强，以雄武为其势力基础，文化不过其一方面表现而已。今则忽遇塞外善骑射之胡族，土壤相错杂，利害相冲突，卒以力量不能抗敌之故，惟有舍弃乡邑，出走他地之一途"。② 安史二人"以蕃将之资格，根据河北之地，施行胡化政策，恢复军队部落制"③，安史乱后，"其人之氏族虽为汉族，而久居河朔，渐染胡化，与胡人不异"④，在河北，统治集团成员"为安史将领及其后裔所谓藩镇者，此种人乃胡族或胡化汉人"⑤，"因唐代自安史乱后，名义上虽或保持其一统之外貌，实际上则中央政府与一部分之地方藩镇，已截然划为二不同之区域，非仅政治军事不能统一，即社会文化亦完全成为互不关涉之集团，其统治阶级氏族之不同类更无待言矣。盖安史之霸业虽俱失败，而其部将及所统之民众依旧保持其势力，与中央政府相抗，以迄于唐室之灭亡，约经一百五十年之久，虽号称一朝，实成为二国"。⑥ 在陈寅恪之后的各种解说，大多未逾出其论述范畴，或在具体细节有所充实，或对后续影响有所揭示。章群认为就将方镇世袭或军中推立形成风气，"河北数镇之由蕃胡世为节度使，足为河北胡化提供具体的证据"⑦，荣新江认为安史起家的营州一带在开元时已成为粟特人的新家园，经过安禄山的经营，河北地区成为粟特

---

① 荣新江：《中古中国与外来文明》，生活·读书·新知三联书店 2001 年版；《中古中国与粟特文明》，生活·读书·新知三联书店 2014 年版；《丝绸之路与东西文化交流》，北京大学出版社 2015 年版。

② 陈寅恪：《金明馆丛稿二编》，生活·读书·新知三联书店 2015 年版，第 5 页。

③ 同上书，第 309 页。

④ 陈寅恪：《唐代政治史述论稿》，生活·读书·新知三联书店 2015 年版，第 212 页。

⑤ 陈寅恪：《金明馆丛稿二编》，第 1 页。

⑥ 陈寅恪：《唐代政治史述论稿》，第 203 页。

⑦ 章群：《唐代蕃将研究》，联经出版事业公司 1986 年版，第 96 页。

商胡的向往之地，加上突厥部落内的胡人南下，在天宝末年以前，河北已成为胡化之区。安史乱后，唐朝出现排斥胡人的情绪，许多粟特人向河北三镇转移，加重了河北的胡化倾向。① 傅乐成认为，"因河北因胡化而培植成的武力，过于强大，唐室中央武力无法与之对抗，因此不得不采取放任政策。河北的胡化，不但直接影响唐帝国的分裂与衰亡……就是对唐朝以后数百年的政局，都不能说没有关系"。② 河北地区特别是幽营地域多族共存、多种文化兼蓄的特点从文物考古和典籍与金石文献等各种历史材料中都鲜明地反映出来。在这其中，如果我们稍加注意幽营以东的辽东及朝鲜半岛地带的政治体，我们将能从细部补苴这一历史大势，欧亚文明交流的图景也就会更加清晰和完整。

三

高句丽、百济、新罗时代（主要是4—7世纪）辽东与朝鲜半岛如何受到内陆欧亚文明影响，进而与整个丝路文明（西方文明）发生联系呢？这可以从以下几个区域的路径透视，彰显出地缘和交通的重要影响。

其一，幽营区域的东西衔接作用。如果将地跨辽河流域东部、鸭绿江流域、大同江与清川江流域、图们江流域南部、汉江流域北部的高句丽的疆域（鼎盛时期）作为一个地理范围在欧亚大陆地图中标注出来，我们会容易发现，高句丽与内陆欧亚之间的交通必须要跨越辽西走廊，其间一个重要节点是幽州，这就凸显出幽州地区和辽水流域（辽西和辽东）的衔接作用。在史料中，突厥等北族南下中原的一个重要突破口是幽州，更东部的突破口则是辽西的营州（柳城），更西部的则是距离长安更迫近的云州（大同）等地。在突厥之前，高句丽也曾通过契丹地区前往草原上柔然的牙帐。中古时代高句丽与内陆欧亚的联系、百济与北族的政治联系，无疑与此陆上通道存在莫大关系。

其二，古夫余国区域的文化蓄积作用。③ 无论是高句丽还是百济，这两个一北一南政治体的对向扩张，即百济北进、高句丽南进，在4世纪初

---

① 荣新江：《中古中国与粟特文明》，第79页。

② 傅乐成：《汉唐史论集》，联经出版事业公司1977年版，第303页。

③ 夫余，也作扶余、夫馀等，本文除引用史料外，统一写作"夫余"。

（313 年前后）终于使得西汉武帝以来在朝鲜半岛建置沿袭下来的政治文明的直接体现——乐浪郡等古郡县吞并，两国遂凿通中空而相遇。这也是被后来金富轼等史学家目为"三国"时代的真正开始，此时半岛东南端的新罗尚处于相对弱势地位。高句丽、百济虽然在军事与外交上互竞称雄，但在文化系统上都与辽东北部地区的古夫余国有着密切的联系。汉魏时期的夫余"在长城之北，去玄菟千里，南与高句丽，东与挹娄，西与鲜卑接，北有弱水，方可二千里。户八万"。[①] 最早为东夷诸民族立传的《三国志》，在记述高句丽、挹娄、沃沮诸族时引人注意地以夫余为坐标来标明其各自的方位，类似于后来以辽东为坐标的撰写方式，这反映了中原的认知中夫余在辽东塞外的核心地位。特别是高句丽的始祖朱蒙、百济的始祖温祚皆出自夫余系统，就更加凸显出夫余的这种涵育东方政治文明的独特作用。《魏书·高句丽传》开篇就说："高句丽者，出于夫余"，继而详述朱蒙出自夫余王室出奔至纥升骨城"号曰高句丽"，以及朱蒙子孙莫来"乃征夫余，夫余大败，遂统属焉"的事迹。[②] 同书《百济传》同样以"百济国，其先出自夫余"开篇。[③]《周书》开始将百济的统治者来自夫余而民众为马韩人的特性揭示："百济者，其先盖马韩之属国，夫余之别种。"[④] 百济统治者身上带有更深刻的"夫余烙印"，一方面体现于姓氏即为夫余，另一方面体现在后期一度改国号为"南夫余"，韩国学者因此而将这一现象称为百济的"夫余意识"。[⑤] 在高句丽身上更多地体现的是对夫余故地的征服，对夫余政治文明的吸收，甚至在某种意义上讲，朱蒙建国一方面固然有中原郡县统治带来的先进文明之影响，另一方面更为直接的可能是间接地从夫余受容的中原与北族文明。高句丽好太王碑文中体现高句丽与夫余政治关系的记事有两处：一是"惟昔始祖邹牟王之创基也，出自北夫余"，二是"（永乐）廿年庚戌，东夫余旧是邹牟王属民，中叛不贡。王躬率往讨。军到余城，而余城国……于是旋还，又其慕化，随官来者……凡所攻

---

① 《三国志》卷30《魏书·东夷传》，中华书局1982年版，第841页。

② 《魏书》卷100《高句丽传》，中华书局1974年版，第2213页。

③ 《魏书》卷100《百济传》，第2215页。

④ 《周书》卷49《百济传》，中华书局1971年版，第886页。

⑤ 노중국：《백제의 고대동아시아 세계에서의 위상》，《백제문화》40，2009，第155—184页。배재영：《백제의 부여 인식》，《백제문화》41，2009，第131—172页。

破，城六十四，村一千四百"。① 通过人、地两方面对夫余政治体固有遗产的受容，无疑在高句丽大举南迁之前造就了其北族王国的面相。当然，更细致的研究认为东夫余、北夫余共存，前者实际上是高句丽始祖朱蒙所出之地。② 金毓黻亦曾指出"邹牟王新建之夫余，后即改称高句骊"，则高句丽政治文明统绪来自夫余则更为明白。③ 正如陈寅恪先生指出的，古代北族政权除了本部之外还有不少别部附庸其下，夫余如此，高句丽更是如此，从这一角度来说，高句丽兼蓄北族文明与汉地文明，并不断发展自身文化的结果本身就是多元文化的产物。其中，夫余作为前期文化"蓄积池"的作用是显而易见的。

其三，靺鞨世界文明演进的推动作用（主要是 7 世纪末至 10 世纪初）。高句丽灭亡以后，一部分高句丽遗民——这些人既有所谓高句丽人，也有靺鞨人等，他们由辽东迁居幽营地区。在契丹人掀起的营州之乱中，本居于营州的高句丽人和靺鞨人东迁曲折建国，经受唐朝册封之后始称"渤海国"。但是他们在出使日本的时候，很可能冒用或习惯性地沿用"高丽国"的名号，④ 虽然他们自己完全清楚高句丽与渤海国是完全两个不同的政权，比如渤海创建者大祚荣儿子大门艺对其身为国王的兄长大武艺就说："昔高丽盛时，士三十万，抗唐为敌，可谓雄强，唐兵一临，扫地尽矣。今我众比高丽三之一……"⑤ 然而，渤海国的政治文明一方面作为靺鞨文明演进的突变，主要展现的是广泛分布于松花江流域具有渔猎文明特色的靺鞨文化向中原汉地农耕文明的靠拢，另一方面借由"高句丽化"的内隐性政治文明借鉴，也体现出凝聚靺鞨人、高句丽人、汉人等不同人群的渤海国在辽东族群政治体纵向序列中的应有地位。在这其中，我们格外注意到渤海国与后突厥、契丹、黑水靺鞨等北族之间的文化联系。举一个并不广为人所知的例子，2004—2008 年在蒙古国境内发现了渤海类型的考古遗迹：在蒙古国布尔干、中央等省境内的契丹时期城址，通过考古发掘从位于图

① 罗振玉、金毓黻释文：《韩国古代金石资料集》（高句丽·百济·乐浪篇），（首尔）国史编纂委员会 1995 年版，第 9—19 页。
② 范恩实：《夫余兴亡史》，社会科学文献出版社 2013 年版，第 232 页。
③ 金毓黻：《东北通史》上编六卷，五十年代出版社 1943 年版，第 170 页。
④ 李宗勋：《渤海文化の二重性特征》，铃木靖民编《古代日本の異文化交流》，勉诚出版 2008 年版。
⑤ 《新唐书》卷 219《北狄·渤海传》，中华书局 1975 年版，第 6180 页。

拉河中游的一些城址中发现了渤海类型的遗物，其类型的遗物以往多发现于俄罗斯远东地区、滨海边区和中国东北地区的遗址。① 虽然，这属于一个契丹活动时期渤海人被动移转的例子，渤海文化何时、如何传播到蒙古草原的问题理所当然与契丹国政治军事政策有关，但是这恰好说明蓄积了两百年的渤海文化不仅在形成过程中有来自东部欧亚文化的融入，就是在其政治体倾覆瓦解之后其鲜明的文化又融入欧亚多元文明之内。

其四，高句丽、百济、新罗、渤海国政治体扩张中对外多元外交和文化联系带来的内生性涵化作用，促使处在汉字文化圈强力辐射范围内的东北亚区域仍然持续吸收汉字文明以外的其他文明。高句丽的扩张源自浑江与鸭绿江中游地域，在东西南北四个方向的疆域拓展中，分别北向收纳夫余故地，西向进入辽东郡县地，南向夺取乐浪（平壤）旧地，东向威服东濊、沃沮，但是从其官方历史书写的巨型景观性碑刻——好太王碑，以及目前发现的两通相对小型的碑刻中原高句丽碑、集安高句丽碑本身以汉字汉文对内向臣民宣示，对外与新罗寐锦达成外交协议的做法来看，高句丽作为一个汉字文化圈政治体的影响目前还未得到应有的揭示。百济在向南北朝所进的上表文，以丝毫不亚于中原内地的公文汉字表达水平，特别是百济向北魏状告高句丽勾结柔然、南朝夹击北魏的描述，用典遣词、文风笔法都很精彩："高丽不义，逆诈非一，外慕隗嚣藩卑之辞，内怀凶祸豕突之行。或南通刘氏，或北约蠕蠕，共相唇齿，谋陵王略。昔唐尧至圣，致罚丹水；孟常称仁，不舍涂詈。涓流之水，宜早壅塞，今若不取，将贻后悔。"② 百济国内对汉文坟典的热爱在朝鲜半岛各国中也具有代表性。同样，新罗王自真兴王以降，也以纯熟的汉文石碑镌刻君权神授的旨意，并向臣民和邻国宣示疆土界限，真兴王多通巡狩碑便是明证。新罗的巡狩碑一方面关乎空前的领域扩张，另一方面则彰显汉字文化对于新罗王权、国家权威的重要塑造作用。中外学界诸多的研究在梳理史料中的诸多记事后，归纳了新罗（包括 676 年未统一大同江以南地区以前的前期新罗以及之后作为朝鲜半岛中南部政治一元化的后期新罗）在汉字文化圈中远较高

---

① A. 오치르, L. 에르덴볼드：《몽골국 내 발해 고고유적》，《동북아역사논총》31，2011，321—344。阿·敖其尔勒、额尔顿宝力道：《蒙古国境内的渤海考古学文化遗存》，萨仁毕力格译，《草原文物》2012 年第 2 期。

② 《魏书》卷 100《百济传》，第 2218 页。

句丽、百济更为彻底的受容。虽然，我们仍需注意这些汉字文化圈成员在对汉字文化吸收时的变异和取舍，但毕竟整体上在东北亚广域范围内缔造了具有共通知识素养的士人群体。[①] 与统一新罗并峙的渤海国，"宪象中国"，典章制度、文化教育无不以唐朝为榜样，汉字文化得到进一步扩散，许多上层人士与内地士人频繁深入的诗文酬唱便是一个明证。7 世纪以后隋唐巨型帝国倾举国之力，合胡汉大军，历七十余年的辽东之役，促成新罗统一政治体在半岛的空前独大，辽东北部则酝酿成为新的高句丽—靺鞨—汉多元族群凝聚的渤海国政治体，在幽州和契丹形势突变的新局面中，逐渐成长为具有根深蒂固的民族意识的区域性微型帝国，其扩张和涵化他族的能力和方式直接模仿了汉人及其政治文明。这里笔者要强调的并非各国通过汉字吸收中原文明，而是通过汉字也可以吸收其他文明，因为目前不少新的研究已经指出北朝隋唐政治文明、精神文化上胡汉融合的特点，特别是唐朝时期域外与中原文化的大融合，使得汉字文化作为载体的兼容力得以提升，东北亚诸国很难不受此影响。

　　同时，不可忽视的是这四个政治体本身虽然长期、频繁、密切地与中原政权交错互动，但毕竟在地理上远离汉唐帝国的政治核心区[②]；在人群上成分复杂且不以汉人为主，文化上有其自身传统，经济生活与中原内地

---

　　① 高明士将东亚区域内的士人用汉文交流、共享知识的现象称为"东亚古代士人的共通教养"，参阅高明士《天下秩序与文化圈的探索》第三章（上海古籍出版社 2008 年版）。

　　② 在吸收融合冀朝鼎的基本经济区、史念海的农牧交界区等概念的基础上，李鸿宾从战略角度格外强调政治核心区的理念。李鸿宾以唐朝为例阐述说："唐朝北方边地的自然区划，最根本的依凭就是农牧分界线……北方游牧和南方农耕分别依托于不同的政治集团和国家政权。就南部农耕王朝讲，这里是农耕核心区得以保障的重要条件。"（李鸿宾：《北方边地在唐朝的战略地位及其变化》，刘庆主编《孙子兵法论丛》1，解放军出版社 2010 年版，第 144—145 页）最近在文章中多次使用"中原核心"这一提法以和高昌、突厥、高句丽这些非核心区相对举，"从唐高祖起家树立中原王朝的框架，到唐太宗、高宗前后相继征服东西突厥、高昌、高句丽等形成的农耕游牧兼具的帝国盛局之形成，经过数十年的积累与开拓，以汉人为统治核心的一统化王朝最终确立。"以描述唐朝帝国南北兼跨的壮举及其内涵（李鸿宾：《唐朝前期的南北兼跨及其限域》，《中国边疆史地研究》2016 年第 2 期）。对此更为全局的阐述则是："这一格局就是以活跃在中原农耕地区汉人群体为王朝依托的核心与活动在周边外围地带的各族群体为附属的内外二重结构而呈现出来的。唐朝建国后稳固本土内地的同时向周边开拓，它从东北和西北两翼伸展其军力并辅之以行政建置的举措，最终的目标则是控制北方草原的游牧势力，虽然在时间上进军西域腹地征服高昌国和挺向东北用兵高丽要晚于征服东突厥，这并不妨碍我们理解唐廷经营周边的整体战略。"（李鸿宾：《中华正朔与内亚边疆》，《学术月刊》2017 年第 2 期）

迥然不同（兼具游牧、畜牧、渔猎、游耕、农耕）①，最重要的一点是在政治传统上，诸政治体的延续其来有自，且赓续绵长。因此，在强调草原、中原文明的外来影响的同时，我们是否对于东北地区独特的文明类型多有忽视？从长时段视角来看，东北民族的发展实际上被割裂为几段，其整体性的文明突进及其背后蕴含的冲击能力似乎除了清朝史的研究外还鲜有清晰的认识。黄永年先生在关于河北藩镇与契丹、奚关系的文章中说："我国古代少数民族对中原以汉族为主体的政权的威胁即所谓'边患'，前期多来自北方、西方，后期则多来自东北方。其转折一般都认为开始于五代时契丹阿保机、德光父子的南侵。其实武则天时契丹李尽忠等的变乱早已见其端倪。如果不是唐朝统治者及时采取措施，建立河北藩镇，则五代北宋时那么严重的东北边患很有可能提前在中唐时就出现。"② 这一问题仍有待更多古代史学者的着重开拓。

由此，高句丽、百济、新罗时代（主要是 4—7 世纪）以及统一新罗—渤海国时代（7 世纪末至 10 世纪初）辽东与朝鲜半岛通过中原但不限于中原的途径接受内陆欧亚文明影响，与整个丝路文明（西方文明）发生联系，同时发展出自己独特的文明样态并进而丰富了欧亚文明。

唐代长安以东的文明交流将"丝绸之路"向东延伸到亚洲的最东端，使得欧亚大陆东西两端的文明交流得以贯通。辽东的高句丽及其邻近的百济、新罗、渤海、日本（本文未曾展开论及日本，但实际上通过奈良东大寺正仓院文物的比对，可以发现列岛作为欧亚世界的极东沉淀西来文物的强大能力，而通过这些文物携带的欧亚文明的"基因密码"，又可以绘制一幅微型的东西文化交融图景）为中心的视角，呈现中原文明、草原文明、西域文明在内的诸多文化要素向东传播的一个面相，同时他们也发展出不断变化的独特文明，既处在汉字文化圈的强大辐射力之下，又兼蓄多元文明，整体上作为传统意义上的丝绸之路之东部延伸而屹立东方。这一

---

① 周振鹤将冀朝鼎和施坚雅的经济区划分作为代表性研究提出予以表彰："对于行政区划以外的各种政治区的划分，历来很少人关心。而对于基本经济区，却早有代表性的成果，如冀朝鼎对于中国历史上基本经济区以及施坚雅关于中国大经济区的研究。"周振鹤：《中国历史上两种基本政治地理格局的分析》，《历史地理》第 20 辑，上海人民出版社 2004 年版，第 2 页。但遗憾的是，这两位对于作为全国经济区一部分的东北地区经济区划分及其研究仍尚显粗疏，这代表了中古史学界对于王朝化外的东北史地的不熟悉。

② 黄永年：《唐代河北藩镇与奚契丹》，《中国古代史论丛》1982 年第 2 辑，第 220 页。

认识对于从学术意义上加深对中外交流史的全面理解，从现实意义上推进当下"一带一路"倡议在东北亚地区的合作共赢，都富于启迪。

图1　撒马尔罕大使厅壁画西墙局部

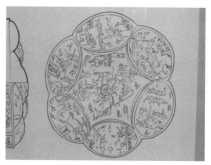

图2　都管七国六瓣银盒鸟羽冠人物及其"高丽"铭文（线描图）

图3　章怀太子墓壁画客使图中的鸟羽冠使者

图4　舞俑墓壁画狩猎图中的戴鸟羽冠人物

［基金项目：国家社会科学基金项目"隋唐'辽东之役'与东部欧亚联动关系研究"（18CZS059）、国家民委民族研究后期资助项目"隋唐边疆治理与民族联动应对研究"（2017－GMH－018）、中央高校基本科研业务费专项基金项目（18SZYB27）阶段性成果］

疏勒河流域在东西文明交流中的地位和作用考察

王 璞

甘肃省玉门市博物馆

一 疏勒河流域文化地理现象

敦煌地区，狭义上说是疏勒河流域地区，广义上说河西走廊地区。

在我国内陆河中，疏勒河是为数不多向北、向西流淌的河流。自发源地一路向北，在祁连山区穿行，一路披荆斩棘，出昌马峡谷，过黄闸湾、柳河，甩头向西，穿越瓜州到达敦煌，渡玉门关继续西去，进入库姆塔格沙漠。古代洪水暴涨季节，这条河就能流入罗布泊。

疏勒河水系位于河西走廊西端。南有阿尔金山东段、祁连山西段的高山，山前有一列近东西走向的剥蚀石质低山（即三危山、截山和蘑菇台山等）；北有马鬃山。中部走廊为疏勒河中游绿洲和党河下游的敦煌绿洲，疏勒河下游则为盐碱滩。绿洲外围有面积较广的戈壁，间有沙丘分布。

疏勒河发源于祁连山脉西段的疏勒南山和托来南山之间，横跨青海、甘肃、新疆三省区，流经青海省天峻县、甘肃省肃北、玉门、瓜州、敦煌，向西流入罗布泊，干流全长 670 公里，多年平均径流量 10.31 亿立方米，流域面积 4.13 万平方公里，为甘肃省第二大内陆河。

疏勒河是河西西部的重要河流，是河西走廊的三大内陆河之一，也是我国重要的内陆河，疏勒河孕育的文明在我国文明史上书写了辉煌的一页，是中华文明的重要组成部分。疏勒河是敦煌文明的源泉，也是玉门——敦煌的生命之河。

有考古发掘证实的历史距今 4000 年，史前这里有齐家文化、马厂文化、火烧沟文化、骟马文化四种古文化的遗址，除了齐家、马厂是东渐文化外，火烧沟、骟马是本流域特有的古文化。

二 上古火烧沟时期

距今 4000 年前是东西文明交流的前沿，是我国最早对外开放的地区。在上游的玉门，诞生了著名的火烧沟文化，火烧沟冶炼技术的发达，在夏代首屈一指。在距今 3500—3000 年，诞生了稀有的骟马文化。

（一）火烧沟文化

火烧沟遗址发掘于 1976 年，是一处含有大量彩陶的早期青铜时代文化遗址，距今 4000—3800 年。火烧沟文化的历史价值突出地表现在它是我国史前东西方文明交流的前沿、青铜冶炼的区域中心。同时，火烧沟文化集中地反映了我国彩陶发展后期的一个较高水平，也集中地反映了古代羌族人的社会生产生活。火烧沟文化因其地处河西走廊，对河西地区的史前文明具有十分重要的影响，火烧沟遗址被中华遗产杂志社评为我国最具中华文明意义的百项考古发现之一。

（二）火烧沟遗址概述

火烧沟文化也是四坝文化，主要分布在山丹县以西地区，西界已进入新疆东部。经炭 14 检测，该文化的绝对年代为公元前 1950—前 1550 年。玉门境内属于火烧沟文化的古遗址有火烧沟遗址、大墩湾遗址，砂锅梁遗址、小金湾西墓群等。

火烧沟遗址是甘肃重要的古文化遗址之一，1976 年进行考古发掘。这是一处含有大量彩陶的青铜时期遗址，距今 4000—3800 年，相当于夏代中期。该遗址位于玉门市清泉乡境内 312 国道边，范围约 20 平方公里，中心面积 0.2 平方公里。因处于红土山沟，土色红似火烧，被考古界称为"火烧沟文化"，也有称之为四坝文化火烧沟类型的。因为本文仅涉及疏勒河流域，为研究方便，因此本文把分布在疏勒河流域的四坝文化统称为火烧沟文化。

火烧沟文化作为中国史前文化考古中一种独特而稀有的文化类型，

2009 年被中华遗产杂志社评为我国最具中华文明意义的百项考古发现之一。

火烧沟遗址卫星照

火烧沟遗址考古发掘照

火烧沟遗址全景照

火烧沟遗址先后三次发掘墓葬 330 余座，多数是竖井带台的侧穴墓，有一定数量的殉人墓和随葬的动物。根据北京大学李水城的《四坝文化研究》，火烧沟墓地的绝对年代在夏代纪年范围内，延续年代大致在公元前 2000—前 1800 年。出土了大量的陶器、石器、金器、铜器等。其中人形彩陶罐、鱼形陶埙、三狼钮盖方鼎、人足罐等珍贵文物，为国内所罕见。根据出土文物推断火烧沟（四坝）文化可能是古代羌族的文化遗存。2006 年 5 月，经国务院核定公布为第六批全国重点文物保护单位。

（三）东西文明交流前沿

玉门是中国最早出现青铜器的地区之一。发达的早期青铜文化促进了经济发展和交往范围的扩大，在与周边文化发生碰撞、交融的过程中，玉门成为古代中国最早接受并传播东西方文化的前沿地带。火烧沟文化是史前中华文明最西部的一支文化，是中华文明、印欧文明交融的前沿，因此，火烧沟文化在东西方文明交流中占据着非常突出的地位。

火烧沟文化的地理位置恰好处在东西方文明之间，是中原系统古老的东方文化与西方文化接触的前哨。火烧沟墓地出土的文物证明早在公元前2000年左右分布在河西走廊中西部的火烧沟文化就和今天俄罗斯南部草原米努辛斯克盆地的安德罗诺沃文化、塞伊玛—图尔宾诺文化等存在一定的联系和交流。其中的一些近东地区的文化因素也出入了河西走廊。这些因素包括喇叭口耳环、直銎斧、权杖等。火烧沟文化在早期东西方文明交流中占据着非常重要的地位。玉门是古代中国较早接受并传播东西方文化的前沿地带。

一是从地理位置上看，火烧沟文化的地理位置处在史前东西方文明之间，东疆地区便有典型的高加索人种分布，而其相邻的河西则属于东亚蒙古人种。多种文化和文明在这里交融交会。在丝绸之路开拓之前的1800年，生活在我国河西走廊的玉门火烧沟的先民们就已经开始了与西方文明的交流，成为我国较早与西方文明交流的部落。

中原文化西进，从中国西部地区的文化谱系追溯，火烧沟文化源于马家窑文化马厂类型，其冶金技术承袭下来。同时也受到齐家文化的影响。火烧沟文化在逐步发展的历史进程中，与西北一带的游牧民族接触并产生相互间的交流。

二是从火烧沟发掘的文物看，火烧沟文化明显受到印欧文化及近东文化的影响。权杖头是中国史前东西方文明交流的重要见证物。权杖头是昭示身份、象征权威的特殊器具，距今5500年或更早的权杖头比较集中地发现于古埃及、西亚、安那托利亚、黑海及里海周边地区。中国境内的权杖头仅分布于甘肃、陕西西部、新疆等地。其形态与近东和中亚发现的同类物非常相似，权杖这种具有特殊功能的器具，应属外来文明因素。

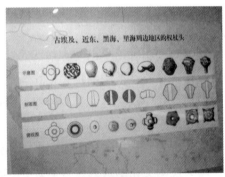

甘肃省博物馆展出的火烧沟遗址权杖头

冶金技术的早期交流问题也是冶金起源研究课题之一。目前考古发掘出土和经检测分析的中国早期铜器集中于甘肃地区，齐家文化和火烧沟文化的铜器最多。他们紧邻新疆靠近中亚，且发现部分铜器形制包含有西亚文化的因素，加之砷铜在甘肃火烧沟文化中出现，引起了中外学者对东西方冶金技术早期交流和探索中国冶金技术起源的热情。

砷青铜的使用也是中国史前东西方文明交流的重要见证物。火烧沟文化遗址中普遍发现了砷青铜，这与西亚的冶炼是类似的，而中原地区、甘青其他地区没有发现砷青铜，这说明火烧沟文化冶炼技术受到了西亚冶炼技术因素的影响。根据一些专家学者的研究，中国青铜冶炼技术是沿丝绸之路由西往东从西亚传入中国，因此有专家学者把这条路叫青铜之路，传播的是青铜技术。

火烧沟青铜器

青铜锛 通长8厘米、宽4厘米

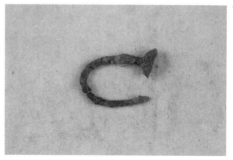

铜耳环 周长约9厘米、直径0.3厘米

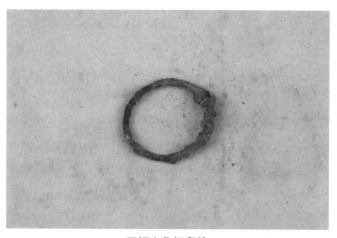

四坝文化铜鼻饮

环外径4.3—4.8厘米、内径4—4.3厘米、直径0.5厘米

白玉杵

长14厘米、宽2.3厘米

　　玉杵为长方体，两面开尖刃，用上等和田白玉制成。该玉器的发现说明早在青铜时期，和田玉即沿着后世的丝绸之路传向中原，传向东方；丝绸之路的前身，可称为"玉石之路"。

　　火烧沟文化的分布范围位于河西走廊的中西段，不仅通过火烧沟文化把内地文化与新疆一带的文化联结起来，而且火烧沟文化对以后新疆地区含有彩陶的文化也有很大的影响，因此火烧沟文化在东西文化交流方面的重要地位是不容忽视的。

历史上，河西走廊一直是中西文明交流的走廊，距今 4000 年左右是青铜之路或玉石之路，传播的是青铜技术，交流的是玉石，传播的方向是由西往东。而从两千年前西汉开始的丝绸之路，传播的方向则是由东往西，传播的物质媒介是丝绸。

从东西方文明交流重要性而言，同处疏勒河流域的火烧沟与敦煌都创造了高度发达的文明，一个属于史前，一个属于史后，时间上两者相距 1700 年；空间上一个属于疏勒河上游，一个属于疏勒河下游。但两者在文化上发挥的作用却是相同的，都是东西方文明交流会聚的一个中心点。

（四）青铜冶炼区域中心

处于夏代的火烧沟文化最能代表其生产力发展水平的，是它比较广泛地使用了铜制的生产工具、兵器、礼仪用具和装饰品，其中包括金银装饰品。火烧沟文化对金属认识即冶炼的水平已经脱离了萌发阶段而步入一个新的发展时期。从目前的研究来看，火烧沟地区应该是我国夏代青铜冶炼的发端地和区域冶炼中心。这个主要从以下几方面来说明。

（1）我国青铜冶炼发端地。玉门，是进出新疆的关键地区，自古为东西方文化接触的前哨，是探索中国古代冶金术发展与传播的重点地区。近年来考古工作的开展，为系统研究该地区铜器的发展及其与周边文化的关系提供了可能。

青铜时代在考古学上是以使用青铜器为标志的人类文化发展的一个阶段。位于中亚的美索不达米亚是世界上第一个已知的最早掌握青铜冶炼技术的文明，出土了公元前 4000 年的冶炼青铜器，人类初步踏入了青铜时代的门槛。

中国的青铜文化起源，根据北京大学李水城和南京大学水涛的研究，起源于甘青地区和新疆地区，而再要缩小范围，就是源于河西走廊，因为这里出土的铜器年代最早、数量最多、技术最先进。中国的青铜时代距今约 4000 年，止于公元前 5 世纪，大体上相当于文献记载的炎黄时代，及夏、商、西周至春秋时期，约经历了 1500 多年的历史。中国步入青铜时代，大体经历了早、中、晚期几个不同的发展阶段。

早期。即指夏代，夏代前期（前 2000—前 1800）是以玉门火烧沟为代表，夏代后期是以河南偃师二里头文化（见二里头遗址）为代表。年代大约在公元前2080—前1580年间，河西走廊的齐家文化、四坝文化等，都相继出现了品类繁杂的青铜制品。

从考古发现看，中国境内所发现的早期铜器分为两部分：一部分，也是绝大部分集中在甘（肃）青（海）地区和新疆东部一带，初步统计其总量超过1500件，其中属于夏代的也就430件；另一个集中的地点是黄河中游的豫西地区，大约200件。

齐家文化（前2200—前1800）发现铜器130件。

四坝文化（前1950—前1550）发现铜器300件，重要遗址点有玉门火烧沟、砂锅梁，肃州区干骨崖，瓜州县鹰窝树，民乐县东灰山、西灰山等，其中火烧沟遗址有200多件。该文化的冶铜业较之齐家文化更进了一步，种类也更加复杂丰富，包括斧（镢）、刀、锥、矛、匕首、镞、耳环、指环、手镯、扣、泡、牌、联珠饰、权杖头等。在这些铜器中新增加了一批以往所不见的新器类，如铜镞（在火烧沟墓地还发现有铸造铜镞的石范）、铜权杖头等。此外，还发现有少量的金银装饰品。

从以上也可以看出，在从马家窑文化到马厂文化近千年的时间里，冶铜业的发展速度比较缓慢，所见铜器数量的稀少也暗示了这一点。也就是说，当时的金属冶炼业尚处在最初的摸索阶段。而我国青铜冶炼真正的发端则始于四坝文化。火烧沟遗址作为四坝文化最重要的遗址，无疑是我国青铜冶炼业的发端地，也是我国早期青铜冶炼业的中心。这在北京大学李水城的《西北与中原早期冶铜业的区域特征及交互作用》的研究文章里也得到了印证。

（2）出土铜器数量最多。据现有的考古发现，甘肃西部是我国发现早期铜器数量最多的地区，尤以四坝文化发现的铜器数量最多，种类也最丰富。火烧沟墓地有330余座墓葬，出土铜器的达106座，200件，占已发现四坝文化铜器270余件的74%，其中青铜数量超过红铜。

（3）制铜技术全国较先进。火烧沟遗址出土的200多件铜器中，已检测的样本有64件。其中，纯铜30件，占45.45%，除4件系锻造外，其余均为铸造。特别是四羊首权杖头还使用了比较复杂的复合范、分铸技术，是我国目前最早的青铜镶嵌铸品，代表了该文化所具有的比较高的冶铸工艺。据考古专家对四坝文化的分期研究，进一步推断四坝文化冶金工艺的发展大致经历了一个从纯铜—砷青铜—锡青铜的演变过程。就目前掌握的资料来看，四坝文化的砷铜是中国境内现在所知年代最早的一批。

四羊首权杖头：是我国目前最早的青铜镶嵌铸品，制作精巧，外形极

四羊首权杖头 高8厘米、口径2.8厘米、腹径5厘米、底径2.4厘米

似一细颈的小壶。在下端位置饰四道凹弦纹，銎孔内残存一段木柄；在腹中部偏下对称地镶铸四个盘角的羊头，其造型和结构均比较复杂，使用了比较复杂的复合范、分铸技术，是一件显示四坝文化铸铜工艺技术的代表作。说明火烧沟文化时期已具备了制造铜容器的技术。此物的造型风格和铸造技术显示出与中亚和西亚的某些联系，反映出当时火烧沟文化内部生产部门的分工进一步细化，已产生出一批技术熟练的专业工匠，以适应从采矿、冶炼、制范到铸造等一系列比较复杂的工艺流程。

火烧沟遗址的制铜技术在当时是全国较先进的，这也被考古界的很多专家认同。"火烧沟文化"发掘的铜对中国夏代即有青铜文化的论断曾经提供过重要的证据，在今天也仍有其重要的现实意义。

同一墓葬中，石器、陶器、铜器共存现象很多，说明冶炼技术很早就被火烧沟人所掌握。火烧沟遗址中出土的铜箭镞石范也是迄今为止我国时代最早的铸箭镞石范。镞即箭头，这种兵器在战争中消耗量很大，射出后又不能收回，没有高度发展的青铜铸造业是供应不上的。

根据测定结果，火烧沟文化的铜器合金成分复杂，既有锡青铜和铅锡青铜，又有砷青铜以及其他合金制品。从上述情况看，当时的冶铜专业人员已掌握了采矿、冶炼、制造和铸造成型等生产工艺，冶铜业更趋成熟。

中国最早的黄金制品。火烧沟人的黄金制造水平也是高超的。火烧沟遗址中出土的齐头和缝的金耳环是目前所见资料中最早的一例，是我国目前发现最早的黄金制品。火烧沟出土的金耳环数量较多，纯度很高，微泛红色。火烧沟人除了懂得如何冶炼青铜，而且能冶炼其他合金，这说明火烧沟的金属制造业已达到相当高的层次了。

火烧沟出土铜器成为我国冶金技术起源研究的重要课题。在当前开展中国古代文明起源和早期发展研究的课题中，要推进冶金起源的研究，北京科技大学冶金与材料史研究所列出了必须要解决的几个问题。其中第一至第四是从地点上来说，是加强二里头文化（河南）、夏家店（辽

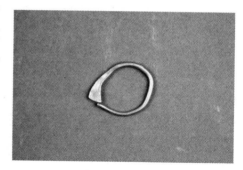

金耳环 周长 8 厘米、直径 0.3 厘米

西）、火烧沟（甘肃）、新疆四个地点出土铜器的研究。甘肃玉门火烧沟文化出土的铜器成为我国冶金技术起源研究的重要方面。课题就是加强火烧沟四坝文化铜器的定量分析。

通过对甘肃玉门火烧沟四坝文化铜器进行的定量成分分析和金相检验、表面定性成分分析以及表面局部除锈分析等显示，火烧沟铜器材质多样，以红铜比例最大，杂质元素多样化且含量较高，反映了冶炼所用矿料是多金属共生矿或混合矿，冶金技术尚处于较原始阶段。火烧沟铜器以铸造为主要制作工艺，不同类型的器物在材质和制作方法上有别，红铜仍然是普遍应用并在生产中发挥主要作用的金属材料。

火烧沟先民的冶金技术是高超的，考古学家李伯谦先生认为："二里头文化和火烧沟文化发现的铜器最多，冶铸青铜的技术最高。"考古学家张忠培先生也说："据目前掌握的资料来看，可判断四坝文化火烧沟墓地居民的铜器制造业的发展水平，在夏代诸文化中，仅次于二里头文化。火烧沟墓葬中随葬的石范，证明其居民已掌握了制铜技术。"

（4）青铜冶炼种类显著增多。火烧沟铜器按种类和功能分大致分为工具、武器和装饰品几大类。

工具类分为刀、削、锥、斧等。锥的形制相当规范，并且均为有柄复合工具；刀个体较大，形制也较为复杂，特别是环首刀、有贯通銎的斧以往不见，此时已属较常见之物，代表了一种新的、更进步的文化因素。

圆銎铜斧 长14厘米、宽4.9厘米、
厚0.5厘米、銎径4.3厘米

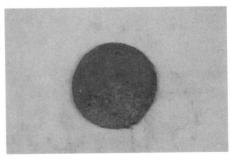

铜泡 直径8厘米、
厚0.3厘米

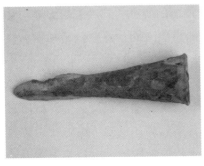

锥式铜矛 长13.4厘米、宽2.6厘米、
銎径3.1厘米

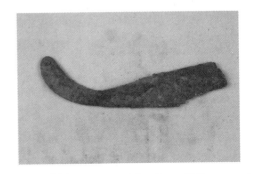

铜弯刀 长22厘米、宽2.3厘米、
厚0.3厘米

铜武器：火烧沟文化铜武器以矛、匕首、镞为主，其中，矛和匕首仅见于火烧沟墓地。铜箭镞石范也是迄今为止我国时代最早的铸箭镞石范。箭镞作为一种消耗性、不可回收的武器的使用，表明火烧沟文化的冶铜和铜器制作水平已经达到了较高的水平。

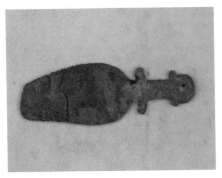

环手铜刀 长11.5厘米、
宽3.8厘米、厚0.3厘米

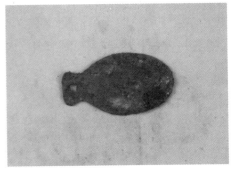

铜匕首 长7.2厘米、宽3.8厘米、
厚0.3厘米

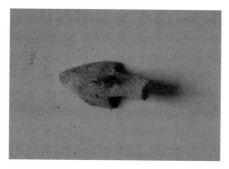
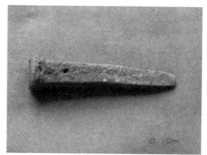

铜装饰品：种类有耳环、指环、手镯、扣、泡、圆牌饰、联珠饰等。这其中，除指环和外缘有小孔的铜泡见于较早的马家窑和齐家文化之外，其他如耳环、手镯、联珠饰等种类为后者所不见。

四坝文化石箭范（一级文物） 长6.2厘米、宽4.2厘米、厚2厘米、槽长3.5厘米、宽1.6厘米

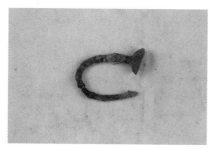

铜耳环

周长约9厘米、直径0.3厘米

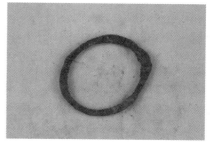

铜鼻饮

环外径4.3—4.8厘米、内径4—4.3厘米、直径0.5厘米

我们知道青铜器的出现是划时代的重要事件，青铜铸造技术的发明大大提高了社会生产力，从而促进了人类文明的形成和发展。火烧沟文化因其丰富的青铜器而被定为青铜器时代文化，从而跨入我国夏代时期先进文化之列。

在我国夏代时期的西北，马家窑文化已经消失，齐家文化也开始衰落，火烧沟文化更是一枝独秀，代表了当时西北青铜器制作工艺的最高水平，甚至对中原青铜文化的发展也产生了很大的影响。

三 中古敦煌时期

（一）疏勒河流域文化地理

疏勒河古道是丝绸之路的必经通道，孕育出了辉煌的敦煌文化，被称为世界四大文明的交会点。

疏勒河处在古代丝绸之路的咽喉，是丝绸之路的通衢大道。大河两岸，大路朝天，丝绸之路的几条重要通道，阳关道、玉门关道、吐谷浑道、莫贺延碛道，全部沿大河两岸穿行，敦煌是丝绸之路的东段的终点，又是中段的起点，玉门关、阳关是"出塞""入关"的必经之地。在疏勒河边，一"教"东来，一"路"西去。一"教"是佛教，一"路"是"丝绸之路"。

在丝绸之路开通后的 1000 多年间，疏勒河流域始终处在中国对外开放的最前沿，从西汉时期一直延续下来的移民屯垦，又为它不断输入新鲜血液，让它始终与内地保持着血肉联系。

疏勒河流域与石羊河、黑河虽同处河西走廊，但在地理环境、气候等方面有一定的差异，表现在降水更少，气候更干旱，绿洲变小，戈壁广大，风更大，光照资源更丰富，生态环境更加严酷。由于所处的地理位置不同，三个流域所碰撞出的文明程度也有所差异，以 5 个世界文化遗产的分量，疏勒河流域无疑领先于石羊河、黑河流域。

疏勒河流域遗产级别高、类型多、影响大。

疏勒河流域在甘肃境内行政地域从东往西包括玉门市、瓜州县、肃北蒙古自治县、敦煌市、阿克塞哈萨克族自治县。行政面积 171942 平方公里，人口 52 万人。东西长达 500 公里。南北长达 500 公里。地处蒙古国以及中国内蒙古、新疆、青海、甘肃一国四省（区）交界地带，位置特殊，历史上是东西文化的交流中心。

自西汉开始至今的 2000 年里，东西文明交流的中心从疏勒河上游的玉门转移到了下游的敦煌，诞生了敦煌文化。

在千里疏勒河古道边，有星罗棋布的古代绿洲，昌马、渊泉、锁阳城、石包城、瓜州、广至、敦煌、阳关、多坝沟以及古玉门关等，而阳关道、玉门关道、吐谷浑道、莫贺延碛道等则是古丝绸之路的几条重要通道，全部在疏勒河两岸穿行，玉门关和阳关更是"出塞"和"入关"的必经之路。20 世纪以来，玉门的工业文化异军突起，成为我国工业文化的先导者，进一步丰富了流域内的文化内涵。

西汉疏勒河流域图

流域内诞生并保存了敦煌艺术、史前聚落、古都重镇、丝路古道、关隘要塞、长城烽燧、石窟寺庙、石室文书、流沙坠简等众多独特的"敦煌文化"及其宝贵的遗址遗物。据第三次全国文物普查，河西疏勒河流域 5 县市有 764 处（酒泉 1393 处）不可移动文物，其中玉门市 126 处，瓜州县 318 处，敦煌市 181 处，肃北县 110 处，阿克塞 29 处。按级别分，世界文化遗产有莫高窟、汉长城、玉门关、悬泉置、锁阳城 5 处。全国重点文物保护单位有 17 处（酒泉有 22 处），占全省 139 处的 12.23%，除境内汉长城外，分别有敦煌境内的莫高窟、玉门关遗址、悬泉置遗址、肃北蒙古族自治县的 5 个庙石窟、大黑沟岩画，瓜州县的榆林窟、东千佛洞石窟、锁阳城遗址、破城子遗址、六工城遗址、踏实墓群，玉门市火烧沟、砂锅梁、老一井。甘肃省文物保护单位有 49 处（酒泉 73 处），占全省 617 处的 7.9%。酒泉市文物保护单位 14 处（酒泉 19 处）。

（二）世界文化遗产分布最集中的地区

2014 年 6 月 22 日，随着玉门关、悬泉置、锁阳城的申遗成功，疏勒河流域世界文化遗产增至 5 处（甘肃总共 7 处）。在一条河流上能诞生 5 处世界文化遗产，前所未有。莫高窟、长城（嘉峪关）、玉门关、悬泉置遗址、锁阳城遗址。从嘉峪关到玉门关的距离为 500 公里，成为世界文遗产最集中的地区。疏勒河流域成为世界文化遗产重点分布地区，疏勒河是名副其实的文化运河。

（三）疏勒河文化运河（敦煌文化）的现实意义

疏勒河是敦煌的母亲河，没有疏勒河便没有敦煌文化的辉煌。以敦煌文化为龙头的疏勒河流域历史文化资源群星璀璨，文脉浩荡。

贯穿整个流域的世界级文化遗产——汉长城，与疏勒河、丝路线平行西向而行，构成了疏勒河流域恢宏壮阔的历史文化骨架。20世纪我国的四大考古发现，其中莫高窟和简牍两项就是在疏勒河流域发现的，同时，这里还有1991年度和"八五"期间全国十大考古发现之一的悬泉置遗址，还有2011、2012年连续两年进入全国十大考古发现终评未当选的马鬃山玉矿遗址，流域内分布着1处国家历史文化名城——敦煌。

上游有史前的玉门火烧沟文化，中游有瓜州的锁阳城世界文化遗产和一批国家、省级历史文化遗产，下游有莫高窟、玉门关、悬泉置三个世界文化遗产和一批国家、省级历史文化遗产。这里是石窟文化的圣地，疏勒河两岸分布着世界文化遗产——莫高窟，分布着国家级文化遗产——榆林石窟、东千佛洞石窟、五个庙石窟，分布着省级文化遗产——昌马石窟，还有众多的县市级石窟，从上游的海拔2500米到下游海拔1200米，都有分布。这一文化奇观可谓世界所罕见，疏勒河所独有。

一个世界级千里"文化大运河"，沿着疏勒河、汉长城舒展开。

敦煌文化是我国最华丽的世界文化招牌之一，是甘肃文化的魂。敦煌是国家级历史文化名城，境内有3个世界文化遗产点，这是我国世界文化遗产最多的县级行政区域。

敦煌是甘肃省辖的一个县级市，中国的国家历史文化名城。敦煌位于古代中国通往西域、中亚和欧洲的交通要道——丝绸之路上，曾经拥有繁荣的商贸活动。以"敦煌石窟""敦煌壁画"闻名天下，是世界遗产莫高窟和汉长城边陲玉门关、阳关的所在地。敦煌因曾经的辉煌和博大精深的文化内涵而闻名于世。

敦煌，位于河西走廊最西端，地处甘肃、青海、新疆三省（区）的交会处。敦煌是一座古老的历史文化名城，是飞天艺术的故乡、佛教艺术的殿堂，有"戈壁绿洲""西部明珠"之称，是古丝绸之路上的黄金旅游胜地，被誉为"世界的敦煌""人类的敦煌"。

自西汉设郡到西晋末的数百年间，丝绸之路虽几通几绝，但敦煌日渐呈现出繁荣昌盛的景象，也逐步发展成为西北军政中心和文化商业重地，成为"华戎所交大都会"。

魏晋时期的河西地区先后建立了前凉、后凉、南凉、西凉、北凉等封建政权。公元400年，李暠建立西凉国，敦煌有史以来第一次成为国都。这一时期，凉州已成为中国北部的文化中心，而敦煌又是凉州文化的中心，名流学者代不乏人。

莫高窟千佛洞

莫高窟俗称千佛洞，被誉为20世纪最有价值的文化发现、"东方卢浮宫"，以精美的壁画和塑像闻名于世。

莫高窟至今仍是世界现存佛教艺术最伟大的宝库。敦煌壁画容量和内容之丰富，是当今世界上任何宗教石窟、寺院或宫殿都不能媲美的。

敦煌这个在甘肃省西北部戈壁中的小小绿洲，是古代中西文化交流之孔道，是古代丝绸之路连接东西方文明的咽喉之地，由绚丽多彩的敦煌壁画、彩塑和包罗万象的莫高窟藏经洞文献构成了它举世瞩目的文化艺术宝库，它是世界上历史悠久、地域广阔、影响深远的中国、印度、希腊、伊斯兰等四大文化体系交流融会之地，由此而形成瑰丽的敦煌文化。它包容了古代儒、佛、道、摩尼、景、祆等宗教之精华，也保存了古代汉、藏、梵、回鹘、于阗、粟特、西夏、吐火罗等语言文字，是真正的世界文化遗产。

小　结

正如季羡林先生所言："我们知道，世界上历史悠久、地域广阔、自成体系、影响深远的文化体系只有四个：中国、印度、希腊、伊斯兰，再没有第五个；而这四个文化体系汇流的地方只有一个，就是中国的敦煌和新疆地区，再没有第二个。"① 这就是疏勒河流域文脉浩荡的真正原因。

---

① 季羡林：《敦煌学、吐鲁番学在中国文化史上的地位和作用》，收入季羡林《佛教与中印文化交流》，江西人民出版社 1996 年版，第 141 页。

韩国主要图书馆藏中国地方志文献考略

——以丝路沿线方志为中心

党　斌

陕西省社会科学院古籍整理研究所

在相当长的历史时期内，中国、日本、越南和朝鲜半岛（包括今韩国、朝鲜）均以汉字为官方文字或主要书写记录文字，因此，部分学者提出了以上述诸国构成的广义的"东亚国家和地区"以及"东亚文化圈"的概念。随着研究的进一步深入，王勇教授从文化交流角度出发提出的"书籍之路"以及王鑫磊基于客观历史现象所提出的"书同文"概念亦产生了广泛的影响。[①] 在上述概念涉及诸国家和地区中，朝鲜半岛因在很长一段时间内均以汉字作为官方文字编纂史籍、撰写文书，且一直延续至公元15世纪中后期。因此，今韩国为域外汉籍重要存藏地之一。

一　韩国所藏中国方志概览

作为域外汉籍重要存藏地之一，今韩国各类图书馆、博物馆、高等学府和科研机构中所藏汉文文献资源十分丰富。韩国所存各类汉文典籍来源不同于美国、日本等其他国家，其中既有朝鲜半岛前代文人以汉文书写的各史书、文集等，亦有中国古代四部典籍的高丽、李朝朝鲜刻本或抄本。与此同时，也有相当数量中国典籍通过官方使臣互访、文人士大夫的求

---

① 参见王勇等《中日"书籍之路"研究》，北京图书馆出版社2003年版；王鑫磊：《同文书史——从韩国汉文文献看近世中国》，复旦大学出版社2015年版。

购、两国文人之间的互赠等多种途径流入朝鲜半岛。①

中韩之间的典籍文献交流历史悠久，结合正史记载，可追溯至南北朝时期。② 此后历唐宋至明清千余年间，双方典籍交流日益频繁。尤其是李朝朝鲜时期，通过各种渠道广泛搜集中国四部文献并进行保存，是汉籍传入朝鲜半岛的高峰时期。据统计，截至 2010 年底，仅韩国国立中央图书馆馆藏各国历代古籍就达 27 万册之多，其中韩国古籍约 18.2 万余册，日本古籍约 5.3 万余册③，中国古籍约 3.5 万册。1976 年至 1979 年韩国国立中央图书馆先后刊行《外国古书目录》四册，书中共收录中国古籍 1997 种，31242 册。④ 此外，韩国尚有首尔大学、高丽大学、庆北大学、梨花女子大学、韩国学中央研究院等大学、科研机构和各类图书馆、博物馆等均有不同数量馆藏古籍。

李朝朝鲜统治时期，正值我国明清两代，而作为中国特有文献形式的地方志经历了宋、元时期的发展，其编纂在明、清、民国数百年间已蔚然成风。粗略统计，明代纂修志书有 1500 余种，传世者有 400 余种。清代纂修志书仅传世者即达 5500 种之多。民国时期，在明清两代纂修志书的基础上，重修、续修各类方志文献总数亦有 1500 余种。中国地方文献的大量流入海外，成为域外汉籍的重要组成部分，也是在晚清明时期。据陈桥驿先生 20 世纪 90 年代统计，美国、英国、法国、澳大利亚、日本等五国著名图书馆收藏中国地方志就有近 13000 种。⑤ 而李丹结合世界各地编纂目录统计，美国仅 4 家主要机构所藏中国方志就多达 7900 种，日本包括 53 家

---

① 关于中国典籍流入朝鲜半岛的途径和形式，参见郭美善《中韩两国的书籍交流考论》，《语文学刊》2012 年第 10 期，第 69—70 页。另参见季南《朝鲜王朝与明清书籍交流研究》，博士论文，延边大学，2015 年。

② 按：金富轼《三国史记》称："（小兽林王）二年夏六月，秦王苻坚，遣使及浮屠顺道，送佛像、经文。王遣使回谢，以贡方物。立大学，教育子弟。"（《三国史记》卷 18《高句丽本纪》，吉林大学出版社 2015 年版，第 221 页）《南齐书》《周书》《北史》《旧唐书》等正史中亦有我国经史典籍传入高句丽的记载。

③ 按：由于朝鲜半岛曾长期使用汉字书写，故该馆所藏韩国古籍中相当一部分均为汉文书写。日本古籍也存在类似情况。

④ ［韩］金孝京：《韩国国立中央图书馆藏中国古籍概况及地方志资料介绍》，《方志文献国际学术研讨会论文集》，中华书局 2012 年版，第 484—485 页。

⑤ 陈桥驿：《关于编纂〈国外图书馆收藏中国地方志孤（善）本目录〉的建议》，《中国地方志》2002 年第 2 期，第 63 页。

图书馆与文库在内的收藏机构存藏我国方志有 4000 余种，欧洲各国所藏方志合计约 2500 种。① 另据巴兆祥教授考察，除了美国、日本两个域外方志的集中存藏地外，欧洲各国以及新加坡、澳大利亚等国均存有数量不等的中国地方志文献，其中英国图书馆 1750 种、牛津大学图书馆 1760 种，澳大利亚国立图书馆 2000 种、墨尔本大学 2000 种等。同时巴兆祥教授还指出，韩国亦存有少量中国方志文献，但仅提及韩国国会图书馆、高丽大学、成均馆大学所藏 17 种。②

事实上，中国地方志传入朝鲜半岛的时间是比较早的，但由于韩国所存汉文典籍数量较多，其中的地方志并未能够引起学界的重视，除少数韩国学者外，中国国内少有学者知晓。

据《内阁访书录》记载，朝鲜正祖时期自中国所购图书中已有部分方志文献。③ 如：被认为中国古代最早志书的《华阳国志》，宋代乐史的《太平寰宇记》和王存的《元丰九域志》等地理总志。此外还有 5 种成书年代较早的府县志，包括：宋代的嘉泰《会稽志》、宝庆《会稽续志》、元代的至正《金陵志》、明代的成化《杭州府志》及嘉靖《南畿志》等。④《内阁访书录》关于以上数种方志的版本虽未作叙述，但根据核对，各志多为清乾隆时期刻本，且保存至今。相较而言，以上诸志在中国和美国尚有较早之版本。结合《中国地方志总目提要》《美国哈佛大学哈佛燕京图书馆藏中国旧方志目录》等著录来看，嘉泰《会稽志》宋刻本已佚，中国国家图书馆、南京图书馆和上海图书馆均存明正德五年（1510）仿宋刻本；宝庆《会稽续志》宋刻本已佚，中国国家图书馆存明正德仿宋刻本；至正《金陵志》即《四库提要》著录之至大《金新陵志》，中国国家图书馆和美国哈佛大学哈佛燕京图书馆均存至正四年（1344）刻本及正德十五年

---

① 参见李丹《美国哈佛大学哈佛燕京图书馆藏中国旧方志目录》，广西师范大学出版社 2013 年版，前言第 2—3 页。

② 参见巴兆祥《中国地方志流播日本研究》"绪言"，上海人民出版社 2008 年版，第 6—7 页。

③ 按：关于《内阁访书录》究竟为待购书目还是实际购入收藏书目，学界尚有不同观点。参见赵望秦、蔡丹《〈内阁访书录〉为〈浙江采集遗书总录〉之节抄》，《文献》2012 年第 2 期，第 77—82 页。

④ 参见《内阁访书录》，《朝鲜时代书目丛刊本》第一册，中华书局 2004 年版，第 499、516—520 页。原本各志书名中并无相应成书年代，"嘉泰""宝庆""至正""成化""嘉靖"等均为本文作者添加。

（1520）补刻本；成化《杭州府志》有成化十一年（1475）刻本，存中国国家图书馆；嘉靖《南畿志》，中国国家图书馆和美国哈佛大学哈佛燕京图书馆均藏有嘉靖十三年（1534）刻本。

2011 年，韩国国立中央图书馆金孝京博士在《方志文献国际学术研讨会》上发表了《韩国国立中央图书馆藏中国古籍概况及地方志资料介绍》一文，介绍了该馆所藏中国一统志 4 种、通志 8 种、府县志 32 种、乡镇志 2 种、卫志 1 种、山水专志 4 种，合计历代方志 51 种。① 由此可知，韩国所存中国地方志数量虽不及美国、日本、英国等方志存藏大国，但仍有一定数量的方志存藏，分散存藏在韩国国立中央图书馆、韩国学中央研究院、成均馆大学、高丽大学、延世大学、首尔大学、东国大学、庆熙大学、庆北大学、梨花女子大学等机构中。而目前对于韩国所存中国方志文献情况的了解，则远不如美国、日本以及欧洲各国。

除韩国国立中央图书馆外，韩国其他机构亦有不同数量的方志收藏。据初步考察，这些机构所藏明、清两代方志外，若再将民国时期和近现各方志版本统计在内，中国历代各类方志总数多达千余种。② 其中年代较早者，仅就韩国首尔大学吴金成教授考察来看：元代 1 种，明代 10 种（其中抄本 2 种），清顺治年间 3 种、康熙年间 27 种、雍正年间 12 种（其中抄本 2 种）。③

以下就考察所知韩国所存丝路沿线地方志文献情况略作论述。

二　丝路沿线方志及其在国内外存藏情况

西汉张骞出使西域，开辟了以古长安为起点，经陕西、甘肃、新疆，途经中亚、西亚地区，连接地中海及其周边区域的陆上丝绸之路。陆上丝绸之路在中国境内所涉及的西北地区，在行政区划上包括陕西、甘肃、青

---

① ［韩］金孝京：《韩国国立中央图书馆藏中国古籍概况及地方志资料介绍》，《方志文献国际学术研讨会论文集》，中华书局 2012 年版，第 490 页。

② 按：国外各类存藏机构收藏地方志文献时，多将明、清、民国时期刻本、抄本、石印本、铅印本等与近现代各类方志丛书一并存放，韩国亦存在此种现象。故上述提及韩国所存千余种地方志文献亦包括部分方志丛书。

③ 参见오금성（吴金成）：《국내소장중국지방지목록》，동아문화，1987 年第 25 期。

海三省以及宁夏回族自治区和新疆维吾尔自治区。上述区域既是古代丝绸之路的起点，也是21世纪初中国西部大开发战略的重要区域，更是当前以"丝绸之路经济带"和"21世纪海上丝绸之路"为内容的"一带一路"合作发展理念得以实践的核心区域之一。

地方志详载一地之地理沿革、名胜古迹、风俗物产、人物著述，具有重要文献价值。对丝路沿线及其周边地区前代地方志文献进行考察，对于溯源丝路历史、开发丝路资源、弘扬丝路文化具有多重的意义和价值。

丝路沿线地方志在国内各类图书馆中均有存藏，数量十分丰富，《中国地方志联合目录》著录丝路沿线省份历代方志多达689种，其中陕西、甘肃两省地方志数量较多，分别为311种和197种；新疆次之，有111种，青海和宁夏相对较少，分别有38种和32种。

除此之外，也有相当数量的丝路沿线方志文献由于历史原因，存藏于美国、日本、法国、韩国等国家和地区，成为域外方志文献的重要组成部分。如：美国哈佛大学哈佛燕京图书馆藏中国旧志中，有陕西方志177种、甘肃方志49种、宁夏方志9种、青海方志3种、新疆方志16种，其存藏数量已接近中国大陆地区所存丝路沿线方志；① 而日本各类机构所藏丝路沿线方志，计有陕西198种、甘肃75种、宁夏12种、青海5种、新疆67种，藏量亦为数不少。② 此外，法国国家图书馆所藏国际著名汉学家伯希和所收集的中国地方志中，也有相当数量涉及丝绸之路沿线省份，其中陕西116种、甘肃24种、青海2种、新疆1种。上述志书之中善本颇多，如日本国会图书馆所藏明刘九经纂八卷本万历《鄜志》，初刻于明万历三十三年（1605），后经清康熙年间续刻，在中国大陆仅有中国国家图书馆存藏一部。法国国家图书馆藏明胡缵宗纂九卷本嘉靖《秦安志》，初刻于明嘉靖十六年（1537），清顺治年间曾增补刊刻，其后虽有抄本流传，但其刻本在国内亦属稀见志书。

---

① 参见李丹《美国哈佛大学哈佛燕京图书馆藏中国旧方志目录》，广西师范大学出版社2013年版，前言第5—6页，222—243页。按：此统计中包括1949年之前编纂出版的原本方志以及据其版本制作的缩微方志和影印方志，但山水、祠庙等专志不在统计数据之内。

② 参见巴兆祥《中国地方志流播日本研究》"绪言"，上海人民出版社2008年版，第361—390页。

与上述美、日、法三国相比，韩国存藏丝路沿线方志相对较少。据初步统计，韩国所存丝路沿线方志中，陕西100种、甘肃42种、宁夏8种、青海4种、新疆3种，共计157种。从类型上来说，除沈青崖《陕西通志》、李迪《甘肃通志》、石茂华《宁夏志》、康敷镕《青海志》、和宁《回疆通志》等省级通志外，以各级府志、郡志、县志、卫志为主，同时还包括《宜川乡土志》《神木乡土志》《新疆山脉图志》等地域特色鲜明的专志。从版本类型来看，既包括明、清、民国时期刻本、石印本、铅印本、抄本等原本方志，亦有一定数量的近现代各类方志丛书影印本。其中原本方志主要有：

1. （清）沈青崖等纂修雍正《陕西通志》，清雍正十三年（1735）刻本，现藏首尔大学图书馆。① 此志为明、清、民国时期纂修八部陕西通志之一。②《四库提要》称此志"订古证今，详略悉当，视他志之扯掎附会者较为胜之。书中间有案语，以参考同异，亦均典核可取"。该志的雍正十三年刻本在中国国家图书馆、台北"故宫博物院"、日本东洋文库、美国国会图书馆、大英博物馆等均有存藏，足见此志在陕西志书中的地位及其影响。

2. （宋）宋敏求纂熙宁《长安志》，清乾隆四十九年（1784）刻本，现藏韩国国立中央图书馆；③ 清光绪十七年（1891）刻本，现藏首尔大学图书馆。此志为现存成书年代最早的长安志书，其版本众多，年代较早者有明成化四年（1468）刻本和嘉靖十年（1531）刻本。韩国现藏之乾隆四十九年（1784）刻本虽未及目验，但很可能是陕西巡抚毕沅所刻之灵岩山馆《经训堂丛书》本。此版本在中国国家图书馆、中国台北、日本、美国、德国均有存藏。此外，熙宁《长安志》尚有清光绪十三年（1887）刻本、光绪十七年（1891）刻本以及民国时期铅印本等，属较为易得之版本。

---

① 按：雍正《陕西通志》在韩国奎章阁尚有零本存藏。

② 按：其余七部依次为何景明《雍大记》、赵廷瑞嘉靖《陕西通志》、李思孝万历《陕西通志》、贾汉复康熙《陕西通志》、韩奕康熙《续陕西通志》、王志沂《陕西志辑要》和邵力子民国《续修陕西通志稿》。

③ 按：宋敏求纂《长安志》，韩国国立中央图书馆有复本存藏。

3.（清）张聪贤等纂嘉庆《长安县志》，清嘉庆二十年（1815）刻本，现藏首尔大学图书馆。此志除嘉庆年间刻本外，尚有同治十二年（1873）补刻本、民国二十五年（1936）铅印本等，三种版本在中国大陆均有多家机构存藏，相较而言，同治本现存数量最少。

4.（清）向淮等纂嘉庆《续修潼关厅志》，清嘉庆二十二年（1817）刻本，现藏韩国国立中央图书馆。① 明代在潼关设卫，清代曾改卫为县、厅。潼关首部方志为唐咨伯等纂修的康熙《潼关卫志》，嘉庆年间，向淮等人在《潼关卫志》基础上补充大量文献资料，修订前志不足，纂成新志，取名《续修潼关厅志》。嘉庆《续修潼关厅志》尚有民国二十年（1931）铅印本。

5.（清）高廷法等纂嘉庆《咸宁县志》，清嘉庆二十三年（1818）刻本，现藏首尔大学图书馆。在嘉庆《咸宁县志》之前尚有两部《咸宁县志》：其一为陈王廷等纂万历《咸宁县志》，今已亡佚；另一部为黄家鼎等纂康熙《咸宁县志》，其康熙七年（1668）刻本在中国国家图书馆、故宫博物院、陕西师范大学图书馆以及台北"故宫博物院"、日本内阁文库、美国国会图书馆等均有存藏。嘉庆《咸宁县志》则为目前之易得版本，存藏数量最多。

6.（清）苏履吉等纂道光《敦煌县志》，清道光十一年（1831）刻本，现藏首尔大学图书馆。此志为清所修两部《敦煌县志》之一，另一部为乾隆《敦煌县志》，目前已十分罕见，其抄本现藏故宫博物院。而苏履吉等纂修道光《敦煌县志》参考乾隆《敦煌县志》的同时，补充了大量文献资料，因此内容更为详细，体例更加严谨。道光《敦煌县志》道光十一年（1831）刻本在中国大陆多家图书馆有藏，但许多图书馆藏本实为民国年间的后印本②，其在日本、美国则仅有少数机构有藏。

7.（清）梁份纂《秦边纪略》，清同治十一年（1872）刻本，现藏首尔大学图书馆。此志又名《西陲今略》，传世抄本、刻本较多，但引起成

---

① 嘉庆《续修潼关厅志》，《韩国国立中央图书馆藏中国古籍概况及地方志资料介绍》一文误作"嘉庆二十年"。

② 参见中国科学院北京天文台编《中国地方志联合目录》，中华书局 1985 年版，第 225 页。

书过程多次补缀改定，数易其稿，故传世版本之间多有差异。① 首尔大学所藏与今陕西省图书馆所藏同治敬义斋刻本当为同一版本。

8. （清）徐松撰《新疆赋》，清光绪八年（1882）刻本，现藏奎章阁。此书为徐松在新疆期间据亲历考察创作，分《新疆南路赋》和《新疆北路赋》两篇。《徐松〈新疆赋〉辨误》一文指出"作为清代边疆舆地赋代表作之一的《新疆赋》，不但是赋作精品，还一直被视为史地学著作，具有文学创作与学术研究的双重价值……已故辞赋专家马积高先生也认为，《新疆赋》等边疆舆地赋'几可作压缩的方志来读'"。② 而《稀见地方志提要》则称其"所铺述新疆事物皆信实，可与新疆之志书同观"。③ 此志版本较多，有道光年间之稿本、刻本、光绪年间刻本以及多种丛书版本。④ 其中，清道光年间刻本已较为罕见，上海图书馆、日本东洋文库等少数机构有藏。

9. （清）王树枏《新疆山脉图志》，清宣统元年（1909）刻本，现藏首尔大学图书馆。此志有宣统元年（1909）刻本、宣统三年（1911）陶卢丛书本以及民国铅印本等。此志成书后，袁大化、王树枏纂修《新疆图志》，又将其收入其中，故又有多种《新疆图志》的版本传世。首尔大学图书馆藏宣统元年（1909）《新疆山脉图志》单行本为此书之最早版本之一，在日本国会图书馆、早稻田大学等亦有收藏。

10. （清）和宁等纂嘉庆《回疆通志》，民国十四年（1925）铅印本，现藏韩国国立中央图书馆。⑤ 嘉庆《回疆通志》成书之后，流传并不广泛，版本情况较为简单，而目前可知之版本包括嘉庆九年（1804）刻本、嘉庆年间稿本、清抄本和民国铅印本等，其中嘉庆年间稿本藏于上海图书馆，清抄本和民国铅印本则藏于中国国家图书馆。韩国所存民国时期铅印本与中国国家图书馆藏为同一版本，由北洋政府外交部刊印，刊行时增加了沈德麟所撰序言。在海外存藏机构中亦不多见，计有美国哈佛大学哈佛燕京

---

① 参见韩光辉《梁份与〈秦边纪略〉》，《自然科学史研究》1989 年第 4 期，第 387—392 页。

② 李军：《徐松〈新疆赋〉辨误》，《西部学刊》2015 年第 1 期，第 45 页。

③ 陈光贻：《稀见地方志提要》卷 4，齐鲁书社 1987 年版，第 279 页。

④ 详情参见李军《〈三边赋〉之〈新疆赋〉论略》，《辽东学院学报》（社会科学版）2013 年第 3 期，第 9 页。

⑤ 按：嘉庆《回疆通志》，韩国国立中央图书馆有复本存藏。

图书馆①、日本国会图书馆、静嘉堂文库②等有藏。

除上述原本方志之外，韩国所存丝路沿线方志尚有多种丛书版本，如：清李调元所编《函海》道光五年（1825）重刻本，丁丙所编《武林掌故丛编》道光九年（1829）刻本，张潮所编《昭代丛书》道光年间刻本，王锡祺所编《小方壶斋舆地丛钞》光绪十七年（1891）刻本，日本学者内藤虎次郎所编《满蒙丛书》民国年间刻本等，此不赘述。

三 韩国现存丝路沿线方志相关问题

从目前中韩学者关于中韩历史渊源、国家关系、经济合作、文化交流等诸多领域的研究来看，均取得了较为丰硕的成果。但是，就中国地方志文献在韩国的保存状况及相关问题来看，仅有少数几位韩国学者有相关成果刊布。根据以上考察韩国所存丝路沿线地方志的有限材料来看，该领域的研究仍然存在以下问题值得关注。

首先，中韩两国虽然在多个学术领域均有大量成果产出，双方学者的交流往来亦十分频繁。但迄今为止，中国学界对于韩国所存丝路沿线方志的情况所知甚少，除丝路沿线方志之外，韩国各类机构仍然存有相当数量的中国历代地方志文献，这一领域的研究仍然存在盲区。此种现象与日本、美国、欧洲各国等国家有很大的差别。

地方志文献在上述国家和地区受到海外汉学研究人员的高度关注，美国、加拿大、欧洲各国、澳大利亚、日本、新加坡等国的存藏机构均已陆续清理、编目、出版其存藏目录，如：1935 年日本东洋文库编制的《东洋文库地方志目录》、1942 年华盛顿美国政府印刷局出版的《美国国会图书馆藏中国方志目录》、1955 年日本天理大学出版部出版的《中文地志目录》、1957 年法国巴黎大学吴德明教授编制的《欧洲各国图书馆所藏中国地方志目录》、1967 年澳大利亚国立大学太平洋研究院远东史研究系出版的《中国方志目录》、1969 年日本国会图书馆参考部编印的《日本主要图

---

① 李丹：《美国哈佛大学哈佛燕京图书馆藏中国旧方志目录》，广西师范大学出版社 2013 年版，第 242 页。

② 巴兆祥：《中国地方志流播日本研究》，上海人民出版社 2008 年版，第 385 页。

书馆、研究所所藏中国地方志联合目录》、1979 年英国伦敦大学东方与非洲研究院出版的《英国各图书馆所藏中国地方志总目录》、2013 年李丹编的《美国哈佛大学哈佛燕京图书馆藏中国旧方志目录》、2015 年李坚、刘波编著的《美国哈佛大学哈佛燕京图书馆藏善本方志书志》等。得益于这些目录的出版，对于美国、日本所藏中国方志的情况已基本清晰，与之相关的研究和考察仍在进一步深入开展。

结合前文提及的吴金成教授、金孝京博士所发表的几篇论文，我们可以初步了解韩国国立中央图书馆及首尔大学等少数机构所存中国地方志的概况。再结合对于韩国所存丝路沿线五个省级行政单位地方志存藏情况的考察结果，我们可以推测，韩国所存中国地方志数量仍然十分可观，其实际存藏状况、版本类型等，需要作进一步的详细考察、研究、编纂目录。

其次，韩国所存中国方志文献在其保存的汉籍文献中所占比例较少，未能引起韩国学者以及存藏机构的足够关注。究其原因有二：客观方面来看，韩国所存中国地方志数量较少，与明清时期中国政府严禁地理类书籍流出以及韩国历史上没有诸如美国、日本等集中搜求中国方志的时期均有一定的关系；① 主观方面来说，应当与韩国历史上长期使用汉字著书以及大量从中国搜集汉文典籍文献有关。如前文所述，韩国所存各类汉文典籍数量很大，仅韩国国立中央图书馆收藏汉籍已达 27 万册之多。因此，韩国是当今域外汉籍重要的存藏地，其所藏汉籍颇具特色。从某种角度来说，汉文典籍已成为韩国历史文献的重要组成部分，而对许多韩国学者来说对于中国历史、文化的熟悉程度很高。在西方汉学研究者眼中颇为珍稀的地方志文献对于韩国学者来说并无特别显著的吸引力，中国地方志不是他们研究的重点对象。

而要对韩国所藏中国地方志存藏情况进行全面考察，并在此基础上编纂《韩国所存中国地方志目录》，涉及韩国国立中央图书馆、韩国学中央研究院、成均馆大学、首尔大学在内的多个机构，需要中、韩学者以及相

---

① 按：美国所藏中国方志多为晚清民国时期来华人员所购。今美国国会图书馆所藏中国地方志多数均为该馆东方部主任恒慕义和著名动植物学家施永格所购入。哈佛大学哈佛燕京图书馆藏大量方志亦主要为 20 世纪 20—30 年代购入。日本所藏中国方志除了早期的零星流入之外，亦主要为晚清近代以来日本大规模搜集、收购和劫掠的结果。

关存藏机构的频繁交流、通力配合方能顺利完成。

最后，陆地丝绸之路是"一带一路"的核心区域之一，对于丝路沿线地方行政区划的政治、经济、文化体制的改革和发展，必须兼及历史沿革和当前实际。丝路沿线地方志文献涵盖这一区域之内的历史变迁、自然地貌、特色资源、人文民俗等全方位、多领域、多学科的内容，是"一带一路"倡议实施过程中不可忽视的重要文献资源。当前在中国"一带一路"倡议背景之下，强调与周边国家和地区的交流与合作，参与国家和地区越多，"一带一路"的规模效应就越明显，韩国也是众多"一带一路"参与国之一。对于韩国所存中国丝路沿线地方志文献的考察，可以加强中韩两国之间的深入的交流和合作，也有助于推动韩国学界对于丝路沿线地方志文献的关注和研究，加深韩国学界对于丝绸之路历史变迁的深入了解，为"一带一路"倡议下的中韩合作奠定良好的基础。

［本文部分内容曾发表于《中国地方志》2017 年第 6 期和冯立君主编《中国与域外（第二号）》，韩国学术情报出版社 2017 年版］

唐代在武威设置河西节度使的原因和影响

李元辉

武威市凉州文化研究院

河西节度使，驻武威，设立于唐睿宗景云二年（711）。它的设立，对维护唐朝西部边疆起到了非常重要的作用。那么，河西节度使是在怎样的形势下设立的？为什么设在武威？设立之后对武威的政治、军事、经济、文化发展有什么重要的作用和影响？

一 河西节度使的设置原因

（一）唐初的战略态势

唐初，由于不断开疆拓土，军事上呈攻势，先后击破了东、西突厥，降伏漠北诸部，伐百济，平高丽，扩张势头强劲。然而，从唐高宗仪凤年间开始，到唐睿宗景云之际，由于吐蕃势力逐渐强大，边疆形势逐渐发生了变化，唐朝由攻变守，如何守卫开拓的疆土成为大唐王朝的主要目的。

吐蕃王朝于7世纪初在青藏高原兴起，起初一直与大唐保持良好的关系。650年吐蕃首领松赞干布去世后，吐蕃开始致力于军事扩张。670年，吐蕃攻占安西四镇（即龟兹、焉耆、疏勒、于阗），从而构成了对唐朝一向重视的河西走廊的威胁。武则天临朝执政后，虽然收复了安西四镇，但当时的形势仍然极为严峻，因为吐蕃势力依旧强大，且不断侵扰河西：696年，"吐蕃四万众奄至凉州城下①"；700年，吐蕃"又遣其将趋莽布支寇凉州，围逼昌松县②"；710年，吐蕃控制了河西九曲之地，史载："吐

---

① （北宋）欧阳修、宋祁：《新唐书·吐蕃传》，中华书局1975年版，第6079、6080页。
② 同上。

蕃既得九曲，其地肥良，堪屯兵畜牧，又与唐境接近，自是复叛，始率兵入寇。"[1] 若吐蕃控制了河陇，即可切断唐朝与西域的联系，进而兵锋直指唐朝政治中心。而且北方的突厥、回纥等势力也不容小视，如果吐蕃与突厥、回纥领地连为一片，结为军事联盟，将对唐朝构成更大的威胁，唐朝西北边防将面临崩溃的局面。在这样的情况下，河西的战略地位立即凸显出来，其重要性不言而喻。

（二）武威的战略地位

武威，古称凉州，地处河西走廊东端，是古代丝绸之路上的重镇，史有"四凉古都，河西都会"之美称，自古以来就是"通一线于广漠，控五郡之喉襟[2]"的军事战略要地和"车马相交错，歌吹日纵横"的商埠重镇。唐代高僧玄奘路过凉州时，曾经写道："凉州为河西都会，襟带西番、葱右诸国，商侣往来，无有停绝。"因其得天独厚的地理位置和独特的社会条件，自然便成为历代中原王朝所锐意进取和经略的战略要地，古代就有"欲保秦陇，必固河西，欲固河西，必斥西域[3]"之说。

（三）武威的城市规模

十六国时期，前凉王张茂修筑的灵钧台和张骏扩建的姑臧城，曾对中国都城营建产生过重要影响。前凉、后凉、南凉、北凉以及隋末大凉政权都曾在此建都，使凉州成为当时具有全国意义上的三大据点之一。唐时先后为凉州总管府、都督府。710 年，从陇右道分出河西道，以姑臧为首府，辖凉、甘等七州，武威一度成为中国仅次于长安的通都大邑。正是有了这样的条件和优势，大唐王朝才将河西节度使的驻地选在了武威。

为了有效地抵御吐蕃的进攻，进一步整合与加强防务，隔断吐蕃与回纥可能的联系，唐朝于睿宗景云二年（711），对西北防务进行了一次较大的整合，即从陇右道中分出黄河以西为河西道，领凉、甘、肃、瓜、沙、

---

① （北宋）王钦若：《册府元龟·外臣部》，中华书局 1960 年版，第 11712 页。

② （清）张珩美、曾钧：《五凉考治六德集全志·凉州赋并序（曾钧）》，清乾隆四十四年刊本，台湾成文出版社 1976 年影印本。

③ （清）顾祖禹：《读史方舆纪要》卷 63《陕西·甘肃镇》，上海书店出版社 1998 年版。

伊、西7州。并于这年四月，"为诸将节度，以定其乱"，① 委任贺拔延嗣为凉州都督，充河西节度使，驻武威。节度使受命时赐双旌双节，得以军事专杀，行则建节，府树六纛，威仪极盛②。河西节度使是大唐设置的第一个节度使，可谓受命于危难之际，责任重大，由此可看出唐朝对河西的重视。从此，开启了河西节度使那段轰轰烈烈的历史。

二　河西节度使的统辖范围

起初，河西节度使防御的地域广袤，统辖凉、甘、肃、瓜、沙、伊、西共7州之地。712年，唐朝又设立了北庭节度使，将河西节度使辖区最西端的伊州、西州划归其管辖，因而河西节度使辖区便缩小为凉、甘、肃、瓜、沙五个州，但饶是如此，其管辖地域仍然十分广大。所辖各地都驻扎重兵布防，对吐蕃构成了强大的威慑力量③。《资治通鉴》载："河西节度断隔吐蕃、突厥，统赤水、大斗、建康、宁寇、玉门、墨离、豆卢、新泉八军，张掖、交城、白亭三守捉，屯凉、肃、瓜、沙、甘五州之境，治凉州，兵七万三千人。"④《通典》也说："河西节度使，理武威郡，管兵七万三千人，马万九千四百匹，衣赐百八十万匹段。"⑤

由此可知，当时的河西节度使管制范围广，军事力量强，并在设置后不断补充完善，最后发展到下辖八军、四守捉的庞大规模。驻军主要由蕃汉两部分人组成，蕃军是辖军的主体，主要职责是从事军事防务，而汉人的军队除了军事防务之外，还担负有屯田的任务。其具体的军营位置、人马配置在《通典》中记载得非常详细："赤水军，武威郡城内，管兵三万三千人，马万三千匹；大斗军，武威郡西二百余里，开元中置，管兵七千五百人，马二千四百匹；建康军，张掖郡西二百里，证圣初，王孝杰置，管兵五千三百人，马五百匹，东去理所七百里；宁寇军，张掖郡东北千余里，天宝二年置，管兵千七百人，马百匹，西去理所千余里；玉门军，酒

---

① （北宋）欧阳修、宋祁：《新唐书》卷216《吐蕃传上》，中华书局1975年版。
② （北宋）王溥：《唐会要》卷78《节度使》，中华书局1988年版。
③ 李文才：《唐代河西节度使所辖军镇论考》，载《唐史论丛》2014年第2期。
④ （唐）杜佑：《通典》卷190《边防六·吐蕃》，中华书局校点本1988年版。
⑤ 同上。

泉郡西二百余里，武德中，杨恭义置，管兵五千二百人，马六百疋，东去理所千二百里；墨离军，晋昌郡西北千里，管兵五千人，马四百疋，东去理所千四百里；豆卢军，炖煌郡城内，管兵四千三百人，马四百疋，去理所七千里；新泉军，会宁郡西北二百里，大足初，郭元振置，管兵千人，西去理所四百里；张掖郡守捉，东去理所五百里，管兵六千三百人，马千疋；乌城守捉，武威郡南二百里，管兵五百人；交城守捉，武威郡西二百里，管兵千人；白亭守捉，武威郡西北五百里，管兵千七百人。"①

另外，朝廷也十分重视河西节度使的人选，一批能征善战、谋略过人的将领相继被任命为河西节度使，如郭知运、萧嵩、崔希逸、王忠嗣、哥舒翰等，他们镇守一方，独当一面，战功卓著，为大唐西部防务的稳固做出了贡献②。

三 河西节度使的防御作用

河西节度使的设立，使唐朝稳固了西部边防，大大减少了边患。从设立之初（711）至安史之乱（755）的近40多年，由于河西节度使的强势存在，唐朝在河西地区军事上一直保持优势③。从开元二年（714）秋开始，吐蕃连年犯边，朝廷委派得力将领如郭知运等相继为河西节度使，以保卫河西，使得吐蕃始终未能越过河西一步；开元十五年（727）正月，河西节度使率兵破吐蕃于青海之西，虏其辎重及羊马而还。九月，吐蕃攻陷瓜州城，玄宗命兵部尚书萧嵩为河西节度使，以建康军使、左金吾将军张守珪为瓜州刺史，修筑州城。开元十六年（728），河西节度使萧嵩派遣将军杜宾客率弩手4000人，与吐蕃大战于祁连城下，从早上一直战到晚上，终于击溃吐蕃军队，史载："贼败，散走投山，哭声四合。"④

吐蕃在连年损兵折将之后，终于认识到唐军之强大，便于开元十七年（729）频频遣使到长安请和，玄宗同意双方停战讲和，唐朝西部边疆终于

---

① （唐）杜佑：《通典》卷190《边防六·吐蕃》，中华书局校点本1988年版。

② 王永兴：《唐代前期军事史略论稿》，昆仑出版社2003年版，第317—329页；（北宋）王溥：《唐会要》卷78《节度使》，中华书局1988年版。

③ 赵杰：《从河西、陇右节度使的设置看唐朝对吐蕃的军事防御策略》，2011年博士学位论文。

④ （北宋）欧阳修、宋祁：《新唐书·吐蕃传》，第6081页。

迎来了短暂的和平。此后几年，双方互派使者访问，并于开元二十四年（736）与吐蕃分界立碑。但和平局面只维持了半年，开元二十五年（737）吐蕃西击勃律，玄宗诏令其罢兵，但受到了吐蕃的拒绝，玄宗大怒，令河西节度使崔希逸袭击吐蕃，在青海西大破吐蕃，杀获甚众，吐蕃首领只身逃走。自此，唐重启与吐蕃之战。后唐朝又以萧嵩为户部侍郎判凉州事，代崔希逸为河西节度使，以讨吐蕃，并毁其分界之碑。此后，双方投入大量兵力，展开长期的拉锯战，互有胜负，但整体上唐军以进攻为主，吐蕃被动防守，唐军优势比较明显。对于吐蕃来说，在河西节度使的镇守下，河西之地就是一道不可逾越的屏障，牢固地守卫着大唐的西部边疆。

四　河西节度使对武威的影响

河西节度使对武威的政治、军事、经济、文化发展有重要的作用和影响，总体来说，就是边防安定，经济发展，文化繁荣。

（一）政治军事方面

唐朝对河西进行了大规模的经营，当时武威城已升格为西北仅次于长安的政治军事中心。唐代大诗人岑参曾经写道："凉州七里十万家，胡人半解弹琵琶"，写出了凉州城的规模。《旧唐书》卷8记载，当时凉州城里驻扎着编制完整的"赤水军"，有"兵三万三千人，马万三千匹"，哥舒翰等人"开府凉州"，具有自辖自建的各类军政衙门数十种，幕府人口几万。另外，河西节度使"统赤水、大斗、建康、宁寇、玉门、墨离、豆卢、新泉等八军，张掖、交城、白亭三守捉"，有兵73000人。加上唐代河西、陇右两节度常存在兼领的情况，因此，凉州拥兵一般为143000人以上，不仅是大唐第一个节度使，而且是国内最大的军镇。河西节度使驻地凉州城共七城，周长20里，足见其规模之大。在城市建设方面除大兴土木，营建军政机构、商业设施、民用住宅等外，在城内兴建或维修了花门楼、尹台寺、七级浮屠、大云寺等文化旅游景观和宗教场所，还对一些天然湖泽进行开凿加工而形成人工湖泊，供人们乘船游玩。城内的驿馆、酒肆、店铺鳞次栉比，随处可见。

（二）经济人口方面

唐朝时期，武威城市规模宏伟，商贸兴旺，农业连年丰收，畜牧业发达，人口众多，多民族共同生活，呈现出一派繁荣昌盛、和平安定的气象。不论是历史的叙述，还是文学作品的描写，甚或是途经武威的商贾、僧侣的亲身所见所闻，都有生动的描述和一致的看法。如此多的军事人口（73000 人），必定衍生出众多的军属家庭，他们大多寄居凉州城，构成当时凉州的主要居民。凉州土著民户，在天宝年间"领县五，户二万二千四百六十二，口十二万二百八十一"，可见，在户部落籍的民户就有两万多户，计十二万多人。九姓胡商（包括突厥、回纥、大食、波斯等商人）在凉州大量聚集，后来九姓胡商在武威发动叛乱，占领了七城中的五城，可见人数之多，估计至少在 6 万人以上。这样，粗算军、商、民三类人口，凉州在天宝年间人口已经超过了 30 万。那时的武威，"闾阎相望，桑麻翳野"① "牛羊被野，路不拾遗"②。唐代薛用弱的《集异记》，记载了唐玄宗在元宵节夜游西凉，到凉州观看灯会之事，虽然是唐人的笔记，不能成为史料印证，但从另一个侧面反映出当时人们心目中凉州的繁华。

（三）文化艺术方面

自初唐以来，凉州经济繁荣，交通畅通，又是中国西部军事重镇和战略要地，在凉州建功立名的唐代名人比比皆是。向往边塞、崇尚功名，是唐代士大夫浓厚的入仕情结。新旧《唐书》和《资治通鉴》上显示，唐代宰相郭元振、牛仙客、娄师德、王孝杰、唐休璟、王忠嗣等人都是从凉州走出去的历史名人，从军凉州的高仙芝、封常清、哥舒翰、李光弼、王思礼、安思顺、严武等，都是唐代有名的军事家。如此众多的名流相继在凉州成名，拜将入相，凉州就成了唐代士大夫建功扬名的理想去处。大诗人王维、岑参、高适等慨然仗剑西行凉州，把一生的豪情寄寓在凉州这个地方。在开元、天宝年间，数以万计的达官显贵、文人学士投奔凉州，这些人是当时唐代知识界的精英。他们在凉州留下了许多壮丽的诗篇，凉州成

---

① （北宋）司马光：《资治通鉴》卷216《唐纪》，中华书局1975年版，第6919页。

② （北宋）司马光：《资治通鉴》卷207《唐纪·则天后长安元年》，第6557页。

了整个唐代边塞文化的中心。西凉乐曲、西凉伎对唐朝音乐、舞蹈艺术产生了重大影响。据《乐府诗集·乐苑》记载，就在开元二年，也就是公元714年，常年驻守西部边关的陇右节度使郭知运将搜集到的《凉州曲》进献给精通并酷爱音乐的唐玄宗，玄宗让教坊翻成中原曲谱，并配上新的歌词演唱，所配的歌词自然便称为《凉州词》。从此，《凉州词》以歌曲形式出现在唐代宫廷，并流传至民间，成为当时影响很大的一部套曲，当时也称为《凉州歌》。唐代许多诗人如王之涣、王翰、张籍等，都曾为《凉州曲》填写新词，抒发一腔忧国忧民的爱国情怀，冠有"凉州词"或以凉州为背景的唐诗有一百多首，《凉州词》从而风行天下。唐代大型宫廷歌舞《霓裳羽衣曲》也来自西凉乐舞。至今流行全国的舞狮子舞，也脱胎于西凉伎。

所有这些，极大地推动了凉州文化的繁荣和发展。其人才之众多，作品之丰富，艺术成就之高，达到了历史的新高度，为我国文学艺术增添了光彩。这些产生于凉州的文学艺术作品，字里行间洋溢着诗人和艺术家对祖国西北壮丽河山的深厚感情，成为中国文化宝库中不可多得的珍品。

回鹘、畏兀儿在凉州的活动探析

尹伟先

西北民族大学

　　回鹘是我国古代西北边疆各少数民族中，与"丝绸之路"关系最密切者。有学者曾言，回鹘"终不愧为丝路上最活跃的一个民族"[①]。回鹘及其后继者畏兀儿也是在凉州历史上留下重要活动印记的古代民族。回鹘及畏兀儿在凉州大地上的活动丰富了凉州历史的内涵；回鹘及畏兀儿文化成为绚丽、博大、浑厚的凉州文化的组成部分。借"凉州文化与丝绸之路国际学术研讨会"在武威市隆重召开之缘，笔者在前人研究的基础上[②]，对回鹘、畏兀儿在凉州历史上的活动加以梳理，管窥凉州历史文化的丰富性与多样性。

一　唐宋时期回鹘在凉州的活动

　　"回鹘""畏兀儿"都是维吾尔族先民的自称，是回鹘语 Uyghur 或 Uighur 一词的汉语音译。Uyghur 一词来源于动词 Uyumaq，其本义为"凝固""凝结"，由词根 Uyu 加结构助词 rur 构成名词 Uyrur，引申义为，"团结"

---

　　① 樊保良：《回鹘与丝绸之路》，《兰州大学学报》1985 年第 4 期。
　　② 前人研究回鹘及畏兀儿的成果众多，恕无法一一枚举。检其要者，有：刘义棠：《维吾尔研究》，台北正中书局 1975 年版；安部健夫：《西回鹘国史的研究》，宋肃瀛、刘美崧、徐伯夫译，新疆人民出版社 1985 年版；刘美崧：《两唐书回纥传回鹘传疏证》，中央民族学院出版社 1989 年版；杨圣敏：《回纥史》，吉林教育出版社 1991 年版；程溯洛：《唐宋回鹘史论集》，人民出版社 1993 年版；［日］羽田亨：《唐代回鹘史研究》，《羽田博士史学论文集》，同朋舍 1958 年版；林幹、高自厚：《回纥史》，内蒙古人民出版社 1994 年版；薛宗正：《回纥史初探》，甘肃民族出版社 2012 年版；林干：《突厥与回纥史》，内蒙古人民出版社 2007 年版；杨富学：《回鹘文献与回鹘文化》，民族出版社 2003 年版；朱悦梅、杨富学：《甘州回鹘史》，中国社会科学出版社 2013 年版。

"联合""协助"。在卢尼突厥文中就已出现此词。在汉文文献中，对 Uyghur 先后有袁纥、韦纥、乌护、乌纥、回纥、回鹘、畏兀儿、畏吾尔、畏吾、畏兀、畏午尔、卫郭尔、辉和、外吾等不同译音，直到 1934 年新疆省政府正式明令公布汉译作"维吾尔"，才正式统一起来，并沿用至今。

回鹘主源可追溯到公元前 3 世纪游牧于我国北方和西北的贝加尔湖以南，额尔齐斯河和巴尔喀什湖之间的"丁零"，相继受匈奴、鲜卑、柔然、突厥、薛延陀的统治。公元 3 世纪以后，在汉文史书中，将丁零记为"敕勒""高车"或"铁勒"。铁勒族分出回纥、仆固、浑、拔野古、同罗、思结、契苾、阿布思和骨仑屋骨，共九个部落，史称九姓铁勒，简称九姓。回纥人以游牧为主，逐水草而居。5—6 世纪回纥人主要居于鄂尔浑河和土拉河流域，到 7 世纪初时他们又活动在色楞格河流域。公元 646 年（唐贞观二十年），回纥配合唐军攻灭了薛延陀，势力遂强，首领药罗葛·吐迷度自称可汗，不久覆灭。7 世纪末 8 世纪初，突厥势力方强，夺取了原来铁勒的故地。在其压力之下，一部分回纥人越过沙漠进入河西走廊。后值东突厥衰弱，酋长药罗葛骨力裴罗于 744 年大败突厥，遂据有漠北，建立回鹘汗国，并曾助唐平"安史之乱"，收复两京。回鹘汗国版图最大时疆域东接室韦，西至金山（今阿尔泰山），南跨大漠，北至北海（今贝加尔湖）。840 年回鹘大败于另一北方游牧民族黠戛斯，可汗被杀，都城哈喇巴喇哈逊被焚毁，汗国灭亡。前后延续汗国命运近百年。

唐德宗贞元四年（788）回纥奏请唐朝，改汉文名称为回鹘，取义为"回旋轻捷如鹘"。[①]

《旧唐书·回纥传》载：

> 贞观初，（回纥首领）菩萨与薛延陀侵突厥北边，突厥颉利可汗遣子欲谷设率十万骑讨之，菩萨领骑五千与之战，破之于马鬃山。

这说明，早在 7 世纪二三十年代雄飞于大漠上的回纥人就已经在河西有所活动了。

---

① 关于回纥改名回鹘的时间，《旧唐书》《旧五代史》等说在唐宪宗元和四年（809），《新唐书》《资治通鉴》等说在唐德宗贞元四年（788），而《唐会要》《册府元龟》等又说在唐德宗贞元五年（789）。详情见宋肃瀛《回纥改名"回鹘"的史籍与事实考》，《民族研究》1995 年第 6 期。

见于史料记载的回鹘人大批迁往凉州主要有三次。

第一次：贞观六年（632）回纥联盟主要部落之一契苾部①千余家（《通鉴》为6000余家）在其首领何力率领下内附，被安置在甘、凉二州内。

《旧唐书》卷109《契苾何力传》载：

> 契苾何力，其先铁勒别部之酋长也……至贞观六年，随其母率众千余家诣沙州，奉表内附，太宗置其部落于甘、凉二州。何力至京，授左领军将军。七年，与凉州都督李大亮、将军薛万均同征吐谷浑……十四年，为葱山道副大总管，讨平高昌。时何力母姑臧夫人、母弟贺兰州都督沙门并在凉府。十六年，诏许何力觐省其母，兼抚巡部落。时薛延陀强盛，契苾部落皆愿从之。何力至，闻而大惊曰："主上于汝有厚恩，任我又重，何忍而图叛逆！"诸首领皆曰："可敦及都督已去，何故不行？"何力曰："我弟沙门孝而能养，我以身许国，终不能去也。"于是众共执何力至延陀所，置于可汗牙前……（唐太宗）遽遣兵部侍郎崔敦礼持节入延陀，许降公主，求何力。由是还……乾封元年，又为辽东道行军大总管，兼安抚大使……何力引蕃汉兵五十万先临平壤。勣仍继至，共拔平壤城，执男建，虏其王还。授镇军大将军，行左卫大将军，徙封凉国公，仍检校右羽林军。仪凤二年卒，赠辅国大将军、并州都督，陪葬昭陵，谥曰烈②。有三子：明、光、贞。明，左鹰扬卫大将军兼贺兰都督，袭爵凉国公。

契苾部先祖是由漠北迁徙至"伊吾以西，焉耆之北，傍白山"③而居的铁勒部之一。隋大业元年（605），突厥处罗可汗击铁勒诸部，"厚税敛

---

① "契苾"始见于《魏书》卷103《高车传》，作"解批"，是"契苾"同音异写。《隋书》及《北史》作"契弊"。为回鹘"外九姓"之一。《唐会要》卷98《回纥》条记其"外九姓"为："一曰回纥，二曰仆固，三曰浑，四曰拔曳固，五曰同罗，六曰思结，七曰契苾。以上七姓部，自国初以来，著在史传。八曰阿布思，九曰骨仑屋骨。"

② 《新唐书·契苾何力传》云："陪葬昭陵，谥曰毅。"契苾何力第六女墓志云："谥曰毅"，据此可纠正《旧唐书·契苾何力传》"谥曰烈"之误。参《全唐文补遗》第2辑《唐故契苾夫人墓志铭并序》，三秦出版社1995年版，第442页。

③ 《北史》卷99《铁勒传》。

其物"，于是铁勒各部起而反抗，"伊吾、高昌、焉耆诸国悉附之"。① 贞观六年（632）契苾何力率领其部自西域龟兹东迁进入河西。

何力官居左卫大将军，为正三品。此与其曾孙契苾尚宾墓志首题"故三品孙吏部常选契苾府君墓志并序"② 完全符合。契苾何力的母亲姑臧夫人、弟沙门驻足凉州，表明契苾部把凉州当作本部的大本营。

贞观十六年（642）何力奉诏回凉州探母且安抚契苾部落，为部下挟持被送到了薛延陀牙帐。唐太宗以和亲为条件，始得换回何力。何力弟契苾沙门与其母姑臧夫人亦被薛延陀所胁迫，极可能没能脱险。

除了契苾何力、契苾沙门与其母姑臧夫人在凉州有活动外，其子孙在凉州活动的还有契苾何力长子契苾明、次子契苾光，契苾明长子契苾㩜（筌）、次子契苾嵩、三子契苾崇。

据原立于咸阳市渭城区药王洞村北约 400 米处的契苾明墓前的《大唐故大将军凉国公契苾府君之碑》（即《契苾明碑》）③ 反映出，从契苾何力之弟沙门，至契苾明，明子㩜，都袭爵凉国公，世袭贺兰州都督，"检校九姓契苾部落"，并自称武威姑臧人。契苾明生于贞观二十三年（649），证圣元年（695）去世，享年仅 46 岁。生前曾任"朔方道总管兼凉、甘、肃、瓜、沙五州经略使，度玉关而去张掖，弃置一生；瞰弱水而望沙场，横行万里"，如碑文所颂扬的"以忠奉国，始终如一"，其母及妻还有曾被赐姓武氏的事实。契苾一门成为贞观、武周时的显贵。契苾明于武后证圣元年（695）卒于凉州姑臧城内，万岁通天元年（696）归葬于咸阳之先茔。

契苾明之三子分别为："长子左豹韬卫大将军兼贺兰州都督上柱国凉

---

① 《隋书》卷 84《铁勒传》。

② 《大唐故三品孙吏部常选契苾府君（尚宾）墓志铭并序》，见王晓谋、李朝阳《唐代契苾尚宾墓志考释》，《文博》2002 年第 1 期。

③ 《契苾明碑》内容在《全唐文》中有载。在《金石萃编》和《关中金石记》等均录有全文。螭首方趺，身首连雕，通高 4.70 米、厚 0.40 米、上宽 1.47 米、下宽 1.53 米。素面圭额篆书三行，每行五字，题"大唐故大将军凉国公契苾府君之碑"，整个碑首制作宏伟，雕刻精巧，为碑刻中的珍品。碑身阴刻正书 37 行，行 77 字，首行题"大周故镇军大将军行左鹰杨卫大将军兼贺兰州都督上柱国凉国公契苾府君之碑铭并序"，碑文中有武周时新造文字多个。从内容可知，该碑系由肃政御史大夫上柱国娄师德撰，著名书法家殷仲容之子殷玄祚书，契苾明次子契苾嵩于先天元年（712）十二月十六日立。该碑 1962 年移入咸阳博物馆存。1973 年由咸阳市博物馆和南京大学历史系对契苾明墓的墓道部分进行过清理。1992 年 8 月至 1993 年 3 月，咸阳市文物考古研究所对墓室部分又进行了抢救性发掘，出土了一批具有相当历史和艺术价值的珍贵文物。其发掘简报见解峰、马先登《唐契苾明墓发掘记》，《文博》1998 年第 5 期。

国公眷，次子右武威卫郎将上柱国姑臧县开国子嵩，右玉钤卫郎将上柱国番禾县开国子崇"。①

从《契苾嵩墓志》的志文看出，契苾嵩及其子仍在凉州管理契苾部落。该志言：

> 授公为都督，检校征战。累迁至右领军卫大将军、赤水军副持节。吐蕃频扰，领兵不千，转入青海，破军斩将，叙录功绩，授公为特进，表请入朝侍奉，留子检校部落。②

契苾光孙子契苾尚宾墓志曰："君讳尚宾，其先则武威著姓，今即河南人也。"③ 这方墓志中，直言契苾氏为"武威著姓"，表明契苾氏对武威这一先辈几代人生活的地方的"家乡"情怀；武威为郡望，河南为徙居地。有关契苾光的记载还可补正史传记之缺。正史中只言："（契苾）光，则天时右豹韬卫将军，为酷吏所杀。"④ 由此碑文知，身为契苾尚宾祖父的契苾光身兼"唐冠军大将军、右武卫大将军、上柱国、武威郡开国公，赠左威卫大将军"。尚宾之父名契苾钦，为前太子通事舍人，张掖县开国男。

又有《大唐故朝议大夫行晋陵郡长史段府君（承宗）志铭并序》曰："夫人姑臧县君契苾氏，皇云麾将军、守左威卫大将军、武威郡开国公眷之季女。"⑤ 此契苾眷，有学者从承袭的封爵"武威郡开国公"推知，乃契苾光之长子。因为契苾光就曾是武威郡开国公⑥。果如斯，则契苾眷与契苾钦为亲兄弟。

契苾何力五世孙契苾通墓志云：

① 《金石萃编》卷70《镇军大将军行左鹰扬卫大将军兼贺兰州都督上柱国凉国公契苾府（明）君碑铭并序》，《石刻史料新编》第1辑，第1191页；《全唐文》卷287，第1900页；岑仲勉：《突厥集史》下册，第803页。

② 岑仲勉：《突厥集史》下册，卷15《唐故特进凉国公行道州别驾契苾公（嵩）墓志铭并序》，第826页；《全唐文补遗》第6辑，第414页。

③ 《大唐故三品孙吏部常选契苾府君（尚宾）墓志铭并序》，见王晓谋、李朝阳《唐代契苾尚宾墓志考释》，《文博》2002年第1期；《全唐文补遗》第8辑，三秦出版社2005年版，第27页。

④ 《旧唐书》卷109《契苾何力传》。

⑤ 《全唐文补遗》第1辑《大唐故朝议大夫行晋陵郡长史段府君（承宗）志铭并序》，三秦出版社1994年版，第207页。

⑥ 《契苾通墓志》1979年从咸阳市北郊渭阳镇双泉村征集，大中八年（854）刻，现藏咸阳博物馆。见张鸿杰主编《咸阳碑石》，三秦出版社1990年版。

　　曾祖讳峰，皇云麾将军，左武卫大将军，袭武威郡公，赠武威郡太守。祖讳嘉宾，皇云麾将军，左金吾卫大将军，兼卢州郡太守，袭凉国公，食邑三千户，赠凉州都督。父讳漪，皇持节都督胜州诸军事，胜州刺史，充本州押蕃落义勇军军使，兼侍御史，赠鸿胪卿。①

　　契苾峰曾袭武威郡公，而契苾光及其子崟恰恰皆袭封过武威郡开国公。按唐代勋爵承袭的规定，此处应为袭其父契苾光的爵位，但较原爵降低一阶，为武威郡公。由此条可见王晓谋、李朝阳所论当误，契苾峰一系当非契苾贞的后代②。

　　第二次：回鹘大批迁入凉州是因受东突厥可汗阿史那默啜势力的逼迫而进行的。

　　《新唐书·回鹘传》载：

　　　　武后时，突厥默啜方强，取铁勒故地；故回鹘与契苾、思结、浑三部度碛徙甘凉间。然唐常取其壮骑佐赤水军云。

　　《旧唐书·回纥传》亦云：

　　　　（武则天时）回纥、契苾、思结、浑部徙于甘、凉之地。

　　这意味着第二次迁到河西的契苾部与第一次迁入、仍居河西的契苾部又合二为一了。

　　唐朝自高祖在立国之初就确定了"怀柔远人，义在羁縻，无取臣属……抚临四极，悦近来远"的民族政策。简单来说就是要维稳、要安抚。对于迁居河西的回鹘自然要优遇，对回鹘部落上层委以重任。

　　《唐会要》卷九十八《回纥》载：

　　　　比来粟（唐代回纥第五代首领，应为比来粟，又名比粟毒）卒，子独解支立……故天宝末，取骁壮以充赤水军骑士……独解支卒，子

---

　　① 《全唐文补遗》第1辑《唐故银青光禄大夫检校左散骑常侍兼安北都护御史大夫充振武麟胜等军州节度观察处置蕃落兼权充度支河东振武营田等使上柱国北海县开国侯食邑五百户契苾府君（通）墓志铭并序》，第358—359页。
　　② 参见董春林《唐代契苾家族研究》，硕士学位论文，湘潭大学，2008年，第14页。

伏帝匐立，为河西经略副使，兼赤水军使。开元七年，伏帝匐卒，赠特进，遣使吊祭。子承宗立。

《旧唐书·地理志》载：

> 河西节度使，断隔羌胡。统赤水、大斗、建康、宁寇、玉门、墨离、豆卢、新泉等八军，张掖、交城、白亭三守捉。河西节度使治，在凉州，管兵七万三千人，马万九千四百匹，衣赐岁百八十万疋段。
>
> 赤水军，在凉州城内，管兵三万三千人，马万三千匹。

《元和郡县图志》指出：赤水军防御范围幅员五千一百八十里。前拒吐蕃北临突厥，"军之大者，莫如赤水"。

回鹘首领独解支及其子伏帝匐被唐廷任命为河西经略副使兼赤水军使，反映了回鹘在凉州乃至整个河西走廊的人数之众与地位之隆。赤水军骑士中有大量回鹘人也是一个重要因素[①]。

《旧唐书·地理志》"凉州中都督府"载：

> 吐浑部落、兴昔部落、阁门府、皋兰府、卢山府、金水州、蹜林州、贺兰州，已上八州府，并无县，皆吐浑、契苾、思结等部，寄在凉州界内。共有户五千四十八，口一万七千二百一十。

《新唐书·地理志》载：

> 凉州武威郡，中都督府。土贡：白绫、龙须席、毯、野马革、芎藭。户二万二千四百六十二，口十一万二百八十一。

寄居凉州的回鹘人的户数是本郡的近四分之一，口数是六分之一多。

《新唐书》卷六十六《方镇表四》载：

> 景云元年（710），置河西诸军州节度、支度、营田、督察九姓部落、赤水军兵马大使。

---

① 王永兴先生认为："敕勒族四部以回纥部最为强大，故回纥部酋相继为赤水军使，可推知其他三部酋长为赤水军下诸将，四部其他成员则为赤水军一般之兵士也。"参见王永兴《唐代前期军事史略论稿》，昆仑出版社 2003 年版，第 110 页。

河西沙、甘、凉诸州自古以来即为汉蕃杂居地区。作为农业族群的汉人同以游牧为业的回鹘之间，为了农田和牧地而相互侵扰，加上回鹘以多建军功而颇多跋扈，故而产生矛盾，历任凉州都督皆以优遇回鹘、裁抑汉民之法遏制矛盾的爆发。及至河西土著王君㚟（瓜州常乐人）出任凉州都督和河西节度使，其人"微时往来四部，为其（指回鹘等四部）所轻，及为河西节度使，以法绳之"。王君㚟力图裁抑其势，进而引发双方矛盾表面化。

《新唐书·王君㚟传》载：

> 王君㚟……为河西陇右节度使、右羽林军将军，判凉州都督事……初，凉州有回纥、契苾、思结、浑四部，世为酋长，君㚟微时，数往来，为所轻。及节度河西，回纥等颇鞅鞅，耻为下。君㚟怒，数督过之。既怨望，潜遣人至东都言状。君㚟间驿奏四部有叛谋，帝使中人即讯，回纥不能自直。于是瀚海大都督回纥承宗流瀼州，浑大得流吉州，贺兰都督契苾承明流藤州，卢山都督思结归国流琼州，而承宗党瀚海州司马护输等益不平，思有以复怨。会吐蕃使间道走突厥，君㚟率骑到肃州掩取之，还至甘州，护输狙兵发，夺君㚟节，杀左右亲吏，剖其心，曰："是始谋者。"君㚟引帐下力战，兵尽乃死。输欲以尸奔吐蕃，追兵至，乃弃尸去。帝痛惜之，赠特进、荆州大都督。以丧还京师，官护其葬。诏张说刻文墓碑，帝自书以宠之。

引文中"鞅鞅"之"鞅"，通"怏"，意为"不愉快、烦闷"。回鹘人既然心存隔阂，与凉州都督王君㚟之间矛盾的爆发就成必然。

开元十五年（727）的王君㚟事件，导致了凉州乃至河西回鹘的大规模北归。

之前的开元八年（720），凉州的契苾部就曾遭受了突厥的劫掠，人口数量有所减少。《资治通鉴》卷二一二"突厥寇甘、凉等州"条记道："十一月，辛未，突厥寇甘、凉等州，败河西节度使杨敬述，掠契苾部落而去。"

《新唐书·王君㚟传》及《通鉴》中的"输欲以尸奔吐蕃"，不符合事实。此时回鹘与吐蕃之间有矛盾，回鹘人不可能投吐蕃。按同书《回鹘传》的说法，是"久之，奔突厥，死。子骨力裴罗立"。《旧唐书·回纥传》亦云："开元中，回鹘渐盛，杀凉州都督王君㚟。断安西诸国入长安路，玄宗命郭知运等讨逐，退保乌德鞬山。"

护输北归后，再度与漠北的回纥旧部合流，实力逐步壮大，为回鹘汗国的建立奠定了基础。

744 年，护输之子骨力裴罗称汗，建立漠北回鹘汗国，回鹘历史进入了一个新的阶段。

是不是可以这样说，回鹘贵族们在凉州及河西走廊的种种历练，在某种程度上成就了骨力裴罗回鹘政权的建立。

那么，王君㚟事件是否导致了所有河西回鹘北迁呢？答案是否定的。

唐姚汝能《安禄山事迹》中记载，安史之乱发生后，唐王朝组织各地军事力量"勤王"，其中便有："以河西、陇右节度使西平王哥舒翰为副元帅，领河陇诸蕃部落奴剌、颉跌、朱耶、契苾、浑、蹛林、奚结、沙陀、蓬子、处密、吐谷浑、思结等一十三部落蕃汉兵二十一万八千人镇于潼关。"这里的契苾、浑、蹛林、思结便属于回鹘及近亲部落。

敦煌文书 P.2942 号卷子是一份政府某机构批准给缺粮的回纥部落之一——思结的文书。内有：

> 思结首领，久沐薰风，比至河西，屡伸忠赤。顷驰漠北，频被破伤，妻孥悉无，羊马俱尽，尚能慕义，不远归投。既乏粮储，略宜支给[1]。

由此也可看出思结人在河西分布仍不少。

安史之乱爆发后，西域、河陇大批边兵内调，大大削弱了这一带的防卫力量，形成虚空态势。于是，吐蕃乘机挥兵而入，河西陇右被吐蕃占领。

《沈下贤文集》中有段道明吐蕃为何能这样迅速地攻占河西的话很值得注意，表明吐蕃在对唐战争中已广泛使用攻心战术。该文称：

> 自安西以东，河、兰、伊、甘及西凉，至于会宁、天水，万三千里。凡六镇十五军，皆为戎有，有易而见亡也。闻其始下凉州时，围兵厚百里，伺其城既窘，乃令能通唐言者告曰：吾所欲城耳，城中人无少长，即能东，吾亦谨兵，无令有伤去者。城中争号曰：能解围即

---

① P.2942《归义军时代瓜沙等州公文集》，见黄永武主编《敦煌宝藏》125 卷，第 349 页。

东。其后取他城，尽如凉州之事。因此人人皆固生，无坚城意。①

这与前文提及的唐河西陇右节度使王君㚟对河西回鹘妄加猜忌，导致双方互斗形成了鲜明的对比。

雄踞漠北的回鹘汗国当然不能无视吐蕃随心所欲地攻略与自己利害攸关的西域、河西地区。于是，围绕着西域、河西的一些重点城镇，回鹘与吐蕃进行了长达七八十年的争夺战。其中，为争夺凉州，回鹘与吐蕃进行了多次拉锯战②。

758 年吐蕃乘河西武备松懈、兵员匮乏，向凉州兴兵进攻。关于此次吐蕃进兵凉州，汉文史料缺载，唯敦煌出土古藏文历史文书《编年史》简要记有："及至狗年（758）……冬……论墀桑、思结卜藏悉诺囊等引劲旅至凉州城，是为一年。"

《新唐书》《资治通鉴》《元和郡县志》等一致记载：764 年（广德二年）吐蕃曾再次出兵凉州，防守凉州的唐河西节度使杨志烈因孤城无援而弃城投甘州，凉州重陷吐蕃之手。

由《新唐书》知，至德（756—757）后，葛逻禄势力膨胀，与回鹘争强，回鹘把主要精力用在了对付葛逻禄。所以，回鹘错过了迎头痛击吐蕃的大好时机。至贞元年间，回鹘才抽出空来，抗击吐蕃。贞元七年（791），回鹘给攻击灵州的吐蕃以狠狠打击，迫使吐蕃军队趁夜逃遁。之后，回鹘便集中力量向凉州进逼，终于夺取了凉州。史书中有如下记载。

《唐会要》卷九十八、《旧唐书·回纥传》：贞元七年（791）"吐蕃攻灵州，为回鹘所败，夜遁。九月，回鹘遣使来献俘。冬十月，甲午，又遣使献所获吐蕃酋长尚结心"。

《资治通鉴》卷二三三："贞元十三年（797），回纥奉诚可汗收复凉州，大败吐蕃之众。"③

840 年，当回鹘汗国崩溃，回鹘余众南来河西时，我们发现凉州一带又由吐蕃人在控制。如《新五代史·四夷附传》中就有"回鹘为黠戛斯所

---

① 《沈下贤文集》卷 10《西边患对》。

② 参见尹伟先《回鹘与吐蕃对北庭、西州、凉州的争夺》，《西北民族研究》1992 年第 2 期；拙著《维吾尔族与藏族历史关系研究》，甘肃文化出版社 1999 年版。

③ 《资治通鉴》记载，回鹘奉诚可汗死于贞元十一年，而《册府元龟》《唐会要》则记为贞元十年去世。贞元十三年回鹘在位的是怀信可汗。

侵，徙天德、振武之间，又为石雄、张仲武所破，其余众西徙，役属吐蕃。是时，吐蕃已陷河西、陇右，乃以回鹘散处之"的记载。大中五年（851）沙州土豪张议潮发兵"略定"的也仅是瓜、伊、西、甘、肃、兰、郑、河、岷、廓、沙十一州，议潮遣其兄议泽入见唐廷时所持图籍也是此十一州图，并不包括凉州。凡此种种，都说明840年前后直到851年凉州在吐蕃掌握之中。由此而知，贞元十三年（797）后某一时期，吐蕃从回鹘手中又夺据了凉州。其详情，囿于史料缺乏，不得而知了。

吐蕃结束对凉州的控制是在861年，是由张议潮亲自统领包括回鹘人在内的"蕃汉兵"七千人完成的。张议潮克复凉州后，吐蕃人并未全部撤回本土，而是留居于凉州周围的原野、山谷间游牧、田作，后世长期控制凉州的嗢末集团、六谷蕃部集团便是这些人的重新聚拢。10世纪30年代，栖居于西北一隅的党项西夏人崛起。为了抗击西夏，凉州吐蕃势力只好同河西回鹘人捐弃前嫌，走上了联合对抗西夏的道路。

第三次：回鹘汗国分崩离析后，漠北草原的回鹘有一部分南迁河西，其中就有进入凉州的。

《新唐书·回鹘传》载：

> 俄而渠长句录莫贺与黠戛斯合骑十万攻回鹘城，杀可汗，诛掘罗勿，焚其牙，诸部溃，其相馺职与厖特勒十五部奔葛逻禄，残众入吐蕃、安西。于是，可汗牙部十三姓奉乌介特勒为可汗，南保错子山。

840年，回鹘汗国崩溃，部众离散，其中一支南下河西，投奔吐蕃。"是时，吐蕃已陷河西、陇右，乃以回鹘散处之。"[1]

斯坦因曾在新疆发现了五件藏文木简，木简中提到了回鹘。简文中有"狗年，驯化回鹘部落温列肯""已归化回鹘部落之江玛支""武乡坝子，此侧潜伏有回鹘人斥候一名""回鹘内乌雄报告"等[2]，由此可进一步证实，那些居于吐蕃管辖范围内的回鹘人已陆续被吐蕃人所"驯化"，接受吐蕃的统治，并被编入了诸如"回鹘部落"之类的军事组织中。还有些回鹘人被选派为"斥候"（So-pa）或"坐哨"（yi-zugi），为吐蕃人当差。

---

[1] 《新五代史·四夷附传》。
[2] 参见王尧、陈践《吐蕃简牍综录》，文物出版社1985年版，第43、58、57、49、66页。

前已言及，大中五年（851）沙州土豪张议潮发兵"略定"河西十一州，并不包括凉州。吐蕃结束对凉州的控制是在861年，是由张议潮统领"蕃汉兵"收复的。但据敦煌卷子S.6342《张议潮进表》知，张议潮克复凉州后，不久凉州又为蕃浑（嗢末）进逼，连唐廷也不知凉州"却废"与否了。由此可知，凉州被掌握在嗢末人手中。"凉州嗢末"成为一支不可小觑的力量。

自漠北草原向南，沿花门山至居延泽，再沿弱水进入河西走廊。"役属吐蕃"的回鹘，后聚居而做大，建立甘州回鹘政权。到911年，甘州回鹘控制了整个河西走廊，并维持了100余年。

甘州回鹘兴盛后，曾不失时机地对凉州用兵，并取得凉州。敦煌卷子S.5129中有：

> 甘州回鹘兵强马壮（原文作装），不放凉州使人拜奉沙州。昨此回鹘三、五年来，自乱计作三用，（兼）及土（蕃）二人（疑为二族）会兵劫取凉州。

1028年，西夏军攻破甘州城。甘州回鹘统治河西的历史就此结束。回鹘部众大多四散迁走。其中影响最大的，是退处敦煌以南祁连山麓的一支。在1081年史书中出现了一个"黄头回鹘"部——"撒里畏兀儿"，受蒙元西宁王的管辖，并与一些蒙古人融合。这些人与西域东迁的回鹘人会合后发展成为今天的裕固族。

吴广诚《西夏书事》中有：

> 回鹘自唐末浸微，散处甘、凉、瓜、沙间，各立君长，分领族帐。

李焘《续资治通鉴》亦载：

> 回鹘与吐蕃近世以来代为亲家，而回鹘东境与鞑靼相连。

洪皓《松漠纪闻》之"回鹘"篇中也有：

> 回鹘自唐末浸微……甘、凉、瓜、沙旧皆有族帐，后悉羁縻于西夏。

唐天祐三年（906）春正月，吐蕃曾合兵七千余骑袭击凉州嗢末集团，自此，河西走廊的门户——凉州便掌握在了以吐蕃为首的吐蕃——嗢末联合势力手中。

1001 年，六谷蕃部首领潘罗支开始执政凉州。宋授予他朔方军节度使、灵州西面都巡检使的官衔。

咸平六年（1003）十二月，夏主李继迁以迅雷不及掩耳之势，一举攻占西凉府。在敌众我寡的情况下，潘罗支联合咱隆、回鹘及六谷力量以诈降计智破李继迁①。继迁身中流矢，伤重毙命。吐蕃和回鹘取得了联合抗击西夏的第一次胜利。

《西夏书事》卷八："潘罗支死，西凉内乱，六谷诸酋共推罗支弟厮铎督为首领，德明乘人心未定，率兵复掠西凉，取之。"

1007 年，德明再次出兵攻西凉府，并偷袭甘州回鹘。宋真宗在得到边臣回报后，考虑到六谷蕃部、甘州回鹘长期以来与夏征战，与宋休戚相关，故而想抚恤之。"乃遣使谕斯多特（即厮铎督），令结回鹘为援，并赐斯多特茶药、袭衣、金带及部落物有差，斯多特奉表谢。"②

在对甘州回鹘的五次战役之后③，德明又重新把矛头指向了凉州。在大中祥符四年（1011）九月，德明派了熟识凉州情况的凉州人苏守信领兵攻厮铎督。厮铎督联合各部大败夏军。但最终在大中祥符八年（1015）五月到九月之间，苏守信还是攻下了凉州。厮铎督逃亡到了秦州。

甘州回鹘从来都是把凉州作为屏藩西夏的营垒。凉州被苏守信攻破后，引起了甘州回鹘的极度恐慌，所以竭力与西夏争夺，以期收复凉州。④ 1016 年的十二月，苏守信死，其子罗莽代领西凉府事，甘州回鹘乘机夺取了凉州，破罗莽族帐百余，斩首三百，并夺得马牛羊无数。德明出兵想救援凉州，但回鹘与六谷余部死守，夏兵终不能克。

11 世纪初，在青唐地区兴起了另一股吐蕃势力，这就是唃厮啰集团，它与宋朝及回鹘都保持着良好的关系。

---

① 李焘《续资治通鉴长编》卷 68 载："和辉尔（乃辉和尔之误，即回鹘）尝杀继迁，世为仇敌。"故知，回鹘为潘罗支智破李继迁的盟军。

② 李焘：《续资治通鉴长编》卷 66。

③ 参见拙文《840 年之后回鹘与吐蕃的关系》，《西藏民族学院学报》1992 年第 2 期。

④ 《宋会要辑稿》"蕃夷四"有："忠顺保德甘州回鹘外甥可汗王、臣夜落纥言，臣在州与九宰相诸部落不住与西凉人苏守信斗杀。"

当六谷蕃部据有凉州时，甘州回鹘及西域贡使前往中原时，皆是由六谷之兵前往护送。当西夏人断绝了由甘州到凉州再到中原的贡道时，回鹘人便与唃厮啰取得了联系，改由"青海道"（亦即吐谷浑道）往宋朝。唃厮啰"乃遣人援送其使，故（回鹘使臣）频年得至京师"①。

可是有一个时期由于婚姻纠葛，在唃厮啰与回鹘之间产生了不和，唃厮啰"欲娶（甘州回鹘）可汗女而无聘财，可汗不许，因为私仇"，双方关系疏远。文献中记载的双方联兵对敌的史料再也见不着了，有的只是各自为战的材料。西夏所希望的就是吐蕃与回鹘之间的不和，以便各个击破。

明道元年（1032）九月，西夏元昊领兵夺取了回鹘控制的凉州。在此之前为防六谷蕃部诸酋驰援回鹘，西夏先派人领兵进攻环庆，牵制了六谷力量。夺得凉州后，接着元昊乘胜向甘州进兵，再次拿下了甘州。

景祐二年（1035）元昊遣苏奴儿带兵二万五千攻唃厮啰，西夏兵以讲和的诈骗计骗开城门，进行屠城。并于当年乘胜引兵西向，一举攻占瓜、沙、肃三州。从此，西夏拥有了夏、银、绥、宥、静、灵、盐、会、胜、甘、凉、瓜、肃州之地，吐蕃、回鹘联兵抗击西夏的斗争终告失败。

历史往往有惊人相似的一幕。西夏占领凉州乃至整个河西后，河西回鹘人再次陷入了分崩离析的境地，各自寻找安身之所。求索史料，我们可以发现主要有三种状况：一是散居河西，役属于西夏。这些人数量较多，后来逐渐融入当地居民中。蒙元时期河西地区出现的畏兀儿人中，有些是从西域高昌地区随亦都护迁入的，有些则是原役属于西夏的河西回鹘。或许，后世的高昌王亦都护移庭凉州永昌府，与此地遗留有回鹘不无关系。二是迁避祁连山区，成为其后黄头回鹘的滥觞。三是南下至青唐和青海西部地区。

二　蒙元时期畏兀儿在凉州的活动

（一）畏兀儿人叶仙鼐与凉州

蒙元时期，畏兀儿人在宗教方面一改以往的摩尼教信仰，纷纷改信了

---

① 李焘：《续资治通鉴长编》卷85。

佛教，尤其是藏传佛教，出现了一批数量可观的畏兀儿喇嘛僧①。比较有名的有阿鲁浑萨理②、必兰纳识里③、舍兰兰、迦鲁纳答思等④。西藏藏传佛教萨迦派高僧、藏族历史上杰出的宗教思想家和政治活动家萨迦班智达·贡噶坚赞（1182—1251）在凉州期间，讲经说法时，就有畏兀儿人听经。贡噶坚赞还收了一位畏兀儿人叶仙鼐为弟子。叶仙鼐成为见于记载的最早的畏兀儿喇嘛僧。

对于此一史实，笔者在 2017 年 10 月由中国西藏文化保护与发展协会、中国藏学研究中心联合主办，中国藏学研究中心历史研究所、甘肃省武威市人民政府联合承办的"纪念凉州会谈 770 周年学术研讨会"上，撰写了《萨班·贡噶坚赞在凉州的活动及其影响述论——以萨班弟子、畏兀儿人叶仙鼐的活动为讨论基点》一文，予以考述。因会议论文集迄今未能出版，在此略述论文主要观点如下：

> 蒙古宗王阔端在 1244 年（藏历第四饶迥木龙甲辰年）八月，给萨迦·班智达发出邀请书，邀他到凉州来商谈有关西藏事务。年届 63 岁的萨班，经过深思熟虑和艰苦细致的交流磋商，让侄子八思巴和恰那多吉先行，自己后行，相继于 1245 年、1246 年（藏历火阳马年）八月抵达凉州⑤。在 1247 年与阔端进行了"凉州会谈"，向西藏地方发去了《萨迦班智达致蕃人书》，实现了西藏地方顺利纳入中国版图这一彪炳千秋的壮举。

在《萨迦班智达致蕃人书》中，萨班言："汗王（阔端）对我关切逾于他人，故汉地、吐蕃、畏兀儿、西夏等地之善知识大德及官员百姓均感

---

① ［德］茨默：《佛教与回鹘社会》，桂林、杨富学译，民族出版社 2007 年版；杨富学：《回鹘之佛教》，新疆人民出版社 1998 年版；张羽新：《元代的维吾尔族喇嘛僧》，《中国藏学》1996 年第 2 期；尹伟先《元代参与吐蕃事务的畏兀儿人》，《西域研究》2000 年第 2 期。

② 《全公神道碑》记有："公从国师八思巴学浮屠法，不数月尽通其书，旁达诸国及汉语。"

③ 《元史·释老传》有："又有必兰纳识里者，初名只刺瓦弥的理。北庭感木鲁国人。幼熟畏兀儿及西天书，长能贯通三藏暨诸国语。"《西天书》当即藏文。

④ 张羽新：《元代的维吾尔族喇嘛僧》，《中国藏学》1996 年第 2 期。并参尹伟先《元代参与吐蕃事务的畏兀儿人》，《西域研究》2000 年第 2 期。

⑤ 藏文史书《萨迦世系史》载："法王萨班于 65 岁的阳火马年八月到达北方凉州……于羊年一月举行了（与阔端的）会见。"见阿旺贡噶索南著《萨迦世系史》，陈庆英等译注，中国国际广播出版社 2016 年版，第 98—99 页。

奇异，前来听经，极为崇敬。"①

在藏文史书《萨迦五祖全集》ba 函《八思巴文集》中所收八思巴写的名为《芒拉夫妇抄写〈般若经〉详中略及〈华严经〉的说明》（mang la yab yum g · yis bring bsdus gsum dang phal po che bzhengs pvi mtshon byed）的文中曾讲道："……在同掌朝政的阔端的感召下，（萨迦班智达）启身东行。在那里他向许多操不同语言的人宣讲神的启示，并根据他们的能力指引他们走上了完全解脱的道路。"② 说明萨迦班智达到达凉州后的一段时间内，确实有一批各民族出身的信徒投到其门下习修佛法③。

在另一篇八思巴所写的《关于（为）忽必烈抄写〈般若波罗蜜多经〉详中略的说明》（Go pe las vbring bsdus gsum bzhengs pvi mtshon byed）一文中，有这样一句话："……一明明三界之上师、三界之三途领路人、鼎鼎有名的萨迦班智达，因他的恩典叶仙鼐（藏文作'e se na）皈依了佛法……"④ 这表明，叶仙鼐曾拜萨迦班智达贡噶坚赞为师，皈依佛门，习修佛法，难怪藏文史书《汉藏史集》中还有"他是薛禅皇帝派往萨迦的头一个金字使臣""（叶仙鼐）对佛教以及萨迦派十分信仰"⑤ 的记载。

叶仙鼐皈依萨班的地点只能是凉州。

八思巴在此《说明》一文中还明确指出了叶仙鼐是 yul gul 人⑥，出生

---

① 见阿旺贡噶索南著《萨迦世系史》，陈庆英等译注之第 110 页。

② 见《萨迦五祖全集》藏文木刻本 ba 函，第 310 页 b 面。

③ 藏文史书《汉藏史集》载："八思巴总计为尼泊尔、印度、汉地、西夏、蒙古、高丽、大理、畏兀儿、合申等地的比丘和比丘尼、沙弥和沙弥尼四千人授戒剃度，为四百二十五人担任过授戒的堪布。"表明，八思巴继承了其伯父贡噶坚赞的做法，继续收畏兀儿等族人为徒，弘扬藏传佛教文化。

④ 八思巴：《关于（为）忽必烈抄写〈般若波罗蜜多经〉详中略的说明》，《萨迦五祖全集》藏文木刻本 ba 函，第 316 页 a 面。

⑤ 达仓宗巴·班觉桑布：《汉藏史集》，陈庆英译，西藏人民出版社 1986 年版，第 169—170 页。陈庆英先生《元代朵思麻宣慰司的设置年代和名称》（载《中国藏学》1997 年第 3 期）中认定，藏文史书《汉藏史集》中记载的"额济拉克"（'i ji lag）在读音上与叶仙鼐相近，其从征云南的事迹在汉、藏文书中又如此相似，因此，额济拉克即叶仙鼐。

⑥ 此 yul gur 一词在当时只能是指畏兀儿人。钱大昕：《元史氏族表》中也是将叶仙鼐列入畏兀儿人中。见钱大昕《元史氏族表》，《二十五史补编》第 6 册，中华书局第 8335 页。

地是 ga ra go jo。① 还准确地揭知了叶仙鼐的祖父、父母及两位兄长的名字。叶仙鼐的祖父名海努杜（ga nim du），父亲土坚海牙（du gal ga ya），母亲吐美德日毛（dur mis de rim mo），长兄玉海云海牙（yu ga yun ga ya），次兄撒温海牙（ze vun ga ya），叶仙鼐在兄弟 3 人中最幼。《说明》一文中八思巴对叶仙鼐的祖父、父母、兄长情况能如此细微地表述，表明他与叶仙鼐之间是非同一般的熟识。

《元史》《新元史》《蒙兀儿史记》等汉文史书都有《叶仙鼐传》，其所记履历、事迹大同而小异，大体是说，叶仙鼐乃一畏兀儿武将世家后裔，其父曾追随成吉思汗、窝阔台汗，在平灭西夏、金的战役中功勋卓著。叶仙鼐则侍奉世祖忽必烈左右，南征北战，屡立战功，深得忽必烈赏识，曾被任命为"吐蕃宣慰使"，在任达 24 年之久。后被调任云南行省平章政事，不久又改任江西行省平章政事、陕西行省平章政事。卸任后闲居陇右。但都无叶仙鼐出家为僧的记载。

1253 年蒙古军进兵云南时，叶仙鼐随征，表明这时他已还俗了。叶仙鼐的还俗，可能与 1251 年萨班贡噶坚赞去世有些许联系。

畏兀儿人叶仙鼐能被忽必烈委以重任，成为元朝皇帝"派往萨迦的头一个金字使臣"，任吐蕃宣慰使达 24 年，之后相继接任云南、江西、陕西行省平章政事，一方面与叶仙鼐个人的能力有关，同时还与他曾是萨班弟子，与元朝帝师八思巴有同门之谊或许有些关联。

（二）亦都护高昌王与凉州

蒙古兴起时，天山地区东部居住的高昌回鹘，在元代的汉文文献中被称为"畏兀儿"，他们的首领称"亦都护"。

14 世纪初波斯史家拉施德《史集》中说："他们（畏兀儿人）称自己的君主为亦都护（aidi—qut），即'幸福之主'。"

另据《亦都护高昌王世勋碑》记载："亦都护者，其国王号也。"

1211 年，高昌畏兀儿亦都护巴而术阿而忒的斤摆脱西辽控制，主动投

---

① 此 ga ra go jo 乃是"哈喇火州"的音译，指现在的吐鲁番。唐宋时代，吐鲁番一般以高昌、西州之名见诸史书，曾是回鹘人活动的中心之一。至元二十年（1283）元朝在这里设置了和州（哈喇和卓）宣慰司，隶属于别失八里行尚书省。据伯希和考证，哈喇和卓（哈喇火州）系当地突厥语名称，主要指现在的二堡。

靠了蒙古，亲自前往蒙古觐见成吉思汗，受到成吉思汗的厚待，"使与诸皇子约为兄弟，宠异冠于诸国"，成为成吉思汗的"第五子"、驸马。

元世祖忽必烈至元二十三年（1286）秋冬之际①，战后余生的高昌畏兀儿残部，在亦都护纽林的斤的率领下，东行跋涉近2000华里，最后定居在位于凉州以北不远的永昌城，建立幕府。从此以后，历代亦都护基本上以永昌为"治所"，而"遥领"原高昌王国境内的畏兀儿人民。

《亦都护高昌王世勋碑》为元统二年（1334）树立。此碑发现于武威城北15公里的石碑沟（今武威市凉州区永昌镇石碑村）。已残，上半段不知何时遗失，现存下段，两面撰文。正面汉字，背面回鹘文。现存武威市博物馆。该碑由奎章阁侍书学士虞集撰文。该碑是元文宗为了表彰从巴尔术阿而忒的斤到帖木儿补花，六世亦都护效忠元朝的功勋而立的。碑文撰于至顺二年（1331），收于《道园学古录》《元文类》《陇右金石录》等书。众多学者，如黄文弼②、耿世民③、党寿山④、黎大祥⑤等先生都进行过研究。在此不赘述。

对于高昌亦都护王族和大批畏兀儿人东迁永昌的原因，《高昌王世勋之碑》汉文碑文记录其事曰：

> ［至元］十二年，都哇、卜思巴等率兵十二万，围火州，……城受围六月，不解。……（亦都护火赤哈儿）以其女也立亦黑迷失别吉厚载以茵，引绳坠诸城下，而与之。都哇解去。其后入朝，上嘉其功，……还镇火州，屯于南哈密力之地。兵力尚寡，北方军猝至，大战力尽，遂死之。子纽林的斤，方幼，诣阙请兵北征，以复父仇。……有旨：师出河西，俟与北征大军齐发。遂留永昌焉。⑥

《元史·巴而术阿而忒的斤传》所记火州之战、入京朝觐、战死哈密、迁居永昌等连续发生的事件，与碑铭文字基本相同。大约是《元史》取材

---

① 贾丛江：《元代畏兀儿迁居永昌事辑》，《西域研究》2002年第4期。
② 黄文弼：《亦都护高昌王世勋碑复原并校记》，《文物》1964年第2期。
③ 耿世民：《回鹘文亦都护高昌王世勋碑研究》，《考古学报》1980年第4期。
④ 党寿山：《高昌王世勋碑考》，《考古与文物》1983年第1期。
⑤ 黎大祥：《武威文物研究文集》，甘肃文化出版社2002年版。
⑥ 《高昌王世勋之碑》，虞集《道园学古录》卷24。

于虞集撰写的《高昌王世勋之碑》。

永昌之名，缘起于窝阔台之孙、阔端之子只必帖木儿自筑城池。《元史·世祖纪》载："（至元九年，即 1272 年，十一月）诸王只必帖木儿筑新城成，赐名永昌府"。这个"永昌府"是世祖赐予新建王城的名字，不是元朝行政区划中介于路和州之间的"府"。随后情况发生变化，《元史·地理志三》载："至元十五年，以永昌王宫殿所在，立永昌路，降西凉府为州隶焉。"

《世勋碑》汉碑记载畏兀儿王室入关以后，纽林的斤"诣阙请兵北征……有旨，师出河西，俟与北征大军齐发，遂留永昌焉。会吐蕃脱思麻作乱，诏以荣禄大夫、平章政事领本部探马赤等军万人，镇吐蕃宣慰司"。按元制，探马赤军为一户一军，"本部探马赤等军万人"实际代表有畏兀儿部民 1 万户，加上留在永昌、没有出镇的民户，当有 1 万余户。按每户 5 口人计，至少有 7.5 万人。[①]

亦都护在凉州活动的历史。亦都护王位承袭者共 15 位，其中 8 代是在凉州传承。即：

8. Nurin Tikin	纽林的斤	（1308—1318）
9. Tumir Buqa	帖睦儿补花	（1323—1329）
10. Sanggi Tikin	篯吉的斤	（1329—?）
11. Taypan（Asayish Tikin）	太平奴	（1332—1333）[②]
12. Yur Temur	月鲁帖木儿	（1352—1353）
13. Sanga	桑哥	（1353—?）
14. Bu tashir	不答失里	
15. Har shang	和赏	（又译：和尚，1370—?）

1353 年前后，宋濂《宋文宪公全集》卷十五记载：

> 公讳和赏，畏兀氏，世居高昌，曾祖纽里怜，事元世祖有功，封高昌王。祖帖木儿不花，中书左丞相；父不答失里，中书平章政事，

---

① 贾丛江《关于元朝内迁畏兀儿人的几个问题》（《内蒙古社会科学》2003 年第 6 期）认为，"通盘考虑，内地畏兀儿总户数应当接近 1 万 5 千户，按每户 5 口人计，有近 7.5 万人"。这包括了内迁到甘肃行省永昌路境内的，大都的，河西走廊西部的，陕西行省平凉县、凤翔县、奉元路的，河南江北行省邓州、襄阳县的，云南行省乌蒙地区的畏兀儿聚落。

② 《亦都护高昌王世勋碑》记载的亦都护王系仅止于 Taypan，即太平奴。

> 皆袭王爵……公性警敏，能知时达变，幼亦绍王，封镇永昌。洪武三年，大兵下兰州，公赍印绶自永昌率府属只诣辕门内附，诏授怀远将军、高昌卫同知指挥使司事，世袭其职。

这位叫和赏者，既是元朝最后一个镇守永昌的亦都护王族成员，又是被明朝中央政府封赐官职的第一个亦都护王族后代。根据史料记载，实际上自归附明朝后，亦都护王室家族后裔已不再拥有亦都护之称号。

于《亦都护高昌王世勋碑》并立的还有一块碑，为《西宁王忻都公神道碑》。该碑完整，碑通高5.8米，高1.6米，厚0.45米。碑正面为汉文，背面为回鹘式蒙文，汉文全文共32行，每行63字。现在石碑村耸立，座为龟趺，碑首刻蟠螭，上刻"大元敕赐西宁王碑"八字，碑文为元惠宗时参知政事危素撰写，由于畏兀儿人忻都及其先祖对元室建立过卓著功勋，特立此碑纪念。从碑文知，忻都为亦都护高昌王纽林的斤的后代，死后追封为西宁王，葬于永昌府的石牌沟。

《亦都护高昌王世勋碑》和《西宁王忻都公神道碑》为畏兀儿人在蒙元时期在凉州活动的珍贵碑刻，两块碑中记载的历史事实，是我国河西走廊多民族聚集的珍贵资料和历史见证，1981年9月被甘肃省人民政府公布为省级重点文物。

高昌王与西宁王的墓葬究竟在何处，至今在考古学界纷说不一，成为争论的焦点。学界期盼着有一天两王墓葬被发现。

武威市发展文化旅游产业的优势及措施思考

张颐洋

天津体育学院

文化是旅游的灵魂，旅游是文化的载体。随着近年来文化与旅游融合的趋势日益明显，文化旅游作为一种全新的体验形式成为现代旅游业发展的新亮点，文、体、旅、农、康等产业跨界融合成为满足人们美好生活需求的供给侧改革新动能。2017 年 6 月，武威市委四届四次全体（扩大）会议确定了"走生态优先、绿色发展之路，努力建设经济强市、生态大市、文化旅游名市，全力打造生态美、产业优、百姓富的和谐武威"的总体思路和"把文化旅游产业培育成支柱产业"的目标任务。之后，武威市相继出台了支持文化旅游业发展若干政策，成立了凉州文化研究院，组建了文化旅游发展集团，举办了两届凉州文化论坛，常态化举办《凉州讲坛》《凉州文化沙龙》，编制了全域旅游、乡村旅游发展规划。弘扬凉州文化，传承丝路精神，做大做强文化旅游产业，建设文化旅游名市，已成为全市上下的共识和行动自觉。①

一 凉州的历史地位及其文旅资源

（一）凉州的历史地位

凉州，又名武威。汉辟河西四郡，武威始设郡县，为彰显其"武功军威"而得名。西汉时设十三州刺史部，武威属凉州刺史部，以"地处西

---

① 张尚梅：《改革创新添动力 砥砺奋进谱新篇——改革开放四十周年我市重点发展成就综述》，《武威日报》2018 年 12 月 29 日第 1 版。

方，常寒凉也"故称凉州，凉州之名自此始。三国时，置凉州，上升为全国十三州之一。十六国时期，前凉、后凉、南凉、北凉以及隋末大凉政权都曾在此建都，使凉州成为当时具有全国意义上的三大据点之一。唐时先后为凉州总管府、都督府、河西节度使治所，一度成为中国仅次于长安的通都大邑。西夏时为西夏辅郡，其地位仅次于都城兴庆府（今银川）。蒙元时期，成吉思汗之孙西凉王阔端与西藏宗教领袖萨迦班智达在凉州白塔寺举行了著名的"凉州会谈"，使西藏正式纳入中央政府行政管辖。明清以来，文化传承不辍，"文风甲于秦陇"，享有"银武威"之美誉。

凉州具有得天独厚的自然地理条件和悠久灿烂的历史文化，使其成为中原王朝经营西域的战略要地，也是我国古代蒙古文化圈、青藏文化圈的交会地带。农耕文明与游牧文明、中西方文化、多民族文化在这里交会融合、包容开放，形成了在中国文化史上占有重要地位的凉州文化，其蕴含的历史和地域特色鲜明的汉唐文化、五凉文化、西夏文化、佛教文化、民族民俗文化等，成为在凉州长达 5000 多年的历史发展长河中的一朵朵奇葩，绽放出绚丽多姿的光彩。

（二）凉州的文化旅游资源

武威境内文化遗产资源丰富，全市现有各类不可移动文物 1029 处（全国重点文物保护单位 12 处，省级文物保护单位 59 处，市、县区文物保护单位 395 处），汉、明长城 629 公里；国有收藏单位收藏各类文物 51710 件（一级文物 185 件，二级文物 367 件，三级文物 952 件），是全省文物大市。此外，凉州贤孝、武威宝卷、凉州攻鼓子、天祝土族格萨尔、华锐藏族民歌等 5 项非物质文化遗产进入国家级非遗保护名录，31 项进入省级非遗保护名录，285 项进入市、县（区）非遗保护名录，25 个非遗传习所得到挂牌保护。古浪县大靖镇被公布为中国历史文化名镇，凉州区四坝镇被评为"中国民间文化艺术之乡"，凉州区蜻蜓村入选 2015 年中国最美休闲乡村"现代新村"，天祝县天堂村入选 2015 年中国最美休闲乡村"特色民俗村"，并被命名为第二批中国少数民族特色村寨。①

---

① 中共武威市委宣传部：《武威市情》，http：//www. ww. gansu. gov. cn/zjww/wwkk/153370. htm。

具有代表性的有："一马"(中国旅游标志"马踏飞燕"及其出土地——雷台汉墓)、"一窟"(中国石窟鼻祖——天梯山石窟)、"一寺"(西藏归属祖国的历史见证地——白塔寺)、"一庙"(陇右学宫之冠——文庙)、"一碑"(研究西夏文字的活字典——西夏碑)、"一塔"(中国四大佛经翻译家之一鸠摩罗什利塔——罗什寺塔)、"一堡"(西北地区保存最完好的地主庄园——瑞安堡),还有中国北方五大藏传佛教寺院之一——天堂寺,河西名刹——海藏寺、大云寺,古代边疆屯军之地——松山古城,红军西路军战斗遗址——古浪战役纪念馆、凉州战役纪念馆等。

武威自然景观富集、独特,从南向北依次分布有雪山冰川、森林草原、丹霞地貌、河流水库、绿洲田园、旱区湿地、大漠戈壁等,代表性的景点有天祝三峡、抓喜秀龙草原、松山滩草原,莫高·中国葡萄酒城、威龙有机葡萄酒堡及葡萄种植基地,中国西部最大的濒危野生动物研究中心——神州荒漠野生动物园,中国"沙海第一园"——沙漠公园,旱区湿地、浩瀚明珠、阻隔腾巴两大沙漠合拢的历史见证地——青土湖,亚洲最大的沙漠水库——红崖山水库等。[1]

附表:武威市现有规模以上旅游景区情况简表

景区名称	景区类型	景区地址	联系方式	等级
雷台汉墓	文博院馆	武威市凉州区北关中路	0935－2215852	AAAA
白塔寺	寺庙观堂	凉州区武南镇百塔村	0935－2736599	AAAA
文庙	文博院馆	武威市凉州区崇文街	0935－2215849	AAAA
野生动物中心	沙漠公园	武威市城东科技示范园区	0935－2516381	AAAA
西夏博物馆	文博院馆	武威市凉州区崇文街179号	0935－2228884	AAAA
鸠摩罗什寺	寺庙观堂	武威市凉州区北大街139号	18809356161	AA
天梯山石窟	石窟寺	武威市凉州区张义镇村	0935－2980219	AA
莫高威龙葡萄酒基地	农业旅游	武威市凉州区清源镇	0935－2608427	暂无
普康生态园区	旅游度假区	武威市凉州区永丰镇	0935－2368678	暂无

① 张宏勇:《打造引擎做强支柱——2017年我市文化旅游产业发展综述》,http://www.ww.gansu.gov.cn/jrww/wwyw/149619.htm。

二 存在的问题

（一）武威旅游形象宣传不够

武威一直以河西重镇、铜奔马的故乡、葡萄酒城闻名于世，在"一带一路"倡议之下，武威成为丝绸之路重要节点城市，提出了相应的宣传口号，但目前武威的旅游形象并没有一个明确的描述，相对模糊，而且，宣传资金缺乏、宣传渠道较少，影响了武威旅游业的发展。

（二）丝路文化特色旅游产品较少

武威受制于资源禀赋的客观条件，仍然是文博类的旅游产品多，娱乐观光类的少，而且缺乏旅游产品支撑武威河西首郡的形象。相关旅游景点开发较少，规模小，旅游设施不全面。总体来看，文化系列的旅游产品较少，尤其是缺乏深度体验的产品以及娱乐系列产品，不能满足游客的需求。

（三）旅游从业人员素质较低，对文化旅游的理解不足

从现实来看，武威旅游业的从业人员高层次人才少，整体水平跟不上发展的需要，限制了旅游服务的提升以及旅游产品的创新。而外来游客希望了解地方民族多样化、文化多元性的特点，希望体验舒适愉悦的旅途，因此，较低素质的旅游从业者对旅游文化理解不足，无法提供有效的服务，也影响了武威的旅游形象。

（四）旅游景区开发建设层次低

虽然武威市现有 A 级景区 19 个，但这些景区分布散、规模小、档次低、精品少，产品结构单一，低端化、同质化现象严重，各景区基本上以观光为主，缺少参与性、体验性强的特色旅游项目，缺少记得住、讲得出、可分享的特色旅游产品，缺少能把游客"引进来、留得住"的核心景区，缺少"顶天立地"的大景区和标志性旅游工程，还没有形成以大带小、以强带弱、以点带面的辐射状旅游网络体系。

（五）旅游基础设施相对薄弱，配套服务滞后

通往各景区点的道路等级低，没有开通旅游专线，没有专门的旅游车辆服务公司，在火车站和汽车站、宾馆饭店、公交站点，包括主干道沿线、路口缺少引导标识及客运服务联系方式，外地游客包括本地一些散客除自驾游外想到景区无法成行，制约了旅业业发展。星级旅游宾馆饭店少，没有五星级宾馆饭店，接待国内大型文化旅游及高层级的会议活动能力不足，留不住高档次游客。旅游景区美化、绿化、亮化、水平低，景区内部道路、游客接待服务中心、停车场、引导标识、观景台、厕所等公共服务设施建设滞后。

三　发展前景及策略实施

在"一带一路"倡议下，武威迎来了发展文化旅游产业的绝佳机会。根据武威的现实发展情况和历史背景，武威提出建设"文化旅游名市"，打造"德城""文城""绿城""清城"。[①] 如何迈向崇文尚德之城，就需要依靠富集的文化资源、创新的思维方式，着力打造凉州文化品牌，全力发展文化旅游产业，推动武威文化旅游领域融合发展再上新台阶。

（一）传承城市精神，彰显城市特质

凉州文化积聚了不同时期武威人民深埋骨血中的独特气质和风骨，形成了"崇文尚德、包容创新"的武威城市精神。当前，结合创建全国文明城市，大力宣传凉州文化，让看似抽象的城市精神具体、鲜活、生动地融入这座城市的血脉，走进每个市民的心中。深入挖潜"一马一碑一寺一窟一塔一庙一堡"等标志性文化符号的历史意义和价值，充分彰显武威精神特质，增强城市软实力。

（二）搭建活动平台，讲好武威故事

武威人民不懈追求发展与振兴的历史，凝结成了催人奋进的"武威故

---

① 杨鹏元：《我市发展文化旅游产业成效显著》，http：//www. ww. gansu. gov. cn/jrww/wwyw/164858. htm。

事"，深刻地展示了武威文化的厚重博大、丰富多彩。在文化旅游名市建设中，多维度讲述"武威故事"，有助于增进各地人民对武威的认识和了解。因此，我们要把握"一带一路"机遇，充分借助"丝绸之路（敦煌）国际文化博览会"这个国家级平台，利用晕轮效应，扩大文化展示，加强民间交流交往，为讲好"武威故事"创造条件。同时，常态化举办凉州讲坛、凉州文化沙龙等，营造良好氛围，提升武威的知名度和影响力。另外，要顺应宣传发展形势，完善拓宽宣传渠道，打造新媒体平台形象，加大武威旅游形象宣传，进一步提升武威的知名度。

（三）整合文化资源，做深凉州文化研究

武威自古以来就是"河西都会"，"襟带西蕃，葱右诸国"，是中原与西亚政治、经济、文化交流的节点城市。当前，要充分利用国内外高校和科研机构的学术优势，开展凉州文化的课题研究，加强对凉州文化的知识生产。鼓励本地文化单位和研究者"走出去"，打开学术视野，主动与省内外专家研究者进行互动交流，不断擦出学术与文化的智慧火花。同时，邀请"一带一路"沿线城市的高校教师和社科机构的专家学者到武威考察讲座，争取更多的优秀学术人才研究和传播凉州文化，为打造凉州文化品牌提供智力支持。

（四）加快深度融合，壮大文旅支柱产业

大力发展文化旅游是最直接、最全面展示凉州文化的形式之一。要多措并举，吸引游客到访武威，让更多的游客把对凉州文化的体验和所思所感带到各地，使每一位关注凉州文化的游客都成为传播凉州文化的动态载体。认真梳理文化资源，在项目开发、景区建设中注重非遗动态展示、民俗表演等文化元素的融入，拓展旅游互动体验功能，推出"专精特新"文创产品，如河西宝卷、凉州攻鼓子、凉州贤孝、华锐藏族民歌等民俗文化等文化演艺活动。同时，对具有一定影响力的标志性旅游景区，如雷台、天梯山、白塔寺等要加快提档升级，对文化资源进行精细化的合理创新，进一步增强文化的影响力。

（五）推进成果转化，发展文创产业

文化贸易和投资是当前区域合作发展中的重要组成部分，是推动经济

社会发展的关键力量。武威要实现高质量发展，需对独具特色的汉唐文化、五凉文化、西夏文化等进行品牌塑造，增强市民传承文化、发展文化的使命感与创新能力。同时，引入资本力量，加快对文化资源的创造性转化，打通创意设计研发生产、营销推广衍生产品等产业链，利用先进的新媒体以及数字技术对优秀文化进行记录和设计，打造具有武威特色的文化创意产业，不断提升文化产品的内涵与品质，发展文化贸易，增强凉州文化的竞争力。

（六）创建合作机制，构筑发展新格局

自古以来，河西地区经济社会发展就具有共同的特点，特别是历史文化的形成都属于古代蒙古文化圈、青藏文化圈的交会地带。发展文旅产业，不能唱"独角戏"，要抱团式集聚群式发展。要融入河西地区文旅产业发展快速的班列，顺势而为、借势而上，加强联系合作，协商建立河西城市区域合作发展机制，共同建设具有独一无二特色的河西走廊风情体验文化旅游走廊，如建设丝绸之路主题公园、丝绸之路影视城，举办河西走廊文化旅游论坛等，联手打造精品旅游路线，扶持创造以"丝绸之路"为主题的文化艺术精品，特别是"霓裳羽衣舞曲"等，着力延伸文旅产业链，构建文旅产业发展新格局。

（七）发挥资源优势，集聚文旅产业人才

近年来，人才流动的不均衡性越发明显，欠发达地区人才匮乏的难题依然突出。要认识到人才紧缺是多种因素综合作用的结果。正因为欠发达，或许"欠发达"正是最大的优势，这意味发展空间潜力很大。发展文旅产业最重要、最核心、最根本的是人才问题。要树立"人才是第一资源"的理念，结合实际，扬长避短，发挥文化资源富集优势，激发内生动力，筑巢引凤，壮大"领头羊"项目，吸引优秀人才创业居住。同时，要主动与人才富集城市建立联系，带动本地人才成长，从而减缓人才不平衡发展带来的影响，让"洼地"逐渐成为高地。另外，要借助地方高校资源，培养高端、复合型旅游人才，灵活采用各种方法引进旅游人才，提升武威旅游业的品质。

"凉州文化与丝绸之路国际学术研讨会"
会议综述

王 彬
中国社会科学院古代史研究所

2018 年 10 月 10 日—12 日，"凉州文化与丝绸之路国际学术研讨会"在甘肃省武威市隆重召开。来自海内外高校、科研院所、博物馆的近 70 位知名专家学者会聚一堂，围绕"凉州文化与丝绸之路"的议题展开研讨。

在会议开幕式上，中共武威市委书记柳鹏同志代表中共武威市委、市人大、市政府、市政协，向研讨会开幕表示热烈的祝贺，介绍了武威文化旅游产业的发展，以及与中国社会科学院和历史研究所的一系列合作。中国社会科学院历史研究所所长、中国秦汉史研究会会长卜宪群研究员介绍了本次会议举办的背景，认为凉州文化在中国历史上占有重要地位，为中华文化的多样性做出了贡献，也为统一多民族国家的形成做出了贡献，呼吁更多学者研究凉州文化。中国魏晋南北朝史学会会长楼劲研究员提出为了更好地研究武威，传承凉州文化，首先应该关注凉州的空间位置，置于欧亚大陆东部地理中心的位置中考察；其次注意时间维度，跳脱出中原王朝的视角，唐以后的凉州研究必将更加丰富多彩。韩国庆北大学尹在硕教授提出自汉以来武威发展为中国西北的历史文化重镇，游牧农耕相互交融，逐渐形成独树一帜的地区特色；期待能借此机会，了解凉州文化，促进世界学术交流发展。开幕式由中共武威市委副书记、市长周伟同志主持。

论坛期间，众多与会学者提交了近 50 篇论文。会议组织了一场主题报告，六场分组讨论。综观这些卓见，可分为四个主题。

一 秦汉魏晋南北朝隋唐时期的凉州历史文化

吕宗力先生《东汉魏晋十六国凉州地区谶纬学述略》注意到凉州移民社会坚持和保存了原有文化传统，加之凉州地区独特的地理环境和文化氛围，以及当地政治社会局势的现实需要，令魏晋时期谶纬学及相关文化现象在中心地区被边缘化的同时，经久不衰于西北边区。楼劲先生《汉魏以来凉州出现的若干符谶》认为汉唐建都长安而尤重西北，凉州是沟通中土、西域及漠南、河湟的重要交通和传播枢纽，凉州人士和凉州所存文化脉络在此时期具有全国性的影响；凉州一带的形势动辄关乎全国局势而举足轻重，其地经济社会发展亦具相当高度而足以支撑自立，这是凉州地区屡出全局性符谶的基本背景。尹在硕先生《汉代武威地区丧葬礼俗文化的性质——以磨嘴子汉墓出土幡物为中心》指出武威磨嘴子出土的铭旌与镇墓券已经受到内地丧葬礼俗文化的影响，但武威地区的丧葬礼俗文化并未完全受用中原和长江流域的丧葬文化，这说明汉帝国内地的丧葬礼俗文化在传播至武威后，与当地的地方风俗文化相涵化，在这一过程中形成了武威有地区特色的丧葬文化。贾小军先生《北凉职官制度钩沉》认为北凉职官制度经历了段业时期、沮渠蒙逊与沮渠茂虔时期、高昌流亡政权时期三个阶段的起落：段业北凉经历了"二府"体制到王国官制的转变；沮渠蒙逊夺权、重建北凉之后，其职官制度又从"二府"体制开始，逐渐转向王国官僚体制，枢台省职官较为齐备，尚书省在诸凉政权中尤为完备，沮渠茂虔时期基本因袭蒙逊时期的职官制度并有所突破；沮渠无讳、沮渠安周流亡高昌时期，中枢职官设置基本沿袭蒙逊、茂虔旧制，并由于控制地域有限、周围强敌环伺，出现了郡守与城主、戍主并存的地方官制。冯培红先生《中古武威的粟特诸姓》从武威粟特胡人的整体视角出发，对中古武威郡的粟特胡人及其与河西地方社会的关系进行全面考察，揭示出粟特胡人在该地形成聚落、郡望及其与中国社会相适应的诸面相，特别是与中古河西走廊地方政治、经济、文化等多方面的关系。尹伟先生《回鹘、畏兀儿在凉州的活动探析》运用多种传世及出土资料，辨析了唐宋时期回鹘在凉州的活动和蒙元时期畏兀儿在凉州的活动等史实。符奎先生《浅谈武威雷台铜奔马的命名问题》关注甘肃武威雷台出土的铜奔马，认为奔马背上原配有鞍鞯缰络，可见它是一匹骑乘之马；奔马右后蹄下的飞鸟，主要是为了衬托马速，这一做法不仅历史悠久，而且地域广泛，不宜将其原型与某一种具体的鸟类相对应。尚永琪先生《论凉州文化对鸠摩罗什的重要影响》提出凉州生活的 17 年，是鸠摩罗什成为著名佛经翻译家的重要阶段。如没有凉州时期的修炼与学习，便不会有他在长安译经中的熟稔翻译，也就不会有《金刚经》等经典传世。吴浩军先生《〈凉州御山石佛瑞像因缘记〉校录、辑补及相关问题讨论》以《凉州御山石佛瑞像因缘记》的释读、辑补为中心，认为此碑内容涉及北魏隋唐时期的一些宗教问题，是研究凉州瑞像形成和传播情况的重要文献资料。朱艳桐先生《北凉经略河湟——兼论河西河湟间军事要道》注意到公元 413 至 415 年，北凉占有湟河郡、置湟川郡。二郡后为西秦吞并，但北凉并未放松对青海湖以北地区的控制。西秦势力扩张之时，北凉与之在青海地区的疆界线一度稳定在祁连山脉白草岭以南。北凉后占据西平、乐都、湟河、浇河、金城等郡，东南疆域达到最大。经考证苕藋在番禾郡南境，白岸、白草岭在冷龙岭之南，此三点是河西与青海的重要孔道。李元辉先生《唐代在武威设置河西节度使的原因和影响》以驻武威的河西节度使立废为线索，讨论了河西节度使设立的背景，选地武威的原因，设立之后对西部边防起到的作用，及其对武威的政治、军事、经济、文化发展的作用和影响。戴卫红先生《汉晋南北朝时期凉州文化中的儒道佛》运用出土和传世资料，讨论了儒学的西传、东进，道教的西传，佛教的东进。认为因地缘和政治的影响，凉州文化中最主要三端儒、道、佛，在西传和东进中不仅影响了凉州本地的文化，还影响到西域和内陆之地。赵凯先生《东汉武威太守行迹考述》考察了史籍所见东汉（含更始时期）武威郡的太守共 19 人，有名姓者 17 人。分析了历任太守的籍贯、仕宦经历、性格特点、行政风格，进而更深刻地理解了东汉时期武威地区的区域文化特别是人文风貌。刘中玉先生《试论"凉州模式"的文化史意义》以肃南金塔寺石窟造像为例，阐发了"凉州模式"之于观察佛教传播方式和石窟造像类型风格演变的文化史意义。佐川英治先生《北魏六镇与凉州人士——兼论唐室李氏的渊源》认为唐室李氏附会陇西李氏，不单纯是为了改本贯为陇西，而是为了冒充凉武昭王李暠后裔，这与其出生于六镇有很大关系。高荣先生《汉代武威郡城考辨》考察了武威郡治从武威县到姑臧县的迁移过程，论证了姑臧县初治在今武威西北的看法。杨英先生《从昙曜译经管窥北魏平城早期佛教中的凉州之源》从河西僧团的禅经译介、有凉州渊源的佛典、源于河西的佛教咒经三个层面出发，说明昙曜译经均有凉州之源。凉州佛教是北魏平城早期佛教重要而丰富的渊源之一。正是有凉州这个渊源，统一北方的北魏王朝在利用佛教构建自己的合法性之时，才有佛理依据。邬文玲女士《苏武牧羊之地研究综论》梳理了苏武牧羊地望的五种说法，指出目前资料和研究都无法支撑其结论，这一问题的最终解决有待新资料的发现。王彬先生《甘肃武威旱滩坡东汉墓所出制书、律令及其性质》认为旱滩坡出土的制诏、律令不只有事死如生的明器作用，还应是葬礼仪式中的一环，具有向生人展示的意义。

二 秦汉魏晋南北朝隋唐时期的丝绸之路

孙占宇先生《再论十二生肖的起源及其在丝绸之路上的传播》认为放马滩秦简《十二支占盗》等篇中的十二禽是今日十二生肖的源头。东汉中期，《太平经》以十二支记述生年，配合十二禽卜算命运，标志着十二生肖的初步形成，其与巴比伦黄道十二宫并无必然联系。《大集经》中的十二神兽很可能是译者昙无谶根据中国已有的十二生肖，并结合佛经编创出来的。马智全先生《汉代武威郡在丝绸之路上的特点》总结了汉代武威郡在丝绸之路上的作用特点：一是丝绸之路会通的咽喉，二是河西屯戍保障的武库，三是中原文化传播的重镇。党斌先生《韩国主要图书馆藏中国地方志文献考略——以丝路沿线方志为中心》指出韩国是域外汉籍的主要存藏地之一，且存有一定数量的中国历代方志文献。通过对韩国所存丝路沿线方志文献情况及其相关问题的考察和论述，可以推动关于韩国所藏中国地方志文献的深入研究。高凯先生《从汉唐时期丝绸之路的发展蠡测其在麻风病传播中的作用》认为汉唐时期是"丝绸之路"一个大发展的重要时期，麻风病随着来自印度的大量携带麻风杆菌的人士传到中国，而出土于河西走廊的东汉时期的《武威医简·恶病大风方》和唐代孙思邈《千金方》中医方和药物种类的逐步增加，则提供了很好的旁证。因此，"丝绸之路"不仅是商贸之路和文化交流之路，可能也是中国古代传播疾病和医药的"疾病之路"。姚潇鸫先生《兜跋毗沙门天王形象起源新探》分析了兜跋毗沙门天形象的主要特征，认为其在盛唐以前的中原内地已经出现并流行，而且在一些佛教护法天王的形象中（如龙门宾阳中洞门道右壁、宝山灵泉寺大住圣窟窟门右侧的天王像）也有较为集中的表现，敦煌的兜跋像应是由中原内地传入的。冯立君先生《长安之东：唐代丝绸之路的延伸——从撒马尔罕壁画"鸟羽冠使者"说起》通过讨论撒马尔罕阿夫拉西阿卜（Afrasiab）保存的粟特国王大使厅壁画，提出重视长安之东，作为欧亚帝国的大唐帝国境内腹地纵深的文化交流及其向周边的延伸。这一认识从学术意义上加深了对中外交流史的全面理解。薛瑞泽先生《北魏时期丝绸之路与中西文化交流》通过讨论代京、洛阳时期的中西文化交流，对北魏时期河西走廊在丝绸之路上的重要地位有了全新认识。统一后的北魏王朝，为了丝绸之路的畅通，在河西走廊地区驻扎军队、设立地方政权，体现了北魏依赖河西走廊与欧亚地区建立广泛联系的宏大构想。

三 秦汉魏晋南北朝时期的西北历史文化研究

赵尔阳先生《肩水金关 F3（73EJF3）所出骑士简册探析》将金关 F3 中出土的骑士简辑录出来，分析骑士简所反映的简册制度，探究他们的军队编制或队列，考证他们的籍贯以及与骑士身份、军事征戍的关系。李凭先生《李弇后裔的迁徙经历与文化传承——〈北史·序传〉读后》讨论了西晋末年，李弇离别中原，西抵姑臧，辗转敦煌、酒泉之间的历史成果。李弇宗族传承的文化虽然源于中原，却已包含边地和异族的新鲜文化，其返归丰富了传统文化，促进了中华文化的整体升华。冯晓鹃、王欣先生《论魏晋南北朝时期河西地区的家学文化——以江氏家族为中心》在魏晋南北朝时期学术中心转移至家族的背景下，注意到江氏家族于永嘉大乱时迁入河西地区，世传家业、家学文化得到了丰富和发展，并在北魏统一北方时回归中原，成为后世文化制度的重要一源。沈骞先生《小月氏与卢水胡新探——兼论后赵与北凉的建国》认为小月氏和卢水胡同源，小月氏在大月氏西迁后一直附属于屠各匈奴部落。直至曹魏政权把入塞匈奴分为五部，羯胡就分布在属于五部所在之一的河东并州上党地区，羯胡在其刚形成时期的主要成分是羌化小月氏胡。羯胡在中原地区建立后赵国家，卢水胡在河西走廊地区建立北凉国家。王璞先生《疏勒河流域在东西文明交流中的地位和作用考察》提出疏勒河流域在远古、中古时期，始终是我国东西文化交流的前沿地带，史前的东西文明交流产生了火烧沟文化，史后的东西文明交流产生了敦煌文化。历史上的辉煌给我们留下了五个世界文化遗产，这对一条内陆河河流来说是很奇特的一种现象。王绍东先生《论大规模战争对游牧民族的负面影响——以汉匈战争为视角》反思了传统观点，并提出在缺乏长城防御的情况下，游牧民族以小规模的骑兵对中原边境地区进行战争。长城修筑后，游牧骑兵的速度优势被大大限制，战争的规模变大，这对游牧民族如同双刃剑，其负面影响不容小觑。吴小强先生《汉武帝姻亲在西进战略中作用再认识——以卫青、霍去病、李广利三大将为例》讨论了汉武帝的对外扩张战略，认为北拓、西进战略最为重要。汉武帝"任人唯亲"的用人政策在战争中颇显成功，其中的原因值得后人重新探索与认识。严耀中先生《试释中古时期河西地区的僧名及相关称呼》注意到河西地区僧名之前另冠俗姓等现象，认为其出现首先是为了强调该僧人与原本家族的关系，其次应当是和僧侣以个人身份经营经济相关，再次和政治动乱及官场腐败有一定的关系，最重要的是与河西地区有相当数量的僧人保持着家室有关。童岭先生《五胡十六国前期"列国元年"纪年研究序说》分析了有关刘曜、石勒、慕容儁对年号、时间的运用，聚焦到古代东亚世界的一个相对小的时间切面，尝试抽绎出当时史实的一些关键变化。柿沼阳平先生《唐代碎叶镇史新探》从帝京大学最近与吉尔吉斯斯坦国家科学院一起在碎叶（吉尔吉斯斯坦的阿克·贝西姆遗址）进行的发掘出发，认为该遗址的第一城市是在 5 世纪左右从西方移民过来的商胡（胡人）所建设的，第二城市就是唐代的碎叶镇遗址。从考古学与历史学的两个角度看，唐代碎叶镇的影响力，即唐人的影响力当时并不限于第二城市之内，也达到碎叶镇城之外。金庆浩先生《居延汉简所见前汉时期河西边境的情况》以汉简资料为基础，尝试理解当时河西边境的详细实情和战争实况，以汉初河西情况与郡县设置、河西边境的徙民与定居、日常服役及参加战争为焦点，考察了边郡的特殊性和围绕河西四郡的汉匈关系。金秉骏先生《从河西简牍看汉晋时期的对外贸易——兼论先秦时贸易的起源、水平及方式》以悬泉置汉简《永光五年康居王使者诉讼册》为线索，重新理解汉代国际贸易。侧重西域国家来的朝贡使者如何构成，进关之后如何或何地奉献所带来的东西，他们的交易利息多少，如何解决交易经费等问题。苏辉先生《敖童释解刍议》考证了秦汉简牍中屡见的"敖童"本意：敖童是具有声乐专门技能的类似侏儒奴仆，认为从敖童的法律规定可以看出秦帝国在社会管理层面行政权力所达到的细致程度，这对于认识当时底层群体提供了丰富的材料和别致的视角。曾磊先生《西北汉简"传信"简所见传车的使用》考察了西北传信简，推测中央签发的传信应皆有编号，但有些抄录简未录编号。从目前所见出土材料中来看，使用传车的最高等级为乘传，不见置传和驰传的使用，它们或是遇有紧急事务时的特需配置。金龙溙先生《从悬泉置出土的鸡出入簿看汉代肉食的变化》重点考察了悬泉置出土的鸡出入簿，认为汉代中期以后鸡肉成为日常生活的食物之一，官吏中士吏以上均可食肉，这种范围的扩大表明了国家权力变化。张铭心先生《十六国时期碑形墓志源流考》通过对十六国时期碑形墓志特征的分析研究，发现圆首碑形墓表作为一种丧葬文化，具有河西文化的地域性特征，并进一步从形制、名称等角度分析了"河西圆首碑形墓表"的文化历史渊源。李焕青、张宇先生《吐谷浑习俗对魏晋时期甘肃地区"飞天"形象的影响》以土族"车子秋"习俗和甘凉地区"飞天"形象的相似性为出发点，结合魏晋时期该地区的时代背景、文化背景以及佛教的发展状况，探讨了该地区飞天形象所含吐谷浑习俗的因素。

四 凉州文化的保护、开发、利用与武威文化建设、经济发展研究

梁继红先生《武威历史文化遗存的多民族特性》从碑刻和文献记载论证了武威历史文化遗存的多民族特性。认为深入挖掘武威历史文化遗存的民族文化价值，可以发挥其文化向心作用；以多民族融合的佛教文化遗存为依托，打造特色文化旅游品牌，有利于丰富文化旅游名市内涵，提升自身价值。桓占伟先生《武威旅游应重视文化资源的创新性发展》认为甘肃的文化旅游长期定位于新疆旅游的桥头堡，旅游者往往过境多。其原因有二，一是过去交通不便，二是武威的文化旅游资源位居敦煌、新疆著名景点之后。武威提高旅游吸引力需要换道超车、重视创意的力量，走创新发展之路。

后　记

　　武威，又称凉州，是古丝绸之路上一颗璀璨的明珠，是中西方文明交流发展的重要通道，在漫长历史进程中，形成了以汉唐文化、五凉文化、西夏文化、佛教文化、民族民俗文化等为主的地域特色鲜明、内涵浑厚博大的凉州文化，成为中华优秀传统文化的重要组成部分，深受国内外学术界的关注和赞誉。

　　为了深入挖掘、研究凉州文化，2017 年 9 月，武威市委、市政府成立了凉州文化研究院，使几千年灿烂辉煌的凉州文化有了一个自己的“家”，有了一个弘扬和传承凉州文化的地方。2018 年 3 月，武威市与中国社会科学院签订了战略合作协议。为了贯彻落实协议，深化院地合作，同年 9 月 19 日，中国社会科学院历史研究所在武威市凉州文化研究院挂牌成立凉州文化研究基地；10 月 10—12 日，中国社会科学院历史研究所和武威市委、市政府在武威市举办凉州文化与丝绸之路国际学术研讨会。这本论文集就是这次研讨会的成果结晶。

　　论文集主要收录了会议开幕式上，中国社会科学院历史研究所所长、中国秦汉史研究会会长卜宪群，中国魏晋南北朝史学会会长楼劲、武威市委书记柳鹏的致辞，以及来自海内外高校、科研院所、文博系统专家学者和武威市文史研究者撰写的 43 篇论文。内容主要涵盖秦汉魏晋南北朝时期的凉州历史文化、“丝绸之路”，秦汉魏晋南北朝时期的西北历史文化研究，凉州文化的保护、传承与开发等方面。这些论文，结合新出考古资料，对凉州文化、丝绸之路进行深入研究，对秦汉魏晋南北朝隋唐时期武威的历史和丝路文化等进行多层次、多视角、跨学科的学术解读，不仅将进一步深化对相关问题的认识，也为多方位挖掘武威的历史文化内涵，凝聚区域人文精神，提升地域文化品牌，更好地服务武威社会经济发展建设提供了学术支撑。

　　最后，要特别感谢中共武威市委、武威市人民政府和中共武威市委宣传部、武威市文化广播影视新闻出版局，以及武威市委原常委、市政府原副市长、中国社会科学院哲学研究所副所长张志强，武威市凉州文化研究院原副院长、中国社会科学院日本研究所助理研究员邹皓丹的大力支持和无私帮助。感谢中国秦汉史研究会、中国魏晋南北朝史学会和武威市凉州文化研究院为会议组织、论文集出版等付出的辛勤劳动。

编　者